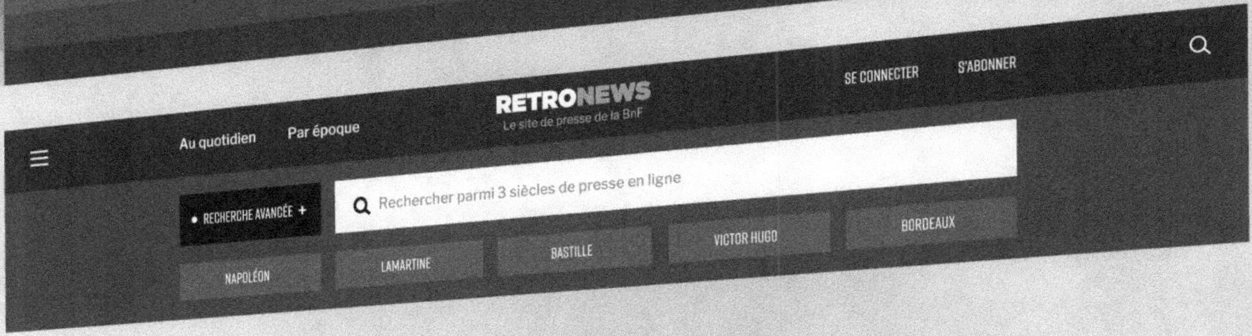

LA QUINZAINE COLONIALE

TOME IX

LA QUINZAINE COLONIALE

PARAISSANT LE 10 ET LE 25 DE CHAQUE MOIS

DIRECTEUR : JOSEPH CHAILLEY-BERT

TOME IX

CINQUIÈME ANNÉE. — 1901

(JANVIER-JUIN)

PARIS
REDACTION ET ADMINISTRATION
44, RUE DE LA CHAUSSÉE D'ANTIN

1901

M. Augustin CHALLAMEL, Editeur, 17, rue Jacob, Paris

10 Février 1901. CINQUIÈME ANNÉE Tome IX. — N° 99.

LA QUINZAINE COLONIALE

PACTE COLONIAL

ET

RÉGIME DE RÉCIPROCITÉ

(Deuxième article.)

La première manifestation, en quelque sorte officielle, des protectionnistes en faveur d'une revision du pacte de 1892, remonte au 8 mars 1899. L'Association de l'Industrie et de l'Agriculture tenait ses assises annuelles. Dans le discours qu'il prononça en ouvrant ses travaux, son président, M. Méline, dénonça le danger que pouvait faire courir à la production métropolitaine l'installation d'industries coloniales similaires des nôtres, qui, grâce à la différence des impôts et surtout au bon marché de la main-d'œuvre, se trouveraient placées dans des conditions plus avantageuses que l'industrie française. Pour parer à ce danger, pour décourager par avance les tentatives industrielles qui pourraient se faire jour dans nos colonies, pour obliger, en un mot, nos possessions d'outre-mer à s'adresser exclusivement à la métropole pour leurs achats de produits manufacturés et à remplir, de gré ou de force, leur office naturel de débouchés réservés par privilège à l'industrie métropolitaine, il proposait « d'imposer aux établissements industriels qui essaieraient de se fonder dans nos colonies une taxe suffisante pour rétablir l'égalité de production entre eux et les établissements français de la métropole ». Mais, par contre, et à titre de compensation, il se déclarait prêt à accorder la franchise complète des droits à l'entrée en France à leurs produits naturels qui n'ont pas de similaires dans la métropole.

Sa pensée fut précisée et aggravée, au cours de la discussion qui suivit, par un des membres de la réunion, M. Jaubert, qui, invoquant l'autorité de M. Méline lui-même, formula les vœux de l'assemblée dans les termes suivants : « Un seul système nous paraît satisfaisant, celui d'un droit, sorte de *patente coloniale*, qui serait imposée, dans chaque colonie, à toute exploitation industrielle ou *agricole*, dont les produits seraient de nature à concurrencer les nôtres. Ce droit, calculé de façon à établir entre la métropole et la colonie l'égalité des conditions de production et perçu sur les produits, serait remboursé sur toute expédition destinée à un port étranger ».

L'auteur de cette proposition renchérissait déjà, on le voit, sur celle de M. Méline. Celui-ci ne s'en était pris qu'à l'industrie coloniale ; il y avait là une lacune qu'on s'empressait de combler en faisant rentrer l'agriculture sous le coup des mêmes prohibitions. L'Assemblée ne manifesta aucune surprise de cette extension du principe posé par son président, pas plus qu'elle n'en témoigna, d'ailleurs, en entendant un autre de ses membres définir comme suit le rôle économique de nos possessions d'outre-mer : « Nos colonies sont faites, en définitive, pour nous vendre leurs produits et nous acheter les nôtres ». Et, d'enthousiasme, l'association émit le vœu « que le gouvernement nommât, dans le plus bref délai possible, une commission extra-parlementaire, à l'effet d'étudier les bases d'un régime qui rétablisse, entre la métropole et chacune des colonies, l'égalité des conditions de la production. »

***

C'est le même vœu et ce sont les mêmes idées, exprimées dans des termes identiques, qu'on retrouve dans l'exposé des motifs de la proposition de loi récemment déposée à la Chambre des députés par MM. Méline, Krantz, Boucher, et quelques-uns de leurs collègues, et dont nous avons publié le texte. Mais, cette fois, le pacte est boiteux; il n'est plus question de réciprocité. Les auteurs de la proposition réservent toute leur sollicitude à l'industrie et à l'agriculture métropolitaines. De la franchise complète que M. Méline, il y a deux ans, réclamait comme une compensation légitime en faveur des produits coloniaux qui n'ont pas de similaires dans la métropole, il n'est pas dit un mot. Ce n'est plus une entente qu'on veut établir, un terrain de conciliation qu'on cherche entre des intérêts divers et parfois opposés; c'est une loi de fer qu'on prétend imposer, en vertu du droit du plus fort, à une des deux parties en cause, l'autre devant en recueillir seule tout le bénéfice, sans rien donner en échange.

Et de cette loi de fer, de ce droit du plus fort, on fait une première application en demandant que d'ores et déjà — et sans préjudice des mesures restrictives qui pourront être prises ultérieurement contre l'ensemble de nos colonies, — les produits des colonies qui ne sont pas soumises au tarif général soient privés de la franchise qui leur était accordée à l'entrée dans les colonies où ils sont importés. En même temps, on réclame la suppression de l'exemption de droits dont les guinées de l'Inde française avaient joui jusqu'ici dans la métropole et on propose de les soumettre aux droits du tarif minimum. Enfin, et par une disposition ambiguë qui, au premier abord, paraît dire le contraire de ce que les auteurs de la proposition ont voulu lui faire dire, on entend enlever au Sénégal le bénéfice du régime spécial édicté par la loi du 11 janvier 1892 pour le placer sous le régime du tarif général.

***

Nous ne discuterons pas ici ces dispositions particulières. Bien qu'elles se rattachent par un lien assez étroit aux théories générales développées dans l'exposé des motifs de la proposition Méline, elles sont appuyées d'arguments spéciaux qui veulent une réfutation distincte. Cette réfutation a été déjà commencée dans un de nos derniers numéros; elle sera poursuivie et complétée. On n'a pas eu de peine à démontrer l'erreur commise par les auteurs de la proposition sur un point de détail — à savoir le précédent d'un prétendu droit établi aux Indes anglaises sur les filés de coton *indigènes* alors qu'il s'agit simplement d'une taxe de consommation perçue sur les tissus, et tout aussi bien sur ceux importés de la métropole que sur ceux manufacturés dans la colonie même. On n'en aura pas davantage à démontrer que le maintien du régime spécial édicté par la loi de 1892 en faveur de certaines colonies — parmi lesquelles nos établissements de l'Inde et le Sénégal — s'impose en vertu de considérations décisives tirées du respect des droits acquis, d'une part, et, de l'autre, de certaines nécessités commerciales qui ont paru, en 1892, justifier une dérogation au droit commun et qui, depuis lors, n'ont rien perdu de leur force. Nous nous bornerons à faire remarquer en passant, pour rester dans cet ordre d'idées, que M. Méline lui-même dénonçait par avance le vice radical de sa proposition, tout au moins en ce qui concerne les guinées de l'Inde, lorsque, il y a deux ans, dans la réunion dont nous évoquions plus haut le souvenir, il pressait ses auditeurs d'aborder au plus tôt la revision de notre législation douanière coloniale, en faisant valoir l'impossibilité où on serait d'aboutir si on attendait de se trouver en présence d'entreprises et d'opérations déjà engagées. Qu'est-ce à dire, si ce n'est que M. Méline lui-même, à cette époque, reconnaissait la nécessité de respecter les situations et les droits acquis ? N'était-ce pas la condamnation anticipée — et justifiée par un principe supérieur d'équité — d'une proposition qui ne tend à rien moins, en définitive, qu'à exproprier nos établissements français de l'Inde d'une industrie qui a derrière elle plus de deux siècles d'existence.

***

Donc, avant tout, respect des situations existantes et des droits acquis. Mais si le dispositif de la proposition Méline vise un objectif immédiat et limité, l'exposé des motifs qui le précède a, ainsi qu'on a pu le voir, une portée beaucoup plus générale et touche à l'essence même du régime douanier des colonies. Il se borne, il est vrai, à des considérations de principe, dont la sanction pratique et légale est ajournée à un époque ultérieure. Mais le but vers lequel on tend est dès maintenant suffisamment précisé et défini par ce document même pour qu'on puisse y voir autre chose qu'une manifestation purement théorique. Etant donné l'autorité qui s'attache au nom de ses auteurs, l'influence qu'ils exercent — au moins en matière économique — sur le Parlement, la ténacité qu'on est habitué à les voir apporter dans la réalisation de leurs idées, nous sommes bien en présence d'une conception mûrement réfléchie, qu'on entend pousser jusqu'au bout et qu'il faut s'attendre à voir — un jour prochain — prendre corps à la Chambre, sous forme tout au moins de projet de résolution. Il importe donc, sans plus tarder, d'en examiner le principe, d'en étudier les conséquences, et de rechercher dans quelle mesure elle peut être acceptée, en admettant qu'elle soit acceptable dans une mesure quelconque.

***

Et, d'abord, le principe.

Sans phrases, il peut se résumer d'un mot : « Les colonies sont faites pour enrichir la métropole. » Et, par là, on entend, non pas cet appoint que les colonies apportent dans la prospérité générale de la mère patrie, par le développement de leurs propres éléments de richesse, par la part qu'y prennent les activités et les capitaux qui s'y sont transportés, par le mouvement d'affaires qui en résulte non seulement de la métropole dans ses établissements d'outre-mer mais aussi réciproquement, de ceux-ci dans celle-là. Pour une certaine école — et c'est celle qui impose ses volontés au Parlement dans l'ordre économique — les colonies sont purement et simplement des fermes créées dans l'intérêt exclusif des métropolitains qui n'engagent ni leur personne, ni leur argent dans les entreprises coloniales. Elles sont exploitables à merci sans qu'on doive se préoccuper des nationaux qui consacrent leur industrie ou leurs capitaux à leur mise en valeur — ceux-là sont *dénationalisés*, — sans même qu'on puisse avoir la pensée de chercher la solution du problème dans l'harmonie des intérêts et de se demander si le meilleur moyen d'exploiter fructueusement ces fermes pour soi-même serait pas de commencer par leur permettre, de s'enrichir aussi, et pour cela de les laisser produire et commercer librement.

Tout est donc, dans ce système, sacrifié à la perspective d'un bénéfice immédiat et unilatéral. La sagesse ou — si on préfère — un égoïsme avisé qui ne bornerait pas ses visées à l'heure présente et qui saurait voir et préparer l'avenir, commanderait — puisque, aussi bien, c'est une clientèle que l'on cherche — de ménager les populations indigènes qui sont appelées à fournir les éléments de cette clientèle, de ne pas appauvrir encore ces populations, déjà trop pauvres, en les écrasant sous les charges d'une tarification douanière qui élève le prix de la vie pour elles dans une proportion énorme, de leur laisser, en un mot, le temps et la possibilité d'acquérir, avec des besoins nouveaux, les moyens de les satisfaire, c'est-à-dire de devenir pour l'industrie métropolitaine des clients réellement profitables. Il est de règle, en bonne économie politique, de ne pas frapper la richesse en voie de formation. Lorsqu'il s'est agi d'instituer le régime douanier des colonies, on a pris le contre-pied de ce principe. Il a fallu que, de gré ou de force, et tout de suite, nos colonies se résignent à subir la dîme que l'industrie métropolitaine entendait prélever sur elles. Le résultat cherché a été obtenu dans une certaine mesure : nos importations dans les colonies ont augmenté. Mais qui pourrait dire de quel prix cette augmentation a été payée, si les charges du tarif général n'ont pas entravé pour de longues années le développement économique des colonies qui y sont soumises, si l'on n'a pas retardé ainsi d'autant le moment où elles pourront offrir à notre industrie un débouché vraiment utile et rémunérateur et, si pour tout dire, les protectionnistes, en poursuivant un gain immédiat, n'ont pas travaillé contre eux-mêmes et sacrifié un gain futur dix fois, vingt fois plus considérable ?

***

Ils ont d'ailleurs conscience que l'application de la loi de 1892 ne leur a pas donné tout ce qu'ils en attendaient. Que l'ensemble du mouvement général de notre commerce colonial n'ait pas progressé, sauf quelques heureuses exceptions, d'une manière complètement satisfaisante, et que la lenteur de cette progression révèle une situation économique qui laisse à désirer, ce n'est point ce qui les inquiète, ni même ce qui les préoccupe. Aussi bien serait-on peut-être amené à trouver l'explication de cette lenteur dans le régime douanier qui est leur œuvre; et de pareilles constatations sont à éviter. Ce qui les trouble et ce qui les déconcerte, c'est qu'en dépit de toutes les précautions prises, la métropole n'a qu'un privilège là où ils pensaient lui avoir assuré un monopole; c'est que les colonies, malgré les droits du tarif général, s'adressent encore à l'étranger pour une partie de leurs achats, supérieure au contingent qui leur est fourni par la France; c'est, aussi, que quelques colonies sont en train de s'outiller pour s'approvisionner de certains produits chez elles-mêmes, en les fabriquant, et qu'il y a là, et non seulement là, mais encore dans les produits naturels coloniaux, qui ont des similaires en France, les éléments et la menace d'une concurrence dangereuse pour l'industrie et pour l'agriculture métropolitaines.

C'est de cette constatation qu'est née l'idée d'une revision du pacte de 1892. Mais quand on en est venu à chercher la formule d'une solution applicable, la tâche n'a pas laissé que de paraître délicate et compliquée. Augmenter les droits du tarif général, il n'y fallait pas penser, à moins de tomber dans la prohibition pure et simple, non pas seulement contre le produit étranger qu'on voulait atteindre, mais encore contre le produit français qu'on voulait protéger. C'est le cas des filés de coton, notamment, pour lesquels on a atteint l'extrême limite de la protection sans pouvoir obtenir, pour les produits français de l'espèce, un débit appréciable sur le marché indo-chinois. A dépasser cette limite, on n'eût gagné que d'élever le prix de revient des filés de coton à un prix inabordable. On eût tué la concurrence étrangère, il est vrai; mais il ne se serait pas trouvé davantage d'acheteurs pour les filés de coton français.

Faire rentrer sous le niveau du tarif général des articles qui, jusqu'ici, n'y ont pas été soumis n'était pas moins impossible. Les exceptions au tarif général sont rares dans nos colonies; elles ne portent que sur des articles que la métropole ne produit pas ou qu'elle ne produit qu'à un prix qui, surtout augmenté d'un droit protecteur, les rend inaccessibles à la clientèle coloniale.

C'est alors que, renonçant à l'espoir de restreindre la part des importations étrangères dans les colonies, au moins par une intervention légale, on s'est contenté de chercher le moyen de mettre les colonies elles-mêmes dans l'impossibilité de faire concurrence à l'agriculture et à l'industrie métropolitaines. Ce moyen, on croit l'avoir trouvé dans l'établissement d'une patente spéciale dont seraient frappées les exploitations agricoles et industrielles coloniales et qu'on pourrait appeler « patente de compensation. »

L'idée procède, on le voit, du même esprit que le régime douanier, institué en 1892, qu'elle tend à aggraver. C'est toujours le même système, celui qui consiste à ne vouloir, de parti pris, voir qu'un des deux côtés du problème, à sacrifier systématiquement à certains intérêts métropolitains non seulement l'intérêt colonial, mais encore l'intérêt général, qui n'est que la résultante de celui-ci et de ceux-là, combinés et en quelque sorte harmonisés. C'est assez dire que la mesure proposée est antilibérale et antiéconomique au premier chef. Mais cela ne suffit pas et il faut l'étudier de plus près, dans son fonctionnement et dans ses conséquences, pour montrer en même temps à quelles impossibilités pratiques elle se heurterait, à quelles iniquités elle aboutirait, et finalement, de quelle inefficacité elle serait, si on voulait la dégager de tout ce qui la rend, telle qu'elle se présente, non seulement inacceptable, mais encore inapplicable.

CH. DEPINCÉ.

BULLETIN DE LA QUINZAINE

Le budget des Colonies au Sénat. — M. Pauliat, qui a été chargé du rapport sur le budget du Ministère des Colonies au Sénat, avait passé jusqu'ici pour un ami des colonies. Il n'y paraît guère à son rapport L'adversaire le plus déterminé de notre expansion coloniale n'aurait rien pu imaginer qui fût plus propre à desservir la cause à laquelle M. Pauliat se prétend attaché. Les vues d'ensemble, les idées directrices qu'on se serait attendu à trouver dans un travail destiné à servir de base à la discussion du budget des Colonies y sont remplacées par une longue et acerbe critique de l'administration, que l'honorable sénateur rend responsable — et seule responsable — et de l'augmentation sans cesse croissante de nos dépenses coloniales, et de l'insuffisance des résultats économiques obtenus jusqu'ici dans l'ordre colonial.

Nous n'avons jamais nous-mêmes ménagé les critiques à l'administration coloniale ; et nous sommes les premiers à reconnaître qu'il y a beaucoup à reprendre dans ses errements. Mais trop est trop et encore faut-il, dans les reproches qu'on lui adresse, se garder de verser dans l'exagération, dans l'injustice, voire même dans l'inexactitude. C'est ce que n'a pas su faire M. Pauliat. C'est ainsi, par exemple qu'instituant une comparaison entre les effectifs du personnel de notre administration centrale et ceux de l'Angleterre, il constate que d'un côté, le nôtre, il y a 268 fonctionnaires, tandis que les 60 fonctionnaires du *Colonial Office* suffisent à l'Angleterre pour gouverner son immense empire colonial.

Nous ne prétendons pas qu'il n'y ait pas un élagage à faire dans les 268 fonctionnaires du pavillon de Flore. Cependant pour que la comparaison fût exacte, il faudrait commencer par ajouter aux 60 fonctionnaires du *Colonial Office*, ceux de l'*India Office*, au nombre de 376, et ceux, relativement nombreux, des délégations que chaque colonie anglaise entretient à Londres, et dont les fonctions sont exercées chez nous par l'administration centrale.

De même pour l'ensemble de nos dépenses coloniales, dont M. Pauliat oppose le chiffre pour 1900, soit : 137.000.000 francs, à celui des dépenses coloniales anglaises pour 1894, soit : 62.000.000 francs. Comme si la nature de ces dépenses était comparable, comme si les nôtres ne comprenaient pas des frais de conquête et de premier établissement qui ne figurent pas dans le chiffre de 62 millions indiqué pour l'Angleterre, comme si, à ces 62 millions de dépenses normales — et en admettant que le chiffre n'en ait pas augmenté depuis 1894 — il ne fallait pas ajouter les sacrifices faits par l'Angleterre pour doter ses colonies africaines de chemins de fer : chemin de fer de Sierra Leone, chemin de fer de l'Ouganda, et aussi les frais de la guerre sud-africaine qui sont bien, si nous ne nous trompons, des dépenses coloniales.

L'erreur de M. Pauliat — et il n'en a pas le monopole — a été de voir les choses par le petit côté, et de n'avoir pas résisté, ayant sous la main ce bouc émissaire commode qui s'appelle l'administration, à la tentation de le charger de tous les péchés d'Israël, y compris ceux du Parlement lui-même. L'administration n'est qu'un instrum nt, bon ou mauvais, efficace ou inutile, suivant l'usage qu'on en fait, suivant l'impulsion qui lui est donnée. Vous lui reprochez d'être paperassière, centralisatrice à l'excès, peu économe des deniers publics. Soit ! mais à qui la faute et comment ne serait-elle pas tout cela quand le Parlement, poussant jusqu'à l'abus son droit de contrôle — et nous ne parlons pas des interventions incessantes des sénateurs et des députés coloniaux auprès du ministre dans des détails d'administration qui ne devraient relever que des pouvoirs locaux — semble s'ingénier à resserrer et à rendre plus lourds les liens dans lesquels le ministère des Colonies enserre l'initiative et l'autorité des gouverneurs, quand c'est du même Parlement — nous le constations ici naguère — que vient l'opposition aux économies proposées par qui ? par l'administration elle-même.

Vous lui reprochez d'être timide, de manquer d'initiative, de se désintéresser de la mise en valeur de nos colonies, de méconnaître son devoir essentiel qui est d'encourager la colonisation. Le reproche a pu être fondé autrefois ; mais la montre de M. Pauliat retarde. Nous avons aujourd'hui des gouverneurs qui s'appellent Doumer, Galliéni, Ballay, Ballot, Feillet, pour ne citer que ceux-là, qui n'ont rien à envier, sous ce rapport, aux gouverneurs des colonies anglaises et qui, comme ceux-ci, pour employer les expressions du rapporteur, mettent toute leur ambition « à rendre les colonies qu'ils ont mandat de gouverner plus grandes, plus riches, plus prospères et plus peuplées ». Mais, si toute notre administration coloniale n'est pas encore animée du même esprit, si les gouverneurs dont nous venons de rappeler les noms sont parfois paralysés dans leurs efforts, la responsabilité n'en incombe-t-elle pas pour une large part au manque d'initiative du gouvernement et du Parlement lui-même. Vous invoquez l'exemple de l'Angleterre. Mais si les administrations coloniales anglaises ont et méritent la confiance des pouvoirs publics de la métropole, n'est-ce pas parce que cette confiance est partagée, parce que les gouverneurs se sentent à l'abri des ingérences tracassières du gouvernement central et du parlement métropolitain, parce qu'ils ne sentent pas, constamment suspendue sur leur tête, la crainte de ces interventions de sénateurs et de députés qui, chez nous, les réduisent à un rôle passif et humilié ? Et si nos colonies ne progressent pas, si les résultats qu'elles donnent ne répondent pas suffisamment aux sacrifices que la mère patrie s'impose pour elles, n'est-ce pas aussi, parce que, à la différence de ce qui se passe chez nos voisins d'outre-Manche, ni notre gouvernement ni notre Parlement ne s'intéressent assez aux affaires coloniales l'un pour proposer, l'autre pour voter les mesures qui assureraient le développement économique de nos possessions. Qui donc arrête le vote de la loi qui permettrait la reprise de l'immigration hindoue et donnerait à nos colonies la main-d'œuvre faute de laquelle elles s'étiolent et s'acheminent vers la ruine finale ? Pourquoi notre budget, au chapitre de l'immigration française, est-il si pauvrement doté ? Pourquoi attendons-nous encore et l'exemption du service militaire pour les jeunes colons, réclamée depuis six ans par tous les coloniaux, et la détaxe des produits coloniaux, e un meilleur régime de la marine marchande aux colonies ? Pourquoi celles-ci n'ont-elles encore ni routes, ni ports, ni canaux, ni chemins de fer, rien en un mot de ce qu'il leur faudrait pour assurer le transport et la manutention rapides, sûrs et économiques des produits et des marchandises? Pourquoi ? Parce que le gouvernement recule devant la solution de ces problèmes, et s'il recule, c'est qu'il sent le Parlement ou indifférent ou hostile.

Toute la question est là et non ailleurs. L'administration est ce que la fait le gouvernement et le gouvernement est lui-même ce que le fait le Parlement. Ayons un Parlement qui s'intéresse aux affaires coloniales, qui soit bien décidé à les traiter dans un esprit libéral et pratique, qui donne le pas aux lois d'affaires sur la politique. Ayons aussi — et nous l'aurons par voie de conséquence — un gouvernement que n'effraient ni les initiatives, ni les responsabilités, tout le reste s'ensuivra. L'administration coloniale, se sentant aiguillonnée, obéira à l'impulsion qui lui viendra d'en haut et nos colonies se développeront. Ce n'est pas par des critiques passionnées qu'on corrigera nos fonctionnaires de leurs défauts. C'est en prêchant d'exemple, c'est en leur donnant le moyen de faire mieux. Et si on ne le fait pas, si on s'obstine dans cette méthode doublement négative qui consiste à leur reprocher leur inertie quand soi-même on ne fait rien, ce n'est pas seulement eux, c'est l'opinion publique tout entière qui, empruntant un mot connu, répondra : « Que le Parlement commence! »

Le service militaire aux colonies. — M. Le Myre de Vilers, l'auteur de la proposition de loi sur le service militaire dans les colonies, que nous avons signalée dans notre dernier numéro, a été récemment entendu par la commission de l'armée de la Chambre des députés. Il n'a pas eu de peine à lui démontrer, par une série d'exemples topiques combien illogique et contraire aux intérêts de la colonisation est la loi de 1889.

Il a tout d'abord insisté sur la contradiction criante qu'elle consacre entre le privilège accordé par l'article 50 aux jeunes gens fixés hors d'Europe et qui sont dispensés de tout service, et la situation faite à ceux qui s'établissent dans nos colonies et que l'article 81 astreint à un an de service. Cette anomalie, à elle seule, devrait suffire à entraîner la revision d'une loi qui semble faite pour détourner vers l'étranger, au détriment de nos colonies et de leur développement économique, le courant de l'émigration française.

Déjà absurde dans son principe, quand on le rapproche de l'article 50, l'article 81 aboutit, dans la pratique, à des conséquences dont M. Le Myre de Vilers a signalé le caractère tantôt fantaisiste et tantôt vexatoire. Un jeune employé de commerce réside à Konakry. Konakry n'ayant pas de garnison, ce jeune homme ne fera pas de service. Mais si sa maison de commerce l'envoie à Tombouctou, où il y a des troupes, il aura une année de service à faire. Il est établi au Sénégal, colonie française : une année de service. Il est détaché dans un comptoir de Sierra Leone, colonie anglaise : pas de service.

M. Le Myre de Vilers a aussi tout particulièrement appelé l'attention de la commission sur la situation du contingent à incorporer cette année au Sénégal. Si on l'appelle pendant la saison chaude, il sera employé aux écritures et alors on peut se demander de quelle utilité il sera pour la défense de la colonie. Si, au contraire, on l'ajourne à l'année prochaine, les maisons de commerce qui ont d'ores et déjà organisé leur recrutement de personnel, de façon à remplacer dans leurs comptoirs les employés qui auront leur service à faire par ceux qui viendront d'être libérés, auront deux employés incorporés pour un à la fois, et verront toutes leurs affaires dérangées par ce contre-temps.

Et tout cela pour grossir les effectifs coloniaux de quelques dizaines de jeunes gens qui, encore une fois, n'apportent et ne peuvent apporter qu'un appoint illusoire, aussi bien par la qualité que par le nombre, à la défense de nos colonies! Ne vaudrait-il pas mieux, une bonne fois pour toutes, en finir avec un système qui, s'il ne donne que des résultats dérisoires au point de vue militaire, en donne de désastreux au point de vue du fonctionnement des entreprises commerciales, industrielles et agricoles fondées aux colonies.

Ces observations ont paru produire une vive impression sur la commission, dont plusieurs membres ont, séance tenante, appuyé la proposition de M. Le Myre de Vilers. Tout permet donc d'espérer qu'à brève échéance la Chambre sera saisie d'un rapport favorable. Que si les quelques dizaines de jeunes gens appelés actuellement à profiter de la réforme, se transformaient, dans quelque temps, grâce à celle-ci, en plusieurs centaines, il ne faudrait point s'en alarmer, bien au contraire. Nos contingents militaires peuvent, sans être affaiblis, perdre ces quelques centaines de gens. Mais, en revanche, la colonisation, dont ils iront grossir les effectifs, y trouvera un appoint d'une valeur inestimable. Peut-être vaudrait-il mieux n'avoir pas besoin de recourir à ce procédé pour attirer la jeunesse française vers nos colonies. Mais puisque l'expérience démontre la nécessité d'agir sur elle par l'appât de certains avantages, renoncer au moyen peut-être unique de la détourner des sentiers battus et de l'orienter vers les entreprises coloniales, serait une faute impardonnable de la part d'un pays qui se pique d'avoir une politique coloniale et qui prétend, à juste titre, que cette politique soit une politique de résultats. Nous nous plaignons constamment d'avoir des colonies sans colons ; si nous voulons avoir des colons dans nos colonies, sachons faire ce qu'il faut pour cela, et commençons par dispenser du service militaire les jeunes gens désireux d'aller porter leur activité dans nos possessions d'outre-mer et que la perspective de cette charge en éloigne.

La marine marchande aux colonies. — Un des chapitres les plus intéressants du remarquable rapport de M. Le Myre de Vilers sur le budget du ministère des Colonies est sans contredit celui qu'il a consacré à l'examen de la situation de notre marine marchande coloniale et des moyens à employer pour remédier à cette situation qui, de l'aveu de tous, est lamentable. Ici encore, comme dans tant d'autres branches de notre activité économique, le marasme que tout le monde s'accorde à déplorer et qui contraste si fâcheusement avec les progrès de nos rivaux, devenus pour ainsi dire les maîtres ou tout au moins les bénéficiaires de tout le mouvement maritime de nos colonies, à l'exception du tonnage représenté par nos lignes postales subventionnées, provient des vices de notre législation.

Ces vices, M. Le Myre de Vilers les a très complètement fait ressortir dans son rapport. Ce sont d'abord les charges énormes que supporte l'armement colonial, par suite des obligations qui lui sont imposées au point de vue de la composition des équipages, charges auxquelles les navires anglais, allemands, danois, norvégiens, ne sont point assujettis, et qui rendent toute concurrence contre eux impossible à notre marine marchande coloniale. Ce sont, en second lieu, les chinoiseries, — il n'y a pas d'autre mot — de la loi du 30 janvier 1893 et du règlement d'administration publique rendu en vue de l'exécution de cette loi, aux termes desquels un navire étranger acheté par un armateur français dans les colonies, est obligé de revenir en France pour y recevoir la francisation définitive et ne peut, de même, toucher la totalité des primes à la navigation auxquelles il a droit que dans la métropole, ce qui revient à lui refuser le bénéfice de la francisation définitive et à l'exclure du droit à une partie des primes. Nous avons maintes fois signalé ces anomalies et demandé que la législation fût réformée sur ces deux points. En ce qui concerne le premier, la réforme eût pu et dû être effectuée depuis longtemps. Voilà déjà plusieurs années, en effet, que la Chambre des deputés est saisie d'un rapport de M. Le Myre de Vilers suivi du dispositif d'un projet de loi qui a pour but de permettre aux armateurs de l'Indo-Chine d'utiliser, dans une plus large proportion, les indigènes pour la composition des équipages de leurs navires. Ce projet de loi qui, complété par un amendement étendant le bénéfice de ses dispositions à l'ensemble de notre marine de commerce coloniale, mettrait celle-ci sur un pied d'égalité avec la marine étrangère et lui permettrait de soutenir la concurrence, n'a jamais pu venir en discussion. A plus forte raison n'a-t-il pu être donné satisfaction à nos réclamations en vue d'obtenir pour les bâtiments ayant leur port d'attache dans les colonies la faculté de se faire franciser et de toucher l'intégralité de leurs primes sur place. Le moment n'était pas venu, répondait-on; attendez la révision de la loi du 30 janvier 1893 sur la marine marchande.

Et nous avons attendu ne pouvant faire mieux. L'heure paraît approcher cependant où cette attente va prendre fin. La Chambre ne peut manquer d'aborder très prochainement la discussion du projet de loi sur la marine marchande, qui a fait l'objet d'un rapport récent de M. Thierry. Tout le monde est d'accord pour réclamer la discussion de cette loi qui est appelée, quand elle sera votée, à exercer une influence décisive sur la situation de notre marine de commerce. Or, elle contient, dans son article 12, une disposition qui, avec une addition de quelques mots, donnerait satisfaction aux vœux des armateurs coloniaux, en ce qui concerne les conditions de la francisation et de la perception des primes. Il suffirait, en effet, d'introduire dans le texte même de cet article, l'indication formelle des intentions exprimées par le rapporteur dans son exposé des motifs, et qui sont conformes à nos désirs. Faute de cette indication, faisant corps avec le dispositif de la loi, et ayant, comme celui-ci, force impérative, les armateurs coloniaux risquent d'attendre longtemps le règlement d'administration publique prévu par l'article 12, et quand ce règlement aura été enfin promulgué, d'y voir le vœu exprimé par le rapporteur au nom de la Commission aboutir au maintien pur et simple du *statu quo*. Nous croyons savoir que M. Le Myre de Vilers a l'intention, pour parer à cette éventualité, de déposer un amendement dont l'effet sera de faire consacrer la réforme par la loi elle-même, au lieu de s'en remettre au bon vouloir de l'administration. Ce sera à la fois plus sûr et plus rapide.

Il se propose de procéder également de la même manière en ce qui concerne la question de la composition des équipages. La réforme est mûre. Rien ne s'oppose à ce qu'elle prenne place dans une loi qui a pour objet l'amélioration de la situation de notre marine marchande en général et qui peut, par suite, sans s'éloigner de son but, s'occuper accessoirement de notre marine marchande coloniale, élément important de notre activité maritime. Nous espérons bien que le rapporteur de la loi, M. Thierry, dont les sentiments libéraux et le dévouement à la cause coloniale nous sont connus, se prêtera à cette procédure et que, de l'accord qui s'établira entre lui et M. Le Myre de Vilers, sortira enfin, pour nos armateurs coloniaux, un régime moins suranné et surtout plus large que celui qui, à l'heure actuelle, paralyse leur esprit d'initiative, et les oblige à abandonner au pavillon étranger un trafic dont les bénéfices devraient appartenir au pavillon français.

Le régime foncier des terres de jouissance collective des tribus en Tunisie. — Lorsque le Protectorat français s'est établi en Tunisie, il a trouvé sur tout le littoral la propriété privée déjà constituée de longue date, mais généralement mal assise et appuyée sur des titres de valeur douteuse, et presque toujours rédigés en termes ambigus et peu précis. La loi foncière a remédié à cette situation en mettant à la disposition des intéressés un moyen simple de lever toutes les incertitudes sur le droit de propriété, et de remplacer les anciens titres par de nouveaux dont la rédaction est d'une clarté et d'une précision suffisantes pour écarter presque toutes les contestations. C'est ce qui a permis à la colonisation de prendre en Tunisie un développement tellement rapide, que plus de 500.000 hectares de terre ont passé en moins de vingt ans entre les mains de nos compatriotes. Mais ce régime de la propriété ne s'étend malheureusement pas à toute la Régence. La propriété individuelle n'y est guère constituée que sur la moitié du territoire. Dans l'ouest et le sud du pays, en dehors des rares villages et des oasis, partout où se rencontrent des populations nomades, c'est le régime de la collectivité qui existe, et les droits de propriété n'ont jamais été clairement définis. Aussi la loi foncière, qui a pour but de constater des droits et de les mettre à l'abri de toute atteinte et nullement de les faire naître ou de les définir, est-elle impuissante dans ces régions et la colonisation s'y trouvait embarrassée de mille entraves. De leur côté, les indigènes ne souffraient pas moins de cette situation confuse; ils se voyaient menacés des graves abus, qui, à la faveur d'une situation semblable, se sont produits en Algérie. Il est arrivé souvent dans cette colonie qu'un Européen, acquéreur d'une part infime d'une propriété indivise, en a obtenu la licitation, malgré la résistance de la grande majorité des ayants-droit, et se l'est fait adjuger en totalité à vil prix par le tribunal, plongeant dans la misère les malheureux propriétaires. Déjà quelques tentatives dans ce sens s'étaient produites en Tunisie. Il devenait urgent de protéger les indigènes contre l'avidité de certains Européens peu scrupuleux et en même temps de préparer les voies à la marche en avant de la colonisation. Depuis plusieurs années, le directeur de l'agriculture et du commerce, M. Hugon, demandait que l'on prît des mesures dans ce but. Ses efforts persévérants ont enfin abouti, car c'est à cela que tend le décret du 14 janvier 1901.

Ce décret a un double objet. Il décide d'abord qu'une délimitation sera faite des terres de culture ou de parcours de chaque tribu. Bien qu'elles n'aient pas encore dépassé la période du nomadisme, chacune des tribus tunisiennes dont il s'agit, se meut depuis déjà longtemps dans un rayon qui ne varie pas et qu'il est devenu possible d'enclore dans des limites qui deviendront infranchissables. Cela fournira l'occasion de régler de vieilles contestations entre voisins et de supprimer par suite des causes de désordre, et cela permettra au domaine de l'Etat, qui est le pourvoyeur de terres de la colonisation, de faire valoir ses droits et de revendiquer comme biens vacants les étendues qui ne seront attribuées à aucune collectivité. En second lieu, le décret du 14 janvier dernier, constitue une grande commission, composée de magistrats et de hauts fonctionnaires français et indigènes, qui est chargée « d'étudier et de définir les conditions d'établissement, de jouissance, de conservation et de transmission de la propriété dans les terres collectives de tribus. » Il serait superflu d'insister sur l'importance du rôle dévolu à cette commission. On peut dire qu'elle tient entre ses mains tout l'avenir des tribus nomades de la Régence; de ses décisions peuvent sortir ou leur régénération ou leur ruine. La haute compétence des hommes qui y siégeront nous autorise à espérer beaucoup de l'œuvre qu'ils accompliront.

Le problème qui se pose devant eux est un des plus complexes parmi ceux qu'a fait naître notre occupation du nord de l'Afrique; on a déjà essayé de le résoudre en Algérie. C'était le but que se proposait le sénatus-consulte de 1863 qui a été suivi par les lois sur la constitution de la propriété de 1873 et de 1887. On sait à quels pitoyables résultats cette législation a abouti : sans aucun profit réel pour la colonisation, on a troublé profondément les indigènes en portant atteinte non seulement à leurs usages, mais, ce qui est plus grave encore, à leurs biens. Comme l'a écrit Burdeau (1), « on a cru pouvoir franciser la propriété avant de franciser les hommes. » En imposant aux indigènes un état juridique qui n'est pas en harmonie avec leur état social, on a détruit la société arabe, et, dans bien des cas, on a transformé des propriétaires en prolétaires, ce qui constitue un progrès à rebours.

La Tunisie aborde aujourd'hui le même problème, mais d'une autre façon. Sans entrer dans des développements que ne comporterait pas le cadre de cet article, nous nous bornerons à indiquer en quoi les principes dont s'est inspiré le décret du 14 janvier diffèrent de ceux qui ont été appliqués en Algérie. Le sénatus-consulte commençait par reconnaitre les tribus propriétaires des territoires dont elles avaient la jouissance, puis il décidait que ces territoires seraient délimités et répartis entre les douars d'abord, puis entre leurs membres qui arriveraient ainsi à la propriété individuelle. On vient de voir ce qu'a produit ce système. Tout au contraire, le décret tunisien proclame le droit de l'Etat au domaine éminent des territoires de tribus et ne reconnaît à leurs membres qu'un droit collectif de jouissance. C'est ce droit de jouissance que la commission instituée à cet effet aura à définir et à réglementer. L'avenir nous apprendra de quelle façon elle s'y prendra pour protéger ce droit et pour lui permettre de se transformer avec le

(1) Rapport sur le budget de l'Algérie 1892.

temps, en suivant l'évolution sociale des tribus et sans chercher à la devancer en une propriété véritable et complète. Elle sera probablement amenée à constater dans les tribus l'existence d'une propriété familiale, qui est l'étape intermédiaire entre la collectivité et la propriété individuelle, et à lui donner une sanction légale. La tâche de la commission est délicate entre toutes. Mais nous avons confiance qu'elle saura apporter dans son œuvre cet esprit de justice et de bienveillance pour les indigènes qui est la caractéristique du Protectorat, et qu'il est toujours facile, quoi qu'on en dise, de ne pas séparer du souci des intérêts de la colonisation.

La mission sanitaire du Sénégal. — Vendredi dernier s'est embarquée à Bordeaux, pour Dakar, une mission spéciale chargée par le ministre des colonies d'étudier la situation sanitaire du Sénégal et de lui proposer toutes les mesures qu'il conviendrait de prendre au point de vue médical comme au point de vue des travaux publics, pour éteindre définitivement l'épidémie de fièvre jaune et en prévenir le retour. Cetfe mission devait se composer de MM. Le Geall, médecin inspecteur, docteur Marchaux, médecin principal des colonies, à qui l'on doit l'organisation du laboratoire de bactériologie de Saint-Louis et des travaux remarquables de parasitologie médicale, et de M. Jacquerez, ingénieur, inspecteur des travaux publics. A la veille du départ, le ministre a décidé de leur adjoindre un officier que désignera le gouverneur général de l'Afrique occidentale et qui sera chargé d'étudier, au point de vue spécial de la mission, la question du matériel et des installations militaires de la colonie.

Par l'envoi de cette mission, le ministre des colonies donne une première satisfaction aux demandes instantes que formulaient depuis plus de six mois les représentants du commerce sénégalais.

Dès le mois d'août dernier les chefs des maisons bordelaises installées au Sénégal lui signalaient l'urgente nécessité de faire étudier sur place par des techniciens éprouvés les causes et la marche de la terrible maladie qui désolait la colonie et les moyens de la combattre et de s'en préserver dans l'avenir. D'autre part, un programme très étudié de travaux d'assainissement de Dakar et de ses environs était soumis à l'examen du ministre, et préconisé comme un des remèdes les plus efficaces pour l'amélioration de l'état sanitaire si défectueux de ce point de la Colonie.

Le retard apporté à l'organisation de la mission limite d'une façon regrettable le laps de temps qui lui est imparti pour étudier la question et proposer les mesures utiles, avant le retour de la saison dangereuse. Il reste à souhaiter qu'il soit mis plus de hâte à adopter les solutions qu'elle proposera et dont peut dépendre le retour ou la disparition complète du fléau.

Deux manifestations coloniales. — Deux manifestations coloniales très intéressantes et fort réussies ont eu lieu ces jours derniers, l'une à Bordeaux sous le patronage du Comité bordelais des conseillers du commerce extérieur, l'autre à Paris sous les auspices de la *Revue des questions diplomatiques et coloniales*. A Bordeaux, c'est M. Etienne qui a pris la parole. Il a entretenu les auditeurs du rôle de la France dans l'Afrique occidentale, et nul n'en pouvait parler plus savamment que celui qui, au sous-secrétariat d'Etat des colonies, a tant fait pour que ce rôle fût ce qu'il a été, c'est-à-dire éclatant. On sait que grâce à des administrateurs comme MM. Ballay et Ballot, nous avons à la Côte occidentale d'Afrique des colonies qui servent de modèles à nos rivaux en cette partie du monde; or, ces administrateurs de premier ordre, ces excellents serviteurs du pays de France, c'est M. Etienne qui a eu le bonheur de les choisir et qui surtout a eu le mérite de leur dire : « Vous avez toute ma confiance. Je vous laisse toute l'initiative que vous croirez devoir prendre. » Le procédé était excellent. Il a porté ses fruits. La Guinée et le Dahomey qui ont eu à leur tête pendant de longues années les gouverneurs choisis par M. Etienne, ont atteint une prospérité que ces deux chiffres seuls permettent de mesurer. Le budget du Dahomey qui, en 1889, était de 500.000 francs, atteignait, en 1899, près de trois millions et celui de la Guinée passait, pendant la même période, de 300.000 francs à 2.400.000 francs. — Il est vrai qu'il peut y avoir un budget riche dans un pays pauvre et c'est alors une situation dont il ne faut pas s'enorgueillir, mais ce n'est pas le cas ici; les transactions commerciales se sont développées aussi largement que les budgets. Pour la Guinée, les transactions commerciales ont passé de 8 millions, en 1889, à 25 millions en 1899, et pour le Dahomey le progrès a été également très ample.

Le fait de choisir de bons gouverneurs, de leur laisser beaucoup d'initiative et de les maintenir longtemps dans le même poste est donc l'une des meilleures choses que l'on puisse faire pour les colonies. M. Guillain en est convaincu et il n'a pas manqué d'y insister dans la très complète revue des événements coloniaux de l'année qu'il a eu l'occasion de faire à la fin du déjeuner organisé par la *Revue des questions diplomatiques et coloniales*. L'ancien ministre des colonies a montré ce qu'avaient fait depuis cinq ans qu'ils sont à la tête de l'Indo-Chine et de Madagascar, M. Doumer et le général Galliéni, puis, lui aussi, a insisté sur l'œuvre de la France en Afrique occidentale, sur tout l'héroïsme déployé par les Foureau, les Lamy, les Gentil et tant d'autres, sur l'administration éclairée et savante des Ballay et des Ballot, et se tournant, enfin, vers M. Etienne qui était à sa droite, il l'a désigné comme l'homme qui personnifiait le mieux, à la Chambre, la cause coloniale à laquelle il s'est consacré avec tout son cœur, toute son ardeur et tout son talent. »

L'éminent député d'Oran, mis ainsi en cause, a annoncé qu'un Comité colonial nouveau, le Comité de l'Asie, venait de se fonder, et s'était donné la mission de travailler à l'affermissement et à l'extension de notre influence en Orient, où nous avons une situation traditionnelle et plusieurs fois séculaire à maintenir, et dans cet Extrême-Orient où nous avons à jouer un rôle politique et commercial. Il n'est pas question ici de conquête, mais d'influence nécessaire et légitime. Le Comité de l'Asie y travaillera et il faut reconnaître qu'il ne pouvait pas choisir de meilleur patronage que celui de M. Etienne.

FAMINE TROPICALE

PLAIDOYER POUR LA CONSERVATION DES FORÊTS

Quand la famine revient périodiquement dans l'Inde et qu'à chaque retour elle s'étend sur une plus vaste région et fait un plus grand nombre de victimes, il est à remarquer que les symptômes de l'établissement de conditions similaires se retrouvent partout dans les pays de colonisation. Ainsi lord Cromer a constaté récemment, dans son rapport optimiste sur l'état de l'Egypte, que la crue du Nil, dont la prospérité du pays dépend à un si haut point, est restée au-dessous de toutes les crues précédentes. Il affirme cependant que ce fait menaçant n'est en réalité qu'un *inconvénient temporaire*. Ce serait rassurant si on pouvait partager cette confiance. Mais lord Rosebery a dit un jour : « le Nil c'est l'Egypte et l'Egypte c'est le Nil ». Si le Nil c'est l'Egypte et l'Egypte c'est le Nil », Si le résultat, la suite nécessaire, de la *Pax Britannica* en Egypte, est le desséchement du Nil, cette paix est pire que le fléau de l'anarchie.

Les Anglais ont reconnu le grand danger d'un moindre débit du Nil, et le grand barrage qu'ils construisent à Assouan en témoigne; mais il n'est qu'un objet symptomatique et ne peut guérir le mal. Il est clair que si les crues du Nil atteignaient les niveaux enregistrés aux temps des Pharaons sur les seuils de Silsilis, il n'y aurait pas besoin d'un barrage. Des eaux abondantes arriveraient dans toutes les parties du delta et le vieux Nil coulerait à pleins bords. Mais un fait certain est celui-ci : la crue est constamment décroissante, et, si les causes du desséchement ne sont pas déterminées et écartées, un jour le fleuve, comme ont fait d'autres rivières de l'est, coulera au-dessous de la surface du sol, et il ne fertilisera plus la région dont la population aura détruit ses sources.

Le phénomène que je viens de signaler ne s'est-il pas déjà produit ailleurs? En Perse, bien que le sol soit hérissé de chaines de montagnes très hautes, il n'existe pas de cours d'eau dans cet immense patrimoine des grands rois. Rien ne peut impressionner plus profondément que le contraste de la dégradation actuelle de la Mésopotamie avec la splendeur dont elle éclaira le monde asiatique.

Que dire de ce qui s'est passé en Transcaspie sur le versant du Kopet Dagh où la lame d'évaporation atteint vingt mètres, alors qu'il ne pleut presque jamais.

Il en est ainsi dans le Sahara, où le cours des rivières n'apparait plus que dans quelques oasis où l'eau souterraine est assez proche de la surface pour nourrir quelques palmiers et buissons et une herbe rare autour d'eux. Jusqu'à l'époque romaine le nord de l'Afrique était le grenier de Rome; alors encore l'humidité et la fertilité du pays étaient plus grandes qu'aujourd'hui.

Écoutez les Algériens des générations actuelles, qu'ils vous disent ce qu'est la lame d'eau, ce que sont maintenant les sources et par suite les rivières. Un forestier français, qui a occupé une haute situation, me faisait l'honneur de m'écrire à mon retour d'Indo-Chine les lignes suivantes :

« N'ai-je pas vu, il y a à peine quarante ans, « d'immenses forêts de chêne-zéen, dont il n'y a « plus aujourd'hui que des vestiges... Les admi- « rables cèdres de Batna et de Sétif sont aujour- « d'hui presque légendaires. Quel parti en a-t-on « tiré ?... Le bois a été gaspillé... le pâturage a fait « le reste. »

Un autre forestier, dont les travaux figuraient à l'Exposition d'Algérie, montre, avec photographies à l'appui, ce que produit le déboisement.

« La forêt disparue, dit-il, les pluies entraînent « les derniers cadavres des grands cèdres morts, « dans le fond des ravins et avec eux la terre végé- « tale. Il ne reste plus que l'ossature géologique « de la montagne avec une maigre végétation her- « bacée comme au Djebel-Zouag qui s'étend au « loin vers le sud ».

Si l'homme, au contraire, intervient et prend les mesures voulues pour qu'un peu de repos soit rendu à la terre (*rest*, comme disent les Américains) pour que les exploitations soient faites avec logique : si, en un mot, il agit sur le phénomène dont nous parlions plus haut, alors la nature dans son œuvre merveilleuse refait la forêt.

L'Algérie souffre, le sol dénudé devient brûlant, l'air surchauffé monte en gigantesques colonnes faisant du sud au nord (loi de Boys Ballat) un appel d'air formidable; et il ne serait peut-être pas impossible de démontrer que le mistral, ce vent qui souffle en rafales dans la vallée du Rhône et sur la Méditerranée, reste un vent moderne, si l'on peut s'exprimer ainsi.

Le Congo, dont le lit est encore protégé par d'épaisses forêts qui condensent la pluie, rappelle les conditions qui assuraient autrefois le plein flot du Nil. La végétation y a déjoué les efforts des indigènes armés d'outils impuissants, et le fleuve est probablement encore aussi plein que le jour où l'homme est apparu sur ses bords. Mais cet état de choses touche à sa fin. L'âge de pierre est passé; des tonnes de haches et de pioches en fer et en acier sont jetées dans la région. La demande de caoutchouc, de bois d'œuvre, de combustible pour railways et steamboats et pour les besoins sans nombre de cet âge de fer, use les forêts. Elles semblent inépuisables et paraissent souvent un obstacle au développement de la civilisation.

Le *Journal Officiel du Congo Français*, 1er mai 1900, nous apprend qu'il n'en est rien et que là aussi il faut intervenir. Un décret pris à la suite d'un rapport adressé au Président de la République va enfin protéger dans une certaine mesure les forêts *autour* de Brazzaville. Protègera-t-on efficacement celles-ci? Espérons-le. A qui confiera-t-on la gestion de ces forêts? A quand le tour des forêts qui survivent dans nos autres grandes colonies? Déjà l'Annam souffre par intermittence de la sécheresse et en même temps par contre-coup de l'affreuse famine.

Que deviendraient les vallées et les deltas du Mékong et du fleuve Rouge ces frères du Grand-Nil?

L'administration belge de l'Etat libre du Congo, se trouve, par rapport à la forêt primitive qui couvre le sol et l'abrite des rayons du soleil, dans la position d'un héritier prodigue ayant un énorme héritage à dissiper.

L'homme faisant à sa guise, en grand enfant qu'il est, finira par gaspiller ces richesses merveilleuses.

M. Mélard a jeté le cri d'alarme (Congrès International) que les échos le répètent. « On détruit « sans relâche les massifs boisés, réalisant en peu « d'années le capital ligneux dont la formation « avait exigé une durée de *plusieurs siècles* et on « diminue, par conséquent, la production de « l'avenir. »

Tôt ou tard le système actuel de piraterie et de pillage doit faire place à l'agriculture, et les énormes bénéfices à réaliser par la culture du sol vierge enrichi pendant des milliers d'années par les dépouilles de la forêt, attireront et enrichiront des millions de cultivateurs.

Cette prospérité durera aussi longtemps que la balance entre les défrichements et les forêts sera maintenue, car la pluie indispensable à la vie agricole sera assurée.

Si la folie du défrichement entame, comme dans l'Inde, le *minimum de forêts nécessaire*, alors l'*inconvénient temporaire* de la diminution des pluies surprendra le peuple, qui demandera pourquoi la pluie ne tombe plus aussi abondante en saison convenable. Mais si on continue la dénudation qui cause la sécheresse tropicale, elle sera naturellement suivie de l'arrêt des pluies. Alors les phénomènes de sécheresse alternant avec les inondations se présenteront au lieu d'une humidité bienfaisante et nos successeurs en Afrique se trouveront dans le même état où nous sommes en Asie, la famine balayant parfois une population surabondante et d'autres fois la main-d'œuvre faisant défaut.

Les famines de l'Inde sont attribuées par certaines personnes à un mauvais gouvernement, au *tribut du Home Charges* injustement exigé des finances indiennes, — à des mariages imprévoyants, à la rareté du numéraire et à des causes économiques semblables. Mais il est évident qu'à de tels facteurs on ne peut pas attribuer la famine; ils ne font qu'en accroître le mal. La *seule cause de famine est le manque de pluie*. Si la période des pluies a lieu en bonne saison, la moisson est assurée et la subsistance est possible. Mais si les pluies font défaut ou se précipitent torrentielles, laissant ensuite le terrain se dessécher sous les rayons du soleil, la sécheresse anéantit la récolte et cause une famine. On peut la soulager en important des vivres; mais le seul remède est dans le rétablissement des pluies périodiques. Et ceci n'est possible que par la conservation de la forêt.

Ce qui pourrait arriver de mieux en Egypte à présent serait la découverte de riches gisements de houille facilement accessibles du Nil. L'emploi du charbon par les chemins de fer, les bateaux à vapeur, les machines en général et l'économie domestique donnerait du répit. Cela permettrait d'arrêter la destruction de la végétation arborescente, véritable suicide qui dessèche les sources du Nil. Si l'administration de l'Egypte pouvait établir un département nouveau doué d'une action suffisante, et arriver à reboiser les vastes étendues que le Mahdi a laissées dénudées le long du Nil et de ses affluents, ce serait établir sur un terrain solide et profond les fondements de la prospérité de l'Egypte. Mais si la leçon n'est pas comprise, si la dévastation des grands bois qui se poursuit malheureusement sur une très grande partie du globe, continue sans arrêt, les successeurs des Anglais gouverneront des provinces misérables et la *Pax Britannica* régnera sur des déserts dépeuplés.

Le correspondant du *Birmingham Daily Post*, auquel nous avons emprunté les vues qui précèdent sur l'Egypte, ajoute :

« Les Français, comme les Allemands, ont la « notion scientifique des faits ; on peut donc espé« rer que l'Afrique française une fois bien assise, « les réformes forestières seront appliquées savam« ment au Sahara même. La tâche n'est pas impos« sible. Il y aurait là matière à comparaison avec « nos méthodes anglaises, si nous laissions l'E« gypte se convertir graduellement en un désert » tandis que la France rendrait le Sahara à la « production par la forêt. »

Notre cher voisin nous flatte, il ignore l'état des choses de l'Afrique française.

Plus que partout ailleurs, le forestier est considéré en Algérie comme le gêneur, comme l'ennemi. Pauvre forestier désintéressé.

Sous prétexte ici de faire *vivre l'Arabe*, ses troupeaux ont le droit de détruire peu à peu toute trace de végétation. L'Arabe actuel vit sans doute de cette *destruction* ; mais tout ayant une fin en ce monde, il finira par en mourir, entraînant avec lui, pâtre paresseux, la ruine de toute la population agricole.

Bientôt tout ne sera que désert.

S'il pouvait en être autrement, si « les questions forestières qui rencontrent aujourd'hui tant d'indifférents » prenaient rang IMMÉDIAT dans les PRÉOCCUPATIONS DES PEUPLES civilisés, si le rêve exprimé tout à l'heure pouvait se réaliser, les rivières depuis longtemps perdues aux yeux reviendraient à la surface et rendraient la fertilité à ce qui nous paraît maintenant devoir être à jamais le désert.

L'Etat boisé est un des facteurs importants du grand problème social. Des hommes éminents ont mis en relief les relations intimes qui unissent les questions forestières à l'intérêt général; mais je ne sais si, avant Huc (1832), prêtre missionnaire de la Congrégation de Saint Lazare, quelqu'un a jamais tracé, quant à l'effet de la destruction des forêts, des lignes aussi significatives que celles qui suivent :

« Vers le milieu du XVIIe siècle, les Chinois commencèrent à pénétrer en Tartarie. A cette époque ce pays était encore magnifique, les montagnes *étaient couronnées de belles forêts*, les tentes mongoles étaient disséminées çà et là au fond des vallées parmi de gras pâturages. Pour un prix très modique les Chinois obtinrent la permission de défricher... Dès lors le pays changea bientôt de face. Tous les arbres furent arrachés, les forêts disparurent du sommet des montagnes... et les nouveaux cultivateurs se hâtèrent d'épuiser la fécondité de cette terre.

« Maintenant ces contrées ont été presque entièrement envahies par les Chinois et c'est peut-être à leur système de dévastation qu'on doit attribuer cette grande irrégularité des saisons qui désole ce malheureux pays. Les sécheresses y sont fréquentes, presque chaque année, les vents du printemps dessèchent les terres..... Après ces ouragans la pluie ne se fait pas longtemps attendre; mais alors on la redoute plus qu'on ne la désire, car d'ordinaire elle tombe avec fureur...; bientôt les champs et les moissons disparaissent sous une mer boueuse, dont les énormes vagues suivent la pente des vallées et entraînent tout sur leur passage. Le torrent s'écoule avec vitesse et quelques heures suffisent pour que le sol reparaisse. Mais plus de moissons, presque plus même de terre végétale. Il ne reste que des ravins profonds, encombrés de graviers et où il n'y a plus d'espérance de pouvoir désormais faire passer la charrue.

« La grêle tombe fréquemment dans ce malheureux pays et souvent elle est d'une grosseur extraordinaire.... Les sécheresses et les inondations occasionnent quelquefois des famines qui exterminent les habitants. Celle de 1832, douzième mois du règne de Tao-Kouang, est la plus terrible dont on ait entendu parler. Les Chinois disent qu'elle fut partout annoncée par un pressentiment général dont on n'a jamais pu se rendre compte....

« Si l'on excepte quelques plantes potagères, les environs de Tolon-Noor ne produisent absolument rien. Le solde est aride et sablonneux. Les eaux y sont extrêmement rares. Sur certains points seulement on aperçoit quelques sources peu abondantes et qui se dessèchent à la saison des chaleurs. »

Voilà donc l'héritage que laisse aux hommes le déboisement; le père Huc decrit le fléau envahisseur tel qu'il *l'a vu en Extrême-Orient*.

A l'heure actuelle, en France, les destinées de l'état boisé (je ne parle pas de l'Algérie) sont assurées, l'avenir est plein de promesses, grâce à une meilleure éducation qui fera tache d'huile et grâce aussi à une forte réaction contre le déboisement (dans le bassin de la Loire, par exemple). Mais après le cri d'alarme poussé par M. Mélard n'appartient-il pas à l'Administration des Eaux et Forêts d'étendre son champ d'action à tout ce qui touche à la question forestière, à nos colonies en particulier?

La grande île de Madagascar est riche d'avenir, l'Indo-Chine également. Aux gens du métier, à l'Administration Métropolitaine à revendiquer le soin de défendre, de conserver, d'améliorer les richesses qui survivent encore à la destruction dont l'explorateur Huc faisait, en 1832, un tableau si sombre pour la Chine.

Je demande ici la permission à M. Guinier, inspecteur des Eaux et Forêts de citer la fin de son article : *Forêts et Montagnes* (*Revue des Eaux et Forêts* du 1er novembre 1900) elles complètent l'étude de la question mieux que jamais je ne saurais le faire, et indiquent combien est capital ce facteur Forêt.

« Il ne faut pas un grand effort d'esprit pour « classer les peuples, par une large synthèse, en « deux catégories :

« Les peuples qui aiment les arbres et les forêts, « qui conservent ces dernières et les élèvent en leur « vouant parfois une sorte de culte,

« Et les peuples qui n'éprouvent aucun attrait « pour l'arbre, qui considèrent la forêt comme un « obstacle, presque une ennemie, qui la laissent « dépérir par incurie ou qui la détruisent systé- « matiquement.

« Les premiers, ceux qui aiment la forêt, sont « laborieux et prévoyants. En raison de leurs « mœurs et de leurs traditions, ils conservent et « accroissent le capital, quelle que soit sa forme, « qui constitue le matériel de leur civilisation. Ce « sont les peuples en progrès, et généralement « c'est le Nord qu'ils habitent. Les peuples qui « n'aiment ni la forêt ni l'arbre sont, en général, « routiniers et peu laborieux ; ils laissent les abus « séculaires perpétrer lentement leur œuvre de « désagrégation ; par le fait seul qu'ils ne sont pas « en progrès, ils se trouvent en retard des autres « nations mieux avisées. Quant aux peuples qui « détruisent, leur décadence est accusée depuis « longtemps : leur disparition, au moins en tant « que nation, est souvent proche. Si le soin que les « peuples prennent de leurs forêts est, pour ainsi « dire, le thermomètre de leur prospérité et de « leur progrès, ce n'est donc pas seulement parce « que ces peuples jouissent du bénéfice que don- « nent ces forêts, soit pour la production du bois, « soit — et surtout — pour les avantages indirects » abri, protection, régime des pluies, etc. C'est « qu'on peut juger ainsi de leurs mœurs ou de « leurs instincts qui les portent à conserver leurs « richesses, à les laisser dépérir ou enfin à les « détruire ».

L'Indo-Chine ne connaît pas fort heureusement le fléau du mouton et de la chèvre.

Le Tonkinois ne détruit pas la forêt pour détruire ; mais il use des richesses d'une façon inconsidérée. Notre arrivée dans le pays a ouvert d'autre part des débouchés nouveaux ; la consommation en bois augmente ; les exploitations s'étendent et sont mal comprises. Pour un arbre utilisé, vingt sont inutilement détruits. Ce sont les espèces précieuses qui disparaissent, laissant la place libre aux essences secondaires, à la brousse. Ayant, avant tout, le grand désir de voir la France ne pas rester en arrière des autres pays (Angleterre en particulier) en ce qui concerne la question forestière coloniale qui sera un jour bien plus importante que celle de la métropole, je dirai que s'il est temps encore de sauver l'état boisé partout où il existe et, par suite, *d'enrayer tous les maux auxquels* le DÉBOISEMENT des terres impropres à la culture peut donner lieu, il *reste urgent d'agir*, sans délai aucun, en Indo-Chine comme partout où flottent nos trois couleurs, en décrétant l'application d'un régime forestier rationnel.

Des millions et des millions d'hectares de forêts réclament protection.

Pas de forêts, pas d'eau.

Des millions d'hectares de terres encore non cultivées ou déjà abandonnées, demandent de l'eau.

Pas d'eau, pas de résultats. PAS DE RIZ, PAS DE BÉTAIL.

Pas de récolte, pas de riz, pas d'impôt possible.

Sans argent pour assurer la marche de la machine sociale dans nos colonies, pour entreprendre et payer les grands travaux qui s'imposent, que ferons-nous? La révolte peut-être nous guette !

Serons-nous inférieurs *pour toujours* à nos voisins des Indes, de Java, de Sumatra ?

La forêt, richesse publique, l'eau qu'elle donne, dont elle régularise le débit, doit être confiée à des mains habiles à la manier, à la comprendre.

La forêt aux forestiers, telle doit être la règle.

J'ai voulu signaler le danger, là s'arrête mon rôle.

ROGER DUCAMP,
Ingénieur agronome,
Inspecteur adjoint des Eaux et Forêts.

DOCUMENTS, ARTICLES SPÉCIAUX ACTES OFFICIELS

GÉNÉRALITÉS

CONNAISSANCE DES LANGUES INDIGÈNES. — Le ministre des colonies a adressé à la date du 26 décembre à tous les gouverneurs des colonies la circulaire suivante :

Monsieur le gouverneur,

L'attention du département a été appelée sur les avantages que la connaissance des langues indigènes de nos colonies pouvait présenter pour les officiers et hommes de troupe de l'armée coloniale.

Dans l'état actuel, ce personnel ne peut faire constater officiellement que sa connaissance des langues orientales parlées en Indo-Chine et une circulaire du 13 juillet 1889 a spécifié les conditions dans lesquelles ce brevet pouvait être délivré aux intéressés et leur donner droit à certaines indemnités.

J'ai pensé qu'il y aurait intérêt à ce que l'octroi du dit brevet fût étendu au personnel militaire connaissant les dialectes les plus usités de nos possessions d'Afrique.

A cet effet, je vous serais obligé de vouloir bien me signaler quels sont ceux des dialectes en usage dans la colonie que vous administrez, dont la connaissance parmi ce personnel peut présenter actuellement un réel intérêt et me faire part des observations que vous aura suggérées le projet d'appliquer dans votre colonie, les dispositions en vigueur en Indo-Chine.

COLONIES FRANÇAISES

AFRIQUE DU NORD

Algérie. — ACTES OFFICIELS. — *Le Mobacher.*

16 janvier. — *Décret* fixant pour la période du 1er janvier au 31 décembre 1901 le tarif de la perception de l'octroi de mer en Algérie. — *Décret* relatif au mode de concession des immeubles domaniaux aux communes de l'Algérie. — *Arrêté* du gouverneur général réglementant les conditions de circulation en Algérie des plants, produits et débris de la vigne, des produits agricoles et horticoles, des terres, des terreaux et fumiers. — *Arrêté* du gouverneur général fixant les tarifs des indemnités à allouer, en 1901, aux indigènes non naturalisés, pour fournitures et prestations exigibles en vue du service de l'armée.

23 janvier. — *Décret* fixant les frais des enquêtes sur la propriété indigène en Algérie.

30 janvier. — *Arrêté* du gouverneur général rattachant au secrétariat général du gouvernement (direction de l'intérieur et des affaires indigènes 1er bureau), les questions intéressant l'administration des populations indigènes du territoire civil, actuellement confiées au service militaire des affaires indigènes.

AGRICULTURE. — *Mesure prise contre le phylloxera.* — En vue d'arrêter la propagation du phylloxera, le gouverneur général a rendu, à la date du 3 janvier, un arrêté très circonstancié concernant la circulation des plants de vigne et des produits agricoles et viticoles dans la colonie.

L'arrêté divise, sans ce rapport, l'Algérie en 4 zones : les territoires indemnes, les territoires des zones de protection, ceux contaminés et les territoires de libre culture. Ces derniers territoires sont compris dans le périmètre d'une circonscription désignée par un arrêté pris en vertu de l'article 1er de la loi du 23 mars 1899.

L'arrêté du 3 janvier détermine les conditions nécessaires pour faire voyager les sarments, ceps et débris des vignes qui ne peuvent circuler qu'en caisses ou wagons plombés ; les plants de vigne devront être désinfectés au départ.

Des sanctions sont édictées contre les personnes qui auraient enfreint cet arrêté.

COLONISATION. — *Agrandissement du centre de Rochambeau.* — Par un arrêté en date du 21 janvier, le gouverneur général a prononcé l'expropriation pour cause d'utilité publique, avec prise de possession d'urgence, de 264 hect. 54 ares de terrains nécessaires à la formation du périmètre de colonisation du centre de Rochambeau (commune mixte du Télagh, arrondissement de Sidi-bel-Abbès, département d'Oran).

Tunisie. — ACTES OFFICIELS. — *Journal officiel tunisien.*

5 décembre. — *Décret* approuvant les tarifs et le règlement particulier présenté à l'homologation du gouvernement par la Compagnie des Magasins généraux du centre tunisien.

19 décembre. — *Décret* arrêtant la liste des terrains habous publics qui pourront être échangés en argent par le domaine de l'Etat, ou par son intermédiaire, pendant l'année 1901.

5 janvier. — *Tableaux* de développement du budget général de 1901.

9 janvier. — *Décret* modifiant le régime fiscal des chaux, engrais et produits similaires. — *Décret* fixant les conditions d'importation des vins.

19 janvier. — *Erratum* au décret modifiant le régime fiscal des chaux, engrais et produits similaires.

26 janvier. — *Liste* des médecins, pharmaciens, dentistes, vétérinaires et sages-femmes diplômés exerçant en Tunisie.

INDUSTRIE. — *Trituration des feuilles de lentisques.* — MM. Calo, Smadja et Cie font construire près de Tunis, à Sidi-Fatallah, une usine à vapeur disposant d'une force de cinquante à soixante chevaux, qui traitera les feuilles de lentisques utilisées par la tannerie.

L'usine, qui est éclairée à l'électricité, pourra triturer de 5 à 6.000 tonnes de feuilles par an et commencera à fonctionner en octobre prochain.

En 1899, il a été exporté de Tunisie 7.239.671 kilos de feuilles de lentisques, dont 7.068.498 kilos à destination de l'Italie.

Il était à désirer que la feuille de lentisque fût triturée dans le pays pour être vendue directement à la tannerie en France, en Belgique, en Italie, etc., plutôt que d'aller à Palerme se mélanger frauduleusement à la poudre de sumac dont un syndicat palermitain s'est fait une espèce de monopole.

Le lentisque, qui est assez riche en tannin (30 0/0 quelquefois), moins cependant que le sumac, est peu connu de la tannerie parce qu'il est toujours vendu sous le nom de sumac.

L'industrie que se proposent d'exercer MM. Calo, Smadja et Cie semble donc appelée à avoir de l'avenir en Tunisie ; ils pourront d'ailleurs également traiter dans leur usine d'autres tannants qui se trouvent en abondance dans la Régence. (*Feuille de renseignements de la Régence de Tunis.*)

AFRIQUE OCCIDENTALE

Afrique occidentale française. — Actes officiels. — *Journal officiel de l'Afrique occidentale française.*

31 décembre. — *Arrêté* rendant exécutoire le budget des recettes et des dépenses de l'exercice de 1901. — *Arrêté* relatif au droit de 7 0/0 à percevoir sur les alcools conformément à l'arrêté local du 1er octobre 1900. — *Tarif* des contributions et taxes locales pour l'exercice 1901. — *Arrêté* rendant exécutoire le tableau des valeurs destinées à servir de base à la liquidation des droits de douane et d'octroi sur les marchandises françaises et étrangères pendant le premier semestre 1901.

5 janvier. — *Arrêté* portant ouverture d'un nouveau crédit de 20.000 francs au titre du chapitre 40 : Défenses des colonies exercice 1900.

12 janvier. — *Arrêté* rendant exécutoires les budgets des recettes et dépenses communes des pays de protectorat. — *Arrêté* rendant exécutoires les budgets des recettes et dépenses des cercles de Bakel, Kaëdi, Matam, Podor, Dagana, Louga, du Cayor, Thiès, Kaolack, Nioro, du Niani-Ouli, de Sédhiou et de Carabane.

19 janvier. — *Arrêté* promulguant dans toute l'étendue du gouvernement général de l'Afrique occidentale française le décret du 20 décembre 1900, constituant un troisième territoire militaire. — *Décision* transférant à Dakar la résidence de l'Administrateur de Dakar-Thiès. — *Arrêté* relatif aux conditions d'exploitation du chemin de fer du Sénégal au Niger.

Douanes. — *Recettes de l'année 1900.* — On trouvera ci-dessous l'état comparatif des recettes de toutes sortes effectuées au Sénégal des 1er janvier aux 31 décembre 1900-1899 :

Détail des recettes	Recettes du 1er janvier au 30 décembre 1900	Recettes du 1er janvier au 30 décembre 1899	Différence entre les deux années	Prévisions bubgétaires pour 1900
Droits de sortie — Gommes	23.049 98	41.182 63	— 18.132 05	45.000
Droits de sortie — Casamance	112.151 69	131.399 95	— 19.248 26	110.000
Droit sur les caoutchoucs	55.857 60	»	+ 55.857 60	»
Droit d'importation	1.586.648 77	1.499.082 54	+ 87.566 23	1.300.000
Droit de douane	1.023.703 87	1.003.838 34	+ 19.865 53	910.000
Taxe de consommation	820.594 20	1.027.197 13	— 206.602 93	810.000
Droits de navigation — Ancrage	123.592 42	87.055 13	+ 36.537 29	70.000
Droits de navigation — Autres	13.413 81	12.985 58	+ 428 23	15.500
Dépôt et magasinage	4.873 27	3.202 77	+ 1.670 50	4.000
17 0/0 sur le produit des amendes et confiscations	380 83	1.329 11	— 948 28	1.500
Produit des ventes	54 »	»	+ 54 »	500
Recettes accessoires et accidentelles à expliquer	»	»	»	»
Totaux	3.764.320 44	3.807.272 58	+ 201.979 38 — 244.931 52	3.266.500
Octroi municipal	481.847 01	491.809 72	— 9.962 71	»

Douane : En moins : 42.952 14. — Octroi : En moins : 9.962 71.

La différence en moins a été finalement, pour 1900, de 42.952 fr. 14.

Finances. — *Budget du service local de 1901.* — Le budget des recettes et dépenses du service local du Sénégal, pour l'année 1901, a été arrêté à la somme de 4.644.732 francs qui se décompose ainsi :

Recettes	Montant des recettes.
Contributions directes	292.250 »
Contributions indirectes et divers produits	4.352.482 »
Total des recettes	4.644.732 »

DÉPENSES	Montant des dépenses.
Dépenses ordinaires :	
Chap. I. — Dettes exigibles	642.328 50
— II. — Dépenses d'administration	597.515 »
— III. — Services financiers	526.912 88
— IV. — Justice et Cultes	256.113 70
— V. — Instruction publique	361.288 »
— VI. — Postes et Télégraphes	385.895 40
— VII. — Imprimerie	59.200 »
— VIII. — Police et Prisons	207.822 80
— IX. — Assistance publique	135.930 90
— X. — Travaux publics	853.656 80
— XI. — Agriculture	31.160 »
— XII. — Ports et rades	96.039 30
— XIII. — Services sanitaires et Lazarets	32.902 90
— XIV. — Dépenses diverses	448.567 »
— XV. — Dépenses des exercices anrieurs	9.342 82
Total des dépenses	4.644.732 »
Dépenses extraordinaires	» »

Budget des cercles. — Les budgets des recettes et dépenses des cercles de Bakel, Kaëdi, Matam, Podor, Dagana, Louga, du Cayor, de Thiès, Kaolack, Nioro, du Niani-Ouli, de Sédhiou et de Carabane, sont rendus exécutoires tels qu'ils ont été arrêtés par le Conseil privé.

Les recettes et dépenses sont fixées aux sommes de :

	francs.
Cercle de Bakel	132.986 »
— Kaëdi	70.682 »
— Matam	144.692 »
— Podor	204.774 »
— Dagana	168.220 »
— Louga	331.975 »
— Cayor	312.322 »
— Thiès	543.115 »
— Kaolack	312.876 »
— Nioro	50.414 »
— Niani-Ouli	34.963 »
— Sédhiou	94.500 »
— Carabane	23.600 »

En outre, des crédits sont ouverts à MM. les Administrateurs ordonnateurs des budgets régionaux ci-après désignés, pendant le premier trimestre de l'exercice 1901 :

	francs.
Thiès	135.778 75
Tivaouane	78.080 50
Podor	51.193 50
Louga	80.993 75
Bakel	33.246 50
Kaolack	78.219 »
Kaëdi	17.670 50
Dagana	42.055 »
Sédhiou	23.625 »

Budget des pays de protectorat. — Le budget des recettes et des dépenses communes des pays de protectorat est rendu exécutoire tel qu'il a été arrêté par le Conseil privé.

Ces recettes et dépenses sont fixées à *cinq cent quatre-vingt mille neuf cent trente-sept francs soixante et onze centimes.*

Droit sur les spiritueux étrangers. — Un arrêté du gouverneur général, en date du 31 décembre, prescrit que le droit de douane de 7 0/0 *ad valorem*, frappant les marchandises de provenance étrangère établi par les décrets des 20 janvier 1870 et 2 décembre 1899, sera perçu sur les spiritueux étrangers introduits dans la colonie du Sénégal et dépendances, indépendamment de la taxe d'entrée et de consommation dont sont frappés ces spiritueux en vertu de l'arrêté du 1er octobre 1900.

Postes et Télégraphes. — *Ouverture d'un nouveau bureau.* — La ligne télégraphique Bandiagara-Dori est terminée. Depuis le 17 janvier le bureau de *Dori* est ouvert au service officiel et privé.

Congo français. — Actes officiels. — *Journal officiel du Congo français.*

15 décembre. — *Arrêté* fixant, pour l'année 1901, le prix de revient des denrées dans les différentes régions du Haut-Congo et les quantités composant la ration individuelle. — *Arrêté* sur le fonctionnement des Agences spéciales. — *Arrêté* déterminant la réserve de 30.000 hectares autour de N'Djolé et les lots de terrain de 10.000 hectares accordés à M. Monthaye et à M. Gazengel. — *Arrêté* déterminant les réserves sur les rives de la rivière N'Gounié, à Samba.

1er janvier. — *Arrêté ministériel.* — Substitution aux Sociétés de la Mobaye et de la Kotto et à la Compagnie des Sultanats du Haut-Oubangui, de la Compagnie de Navigation et Transports Congo-Oubangui pour l'exécution du service de navigation prévu au titre 2 des cahiers des charges annexés à leurs décrets de concession. — *Arrêté* réglementant les caravanes. — *Arrêté* supprimant l'interdiction de l'accès des ports de la colonie aux provenances de Gold Coast. — *Arrêté* interdisant la circulation et la vente des alcools de traite dans la région de Brazzaville. — *Arrêté* instituant à Brazzaville un Comité consultatif du commerce, de l'agriculture et de l'industrie. — *Décision* ouvrant des bureaux de poste auxiliaires à Bangui, Loukoléla, Mobaye, Ouesso et Carnot.

Administration. — *Interdiction de la vente des alcools de traite.* — Désireux d'arrêter les progrès de l'alcoolisme parmi les indigènes, dans la région de Brazzaville, le commissaire général a pris, à la date du 20 décembre, un arrêté interdisant la circulation de la vente des alcools de traite dans la région de Brazzaville.

Toutefois, en raison des commandes qui ont pu être déjà faites, l'interdiction de l'importation commencera à avoir effet à compter du 1er avril 1901, et la prohibition de la vente, à partir du 1er juillet 1901, afin de permettre l'écoulement des stocks existants.

Cette interdiction ne s'applique pas aux spiritueux destinés à la consommation des populations non indigènes.

COLONISATION. — *Création d'un comité consultatif du commerce, de l'agriculture et de l'industrie.* — Le développement pris par Brazzaville a amené le commissaire général à créer dans cette ville un Comité consultatif du commerce, de l'agriculture et de l'industrie.

Ce comité ayant les mêmes attributions que celui de Libreville s'occupe des questions intéressant les régions du Congo proprement dit. Il se compose de 7 membres titulaires et de 7 membres suppléants nommés par le commissaire général, pour une période de deux ans.

COMMERCE. — *Organisation des caravanes.* — Le commissaire général du Congo a pris à la date du 20 décembre un arrêté sur l'organisation des caravanes par les maisons de commerce.

Voici le texte de ce nouvel arrêté qui remplace celui du 15 septembre dernier, dont nous avons rendu compte. (1)

Les maisons de commerce devront établir pour leurs caravanes un état nominatif des porteurs et une feuille de route qui seront soumis au *visa* de l'administrateur de la région.

Comme mesure de police et de contrôle, il sera délivré par l'administrateur de la région à chaque chef de caravanes un livret indiquant son signalement, les conditions de son engagement.

Ce livret portera un numéro d'ordre et sera soumis au paiement d'un droit fixe de cinq francs.

Il sera tenu par l'administrateur de la région un registre des caravanes indiquant :

1° Le nom du chef et des porteurs ;

2° Les villages dont ils sont originaires ;

3° Les conditions d'engagement ;

4° La maison de commerce qui aura fait le recrutement :

5° Le poids et la nature des charges.

Il sera établi deux extraits de ce registre, dont l'un sera remis au chef de caravane pour lui servir de feuille de route et l'autre remis à la maison de commerce avec la certification du service fait après que l'administrateur aura vérifié les indications que les chefs de poste mentionneront sur la feuille de route à l'aller et au retour.

Ce dernier extrait devra être joint à la facture établie.

Les dispositions qui précèdent sont applicables à la région de Brazzaville.

(1) Voir *Quinzaine Coloniale* du 10 novembre, p. 669.

FINANCES. — *Perception de l'impôt indigène.* — Le commissaire général du Congo a adressé aux agents comptables de la colonie une circulaire leur prescrivant de tenir un compte exact, sur un registre spécial, de l'impôt versé en nature par les indigènes. Aux termes de la circulaire, les agents comptables doivent immédiatement vendre les produits susceptibles de l'être. Ceux qui restent en magasin et sont employés par les services seront pris en charge et payés à leur livraison, par les mandats ordonnancés pour leur achat.

Ce système permettra de faire apparaître tout entière la production de la région, tandis qu'avec le système actuel les perceptions en espèces seules étaient apparentes.

POSTES ET TÉLÉGRAPHES. — *Création de bureaux de postes auxiliaires.* — Les régions de l'Oubanghui, de la Sangha et du Moyen Congo sont actuellement parcourues par de nombreux négociants et fonctionnaires.

Désireux de leur assurer les moyens de recevoir et d'expédier leur correspondance d'une manière sûre et régulière, le commissaire général a décidé par arrêté du 28 décembre que des bureaux de poste auxiliaires dont la gérance sera confiée à des fonctionnaires désignés par les administrateurs chefs de régions, seront ouverts pour dater du 1er février 1901 à Bangui, Loukoléla, Mobaye, Ouesso et Carnot.

Ces bureaux participeront au service de la recommandation et pourront échanger des dépêches closes entre eux et avec le bureau de Brazzaville.

Côte d'Ivoire. — ACTES OFFICIELS. — *Journal officiel de la Côte d'Ivoire.*

31 décembre. — *Circulaire* ministérielle relative à la constatation des connaissances en langues indigènes du personnel des troupes de la marine. — *Arrêtés* accordant des concessions à : MM. Schneider, Rossignon et Cie, à Acrédou et à la rivière Agnéby ; la Compagnie française de l'Afrique occidentale, à Alépé ; la Compagnie de Kong, à Aboisso.

AFRIQUE ORIENTALE

Côte des Somalis. — FINANCES. — *Budget de 1901.*

Un arrêté du Gouverneur en date du 31 décembre a rendu provisoirement exécutoire le budget local de la colonie pour 1901. Ce budget est arrêté en recettes comme en dépenses à la somme de 597.574 fr. 65.

Le même arrêté donne les taxes qui seront perçues dans l'année.

Madagascar. — ACTES OFFICIELS. — *Journal officiel de Madagascar et dépendances.*

15 décembre. — *Instructions* générales sur la construction du chemin de fer de Tananarive à la mer.

19 décembre. — *Arrêté* prévoyant l'attribution d'honneurs et d'emplois dans l'administration civile aux sous-officiers indigènes libérés du service militaire. — *Arrêté* réglementant les travaux de fouilles ou recherches proprement dites en terrain réservé pour l'or, les métaux précieux et les pierres précieuses, et fixant les conditions de circulation des produits de ces travaux. — *Circulaire* du 19 décembre à MM. les administrateurs de province et commandants de cercle, au sujet de l'utilisation industrielle du caoutchouc.

22 décembre. — *Circulaire* au sujet des bornages d'immatriculation.

26 décembre. — *Arrêté* modifiant et complétant l'arrêté du 6 novembre 1900, organisant le service des courriers dans le sud de Madagascar. — *Circulaire* au sujet de la création des pépinières et champs d'expériences.

AGRICULTURE. — *Caoutchouc à Madagascar.* — M. le pharmacien des colonies Boissière, ancien élève de l'Institut Pasteur, de Lille, et actuellement chargé du Laboratoire de Tananarive, vient de terminer l'analyse de divers échantillons de latex à caoutchouc, tiré des provinces de l'Ile, et en particulier de celle de Tamatave.

Les résultats de ces analyses peuvent se résumer ainsi qu'il suit :

Certains des latex expédiés paraissent avoir été fortement étendus d'eau. Les rendements qu'ils donnent en caoutchouc présentent en effet des écarts considérables qui varient entre 4 0/0 et 45 0/0. Les compositions des caoutchoucs, tous tirés des divers latex, varient dans les limites suivantes ;

Caoutchouc.	de 96	p. 100 à	75	p. 100
Résine......	2	—	33	—
Cendres....	0 1	—	0 05	—
Humidité...	0 1	—	0 15	—

Les échantillons de la région de Tananarive donnent des constances de caoutchouc voisines du maximum (90.13 p. 100), pour la Fingominy et d'autres voisines du minimum (65.8 p. 100), pour le Conganoux.

M. le pharmacien Boissière, dont les appréciations concordent en cela avec celles récemment émises par plusieurs colons de la province de Farafangana, recommande certaines espèces particulièrement riches en caoutchouc, telles que le Landolphia, l'Hevea, le Babona.

Enfin, certains échantillons contenant des proportions de résine comprises entre 10 et 20 p. 100 peuvent être encore utilisables comme matières premières inférieures, à condition qu'ils soient abondants et bon marché.

A la suite de ces expériences, M. le général Galliéni a adressé aux administrateurs et chefs de province, une circulaire, où nous lisons ;

» Les échantillons qui renferment moins de 10 p. 100 de résine sont les plus intéressants au point de vue manufacturier. Mais avant de pouvoir se prononcer définitivement sur la valeur d'un caoutchouc, il y a lieu de procéder à un essai quasi industriel, pour lequel 15 à 20 kilogrammes de matière brute, qui se réduisent souvent après épuration, à 5 ou 6 kilogrammes, sont nécessaires. Plusieurs importantes maisons de la métropole se sont gracieusement offertes au gouvernement général pour effectuer ces expériences.

« Je vous demanderai donc de faire recueillir dès que les circonstances vous le permettront, 15 à 20 kilogrammes des meilleures espèces de caoutchouc se rencontrant dans votre circonscription. La coagulation s'opèrera par un procédé indigène, en grosses boules de préférence, le produit risquant moins sous cette forme, de s'altérer pendant le délai d'expédition en France.

« Ces nouveaux échantillons devront être adressés au Gouvernement général (2e bureau). »

La culture du mûrier. — Parmi les industries qui paraissent devoir prendre de l'extension sur le plateau central, l'une des plus rémunératrices et, en même temps, l'une de celles qui semblent présenter, dès maintenant les meilleures garanties de réussite, est incontestablement l'industrie séricicole. Les indigènes l'ont pratiquée et la pratiquent encore volontiers; les soies qu'ils produisent, en petite quantité, il est vrai, sont de bonne qualité. D'autre part, les différentes espèces de vers qu'on rencontre à Madagascar possèdent naturellement ou ont acquis par l'acclimatation une résistance et une rusticité qui les préservent des maladies si connues dans les magnaneries d'autres contrées.

Pour toutes ces raisons, les régions du plateau central offrent à l'industrie séricicole d'excellentes conditions de développement ; malheureusement, les mûriers ne sont pas assez nombreux, les Malgaches n'ayant ni les connaissances, ni l'énergie que réclame cette culture.

M. le général Galliéni, pour combler cette lacune et permettre l'extension de la sériciculture, vient d'adresser aux administrateurs chefs de province et commandants de cercle une circulaire dans laquelle il leur recommande d'encourager par tous les moyens en leur pouvoir la culture du mûrier dans l'étendue de leur circonscription, pour arriver ainsi à une culture qui promet d'être heureuse.

Le thé dans la province du Betsileo. — On sait que la province du Betsileo n'est pas propre aux cultures tropicales. Cependant, la culture du thé semble devoir mieux se comporter, non seulement dans le Betsileo, mais encore dans certaines régions de l'Imerina où le premier ministre possédait autrefois quelques plantations.

L'espèce de thé cultivée dans le Betsileo se rapproche beaucoup du thé de Chine. D'ailleurs, l'altitude du pays, voisine de 1.300 mètres, est celle qui convient le mieux à cette espèce.

Les rendements sont assez variables. A Madagascar, ils paraissent pouvoir osciller entre 100 et 200 kil. de thé préparé à l'hectare, suivant l'âge des plantations et leur état d'entretien. Quant à la préparation commerciale, elle peut se faire au moyen d'une installation simple, telle que celle qui est adoptée sur la plantation de Mme de Chazal, à Fianarantsoa et qui ne comporte qu'un bâtiment d'une superficie de 20 à 25 mètres carrés. Dans la grande île, où les plantations de thé sont encore à leur début, la préparation commerciale se faisant sur des quantités limitées, ne comporte pas l'installation d'un industrie perfectionnée. Mais on est fondé à espérer que la culture du thé ne tardera pas à se développer suffisamment pour nécessiter l'emploi d'un outillage moderne ; alors, les produits, mieux préparés et mieux échantillonnés, pourront lutter avec les autres provenances. C'est du moins l'espoir qu'exprime l'auteur d'une intéressante communication dont nous avons analysé les parties essentielles.

Commerce du riz. — Récolte du riz sur la côte Est. — Un correspondant nous écrit de Tamatave le 2 janvier dernier :

« Par suite de la grande sécheresse et de l'apparition des sauterelles, la récolte du riz est absolument nulle sur toute la côte est de Madagascar.

« Il en résulte une importation assez considérable de cette denrée, provenance de l'Indo-Chine, qui trouve presque immédiatement son écoulement, par suite de la nécessité de subvenir à la nourriture des ouvriers employés pour les travaux de la route du chemin de fer de Mahatsara à Tananarive. La hausse sur le riz ne se fait pas trop sentir, de grosses quantités de riz ayant été importées, mais les prix pratiqués laissent cependant aux importateurs un bénéfice important.

« Il est à craindre que certaines maisons de commerce, qui n'ont pas su prévoir à temps ce qui se passe actuellement, ne s'engagent trop tard dans des opérations de même nature, qu'elles fassent la hausse sur les marchés de l'Indo-Chine en achetant à tout prix, qu'elles inondent ensuite Madagascar de cette denrée et provoquent ainsi un avilissement des cours ici.

Chemins de fer. — *Instructions du gouverneur général relatives à la construction du chemin de fer.* — Le général Galliéni vient de rédiger, sur la construction dn chemin de fer de Tananarive à la mer, des instructions générales qui sont fort intéressantes.

On sait quelles difficultés présente la construction des chemins de fer dans nos colonies, et à quelles dures écoles nous avons été d'ailleurs soumis, aussi bien en Afrique qu'en Asie ; écoles que n'ont pas évitées les autres peuples colonisateurs. Tantôt les délais d'exécution prévus à l'origine ont été dépassés dans d'énormes proportions ; tantôt les dépenses se sont élevées au double et au triple des prévisions. D'autres fois, la maladie a décimé les travailleurs. Ce sont les causes de ces échecs ou de ces crises que le général Galliéni recherche dans ses instructions, afin qu'on les évite le plus possible dans la construction de la ligne nouvelle.

Suivant le général Galliéni, les échecs subis proviennent le plus souvent de l'insuffisance des études préalables ou de la trop grande hâte mise à entreprendre les travaux et, pour éviter que, cette fois, on se lance dans l'inconnu, le général a réclamé, pour le 1er avril prochain, tous les croquis d'exécution de la longueur de la voie a construire pendant la première campagne, soit 56 kilomètres.

Les commandes de matériel doivent être faites, avec grand soin, assez longtemps à l'avance, mais être échelonnées, cependant, de façon à éviter l'encombrement et le désordre aux points de débarquement ou dans les magasins.

Il faut enfin ménager, près de la ligne à construire, une voie de communication parallèle. C'est là un point d'une très grande importance; car, bien que la voie doive être construite d'après le système dit « à l'avancement » dans lequel on utilise la voie au fur et à mesure de sa construction, pour le ransport des matériaux et des vivres, on ne peut appliquer strictement cette méthode qui amènerait des lenteurs considérables.

Faisant application de ces idées que lui a suggérée sa grande expérience, puisqu'il a eu, au cours de sa carrière, à s'occuper des chemins de fer coloniaux, notamment au Soudan et au Tonkin, le général Galliéni a divisé la construction de la voie ferrée, depuis l'origine jusqu'à Tananarive en sept campagnes d'un an.

Pour la première campagne, la longueur de la plate-forme à construire est de 56 kilomètres ; le long de cette plate-forme, et, pour en faciliter la construction, on établira tout d'abord une voie Decauville sur laquelle les vagonnets seront traînés par les hommes.

En même temps qu'on établira cette voie, on procédera aux installations destinées au logement du personnel. Le général s'étend longuement sur cette question et il a raison. De grands travaux publics, analogues à celui que nous allons entreprendre, ont entraîné, au Congo belge notamment, une consommation énorme de travailleurs ; il faut prendre toutes les mesures pour que ce travail fasse le moins de victimes possible ; aussi établira-t-on des campements sur des terrains secs et élevés ; aucun d'eux ne devra contenir plus de 500 hommes...

Chaque homme devra disposer d'un lit de camp. — Chaque camp sera muni de latrines convenablement aménagées. Les endroits où les hommes pourront laver leur linge, les points où l'eau devra être puisée, seront nettement indiqués. Des consignes sévères, affichées dans les camps, indiqueront les prescriptions hygiéniques auxquelles chacun sera tenu de se conformer.

Un camp assez vaste pour contenir la totalité des travailleurs exotiques que peut amener un même bateau, soit environ 1.000 hommes, sera installé aux environs de Tamatave. Les immigrés recevront là un abri provisoire et seront dirigés sur les chantiers par petits groupes, assez peu nombreux pour trouver en route un logement convenable.

Des recommandations sont faites également pour l'alimentation des travailleurs, puis, dans un tout autre ordre d'idées, pour le respect des règlements sur la comptabilité publique, et pour les documents à établir, concernant la marche des travaux.

Si ces instructions sont suivies, on peut espérer que la ligne qui doit relier la capitale de Madagascar à la côte ne causera pas trop de mécomptes à la métropole et ne viendra pas grossir le nombre des chemins de fer coloniaux dont la construction et les transformations sont restées à l'ordre du jour pendant près d'un quart de siècle.

Matériel du chemin de fer. — Des expéditions importantes de matériel de voie étroite sont arrivées à Tamatave dans ces derniers temps. Ces rails et wagonnets sont destinés aux chantiers du chemin de fer d'Anivorano. Ils ont été réexpédiés à Andevorante par la voie des Pangalanes ; mais la baisse des eaux résultant de l'extraordinaire sécheresse des mois derniers gêne beaucoup l'exploitation et retarde les transports en ne permettant pas de charger complètement les chalands.

COLONISATION. — *Mouvement de la colonisation et immigration dans la province de Majunga.* — Il a été accordé quatre concessions à titre onéreux et une à titre gratuit à M. Talère ; de plus, vingt-trois immatriculations ont été effectuées par le service topographique. La plus intéressante de ces concessions est certainement celle de M. Billaud de Marohogo, où ce colon a installé une scierie.

La scierie hydraulique qui, au commencement de l'année, avait commencé de fonctionner, a dû s'arrêter à raison de l'abaissement des eaux du Marohogo. M. Billaud, pour parer à cette éventualité, avait commandé en France une machine à vapeur ; cette machine a été installée vers la fin de septembre; les premiers essais sont pénibles, à cause de la dureté des bois.

Les plantations de vanille faites par M. Billaud semblent devoir le récompenser de ses efforts et de sa tenacité. Depuis la fin du mois d'août, en effet, de superbes fleurs de vanille sont écloses, et tout fait croire qu'avant la fin de l'année, de nombreuses gousses seront formées.

Ce résultat aura dans la province une grande importance; car tous les colons attendent de le connaître pour se livrer à cette culture.

L'aliénation du domaine de l'Etat en faveur des particuliers continue tous les jours. Au mois de juillet dernier, il a été vendu pour 42.000 francs de terrains communaux par voie d'adjudication.

Immigration. — Il est arrivé de nombreux ouvriers pour la route de l'ouest; la population européenne de Majunga s'est même légèrement accrue de quelques commerçants.

Les Asiatiques, venus au début de l'année, sont complètement installés ; on peut dire que leur établissement est définitif.

Les Indiens rendent de nombreux services à Marovoay, où ils assurent les travaux de briqueterie ; les Haoussas libérés sont aussi de bonnes recrues.

Quant aux indigènes, ils suffisent à peine au recrutement des quelques domestiques nécessaires pour la ville, excepté dans la région d'Ambohidia, où M. Sluszanski a pu en engager 900.

Quelques entreprises de colonisation à Maroantsetra. — Les diverses concessions bordent la mer et occupent toutes les parties de forêts de la province du littoral. Il n'y a donc plus dans la région aucun emplacement disponible en vue de nouvelles entreprises forestières.

Sur la concession de M. F. Thévenet, sur la rive gauche de la Mananara, il existe 500 lianes de vanille, alternant avec des caféiers. La vanille présente un bel aspect.

Dans sa concession, située également sur la rive gauche de la Mananara, M. Nicolini a 3,000 pieds de café de 15 mois, renfermant de beaux sujets.

M. Lecomte, dans son exploitation sise près d'Antanambe, a planté 200 cocotiers et fait d'importants semis de caféiers. Il a également établi, sur le bord de la rivière Vahibe, une pépinière comprenant 3,000 lianes de vanille, qui ont 2 ans. Tous ces plants sont de belle venue.

Enfin M. Dupavillon entretient 15,500 lianes de vanille en plein rapport. Sa plantation date d'octobre 1895. 8,000 lianes de vanille donnent une première récolte cette année. Le concessionnaire évalue la récolte de 1000 à 4,000 kilos de vanille verte, soit 1,000 kilos environ de vanille préparée.

Voici, d'ailleurs, les comptes de culture établis par M. Dupavillon :

Vanillerie de 15,000 lianes. — Superficie approximative : 4 hectares. — Boutures, 0 m. 40 de longueur.

1re année.	— Défrichement du sol, achat et plantation de boutures, matériel.	4.000 fr.
2e	— Entretien	1.440 —
3e	— Entretien	1.440 —
4e	— Entretien (1re récolte)	2.500 —
5e	— Entretien (2e récolte)	8.500 —

(y compris la part d'un préparateur, c'est-à-dire 5 fr. par kilogramme de vanille préparée).

Rendement

1re récolte. — 4e année : 180 kilos de vanille préparée.

2e récolte. — 5e année : 1,000 kilos de vanille préparée.

Organisation du service des courriers dans le sud de Madagascar. — Un arrêté du Gouverneur général en date du 15 décembre dernier, procède à cette réorganisation. Désormais, les courriers partiront de Fianarantsoa et de Betroky le mardi et le samedi, à 8 heures du matin (le courrier bi-hebdomadaire existant entre Fianarantsoa et Betroky.)

Il est créé un courrier direct bi-hebdomadaire entre Fianarantsoa et Tulear par l'itinéraire Ihosy-Ranohira-Maromiandry-Manera.

Les départs auront lieu :

De Fianarantsoa, les mardis et samedis, à 8 h. du matin ;

De Fort-Dauphin, aux jours qui seront fixés par le commandant du cercle, de manière que les courriers parviennent à Betroky le lundi et le vendredi.

Le courrier direct bi-hebdomadaire créé entre Fianarantsoa et Farafangana suivra l'itinéraire Ikongo-Vohipeno.

Les départs auront lieu :

De Fianarantsoa, les mercredis et samedis, à 8 h. du matin ;

De Farafangana, les mercredis et samedis, à 8 h. du matin.

Commerce. — *Débouchés commerciaux offerts par l'Afrique du Sud aux produits de Madagascar.* — Depuis que les champs d'or du Transvaal ont attiré une nombreuse population, l'Afrique du Sud a dû importer presque tout ce qui est nécessaire à l'alimentation de cette population immigrée ; car la production locale ne suffit qu'aux besoins des indigènes. La guerre, qui dure depuis un an dans l'Afrique du Sud, a réduit au minimum les ressources du pays. Il n'y a, en ce moment, ni récolte, ni troupeaux.

Pour les approvisionnements de viande de boucherie, l'Afrique du Sud espérait pouvoir compter principalement sur la République Argentine et l'Australie. Or, les provenances de la première sont prohibées, à cause de la fièvre aphteuse qui sévit actuellement sur son bétail. D'autre part, les importations de bétail sur pied d'Australie n'ont presque jamais donné de résultats satisfaisants ; car la traversée, généralement mauvaise, détermine une forte mortalité, et les affaires en souffrent. De plus, les événements de Chine ont encore contribué à accroître les difficultés, déjà si nombreuses, pour l'affrètement de navires servant au transport des animaux.

L'occasion serait donc des plus favorables aux exportateurs de Madagascar qui voudraient tenter aujourd'hui des opérations avec ce pays.

Bœufs. — Les besoins locaux, très grands en ce moment, resteront tels durant de longs mois à venir. Un chargement mensuel de 1.000 bœufs sera, pendant deux ans au moins, bien accueilli à Durban. Actuellement, on pourrait obtenir environ trois livres sterling par 200 livres de poids vif rendu à bord à Port-Natal.

Produits de ferme. — Il y a ici un débouché presque inépuisable pour le beurre, les œufs, les fromages, poulets, canards, dindes, etc., etc.

De grandes quantités de beurre frais importées d'Australie sont conservées dans des chambres frigorifiques. On peut compter un prix de 1 shilling (1 fr. 25) par livre de beurre rendu au Natal.

Chaque paquebot anglais à destination de Cape-Town embarque à Madère des milliers d'œufs, qui sont vendus à Cape-Town et au Transvaal. Transportés dans des paniers en osier, puis enveloppés de pepier, les œufs ont paru arriver ici en assez bon état depuis l'époque déjà lointaine où ce commerce a été entrepris.

En expédiant de bons produits de ferme, Madagascar pourra occuper, vis-à-vis de l'Afrique du Sud, la place que la Normandie et la Bretagne occupent par rapport à l'Angleterre.

Bois. — Il semble que, si l'on installait à Madagascar des scieries mécaniques, on devrait pouvoir vendre de grandes quantités de bois. On importe au Natal des planches et des madriers de Scandinavie et des Etats-Unis d'Amérique, tandis que l'Australie et Java expédient des traverses de chemin de fer.

Comme nombre de nouvelles lignes sont sur le point d'être construites dans la Colonie, on y aura besoin de millions de traverses.

Riz. — La qualité dite *coolie rice* s'écoule au Natal en grandes quantités; des milliers de tonnes par an pourraient être importées de Madagascar, à la condition qu'on les vendît au même prix que dans les Indes.

HYGIÈNE. — *Etat sanitaire à Tamatave*. — L'état sanitaire continue d'être satisfaisant, malgré la sécheresse persistante, ce qui est un fait anormal à cette époque de l'année.

La peste tend à diminuer à la Réunion, mais on signale son passage au Cap.

MINES. — *Les chantiers aurifères de la province de Mananjary*. — Le calme n'a pas cessé de régner, d'après une communication que nous recevons de Madagascar, dans les régions aurifères du Haut-Fanantara et de l'Ampasary.

L'administration a d'ailleurs pris les mesures nécessaires pour assurer le maintien de l'ordre parmi les 15.000 individus travaillant aux nouveaux placers. Il est question de placer sous la même autorité les divers districts aurifères qui dépendent à l'heure actuelle de trois ou quatre circonscriptions. Un contrôleur des mines résiderait auprès de l'administrateur chargé de la surveillance de cet important territoire. La prochaine campagne qui va sans doute attirer de nombreux prospecteurs s'ouvrirait dans de meilleures conditions que précédemment, la surveillance devenant plus efficace.

TRAVAUX PUBLICS. — *Canal des Pangalanes. Etat d'avancement des travaux*. — Le canal des Pangalanes, qui devait être terminé le 31 décembre 1900, ne sera probablement livré complètement au trafic qu'au mois d'avril 1901.

Il reste à extraire à Andanakinimerana environ 120.000 mètres cubes qui seront probablement enlevés à la fin de janvier.

De tous les travaux exécutés, ceux du Ranomainty au sud du grand chantier d'Andarakinimerana, ont été les plus pénibles et les plus onéreux, par suite d'une végétation excessive de vacoas, de vihas et de nombreuses racines aquatiques.

Lorsque le canal sera ouvert, le parcours d'Ivondrona à Mahatsara s'effectuera en six heures, au moyen de bateaux de 32 mètres de longueur, actionnés par des machines de 150 chevaux de force.

Travaux publics en cours : mois de décembre. — Les travaux exécutés en décembre ont consisté :

1° A la jetée de protection, dans le battage des pilots et dans le remblaiement à l'arrière des pilots;

2° A la pointe Hastie, dans l'achèvement des magasins de transit. On a dégagé tout le terrain à l'est de ces magasins en bordure de la mer, pour des constructions ultérieures;

3° A la pointe Tanio dans la construction de plusieurs maisons et notamment d'une cantine pour le casernement.

ASIE

Indo-Chine. — ACTES OFFICIELS. — *Journal officiel de l'Indo-Chine française* (*Ire Partie*).

24 décembre. — Arrêté nommant une commission

chargée de procéder à la réception des offres pour fourniture des appareils d'éclairage destinés aux côtes de l'Indo-Chine. — *Arrêté* du 7 décembre fixant le cadre des commis greffiers de 1re 2e et 3e classes du service judiciaire de l'Indo-Chine.

31 décembre. — *Arrêté* du 18 novembre portant réglementation de la navigation fluviale à vapeur dans les eaux de l'Indo-Chine. — *Programme* des examens pour l'obtention du certificat de patron brévété local. — *Programme* des examens pour l'obtention du certificat de mécanicien brévété local. — *Arrêté* du 18 novembre ayant pour objet de prévenir les abordages dans les eaux fluviales de l'Indo-Chine. — *Règlement* ayant pour objet de prévenir les abordages dans les eaux fluviales de l'Indo-Chine, annexé a l'arrêté du 18 novembre 1900. — Tableau.

Administration.—*Examen des indemnités au personnel.* — Le *Journal officiel* de l'Indo-Chine française du 27 décembre dernier publie une série d'arrêtés relatifs au personnel de l'administration civile.

Le premier, en date du 8 décembre, décide que l'examen auquel sont astreints les administrateurs de 5e classe des services civils de l'Indo-Chine, pour pouvoir être promus administrateurs de 4e classe, a lieu, chaque année, dans le courant du mois de mars. Les demandes des candidats, transmises par voie hiérarchique, doivent parvenir au gouvernement général (Direction des Affaires civiles de l'Indo-Chine) le 15 février au plus tard.

Un second arrêté, en date du 11 décembre, dispose que les fonctionnaires et employés appartenant au personnel des services civils de l'Indo-Chine, remplissant dans les bureaux de la Direction des Affaires civiles les employés ci-après désignés, recevront, à titre de supplément, pour fonctions spéciales, les allocations suivantes :

Sous-directeur chargé de la direction du cabinet	Piastres	800
Chefs de bureau		600
Chef du secrétariat et sous-chef de bureau..		300

Enfin, deux d'autres arrêtés, portant la même date, disposent, le premier, que les fonctionnaires, employés et agents européens des services locaux de l'Indo-Chine, en résidence dans les villes de Saïgon, Hanoï, Haïphong, Hué, Tourane et Pnom-penh, non logés dans les bâtiments du domaine, ont droit, en principe, à une indemnité spéciale de logement variant de 50 à 12 piastres, — le second que l'indemnité de logement dont il s'agit sera allouée à partir du 1er janvier, du 1er février, du 1er mars, du 1er mai, du 1er juin 1901, suivant les catégories de fonctionnaires.

Budget.—*Négociations de change.*— Aux termes d'un arrêté du 6 décembre dernier, les frais de négociation et de change, ainsi que les pertes et les bénéfices résultant des variations du taux de la piastre, que le budget général de l'Indo-Chine doit supporter ou dont il doit bénéficier, sont constatés du 1er janvier au 31 décembre inclus de chaque année, à un compte de trésorerie ouvert dans la comptabilité spéciale en piastres du trésorier-payeur de la Cochinchine, sous le titre : *Frais de négociation et de change.*

Annam. — Actes officiels. — *Journal officiel de l'Indo-Chine* (*1re Partie.*)

20 décembre. — *Arrêté* du 17 février rendant exécutoire l'ordonnance du roi d'Annam, en date du 26 octobre 1898, créant à Hué une école d'agriculture. — Ordonnance royale.

24 décembre. — *Arrêté* du 24 novembre créant à la direction des travaux publics de l'Annam un service régi par économie à Tourane.

31 décembre. — *Arrêté* du 11 décembre portant création d'un bureau de l'enregistrement, des domaines, du timbre et des hypothèques à Tourane.

(*2e Partie*).

6 décembre. — *Arrêté* du 24 novembre déclarant d'utilité publique les travaux de création d'un port à Tourane.

Agriculture.—*L'école de Hué.* — Nous avons annoncé en son temps cette création si utile et qui vient à son heure. Nous avons à enregistrer aujourd'hui l'arrêté du gouverneur général, que publie l'*Officiel* de l'Indo-Chine (20 décembre), et rendant exécutoire l'ordonnance du roi d'Annam créant l'école d'agriculture de Hué, placée sous l'autorité du directeur de l'agriculture de l'Annam.

Quant au cadre des fonctionnaires et agents de l'école d'agriculture de Hué, il comprend un vétérinaire et des agents principaux et ordinaires de 1re, de 2e et de 3e classes.

En ce qui concerne la véritable destination de l'école, pour l'indiquer nettement à nos lecteurs, nous ne pouvons mieux faire que de reproduire le passage suivant de l'ordonnance royale du 26 octobre 1898 : « A la fin de chaque année, les élèves de l'école d'agriculture passeront un examen sur les matières qui leur ont été enseignées. Quand ils auront satisfait à cet examen et que leur instruction sera jugée suffisante par le directeur de l'école, ils seront renvoyés dans leurs provinces respectives, avec un grade dans le mandarinat, soit pour y diriger une école sur le modèle de celles de la capitale, soit pour inspecter les cultures et répandre la connaissance des méthodes nouvelles.

« Il est à désirer que l'enseignement de l'école soit également suivi par les Français qui désirent faire des plantations en Annam. Il appartiendra à

M. le Résident supérieur de fixer le nombre de cette catégorie d'élèves et de décider dans quelles conditions ils seront admis à l'école. »

Cambodge. — Actes officiels. — *Journal officiel de l'Indo-Chine française.*

20 décembre. — *Arrêté* du 14 décembre nommant une commission pour la réception provisoire des travaux d'installation d'un service d'eau potable dans la ville de Pnom-Penh.

Colonisation. — *Installation d'un champ de courses au Cambodge.* — Une somme de 2.000 piastres est mise à la disposition du président de la Société des courses, nouvellement créée à Pnom-penh, en vue de subvenir aux dépenses nécessitées par l'installation d'un champ de courses et les prix à distribuer à l'occasion du concours agricole.

Cochinchine. — Actes officiels.— *Journal officiel de l'Indo-Chine francaise (1re Partie).*

20 décembre. — *Arrêté* du 26 novembre relatif au paiement du droit d'immatriculation des asiatiques étrangers.

24 décembre. — *Arrêté* du 1er décembre créant à la direction des travaux publics de Cochinchine un service régi par économie pour assurer le service des travaux publics au Lang-bian.

Riz. — *Son marché.* — On nous écrit de Saïgon à la date du 3 janvier dernier :

« Comme début de campagne, il y a peu d'animation sur notre marché, ce que nous attribuons à l'élévation des prix du nouveau grain. Aussi la demande est-elle presque nulle tant des ports voisins que d'Europe.

« Le vapeur français *Cachar* est parti le 24 décembre pour Marseille, avec marchandises diverses.

« Le vapeur français *Bordeaux* est parti le 29 décembre pour Saint-Nazaire, Havre et Dunkerque avec 3.119 tonnes riz blanc; 963 tonnes brisures de riz, 202 tonnes farine de riz.

Nous cotons pour livraison février/mars :

		Vinhlong	Gocong	Baixau
PADDY, par picul de 150 lbs ou 68 k. rendu aux usines........		2.00	2.00	2.06
CARGO d'usine, par picul de 134 lbs ou 60k. 700 brut le long du bord sans les droits en sacs de gunnies.	5 °/......	2.53	2.53	2.59
	10 °/......	2.48	2.48	2.54
	15 °/......	2.44	2.44	2.50
	20 °/......	2.40	2.40	2.46
CARGO indigène (mêmes conditions)	20 à 25 °/.	»	»	»
RIZ BLANC d'usine (mêmes conditions)	N° 1.......	Prix suivant triage et conditions		
	N° 2 trié..			
	N° 2 ord..	2.90	2.90	2.96

Travaux publics.— *Etudes d'un canal de grande navigation fluviale.* — Le Conseil supérieur de l'Indo-Chine a décidé de commencer les études d'un canal de grande navigation fluviale qui fera communiquer les provinces de Rachgia et de Cantho.

Ce canal, à peine amorcé à l'une de ces extrémités, s'appelle le canal du Xa-No. La Société des dragages a commencé ses travaux depuis quelques jours. Cette voie aura quelques kilomètres de longueur.

Travaux d'alimentation en eau potable. — M. Beau, conducteur des travaux publics à Saïgon, étudiera à Singapour, les réservoirs d'eau de pluie et, en général, le système d'alimentation en eau potable de cette ville.

La mission dont est chargé M. Beau durera environ deux semaines

Tonkin. — Actes officiels. — *Journal officiel de l'Indo-Chine française (1re partie).*

24 décembre. — *Arrêté* du 30 novembre approuvant le projet présenté par M. Porchet pour la fourniture et la pose du matériel fixe des lignes de chemin de fer de Haïphong à Hanoï et à Laokay et de Hanoï à Nam-dinh et à Vinh. — *Arrêté* du 2 décembre substituant à M. Eug. Le Roy, à ses héritiers et représentants la Société d'irrigation au Tonkin et en Annam comme concessionnaire des travaux d'irrigation dans la province de Son-tay.

31 décembre. — *Arrêté* du 9 décembre affectant une somme de 4.500 francs à l'installation provisoire de l'Institut antirabique de Hanoï. — *Arrêté* rendant applicable dans les territoires militaires l'arrêté du 15 novembre 1900, sur les permis de séjour au Tonkin à délivrer aux équipages chinois.

Chemins de fer. — *Chemin de fer du Delta.* — Les travaux de ballastage et pose de voie de la section comprise entre Hanoï et Ninh-Binh vont commencer incessamment; ils viennent d'être adjugés à M. Robert, au prix de 982.000 francs; les dépenses en régie et de surveillance s'élèveront à 215.000 francs.

Colonisation. — *La colonisation agricole au Tonkin et le Comité consultatif du Commerce et de l'Industrie.* — Le Comité consultatif de l'Agriculture, du Commerce et de l'Industrie, appelé par M. le Ministre des Colonies à donner son avis sur deux propositions émanant de M. Duchemin, secrétaire de la Chambre d'agriculture du Tonkin, et toutes deux relatives au développement de la colonisation agricole dans ce pays, a entendu, dans sa dernière séance, le rapport qui lui a été présenté par M. Depincé, au nom de la sous-commission qui avait été chargée d'examiner ces propositions.

Nous donnons ci-après un résumé de ce remarquable rapport dont les conclusions ont été adoptées à l'unanimité par le Comité consultatif.

La première des propositions de M. Duchemin, dit M. Depincé, a trait à l'organisation du crédit agricole. Etant donné que, au Tonkin, les terres ne sont pas classées comme valeur et que leur rendement ne repose pas encore sur des bases bien certaines, M. Duchemin propose d'assurer un capital de garantie à la Société qui consentirait à faire des avances aux colons agriculteurs. Ce capital serait constitué par les concessionnaires de terrains ruraux, à raison de un franc par hectare, que chacun d'eux paierait au moment de la remise du titre de propriété définitive.

Cette proposition, M. Depincé la considère comme inacceptable pour les colons qui ont obtenu des concessions entièrement gratuites, puis il a fait observer que la contribution dont il s'agit ne saurait être obligatoirement imposée à des colons qui peuvent n'avoir pas besoin de recourir au crédit : il ne comprendrait qu'un système de crédit agricole coopératif, reposant sur une entente des colons librement consentie.

Au point de vue de la question de principe, la création projetée par M. Duchemin soulève par elle-même de très graves objections. Ces objections avaient été exposées au Comité du syndicat des planteurs coloniaux par deux de ses membres, MM. Brandela et Simonet dans un rapport dont M. Depincé a donné lecture : il en résulte que, dans l'état actuel des choses, une banque agricole ne saurait s'établir au Tonkin, sans s'exposer à courir les plus grands risques, en raison de l'insuffisance des garanties que la plupart des producteurs pourraient lui offrir.

En ce qui concerne le capital de garantie à constituer, M. Duchemin proposait d'en remettre la gestion à la Chambre d'Agriculture. La Commission a craint qu'il n'y eût là un nouvel aléa pour la sécurité des prêts contractés, et finalement, elle s'est prononcée contre le projet de M. Duchemin. Elle a, d'ailleurs, été informée que les planteurs établis au Tonkin peuvent, quand ils offrent des garanties suffisantes, trouver à se procurer les fonds dont ils peuvent avoir besoin, sans être obligés d'attendre la réalisation de leurs produits.

D'autre part, a ajouté M. Depincé, le décret du 16 mai 1900 qui a prorogé le privilège de la Banque de l'Indo-Chine prévoit, au nombre des opérations que cet établissement est autorisé à faire, les prêts sur marchandises restant entre les mains des emprunteurs et même l'escompte d'obligations garanties par des cessions de récoltes pendantes ; et, de plus, la Banque consentirait, sous certaines réserves, à prêter son concours financier pour la création d'établissements de crédit agricole.

La seconde proposition de M. Duchemin envisage, au point de vue des mesures dont elles peuvent être l'objet, les ressources multiples qu'offre la zone forestière du Tonkin et distingue entre les produits encore inconnus et ceux qui ont déjà commencé à être exploités.

Pour ceux-ci, M. Duchemin voudrait que l'administration en fît établir un inventaire détaillé dans chaque province et qu'elle se préoccupât d'en faciliter l'exploitation.

Pour ce qui est des produits non encore connus, il demande que l'auteur de la découverte soit indemnisé par une prime qui serait payée par l'exploitant et qui serait prélevée sur la contribution réclamée par le Trésor public.

La première partie de la proposition n'a donné lieu à aucune observation ; mais la seconde a été jugée absolument inacceptable, comme étant anti-économique, contraire à l'équité, et aussi comme étant impraticable.

Et, à propos des mesures à prendre pour encourager la colonisation, le meilleur moyen de la rendre fructueuse pour le pays et pour les colons eux-mêmes, c'est, dit M. Depincé, de donner toute sécurité à la propriété du sol et d'en favoriser la transmission. Dans cet ordre d'idées, le rapport signale l'intérêt qu'il y aurait à doter nos possessions d'Extrême-Orient d'un régime foncier inspiré par l'*Act torrens*. Ce serait aussi en même temps, dit-il, aux yeux de la commission, la méthode la plus efficace pour créer le Crédit agricole.

Exposition de Hanoi. — *Premiers travaux*. — Le commissariat général de l'Exposition d'Hanoi a annoncé, dans les premiers jours de décembre dernier, la mise en adjudication du premier lot des travaux à exécuter pour le gros œuvre du palais principal ; ce lot comprend la maçonnerie, la charpente et la couverture ; l'estimation en est faite à 235.000 piastres, non compris la somme à valoir pour travaux imprévus et frais divers ; l'adjudication a eu lieu le 7 janvier dernier.

Monographie générale du Tonkin pour la prochaine Exposition de Hanoï. — L'administration locale se préoccupe dès à présent de l'organisation de l'Exposition de Hanoï. Par une circulaire récente M. Fourès, Résident supérieur, a invité les administrateurs à compléter les notices provinciales qu'ils avaient rédigées précédemment, de manière à permettre d'établir pour l'Exposition une monographie générale du Tonkin.

MOYENS DE COMMUNICATIONS. — *Le chemin le plus court pour pénétrer au Laos.* — On nous abresse la communication suivante : « M. Ganesco, administrateur de la province du Cammon, vient d'arriver du Laos, accompagné d'une délégation de jeunes Laotiens qui se rendent au Tonkin pour visiter nos différents centres commerciaux.

Le voyage du Mékong à la mer s'est effectué sans fatigue, en sept jours, ce qui semblerait démontrer la supériorité de la voie de pénétration Vinh-Ha-Trai, pour se rendre au Laos.

OCÉANIE

Nouvelle-Calédonie. — ACTES OFFICIELS. — *Journal officiel de la Nouvelle-Calédonie et dépendances.*

1er décembre. — *Arrêté* du 27 novembre promulguant en Nouvelle-Calédonie le décret du 22 novembre 1900 établissant un impôt de capitation de 10 fr. sur les indigènes de la Nouvelle-Calédonie et dépendances. — *Arrêté* fixant pour l'année 1901 le taux de la conversion en argent des prestations en nature.

COMMERCE. — *Prix d'achat aux producteurs.* — D'après le *Bulletin du commerce de la Nouvelle-Calédonie*, le cours approximatif des principaux produits agricoles achetés aux producteurs en Nouvelle-Calédonie, s'établirait comme suit :

Maïs : 120 francs la tonne ;
Colibasi 1er choix : 185 fr. les 100 kilogr.;
Coprah: 210 à 215 francs la tonne ;
Pommes de terre : 120 à 150 francs la tonne.

Constitution d'une nouvelle Société minière. — Nous lisons dans le *Bulletin du Commerce de la Nouvelle-Calédonie* : « Sous le nom de « Société Minière Calédonienne « il vient d'être constitué une Société au capital de 400.000 francs, divisé en 80 actions de 5.000 francs souscrites par MM. Reichenbach, Haege, Saint-Georges, Sim mons, Ayres, Sager et Guiraud.

C'est l'ancienne maison Reichenbach et Stilling transformée, M. Reichenbach étant nommé directeur.

La Société a pour but les achats de minerais; ceux qui la composent sont des gens d'affaires expérimentés ; ses opérations aideront puissamment à l'exploitation de nos mines. »

Mouvement de la navigation auquel donne lieu l'exploitation du minerai de nickel. — Les renseignements ci-dessous nous sont fournis à la date du 10 décembre : « Le *Notre-Dame de la Garde*, capitaine Bontemps, de la Compagnie Marseillaise, a quitté Thio le 10 courant avec 3,200 tonnes de minerai de nickel à destination de Glascow.

Sont actuellement en charge :

Le *Paris*, capitaine Benao, de la Compagnie des Longs courriers de Paris, de 3,200 tonnes et le *Port-Victoria*, vapeur anglais de 4.000 tonnes.

Pour les premiers mois de l'année 1900, il est déjà annoncé, comme devant venir prendre chargement à Thio et à Kouaoua, 17 grands voiliers français de 3 à 4,000 tonnes, sans compter les gros cargo-boats anglais, qui ne sont pas encore définitivement nolisés.

On peut donc estimer à quarante, au minimum, le nombre de navires qui viendront charger du minerai pour le compte de la Société le Nickel, en 1901. »

Tarif spécial des douanes. Tarif de l'octroi de mer. — Dans ses séances des 7 et 8 décembre 1898, le conseil général de la Nouvelle-Calédonie a adopté une délibération tendant à fixer sur des bases nouvelles le mode d'assiette, les règlements de perception et le tarif du droit d'octroi de mer dans cette colonie. Il a corrélativement demandé diverses modifications au tarif spécial des douanes.

L'examen de ces propositions avait été tout d'abord ajourné, en raison des fréquents remaniements apportés au régime de ces impôts depuis quelques années.

Mais le conseil général de la Nouvelle-Calédonie ayant insisté à plusieurs reprises pour la mise à l'étude de ses projets, il devenait évident que l'expérience avait suffisamment démontré l'imperfection du régime actuel,et il a semblé au ministre qu'il y avait lieu de saisir le conseil d'Etat de la question.

La haute assemblée a été favorable dans l'ensemble aux demandes de la colonie. Elle a toutefois émis l'avis que, dans l'intérêt de la consommation locale, il ne convenait pas de fixer, comme le conseil général l'avait proposé, les droits de douane sur le gibier, la volaille, les pommes de terre, le maïs, l'avoine, l'orge et le seigle.

En conséquence, un décret est intervenu le 16 janvier pour établir le tarif ci-après :

Désignation des Marchandises	Unités	Droits
Animaux vivants		
Gibier	100 kil. net	25 »
Volailles	—	20 »
Produits et dépouilles d'animaux		
Volailles mortes	100 kilogr.	20 »
Gibier mort	—	25 »
Conserves de viandes en boîtes	100 k. brut	10 »
Farineux alimentaires		
Froments épeautre et méteil en grains	—	0 60
— — — en farine	—	1 30
Avoine, orge, seigle et maïs, en grains et en farines	—	3 »
Gruaux, semoules en gruau grosse farine	—	2 »
Pommes de terre	—	0 40
Fruits et graines		
Fruits de table frais	—	5 »
Denrées coloniales de consommation	—	» »
Sucres étrangers en poudre quel que soit le degré de rendement	—	2 50
Bois		
Bois communs, bois exotiques et buis	—	0 50
Teintures et tannins		
Ecorces à tan	—	1 »
Produits et déchets divers		
Houblon	—	2 »
Marbres, pierres, terres et combustibles minéraux.		
Houille crue ou carbonisée et cendre de houille	—	0 10
Produits chimiques		
Sel marin, sel de saline et sel gemme	—	0 25
Peaux et pelleteries ouvrées		
Selles pour hommes, dites de Stockman	La pièce	3 75
Ouvrages en peaux ou en cuir, articles de bourrellerie	100 k. brut	25 »
Ouvrages en bois		
Pièces de charpente et de charronnage façonnées	—	0 75
Bois rabotés, rainés et, ou bouvetés, planches, frises et lames de parquet rabotées et, ou bouvetées	—	0 75

Un décret portant la même date, approuve la délibération du Conseil général de la Nouvelle-Calédonie, en date des 7 et 8 décembre 1898, relative au mode d'assiette aux règles de perception et au tarif de l'octroi de mer dans cette colonie.

Tableau fixant l'assiette et le tarif de l'octroi de mer en Nouvelle-Calédonie.

Désignation des Marchandises	Unités	Droits
Matières animales. — Produits et dépouilles d'animaux		
Lait concentré additionné de sucre ou non	100 k. brut	4 »
Fromages de pâte dure	100 kil. net	20 »
Fromages de toutes sortes en boîtes ou sous verre	—	30 »
Pêches		
Poissons secs, salés ou fumés, morues, stockfish, harengs et saumons	100 fr.	5 »
Poissons conservés au naturel, marinés ou autrement préparés	—	5 »
Homards et langoustes conservés au naturel ou préparées	—	5 »
Matières végétales. — Denrées coloniales de consommation		
Bonbons et fruits confits au sucre	100 kil. net	20 »
Biscuits sucrés	—	20 »
Chocolat	—	20 »
Poivre, cannelle, muscades et girofles	—	15 »
Thé	—	20 »
Huiles et sucs végétaux		
Huiles fixes, pures, d'olive, de lin, de coton, de sésame de colza et d'œillette	100 k. brut	6 »
Essence de térébenthine	—	2 50
Boissons		
Vins en fûts par barrique jusqu'à 228 litres	Barrique	12 »
Vins en fûts par demi-barrique jusqu'à 114 litres	1/2 barrique	6 »
Matières minérales		
Marbres, pierres, terres et combustibles minéraux, ciments	100 k. brut	0 60
Huiles de pétrole, de schiste et autres huiles minérales propres à l'éclairage, brutes, raffinées et essences	—	2 50
Huiles lourdes et résidus de pétrole et d'autres huiles minérales	—	1 »
Métaux		
Métaux, à l'exception des minerais dont ils proviennent	100 fr.	5 »
FABRICATIONS		
Produits chimiques		
A l'exception des sels repris au n° 251 du tarif général des douanes	—	5 »
Couleurs		
Vernis à l'alcool, à l'essence, à l'huile ou à l'essence et à l'huile mélangées	—	5 »
Couleurs préparées dénommées aux n°s 308 et 310 du tarif général des douanes	—	5 »
Compositions diverses		
Parfumeries, n° 311 du tarif général des douanes	—	5 »
Epices préparées, moutardes, sauces et autres	—	5 »
Médicaments composés	—	5 »
Bougies de toutes sortes	100 kil. net	15 »
Colle forte, gélatine et cirage	100 fr.	5 »
Poteries		
Faïences stannifères et fines	—	5 »
Porcelaines	—	5 »
Verres et cristaux		
Verres et cristaux	—	5 »
Fils		
Fils, ficelles et cordages dénommés au chapitre 24 du tarif général des douanes	—	5 »

Désignation des Marchandises	Unités	Droits
—	—	—
Tissus		
Tissus de toute espèce confectionnés ou non, repris au tarif général des douanes......................	—	5 »
Papier et ses applications		
Papiers dénommés au tarif général des douanes du nº 461 au nº 472 inclus....................................	—	5 »
Cartes à jouer........................	100 kil. net	200 »
Ouvrages en métaux		
Ouvrages en métaux dénommés au chapitre 28 du tarif général des douanes............................	100 fr.	5 »
Armes, poudres et munitions		
Armes, poudres et munitions dénommés au chapitre 29 du tarif général des douanes.............	—	5 »
Instruments de musique		
Instruments dénommés au chapitre 32 du tarif général des douanes...	—	5 »
Ouvrages de vannerie et de sparterie		
Chapeaux d'écorce, etc., art. 612 du tarif général des douanes.........	—	5 »
Ouvrages en matières diverses		
Carrosserie, voitures pour voies non ferrées, carrosserie proprement dite..................................	—	5 »
Vélocipèdes..........................	La pièce	20 »
Agrès et apparaux de navires non dénommés..........................	100 fr.	5 »
Ouvrages en caoutchouc et en gutta-percha..........................	—	5 »
Feutres	—	5 »
Chapeaux de feutre de poils.........	—	5 »
Chapeaux de feutre de laine........	—	5 »
Chapeaux, casquettes, bonnets de drap, de crin ou de tout autre tissu casquettes et bonnets de fourrure.	—	5 »
Chapeaux de soie......................	—	5 »
Ouvrages en matières diverses repris au tarif général des douanes, nº 620 à 647 *bis* inclus.......................	—	5 »
Allumettes chimiques et bois préparés pour allumettes...............	100 k. net	30 »
Ouvrages en matières diverses repris au tarif général des douanes......	100 fr.	5 »

INSTRUCTION PUBLIQUE. — *L'instruction publique en Nouvelle Calédonie.* — M. Simon, délégué de la Nouvelle-Calédonie au conseil supérieur des colonies, est attaché à titre temporaire au comité supérieur consultatif de l'instruction publique des colonies pour l'examen des projets relatifs à l'organisation du service de l'instruction publique en Nouvelle-Calédonie.

MAIN-D'ŒUVRE. — *Ouvriers français.* — Le Conseil général de la colonie a voté le 4 décembre dernier 50,000 francs pour permettre l'introduction en Nouvelle-Calédonie, de familles d'ouvriers français. C'est l'*Office du Travail*, récemment créé à Nouméa, qui sera chargé de ce service.

Les Messageries maritimes ont consenti les conditions suivantes : 300 fr. payables six mois après l'arrivée à Nouméa, et nourriture en 4e classe, mais couchage en 3e.

L'Etat accorde une subvention de 100 francs par émigrant.

Main-d'œuvre japonaise. — 160 japonais provenant du *Maroc* viennent d'être dirigés sur Thio. Cela porte à 750 le nombre d'individus de cette nationalité que la Société le Nickel a introduits. Incessamment, ce chiffre va être complété à mille par les navires attendus.

Les émigrants sont, pour la plus grande partie, fort jeunes et de petite taille ; il semblerait que la qualité de main-d'œuvre dût s'en ressentir ; tout au contraire, il paraît qu'après une période d'apprentissage de quelques mois — car ils ne sont ni accoutumés aux outils, ni rompus à la fatigue — ils s'assimilent parfaitement le mode de travail local et deviennent de bons ouvriers.

TRAVAUX PUBLICS. — *Réalisation d'un premier emprunt pour les travaux.* — Le programme de colonisation de la Nouvelle-Calédonie, poursuivi par le gouvernement local, avec l'approbation du ministère des colonies, va entrer prochainement dans une nouvelle phase qui accélèrera encore ses progrès déjà rapides : la colonie vient en effet d'être autorisée par le Conseil d'Etat à contracter un premier emprunt de 5 millions destiné à concourir pour une première partie à l'exécution d'un programme de grands travaux publics.

Ce programme comporte deux parties essentielles :

1° L'outillage du port de Nouméa par la construction d'un bassin de radoub, d'un wharf et par l'achat d'une drague ;

2° La construction d'un chemin de fer destiné à mettre en valeur une région de l'île mal desservie par la mer, ses côtes étant difficilement abordables et qui est particulièrement riche en gisements miniers : nickel, chrome, cobalt, houille, etc.

Tahiti. — COMMERCE. — *Certificat d'origine.* — Afin d'éviter les difficultés qui se produisent dans l'expédition régulière des justifications d'origine relatives aux marchandises françaises importées à Tahiti, *viâ* Colon-San-Francisco ou *viâ* Sydney Auckland, les déclarations de sortie faites par les expéditeurs dans les ports d'embarquement de France devront désormais indiquer la destination définitive de la marchandise et non, comme le plus souvent jusqu'ici, le port intermédiaire.

Nouveau service à vapeur entre Tahiti et les Iles-sous-le-Vent. — Au cours de sa dernière session, le Conseil général, dont l'intelligente activité ne se ralentit pas, a adopté une mesure de tout point excellente; le chef-lieu sera relié par un navire à vapeur aux Iles-sous-le-Vent, y compris Maiao, les îles Tubuai, Raivavae, Rurutu, Rimatara, Rapa et les Gambier, avec une ou deux escales aux Tuamotu.

Le service actuel serait maintenu. L'archipel des Iles-sous-le-Vent serait donc desservi environ vingt-quatre fois par an.

Toutes ces îles, qui avaient été délaissées jusqu'ici, sont maintenant l'objet d'une sollicitude équitable. Elles portent une population laborieuse, elles renferment des ressources aussi variées que considérables, et leur avenir économique doit préoccuper l'Administration et les Assemblées locales. Ce nouveau service aura les plus heureuses conséquences.

ÉTRANGER

République de Haïti. — Convention avec la France. — Le *Journal officiel* du 19 janvier a publié le texte de la convention signée le 31 juillet 1900 à Port-au-Prince entre les délégués des Républiques Française et Haïtienne au nom de leurs gouvernements respectifs.

Aux termes de cette convention, les cafés et autres denrées coloniales de consommation, dont ci-dessous la liste (1), originaires de la république d'Haïti, bénéficient, à leur importation en France et en Algérie, des taxes de douane les plus réduites, applicables aux produits similaires de toute autre origine étrangère.

Par contre, les produits naturels et fabriqués, énumérés dans un tableau annexé à la convention, originaires de France et d'Algérie. sont, à leur importation dans la république d'Haïti, complètement exempts des droits additionnels à l'importation de 50 0/0 et de 33 1/3 p. 100 respectivement établis par les lois haïtiennes des 16 novembre 1876 et 2 mars 1888.

Le même dégrèvement des surtaxes est accordé en ce qui touche les droits de tonnage payés par les voiliers français et sur les marchandises débarquées des vapeurs français, à la condition que lesdites marchandises soient d'origine française.

(1) Café, cacao, chocolat, poivre, piment, amomes et cardamomes, cannelle, cassia lignea, muscade, macies, girofle, Vanille, Thé.

Cette origine est constatée au moyen de certificats délivrés par les autorités françaises compétentes et visés par les consuls haïtiens dans les ports d'embarquement.

Les vins français importés en bouteilles sont également dégrevés des surtaxes de 50 et 33 1/3 p. 100.

Les vins français importés en barriques et titrant au maximum 13 degrés d'alcool payent par barrique d'une valeur de 300 francs et au-dessous, un cinquième des droits actuels, et deux cinquièmes desdits droits si la valeur de la barrique est supérieure à 300 francs.

Dans le cas où le gouvernement haïtien modifierait, pour n'importe qu'elle raison et sous une forme quelconque, les droits principaux ou additionnels de son tarif douanier, il est expressément entendu que les produits naturels ou fabriqués de provenance française qui sont, en vertu de la présente convention, exemptés des surtaxes établies par les lois haïtiennes précitées de 1876 et de 1888 seront, dans une proportion exactement correspondante au dégrèvement qui leur est ainsi procuré, exonérés du montant des droits nouveaux ou modifiés établis sur les produits similaires de provenance étrangère.

Cette convention entrera en vigueur dix jours après sa ratification et restera exécutoire pendant une période minima de dix-huit mois à dater de l'échange des ratifications.

Six mois avant l'expiration de ladite période de dix-huit mois, celle des deux parties contractantes qui aura l'intention de ne pas prolonger au delà les effets de la présente convention devra le notifier expressément a l'autre partie contractante. Dans le cas où cette notification n'aurait été faite à l'époque précitée ni par l'une ni par l'autre des deux parties contractantes, la présente convention restera en vigueur jusqu'à l'expiration d'un délai de six mois après la dénonciation qui en serait faite ultérieurement.

COLONIES ÉTRANGÈRES

Les Seychelles. — *Modifications au tarif douanier.* Le tarif douanier de la colonie a été récemment modifié en vue de favoriser le développement du commerce tant à l'importation qu'à l'exportation.

A part certaines denrées comprises dans une classification spéciale, les marchandises étaient frappées, d'après l'ancien tarif, d'un droit général de 7 1/2 0/0 *ad valorem.* A ce droit est venu s'en ajouter un nouveau de 30 0/0, ainsi que des droits de quai, imposés en 1899. Ces taxes successives n'avaient pas été sans porter préjudice aux importateurs.

Pour développer le commerce de la colonie, le gouvernement local supprima des droits aussi prohibitifs, et les remplaça par un droit de 15 0/0 *ad valorem* sur la plus grande partie des marchandises importées aux Seychelles. Certaines denrées alimentaires, les animaux vivants et les machines entrent en franchise.

Le nouveau tarif n'a apporté aucun changement important dans les droits sur les vins et les alcools qui, comme dans l'ancien règlement, sont imposés lourdement. Les produits chimiques spécialement employés pour la fabrication du savon, sont sur la déclaration de l'importateur, taxés d'une manière spéciale.

Les marchandises importées de pays où prévaut l'étalon d'or paient un droit d'environ 10 0/0 *ad valorem*, la livre sterling étant évaluée au taux de 10 reis pour l'acquittement des droits qui sont calculés sur le poids net de la marchandise.

Les droits de quai sont abolis sur beaucoup d'articles à l'exportation, et principalement sur l'huile de coco.

Le gouvernement local a demandé à celui de Maurice dont il dépend de lui accorder la réciprocité pour ses produits, mais celui-ci s'est refusé à toute concession.

Antilles anglaises. — *Recrutement de la main-d'œuvre.* — D'après des nouvelles de source anglaise, l'absence de main-d'œuvre se ferait sérieusement sentir aux Indes occidentales (Antilles anglaises).

Dans presque toutes les îles, le recrutement des travailleurs offre des difficultés considérables. Aux îles Sous-le-Vent, beaucoup de travailleurs ont quitté leur pays pour aller chercher du travail dans d'autres pays.

Le mouvement d'émigration est particulièrement marqué à Saint-Kitts-Nevis; et le Colonial secretary recherche les meilleurs moyens à employer pour retenir les émigrants et éviter la ruine des planteurs. De leur côté, ces derniers, s'efforcent de prendre toutes les mesures possibles pour empêcher les ouvriers de quitter les plantations de Sainte-Lucie, le mouvement d'émigration continue toujours vers la Guyane française. Bien qu'aucune autorisation officielle de recrutement n'ait été accordée, près de 1,400 personnes auraient quitté cette colonie, pour aller chercher fortune dans les placers de la Guyane française.

Les nouvelles de la Jamaïque sont encore plus grosses.

On a introduit dans ces colonies des coolies des Indes anglaises, pour permettre de mettre en valeur les plantations de canne à sucre et autres cultures. Pendant les deux derniers mois, 3.000 ouvriers ont quitté la colonie pour aller travailler dans l'Etat de l'Equateur à la construction du nouveau chemin de fer.

Les agents recruteurs de New-York offrent aux travailleurs un salaire plus élevé que celui qu'ils avaient dans leur pays; et le gouvernement de l'Equateur, désireux de peupler les contrées traversées par le chemin de fer, offre des concessions gratuites aux colons qui veulent les exploiter.

AVIS D'ADJUDICATION

I. — Le 30 mars 1901, l'administration des colonies fera procéder à Paris et à Hanoï à l'adjudication de la fourniture pour l'infrastructure des bâtiments, le ballastage et la pose de la voie des lignes de chemins de fer ci-après :

Ligne de Hanoï à Nam-Dinh et à Vinh (3e section), du Song-Maï à Vinh-ben-Thuy. Entre le point 248 kil. et le point 326 kil. 800 sur 78 kil. 500.

Cautionnement provisoire...... 40.000 fr.
Cautionnement définitif......... 80.000 fr.

Le cahier des charges de cette adjudication est déposé à l'Union Coloniale Française.

II. — Le 30 mars 1901, l'administration des colonies fera procéder à Paris et à Hanoï à l'adjudication de la fourniture de l'infrastructure des bâtiments le ballastage et la pose de la voie.

Ligne de Hanoï à Nam-Dinh et à Vinh (2e section), de Ninh-Binh au Song-Maï. Entre le point 117 kil. 450 et le point 248 kil. sur 130 kil. 550.

Cautionnement provisoire..... 75.000 fr.
Cautionnement définitif........ 150.000 fr.

Le cahier des charges de cette adjudication est déposé à l'Union Coloniale Française.

III. — Le 12 mai 1901 l'Administration des Colonies fera procéder à Paris à l'adjudication de la fourniture du matériel roulant ci-après destiné aux lignes de Haïphong à Viétri et de Hanoï à Ninh-Binh

Locomotives : lot unique

25 locomotives, 25 tenders, 4 locomotives de manœuvre et pièces de rechange.

Cautionnement provisoire...... 25.000 fr.
Cautionnement définitif......... 50.000 fr.

Véhicules

1er lot. — Voitures à voyageurs de divers types et pièces de rechange.

Cautionnement provisoire...... 20.000 fr.
Cautionnement définitif......... 40.000 fr.

2e lot. — Wagons et fourgons de divers types, 10 lorrys et pièces de rechange.

Cautionnement provisoire...... 10.000 fr.
Cautionnement définitif......... 20.000 fr.

Le cahier des charges de cette adjudication est déposé à l'Union Coloniale Française.

IV. — Le 18 mai 1901 l'Administration des Colonies fera procéder à Paris et à Hanoï à l'adjudication de la fourniture de l'infrastructure des bâtiments, le ballastage et la pose de la voie.

Ligne de Hanoï à Haïphong et à Laokay (section comprise entre Viétry et Laokay sur une longueur de 224 kil. 900).

Cautionnement provisoire..... 230.000 fr.
Cautionnement définitif........ 460.000 fr.

Le cahier des charges de cette adjudication est déposé à l'Union Coloniale Française.

BULLETIN

DE L'UNION COLONIALE FRANÇAISE

Dîner de l'Union

Le prochain dîner mensuel de l'Union Coloniale Française et du Comité de Madagascar aura lieu le jeudi 14 février 1901, à sept heures et demie, à l'hôtel Terminus.

Le dîner sera suivi d'une discussion qui portera sur le régime économique des colonies, sujet qui sera traité par M. Louis Vignon, maître des requêtes au Conseil d'Etat.

Nouveaux membres

ADHÉRENTS :

Blanchard (René), 164, faubourg Saint-Honoré, Paris.
Parrains : *M. Depincé; M. Bouthors.*
Comte et Pelletier, banquiers, 49, rue Laffitte, Paris.
Parrains : *M. Depincé; M. Milhe-Poutingon.*
Pâris, président de la Chambre d'agriculture de Cochinchine, 87, boulevard Saint-Michel, Paris.
Parrains : *M. Depincé; M. Milhe-Poutingon.*

Un comité présidé par M. Cagnat, de l'Institut, et dans lequel figurent MM. Dereims, H. Dehérain, Saladin, Pingaud, etc. vient de se constituer pour élever à Dakar un monument funéraire à la mémoire de Paul Blanchet, ce jeune explorateur enlevé par la fièvre jaune au moment où il venait d'achever un périlleux voyage dans le Sahara occidental.

Les souscriptions sont reçues par M. L. Mazerolle, secrétaire du Comité, 91, avenue Niel, Paris.

LES PÉRIODIQUES DU MOIS

Agriculture, Elevage. — *Dép. col. :* Le tabac de l'Annam en Allemagne (10 janv.); La culture de la canne à sucre en Afrique orientale (24 janv.). — *De Indischs Mercuur :* La campagne sucrière à Java en 1900 et perspectives sur celle de 1901 (8 janv.). — *Génie colonial :* L'agriculture aux colonies (déc. n° 3). — *Imperial Institute Journal :* L'Eucalyptus (janv.). — *Journal des colons :* Le vignoble algérien et sa situation phylloxérique, C. Couanon; Les huiles d'olive algérienne (6 janv.); Les champs de démonstration en Algérie (13 janv.); La clavelisation, Un moutonnier (20 janv.). — *Journ. of Royal statistical soc. :* Rapports sur l'Agriculture en 1900 (31 déc.). — *Journ. of soc. of Arts :* La production du thé et du café en Annam et à Madagascar (28 déc.); Sucres de canne indiens (25 janv.). — *Missions belges :* Les insectes nuisibles aux missions (janv.). — *Notes; reconnaissances à Madagascar :* Compendium des plantes malgaches, Baron; L'élevage du cheval à Madagascar, Rey (n° 31). — *Revue coloniale :* La culture aux îles Hawaï (nov.). — *Revue des sciences :* L'état actuel de la culture de l'olivier en Algérie. L. Trabut (15 janv.).

Armée, Marine. — *Bul. Ligue antialcoolique :* La maison laïque du soldat (n° 8). — *Dépêche colon. :* La défense maritime de l'Inde anglaise (30 janv.). — *Petit Temps :* Projet de dispense totale du service pour les émigrants dans les colonies neuves (27 janv.). — *Pol. Col. :* Les erreurs de l'administration militaire à Madagascar; Un colon (22 janv.). — *Rev. Cercle milit. :* Organisation de l'armée coloniale, Ce Noirot (19, 26 janv.).

Colonisation. — *Bul. Comité Afrique franç. :* La question du peuplement français en Tunisie (n° 1). — *Bull. de stat. :* Le Royaume-Uni et ses colonies en 1898-(... 1900). — *Dépêche col. :* La main-d'œuvre aux colonies, J. L. (10 janv.); A l'Union Coloniale Française, B. de L. (12 janv.); Dans la boucle de l'Ogooué, d'Horel (20 janv.); Les Comores (21 janv.). — *Economiste français :* Les conditions de la mise en valeur de notre empire africain, Pierre Leroy-Beaulieu (5 janv.); Les îles de la Trinité et Tobago (26 janv.). — *O Economista :* Revue coloniale, quelques considérations sur la situation actuelle des colonies portugaises et leurs prochains développements (6 janv.). — *L'Esplorazione Commerciale :* Quelques mots sur le bilan colonial du XIXe siècle (31 déc.); Un peu de statistique coloniale au XIXe siècle, E. Pini (15 janv.). — *Imperial Institute Journal :* Emigration et Immigration (janv.). — *Journ. of Royal statistical soc. :* Progrès des colonies australiennes (31 déc.). — *Pol. Col. :* Main-d'œuvre pénitentiaire (4 janv.); Le Gabon Congo commercial et agricole (19 janv.); Aux Nouvelles-Hébrides (20 janv.); L'Autriche en Afrique (24 janv.), E. Bonhoure (24 janv.); L'émigration en Tunisie, L. Henrique (28 janv.). — *Quest. dipl. et col. :* La Bretagne et la colonisation française, A. Layec (1er janv.); Un programme de politique coloniale, E. Etienne (15 janv.).

Commerce. — *Bul. Ch. de Com. de Bordeaux :* Les marques de commerce françaises aux Etats-Unis (46). — *Moniteur Marit. :* L'entrepôt des laines de Dunkerque, D. Bellet (27 janv.). — *Mon. off. du Com. :* Les caravanes françaises de développement commercial (3 janv.); Relations commerciales entre les Etats-Unis et l'Allemagne (sept. 1900). — *Mouv. géog. :* Le marché du caoutchouc à Anvers en 1900 (6 janv.). — *Revue Commerciale :* L'importation des cafés, Lorin (11 janv.). — *Siam Free Press :* Commerce du bois de teck (18 déc.).

Congrès, Musées. — *Bul. Ch. de Com. de Lille :* Musée commercial de Tananarive (nov.). — *Revue Scientifique:* Le congrès géologique, A. Thévenin (19 janv.). — *Soc. de géog. de Bordeaux :* Conférence internationale pour l'étude de la mer (21 janv.).

Diplomatie, politique. — *Annales de Géographie :* Le contesté franco-brésilien, Vidal de la Blache (15 janv.). — *Belgique coloniale :* L'Allemagne et l'alliance anglo-portugaise, R. V. (20 janv.); Un grand règne colonial, R. V. (27 janv.). — *Débats :* En Chine, Robert de Caix (26 janv.). — *Dép. col. :* La cession de la Gambie, E. C. (10 janv.). — *Pol. col. :* Un arrangement anglo-français au French Shore, E. Bonhoure (4-16 janv.). — *Quest. diplom. :* Le contesté franco-brésilien, A. Bernard (avec carte). 1er janv.).

Economie politique et sociale. — *Dép. col. :* L'assistance publique aux colonies (25-23 janv.). — *Econ. Européen :* Le péril jaune, Ed. Théry (4 janv.). — *Monde économique :* Le problème de la population, Wolf (5 janv.).

Enseignement. — *Débats :* Le budget de l'enseignement agricole, D. Zolla (8 janv.); Les langues vivantes et l'enseignement classique, A. Petit (14 janv.). — *Dép. col. :* L'école internationale de l'Exposition et des colonies, M. Choublier (12 janv.). — *L'Esplorazione commerciale :* Pour former des colonisateurs habiles, Dr Ohlsen (15 janv). — *Italia coloniale :* L'enseignement secondaire et l'émigration (janvier). — *Missions belges :* L'enseignement au Bengale, P. Neut (janvier). — *Pol. col. :* Un institut colonial à Bordeaux, L. B. (4 janv.); L'Enseignement colonial au Muséum (24 janv.).

Finances, douanes. — *Bull. stat. :* Inde anglaise; Les droits sur le sucre; Le régime monétaire (déc. 1900). — *Dép. col. :* A propos du budget colonial, E. Etienne (8 janv.); La loi des finances et les colonies, P. d'Horel (9 janv.). — *Journ. ch. de com. :* Les nouveaux tarifs douaniers allemands, Blancheville (10 janv.). — *Mouvement géograp. :* Les recettes et les dépenses de la Chine, R. V. (20 janv.). — *Pol. col. :* Le contrôle à Madagascar. L. B. (16 janv.). — *Revue diplom. :* Pourquoi le capital français n'est pas colonisateur (6 janv.).

Industries. — *Bul. Chamb. Com. Constantinople :* Industrie et commerce du papier à cigarette (31 déc.). — *Dép. col. :* Un textile nouveau : Le Madar, C. Lemaire (12 janv.). — *Génie colonial :* Les constructions métalliques aux colonies (Nos 1-2). — *Revue coloniale :* Les pierres précieuses à Madagascar (octobre). — *Soc. géog. de l'Est :* Les ressources minérales des provinces chinoises voisines du Tonkin, A. Leclère (4e trim.).

Législation. — *Bul. Chamb. de com. de Montréal :* La réglementation de la pêche du homard (15 déc.). — *Chine et Sibérie :* La législation des mines en Chine, Leclère (No 24). — *Dép. col. :* Les houtres francisés au golfe Pacifique, Annam (12 janv.). — *O Economista :* Nécessité d'une législation spéciale à chaque colonie; Régime des domaines de la couronne de Portugal (27 janv.). — *La Tribune des colon. :* L'action des colons en justice (1er janv.).

Marine marchande, Ports. — *Italia coloniale :* La marine marchande et la question des primes (janvier). — *Journ. des traités de commerce :* Armateurs et chargeurs (17 janv.). — *Monit. marit. :* Le relèvement de notre marine marchande, Girard (6, 20 janv.). — *Travail national :* Les ports francs, E. Jaubert (27 janv.).

Médecine, hygiène. — *Arch. de médec. navale :* Influence des climats et des saisons sur l'homme, Dr Maurel (No 11); Le microbe de la peste, Dr Tatsu-sakuro Yabé; Note médicale sur l'occupation de Kouang Tchéou-Wan, Dr Recoules (No 12). — *Bul. de Chamb. de com. de Lille :* La suppression de l'alcoolisme (novembre). — *Climat :* Moustiques et Malaria (janvier). — *Dép. col. :* Traitement de la rage au Tonkin, J.-L. (4 janv.); Les sanatoria aux colonies, XX. (10 janv.). — *Etudes coloniales :* De la dégénérescence de l'Européen sous les tropiques, A. Halot, (janvier). — *Revue scientifique :* La fièvre des chevaux dans l'Afrique du Sud (19 janv.).

Missions, Notes géographiques. — *Chine nouvelle :* La mission Eudes-Bonin (No 2). — *Dép. col. :* Missions d'études en Extrême-Orient (8 janv.). — *L'Esplorazione commerciale :* Excursion au Parana, E. Tonisi (15 janv.). — *Revue coloniale :* Rapport anecdotique de la mission Fourneau, Lt Fourneau (novembre). — *Revue des sciences :* De l'Algérie au Congo par le lac Tchad, E. Foureau (30 déc.). — *Siam Free Press :* La nouvelle résidence du gouvernement chinois; description de Si-Ngan-Fu (19 déc.).

Médecine, Hygiène. — *Archives Diplomatiques :* Conférence sanitaire internationale de Paris (avril, mai, juin 1899). — *Dépêche Coloniale :* La médecine et l'hygiène coloniales, R. Blanchard (8 déc.). — *Etudes Coloniales :* L'expédition allemande contre la Malaria (décembre). — *Journ. of Society of Arts :* La Malaria et les moustiques, Major R. Ross (30 nov.); La Malaria et les moustiques (7 et 14 déc.). — *Réunion d'Etudes algériennes :* Hygiène des climats algériens (novembre). — *The Siam free Press :* L'Alcoolisme et le cerveau (8 nov.).

Missions. — *Bull. Com. Afrique franç. :* Les Missions du lac Tchad (décembre). — *Débats :* Du Caire au Cap, M. Muret (8 déc). — *Mouv. géog. :* La traversée de l'Asie par la mission Fiévée (16 déc.). — *Quest. diplom. :* De la Méditerranée au Congo, Foureau (15 déc.). — *Revue Coloniale :* Mission Bonin en Asie centrale (août). — *Revue de Paris :* La mission Foureau-Lamy, A. Liard (15 déc.). — *Revue Scientifique :* La traversée du Sahara en ballon, L. Dex (8 déc.). — *Soc. bretonne de géogr bretonne :* Voyage à Pnumh-Penh, J. Faivre (2e trim.). — *Soc. de géogr. de Marseille :* Lettres d'Asie centrale, P. Gourdet (3e trim.).

Musées commerciaux. — *Bull. des produits aliment. :* Le musée commercial de Tokio (Japon) (nos 57, 58). — *L'Esplorazione Commerciale :* Musées industriels, musées commerciaux et offices d'informations commerciales, L. Bella (15 déc.).

Politique étrangère coloniale. — *Débats :* M. Chamberlain et la question hollandaise (9 déc.); L'alliance anglo-portugaise, A Ebray (10 déc.). — *Dép. col. :* Le traité de 1845 en ce qui concerne le Sahara, A. Bertrand (14 déc.). — *O Economista :* L'alliance anglo-portugaise (9 déc.). — *Economiste Européen :* La question de Chine, le péril jaune, Edmond Théry (7, 14, 21, 28 déc.). — *Revista portugueza :* Le Portugal et ses colonies, R' O' N. (20 nov.). — *Revue des Deux-Mondes :* La Chine et le droit des gens, A. Dejardins (1er et 15 déc.). — *Revue diplom. :* La politique du Japon (16 déc.). — *Revue de Paris :* La France et les puissances en Chine, *** (déc.).

Transports, communications. — *Bolletino Soc. Geogr. Italiana :* Les voies de communication de la Perse aux Indes (nov. 1900). — *Chine nouvelle :* Le chemin de fer électrique de Pékin à Ma-Chia-pu (no 9). — *Dép. col. :* Le rachat des chemins de fer algériens, De Bergues (8 janv.); Les chemins de fer coloniaux en 1887 et en 1901 (23 janv.). — *Ingénieurs coloniaux :* Le chemin de fer de la Guyane française, D. Levat (4e trim.). — *Mouv. géogr. :* Les voies de communication intérieures en Chine (13 janv.). — *Pol. col. :* Le chemin de fer de la Côte d'Ivoire (22-25 janv.); Le câble entre la Réunion et Madagascar (23 janv.). — *Revue scientifique :* Le percement du Simplon et les intérêts français, L. Reverchon (19 janv.).

Le Gérant : A. Légeron.

Paris. — Imp. PAUL DUPONT, 19, rue du Croissant

25 Février 1901. CINQUIÈME ANNÉE Tome IX. — N° 100.

LA QUINZAINE COLONIALE

PACTE COLONIAL

ET

RÉGIME DE RÉCIPROCITÉ

(*Troisième article.*)

Il faut le redire encore pour fixer nettement l'attitude que nous entendons conserver dans cette question : nous ne songeons point à demander qu'on revienne sur le régime douanier inauguré en 1892 pour nos colonies. Nous n'y songeons point, pour deux raisons. La première, c'est que, dans l'état actuel des esprits et surtout de l'opinion parlementaire, nous perdrions notre temps et notre peine à poursuivre le retour à la liberté commerciale absolue. La seconde, c'est que le commerce a besoin de stabilité, et qu'en abandonnant un régime qui date de huit ans à peine et qui n'a pas encore eu le temps de faire ses preuves définitives, on risquerait de jeter une perturbation profonde dans le fonctionnement des industries qui se sont organisées et dans le jeu des relations commerciales qui se sont établies sous l'empire de ce régime et en vue de ses conditions particulières, bonnes ou mauvaises.

Mais si nous nous résignons à subir ce régime, et si nous sommes tout disposés à nous prêter à la continuation de l'expérience, on ne saurait exiger de nous que nous partagions l'admiration et l'enthousiasme que la législation de 1892 inspire à quelques-uns de ses partisans. C'est peut-être, c'est certainement vouloir trop prouver que de prétendre, comme l'a fait l'un d'eux au dernier dîner de l'Union Coloniale, que les droits protecteurs ont eu pour *conséquence*, à Madagascar, un abaissement du prix de vente des tissus de coton. Il se peut, en effet, que cet abaissement se soit réellement produit; mais il tombe sous le sens qu'il faut en chercher la cause uniquement dans la concurrence devenue plus active, et que sans cette concurrence, les droits protecteurs auraient produit à Madagascar, comme ailleurs, pour les tissus de coton comme pour les autres articles soumis au tarif général, leur effet habituel qui est le renchérissement des marchandises ainsi protégées. Soutenir le contraire c'est nier l'évidence même, telle qu'elle résulte de cette constatation qui est à la base du régime protectionniste et qui émane de ses partisans eux-mêmes, à savoir que nous ne pouvons pas produire à aussi bon marché que nos concurrents étrangers. Et de fait, s'il en était autrement, si nous vendions à aussi bas prix et même à plus bas prix, — comme on l'a prétendu dans l'exemple cité plus haut —, on serait en droit de se demander : pourquoi des tarifs protecteurs ?

La vérité — et c'est là presque un truisme — c'est que le régime protectionniste est fatalement, par son essence même, un régime de cherté, que de ce chef, il grève les colonies d'une charge extrêmement lourde, à laquelle viennent s'ajouter les frais d'un service douanier onéreux, et qu'en outre il les prive d'une ressource considérable, puisqu'il a précisément pour but et, dans la pratique, pour effet, de supprimer ou tout au moins de réduire notablement leurs recettes douanières.

D'où cette première conséquence — déjà signalée par nous — que, comme contre partie de ces charges, les colonies ont droit à une compensation qui ne peut consister que dans la franchise complète, à l'entrée dans la métropole, pour ceux de leurs produits qui ne bénéficient actuellement que d'une détaxe partielle. Cette compensation, les protectionnistes eux-mêmes peuvent d'autant plus facilement y souscrire qu'elle ne les gêne en rien, puisqu'elle ne porte que sur des produits qui, n'ayant pas de similaires en France, ne sauraient porter ombrage ni aux industries, ni aux agriculteurs métropolitains.

Et cette autre conséquence que, si on touche au régime douanier actuel, ce doit être uniquement pour l'améliorer, et non pour aggraver les charges, déjà excessives, qu'il impose à nos colonies. Or, c'est précisément à une aggravation de ces charges — et à une aggravation sans mesure — que tend le système préconisé par MM. Méline, Krantz et Boucher dans l'exposé des motifs de la proposition de loi dont nous avons publié le texte.

Voici d'ailleurs la formule de ce système, empruntée littéralement à cet exposé :

« Un seul système serait entièrement satisfaisant, celui d'un droit, sorte de *patente coloniale*, qui serait imposé dans chaque colonie à toutes les exploitations industrielles ou agricoles dont les produits seraient de nature à concurrencer les nôtres. Ce droit, calculé de façon à rétablir entre la métropole et les colonies, l'égalité des conditions de production et perçu sur les produits, pourrait être remboursé pour les expéditions destinées à un port étranger. »

***

Les complications et les impossibilités pratiques d'un pareil système sautent aux yeux à première vue. Mais c'est là un côté de la question sur lequel nous reviendrons. Bornons-nous pour le moment à rechercher le but et à pressentir les conséquences du régime qu'on nous propose comme « le seul satisfaisant. »

Actuellement, nos colonies peuvent consommer librement les produits de leur sol ou de leur industrie, même quand ces produits ont des similaires dans la métropole. Elles peuvent également vendre ces mêmes produits, sans droits de douane à l'entrée, soit aux autres colonies, soit — à la condition qu'elles soient elles-mêmes soumises au tarif général, — à la métropole elle-même.

C'est cette double faculté qu'il s'agit de leur enlever, en vertu de ce dogme nouveau : les colonies ne doivent produire que ce qu'il plaît à la métropole qu'elles produisent, c'est-à-dire ce que la métropole ne produit pas elle-même ; et si elles enfreignent cette loi, elles ne pourront consommer les produits prohibés, ni les exporter à destination de France ou des autres colonies, que grevés d'un droit qui en élèvera le prix de telle sorte qu'ils reviendront aussi cher que s'ils étaient d'origine française métropolitaine, trop heureuses encore qu'on veuille bien leur laisser la liberté d'exporter en pays étranger.

***

Assurément, il serait préférable pour la métropole que nos colonies ne produisissent que du café, du cacao, de la vanille, du coton, du caoutchouc, et, d'une façon générale, que des denrées ou matières premières sans similaires en France. Malheureusement la nature a négligé de conformer ses lois à nos desirs et de distribuer l'eau et le soleil, ces deux grands agents de la production agricole, suivant nos convenances. Il serait peut-être aussi désirable que tous les hommes, sous toutes les latitudes, fussent au même degré de la civilisation, eussent partout les mêmes besoins, et pussent se contenter du même salaire. Malheureusement aussi, là encore, la nature a introduit des différences qui se traduisent par des inégalités dans les conditions de la vie et dans la rétribution du travail. Il ne dépend de personne de faire que le coton pousse en Nouvelle-Calédonie, ou que le blé ne pousse pas au Soudan, ni, non plus, que l'ouvrier français puisse se contenter de cinquante centimes par jour, alors qu'un ouvrier annamite n'a pas besoin de davantage pour vivre.

Et, dès lors, le système imaginé par M. Méline apparaît comme un sorte de gageure contre les lois naturelles et contre les fatalités physiques. Il prétend imposer ses volontés au climat, plier la production du sol à ses caprices, régler le régime des eaux — comme celui des douanes, et, tel Josué, arrêter le soleil ou — suivant l'intérêt du moment — prolonger sa course.

En théorie, cela ressemble à une fantaisie de l'imagination. Dans la pratique, ce serait une iniquité monstrueuse, puisqu'il ne s'agit de rien moins que d'interdire à des millions d'êtres humains, placés dans certaines conditions données, de tirer parti de ces conditions pour améliorer leur situation et vivre au meilleur marché possible, et puisqu'il s'agit aussi d'interdire à des millions de Français, qui risquent leur santé, parfois même leur vie, et qui aventurent leurs capitaux dans nos colonies, de conduire leurs entreprises comme ils l'entendent et suivant le sentiment juste ou faux, peu importe ! qu'ils ont de leurs intérêts.

***

Mais sortons des généralités et serrons la question de plus près.

Elle se présente sous un double aspect, suivant qu'il s'agit de produits destinés à la consommation locale ou à l'exportation pour d'autres colonies ou pour la métropole. Prenons le premier cas ; supposons le vœu des auteurs de la proposition réalisé et voyons les résultats du système.

Le Tonkin a des charbonnages qui peuvent livrer le charbon, à quai, à 20 francs la tonne. Quand, au moyen de la *patente coloniale*, on aura rétabli « l'égalité des conditions de production », c'est-à-dire quand, au prix de revient réel du charbon tonkinois, on aura ajouté les éléments constitutifs de la différence entre ce prix et celui du charbon français rendu sur place: tant pour le salaire plus élevé de nos ouvriers mineurs, tant pour le transport de la mine au lieu d'embarquement, tant pour le transport du lieu d'embarquement au Tonkin même, on aura grevé chaque tonne de charbon tonkinois livrée à la consommation locale, d'un droit de 30 francs qui en portera le prix à 50 francs. Les charbonnages métropolitains pourront donc concurrencer, sur place même, les charbonnages tonkinois. Que ce soit un bien pour eux, c'est douteux, puisqu'ils ne peuvent déjà pas suffire à la consommation française. Mais ce qui est certain, c'est que cet avantage très relatif pour l'industrie métropolitaine n'ira pas sans une surcharge effrayante pour les consommateurs du Tonkin qu'on obligera à payer plus de 100 0/0 plus cher un produit qu'ils ont chez eux.

Qu'on ne dise pas que nous forçons la note et que nous faisons entrer en ligne de compte des éléments étrangers à ce qu'on appelle les conditions de production, comme, par exemple, les frais de transport. Que les auteurs de la proposition l'aient voulu ou non, leur système les conduit nécessairement jusqu'à cette conséquence. Que se proposent-ils, en effet, si ce n'est de réserver le marché colonial aux produits métropolitains ? Si c'est leur but, si, pour l'atteindre, ils veulent mettre ces produits sur un pied d'égalité absolue avec les similaires locaux, force leur est bien de tenir compte de tous les éléments qui constituent la différence des prix de revient sur le lieu de consommation ; or, les frais de transport, dans l'espèce, sont un de ces éléments et le plus important. Si on ne va pas jusque-là, la patente coloniale prend un caractère purement fiscal et vexatoire, et on fait une œuvre vaine au point de vue des intérêts qu'on prétend défendre.

Autre exemple : Le Cambodge a des mines de fer qu'on dit extrêmement riches. L'insuffisance des moyens de communication n'a pas encore permis de les exploiter. Mais il viendra certainement un jour où on pourra tirer parti de ces richesses naturelles restées jusqu'ici improductives. A quoi bon si, ce jour-là, la *patente coloniale* doit se dresser en face des exploitants pour leur interdire de transformer leurs minerais et de faire bénéficier l'Indo-Chine du bon marché du fer sorti de leurs usines ?

Autre exemple : On poursuit, en ce moment, à Madagascar, des essais de culture du blé. Tout porte à espérer — les auteurs de la proposition diraient : à craindre — que ces essais donneront des résultats favorables et démontreront la possibilité, pour la colonie, de s'approvisionner sur place en blé indigène. La patente coloniale intervient aussitôt. Vous produirez du blé, soit ; mais les consommateurs locaux le paieront aussi cher que s'ils l'avaient fait venir de France. Il ne leur servira à rien d'avoir un climat qui permet la culture du blé, un sol qui s'y prête et qui peut-être, au moins dans certaines parties de Madagascar, ne se prête qu'à cette culture, une main-d'œuvre bon marché, la possibilité d'obtenir la terre pour rien. Tout ce que ces conditions locales présentent de favorable, toutes les facilités qu'elles peuvent donner pour réduire le prix de la vie seront mises à néant.

Autre exemple : La Nouvelle-Calédonie produit du maïs ; c'est même — le café mis à part

— le principal élément de sa production agricole. Mais la France en produit aussi. Donc, tout colon calédonien qui voudra acheter du maïs verra son prix d'achat grevé — sans parler des frais de transport de France en Nouvelle-Calédonie — d'une quote-part correspondante aux impôts plus élevés que paie le producteur métropolitain, à la valeur des engrais auxquels celui-ci est obligé de recourir pour enrichir sa terre appauvrie! — n'est-ce pas un des éléments de la production? — et aussi à la différence de salaire des ouvriers agricoles dans les deux pays. Et ce colon s'est expatrié pour aller chercher à six mille lieues du sol natal un pays où la terre ne coûtât rien, où il n'y eût pas d'impôt, où la main-d'œuvre fût bon marché!

Autre exemple : Des industriels *français* ont monté une filature au Tonkin. Ils se sont dit que dans un pays qui produit le coton, qui a du charbon, où la journée d'un ouvrier coûte 50 à 75 centimes, il était insensé d'aller chercher au dehors des filés de coton fabriqués par des ouvriers payés 3 francs par jour avec une matière première amenée de plusieurs milliers de lieues. L'affaire était bonne pour eux qui devaient y trouver des bénéfices; elle était bonne pour le pays, puisqu'ils substituaient à une marchandise plus chère un produit meilleur marché. Ils avaient compté sans la patente coloniale qui leur enlèvera le marché local, sans que ce soit, d'ailleurs, au profit de l'industrie métropolitaine, qui ne fournit à l'Indo-Chine qu'une quantité insignifiante de filés de coton. Qui donc bénéficiera de cette application du système? Les filateurs indiens.

Et ainsi de suite. Nous pourrions multiplier ces exemples à l'infini. Mais à quoi bon? La preuve est faite et le système est jugé. Nous nous ferions scrupule de conclure autrement, si ce n'est pour rappeler un double précédent. Les colonies anglaises de l'Amérique du Nord, au siècle dernier, eurent, comme les nôtres aujourd'hui, l'idée d'utiliser industriellement, pour leur propre consommation, les richesses naturelles de leur sol. L'Angleterre prétendit le leur interdire. Ce fut l'origine du conflit qui se termina par la guerre de l'Indépendance. Plus près de nous, l'Espagne a voulu imposer à ses colonies la perpétration d'un régime qui se rapproche sensiblement de celui auquel on voudrait soumettre les nôtres. L'Espagne a perdu son empire colonial. Nous n'en sommes pas là, Dieu merci. Mais, bien qu'on en dise, l'histoire se renouvelle et les mêmes fautes amènent toujours les mêmes résultats. Les hommes qui ont engagé notre pays dans la politique d'expansion coloniale suivie depuis vingt-cinq ans ont rêvé de faire une « plus grande France. » Ce n'est pas en soumettant nos possessions d'outre-mer à un régime d'exploitation implacable et à outrance que nous réaliserons ce programme. Un pareil système, on vient de le voir, porte tôt ou tard ses fruits naturels. La nation qui le pratique perd ses colonies, et c'est ainsi qu'on devient une « plus petite Espagne ».

CH. DEPINCÉ.

BULLETIN DE LA QUINZAINE

Les pouvoirs des Conseils généraux en matière de libéralités.— Les Conseils généraux des colonies françaises avaient, jusqu'à ces dernières années, ajouté aux pouvoirs qu'ils tenaient des senatus-consultes, d'autres attributions ravies aux prérogatives des gouverneurs locaux. Ils s'étaient accoutumés de prélever annuellement sur les fonds des budgets locaux, des crédits grossissants d'année en année, qu'ils répartissaient en subventions, indemnités et secours, individuellement, entre des fonctionnaires et des particuliers. L'indifférence ou l'apathie du pouvoir exécutif avait permis à ces abus de s'implanter comme pratiques légales. Pour les déraciner, il ne fallut rien moins qu'un recours à l'autorité du Conseil d'Etat. Consulté par M. André Lebon, alors ministre des colonies, le Conseil, par un avis du 18 février 1897, limita les attributions des Conseils généraux des colonies en la matière, et fixa très nettement la démarcation entre leurs pouvoirs et ceux des gouverneurs; sans méconnaître au Conseil général la faculté d'affecter certains crédits à des subventions, secours ou gratifications, cet avis réserve à l'autorité exécutive, c'est-à-dire au gouverneur, qui seul peut être bon juge de l'opportunité et de l'importance de ces subsides, le droit de les répartir individuellement aux particuliers et fonctionnaires dignes d'être assistés ou récompensés.

Le gouverneur général de l'Afrique occidentale vient d'appliquer ce principe à l'encontre d'une délibération du Conseil général de la colonie. Celui-ci avait, dans sa séance du 24 décembre, attribué à des personnes déterminées un certain nombre de bourses, demi-bourses, des secours, subsides et subventions, sur les fonds du budget local. — Par arrêté en date du 25 janvier, le gouverneur général a annulé cette délibération, comme prise par le Conseil général, « en dehors de ses attributions légales. » — Cette décision, qui sauvegarde à la fois les prérogatives du pouvoir exécutif et les finances de la colonie, mettra sans doute fin pour l'avenir aux sollicitations qui assiégeaient les membres de l'assemblée locale, et auxquelles il leur était difficile de se soustraire.

Les statistiques coloniales. — Il y a moins de trois ans, les statistiques coloniales présentaient un intérêt d'archéologie plutôt que d'actualité ; elles s'arrêtaient à l'année 1891 et menaçaient de s'y éterniser. L'*Office colonial*, auquel est dévolue depuis deux ans la mission de publier ces statistiques, s'est employé activement à secouer cette torpeur et à combler la lacune. On annonce comme imminente la publication des statistiques de l'année 1898 (1) ; les documents pour 1899 seraient déjà réunis et prêts pour l'impression. On entrevoit donc, qu'à brève échéance, cette publication du ministère des Colonies marchera de pair avec le *Mouvement général du Commerce* que publie chaque année la Direction générale des douanes. Il faut s'en réjouir, car ces statistiques constituent le seul contrôle sérieux de la situation économique de notre empire colonial ; elles sont l'instrument indispensable de l'homme d'étude, aussi bien que des commerçants et des promoteurs d'entreprises nouvelles, à la condition toutefois que leurs renseignements aient été rigoureusement contrôlés et correspondent à la réalité des faits. A cet égard, il reste à souhaiter qu'il s'établisse plus de concordance entre les statistiques émanant du ministère des Colonies et celles publiées par la Direction générale des douanes. Actuellement, de notables différences existent entre les chiffres respectifs de ces documents.

M. Le Myre de Vilers, avec son souci clairvoyant des réformes utiles, vient d'appeler l'attention du ministre des Colonies sur ces divergences et sur leurs inconvénients. Il a comparé ensemble les chiffres du mouvement commercial de l'année 1899, que le ministère avait mis à sa disposition, avec les chiffres correspondants de la Direction générale des douanes. De ce rapprochement résultent maintes observations.

Les importations des colonies en France se seraient élevées en 1899 :

d'après les douanes coloniales à......	130 millions
d'après les douanes métropolitaines à	189 millions
commerce spécial....................	168 millions

(1) Le volume contenant les statistiques nous arrive au moment où nous mettons sous presse.

Cet écart considérable pourrait en partie s'expliquer par les évaluations différentes données, dans les colonies et dans la métropole, aux produits exportés. Ces produits sont estimés, à leur sortie de la colonie au cours de la mercuriale locale, tandis qu'à leur arrivée en France, la Commission des valeurs en douane détermine leur prix au cours du marché métropolitain. L'écart, pour des produits tels que le caoutchouc, coté, par exemple, 5 francs le kilo par la douane de la Guinée française, et 9 francs par la commission des valeurs, dans la métropole, peut donc atteindre jusqu'à 80 0/0 de la valeur originaire. On entrevoit dès lors combien différeront les résultats, selon que l'on adoptera l'une ou l'autre de ces évaluations. Il est, à tout le moins indispensable, dans tout calcul basé sur elles, de déterminer exactement les bases respectives de ces évaluations.

Leurs divergences ne suffisent d'ailleurs pas à expliquer d'autres différences de détail. Il en est ainsi notamment pour l'importation en France des produits de la Martinique et de la Guadeloupe.

La Martinique nous aurait expédié en 1899 :

d'après la douane coloniale.......	24 milllons
d'après la douane métropolitaine.	20 millions
commerce spécial................	20 millions

La Guadeloupe nous aurait expédié :

d'après la douane coloniale........	17 millions
d'après la douane métropolitaine.	14 millions
commerce spécial................	13 millions

Comme il est impossible que la valeur de ces expéditions ait diminué en cours de transport, ces chiffres sont dès l'abord incompatibles.

Il en est de même de certaines divergences relevées dans les exportations de France aux colonies.

La Martinique aurait reçu de France en 1899 :

d'après la douane coloniale.......	12 millions
d'après la douane métropolitaine.	19 millions
commerce spécial................	17 millions

La Guadeloupe aurait reçu :

d'après la douane coloniale.......	8 millions
d'après la douane métropolitaine.	12 millions
commerce spécial................	11 millions

Madagascar :

d'après la douane coloniale......	24 millions
d'après la douane métropolitaine.	36 millions
commerce spécial................	27 millions

Au total, l'exportation de France aux colonies aurait été en 1899 :

d'après la douane coloniale.......	168 millions
d'après la douane métropolitaine..	227 millions
commerce spécial................	177 millions

Et l'ensemble du mouvement commercial entre la France et les colonies serait :

d'après la douane coloniale de...... 304 millions
d'après la douane métropolitaine de 416 millions
commerce spécial.................. 323 millions

soit un écart de 30 0/0 entre les chiffres de la douane coloniale, et les chiffres du commerce général de la douane métropolitaine.

En signalant ces différences au ministère des Colonies, M. Le Myre de Vilers fait justement remarquer que la douane française percevant des taxes à l'entrée sur la plupart des produits coloniaux et délivrant des passe-debout aux produits métropolitains, ses chiffres revêtent un caractère fiscal qui milite en faveur de leur exactitude. Mais, d'autre part, on ne saurait comprendre l'avantage qu'auraient les douanes coloniales à diminuer la valeur des importations françaises, car si la douane française tient compte du fret et des autres éléments qui majorent la valeur du produit importé, les douanes coloniales agissent de même et majorent généralement d'un pourcentage déterminé le prix de facture des marchandises entrant dans la colonie.

Quelles que soient les causes de ces divergences, elles sont une source de confusion et rendent incertaines les conclusions qu'on pourrait tirer des documents de statistique. Il reste donc au ministère des Colonies à compléter son œuvre sur ce point, et à rechercher, de concert avec les douanes métropolitaines, à établir la concordance de leurs publications.

Le service militaire aux colonies. — La commission de l'armée de la Chambre des députés avait entendu récemment MM. Le Myre de Vilers, Fleury-Ravarin et Le Hérissé qui avaient développé devant elle différents systèmes propres à faire disparaître l'anomalie légale actuelle qui fait que le jeune français est plus ou moins rigoureusement traité au point de vue militaire, suivant qu'il va s'établir aux colonies ou à l'étranger. De ces différents systèmes, un surtout se recommandait à la commission, c'était celui de M. Le Myre de Vilers qui tendait à faire bénéficier les jeunes gens installés aux colonies de l'exemption de tout service accordée par l'article 50 de la loi de 1889 à ceux fixés à l'étranger. C'est là la seule solution logique, la seule propre à assurer à nos colonies un élément colonisateur appréciable. Dans l'exposé des motifs de proposition, exposé que nous avons publié, M. Le Myre de Vilers montrait très nettement qu'il n'y avait aucun danger pour la défense nationale dans l'adoption de la réforme projetée et que, par contre, les avantages pour nos possessions d'outre-mer en étaient évidents. Le président de l'Union Coloniale française, M. Mercet et M. J. Chailley-Bert avaient autrefois déjà indiqué ces derniers devant la même commission, et nous espérions, après l'accueil réservé par la commission aux idées qui lui avait été ainsi exprimées, qu'enfin nous aboutirions à une solution.

Notre espoir a été déçu. Une note communiquée aux journaux a annoncé que la commission avait décidé de maintenir le *statu quo*. On ajoute, il est vrai, que, tout en repoussant les propositions qui lui étaient soumises, elle s'est montrée favorable à l'octroi de certaines facilités à accorder aux jeunes gens établis aux colonies ; mais ce n'est pas là une solution et nous comptons que la commission reprendra la question aussitôt que le règlement le lui permettra. La réforme de la loi militaire dans le sens d'une extension aux jeunes gens établis aux colonies du privilège dont bénéficient ceux installés à l'étranger, voilà ce que la commission de l'armée doit avoir à cœur de réaliser ; c'est la seule solution qui soit à la fois logique et efficace.

L'interpellation Berthelot sur la Tunisie. — Lorsque le protectorat tunisien fut organisé, il était naturel que la France possédant tout à côté une colonie analogue par le climat et par la population indigène, et déjà vieille d'un demi-siècle, on cherchât à utiliser les expériences de toute nature qui y avaient été faites, et à éviter le plus possible les erreurs qui y avaient été signalées. De là une tendance fort explicable à comparer non seulement les méthodes employées dans les deux pays voisins, mais encore les résultats obtenus de part et d'autre. Or il s'est trouvé que par suite des avantages particuliers que la Tunisie tirait de son régime politique, la comparaison n'a pas toujours été à l'avantage de l'Algérie. Les Tunisiens, en le proclamant bien haut, ont-ils tenu suffisamment compte de la différence des situations, se sont-ils montrés en toute occasion entièrement impartiaux ? Les Algériens disent que non, et ils apportent souvent dans leurs récriminations sur ce sujet quelque vivacité. Un député français, M. Berthelot, parcourant l'Algérie pour y réunir les éléments de son rapport sur le budget de la colonie, s'est imbu des sentiments qu'il a entendu exprimer de tous côtés. S'étant rendu ensuite en Tunisie, il s'est mis en relation, pendant le très court séjour qu'il y a fait, avec un groupe de colons en désaccord avec l'Administration, s'est pénétré de l'argumentation de leurs journaux et a emporté pour le présenter à la Chambre un résumé de leurs articles. Telle est la genèse de l'interpellation qui a occupé les séances du 8 et du 15 février de la Chambre des députés.

M. Berthelot avait dans son rapport de 1899 sur le budget de la Tunisie, présenté la situation du pays sous le jour le plus favorable et accordé les plus grands éloges à l'Administration du protectorat. On aurait compris que, dans son interpellation de 1901, il signalât certains abus que son récent voyage lui aurait permis de découvrir, qu'il se plaignît par exemple de ce que le fisc, en Tunisie comme ailleurs, a parfois la main trop lourde. Mais il ne s'est pas borné là. Généralisant les conséquences de quelques faits isolés, il a prononcé un véritable réquisitoire contre cette Administration pour laquelle il n'éprouvait que de l'admiration il y a deux ans. Pour lui la petite colonisation française n'existe pas dans la Régence, et il présente du péril italien un effrayant tableau ; c'est surtout la gestion financière du protectorat qu'il dénonce comme désastreuse; ce sont les fonctionnaires tunisiens, et, en particulier, le dernier résident général qu'il représente comme responsable de cette situation si fâcheuse, et il conclut en demandant au ministre de faire inspecter les finances tunisiennes par un fonctionnaire de la métropole.

Après M. Albin Rozet qui a parlé de l'œuvre scolaire accomplie en Tunisie et de la nécessité d'enseigner la langue française aux indigènes, et M. Bienvenu Martin, qui a demandé que l'on prît de nouvelles mesures pour faciliter le peuplement français, et insisté sur le caractère d'urgence que présente l'organisation du Crédit foncier, M. Thomson a posé l'importante question du régime douanier de la Régence. Ce régime ayant été établi en 1890, alors que la Tunisie avait les mains liées par des traités antérieurs au protectorat, il est devenu nécessaire de le modifier depuis que ces traités ont disparu. Tout le monde est d'accord sur ce point. Mais on ne s'entend plus lorsqu'il s'agit de déterminer les modifications à effectuer. La Tunisie s'est hâtée d'user de sa liberté d'action pour supprimer tous les droits d'entrée sur son territoire qui grevaient les principaux produits français qu'elle consomme, et elle demande, inutilement, à la France d'augmenter les franchises qui ont été accordées seulement à quelques-uns de ses produits dans la métropole. M. Thomson ne se tient pas pour satisfait des sacrifices consentis par le protectorat pour favoriser le commerce de la mère patrie. Il demande que tous les produits métropolitains bénéficient de la franchise en Tunisie et que le tarif minimum y soit appliqué dans son intégralité aux produits étrangers. Ce serait presque le régime de l'assimilation douanière et le député de Constantine y voit comme une sorte de prélude de l'assimilation administrative, qui lui apparaît comme l'idéal futur de la Tunisie.

En réponse aux interpellateurs, le ministre des affaires étrangères a prononcé un admirable discours qui a tout de suite élevé la discussion au-dessus des misérables questions de détail qui avaient fait le fond de l'argumentation de M. Berthelot. Renvoyant M. Thomson à un débat spécial qui devra être ouvert ultérieurement sur la réforme douanière, M. Delcassé a vengé en quelques mots M. René Millet des attaques dont il a été l'objet : « Loin que son remplacement soit une disgrâce, a-t-il dit, j'ai tenu, en élevant M. Millet, qui était ministre plénipotentiaire, au rang d'ambassadeur, et, en lui conférant la dignité de commandeur de la Légion d'honneur, j'ai tenu à reconnaître l'œuvre qu'il a remplie à Tunis, son zèle, son dévouement, et par dessus tout son ardeur à maintenir hors de toute atteinte le principe même du protectorat. » Il n'a pas eu de peine à démontrer le peu de fondement des critiques formulées contre l'administration tunisienne, et il n'a eu pour cela qu'à réfuter M. Berthelot par M. Berthelot lui-même en le renvoyant à son rapport de 1899. Puis, avec une éloquence qui lui a valu à diverses reprises les applaudissements mérités de la Chambre, il a mis en lumière les principes directeurs du régime du Protectorat et démontré la supériorité de ce régime pour l'administration des colonies : « Mon expérience des choses coloniales, a-t-il déclaré, mon passage au ministère des Colonies, m'ont absolument convaincu que les colonies qui s'évertuent le plus, celles qui s'administrent le mieux, sont celles qui font face à leurs dépenses avec leurs ressources propres, qu'elles ont par là même un intérêt évident à ménager. » Dans une rapide revue de l'œuvre accomplie par le Protectorat, M. Delcassé a successivement fait passer sous les yeux de la Chambre les finances tunisiennes restaurées à ce point que, sur quinze exercices budgétaires, treize se sont soldés par des excédents dont le total atteint 47 millions, malgré d'importants dégrèvements, et les travaux publics qui, grâce à ces excédents, ont pu recevoir une impulsion si active que 1.850 kilomètres de route, plus de 700 kilomètres de chemin de fer ont été construits, et que 4 grands ports ont été aménagés. Passant à l'examen de la situation commerciale, le ministre des Affaires étrangères montre les transactions dépassant 100 millions, et la part de la France dans le commerce tunisien atteignant 64 0/0 : « Je suis sûr, ajoute-t-il, que cette part montera encore si les commerçants français, à l'exemple de leurs concurrents étrangers, veulent bien se pénétrer davantage des goûts, des préférences, des besoins des acheteurs tunisiens, et s'ils se décident à leur donner des facilités, à leur accorder des délais de payement qu'on s'empresse de leur offrir ailleurs. » Cette vérité, incontestable pour tous ceux qui connaissent la situation du commerce en Tunisie, montre que, contrairement à l'avis de M. Thomson, c'est faire fausse route que d'attendre d'une protection douanière l'accroissement des opérations commerciales de la France dans ce pays. Enfin, venant à la question capitale de la colonisation, M. Delcassé réduit à ses véritables proportions le péril italien et fait justice des exagérations qui ont été répandues dans le public à ce sujet, en constatant que si 105.000 déclarations d'étrangers ont été enregistrées, il faut déduire de ce chiffre 25.000 départs, 23.000 personnes déjà établies dans la Régence en 1881, et 15.000 naissances, ce qui réduit à 43.000 le chiffre réel de l'immigration étrangère, qui n'est donc que deux fois plus considérable que l'immigration française, et il rappelle les 500.000 hectares de terres achetés par nos concitoyens, et les immenses plantations d'oliviers qu'ils ont effectuées dans le sud et les nombreuses fermes qu'ils ont édifiées dans le nord. Voilà ce qu'a produit en dix ans ce régime si violemment critiqué. Car, il n'y a pas à s'y tromper, c'est bien le régime même du protectorat qui est en cause. En effet, « l'envoi d'un inspecteur des finances de la métropole, dont parlait M. Berthelot, constitue, s'est écrié M. Delcassé, dans un beau mouvement oratoire, soit une mesure de méfiance que je repousse, parce qu'elle serait imméritée, soit un commencement de rattachement, une tentative d'administration directe avec tout ce qui s'en suit, et je la repousserai avec plus d'énergie encore, comme détestable pour la Tunisie, comme plus mauvaise pour la métropole, qui doit avoir à cœur au contraire de maintenir et de fortifier le protectorat, parce que le protectorat est la forme de gouvernement par excellence, la forme la plus simple, la plus commode, la moins coûteuse, celle à laquelle il faut recourir toutes les fois que le permettent et les circonstances et l'état du pays... Si, par notre passé, par nos traditions, par le génie expansif de notre race, par la multitude de nos intérêts sur tous les points du globe, nous sommes fondés autant que quiconque à avoir une politique universelle, les séductions de cette politique ne doivent pas nous faire perdre de vue nos intérêts vitaux, ni que nos intérêts vitaux sont en même temps nos intérêts les plus proches. Du golfe de Gabès aux confins extrêmes de l'ouest algérien, hommes, ports, produits naturels, que d'éléments précieux nous offre cette partie du nord de l'Afrique pour augmenter considérablement notre puissance nationale! Or, de tous les systèmes employés pour rendre cette terre absolument française, qui oserait soutenir que le protectorat tunisien a produit les résultats les moins heureux? Ne cessons donc pas de l'améliorer, mais gardons-nous d'en laisser dénaturer le caractère constitutif. » Un tel langage dans la bouche d'un membre du gouvernement et d'un ministre des Affaires étrangères est bien fait pour réjouir tous les véritables coloniaux; il montre quels progrès ont fait depuis quelques années dans les esprits les saines idées coloniales, celles que ce recueil n'a pas cessé de proclamer et de défendre.

A tous les maux dont souffre la Tunisie, à tous les abus qui y ont été signalés, à l'immigration italienne elle-même, M. Morinaud, qui est député de l'Algérie, est venu proposer une panacée infaillible; qui l'aurait cru? ce n'est rien moins que l'application du système algérien : conseil colonial élu, votant les dépenses facultatives du budget, naturalisation automatique des étrangers, et enfin, surtout, concession gratuite des terres aux colons et créations artificielles de villages. Au moment où l'on s'efforce d'améliorer ces institutions si sévèrement critiquées par les Jules Ferry, par les Burdeau, par les Jonnart, au moment où l'Algérie, obligée de se suffire à elle-même avec ses propres ressources par suite de la constitution du budget spécial, sera peut-être amenée par la force des choses à renoncer au système épouvantablement coûteux des concessions gratuites, il ne saurait être sérieusement question de faire à la Tunisie un semblable cadeau!

Un ami fidèle du protectorat tunisien, qui a été l'un des ouvriers de la première heure de ce grand œuvre, et qui n'a jamais cessé d'en suivre avec sollicitude le développement, M. d'Estournelles, s'est chargé, en justifiant cette administration des accusations imméritées dont elle est l'objet, de les expliquer à la Chambre et de lui donner la raison de l'intervention des députés algériens dans le débat. Le protectorat, ce mode de gouvernement « paisible et à bon marché », comme il l'a justement qualifié, aura toujours contre lui « tous ceux qui veulent faire des expéditions et tous ceux qui ont des fonctionnaires à placer »; il a rappelé les violentes colères que tous nos résidents en Tunisie ont eu successivement à braver, et les paroles de Dupleix mourant : « J'ai consacré toutes mes forces à servir ma nation en Asie; aujourd'hui mes services sont qualifiés de fables; je suis traité comme un tyran, comme un despote, comme le dernier, le plus vil des êtres humains. »

Puis déchirant tous les voiles, il a courageusement révélé le plan de campagne des adversaires de la Tunisie. « La vérité, n'a-t-il pas hésité à dire, c'est que, inconsciemment ou consciemment, depuis 15 ans, sous prétexte de prendre ostensiblement la défense des colons, en disant qu'on trouve la part des indigènes trop belle et le pouvoir du résident général trop absolu, on cherche à battre en brèche le protectorat. Voilà la vérité... A présent que la notion du protectorat commence à se répandre dans notre pays, à devenir plus claire, plus intelligible, on n'ose plus dire aussi ouvertement qu'auparavant, et avec la même franchise que M. Morinaud tout à l'heure, qu'on poursuit l'annexion; non, on emploie des périphrases; on dit : Nous sommes favorables au protectorat, nous voulons seulement y apporter de légers changements, lui ôter simplement les moyens de vivre, oh! sans le tuer; le modifier de telle sorte que ce ne soit plus le protectorat, et qu'il n'en reste que le nom. Eh bien, c'est là ce que nous ne voulons pas, j'estime que nous devons être attachés à ce régime du protectorat, et le défendre de tout notre pouvoir; nous devons, sans distinction de partis, parce que c'est l'intérêt de la France entière, nous grouper autour du gouvernement et le pousser à défendre le protectorat, s'il en était besoin. »

Telle semble bien avoir été la pensée de la Chambre puisqu'elle a accordé un vote de confiance au gouvernement. Mais les colons tunisiens feront bien de méditer le discours de M. d'Estournelles. Ceux qui, suivant l'expression de M. Delcassé, veulent « tout ramener à eux, et sans aucune responsabilité, prétendent tout gouverner » agiront sagement en réfléchissant sur le danger qu'il y a à rechercher des auxiliaires compromettants, et qui risquent de les entraîner dans une voie où personne en Tunisie ne voudrait s'engager.

La suppression des prestations à Madagascar. — Le général Galliéni vient de supprimer les prestations. Il a réalisé ainsi une réforme qu'il avait annoncée à la population de la Grande île au retour de son dernier voyage dans la métropole, et l'on peut dire qu'après la suppression de l'esclavage, c'est l'une des mesures les plus importantes qu'on pouvait prendre à Madagascar. Ses conséquences économiques peuvent, en effet, être très grandes, car, par elle, c'est la question de la main-d'œuvre engagée tout entière dans des voies nouvelles.

Quand cette réforme fut annoncée comme probable, nous montrâmes ici même toute sa gravité et, rapportant les appréhensions d'un certain nombre de colons, nous indiquions que les exploitations des Européens pouvaient, à la suite de la suppression des prestations, se trouver privées de main-d'œuvre et ruinées. Il fallait que la mesure fût entourée de certaines précautions. Le général Galliéni l'entendait bien ainsi; nous avons, en effet, aujourd'hui, sous les yeux, les instructions qu'il a adressées à ses collaborateurs et les divers actes qui doivent à la fois assurer la bonne exécution de la réforme et faciliter la transition du régime de le réglementation à celui de la liberté et il semble que toutes les précautions aient été prises pour éviter une surprise.

Le régime qui vient de disparaître n'était, dans l'esprit même du gouverneur général, ses instructions en témoignent, qu'un moyen transitoire entre l'abolition de l'esclavage et la liberté du travail complète. On se souvient qu'en l'organisant, le général Galliéni avait créé toute une série d'avantages pour les indigènes qui consentaient à entrer au service de nos colons. Les abus que ces concessions bienveillantes permirent le forcèrent à revenir sur sa décision. Un certain nombre de colons, les moins intéressants d'ailleurs, s'étaient mis à souscrire des engagements avec les indigènes, ceux-ci se faisant ainsi exempter des prestations à fournir à l'Etat et remettant en échange une somme donnée à leurs employeurs qui, bien entendu, ne leur faisaient faire aucun travail.

Par suite de cet abus, les indigènes, au lieu de prendre l'habitude du travail, restaient dans l'oisiveté, se contentant de payer une modique somme à des employeurs peu scrupuleux. Les colons sérieux, les entrepreneurs, les planteurs souffraient de ce système qui raréfiait de plus en plus la main-d'œuvre aux environs des localités les plus importantes de la Grande île. Il fallait y renoncer sous peine de voir la colonisation sérieuse piétiner sur place.

La suppression de la prestation touche aussi une catégorie importante de colons, celle des exploitants de mines d'or. Pendant ces quatre dernières années, cédant aux demandes de ces industriels, le général Galliéni avait consenti à exempter de la prestation et du service militaire les indigènes qui allaient travailler sur leurs chantiers. Il avait même autorisé les administrateurs à réquisitionner, pour ainsi dire, les travailleurs en grand nombre, qu'ils demandaient à l'administration. Là aussi, malheureusement, il se produisit des abus analogues à ceux que nous venons de signaler et qui menaçaient l'avenir même de la colonie. Les mineurs, ayant de cette façon à leur disposition un grand nombre de travailleurs réquisitionnés, les payaient fort peu, et continuaient à exploiter les anciens gisements du gouvernement malgache, au moyen du procédé primitif de la battée, avec lequel, étant donnés les bas salaires qu'ils payaient, ils pouvaient faire encore des profits; mais l'industrie aurifère ne faisait ainsi aucun progrès, et on travaillait sur des terrains qui, réellement, n'en valaient plus guère la peine. C'était de la main-d'œuvre presque perdue pour la colonie et qui aurait pu être employée ailleurs, notamment sur les terrains aurifères suffisamment riches. Là, les exploitants trouvent toute la main-d'œuvre qu'ils désirent et sans aucune pression de l'administration, parce qu'ils peuvent donner des salaires assez élevés.

Le régime des prestations, on le voit par ces exemples, était surtout nécessaire aux entreprises coloniales mal armées pour faire les efforts dont doit être capable toute entreprise sérieuse, et, de plus, il entraînait des abus. Avec le nouveau régime, c'est-à-dire avec la main-d'œuvre complètement libre, aussi bien pour l'administration que pour le colon, il est très probable que toutes les entreprises publiques et les entreprises privées sérieuses trouveront les travailleurs dont elles ont besoin, parce qu'elles n'hésiteront pas à les payer un prix convenable. Il se produira alors une sélection parmi les entreprises de Madagascar et on verra tomber toutes celles qui n'étaient que factices, vivaient de l'indigène et n'étaient d'aucun profit pour le développement économique de la colonie.

Les salaires, sous ce régime de liberté, vont augmenter, mais les Malgaches sont d'excellents acheteurs et les sommes qu'ils toucheront iront, pour la plus grande partie, chez nos commerçants. En outre, les indigènes participeront dans une plus large mesure que par le passé à la charge de l'impôt. Parmi les mesures prises pour parer aux inconvénients probables de la suppression de la prestation, la plus importante, en effet, est l'augmentation de l'impôt. Désormais, la taxe personnelle annuelle due

*

par tout indigène du sexe masculin âgé de seize ans révolus est élevée à 30 francs dans la circonscription de Tananarive-ville, à 20 francs, à 15 francs et à 10 francs suivant les provinces. Les Malgaches de l'Emyrne qui devront payer 20 francs de taxe personnelle y arriveront facilement, s'ils veulent consentir à travailler. Ils seront autorisés à payer cette taxe par fractions de cinq francs, et de plus, ils pourront, s'ils le désirent, venir s'employer sur les chantiers de la colonie où ils seront payés à raison de un franc par jour à Tananarive et 0 fr. 75 dans les provinces.

Une autre mesure destinée à empêcher les conséquences défavorables que pourrait avoir la suppression des prestations consiste en la création, au gouvernement général, d'un office central, et dans chaque province ou cercle, d'un office régional du travail ayant pour objet de faciliter aux entreprises privées le recrutement de la main-d'œuvre et d'assurer l'exécution des contrats de travail. L'office central sera assisté d'une commission consultative permanente composée, sous la présidence du secrétaire général, de deux fonctionnaires et de deux colons, ces derniers désignés par la Chambre consultative de Tananarive. Grâce à ces institutions, les colons et les indigènes pourront entrer facilement en relations et on peut espérer que, avec toutes ces précautions, on fera accomplir au peuple malgache sa dernière évolution vers la liberté absolue du travail, sans léser les intérêts européens engagés à Madagascar.

DOCUMENTS, ARTICLES SPÉCIAUX
ACTES OFFICIELS

GÉNÉRALITÉS

Le Régime douanier des colonies à la commission des douanes. — A la commission des douanes, M. Le Myre de Vilers a soutenu son amendement au budget, qui avait été renvoyé à la commission des douanes comme étant relatif au régime douanier des colonies. Après une discussion à laquelle ont pris part MM. Noël, Menier, Dubochet, Sibille, Debussy et Trannoy, une sous-commission, composée de MM. Noël, Menier et Dubochet, a été chargée d'examiner non seulement les propositions de MM. Gerville-Réache, Le Myre de Vilers, Méline, mais aussi tout l'ensemble d'un régime douanier colonial.

Le Service militaire aux colonies. — La commission de l'armée vient d'examiner diverses propositions de loi se rattachant au service militaire des jeunes Français établis à l'étranger.

On sait que MM. Le Myre de Vilers et Etienne se montrent partisans de l'exemption totale pour ceux qui vont répandre l'influence française dans les colonies de création récente.

M. Fleury-Ravarin, au contraire, demande que les jeunes gens fixés à l'étranger hors d'Europe soient, comme les autres, astreints à un an de service, mais il leur donne des facilités que la loi avait négligées jusqu'ici, en leur permettant : 1° d'effectuer leur année de service dès l'âge de dix-huit ans; 2° de venir en France pour raison de santé ou d'affaires, à raison de quatre mois tous les deux ans.

Enfin, M. Le Hérissé proposait que les jeunes gens résidant dans nos colonies nouvelles fussent traités sur le même pied que les jeunes gens établis à l'étranger, sur avis conforme du gouverneur.

La commission a maintenu le *statu quo*. Mais tout en repoussant les propositions de MM. Le Myre de Vilers et Fleury-Ravarin, elle s'est montrée favorable à l'octroi de certaines facilités dont ne bénéficiaient pas actuellement les jeunes gens établis aux colonies avant l'accomplissement de leur service militaire.

COLONIES FRANÇAISES

AFRIQUE DU NORD

Algérie. — Actes officiels. — *Le Mobacher.*

6 février. — *Arrêté* prononçant l'expropriation pour cause d'utilité publique avec prise de possession d'urgence, des terrains nécessaires à la construction d'une conduite d'eau à Marengo. — *Création* d'un établissement de facteur receveur à Bled-Gaffar et à la Robertsau (Constantine).

Agriculture. — *Taxe sur les vignes.* — Par arrêté du 6 février, le tarif de la taxe spéciale et temporaire sur les vignes imposables est fixé ainsi qu'il suit pour l'année 1901.

Département d'Alger..........	3 fr.	par hectare.
— d'Oran...........	2 fr. 50	—
— de Constantine...	5 fr.	—

Production vinicole de l'année 1900. — D'après les chiffres de l'administration des contributions indirectes la récolte des vins s'est élevée en 1900 à 5.444.000 hectolitres pour une superficie de 142.226 hectares. Voici quel est pour chaque département le chiffre de la récolte, par rapport à l'étendue plantée.

	Hectares	Hectolitres
Département d'Alger............	48.560	2.713.884
— de Constantine.....	16.889	735.836
— d'Oran............	79.767	1.994.459
Totaux..........	145.227	5.444.179

On estime que ce vignoble représente un capital d'établissement de un demi-milliard.

En 1880, il y a vingt ans, l'Algérie ne possédait que 30.241 hectares de vignes, représentant une valeur de 90 millions.

Depuis, le vignoble a conquis 115.000 hectares et cette augmentation de la surface consacrée à la vigne représente une valeur totale d'environ 400 millions de francs, soit une augmentation annuelle de 20 millions de francs.

Concours régional de charrues à Bougie. — Le Comice agricole l'arrondissement de Bougie organise pour les 14 et 15 avril prochain un concours de charrues et d'instruments agricoles et viticoles.

Le concours de charrues sera ouvert entre les constructeurs européens et indigènes, qui présenteront un type de charrue simple et pratique, approprié à la culture des indigènes et aux moyens dont celle-ci dispose.

Les charrues à axe long, à versoir double ou unique, actionnées par les attelages ordinaires des indigènes seront l'objet de la préférence du jury, qui classera les concurrents après essais comparatifs sur des terrains de toute nature et tiendra compte du bon marché de l'instrument, de sa solidite, de sa légèreté, de l'effort de traction et de sa facilité à être réparé.

Un cours libre de greffage. — Les journaux de Guelma nous informent que M. Guy, gérant du domaine de Saint-André, à Bled-Gaffar, vient d'ouvrir sur ce domaine, avec l'assentiment des propriétaires, un cours de greffage et de taille de la vigne.

Les femmes et les enfants ont été admis, dans le but de former une pépinière de greffeurs et tailleurs.

On ne peut que souhaiter que cette initiative encourage d'autres propriétaires algériens à faire des expériences semblables.

COLONISATION. — *Adduction d'eau.* — Par arrêté du Gouverneur en date du 28 janvier, est prononcée l'expropriation, pour cause d'utilité publique, avec prise de possession d'urgence, de divers terrains d'une contenance de 55 ares situés dans les territoires des communes de Meurad et de Marengo et destinés aux travaux de captage et dérivation de l'Oued-Meurad en vue de l'alimentation en eau potable de la ville de Marengo.

Tunisie. — AGRICULTURE. — *La sériciculture et l'élevage de la volaille.* — Les essais de sériciculture entrepris en Tunisie, ont donné, au moins théoriquement, de bons résultats ; ils ont démontré que cette industrie rencontrerait des conditions particulièrement favorables : le climat rend inutile le chauffage des magnaneries et le cocon est obtenu avant l'époque de la récolte française, à un moment où la vente est toujours avantageuse. Les expériences n'ont encore été faites que sur une petite échelle, et lorsqu'on a voulu les étendre, on s'est heurté à la rareté de la feuille nécessaire pour la nourriture du ver. Mais cet obstacle sera facilement surmonté ; il suffira de planter au préalable des mûriers en quantité suffisante. La direction de l'agriculture et du commerce, dans le but de propager la sériciculture, fait, depuis plusieurs années, des distributions de graines de vers à soie. Elle s'est en outre assuré le concours d'un praticien pour installer à Tunis une magnanerie modèle, et elle distribue une brochure intitulée : « Instructions aux éleveurs de vers à soie ». Il y aura là une ressource précieuse pour les petits colons.

Une autre ressource dont on n'a pas encore tiré tout le parti possible est l'élevage de la volaille. Cette question, qui n'avait pas encore été étudiée scientifiquement, a fait l'objet d'un intéressant travail publié dans la *Dépêche Tunisienne* du 4 février, par M. le vétérinaire Beaupin. Il résulte des observations auxquelles il s'est livré que la poule tunisienne contrairement à ses congénères de France, donne des œufs pendant toute l'année. « Nous sommes donc, conclut M. Beaupin, sous un climat qui convient tout particulièrement à cet élevage. En France et dans les contrées froides, la poule ne produit pas pendant les longs mois d'hiver. Pourquoi ne profiterions-nous pas de cet avantage climatérique et ne ferions-nous pas de la Tunisie un immense poulailler pouvant alimenter les pays froids pendant l'hiver ? » La France reçoit des œufs de Tripoli ; on se demande pourquoi sa colonie tunisienne ne lui en fournirait pas également.

AFRIQUE OCCIDENTALE

Congo français. — ACTES OFFICIELS. — *Journal officiel du Congo français.*

15 janvier. — *Arrêté* promulguant dans la colonie le décret du 16 juillet 1899, accordant à M. Normandin une concession territoriale au Congo français. — *Arrêté* ministériel autorisant la substitution de la *Compagnie commerciale et coloniale de la Mambéré-Sangha à M. Normandin.*

ADMINISTRATION. — *Approvisionnement du Haut-Oubangui.* — Le *Journal Officiel du Congo du*

15 janvier publie une lettre du Ministre des Colonies au Gouverneur général, relative aux demandes d'approvisionnements pour le Haut-Oubangui pour l'année 1901.

Cette lettre, qui a surtout pour but de régler des questions de service, n'est pas moins intéressante pour le commerce local. Le Ministre prescrit, en effet, au gouverneur « que désormais il sera inutile de la saisir de commandes minimes auxquelles il peut être donné satisfaction dans la colonie. »

On ne peut qu'approuver une telle mesure qui sera très favorable aux intérêts des commerçants de la colonie en simplifiant des formalités administratives et en supprimant des frais de transport.

Cafés et cacaos admissibles au régime de faveur. — Un décret du 6 février 1901 fixe ainsi qu'il suit les quantités de café et de cacao en fèves originaires de la partie française du bassin conventionnel du Congo qui pourront être admises en France pendant l'année 1901, dans les conditions prévues par le décret du 22 avril 1899 : café, 50.000 kilos ; cacao, 20.000 kilos.

FINANCES. — *Contributions directes.* — Le *Journal officiel du Congo français* du 1er janvier, publie la série des taxes applicables dans la colonie pour l'année 1901.

Les *contributions directes* sont les suivantes :

1° *Droit sur la valeur locative des maisons* : 5 0/0;

2° *Redevance annuelle* pour les terrains situés sur les 25 mètres du littoral, fixée par mètre carré à 2 fr., 1 fr., ou 50 cent., selon qu'il s'agit de maisons d'habitation, de hangars fermés ou ouverts;

3° *Concessions.* — Nous avons indiqué ces taxes dans notre n° du 25 septembre dernier.

4° *Contribution des patentes :*

Patente de commerçant proprement dit...	600	»
Patente de traitant ou détaillant.........	150	»
Patente de capitaine ou de subrécargue, quand la cargaison est supérieure à 10.000 fr..................................	300	»
Patente de capitaine ou de subrécargue, quand la cargaison est d'une valeur comprise entre 1.000 et 10.000 francs.......	200	»
Patente de capitaine ou de subrécargue, quand les cargaisons ou pacotilles sont d'une valeur inférieure à 1.000 francs...	50	»
Patente de boulanger......................	100	»
Patente de ponton..........................	300	»

5° *Contribution des licences pour Libreville seulement :*

Licence de cabaretier.....................	600	»

6° *Contribution des licences :*

En dehors de la zone indiquée par l'arrêté du 12 octobre 1899, qui modifie celui du 17 mai de la même année, les débitants d'alcool en gros ou en détail payent indistinctement un droit de..............	100	»

L'arrêté du 28 avril 1900 exempte du droit de patente les Sociétés titulaires de concessions territoriales accordées par décrets.

MOYENS DE TRANSPORTS. — *Service de la navigation à vapeur.* — Un arrêté du ministre des colonies, en date du 15 janvier, publié au *Journal officiel* du 2 février, autorise la rétrocession à la Société des Messageries fluviales du Congo des services de navigation à vapeur imposés aux Compagnies suivantes concessionnaires de territoires du Congo français :

Compagnie agricole, commerciale et industrielle de la Léfini ;

Compagnie de la N'Kémé et de la N'Kéni ;

Compagnie française du Congo ;

Compagnie des caoutchoucs et produits de la Lobay ;

Compagnie française de l'Oubangui-Ombella ;

Société de l'Afrique équatoriale ;

Société de l'Afrique française ;

Compagnie de l'Ekela-Sangha ;

Compagnie de la Kadeï-Sangha ;

Compagnie franco-congolaise.

Ces Compagnies et Sociétés restent solidairement responsables, avec la Société des Messageries fluviales du Congo, envers l'Etat et la colonie, et pendant deux ans à partir de la date de la mise en service de la totalité de la flotte prévue à l'article 3 du cahier des charges du 15 janvier 1901, des engagements définis au titre II de leurs cahiers des charges respectifs.

Sous réserve des conditions de solidarité stipulées ci-dessus, ces Compagnies et Sociétés seront déchargées de l'obligation de mettre à flot et d'entretenir en service pendant toute la durée de leurs concessions les bateaux à vapeur de grand et petit modèle qui lui sont imposés par l'article 11 de leurs cahiers des charges.

Il est interdit à la Société les Messageries fluviales du Congo, sous peine de déchéance et de saisie du cautionnement prévue à l'article 14 de son cahier des charges et sans préjudice des pénalités inscrites au titre II des cahiers des charges des Compagnies et Sociétés auxquelles elle est substituée, d'engager son capital, directement ou indirectement, dans aucune entreprise autre que celle définie à l'article 2 de ses statuts.

On sait que, d'autre part, un arrêté du 15 octobre dernier avait autorisé les Sociétés de la Mobaye et de la Kotto et la Compagnie des Sultanats du Haut-Oubangui à se substituer la Compagnie de Navigation et transports Congo-Oubangui, pour l'exécution entre Brazzaville et Ouango-M'Bomou du service de navigation défini par le titre II des cahiers des charges des concessionnaires.

Côte d'Ivoire. — Douanes. — *Cafés et cacaos admissibles au régime de faveur.* — Un décret du 6 février 1901, fixe à 60.000 kilos la quantité de café originaire de la Côte d'Ivoire qui pourra être admise en France, pendant l'année 1901, dans les conditions visées par les décrets du 30 juin 1892 et 26 août 1900.

Dahomey. — Actes officiels. — *Journal officiel du Dahomey.*

1er janvier. — *Arrêté* du Gouverneur, en date du 31 décembre, rendant exécutoire le budget du service local de la colonie pour l'exercice 1901.

15 janvier. — *Décision* du 9 janvier 1901, mettant mensuellement à la disposition du Directeur du service du chemin de fer du Dahomey une somme variant de 50.000 à 70.000 francs. — *Arrêté* du 10 janvier créant deux postes de douanes, à Igolo et à Bodo.

Douanes. — *Création de deux postes.* — Par arrêté du Gouverneur, en date du 10 janvier, deux postes des douanes sont créés à Igolo et Bodo. Ce dernier point sera occupé par les agents actuellement en service au poste de Savé qui est supprimé.

Finances. — *Budget.* — Un arrêté du Gouverneur, en date du 31 décembre, a rendu exécutoire le budget des recettes et des dépenses du service local de la colonie pour l'exercice 1901.

Ce budget est arrêté en recettes comme en dépenses à la somme de 2.974.200 francs qui se décompose ainsi :

RECETTES

Art. I. — Contributions indirectes	2.376.000	»
— II. — Produits divers	42.200	»
— III. — Impôt indigène	550.000	»
— IV. — Recettes des exercices clos, mémoire		
— V. — Recettes extraordinaires	6.000	»
Total des recettes	2.974.200	»

DÉPENSES

Chap. I. — Dettes exigibles	5.600	»
— II. — Services administratifs	117.710	»
— III. — Affaires politiques et indigènes	159.620	»
— IV. — Troupes indigènes, police et justice	232.177	»
— V. — Services financiers	363.804	»
— VI. — Divers services	132.980	»
— VII. — Travaux publics, flottille, ports et rades	185.380	»
— VIII. — Chemin de fer	1.050.000	»
— IX. — Service de santé	94.112	20
— X. — Haut-Dahomey	452.982	61
— XI. — Enclaves situées entre Forcados et Badjibo	30.000	»
— XII. — Dépenses diverses et imprévues	149.834	19
— XIII. — Dépenses des exercices clos, mémoire.		
— XIV. — Dépenses d'ordre, mémoire.		
Total des dépenses	2.974.200	»

Guinée. — Situation générale. — *Résultats de 1900.* — Nous avons eu l'occasion de signaler déjà maintes fois l'excellente situation financière de la Guinée. Les résultats financiers obtenus dans la colonie pendant l'année 1900, montrent que cette situation n'a pas changé.

Les recettes du budget ordinaire ont atteint l'année dernière la somme de 3.471.835 fr. 61, et, les dépenses effectuées, la somme de 1.619.277 fr. 93. Pour le budget extraordinaire, les recettes ont été de 1.033.202 fr. 20, et les dépenses de 489.055 fr. 84. La situation financière accuse donc un excédent de recettes de 1.852.658 francs pour le budget ordinaire et de 1.543.546 francs pour le budget extraordinaire.

Il ne faut cependant pas prendre ces excédents, si considérables soient-ils, pour l'expression des sommes définitivement disponibles ; car il ne s'agit que des dépenses effectuées, qu'il ne faut pas confondre avec les dépenses engagées, et c'est le chiffre de ces dernières qu'il faudrait avoir pour déterminer exactement l'excédent des recettes de l'exercice ; mais le fait même qu'à la fin de l'année on dispose de sommes dépassant si notablement les dépenses est une excellente chose et l'indice que la situation prospère à laquelle M. Ballay a su amener la colonie qu'il administrait encore dans les premiers mois de 1900, va s'affirmant.

Sénégal. — POSTES ET TÉLÉGRAPHES. — *Nouveau bureau.* — La ligne télégraphique en construction de Parakou au Niger a atteint Péréré, où un bureau a été établi et déclaré ouvert à la correspondance postale et télégraphique par arrêté du 18 janvier.

AFRIQUE ORIENTALE

Côte française des Somalis. — COMMERCE. — *Création de magasins généraux et d'un entrepôt réel des douanes.* — Un décret du 1er février 1901, publié au *Journal Officiel* du 9, autorise la création de magasins généraux à Djibouti. Ces magasins seront destinés à opérer la garde, la conservation et la manutention des matières premières, objets fabriqués, marchandises et denrées que les négociants, industriels ou agriculteurs, voudront y déposer ; à favoriser la circulation des marchandises et le crédit basé sur leur nantissement par l'émission de récépissés et de warrants.

Les autorisations d'ouvrir ces magasins généraux seront accordées par arrêté du gouverneur après avis du Conseil d'administration de la colonie, et en vertu de contrats spéciaux à chaque entreprise établie d'un commun accord entre l'administration locale et les intéressés.

Un décret de même date accorde l'entrepôt réel des douanes au territoire de Djibouti. Cet entrepôt est ouvert aux marchandises tarifées, aux marchandises prohibées et aux marchandises passibles de taxes de consommation.

Les lois ordinaires, décrets et règlements des douanes françaises sont applicables dans toutes leurs dispositions à l'entrepôt réel de Djibouti, sauf en ce qui concerne le délai d'entrepôt, qui est ramené de trois à deux ans, et le mode de concession, qui pourra avoir lieu par un traité de gré à gré entre le concessionnaire et le Ministre.

Madagascar. — ACTES OFFICIELS. — *Journal officiel de Madagascar et dépendances.*

29 décembre — *Arrêté* modifiant les limites de la province de Tananarive ville.

5 janvier. — *Achèvement* de la route de l'Est ; historique de cette voie de communication. — *Instructions* relatives à la suppression de la prestation indigène. — *Arrêté* du 31 décembre supprimant le régime des prestations et portant augmentation de la taxe personnelle. — *Arrêté* du 31 décembre créant l'Office du travail et des renseignements économiques. — *Arrêté* du 28 septembre supprimant la taxe de séjour des Hovas dans le Betsiléo.

9 janvier. — *Arrêté* du 31 décembre créant un service de voirie dans les provinces de Tananarive, d'Ankazobé et dans le cercle de Maevatanana. — *Arrêté* du 19 décembre établissant des droits de péage dans la province d'Ankazobé. — *Arrêté* modifiant l'article 15 de l'arrêté du 6 octobre 1897 réglementant les concessions de prises d'eau à Diégo-Suarez. — *Arrêté* du 7 janvier supprimant le territoire des Betsimisaraka du Sud. — *Décision* confiant au service de la voirie, dans les provinces de Tananarive d'Ankazobé et de Maevatanana, les travaux de parachèvement et d'entretien de la route Maevatanana-Tananarive. — *Circulaire* au sujet du fonctionnement des diverses écoles professionnelles. — *Cahier* des charges réglementant la vente des terrains de « la nouvelle ville » à Fianarantsoa.

12 janvier. — *Arrêté* municipal portant réorganisation administrative de la circonscription de Tananarive. — *Arrêté* portant création d'une cocoterie à l'embouchure de l'Ivoloina à Vohidotra, province de Tamatave. — *Arrêté* du 30 décembre rendant exécutoire le budget de l'exercice 1901. — *Circulaire* relative à l'interdiction de la circulation et de l'exportation des écorces de plantes à caoutchouc.

ADMINISTRATION. — *Interdiction de la circulation et de l'exportation des écorces de plantes à caoutchouc.* — Par une circulaire en date du 26 décembre dernier, M. le général Galliéni a prescrit de n'accorder aucune autorisation d'écorcer les arbres producteurs de caoutchouc.

Des expériences sont actuellement poursuivies relativement à l'extraction du caoutchouc par le traitement industriel des écorces, et le Gouverneur général a ordonné l'envoi en France de nombreux échantillons.

Nous tiendrons nos lecteurs au courant du résultat de ces expériences intéressantes.

Le général Galliéni et le consul anglais. — A l'occasion des réceptions officielles du 1er janvier, M. Porter, consul de S. M. Britannique, s'est adressé en ces termes au général Galliéni :

« Votre nom restera intimement lié à l'histoire « de la colonisation de Madagascar, et tous ceux « qui ont eu le privilège d'être en relations avec « vous, au cours de votre premier séjour dans « l'île, d'être témoins des difficultés énormes que « présentait la tâche ardue de la pacification et de « l'organisation de ce pays, garderont le plus « durable souvenir de la façon admirable dont « vous l'avez accomplie, de votre énergie, de votre « tact et de vos remarquables qualités administratives. »

Suppression du régime des prestations et augmentation de la taxe personnelle. — Aux termes d'un arrêté en date du 31 décembre 1900, M. le général Galliéni a supprimé le régime des prestations, tel qu'il avait été établi en 1896. Par contre, la taxe personnelle annuelle due par tout indigène du sexe masculin, âgé de seize ans révolus, est élevée de 10 à 30 francs, suivant les régions.

Création d'un Office du Travail et des renseignements économiques. — L'attention du général Galliéni avait, depuis longtemps déjà, été appelée sur l'intérêt qu'il y aurait à faciliter aux colons le recrutement de la main-d'œuvre en les mettant en mesure de recourir à l'intermédiaire de l'administration, pour la régularisation du jeu de l'offre et de la demande, en matière de contrat de louage d'ouvrage entre eux et les indigènes. D'autre part, la nécessité de parfaire les dispositions déjà prises pour vulgariser dans la plus large mesure possible la connaissance des ressources de Madagascar, tant dans le but de faciliter l'installation des colons qu'en vue d'assurer des débouchés avantageux aux productions de la colonie, était apparue avec non moins de force. En conséquence, par un arrêté du 31 décembre 1900, M. le général Gallieni a institué au gouvernement général un office central et, dans chaque province ou cercle, sous la direction du chef de la circonscription, un office régional du travail ayant pour objet de faciliter aux entreprises privées le recrutement de la main-d'œuvre et d'assurer l'exécution des contrats de travail. Les demandes de main-d'œuvre locale formulées par les colons pourront être adressées par eux à l'office régional du travail de chaque province.

En vue de se procurer directement la main-d'œuvre, les colons pourront obtenir, en faveur des indigènes qu'ils emploient en qualité de recruteurs, un certificat délivré par le chef de la province dans laquelle devra se faire le recrutement. Toutefois les recruteurs indigènes munis du certificat prévu à l'article précédent ne pourront procéder à une opération de recrutement sans en avoir prévenu au préalable le fonctionnaire européen, chef de la subdivision administrative intéressée.

D'une manière générale, l'office central du travail aura pour mission de réunir, de coordonner et de publier tous les renseignements relatifs à la réglementation de la main-d'œuvre, à l'exécution et à l'interprétation des contrats du travail, aux besoins et aux disponibilités de main-d'œuvre locale dans les diverses provinces de la colonie, d'étudier les modifications à apporter à la réglementation de la main-d'œuvre locale, les mesures à prendre en vue de l'introduction de travailleurs étrangers et de centraliser les demandes tendant à l'emploi de ces derniers. L'office central du travail sera assisté d'une commission consultative permanente composée, sous la présidence du secrétaire général, de deux fonctionnaires et de deux colons.

Le contrôle des contrats de travail et de l'exécution des engagements stipulés de part et d'autre, sera assuré par les offices régionaux et par l'office central du travail dans des conditions qui seront ultérieurement fixées.

Etat sanitaire de Tamatave. — L'état sanitaire de notre place continue à être excellent. Il n'en est malheureusement pas de même à Maurice et à la Réunion où la peste continue à faire des ravages. Les passagers venant de ces pays et de Tamatave à destination de Diego-Suarez sont obligés, par suite, à une quarantaine de cinq jours.

État numérique des bourjanes partis de Tananarive pendant l'année 1900 pour diverses localités. — Le petit tableau suivant donnera une idée du mouvement qui s'est établi en 1900 entre des centres importants et la capitale :

Vatomandry	31.831
Tamatave	12.257
Andovoranto	11.101
Fianarantsoa	2.635
Maevatanana	10.372
Marovoay	1.011
Moramanga	1.251
Ambatondrazaka	3.430
Ambositra	1.309
Andriba	120
Antsirabe	1.025
Ambohimahasoa	356
Majunga	164
Betafo	254
	77.116

Finances. — *Emprunt.* — Un décret en date du 12 février 1901, autorise la colonie de Madagascar à emprunter une somme de dix millions à la Caisse nationale des retraites.

Travaux publics. — *Wharf de Tamatave.* — Le wharf de Tamatave, construit par la Société de construction de Levallois-Perret, pour compte de la Banque Franco-Suisse, est en bon état d'avancement. La partie nord de l'appontement est sur le point d'être terminée, il ne restera plus alors qu'à finir la pose du garde-fou, du plancher et des voies ferrées de un mètre.

Une fois terminé, le wharf aura une longueur totale de 284 mètres, dont 232 de passerelle. L'appontement, large de 15 mètres, présentera une superficie de 780mq ; quatre grues à vapeur seront installées à son extrémité pour le débarquement des marchandises et des passagers.

La Société du wharf recevra le mois prochain deux remorqueurs de 50 et 100 chevaux, destinés à aider les bateaux qui viendront accoster, et quatre chalands de 100 tonnes qui pourront servir de pont mouvant entre les paquebots et le wharf.

Trois magasins de 250 mq de superficie sont en construction pour recevoir et abriter les marchandises.

Les voies du wharf sont reliées à celles du chemin de fer d'Invondroo et du chemin de fer circulaire de la pointe Tanio.

A l'extrémité du wharf, on établira un feu de port éclairant à 270° et dont la portée, par temps clair, sera de 18 milles. Sa hauteur sera de 8 mètres au-dessus du plancher du wharf qui, lui-même, se trouve à 5m20 de l'eau.

Travaux du chemin de fer. — Nous extrayons ce qui suit d'une lettre que nous recevons de Madagascar :

« Les travaux du chemin de fer continuent ; on s'occupe activement du piquetage de la voie, de la pose du Decauville parallèle à la voie principale et de l'installation des bâtiments, hôpitaux, etc., pour le personnel ouvrier européen et indigène. »

Voies de communications. — *Canal des Pangalanes.* — On sait que le chemin de fer qui doit relier Tananarive à la côte est sera la continuation du canal des Pangalanes qui longe la côte. Les travaux de ce canal ont depuis quinze mois beaucoup progressé, ainsi que nous le disait notre correspondant dans sa dernière lettre. Jusqu'en septembre de l'année 1899, les travaux étaient demeurés à peu de chose près stationnaires : aussi le chantier de Tanifotsy, le seul qui fut ouvert depuis mai 1899, avait-il défavorablement impressionné le général Pennequin.

A partir du mois d'octobre les choses changèrent de face, et, aujourd'hui, on a percé les canaux de Tanifotsy et d'Ampanotoamaizina, mesurant au total 2,500 mètres de longueur, dragué plusieurs kilomètres de chenal en rivière ; créé des installations à Ivondrona et à Mahatsara, et mené tout près de son achèvement le grand canal d'Andavakinimenarana.

A partir du 1er avril prochain, le parcours de l'Ivondrona à Mahatsara s'effectuera en six heures, à bord de bateaux de 32 mètres de longueur, actionnés par des machines de 450 chevaux de force.

Indépendamment du service régulier — voyageurs et marchandises, — fonctionnant d'après horaires, un service de petite vitesse sera assuré facultativement au moyen de gros remorqueurs de 75 chevaux vapeur et chalands de 70 tonnes.

Récolte du riz. Ouverture de la route de l'Est à la circulation. Durée du trajet. — On nous écrit de Madagascar à la date du 18 janvier :

« La sécheresse continue et une bonne partie de la récolte du riz est compromise ; pourtant, grâce au développement des cultures en rizières, le riz, quoique cher, n'atteindra pas les prix de famine de 1896-1897.

« La route de l'Est est entièrement ouverte de Tananarive à Mahatsara. Un break automobile dans lequel se trouvaient divers fonctionnaires et le consul anglais M. Porter, a effectué le trajet en 14 h. 30' de marche effective, la durée commerciale du trajet ayant été de 36 heures. Si donc le canal des Pangalanes fonctionne dans trois mois de manière normale, on pourra, en 48 heures, se rendre de Tananarive à Tamatave. »

La Réunion. — Commerce. — *La peste bovine.* — L'épidémie de peste bovine qui sévit à la Réunion depuis plusieurs mois, a causé une très grande mortalité dans le bétail et a considérablement diminué les ressources de la colonie en viande de boucherie.

Un arrêté du gouverneur en date du 7 janvier, constate cette situation, et pour tâcher d'y remédier dans une certaine mesure, décide qu'il sera accordé une prime de 15 francs par tête aux 600 premiers bœufs de poids minimum de 150 kilos importés dans la colonie. Tous les ports des pays voisins soumettent les provenances de la Réunion à une observation très rigoureuse. A Madagascar, les marchandises suspectes sont prohibées et les autres admises après désinfection. Les passagers sont soumis à une quarantaine de cinq jours dans les lazarets, les bateaux sont désinfectés et mis en observation pendant la même période.

La quarantaine entre la Réunion et Maurice est toujours observée, nous écrit-on, avec une sévérité que ne justifient pas les circonstances.

On ne veut absolument rien y recevoir de la Réunion, pas même les légumes frais et les fruits, si peu susceptibles cependant de propager le fléau.

Monnaie. — *Emission de billets.* — Un arrêté du gouverneur, en date du 29 décembre, autorise la Banque de la Réunion à émettre vingt-cinq mille billets de vingt-cinq francs des lettres A à Z du 16e alphabet, en remplacement de plus forte somme de billets incinérés.

AMÉRIQUE

Guadeloupe. — Travaux publics. — *Projet de chemin de fer.* — L'administration doit faire commencer incessamment des études sur l'établissement projeté d'un chemin de fer entre la Basse-

Terre et le Petit-Bourg; un service de bateaux à vapeur reliera le Petit-Bourg à la pointe-à-Pitre.

Martinique. — COMMERCE GÉNÉRAL. — *Statistiques de l'année 1900.* — Le mouvement commercial de la Martinique s'est élevé pour l'année 1900 à la somme de 52.090.238 fr., en diminution de 1.517.435 sur celui de 1899.

Voici les chiffres des entrées et sorties de la colonie pour ces deux dernières années :

ENTRÉES

Année 1900	24.929.348
— 1899	27.004.526
Soit une diminution totale en 1900 de.	2.075.178

qui se décompose comme suit :

Moins-value :

Marchandises françaises	1.715.226
— étrangères	359.952

A l'importation, cette diminution porte sur les arrivages :

De France pour	2.015.397
Des pays étrangers autres que les États-Unis pour	1.671.883
Soit au total	3.687.280

Mais elle est en partie rachetée par l'augmentation des arrivages :

Des États-Unis	1.384.158
Des colonies françaises	227.940
Soit au total	1.612.102

ce qui ramène la diminution pour l'ensemble au chiffre ci-dessus 3.687.280 — 1.612.102 = 2.075.178.

SORTIES

Année 1900	27.160.890
— 1899	26.603.147
L'augmentation en 1900 a été de. .	557.743

se décomposant comme suit :

France	526.423
Colonies françaises	274.311
États-Unis	57.039
Ensemble	857.773
d'où il y a lieu de déduire la diminution des expéditions pour les pays étrangers autres que les États-Unis	300.030
Soit le chiffre précité	557.743

Parmi les denrées du cru de la colonie exportées en 1900, il y a lieu de signaler une augmentation sur les produits suivants :

	1900	1899
Sucre d'usine	33.687.016 kil.	31.548.356 kil.
Mélasse	49.774 kil.	1.031 kil.
Rhum et tafia	15.566.057 lit.	14.880.358 lit.
Cacao	731.393 kil.	492.998 kil.

Par contre, le café, la casse, le campêche, l'indigo sont en diminution.

RÉGIME FISCAL. — *Droit de sortie sur les rhums et tafias.* — Le Conseil général de la Martinique a proposé de frapper d'un nouveau droit à la sortie les sucres et les tafias. Le droit serait désormais de 1 fr. 35 les 100 kilogrammes de sucre et 1 franc l'hectolitre de tafia.

L'exportation annuelle de la colonie étant d'environ 340.000 tonnes de sucre et 150.000 hectolitres de tafia, ce serait une contribution annuelle de plus de 600.000 fr., soit plus du dixième du budget qui serait ainsi imposée à l'agriculture.

ASIE

Indo-Chine. — ACTES OFFICIELS. — *Journal officiel de l'Indo-Chine française (1re Partie).*

10 janvier. — *Arrêté* du 27 décembre rendant provisoirement exécutoire le budget général de l'Indo-Chine et les budgets locaux du Tonkin, de l'Annam, du Cambodge et du Laos, pour l'exercice 1901.

COMMERCE. — *Le commerce en 1900.* — D'après des renseignements reçus par câblogramme et les statistiques établies par le service des douanes, le commerce général de l'Indo-Chine, pendant l'année 1900, a atteint 471 millions de francs, soit une augmentation de 118 0/0 pour la période de quatre ans qui vient de s'écouler.

Dans le même temps, l'importation des produits français a augmenté dans la proportion de 145 0/0; l'exportation en France des produits indo-chinois s'est également accrue dans la proportion de 242 0/0 et le transit par la Chine a dépassé la proportion de 100 0/0.

Nous aurons l'occasion de revenir sur cette question dès que les tableaux établis par l'administration locale nous seront parvenus.

Le caoutchouc de l'Indo-Chine. — Il a été exporté de l'Indo-Chine 272.436 kilos de caoutchouc, pendant les trois premiers trimestres de 1900, contre 39.768, en 1899. Sur cette quantité, 243.165 kilos sont sortis par le Tonkin et 29.271 kilos par Saïgon. La majeure partie de ce caoutchouc provient de l'Annam et surtout du Tra-ninh (Laos).

Importation des tissus de coton en Indo-Chine du 1er janvier au 30 septembre 1900, comparée à l'importation pendant la période correspondante de 1899. — L'importation des cotonnades en Indo-Chine au 30 septembre 1900, se trouve bien inférieure à celle de la période correspondante de 1899. Ce fait ne doit pas étonner; la quantité importée en 1899, à la suite d'une série de bonnes récoltes, dépassait les extrêmes limites des besoins, d'où un stock de réserve qui a diminué d'autant les prévisions à faire au cours de l'année 1900. La fin de l'année 1899 avait d'ailleurs été marquée par une série de kracks pour les Chinois de Cholon.

Voici le tableau comparatif des tissus de coton écrus, blanchis et teints importés en Cochinchine, au Cambodge et au Tonkin, d'après le relevé du service des Douanes pendant les trois trimestres de 1899 et de 1900.

	Cochinchine et Cambodge		Tonkin	
	1900	1899	1900	1899
	—	—	—	—
Cotons écrus				
	kilos	kilos	kilos	kilos
de France.....	851.030	1.013.055	18.000	34.224
de l'Étranger..	11.528	9.960	2.093	4.617
Cotons blanchis				
de France.....	587.800	1.252.066	47.925	90.162
de l'Étranger..	35.801	139.944	14.783	21.570
Cotons teints				
de France.....	329.601	685.433	73.830	60.444
de l'Étranger..	37.063	35.756	38.374	36.243

Le Laos s'approvisionne en Cochinchine et au Cambodge ; l'Annam, en Cochinchine et au Tonkin · cependant, il est intéressant de signaler que le service des Douanes a relevé une importation directe de 23.878 kilos de cotonnades en Annam pendant les trois premiers trimestres de 1900.

Finances. — *Budget de l'Indo-Chine et budgets locaux.* — Un arrêté du gouverneur général rend provisoirement exécutoires le budget général de l'Indo-Chine et les budgets locaux du Tonkin, de l'Annam, du Cambodge et du Laos, pour l'exercice 1901.

Ce budget général se décompose comme suit :

Le budget général de l'Indo-Chine, pour l'exercice 1901, arrêté en Conseil supérieur de l'Indo-Chine, en recettes, à la somme de 22.908.000 piastres et, en dépenses, à la somme de 22.982.000 piastres;

Le budget local du Tonkin pour l'exercice 1901, arrêté en Conseil supérieur de l'Indo-Chine, en recettes et en dépenses, à la somme de 4.197.950 piastres;

Le budget local de l'Annam pour l'exercice 1901, arrêté en Conseil supérieur de l'Indo-Chine, en recettes et en dépenses, à la somme de 2.081,416 piastres;

Le budget local du Cambodge pour l'exercice 1901, arrêté en Conseil supérieur de l'Indo-Chine, en recettes et en dépenses, à la somme de 1.951.487 piastres;

Le budget local du Laos pour l'exercice 1901, arrêté en Conseil supérieur de l'Indo-Chine, en recettes et en dépenses, à la somme de 758.600 piastres.

Est également rendu exécutoire, à dater du 1er janvier 1901, le budget local de la Cochinchine pour l'exercice 1901, arrêté en Conseil supérieur de l'Indo-Chine, en recettes et en dépenses, à la somme de 4.204.244 piastres.

Crédits prévus aux divers budgets de l'Indo-Chine pour les travaux publics en 1901. — Le chapitre XV du budget général prévoit, pour l'année 1901 : 2.093.000 piastres à effectuer aux travaux neufs. La construction ou le parachèvement des grands ponts métalliques entrent dans ce chiffre pour 764.000 piastres; les travaux de dragage des rivières et canaux, les travaux de dérochement et de balisage du haut Mékong et la continuation des études qui se rapportent à la navigabilité de ce fleuve, sont portés à 1.115.000 piastres; les améliorations des ports maritimes à 310.000 piastres; celles de l'éclairage et du balisage des côtes à 234.000. Enfin, les constructions neuves relevant du service des bâtiments civils, s'élèvent à 250.000 piastres et les recherches minières avec les travaux imprévus à 20.000 piastres.

Au chapitre XVI, les frais d'études et les travaux préparatoires à la construction des chemins de fer, ne rentrant pas dans le cadre des dépenses prévues par l'emprunt de 200 millions, sont inscrits pour 250.000 piastres, ce qui élève à 2.943.000 piastres le total des crédits portés au budget général pour les travaux neufs ou à entreprendre en 1901, c'est plus que les deux tiers du crédit total affecté à l'ensemble du service des travaux publics et de celui des chemins de fer.

Si à ces dépenses inscrites au budget général, on ajoute celles qui sont prévues dans les budgets locaux pour les routes à construire ou à terminer, soit pour l'ensemble des cinq pays de l'Indo-Chine 222.000 piastres, on arrive à la somme de 3 millions 165.000 piastres (7.596.000 francs) d'ouvrages à exécuter en 1901, et cela sans tenir compte des dépenses qui seront effectuées par les provinces, au moyen de leurs propres ressources.

Annam. — Agriculture. — *Découverte de nouveaux centres d'existence de lianes à caoutchouc en Annam. Les pépinières de lianes.* — Nous extrayons du dernier rapport économique de M. le Résident Supérieur par intérim en Annam les renseignements suivants :

« L'existence de la liane a été constatée tout récemment dans la province de Quang-Binh au phu de Quang-Hinh, par un colon français, M. Delabaume, qui s'est installé à Dong-hoi pour se livrer au commerce de ce produit et encourager par sa présence les indigènes à l'extraction du latex.

« M. Delabaume m'a fait parvenir un échantillon de ce caoutchouc que je joins comme annexe au présent rapport, pour être soumis à l'examen de M. le Directeur de l'Agriculture et du Commerce (1). »

D'autre part, la présence de la liane à caoutchouc a été reconnue en grande abondance dans la province de Binh-Dinh, par le garde principal Trinquet, près du poste d'Ai-Lao, et par MM. Rideau et Ferré dans le phu de Binh-khé.

Un échantillon du produit obtenu par M. Trinquet, et un spécimen de la feuille de la liane, sont en ce moment soumis à l'examen de M. le Directeur de l'Agriculture en Annam, pour en apprécier la qualité et en déterminer l'espèce, si possible.

Voilà donc deux nouveaux centres de production qui pourront à bref délai fournir un appoint précieux au trafic commercial.

La pépinière de reproduction, installée à Cua-Rao par les soins de l'Inspecteur de la garde indigène Breugnot, donnera de bons résultats; celui-ci a reconnu que les premiers échecs qu'il a subis dans la transplantation étaient dus à ce que la jeune liane, placée dans un tube en bambou, n'y trouvait pas une nourriture suffisante pour son développement, végétait et, finalement, périssait; il opère actuellement la transplantation en pleine terre, bien ameublie, et obtient un résultat satisfaisant; 2,000 pieds pourront être mis prochainement à la disposition des colons.

Avant de partir en congé, M. Breugnot a laissé des instructions précises à son successeur pour la continuation de cette œuvre utile.

Le garde principal Trinquet a, de son côté, établi une pépinière à proximité du poste d'Ai-Lao, où il multipliera, dans la mesure du possible, la liane découverte par lui. Je lui ai fait adresser, d'autre part, par la Direction de l'Agriculture, quelques jeunes plants de Manihot Glaziovii et d'Hévéa, qui paraissent devoir parfaitement s'acclimater dans la région où cette pépinière se trouve installée.

COMMERCE. — *L'exportation des sucres vers la France.* — Les relevés de la douane font ressortir, pour l'exportation des sucres de l'Annam, pendant les trois premiers trimestres de l'année 1900, une augmentation de plus de 100 pour 100 sur celle de la période correspondante, en 1899. Il a été expédié en France 2,054 tonnes de ce produit, et vers Hong-kong ou Singapour 2,661 tonnes, soit ensemble *4,715 tonnes* contre *2,320* pendant les trois premiers trimestres de 1899.

Nous avons déjà, d'après le *Bulletin Economique* de l'Indo-Chine, signalé cet accroissement. L'exportation totale des sucres de l'Annam vers la France, en 1899, n'avait atteint que 489 tonnes, en 1898.

Cochinchine. — ACTES OFFICIELS. — *Journal officiel de l'Indo-Chine française (1re Partie).*

10 janvier. — *Arrêté* du 24 décembre approuvant le projet présenté par la Société anonyme des Hauts-fourneaux, forges et aciéries de Pompay, pour la fourniture des rails et appareils de croisement, etc., destinés au chemin de fer de Saïgon-Tan-linh. — *Arrêté* du 27 décembre rendant exécutoire le budget local de la Cochinchine pour l'exercice 1901.

COMMERCE. — *Le flottage du teck sur le Mékong.* — Sous ce titre, le n° 29 du *Bulletin économique de l'Indo-Chine*, p. 673, avait signalé la nouvelle tentative de M. Lussan, et son succès, comme en 1899, et promis des détails complémentaires sur cet essai. On les trouvera ci-dessous.

En 1899, M. Lussan avait flotté 270 billes de Xieng-Khong à Saïgon; 233 étaient arrivées. Cette année, il en a amené 300, dont 60 sont égarées, mais non perdues, puisque les populations riveraines les tiennent à sa disposition.

Le flottage de Xieng-Khong à Saïgon a duré sept mois. De Xieng-Khong à Bassac, le flottage peut avoir lieu *en vrac* pour ainsi dire, à condition de payer une prime aux villages riverains par bille retrouvée.

Le concentration des tecks a lieu entre Bassac et Khong; mais, à partir de Bassac, et jusqu'à Stung-Treng, il est nécessaire de lier les billes par files de cinq ou six, et de disposer de nombreux postes pour surveiller ces billes gui s'égarent dans les rapides ou la forêt noyée.

A partir de Kratié, les billes peuvent être flottées en grands radeaux. Elles peuvent être amenées jusqu'à Saïgon. M. Lussan aurait acheté son teck 7 piastres le mètre cube sur le Mékong, à Xieng-Khong. Rappelons que le mètre cube de teck valait à Bang-Kok de 82 à 86 piastres au mois d'octobre dernier.

Sur les disponibilit[illegible] faibles, du Haut-Laos, en teck, voir *Bulletin économique*, n° 29, p. 671; et

(1) Ce caoutchouc est entre les mains de M. le Directeur du laboratoire de la Cochinchine, à fin d'analyse.

dans le même numéro, p. 644, l'article sur le *Teck au Siam*.

Exportation des poivres de la Cochinchine et du Cambodge pendant les trois premiers trimestres de 1900. — Les poivres exportés de la Cochinchine et du Cambodge, vers la France, ont atteint, du 1er janvier au 36 septembre 1900, le chiffre de 2.297.694 kilos ; 1.149 kilos ont été exportés dans les colonies et 399 kilos en Extrême-Orient. C'est un total de 2.299.242 kilos à l'actif de l'exportation de 1900, qui peut être considérée comme terminée, et qui dépasse de 544.060 kilos l'exportation de l'année précédente.

Riz. — *Son marché.* — On nous adresse, à la date du 19 janvier dernier, les renseignements suivants :

« Les arrivages de paddy sur le marché de Cholon ont été encore insignifiants durant cette quinzaine, ce qui a contribué au maintien de cours élevés qui ont peu facilité les affaires. »

Nous cotons pour livraison février/mars :

		Vinhlong	Gocong	Baixau
PADDY, par picul de 150 lbs ou 68 k. rendu aux usines........		2.04	2.04	2.10
CARGO d'usine, par picul de 134 lbs ou 60k. 700 brut le long du bord sans les droits en sacs de gunnies.	5 %......	2.53	2.53	2.63
	10 %......	2.48	2.48	2.58
	15 %......	2.44	2.44	2.54
	20 %......	2.40	2.40	2.50
CARGO indigène (mêmes conditions)	20 à 25 %.	»	»	»
RIZ BLANC d'usine (mêmes conditions)	N° 1.......	Prix suivant triage et conditions		
	N° 2 trié..			
	N° 2 ord..	2.90	2.90	3.00

Laos. — Navigation. — *Les passes de Kemmarat (Laos) et la navigation à vapeur.* — Nous empruntons à un rapport de M. le Résident supérieur du Laos la nouvelle suivante qui a son intérêt :

« La petite chaloupe de la Résidence supérieure, le *Ham-Luong*, vient de franchir sans accident les passes de Kemmarat et flotte actuellement dans le bief de Vien-Tiane.

« On se rappelle qu'à l'époque où les canonnières *Massie* et *Lagrandière* affrontèrent ces mêmes rapides, le *Ham-Luong* fut considéré comme ne possédant pas les qualités requises pour tenter la même expérience. La machine paraissait trop faible et les formes mêmes du bâtiment calant 1m30 semblaient le rendre impropre à cette navigation difficile et dangereuse. Le *Ham-Luong* a accompli cette traversée sous la direction du mécanicien Jeanneau, avec un équipage de quatre Annamites et trois Laotiens et la collaboration de pilotes du pays. Les résultats obtenus font à tous le plus grand honneur, au mécanicien Jeanneau surtout, qui a su communiquer à son entourage la confiance et le sang-froid dont il était animé.

« La chaudière et la machine auxquelles il a dû demander un travail anormal se sont parfaitement comportés ; elles sortent des ateliers des Messageries fluviales qui ont construit ce bâtiment en 1887 pour le compte de l'administration de la Cochinchine.

« La question de la navigation pratique dans la région de Kemmarat n'en est d'ailleurs pas résolue pour cela ; mais il est permis de tirer de cet exemple un renseignement et une indication pour l'avenir. Les chaloupes des Messageries fluviales s'arrêtent actuellement, aux hautes eaux, à Pakmoun pour ne reprendre leur marche en amont qu'à Houeun Hine, laissant aux convois de pirogues le soin d'assurer les communications sur un parcours de plus de 150 kilomètres. Or, il est maintenant hors de doute que le service des vapeurs peut être étendu à une notable partie de cette région pendant la durée des hautes et moyennes eaux, et il y a lieu d'espérer que, l'année prochaine, la Compagnie des Messageries fluviales ne manquera pas de mettre à profit, au bénéfice de la circulation, les résultats obtenus par le *Ham-Luong*.

Caoutchoucs. — *Résultats du pilonnage des écorces.* — La Direction de l'agriculture et du commerce de l'Indo-Chine avait transmis à l'Office Colonial, à fins d'analyse, au mois d'août dernier, des échantillons de caoutchouc extrait des écorces de lianes à caoutchouc par simple pilonnage, au moyen de pilons indigènes et de lavages successifs.

Ces échantillons avaient été préparés par les soins de M. Gaillard, commissaire du gouvernement à Khong (Laos). Les écorces pilonnées provenaient de la liane désignée dans la région par les indigènes, sous le nom de « Khua-Nhut-Nhaï », que l'on trouve d'ailleurs dans tout le Laos.

Le rendement obtenu par M. Gaillard avait été de 5 0/0 des écorces.

L'expérience a été reprise, par les soins de la Direction de l'agriculture et du commerce de l'Indo-Chine, et du directeur par intérim de l'agriculture en Cochinchine, au Jardin botanique de Saïgon, sur des écorces provenant de diverses lianes de l'Annam. Les rendements ont varié entre 0.95 et 5.9 0/0 suivant les espèces.

L'Office Colonial vient de transmettre en Indo-Chine les résultats de l'analyse faite par les soins de M. le Dr Heim, directeur du laboratoire de l'Office National du commerce extérieur, sur les échantillons envoyés de Khong. Nous reproduisons intégralement ci-dessous cette intéressante communication.

Le *Bulletin économique de l'Indo-Chine* attire plus particulièrement l'attention sur la conclusion du rapport de M. le Dr Heim, qui vient à l'appui de l'opinion émise depuis longtemps par le directeur de l'agriculture et du commerce de l'Indo-Chine, M. Capus, sur le mode d'exploitation « un têtard radical » des lianes caoutchoucquifères de l'Indo-Chine. Depuis, des expériences de reproduction de lianes par boutures ont eu lieu par les soins de M. Achard, inspecteur d'agriculture en Cochinchine, et de M. Jacquet, directeur de l'agriculture en Annam. M. le Dr Yersin s'est également occupé de cette question dans sa plantation de Suoi-Giao, près Nhatrang. La Direction espère pouvoir faire connaître prochainement quelques-uns des résultats de ces expériences, qui offrent le plus grand intérêt au point de vue de l'exploitation en plantation de lianes à caoutchouc.

Aspect. — Ce caoutchouc se présente sous la forme de boules de diamètre sensiblement régulier (diam. 6 à 7 cent.), faiblement mamelonnées et anfractueuses.

D'une couleur brun foncé tirant sur le noir, exhalant une odeur faible *sui generis*, qui ne décèle aucune fermentation acide ou putride, la section de ces boules montre leur structure homogène, l'absence de particules ligneuses ou terreuses de notable volume, aussi bien au centre qu'à la périphérie, ainsi que d'inclusions liquides. Ce caoutchouc offre une élasticité franche et forte, dans toutes les parties de sa masse, il ne contient aucun ilôt de substance résinifiée ou tournée au gras.

Appréciation commerciale. — Soumis à l'appréciation de plusieurs courtiers autorisés, qui fondent, comme on le sait, leur jugement sur l'aspect des échantillons, ce caoutchouc a été coté de 7 fr. 50 à 8 fr. 50 le kilo. Il est à remarquer, à ce propos, que, toujours, les courtiers, consultés isolément, ont une tendance à évaluer les échantillons au prix minime et il est à prévoir que, lors d'une adjudication aux enchères publiques, ce caoutchouc pourrait atteindre facilement 9 francs le kilo, surtout au cas où un essai industriel, effectué dans les conditions mêmes de la pratique, aurait confirmé sa réelle valeur.

Analyse chimique. — La composition de ce caoutchouc (établie sur un échantillon mixte, formé de fragments prélevés en divers points de la masse aussi bien au centre qu'à la périphérie) est la suivante :

Eau	2,07
Matières inertes	1,73
Matières résinoïdes	1,05
Cendres	0,32
Matières solubles dans l'eau	1,14
Matières réductives (calculées en glucose)	0,19
Matières azotées	traces
Caoutchouc proprement dit	93,5

Interprétation de l'analyse. — La proportion d'eau incluse, malgré l'emploi d'un procédé de préparation par lavage, est faible ; elle est plutôt utile pour assurer la conservation du caoutchouc qui, lorsqu'il est trop sec, risque de « tourner au gras ».

Les matières inertes (ligneuses ou terreuses) sont en proportion extrêmement faible, comme il était à prévoir d'après la nature même du procédé de préparation, mais cette faible proportionnalité indique que le pilonnage a été poussé assez loin pour permettre la pulvérisation parfaite des écorces traitées, que le lavage a été suffisant pour entraîner les matières inertes et enfin que la viscosité de la gomme est assez faible pour ne déterminer aucune adhérence de ces matières. Bref, le procédé d'extraction est bon et a été bien appliqué.

Toutes choses égales d'ailleurs, un caoutchouc brut a d'autant plus de valeur qu'il est plus pauvre en résine. Le caoutchouc examiné est classé, de ce fait, dans les bonnes sortes.

Les substances fermentescibles (matières réductives et azotées) s'y trouvent en quantité presque négligeable, ce qui explique l'absence de toute fermentation dans cette gomme et son odeur franche.

Les échantillons envoyés étaient trop minimes pour prêter à un essai de détermination industrielle de la perte au lavage. Mais l'expérience acquise par nos nombreux essais de laboratoire et leur comparaison avec les résultats de la pratique industrielle nous permettent de conclure à la possibilité d'établir, à l'aide de données de l'analyse ci-dessus, la « perte au lavage calculé ». Le chiffre ainsi calculé concorde très sensiblement avec celui de la « perte au lavage expérimental ».

Dans le cas actuel, la perte au lavage calculé est de 4,94, chiffre remarquablement faible, qui indique un rendement industriel des plus avantageux.

La détermination des constantes mécaniques (coefficients d'élasticité et de tenacité) de cette sorte de gomme ne pourra être faite que sur un lot de plusieurs kilos.

Comparaison du caoutchouc extrait de la liane khua-nhut-nhaï par coagulation du latex et de celui extrait par pilonnage de l'écorce sèche. — Il est d'un intérêt tout particulier de comparer le caoutchouc extrait de la liane par pilonnage de l'écorce, avec celui préparé par coagulation du latex, probablement par coagulation spontanée du latex sur les lèvres de l'incision, filetage de la gomme encore molle, et pelotonnage immédiat du fil de gomme sur lui-même. Cette comparaison a pu être établie grâce à l'étude, antérieurement poursuivie au Laboratoire, du caoutchouc de la kua-nhut-nhaï, préparé dans la même province de Khong à l'aide du latex obtenu par saignée.

Le tableau ci-dessous permet cette comparaison :

	Caoutchouc extrait par pilonnage de l'écorce sèche	Caoutchouc extrait par coagulation du latex
	—	—
	I	II
Eau........................	2,07 0/0	1,8 0/0
Matières inertes...........	1,75	7,9
Matières résinoïdes........	1,05	4,9
Cendres....................	0,32	0,49
Matières solubles dans l'eau	1,14	1,7
Matières réductrices.......	0,19	0,40
Matières azotées...........	traces	traces
Caoutchouc proprement dit	93,5	82,78
Perte au lavage calculé....	4,94	11,4
— expérimental		12,2

Cette comparaison prête aux remarques suivantes :

L'excès d'eau contaté pour I tient au mode même de préparation, mais il est trop faible pour augmenter sensiblement la perte au lavage et, d'autre part, la très faible hydratation de II peut être de nature à faciliter son « tournage au gras » (si l'on accepte l'opinion courante et toute empirique des praticiens).

La perte au lavage bien plus forte pour II fera donner la préférence à I, car la nervosité de I est au moins égale à celle de II, déjà notable cependant. La plus faible teneur en matières résinoïdes de I semble encore de nature à lui faire donner, de ce chef, la préférence. Mais il ne faudrait cependant pas exagérer la portée de ce facteur. L'analyse de I a été pratiquée aussitôt la réception tandis qu'un laps de temps d'environ deux à trois mois a séparé, pour II, la date de son arrivée en France et la date de l'analyse; et comme l'on sait, le temps influe considérablement sur la teneur en résine de tous les caoutchoucs.

Cette réserve faite, on est en droit de conclure que I est un caoutchouc qui possède sur II une supériorité appréciable bien que II mérite d'être classé parmi les très bonnes sortes de gommes.

Une dernière remarque est cependant nécessaire. Avant de se prononcer définitivement sur la valeur d'un caoutchouc, il est indispensable de le soumettre à l'épreuve du temps; sa valeur étant directement proportionnelle à sa résistance à la résinification. Dans cet ordre d'idées, je puis déjà indiquer cependant que le caouchouc de khua-nhut-nhaï (échantillon II), soumis pendant trois mois aux conditions les plus défectueuses de conservation, a résisté admirablement à cette épreuve, n'éprouvant aucune résinification, ne perdant rien de son élasticité.

Il ne parait pas douteux, d'autre part, que le procédé d'extraction du caoutchouc par pilonnage de l'écorce ne donne un rendement en gomme très supérieur à celui donné par l'extraction de la saignée de la liane (un même poids de liane fraiche étant supposé mis en œuvre dans les deux cas).

J'ajoute, à titre d'indication, que, d'après les documents adressés en réponse à un questionnaire, dressé par mes soins, à la demande d'une société privée qui exploite les lianes à caoutchouc du Laos, « il parait établi que la section complète « des lianes khua-nhut-nhai n'est nullement de « nature à compromettre leur vitalité, à la condi- « tion expresse que les bourgeons soient ménagés « au-dessous du niveau de la section, tandis qu'au « contraire, les saignées répétées du même rameau « ne fournissent qu'un latex de plus en plus « aqueux, de plus en plus pauvre en gomme. »

Ces indications me paraissent de nature à être utilement transmises aux agents de l'administration, car elles semblent constituer un argument de plus en faveur du mode exclusif d'exploitation des lianes, par pilonnage des écorces. HEIM.

Tonkin. — COMMERCE. — *Importation des ouvrages en métaux.* — L'importation au Tonkin des ouvrages en métaux (déduct. faite du num.) acquiert d'année en année une importance qui s'explique en grande partie par les grands travaux publics entrepris dans la colonie. Sans remonter plus haut, les proportions étant à peu près les mêmes, nous relevons dans la statistique douanière des trois premiers trimestres de 1899 une importation de 3.832.636 francs d'ouvrages en métaux provenant de France et de 418.927 francs de provenance étrangère, soit au total de 4.251.563 francs.

La même statistique s'appliquant à la période correspondante de 1900 fait ressortir les importations françaises à 6.293.989 francs, et les importations étrangères à 750.612 francs, au total 7.044.601 francs.

L'industrie cotonnière au Tonkin. — La filature installée à Haïphong par la Société cotonnière de l'Indo-Chine au capital de 2 millions 1/2, et placée sous la direction de M. l'ingénieur Butin, avait, à la fin de novembre dernier, 16.000 broches en activité (20.000 broches sont prévues) et pouvait fournir 10 balles de 180 kilos par jour de filés n° 20 (numérotage anglais).

Cette usine, qui a été construite, montée et mise en marche, en moins de dix-huit mois, fait le plus grand honneur aux initiateurs de cette industrie, et à M. Butin. Elle est destinée à substituer un produit local aux filés de Bombay, que les filés métropolitains ne peuvent pas remplacer (7 ans d'application des tarifs douaniers le prouvent). La main-d'œuvre employée (200 hommes, y compris les coolies des services extérieurs, et 400 femmes) est exclusivement fournie par un gros village voisin d'Haïphong, et aux portes de l'usine. Le coton provient du Than-hoa, du Cambodge et de l'étranger (Indes et Etats-Unis), employés en mélange.

D'autre part, sous l'énergique impulsion de MM. H. Meiffre et H. Bourgoin, la filature de 10.000 broches d'Hanoï, montée il y a quelques années par M. Bourgoin-Meiffre, a repris une vie nouvelle. Il est question de l'installation d'une troisième filature de coton à Nam-dinh.

Les filés d'Haïphong valaient 15 piastres la balle de 180 kilos, prise à l'usine, en novembre dernier.

Établissements français de l'Inde. — ADMINISTRATION. — *Gouverneur de l'Inde.* — M. Rodier, gouverneur des Etablissements français de l'Inde, vient de quitter Paris pour rejoindre son poste.

Le gouverneur de l'Inde, à son arrivée à Pondichéry, va donner tous ses soins à la mise en œuvre des projets de travaux qui ont été préparés et dont l'exécution pourra être entreprise dès le vote définitif du budget de 1901.

OCÉANIE

Nouvelle-Calédonie. — AGRICULTURE. — *L'indigo calédonien.* — Comme suite aux communications que nous avons publiées ici même au sujet de l'indigo calédonien, nous croyons devoir reproduire la lettre qui a été adressée à M. L. Simon, délégué de la Nouvelle-Calédonie, par M. Risler :

« J'ai le plaisir de vous communiquer ci-après « les résultats de l'analyse que j'ai fait faire de votre « type d'indigo de Nouvelle-Calédonie. Voici ce que « m'écrit le chimiste en question :

« L'indigo de la Nouvelle-Calédonie, dont vous « m'avez remis un échantillon est un indigo de « qualité moyenne, plutôt bonne. Il titre 53 0/0 « d'*indigotine* et donne, à la calcination 10.23 0/0 « de cendres.

« Sa teneur en indigorubine (indigo purpurine « ou rouge d'indigo) est faible — je pense qu'il « donnerait en pratique des résultats satisfaisants, « notamment pour la teinture. Il conviendrait « moins pour la fabrication du carmin d'indigo à « cause de sa teneur relativement faible en matière « colorante (indigotine).

« Il faudrait engager les planteurs à perfec- « tionner leur méthode de préparation, de manière « à présenter d'emblée sur le marché un produit « riche, irréprochable, et pouvant rivaliser avec « les belles marques du Bengale ou de Java, qui « titrent jusqu'à 80 0/0 d'indigotine et même « davantage.

« Il est à prévoir que l'analyse que je vous ai « faite donne exactement la valeur du lot — il « serait néanmoins préférable qu'elle eût porté sur « un échantillon prélevé sur une portée de 40 à « 50 kilos réduite préalablement en poudre. »

TRAVAUX PUBLICS. — *Emprunt de 5 millions.* — La colonie de la Nouvelle-Calédonie est autorisée, comme nous l'avons annoncé, à emprunter à la Caisse nationale des retraites pour la vieillesse une somme de 5 millions destinée à pourvoir, pour une première partie, à l'exécution du programme suivant de travaux :

Construction d'un bassin de radoub ;

Acquisition de deux dragues ;

Construction du premier tronçon d'une ligne de chemin de fer de Nouméa à Bourail ;

Construction d'un wharf, avec adjonction de magasins.

Le ministre des colonies fixera l'ordre de priorité de l'exécution des travaux.

L'emprunt autorisé sera remboursable en cinq annuités et le taux d'intérêt sera de 4 50 0/0.

Les annuités de remboursement seront inscrites chaque année au budget parmi les dépenses obligatoires, au titre des dettes exigibles.

Le produit des droits de consommation sur les liquides et sur les sucres qui sont perçus en Nouvelle-Calédonie sera affecté, par privilège et jusqu'à due concurrence, au payement des annuités dudit emprunt.

Nouvelles-Hébrides. — ADMINISTRATION. — *Le règlement des conflits territoriaux.* — On télégraphie de Melbourne au *Times* :

« Parlant des difficultés qui existent entre les indigènes des Nouvelles-Hébrides et les colons français, M. Barton a dit que l'accord anglo-français était défectueux, parce qu'il ne permettait pas à la commission mixte de connaître des différends relatifs à la terre, et ce sont ces différends presque uniquement qui causent les difficultés. M. Barton a ajouté que, d'après une dépêche du gouvernement fédéral à M. Chamberlain, l'opinion des commerçants français était favorable à la création d'un tribunal international pour régler les différents territoriaux. »

ÉTRANGER

Brésil. — ORGANISATION POLITIQUE DE L'EX-CONTESTÉ FRANCO-BRÉSILIEN. — Aussitôt en possession des territoires qui lui ont été attribués par la sentence arbitrale de Berne, le gouvernement brésilien s'est occupé de les doter d'une administration régulière. Ces territoires ont été rattachés à l'état de Para. Voici quelles sont les dispositions provisoires prises par le Gouverneur de cet Etat pour en assurer l'organisation et l'administration, jusqu'à ce que le Congrès législatif de l'Etat établisse définitivement dans ce territoire les organes de la justice et de l'administration publique.

La région comprise entre la rive gauche du rio Araguary et la rive droite de l'Oyapoc a été dénommée Ari ary, nom de tradition historique, et a été divisée en deux circonscriptions : la première appelée Amapâ et la seconde Cassiporé, et chacune dirigée par un délégué du gouvernement.

Ces délégués ont reçu des instructions leur recommandant une attitude impartiale, prudente, favorable aux intérêts des habitants, et propre à éviter entre nationaux et étrangers des conflits susceptibles de donner lieu à des réclamations internationales.

Le gouverneur s'est efforcé d'assurer des garanties aux droits acquis et la protection ample de la loi et des traités, en vue de maintenir l'ordre dans la région, la sûreté des personnes et les droits de propriété.

Il a pris les mesures nécessaires pour établir la navigation régulière et faciliter l'action administrative.

Bien que nous n'ayons pas à nous féliciter de la sentence fédérale, nous ne pouvons que voir avec satisfaction le Brésil organiser ces pays et respecter les droits acquis par ceux de nos nationaux qui y sont établis.

Extrême-Orient. — LES BELGES EN EXTRÊME-ORIENT. — D'après un journal anversois, le colonel Thys a fait un voyage en Amérique, non seulement pour l'achat de domaines forestiers qui doivent servir pour l'alimentation d'une fabrique de pâtes à papier, mais également pour s'entendre avec les Américains qui ont obtenu la concession du chemin de fer Hankow-Canton. Il a pu obtenir en faveur de l'Outre-Mer la cession d'une forte participation.

Le colonel Thys a l'intention de profiter du Syndicat franco-belge pour le chemin de fer Pékin-Hankow, en faveur de la nouvelle combinaison : pour ce motif, il s'est rendu, la semaine passée, à Paris, et le voyage du roi n'est pas tout à fait étranger aux travaux de la nouvelle combinaison.

Le roi désire également donner de la vitalité à la Société d'Extrême-Orient constituée l'année passée. Il s'est entretenu, il y a quelques jours avec le ministre du Japon à Bruxelles, pour la création d'une Compagnie de navigation belgo-japonaise, qui desservirait les fleuves chinois.

Japon. — LE CHARBON JAPONAIS. — La question du charbon étant à l'ordre du jour, *le Bulletin Economique de l'Indo-Chine* a puisé dans l'ouvrage *Les Mines du Japon* (1) certains renseignements relatifs aux mines de charbon existant dans ce pays.

Leur proximité de l'Indo-Chine et le développement de l'exploitation de la houille dans notre propre colonie (2) sont une raison de plus pour attirer, sur ce point, l'attention publique.

Répartition géographique.— Des quatre grandes îles, Yeso, Nippon, Sikok et Kiou-Siou, qui forment en laissant de côté Formose, la presque totalité de l'empire japonais, trois, jusqu'à présent, exploitent des gisements de charbon ; ce sont, par ordre de

(1) Ouvrage publié par la Commission impériale japonaise (Maurice de Brunoff, éditeur, Paris) à l'occasion de l'Exposition Universelle de 1900, d'après les documents officiels fournis par le Ministère de l'Agriculture et du Commerce du Japon.

(2) Les mines du Tonkin achètent une quantité importante de charbons gras de provenance japonaise afin de les mélanger à leur produit pour la fabrication des briquettes.

Rappelons à ce propos que le Tonkin a exporté, en 1899, plus de 220,000 tonnes de charbon et que Hongay, pendant la période écoulée de février à mai 1900, en a expédié 67,154 tonnes.

production, Kiou-Siou, avec *douze* centres miniers; Nippon avec *cinq* et Yeso avec *quatre*.

Cette répartition géographique correspond, assez exactement, à des différences sensibles de qualités de produits; c'est ainsi que les mines de Kiou-Siou donnent, en général, du charbon gras dont la couleur tire un peu sur le rouge, à très grand pouvoir calorifique, et dont le type le plus répandu dans le commerce est celui de la mine de Miike (61.000 tonnes de production mensuelle), située à l'ouest de l'île.

En voici l'analyse :

Matière volatile	34,13 0/0
Coke	58,08
Cendres	7,44
Eau	0,35
Soufre	2,736
Densité	1,246
Pouvoir calorifique	7,315

M. Won Smith, ingénieur anglais, a constaté que le charbon de Miiki n'est pas inférieur au charbon anglais sous le rapport de la production du gaz et de la force éclairante; il contient moins de cendres, et la proportion de soufre donnée par diverses analyses arrive tout au plus à 3/100.

M. Smith fait en même temps un rapport sur la production de gaz :

Produit de gaz (par tonne)	$3^{m3}362$
Intensité de lumière	23,42 bougies
Production de coke (par tonne)	588 k. 83
Goudron (par tonne)	113 k. 500
Eau	113 k. 500

Indépendamment de ces gisements de charbon gras, on en trouve encore quelques-uns d'anthracite à Kiou-Siou; mais leur nombre est peu considérable et leur production relativement peu importante.

Le bassin houiller de l'île Nippon comprend cinq centres miniers, donnant tous de l'anthracite plus ou moins dur et brillant ou mélangé de pyrite de fer et de gypse.

Nous reproduisons l'analyse du charbon de la mine de Matsuzawa, la plus importante, jusqu'ici, comme production de l'île Nippon (12.000 tonnes en moyenne par mois) :

Matiere volatile et eau	8,80 0/0
Coke	84,11 »
Cendres	5,16 »
Soufre	1,85 »

Yeso, enfin, produit surtout du charbon de nature bitumineuse, brulant avec une belle flamme et une grande chaleur, sa structure est dure et compacte, il se brise très peu et donne à l'analyse, pour la mine de Yubari, la plus productive (26,000 tonnes par mois) de celles exploitées dans cette région.

Densité		1.200
Eau		1.460
Corps solides		98.540
Dans le charbon séché à 110 centigrades	Cendres	4.470
	Coke	57.110
	Carbone contenu dans le coke	52.540
	Matière volatile, gaz, goudron	42.890

La couleur des cendres est gris rougeâtre clair. L'aspect du coke est celui d'une masse fondue.

Le cadre restreint de cette étude ne permet pas de donner la composition chimique de tous les bassins houillers en exploitation au Japon. Cette énumération ne présenterait, d'ailleurs, qu'un intérêt purement théorique.

Nombre de mines en exploitation. Leur production pendant ces dernières années. — Les vingt-un gisements de charbon en activité au Japon, à la fin de 1899, ont donné, pendant ces dernières années, une production de :

Années	Nombre de tonnes		Valeur	
1892	3.200.435	tonnes	15.510.000	francs
1893	3.343.056	—	15.927.000	—
1894	4.310.420	—	26.033.000	—
1895	4.809.873	—	30.279.000	—
1896	5.058.836	—	32.535.000	—
1897	5.220.437	—	48.322.000	—

La quantité exportée cette année-là (1897), a atteint 2.103.012 tonnes, représentant 45 0/0 environ de la production totale et valant 29.609.387 fr. Depuis l'année 1897, nous n'avons pas, sous les yeux, les chiffres de production totale annuelle, mais, à en juger par les divers rapports consulaires des principaux centres, l'exportation générale a passé, en 1898, à 2.186.790 tonnes, d'une valeur de 39 millions 100.000 francs, et à 2.487.614 tonnes (39.090.000 francs) en 1899; soit une différence de 300.824 tonnes comparativement aux chiffres de 1898.

Les mêmes rapports constatent, malgré cette augmentation dans l'exportation, une recrudescence marquée dans les demandes de houille pour l'alimentation des industries et manufactures indigènes.

Quant au prix du charbon exporté, la plus-value d'une dizaine de millions de francs existant entre les exportations de 1897 et celles de 1898, prouve que la hausse qui s'est produite sur la houille dans le monde entier, depuis deux ou trois ans, a eu sa répercussion sur le produit japonais; en dehors des causes locales.

Nous reparlerons, du reste, plus loin de cette hausse sous la rubrique prix et débouchés.

Développement pendant ces dernières années. — Le développement des mines de charbon du Japon est d'autant plus remarquable qu'il est de date très récente. Corollaire naturel de l'expansion tant industrielle que commerciale et maritime de ce pays, son origine ne remonte pas à plus d'une douzaine d'années.

Avant 1889-1890, en effet, on trouve peu, pour ne dire point, d'exemple d'exploitation minière de réelle importance ; ce ne sont que des essais plus ou moins fructueux, tentés avec des moyens sommaires et primitifs dans les différents bassins houillers, dont la découverte date, pour certains, du commencement du siècle dernier.

De 1873, année pendant laquelle fut promulguée la législation minière actuelle, jusqu'en 1889-1890, de simples particuliers ou des sociétés se sont substitués peu à peu à l'Etat, propriétaire et exploitant, souvent exclusif, jusqu'à cette époque, des richesses minières du pays, et en ont augmenté le rendement jusqu'au point où nous le trouvons de nos jours.

Mais l'essor, vraiment vigoureux et décisif, n'a été donné que depuis ces dix dernières années ; les mines de houille, pour ne citer que celles-là, ont suivi les progrès étonnants faits par le Japon dans son industrie et son commerce.

L'outillage s'est perfectionné, utilisant les machines européennes les plus récentes ; les diverses exploitations ont été réunies par des voies ferrées particulières aux réseaux principaux ; telle mine qui n'avait, il y a quelques années encore, que de mauvaises routes ou des cours d'eau plus ou moins navigables pour le transport de ses produits jusqu'au centre de population voisin, a vu sa production s'accroître d'une façon considérable par l'établissement de voies de communication pratiques et économiques. Il en va de même dans l'intérieur des puits et jusqu'au fond des galeries : exploitation, assèchement, ventilation, tout y a été perfectionné suivant les procédés occidentaux les plus modernes.

Personnel employé. — A la fin de 1899, les différents bassins houillers de Yeso, Nippon et Kiou-Siou, occupaient vingt mille travailleurs, dont quinze mille pour l'exploitation et cinq mille environ pour la préparation ou le triage du minerai.

Les conditions de la main-d'œuvre sont semblables, dans les mines, à celles des principales grandes industries du Japon : durée de travail de dix à douze heures par jour et paiement à la tâche, c'est-à-dire au cube de charbon extrait ou préparé.

La nature des couches et du minerai fait varier le rendement dans des proportions notables. A Miike, par exemple, l'ouvrier peut, dans sa journée, extraire 2.250 kilos de charbon, alors qu'on ne devra pas compter, dans d'autres mines, sur plus de 680 à 700 kilos par mineur et par jour.

Rappelons à ce propos, que, d'après des expériences faites dans les mines d'Angleterre, on évaluait la production moyenne annuelle d'un mineur à 928 tonnes *par an* pendant la période écoulée entre 1880 et 1891. Ce chiffre est tombé à 898 tonnes de 1891 à 1899, ce qui représente une diminution de 30 tonnes par homme soit 7 1/2 0/0.

Une fois sur le carreau de la mine, le charbon est transporté dans des ateliers de préparation où, suivant sa nature, il sera trié mécaniquement et séparé en gros, menu ou poussier. Ce travail est fait par des femmes ou des enfants recrutés, d'ordinaire, par des entrepreneurs, qui se chargent de la préparation de tout le minerai extrait et de sa manipulation à un prix convenu d'avance et calculé d'après le tonnage.

Les salaires représentent, pour une femme, de 66 à 85 c. par jour, ceux d'un homme de 75 c. à 1 f. 15 c.

Prix et débouchés. — Nous avons signalé plus haut la hausse subie par les charbons japonais, elle tient non seulement à une demande locale de plus en plus considérable, mais est aussi la répercussion de celle qui s'est produite sur le combustible, dans le monde entier, pendant ces deux ou trois dernières années.

Il y a quatre ou cinq ans, on pouvait se procurer, sur place, du charbon de Kiou-Siou de première qualité, moyennant 10 fr. ou 10 fr. 20 la tonne.

En 1897, on le voit à 17 fr. 85; à la fin de 1899, et pendant les premiers mois de 1900, il atteint 23 fr. ou même 25 fr.

Les menus, de qualité inférieure, avaient passé, pendant la même période, de 7 fr. 50 à près de 18 fr. les 1.000 kilogrammes.

Si l'on ajoute à celà, les frais de transbordement, le frêt, etc., il n'est pas étonnant de trouver le charbon japonais coté, au mois de décembre 1900, sur le marché de Shang-hai, entre 26 fr. et 30 fr. la tonne, malgré la faible distance qui sépare ce port des centres miniers producteurs.

On a vu déjà que, sur une production annuelle

totale (1898) de plus de 5.200.000 tonnes de charbon, 45 0/0 environ étaient destinés à l'exportation par les différents ports japonais. Le reste, soit 55 0/0 constitue la consommation intérieure.

Cette proportion seule, en faveur de la consommation, suffit à prouver l'importance des industries japonaises. Manufactures, filatures, chemins de fer, compagnies de navigation, marine de l'Etat, trouvent un combustible abondant et de bonne qualité dans le pays lui-même et se passent chaque jour davantage des charbons étrangers, surtout des charbons anglais.

Ces derniers sont supplantés, peu à peu, par la houille japonaise sur la plupart des marchés d'Extrême-Orient, depuis les ports du Nord de la Chine jusqu'à Singapour, alors qu'ils étaient seuls à les fournir de combustible, il y a moins de quinze ans.

Des ports charbonniers, centres d'approvisionnement de tous les grands courriers, qui visitent les ports du Japon, se sont créés au fur et à mesure des besoins, Kiou-Siou en a deux importants : Nagasaki, à l'Ouest, et Modji, au Nord, ce sont les deux ports rivaux pour l'exportation des charbons du Sud de l'Empire.

Nagasaki semble perdre toutefois du terrain sur son concurrent, mieux situé que lui.

En 1894, en effet, il exportait 324,700 tonnes de houille et n'a progressé que jusqu'à 413.700 tonnes en 1898, malgré la proximité de la mine la plus productive de tout le Japon, Miike, dont il a déjà été parlé.

Pendant ce temps, le port de Modji, réuni par des voies ferrées à tous les gisements du Nord de l'ile et placé, d'autre part, à l'entrée du canal de Shimonoseki, qui ouvre sur la mer intérieure du Japon, voyait ses exportations de charbon passer de 388.000 tonnes en 1894, à 788.000 tonnes en 1898.

Dans le Nord de l'Empire, l'ile de Yeso écoule ses produits miniers par le port de Muroran, mais en moindre proportion.

....

Admirablement servi par sa situation géographique pour trouver des débouchés faciles et nombreux à ses houilles, le Japon est destiné à rester, jusqu'au développement des mines chinoises, le principal fournisseur de combustible de l'Extrême-Orient.

La distance qui sépare ses mines ou ses dépôts de charbon des centres de consommation, lui procure un avantage appréciable sur ses concurrents européens ou américains au point de vue des frais de transport.

Les événements qui se déroulent en Chine, ont dû contribuer, en 1900, dans une large mesure, à l'augmentation de ses exportations, à en juger par le nombre de navires qui, après avoir transporté des troupes ou du matériel dans le Nord, regagnent leur port d'attache avec un frêt de charbon pris au Japon.

Pour l'industrie naissante du pays, la richesse de son sous-sol lui permet d'envisager la possibilité de lutter dans de bonnes conditions contre la concurrence étrangère, surtout au point de vue métallurgique et maritime.

L'avenir que semble réserver au Japon l'exploitation méthodique de ses mines paraît prospère à première vue. Toutefois, il serait intéressant de connaître, d'une façon exacte, l'importance des capitaux qui y ont été investis.

Dans toutes les entreprises qui ont eu pour but et pour résultat si rapide la transformation économique de l'Empire japonais, l'épargne nationale a fourni seule jusqu'ici les capitaux employés.

Mais il y a lieu de constater que, depuis trois ans environ, ces progrès subissent un temps d'arrêt. L'argent semble devenir plus rare ; et il est permis de se demander si, pour maintenir au niveau sa prospérité actuelle, le Japon ne va pas se trouver dans la nécessité de laisser s'infiltrer chez lui des capitaux étrangers.

R. B.

Mexique. — Les entreprises américaines de caoutchouc. — Le caoutchouc intéressant tout particulièrement nos colons, nous croyons devoir mettre sous les yeux de nos lecteurs ce qui se passe au Mexique au point de vue de la culture et de la manufacture de cette matière première.

L'industrie du caoutchouc prend au Mexique un développement très rapide ; elle est surtout aux mains des capitalistes américains. L'importance des plantations de caoutchouc a amené la formation de plusieurs Sociétés industrielles, opérant dans le district d'Ubero sur l'Isthme de Tehuantepec. Il y a lieu de citer tout d'abord deux sociétés américaines ayant leurs agences principales à Indianapolis : *The Mexican coffee and rubber company* et *The Ubero Plantation Company of Indianopolis*.

The Ubero Plantation Company a été fondée le 10 août 1900 au capital de 1.000.000 de dollars, elle est constituée selon les lois de l'état du Maine.

La Société possède 3,000 acres de terrains qui sont limitrophes de l'Etat d'Ubero, sur lesquels elle se propose de planter: 1,000.000 de caféiers, 400.000 arbres à caoutchouc, et 1.000.000 d'ananas.

Ont été constituées depuis les Sociétés suivantes :

The Isthmus Rubber Company of Ubero. Cette Société n'est pas encore complètement organisée, elle sera constituée d'après les lois de l'Etat de New-Jersey; ses principaux bureaux seront à New-York.

Tehuantepec Rubber culture Company, Canton Minatinlan, Etat de Vera-Cruz, Mexico. — Le personnel de cette Société appartenait entièrement à la *Woolson Spice Company.* Le capital primitif de la *Woolson Company* était de 37.500 dollars ; elle a payé en dividendes en l'espace de 6 ans plus d'un million de dollars. Cette Société a été vendue 2.200.000 dollars.

La Dos Rios plantation est citée comme réussissant dans ses opérations.

Mexican Plantation Company, Etat de Vera Cruz Mexique. — Cette société a été fondée le 20 novembre dernier au capital de 10.000 dollars, entièrement versés; elle est constituée selon les lois de l'Etat d'Indiana; ses propriétés sont situées sur la rivière Tesechoacou, à 90 milles du port d'Alvarado. La société se propose de planter au printemps prochain 125.000 arbres à caoutchouc.

La Zacualpa Rubber Plantation Company, Etat de Chiapa, Mexique. — Le rapport de cette Société pour l'année 1900, nous apprend que pendant cette période, on a planté 600.000 arbres à caoutchouc. 1.000.000 de pieds de ces mêmes arbres ont été mis en pépinières pour être plantés en 1901, et un autre million a été préparé sur couche, pour être transplanté plus tard dans les pépinières.

The Leavenworth Coffee and Rubber Company, Leanvenworth, Kansas, possède paraît-il, 2.000 acres de terrains, limitrophes de ceux de la *Dos Rios Company* sur l'Isthme de Tehuantepec. On y a planté des caféiers, des arbres à caoutchouc et de la vanille.

Siam. — Commerce. — *Importations de cotonnades au Siam en 1899.* — Le n° 906 du *Moniteur officiel du Commerce* signale l'attention des importations de cotons manufacturés au Siam.

Elles ont passé de 5.721.000 francs, en 1898, à 10 millions 608.925 francs, en 1899.

Les principaux tissus de coton employés par les Siamois sont le « panoung » — partie inférieure du vêtement national — qui se subdivise en « palais», imprimés et glacés; « papouns », tissés de la façon ordinaire, et « patas » de tissu croisé; puis le « sarong » que portent tous les Malais, et enfin le « slendang », sorte d'écharpe ou de châle étroit.

Les « palais » ont donné lieu, en 1899, à un mouvement d'importations de 1.526.100 francs ; ils sont venus de Bombay pour plus de la moitié, puis de Singapore et de la Suisse, qui en a fourni deux fois autant que l'Angleterre par la voie directe.

Les « papouns » ont représenté, à l'entrée, une valeur de 1.368.025 francs ; la moitié est arrivée de Singapore, le reste de la Suisse, de l'Italie et de l'Angleterre.

Les importations de « patas » ont été de 214.750 francs ; sur ce chiffre, 174.125 francs provenaient de la Suisse; l'Angleterre et la Hollande se sont partagées le reste.

Les « sarongs » se sont inscrits pour 265.300 francs ; la moitié venait de Singapore. Le reste de l'Angleterre directement, de la Suisse et de la Hollande. Les importations directes du Royaume-Uni ont représenté plus du double de celles de la Suisse.

Les « slendangs » ont donné lieu à un mouvement d'une valeur de 501.425 francs à l'entrée, dont 238.475 francs venant directement d'Angleterre, et la Hollande, la Suisse et Singapore divisant entre elles, en parties égales, une somme semblable.

Les « indiennes » et les chintz indiens sont presque tous venus de Singapore, de l'Inde et du Royaume-Uni, et ils ont atteint le chiffre relativement important de 932.000 francs.

Les « shirtings « blancs et gris (grey), presque tous de fabrique anglaise, sont montés de 1 million 740.850 francs à 2.407.750 francs; 2.101.625 francs représentaient les importations de Singapore; le reste provenait de l'Angleterre, de Hongkong et de l'Inde.

Les « turkey red cloths » continuent à venir de Suisse; là encore, il s'est produit une augmentation sérieuse ; les importations ont atteint 207.200 francs dont 123.200 francs ont été de provenance suisse, et le reste est venu de Singapore.

Les importations de « singlets » ou gilets minces, ont été de 658.350 francs, l'Angleterre a figuré en tête de liste avec 332.300 francs, puis l'Allemagne pour 222.750 francs. En tout, 111.702 douzaines sont arrivées dans l'année.

Les tissus de coton non spécifiés ont atteint le chiffre de 1.241.650 francs et provenaient, pour

438.825 francs de Singapore, et pour 337.950 francs de l'Angleterre.

Les tissus de coton divers, serviettes, essuie-mains, couvertures, mouchoirs, châles, rideaux, nappes, fil à coudre, etc., ont accusé, à l'entrée, une somme totale de 1.293.200 francs, dont 286.225 francs de provenance anglaise, et un chiffre égal, de provenance hollandaise ou de Hongkong.

D'après les statistiques officielles, la part proportionnelle de chaque pays d'origine, dans les importations de tissus de coton au Siam, a été, en 1899, de :

43 fr. 0/0 pour Singapore.
17 » — l'Angleterre.
14 50 — l'Inde.
9 50 — la Suisse.
2 » — la Hollande.
14 » — les autres pays.

Les filés de coton, blancs, rouges et de couleurs diverses, ont vu leurs importations augmenter de 444.225 francs, avec 1.110 balles de plus qu'en 1898. La valeur totale importée a été de 1.532.125 francs, dont les cinq sixièmes environ provenaient de Singapore. En réalité, l'Angleterre a, de beaucoup, la plus grande part de ces importations pour les filés blancs et de couleurs diverses; la Suisse vient ensuite, avec la spécialité des filés rouges.

COLONIES ÉTRANGÈRES

Australie du Sud. — *La culture des fruits d'exportation et de la vigne.* — Le rapport sur la situation agricole de l'Australie du Sud, pour l'année 1899-1900, contient des renseignements très intéressants sur le développement de la production de certains produits d'exportation.

Le nombre des orangers a doublé depuis 1891; on en compte actuellement 112.165 pieds et on en a planté plus de 5.000 dans la dernière saison.

La récolte qui avait été alors de 27.520 caisses, s'est élevée à 36.890 caisses, soit une augmentation de 9.470. Il faut remarquer qu'un 1/8 des orangers plantés depuis quatre ans n'ont encore rien produit.

La culture des citronniers et leur production est encore plus importante.

Les premiers arbres n'ont commencé à rapporter qu'en 1898. On n'en comptait à cette époque que 54.124 pieds, soit moitié moins que d'orangers. La consommation, toujours croissante des citrons, a amené un rapide développement de cette culture; aussi les plantations de citronniers se sont-elles rapidement accrues. On estime leur nombre en 1900 à près de 64.000 pieds. La récolte des citrons a doublé d'une année à l'autre; on en a récolté 13.975 caisses contre 6.860 l'année précédente; et bien que les 3/4 des arbres soient encore improductifs, on pense que, d'ici à quelques années, la colonie pourra suffire à ses besoins, bien que la consommation de ce fruit soit très grande, en raison de la chaleur et du climat. L'Australie produira pour sa consommation et cessera d'importer ce produit.

La culture des oliviers a été poussée très activement depuis plusieurs années. Les conditions climatériques, la nature du sol et l'introduction dans la colonie des meilleures variétés d'oliviers a donné des résultats très satisfaisants. L'olive et l'huile obtenues sont de très bonne qualité et le commerce en est rémunérateur. Le nombre des oliviers existants est actuellement de plus de 60.000, qui ont produit 4.865 gallions (1) d'huile. Cette production est supérieure à celle de la dernière récolte qui n'était que de 3.180 gallions. Il a, du reste, été planté pendant cette période, plus de 4.000 oliviers.

La culture de la vigne a progressé dans des conditions vraiment surprenantes depuis 5 ans; la superficie plantée pendant cette période, a plus que doublé et presque triplé depuis 1890. On ne comptait à cette époque que 7.352 acres (2) de vigne, avec 3.260.747 ceps, dont 1/3 environ étaient improductifs.

En 1899, 19.438 acres étaient plantés, et dans l'année seulement, 279 ont été mis en valeur. Le nombre des ceps plantés s'élève, en 1898, à 9,032.083, en augmentation de plus de 200.000 sur celui de 1898, sur lesquels plus d'un million sont encore improductifs. La production du vin, qui était en 1890 de 1.052.086 gallions, s'est élevée, en 1897, à 1.898.105. En 1898 et 1899, elle a beaucoup baissé par suite de la mauvaise saison, elle n'a été que de 1.263.988 gallions en 1898, et 1.342.960 en 1899.

Birmanie. — LE RÉGIME FORESTIER. — Au moment de l'organisation du service forestier en Indo-Chine, il nous paraît intéressant de donner, d'après des documents officiels, les renseignements suivants sur les forêts en Birmanie :

---

(1) Le gallion vaut 4 litres 543.
(2) L'acre équivaut à 40 ares 1/2.

1° Superficie forestière. — Il y a trois ans, la superficie des forêts *réservées* était de :

	18.705 k. c.	soit 1.870.500 hect.	en Basse-Birmanie
	17.564 »	» 1.756.400 »	» Haute-Birmanie
soit	36.269 »	ou 3.626.900 »	au total.

Au commencement de 1898, la superficie avait été portée à 37.944 kilomètres carrés ; et la « réservation » de 11.000 k. c. nouveaux était projetée pour l'année suivante. Il reste encore d'énormes superficies de forêts à délimiter, et à examiner au point de vue des réserves, dans la Haute-Birmanie.

2° Personnel forestier. — Le personnel forestier, qui a la charge de cet énorme domaine, ne se compose officiellement que de *110 agents* inscrits sur la liste annuelle des fonctionnaires de Birmanie (*Burmah civil list*), mais il comprend en outre un *personnel subordonné* (*subordinate service*) de forestiers et de gardes indigènes, dont la solde varie de 15 à 40 roupies par mois (25 à 68 francs au taux de 1 fr. 70), plus des agents *temporaires*, en nombre variable, engagés à la tâche, pour des besognes déterminées.

Les 110 agents des cadres reçoivent des soldes variant entre 27.500 francs pour le chef de service, et 2.000 francs pour la dernière classe des gardes forestiers (*rangers*).

Il y a d'ailleurs deux catégories d'agents bien distincts par leur recrutement : les *conservateurs*, de divers classes ou grades, qui sortent, dans des proportions déterminées, des écoles spéciales forestières d'Angleterre (Cooper's hill), des Indes (Dehra Dun), ou des écoles *provinciales* ; et les gardes forestiers (*rangers*), qui ne sont recrutés que dans ces dernières. Les plus nombreux sont les *deputy conservators* de 3e classe (12) et de 4e classe (14), dont les soldes varient entre 10 et 12.000 francs par an. Les agents de cette catégorie étaient, en 1897-98, au nombre de 92, dont 7 surnuméraires.

Les *gardes forestiers* n'étaient qu'au nombre de 18, avec des soldes variant de 3 à 2.000 francs par an (1.800 à 1.200 roupies). Ces derniers comprennent 11 indigènes. Il y a aussi quelques indigènes dans les grades inférieurs des conservateurs.

Les dépenses du personnel *permanent* se sont élevées, comme solde, à 563.600 roupies, soit *958.120 francs*.

3° Opérations cadastrales. — Le cadastre (*survey*) des forêts a été fait par deux brigades, dont l'une détachée du Service impérial du cadastre de l'Inde, et l'autre du Service forestier. L'ensemble des opérations cadastrales ou de triangulation, y compris les relevés de délimitations forestières, ont représenté, pour une année de campagne :

Les premières... 6.79. k. c.
Les seconde..... 1.099 k. c.

plus 1.705 k. c. relevés par les administrateurs locaux :

4° Projets d'aménagement. — L'élaboration des « projets d'aménagement » (*Working plans*, des Anglais) est une des occupations importantes du service forestier. Trois projets ont été sanctionnés pendant l'année que nous passons en revue, dont un pour une forêt de teck. Sept « réserves » ont été parcourues par des brigades forestières pour permettre l'établissement de projets d'aménagement.

5° Protection des forêts contre les incendies. — La préservation des forêts contre l'incendie par les aborigènes nomades sont, en Birmanie comme en Indo-Chine un des soucis de l'Administration. En 1897-1898, 2.580 kilomètres carrés de forêts ont été effectivement protégés contre le feu en Basse-Birmanie ; des mesures préservatrices avaient été prises pour la même superficie en Haute-Birmanie, mais n'ont réussi que sur 2.000 kilomètres carrés environ.

Le coût de ces opérations de protection a été de 44 roupies par mille carré (soit environ 30 francs le kilomètre carré) en Basse-Birmanie (1) ; et de 14 roupies seulement le mille carré en Haute-Birmanie, soit environ 10 francs le kilomètre carré.

6° Infractions forestières. — Le nombre total d'infractions aux lois et règlements forestiers, poursuivies ou *constatées*, en 1897-1898, a été de 2.987, contre 2.850 l'année précédente, dont 59 incendies, 2.318 coupes de bois ou enlèvements de produits forestiers non autorisés, 41 poursuites pour pacage en forêt, et 569 infractions non classées. Sur ce total, 464 infractions seulement ont été poursuivies en justice ; *2.474* ont fait l'objet de transactions ; 49 seulement ont donné lieu à une simple constatation, sans suite.

7° Reboisements. — Les principaux reboisements portent sur le teck et sur l'arbre à cachou (*cutch; acacia catechu*). Pendant l'année en question 2.544 acres, soit 1.017 hectares environ, ont été

(1) Ces opérations varient naturellement d'une région à l'autre. Mais elles consistent généralement dans l'abattage d'une zone protectrice — à laquelle il faut d'ailleurs mettre le feu chaque année, quand la brousse et les herbes ont repoussé à la fin de la saison des pluies.

replantés en teck en Basse-Birmanie, au coût de 9 roupies et demie environ (9 R. 11. A. 11 p.) par acre, soit *40 francs l'hectare*. En Haute-Birmanie, les reboisements en teck sont encore insignifiants, dépassant à peine 200 hectares, et les travaux de l'année ont porté à peine sur une quarantaine d'hectares.

Les plantations (reboisements) en teck en Basse-Birmanie avaient atteint en 1897-1898, depuis l'organisation du service, 20.800 hectares. Ces reboisements se font dans ce qu'on appelle les *taungya*, ce qui correspond à nos *raïs* d'Indo-Chine, c'est-à-dire à des portions de forêts incendiées par les tribus montagnardes.

L'*acacia catechu* a été replanté sur une étendue de plus de 400 hectares en Basse-Birmanie; et une centaine en Haute-Birmanie.

Les reboisements en autres essences sont pour ainsi dire négligeables.

8° *Incision circulaire des tecks* (Girdling) (1). — L'incision circulaire des tecks, préalable à leur abattage, pour permettre à l'arbre de bien sécher, est une des charges du service forestier. 13.859 arbres ont été incisés dans les forêts réservées, et 8.848 en Haute-Birmanie, 2.861 arbres seulement ont été incisés en dehors de ces forêts, soit au total 22.700 sujets en Basse-Birmanie. D'autres arbres ont été marqués en grand nombre, mais la statistique n'en est pas tenue.

9° *Produits extraits des forêts. L'exploitation du teck.* — 10.929.000 pieds cubiques anglais (1 pied cube = 28 déc. cubes) de bois de construction (*timber*) ont été extraits des forêts de la Basse-Birmanie en 1897-98 et 21.028.000 pieds cubes de celles de la Haute-Birmanie, Sur ce total, un tiers environ seulement provient des forêts ***réservées;*** le reste provient de ce qu'on appelle les forêts *protégées*. Le Gouvernement a extrait, pour son compte, 3.200.000 pieds cubes de bois, c'est-à-dire environ 1/10 de la production.

Les bois de chauffage (fuel) ont représenté 26.000.000 pieds cubes, dont 18.300.000 en Haute-Birmanie.

Comme produits forestiers secondaires, il a été extrait 130.214.000 bambous unités, surtout de la Haute-Birmanie. Le cochou et le caoutchouc n'ont fourni que des quantités faibles évaluées à 2.000.000 roupies, en forte baisse sur l'année précédente.

Le droit de pacage est également une source de revenus forestiers.

(1) Voir sur les tecks, l'article le « Teck au Siam » dans le *Bulletin Economique* n° 29, p. 664 et suivantes.

L'exploitation du teck est une des importantes sources de revenus. Le gouvernement en a extrait pour son compte et par ses agents 39.606 tonnes pendant l'année passée en revue. Les principaux concessionnaires d'exploitations forestières ont retiré pour leur compte des forêts 257.517 tonnes, dont 220.540 tonnes pour le compte de la Bombay Burmah Trading Corporation à elle seule. Ces 257.517 tonnes ont rapporté au gouvernement 2.812.660 roupies. La campagne précedente n'avait rapporté que 1.981.880 roupies.

Des droits de coupe ont été délivrés en outre pour 14.000 tonnes de teck et 59.000 tonnes d'autres essences dans la Haute-Birmanie. Les États Shans ont fourni aussi leur contingent.

Le *coût d'extraction* a été de 12 roupies 13 (20 fr. 50 environ par tonne), sans que nous sachions ce que peut représenter exactement cette expression, c'est-à-dire en quel point le teck est considéré comme extrait. Est-ce au point d'amenée sur un cours d'eau flottable, ou sur un des marchés du Delta.

*10° **Résultats financiers.*** — L'exploitation des forêts birmanes a rapporté au gouvernement 7.216.000 roupies (12.206.000 fr.), en 1897-98, contre 6.378.000 roupies l'année précédente, et 5.725.000 roupies pendant l'année moyenne de la période quinquennale précédente.

Les dépenses relatives au service forestier n'ont été, cette même année 1897-98, que 2.133.000 roupies (3.620.000 fr.), d'où un excédent des recetess sur les dépenses de 70 0/0,

L'année précédente, l'excédent avait été de 63,53 0/0 — et de 67 0/0 pendant l'année moyenne de la période quinquennale.

Les recettes provenant de l'exploitation directe par le gouvernement (en Basse-Birmanie principalement) ont été de 2.600.000 roupies. Les bois de construction (teck) extraits par les particuliers ont rapporté 3.600.000 roupies.

Les autres produits forestiers (bois de chauffage, bambous, produits secondaires (résines, gommes, caoutchoucs); les amendes et confiscation ont fourni la différence, soit 1.000.000 roupies environ seulement.

Rappelons en passant que l'exportation de teck de Birmanie par Rangoun et Moulmein a atteint 273.391 tonnes, au prix moyen de 86 roupies la tonne, en 1897-98.

Indes anglaises. — *Les irrigations.* — La *superficie totale irriguée* artificiellement (en comprenant dans ce cas celle qui reçoit son eau des canaux de navigation proprement dite, ou de leurs dérivés représentaient 20.864 milles carrés, soit 53.829 kilomètres carrés ou ***5.382.900 hectares***, soit un dixième environ de la superficie de la France.

La valeur des récoltes faites sur ces terres récupérées on améliorées par l'irrigation était estimée à ***595 millions de francs***. Le capital investi dans les travaux d'irrigation représentait, à cette date, c'est-à-dire en 1891-91, ***800 millions*** de francs.

Le taux du revenu représentant ces canaux est très variable, suivant les travaux et les provinces. Pour les travaux *majeurs*, il est en moyenne de 4 26 0/0 du capital, allant de 8 54 dans le Sind à 1 06 0/0 seulement dans la province de Bombay. Il était de 6 95 0/0 dans la province de Madras.

Les travaux mineurs ont des résultats généralement moins satisfaisants, sauf dans le Sind, où le rapport du revenu au capital investi représenterait 22 0/0 et au Pundjab, 19 0/0 ; — mais à Madras, il n'est que de 2 05 0/0 et de 2 55 0/0 dans le Bengale.

Ces divergences prouvent simplement avec quel soin les travaux d'irrigation doivent être étudiés pour que l'on puisse se prononcer sur leur valeur comme opération financière, leur utilité pouvant rester d'ailleurs entière.

Nouvelle-Zélande. — MOUVEMENT COMMERCIAL. — Il résulte des statistiques comparatives publiées par le gouvernement que, de 1890 à 1900, l'augmentation dans la valeur des principaux produits exportés a atteint les chiffres suivants :

Laines	18.246.275	francs
Viandes frigorifiées	32.038.925	—
Beurre	14.183.325	—
Fromages	5.677.325	—
Or	37.548.475	—

En 1890, 12.806.780 hectares de terres étaient en exploitation; il y en a actuellement 13.930.850. L'extension des limites de la colonie aux îles Cook, Fenrhyn et autres groupes est d'ailleurs de la plus haute importance.

En outre, ainsi que nous l'avons annoncé ici même, l'*Oceanic Company* a réorganisé le service de San-Francisco et, au moyen de vapeurs rapides, elle a mis Londres à moins de vingt-six jours et demi de la colonie. Avec le commencement de 1901, les habitants se sont trouvés en mesure, non seulement d'envoyer des lettres d'un bout à l'autre de la Nouvelle-Zélande pour un penny, mais, pour la même somme, d'en adresser en n'importe quelle partie du monde britannique ou la réciproque est adoptée, c'est-à-dire au Canada, au Cap et au Royaume-Uni.

BULLETIN
DE L'UNION COLONIALE FRANÇAISE

Dîner de l'Union

LE RÉGIME DOUANIER DES COLONIES

Le dîner de février de l'Union Coloniale française et du Comité de Madagascar a été suivi d'une communication de M. L. Vignon, sur le régime douanier des colonies. L'orateur, dans une étude très minutieusement documentée et très méthodique, a fait le procès du régime douanier dont le législateur de 1892 a doté nos colonies. Ce législateur n'a été préoccupé que de savoir ce que pourraient acheter les colonies, que de faciliter la vente des produits métropolitains dans les possessions d'outre-mer et il paraît avoir complètement perdu de vue que les produits s'achètent avec des produits. Il a, par une réglementation appropriée, entrepris de faciliter aux produits français la conquête des marchés coloniaux, et tout en ne réussissant pas dans cette tâche, aussi complètement que les protectionnistes l'espéraient, il a causé un renchérissement du prix de la vie qui a amené bien des mécontentements. De plus, il a froissé des pays étrangers dont, certainement nous n'avons pas à subir la loi, mais dont les représailles peuvent nous nuire de façon tout à fait disproportionnée avec l'avantage que nous aurons gagné par ailleurs.

Suivant l'orateur, nous avons entrepris une lutte qui n'est pas possible. Quoique nous fassions, nous n'empêcherons pas les Antilles d'acheter aux Etats-Unis, l'Indo-Chine en Chine, etc., et ce qui le montre, c'est qu'en dépit du système adopté, en dépit même de certains progrès, l'étranger commerce encore plus que nous avec nos colonies.

Il faut reconnaître aussi, que chaque grand pays industriel est spécialisé quant à la production, et, qu'en ce qui nous concerne, nous ne pouvons avoir pour clients que des peuples arrivés à un très haut degré de civilisation. Nos produits sont chers, tandis que ceux de certains de nos voisins peuvent être achetés à bien meilleur compte et conviennent mieux par suite à des populations primitives, et pauvres comme le sont celles de nos colonies.

Pour ces motifs et d'autres encore, M. Vignon voudrait qu'on se départit enfin du système adopté en 1892 et que notamment on ouvrit aux produits coloniaux l'entrée dans la métropole, alors qu'aujourd'hui ces produits doivent acquitter un demi-droit. Partisan de ces idées de liberté, M. Vignon a protesté avec énergie contre la proposition déposée récemment par M. Méline et quelques-uns de ses collègues, proposition dont nous avons publié le texte ici même. On sait qu'elle n'est que l'application à un cas particulier d'une théorie que ses auteurs voudraient voir généraliser et étendre, et d'après laquelle les colonies devraient s'interdire toute industrie ou toute culture susceptible de faire concurrence à une industrie ou à une culture métropolitaines. Une pareille disposition aurait pour résultat de pousser nos industriels à aller s'établir en pays étranger et de réduire nos colonies à une situation toujours inférieure. Elle est inadmissible.

Cette communication a provoqué des observations très intéressantes de plusieurs auditeurs de M. Vignon, notamment de MM. de Moor et Pagès; aussi a-t-il été décidé que la question serait de nouveau inscrite à l'ordre du jour du prochain dîner.

Le Gérant : A. LEGERON.

Paris. — Imp. PAUL DUPONT, 19, rue du Croissant

10 Mars 1901. CINQUIÈME ANNÉE Tome IX. — N° 101.

LA QUINZAINE COLONIALE

PACTE COLONIAL

ET

RÉGIME DE RÉCIPROCITÉ

(*Quatrième article.*)

Avant d'aborder l'examen du deuxième aspect de la question soulevée par la proposition Méline, rappelons les points déjà étudiés au cours de cette série d'articles, et que nous croyons pouvoir considérer comme acquis :

1° Le nouveau pacte douanier colonial, tel que nous le concevons, exclut toute possibilité de retour à l'idée ancienne de monopole et d'obligation résumée dans cette formule : tout de la métropole, tout à la métropole, tout par la marine métropolitaine;

2° Il comporte, à titre de contre-partie légitime et nécessaire aux charges que le tarif général fait peser sur nos colonies, l'admission des denrées coloniales en provenance de nos possessions d'outre-mer au bénéfice de la franchise complète;

3° Il maintient les situations acquises et les droits existants soit — au point de vue de la production industrielle — en faveur de nos établissements de l'Inde, soit — au point de vue des tarifs douaniers — en faveur du Sénégal;

4° Enfin, il repousse, comme inique en son principe et plus inique encore en ses conséquences, tout établissement d'une taxe quelconque, en vue de la protection des produits agricoles ou manufacturés métropolitains ou l'application d'une patente spéciale dite *patente coloniale*, sur les similaires coloniaux destinés à la consommation locale.

***

Reste maintenant la question de savoir si, par le moyen de cette même patente coloniale, on peut accepter de fermer à ces mêmes similaires, soit le marché métropolitain, soit le marché intercolonial. Pouvons-nous, nous coloniaux, faire cette concession aux protectionnistes?

Il est bien entendu, encore une fois, que la question ne saurait se poser pour les produits des industries déjà en possession d'état, comme les guinées de l'Inde, au profit desquelles il y a droit acquis. Il est bien entendu également que l'Algérie et la Tunisie, qui, par leur situation géographique et par la nature spéciale de leur production réclament un régime spécial, restent en dehors de la discussion.

Cela étant, et le terrain ainsi déblayé, il ne s'agit plus que de rechercher dans quelle mesure le système proposé par M. Méline, en tant qu'il aurait pour but de protéger la production métropolitaine, en France même ou dans les colonies, contre la concurrence des importations coloniales, est légitime, nécessaire et pratique.

***

Que cette protection soit nécessaire, c'est ce dont il est permis tout d'abord de douter. On s'est beaucoup ému, dans certains milieux, du péril que peuvent faire courir à notre industrie métropolitaine les filatures qui viennent de se fonder au Tonkin et les entreprises de tissage mécanique qui s'y créeront sans doute un jour. Et déjà on nous montre la France inondée de filés et de cotonnades fabriqués en

Indo-Chine et vendus ici à vil prix, grâce au bon marché de la matière première récoltée sur place et de la main-d'œuvre annamite. C'est prévoir les malheurs de bien loin. Nous n'en sommes pas là et Catilina, sous forme de cotonnades ou de filés indo-chinois, n'est pas encore à nos portes.

On oublie deux choses, en effet : la première, c'est qu'avant de songer à venir en France faire concurrence aux produits de l'industrie métropolitaine, les filateurs et les tisseurs établis au Tonkin ont à approvisionner d'abord l'Indo-Chine, avec ses 20 millions d'habitants, puis la Chine, peut-être le Siam et les Philippines avec leurs centaines de millions de consommateurs. On peut bien supposer qu'il s'écoulera quelque temps avant qu'ils soient en mesure de satisfaire aux besoins de cet immense marché et que la surproduction les oblige à venir chercher en France l'écoulement de leurs produits.

On oublie, en outre, que les produits destinés à la clientèle indigène, et en vue desquels les industries coloniales sont spécialement outillées, sont des produits communs, grossiers même, ne convenant qu'à des acheteurs pauvres et peu raffinés et dont ne saurait se contenter une clientèle riche et civilisée. Et cette seconde raison vient à l'appui de la première pour démontrer l'inanité des craintes qu'affectent certains protectionnistes, au sujet d'un envahissement possible du marché métropolitain par les produits manufacturés coloniaux se rattachant à l'industrie textile.

***

Voilà pour l'industrie textile, à laquelle s'intéressent plus particulièrement M. Méline et les autres signataires de sa proposition. Nous pourrions en dire autant des autres industries, s'il existait d'autres industries coloniales, autrement qu'à l'état de danger plus ou moins problématique, plus ou moins éloigné, dans certains esprits qu'obsède la hantise du péril jaune. C'est, en effet, une des particularités de l'arme forgée par M. Méline et ses amis, qu'elle est destinée à s'agiter dans le vide contre des fantômes. Supposons cependant que ces fantômes prennent corps et qu'en Indo-Chine, par exemple, on crée des industries métallurgiques. Ne voit-on pas que, là encore, pour longtemps, pour des siècles peut-être, les besoins locaux et ceux des pays voisins absorberont et au delà toute la production de ces industries, sans qu'elles aient besoin d'aller ailleurs, et notamment en France, chercher un débouché.

***

Nous n'apercevons pas davantage quels produits agricoles coloniaux pourraient, sur le marché national, faire concurrence aux similaires métropolitains. Le vin du Tonkin est encore à venir; celui de Madagascar aussi, — et peut-être ne viendront-ils jamais. On n'a encore signalé à Marseille aucun arrivage de blé de Nouvelle-Calédonie ou du Sénégal. La pomme de terre des Vosges n'est, que nous sachions, menacée par aucun farineux colonial susceptible de lui porter ombrage. A moins que ce ne soit le riz qui l'inquiète, et alors, s'il faut consigner à la porte celui de la Cochinchine, sous prétexte de concurrence indirecte, nous sortons de la théorie des « similaires » pour tomber dans celle des « à peu près similaires », ce qui peut nous mener loin, et réduit déjà sensiblement la liberté laissée aux colonies de produire tout ce que la métropole ne produit pas.

Au surplus, la question a déjà été tranchée. On a essayé, il y quelques années, de frapper les riz décortiqués de Cochinchine d'un droit d'accise. On a échoué ; et il est curieux de noter que l'opposition la plus vive à cette mesure est venue précisément de la Chambre de commerce de Rouen, peu suspecte d'hérésie libre échangiste. Que disait la Chambre de commerce de Rouen? Ceci : « Les riz décortiqués sont une matière première nécessaire à notre industrie. » Et elle ajoutait, — rappelons-le en passant, parce que c'est une vérité générale qui peut s'appliquer à tous les articles importés des colonies en France : « Le riz est un élément d'échange dont nous avons besoin pour notre commerce avec l'Indo-Chine. »

***

Ce caractère de matière première, le riz n'est pas seul à pouvoir le revendiquer. Les soies de l'Annam et du Tonkin, bien qu'ayant reçu aussi un commencement de préparation, peuvent également y prétendre. Devra-t-on donc les exclure du marché métropolitain, ou ne les y laisser pénétrer que grevées d'un droit énorme, pour protéger la sériciculture du midi, qui ne suffit pas, à beaucoup près, à alimenter la fabrique lyonnaise; et veut-on absolument que celle-ci continue à payer à la Chine, sous forme d'achats de soie, un tribut qui se chiffre par plusieurs centaines de millions? On ne peut cependant pas prétendre que les Annamites se sont mis à produire de la soie uniquement pour profiter des facilités de la loi de 1892. S'il y a un produit asiatique, c'est bien celui-là. Va-t-on néanmoins le rayer aussi de la liste de ceux que nos possessions d'Asie ont licence d'importer en France et dans les autres colonies?

***

On comprendra que nous ne poussions pas ces exemples plus loin; c'est toute la nomenclature du tarif général qu'il faudrait passer en revue. Au surplus, nous en avons dit assez pour montrer que la protection qu'on réclame contre les produits coloniaux soit naturels, soit manufacturés, ne présente, à aucun degré, le caractère de nécessité qu'on lui prête, soit parce que les produits visés n'existent pas encore ou même n'existeront jamais, soit parce que la consommation locale et celle des pays voisins suffisent et au delà, à les absorber. Ou bien si, en ce qui concerne certains produits, cette protection peut paraître offrir un intérêt — et encore cet intérêt est-il discutable — pour l'agriculture nationale, immédiatement nous voyons l'industrie métropolitaine protester contre une mesure dont l'effet certain sera de lui enlever ou, tout au moins, de renchérir la matière première dont elle a besoin.

Concluons donc, sur ce point, que, dans la plupart des cas, la protection qu'on réclame n'est pas nécessaire et que là où, par exception, elle apparaît comme telle, elle lèse les intérêts de l'industrie nationale, qu'il n'y a, même au point de vue protectionniste, aucune raison de sacrifier à l'agriculture métropolitaine.

***

N'étant pas nécessaire, cette protection, par cela même, ne saurait être légitime. Et, théoriquement, elle ne le serait pas davantage, même si notre production agricole ou industrielle se voyait, de la part des colonies, menacée d'une concurrence sérieuse. Elle ne pourrait l'être que dans un système qui laisserait à nos colonies leur entière liberté en matière douanière. Maîtresses de leurs tarifs, même vis-à-vis de la métropole, on concevrait que celle-ci fût maîtresse des siens vis-à-vis d'elles et pût aller jusqu'à appliquer à leurs produits les mêmes droits qu'aux provenances étrangères.

Mais dans notre régime douanier actuel, qui comporte en principe l'application obligatoire, dans les colonies, du tarif métropolitain pour les marchandises étrangères, et la franchise, également obligatoire, pour les marchandises d'origine métropolitaine, la pensée de traiter comme étrangères les provenances coloniales apparaît comme un illogisme doublé d'une injustice. Françaises pour les charges, les colonies doivent l'être également pour les avantages.

***

On peut admettre cependant, quittant le terrain de la théorie et des principes pour celui des solutions pratiques, qu'il puisse y avoir place pour un système intermédiaire et en quelque sorte transactionnel. Nous disons « transactionnel ». Les coloniaux ne sont point, en effet, des intransigeants cantonnés dans la formule du « tout ou rien ». Ils savent, au besoin, composer avec l'opinion métropolitaine et faire des concessions aux intérêts opposés. Et c'est ainsi, par exemple, qu'il ne leur en coûte pas de reconnaître que le raisonnement des protectionnistes a au moins quelque chose de spécieux.

« Nous ne pouvons pas, dit M. Méline, avoir, au prix de nos richesses et de la vie de nos soldats, initié à la civilisation des peuples tout entiers pour en faire ensuite nos plus dangereux adversaires, pour que la production coloniale, grâce aux conditions dans lesquelles elle se trouve placée, vienne faire à la nôtre une concurrence désastreuse. » Crainte chimérique, répèterons-nous encore une fois; et même si vos prévisions devaient se réaliser, la métropole gagnerait infiniment plus qu'elle ne perdrait au mouvement d'échanges que vous auriez laissé naître et se développer librement.

Mais enfin, soit! Nous passons condamnation sur l'erreur économique dont le système est entaché, sur l'exagération des craintes que vous inspire le danger de la concurrence coloniale, pour ne tenir compte que de la valeur sentimentale de l'argument qui sert de base à la thèse adverse. C'est là, en effet, un facteur qui n'est point négligeable. L'opinion, dans son ensemble, a été longtemps hostile à la politique d'expansion coloniale. Elle commence seulement à en entrevoir les avantages possibles. Il serait souverainement imprudent de nous l'aliéner en lui laissant croire que nous voulons accaparer ces avantages et sacrifier à nos intérêts ceux de l'agriculture et de l'industrie nationales.

Ce que nous recherchons, il faut le proclamer bien haut, c'est la conciliation de tous les intérêts. Et dès lors que nous demandons à un Parlement où dominent les tendances protectionnistes de nous accorder la franchise complète pour les denrées coloniales proprement dites, il nous paraît juste, il nous paraît raisonnable de céder quelque chose des droits créés à notre profit par la loi du 11 janvier 1892. C'est un marché, dira-t-on. Ni le mot, ni la chose ne nous effraient. La vie économique, comme toute la vie sociale, n'est qu'un marché perpétuel, une suite de transactions fondées sur un échange de concessions réciproques.

Nous admettons donc que les coloniaux puissent se prêter à la recherche d'une combinaison qui donnerait satisfaction aux réclamations dont M. Méline s'est fait l'interprète, en ce qui a trait aux importations des colonies soit dans la métropole, soit dans les autres colonies. Mais dans quelle mesure et sous quelle forme? C'est ce que nous étudierons dans un prochain article, tout en déclarant dès à présent que nous repoussons de toutes nos forces et le caractère général de la mesure projetée et le procédé d'application proposé.

Ch. Depincé.

BULLETIN DE LA QUINZAINE

La banque de l'Afrique occidentale. — L'assemblée générale des actionnaires de la Banque du Sénégal, réunie le 25 février dernier à Saint-Louis, a voté la dissolution de cette institution de crédit. Elle ne disparaît néanmoins que pour renaître à bref délai, plus puissante et plus durable, sous le titre de Banque de l'Afrique occidentale. Le nouvel établissement, dont les statuts ont été approuvés dans l'assemblée du 25 février, possédera des ressources, des privilèges et une sphère d'action plus considérables que la Banque du Sénégal, qui lui apporte l'intégralité de son capital de 800.000 francs. Ce capital sera élevé à 1.500.000 par le concours du Comptoir national d'Escompte de Paris et des principales maisons de commerce africain, de Bordeaux et de Marseille. La Banque de l'Afrique occidentale aura son siège à Paris et pourra ouvrir des succursales dans nos cinq colonies : Sénégal, Guinée française, Côte d'Ivoire, Dahomey, Congo français. Au début, elle se limitera au Sénégal, à Conakry et Cotonou ; ultérieurement, et en temps opportun, elle s'établira à la Côte d'Ivoire et au Congo. La Direction générale sera confiée à M. Nouvion, le distingué directeur de la Banque du Sénégal, dont la sage administration a rendu possible cette transformation.

La Banque de l'Afrique occidentale aura le privilège d'émettre du papier-monnaie. Elle recevra ainsi les mêmes prérogatives et est appelée à rendre à nos possessions de l'ouest-africain les mêmes services qu'en Extrême-Orient, la Banque de l'Indo-Chine, sur laquelle seront modelés son organisation et ses statuts.

Cette création va singulièrement améliorer les conditions actuelles de notre commerce, dans les colonies africaines autres que le Sénégal.

Il y éprouve des difficultés presque constantes à se procurer les espèces nécessaires à ses transactions, et à opérer en Europe les remises qu'elles comportent. A la différence des colonies étrangères, et en particulier des colonies anglaises voisines, le Trésor local ne prête à cet égard aux commerçants aucune assistance. Il ne se prête pas aux envois rapides de fonds d'Europe dans la colonie ni aux expéditions en sens inverse. Les règlements limitent même à 500 francs par personne et par jour le montant des mandats que la poste locale est autorisée à délivrer. Cette prohibition est, il est vrai, aisément tournée, les commerçants ayant la ressource d'user d'un stratagème usité en figuration théâtrale et de mobiliser tout leur personnel pour obtenir de la poste un nombre de mandats suffisants pour parer aux nécessités ; mais cela même prouve dans quelles conditions anormales ils sont contraints d'opérer. Les exportateurs de la métropole n'éprouvaient pas de moindres difficultés pour effectuer leurs recouvrements dans l'ouest africain. Nos compagnies françaises de navigation, à l'inverse des compagnies étrangères, refusent de se charger de ce soin, et n'acceptent même pas les expéditions contre remboursement. Les exportateurs sont donc fréquemment obligés de recourir aux compagnies étrangères et de leur révéler ainsi, non sans dommage pour eux, leurs relations commerciales.

Cet état de choses prendra fin avec l'installation de la future Banque ; ses statuts prévoient même, en dehors des opérations normales d'escompte, d'avances et d'encaissements, les prêts sur warrants et récoltes, si avantageux au commerce et à l'agriculture aux débuts de la colonisation. Grâce aux relations d'affaires que suscitera dans nos diverses colonies l'installation de ses succursales, les facilités de circulation qu'engendrera la monnaie fiduciaire qu'elle a le privilège d'émettre, elle coopérera puissamment à l'essor déjà remarquable de notre commerce africain.

Le retour de M. Doumer. — Quand ces lignes paraîtront, M. Doumer sera à la veille de débarquer à Marseille. Nous tenons qu'elles lui portent, dès son arrivée, la bienvenue de la *Quinzaine Coloniale* et de l'*Union Coloniale*. M. Doumer rentre en France pour se reposer et pour refaire sa santé altérée par un travail excessif. Ce que sera ce repos, tous ceux qui connaissent le Gouverneur général de l'Indo-Chine peuvent le pressentir. Nous le verrons, sans doute encore, comme à son précédent séjour, consacrer tout son temps au dépouillement d'une volumineuse correspondance, à la réception d'innombrables visiteurs, au règlement des innombrables questions en suspens dans la colonie qu'il administre. Mais il échappera du moins, pendant ce temps, à l'action débilitante de l'été indo-chinois et pourra refaire une provision de forces en vue de l'étape qui lui reste à fournir pour atteindre le but qu'il s'est proposé.

Nous ne pouvons pas admettre, en effet, que ce retour soit définitif et que M. Doumer ait un seul instant la pensée de renoncer à parachever son œuvre ou que le gouvernement ait pu songer à l'en empêcher. Depuis plusieurs mois, il s'est fait beaucoup de bruit autour de la personnalité de M. Doumer. Ceux-ci, dans un intérêt politique, l'ont accablé de sympathies maladroites qu'il n'a rien fait ni pour mériter ni pour encourager. D'autres ont exploité contre lui ces manifestations d'une bienveillance intempestive pour le dénoncer à la méfiance du gouvernement. Nous n'avons pas à prendre parti dans ce débat. L'homme politique qu'a été et que sera M. Doumer, ne nous appartient pas. Tout au plus pouvons-nous faire remarquer que rien dans son attitude ne justifie ni les espérances qu'il n'a donné le droit à personne de fonder sur lui, ni les craintes que certains feignent d'éprouver à son endroit. Mais encore une fois, nous ne voulons voir en lui que le gouverneur général de nos possessions indo-chinoises, c'est-à-dire l'homme qui a consolidé l'unité politique et morale de notre empire d'Extrême-Orient, qui a su, à une heure difficile, la préserver de toute atteinte du côté de la Chine; celui qui a fondé le crédit de l'Indo-Chine, a clos dans ce pays l'ère des déficits chroniques pour y substituer celle des excédents d'année en année plus élevés, a obtenu de la confiance du Parlement le vote d'un emprunt de 200 millions destiné à doter notre grande colonie asiatique d'un outillage économique approprié à ses besoins, celui qui, enfin, a amorcé dans cette colonie la construction d'un vaste réseau ferré qui y portera partout la vie et l'activité.

La solidité de ces titres ne saurait être ébranlée par la publication d'une étude dont il a été beaucoup parlé et dont il aurait été sans doute moins parlé, si elle ne s'était recommandée à l'attention publique que par la valeur des vues générales, souvent contestables, et par la portée des faits, plus souvent contestables, qui y sont exposés, et si ces vues générales et ces faits n'avaient servi à masquer une critique systématique de l'œuvre de M. Doumer, considérée dans son ensemble et analysée dans ses moindres détails. Moins encore elle pourrait l'être par ce qu'on a appelé « un scandale indo-chinois » et qui n'est que la manifestation virulente du mécontentement d'un agent subalterne licencié pour indiscipline. Après, comme avant, M. Doumer demeure aux yeux des coloniaux, le gouverneur général qui a su tirer l'Indo-Chine de l'ornière où elle risquait de rester enlisée et la mettre en marche vers les grandes destinées que lui assurent sa situation géographique et ses immenses ressources naturelles. Il se doit à lui-même de terminer l'œuvre qu'il a commencée. Le gouvernement doit au pays de la lui laisser achever. Au surplus, en exprimant le vœu que M. Doumer retourne en Indo-Chine à l'expiration de son congé, nous ne faisons certainement que formuler un souhait déjà réalisé par avance dans ses propres intentions et dans les desseins du gouvernement.

L'Ecole française d'Extrême-Orient. — Un décret que nous publions plus loin vient de consacrer définitivement l'existence d'une institution déjà contenue en germe dans un arrêté de M. Doumer remontant à deux ans environ, la mission créée à ce moment pour l'étude des langues et des civilisations de l'Extrême-Orient se transforme en « Ecole française de l'Extrême-Orient ». Cette dénomination nouvelle, outre qu'elle marque le caractère de permanence donné à l'institution, indique par elle-même l'importance du rôle que celle-ci est appelée à remplir dans nos possessions d'Extrême-Orient et dans les pays qui s'y rattachent. Ce rôle, on peut, en effet, s'en faire une idée, par analogie, d'après celui que jouent, l'une à Athènes, l'autre à Rome, les deux écoles françaises auxquelles est dévolue le soin d'étudier, à leur source même, la langue et la civilisation de la Rome et de la Grèce antique. L'Ecole française d'Extrême-Orient contribuera de même à développer et à répandre la connaissance de l'histoire des monuments et des idiomes de ces populations indo-chinoises dont le passé, aussi vieux, sinon plus vieux que le nôtre, ne nous a pas encore livré tous ses secrets et peut fournir plus d'un enseignement utile au présent. Son champ d'études comprendra également les régions voisines : Inde, Chine, Malaisie, avec le trésor inépuisable de leurs traditions et de leur art, et les rapprochements que l'étude de ces civilisations peut suggérer à des esprits avisés.

Ce n'est point que jusqu'ici ce champ fût resté stérile. Mais l'exploration s'en était faite sans plan d'ensemble, un peu au hasard des bonnes volontés et des vocations individuelles. Les travaux de l'Ecole française d'Extrême-Orient trouveront dans l'Académie des inscriptions et belles-lettres, à laquelle l'institution nouvelle est rattachée et qui sera comme le centre et le foyer de ses études, la garantie d'une direction méthodique et d'un contrôle éclairé.

La science pure ne sera pas seule à bénéficier de ces travaux. On ne sait pas assez, en effet, combien est profond chez les Annamites l'orgueil de race, combien vivace leur sentiment national, et combien il est justifié par leur histoire. Il y a dans ce peuple une force d'expansion véritablement extraordinaire, attestée par la marche en avant qui en quelques siècles a conduit la tribu de Siao-Chi — souche primitive de la race — des confins de la Chine à ceux du Cambodge. Nous pouvons utiliser cette force et en faire l'instrument de notre prépondérance incontestée dans toute la péninsule indo-chinoise, si nous savons tout à la fois et la canaliser à notre profit par une politique bienveillante et l'exalter par le culte soigneusement entretenu des grandes choses qu'elle a accomplies dans le passé. Ce culte, rien n'est plus propre à l'entretenir que des travaux comme ceux de l'Ecole française d'Extrême-Orient, à la condition que nous ayons soin d'y associer l'élite intellectuelle du pays. Nous lui donnerons ainsi l'impression que, loin de séparer les destinées de notre empire d'Extrême-Orient de celles de la race annamite, nous entendons les unir et les confondre en une grandeur commune, prenant ses racines dans le passé de cette race, et donnant satisfaction à ses légitimes ambitions en même temps qu'à nos intérêts. Envisagée de ce point de vue, l'institution créée par M. Doumer revêt une importance politique qui égale, si même elle ne le dépasse, l'intérêt qu'elle présente au point de vue scientifique.

L'Exposition de Hanoï. — Le dernier courrier de l'Indo-Chine nous a apporté quelques détails sur les travaux en cours de l'Exposition qui doit avoir lieu à Hanoï en 1902. Le comité local de cette ville, dans sa réunion du 7 décembre dernier, a examiné et approuvé le projet du Palais principal et le plan général de l'Exposition.

Le Palais aura 100 mètres de longueur sur 30 mètres de largeur ; il se compose d'un rez-de-chaussée pouvant servir à l'établissement de petites salles d'Exposition, et d'un premier étage comprenant deux vestibules, un salon d'honneur et de grandes galeries. La partie centrale de ce bâtiment sera recouverte par un dôme et sa surface utilisable sera de 2,000 mètres carrés. Sa construction coûtera huit cent mille francs environ et, l'Exposition terminée, on y installera le musée de notre belle colonie Indo-Chinoise. L'adjudication de ce bâtiment a eu lieu le 7 janvier 1901. Les entrepreneurs, MM. Henry Blazette et Cie, ont commencé les travaux le 16 janvier ; le Palais sera complètement terminé le 15 mars 1902. On construira, en outre, des pavillons et galeries destinés aux exposants qui ne pourront pas trouver place dans le Palais principal. Les travaux de terrassement et d'aménagement destinés à l'Exposition sont activement poussés et seront terminés très prochainement.

Des renseignements reçus par le commissariat général de Hanoï des divers pays de l'Extrême-Orient, invités à prendre part à cette œuvre internationale, permettent de compter sur la coopération d'un nombre important d'exposants et sur la réussite de cette partie de l'Exposition. Il en sera de même, du reste, nous en sommes certains, pour la section métropolitaine. Nos négociants et industriels n'hésiteront pas à profiter de l'occasion qui leur sera offerte d'augmenter l'écoulement de leurs produits, et on peut compter également que nombreux seront les visiteurs qui bénéficieront des facilités mises à leur disposition pour aller se rendre compte, à ce moment, des progrès réalisés en Indo-Chine et du degré d'avancement de l'outillage commercial et industriel que notre grande colonie asiatique est en train de constituer, sous l'active et énergique impulsion de M. Doumer.

Le retour de M. Gentil. — M. Gentil, commissaire du gouvernement français au Chari, vient de rentrer en France, après avoir heureusement accompli une importante et périlleuse mission. On sait qu'elle avait pour objet, en venant à la rencontre des missions Foureau-Lamy et Joalland-Meynier (ancienne mission Voulet-Chanoine) d'occuper les environs du lac Tchad de façon à opérer d'une façon définitive la jonction de nos possessions de l'Afrique occidentale.

Cette œuvre, dont les résultats sont considérables non seulement au point de vue de l'unification de nos colonies de l'ouest africain, mais à cause de la richesse même des nouveaux territoires pacifiés et placés sous notre domination, mériterait plus que quelques brefs commentaires.

Nous ne voudrions pas cependant laisser passer son retour parmi nous, sans saluer le vaillant explorateur et rappeler au moins les circonstances qui ont décidé l'organisation de cette deuxième mission et les principaux événements qui en ont marqué le succès.

C'est, en effet, la seconde fois que M. Gentil se rendait au Congo. Il avait été chargé d'une première mission (1895-1897) dans le Haut Oubanghi et le Chari.

Au cours de cette exploration, il signait, en septembre 1897, avec le sultan du Baguirmi un traité d'alliance qui plaçait ce vaste territoire sous notre protectorat. Le 30 octobre 1897 le *Léon Blot*, vapeur démontable de la mission, flottait sur le lac Tchad.

M. Gentil, rentrait en France, et peu de temps après, notre ennemi Rabah envahissant les états de notre nouvel allié le chassait de sa capitale. La mission Bretonnet fut envoyée à son secours, mais la situation s'aggravait. C'est pour cette raison, qu'à peine remis de ses fatigues et s'arrachant à l'affection des siens, M. Gentil repartait en février 1899. Il était nommé commissaire du Chari et recevait la mission d'assurer la libre communication entre le Congo et le Tchad, d'écarter le péril de Rabah, d'aider l'effort convergent des expéditions saharienne (Foureau-Lamy) et soudanaise (Voulet-Chanoine). On a présentés encore à la mémoire les circonstances pénibles auxquelles eut à faire face le chef de la mission : la mort de Bretonnet massacré avec ses compagnons par les bandes de Rabah, le combat de Kouno où le capitaine Robillot avec, pour toute garde, quelque trois cents indigènes, obligea le nouveau Samory à se réfugier dans le Bornou — les péripéties de la mission Voulet — enfin la réunion des trois missions et l'attaque commune contre Rabah à Kousseri où le commandant Lamy devait trouver la mort (17 avril) ainsi que notre ennemi.

Après le succès de Kousseri, les bandes de Rabah poursuivies par le capitaine Reibell se dispersèrent. M. Gentil occupa méthodiquement le bassin du Chari, le pacifia, l'organisa et ce n'est, qu'après son œuvre achevée, qu'il songea au retour.

La suppression des prestations à Madagascar. Le régime de la liberté du travail, qui vient de succéder, à Madagascar, à celui des prestations, eût risqué de jeter une perturbation profonde dans les entreprises privées et même d'en rendre le fonctionnement tout à fait impossible, si cette mesure n'avait été accompagnée d'un ensemble de précautions destinées à en atténuer les inconvénients à ce point de vue. La principale de ces précautions, la plus essentielle, réside dans l'augmentation du taux de l'impôt personnel. Le Malgache est, par tempérament, foncièrement paresseux et ne se résigne au travail que contraint par une nécessité absolument impérieuse. Le système des prestations, compromis malheureusement par d'injustifiables abus, offrait, précisément, cet avantage d'exercer sur lui une contrainte. Y renoncer purement et simplement eût abouti à proclamer le droit du Malgache à la paresse, et on peut penser qu'il ne se fût pas fait faute d'en user, au grand détriment des intérêts de la colonisation, qui se serait trouvée complètement privée de main-d'œuvre. L'élévation du taux de l'impôt personnel a pour but de remplacer l'astreinte directe et légale résultant du caractère obligatoire de la prestation par un stimulant indirect qui n'en sera pas pour cela moins effectif ; le Malgache sera obligé au travail pour gagner de quoi satisfaire aux exigences du fisc. Si on considère que ces exigences n'ont rien d'excessif en elles-mêmes et que, d'autre part, l'augmentation du chiffre de l'impôt personnel est précisément un des procédés que, l'an dernier, le Congrès de Sociologie coloniale, peu suspect de sentiments malveillants à l'égard des indigènes, recommandait comme lui paraissant le plus propre à arracher les population de couleur à leur paresse native et à rendre possible la suppression de la corvée, on reconnaîtra que le général Gallieni a su, de la façon la plus heureuse, dans cette délicate question du régime du travail, concilier les exigences de l'humanité et les intérêts de la colonisation. Il appartient maintenant au ministère des Colonies de consacrer cette réforme, et il va sans dire qu'il irait à l'encontre de l'esprit qui l'a inspirée s'il se bornait à n'en approuver que ce qui a trait à la suppression des prestations. Elle forme, en effet, un tout complet dont les deux parties : suppression des prestations et augmentation de l'impôt personnel, se tiennent par un lien étroit. Prendre l'une et rejeter l'autre serait, sous prétexte de libéralisme, faire une œuvre néfaste, non seulement pour la colonisation, cela va de soi, mais aussi pour la civilisation, dont le fondement le plus sûr réside dans la pratique de la loi du travail.

Les travaux géographiques exécutés à Madagascar. — En moins de six ans, des travaux géographiques très importants ont été exécutés à Madagascar. Ils sont tels, qu'à la fin de l'année en cours, on pourra considérer la connaissance générale de l'île comme complète et que, dès aujourd'hui, on possède une base solide pour toutes les études de détail. Ce résultat est très remarquable, si on considère ce qui existait avant la campagne de 1885 et ce qui a été fait dans nos autres colonies.

Avant la conquête, quelques savants ou explorateurs hardis, dont MM. Catat, Maistre, et plus spécialement M. A. Grandidier avaient commencé la géographie de l'île ; mais on manquait de travail d'ensemble ; en 1898, car en 1895-96 et 1897, on s'était borné à des travaux sur quelques régions, on chercha à donner un caractère plus général aux travaux géographiques, et on fit si bien qu'en s'appuyant sur les opérations de géodésie de cette année 1898, on put commencer en 1899 l'exécution d'une carte de l'île à grande échelle. Cette carte, au 1/500.000e, en vingt-six feuilles, fut commencée en janvier 1899 et terminée en mars 1900. Elle put figurer à l'Exposition. Elle n'était pas encore parfaite, la connaissance de l'île n'étant pas complète au moment où on l'avait dressée, mais elle témoignait déjà des efforts faits, et on est aujourd'hui en train de la refaire. On n'a pas attendu du reste de posséder cette seconde édition corrigée et complétée pour avoir une carte résumant tous les travaux effectués jusque vers la fin de l'année 1900, et on a établi une carte au 1/100.000e en 5 couleurs et en 6 feuilles.

Si nous ajoutons à ces cartes deux autres, une au 1/100.000e et une au 1/2500.000e, on pourra juger de quelle activité ont fait preuve les officiers, les missionnaires et les explorateurs qui ont concouru à l'élaboration de cette œuvre, si nécessaire, quand on veut entreprendre l'exploitation méthodique et rationnelle d'un pays nouveau, œuvre qui a grandement manqué dans d'autres colonies, dont seulement de longues années après la prise de possession, on a pu se vanter d'avoir une connaissance géographique assez complète. C'est ce qui est arrivé par exemple en Indo-Chine. Nous avons eu, certes, pour certaines des régions de ce vaste pays, des études géographiques qui font très grand honneur à ceux qui ont pu les mener à bien, et il nous suffira de citer les beaux travaux de M. Pavie et de ses collaborateurs. Mais pour avoir une carte d'ensemble de l'Indo-Chine, il a fallu attendre l'année 1900; on se souvient encore probablement de celle que M. J.-Charles Roux fit placer au Trocadéro et qui attira à elle les suffrages de ceux qu'intéressent les progrès de la géographie.

Qu'on compare le temps qu'il a fallu en Indo-Chine et à Madagascar pour des travaux identiques, et l'on verra que nous savons enfin apporter quelque méthode dans nos entreprises de colonisation, et que nous sommes capables parfois, tout en faisant vite, d'agir logiquement; le général Galliéni, en cette circonstance comme en bien d'autres, vient d'en fournir une nouvelle preuve.

Les travaux publics en Nouvelle-Calédonie. — Le Gouvernement vient d'autoriser la Nouvelle-Calédonie à contracter un emprunt de 5 millions destiné à l'exécution du programme suivant de travaux :

Construction d'un bassin de radoub ;
Acquisition de deux dragues ;
Construction du premier tronçon d'une ligne de chemin de fer de Nouméa à Bourail;
Construction d'un wharf avec adjonction de magasins.

Le principe de cet emprunt avait été voté dès le 10 décembre 1898 par le Conseil général de la colonie, qui avait renouvelé son vote le 13 novembre 1899. L'instruction de l'affaire aura donc demandé plus de deux ans. C'est beaucoup et on peut se demander si le droit de contrôle qui appartient à l'Administration centrale en la matière n'aurait pas pu s'exercer plus rapidement. Quoi qu'il en soit, il faut se féliciter de voir la Nouvelle-Calédonie autorisée à constituer enfin un outillage économique en rapport avec l'importance de jour en jour croissante de son développement industriel et commercial. On peut trouver, il est vrai, que cinq millions sont une ressource bien faible eu égard au programme des travaux à exécuter, pour lequel on avait d'abord prévu dix millions. Mais ces cinq millions ne sont qu'une amorce. Lorsqu'on aura pu déterminer exactement la part contributive pour laquelle l'État ne peut manquer de concourir aux dépenses de construction du bassin de radoub qui l'intéresse au moins autant qu'elle intéresse le commerce local, lorsqu'on aura pu, en outre, se rendre compte à l'usage que les ressources sur lesquelles l'emprunt est gagé présentent une élasticité suffisante, l'emprunt supplémentaire nécessaire à la complète exécution des travaux projetés ne soulèvera, nous en sommes convaincus, aucune objection. Le principe est acquis et c'est l'essentiel. Le reste viendra tout seul. On ne saurait trop faire honneur de ce résultat au gouverneur, M. Feillet, qui, pendant son séjour en France, s'est employé, avec une infatigable activité, au succès des négociations dont nous enregistrons l'heureuse issue.

LA LIGNE DE TUNIS AU KEF

ET LA

CONSTRUCTION DES CHEMINS DE FER COLONIAUX

L'interpellation Berthelot a eu cette conséquence tout à fait inattendue de faire ajourner à une époque indéterminée la construction, que l'on croyait prochaine, du chemin de fer de Tunis au Kef.

Nos lecteurs ont été tenus au courant des projets préparés pour cet objet par l'Administration du Protectorat (1). Par l'amodiation des riches gisements domaniaux de phosphates de Kalaat-et-Senan, on avait trouvé moyen de faire construire, sans imposer au budget aucune charge nouvelle, 190 kilomètres de voie ferrée desservant une riche région agricole et minière; c'est, en effet, le montant de la redevance exigée des concessionnaires des phosphates qui devait servir à payer les travaux de la ligne. Cette ingénieuse combinaison, qui a déjà permis de construire la ligne de Sfax à Gafsa, offrait les plus grands avantages pour les finances tunisiennes, et elle allait doter la Régence d'un chemin de fer dont l'importance économique pouvait devenir considérable.

Bien que le tracé projeté s'arrêtât à Kalaat-et-Senan, il n'était pas interdit de prévoir un prolongement possible d'un petit nombre de kilomètres jusqu'à Tébessa, au centre du grand bassin phosphatier d'Algérie. Or, les sociétés qui l'exploitent et qui exportent leurs produits par le port de Bône, « sont obligées, écrivions-nous dans la *Quinzaine Coloniale* du 25 juillet dernier, de supporter un double transbordement qui grève les transports de frais notables, et la Compagnie de Bône à Guelma, à cause des conditions spéciales de construction de la ligne de Tébessa à Bône, ne peut pas développer le trafic autant que le réclameraient les besoins des sociétés phosphatières. La nouvelle ligne ouvrira à leurs produits une voie de sortie qui les conduira au port de Tunis sans aucun transbordement et

(1) Voir la *Quinzaine Coloniale* du 26 juin et du 25 juillet 1900.

par une pente beaucoup plus douce. De ce côté, le profil du terrain est beaucoup plus favorable à l'établissement d'une voie ferrée que les rudes escarpements qu'il faut franchir pour se rendre de Bône à Tébessa ». Ainsi, si la ligne tunisienne projetée, devait servir en dernière analyse le développement économique de l'Algérie, elle n'en allait pas moins à l'encontre de certains intérêts particuliers, puisqu'elle tendait à détourner du port de Bône un trafic dont il ne bénéficie pas, mais qu'à tort ou à raison il estime lui appartenir. Le projet de chemin de fer tunisien Kalaat-et-Senan devait donc rencontrer en Algérie des adversaires qui seraient heureux de le voir échouer.

Ce n'est cependant pas sous ce jour que la question a été présentée au Parlement. C'est l'intérêt du budget français que très habilement on a fait miroiter aux yeux de la Chambre. M. Berthelot qui, pendant toute la durée de son interpellation, s'est donné comme mandataire des colons tunisiens, a attaqué un tracé approuvé par tous les corps élus de la colonie, et, contrairement à l'opinion unanime des Tunisiens, il a fait décider que ce tracé serait soumis à la ratification du Parlement, ce qui aura probablement pour effet de retarder de plusieurs années le commencement des travaux.

L'argumentation à l'aide de laquelle il a obtenu ce résultat, et qui a paru faire impression sur ses collègues, vaut la peine d'être examinée de près, car les principes qu'il a affirmés auraient les conséquences les plus funestes, non seulement pour la Tunisie, mais encore pour toutes les colonies. Ce n'est rien moins que la question de la méthode de construction des chemins de fer coloniaux qu'il a soulevée et qui a été résolue de la manière la plus contraire aux intérêts coloniaux.

La France, par un traité antérieur au protectorat, s'étant engagée à payer pour l'exploitation de la ligne de Tunis à la frontière algérienne une garantie d'intérêt qui constitue pour son budget une lourde charge, M. Berthelot estime que tout le trafic de la région nord de la Tunisie doit être amené à cette ligne, afin de diminuer le poids de la garantie, et que la construction de la ligne projetée de Tunis à Kalaat-et-Senan par le Pont-du-Fahs, constitue un détournement de trafic au préjudice du Trésor français. Ce raisonnement aurait une apparence de logique, s'il existait un moyen qui permît au gouvernement français d'obliger la Compagnie Bône à Guelma à construire un embranchement amenant sur sa grande ligne les phosphates de Kalaat-et-Senan, et M. Berthelot n'a pas indiqué ce moyen, ou encore si la Compagnie consentait à le construire bénévolement. Or il a expliqué tout au contraire que, par suite de la nature des engagements réciproques de l'Etat et de la Compagnie, cette dernière aurait plus d'avantage à se faire indemniser du déficit de son exploitation qu'à développer son trafic au point de le rendre rémunérateur. Si ces affirmations sont exactes, il en ressort bien évidemment que la France a fait une mauvaise affaire en traitant à des conditions trop onéreuses avec la Compagnie Bône à Guelma, mais faut-il conclure de là avec M. Berthelot que la Tunisie doit payer les frais de cette erreur? Il aurait quelque raison de le prétendre, si elle faisait bourse commune avec la France, mais il oublie qu'elle possède son autonomie financière, que par suite elle est tenue de consacrer toutes ses ressources à son propre développement, et qu'elle ne peut rien distraire pour aucun autre objet. Elle commettrait donc une faute si elle se privait d'une voie ferrée qui lui permettra de mettre en valeur une partie de son territoire et qu'elle ne peut construire qu'à l'aide de ce trafic que l'on voudrait attirer d'un autre côté sans profit pour la colonie.

La Chambre n'a pas paru comprendre cela. Entraînée par M. Pelletan qui est venu apporter son concours à M. Berthelot, et qui a proclamé la nécessité de l'ingérence parlementaire en matière de chemins de fer coloniaux, elle a paru se rallier à ce funeste principe. Oubliant l'orientation contraire qu'elle a acceptée depuis quelque temps pour notre politique coloniale par le vote du budget spécial de l'Algérie et la nouvelle organisation financière donnée aux colonies, elle a imprimé par ce vote regrettable un mouvement de recul aux idées d'autonomie administrative des colonies, essence même du protectorat tunisien, dont nous pensions pouvoir saluer le triomphe.

Déférant aux volontés de la Chambre, le ministre des affaires étrangères a déposé, sans perdre de temps, un projet de loi autorisant la construction du chemin de fer du Pont du Fahs à Kalaat-et-Senam. Nous sommes sans inquiétude sur le résultat du vote qui interviendra. Le Parlement n'a pas à choisir plusieurs projets, puisqu'il n'en existe qu'un seul, quels que soient les regrets que M. Berthelot puisse exprimer à ce sujet. A moins d'interdire à la Tunisie de construire des chemins de fer, il devra donc sanctionner le projet préparé par l'Administration.

Mais dans combien de temps toutes les formalités

de la procédure parlementaire auront-elles été remplies? Les précédents permettent de craindre qu'il ne se passe plusieurs années avant que les travaux puissent commencer. La Tunisie n'a pas oublié en effet qu'elle a attendu cinq ou six ans, avec l'argent nécessaire dans ses caisses, l'autorisation de construire son réseau à voie étroite, tandis que la ligne de Sfax à Gafsa, pour laquelle on n'a pas consulté les Chambres, a été construite en dix-huit mois.

Un autre exemple montrera quels sont les effets de l'intervention du Parlement dans la construction des chemins de fer coloniaux. Plusieurs lignes sont en voie d'exécution dans l'Afrique Occidentale française. Pour celle qui est destinée à relier le Sénégal navigable au Niger navigable, on a voulu suivre tous les errements usités, en France, en matière de travaux publics, et c'est du Parlement qu'on a attendu les crédits successivement nécessaires. Qu'à produit cette méthode à laquelle on voudrait nous faire revenir? Les travaux ont été commencés en 1882, il y a plus de dix-huit ans, et on a construit à l'heure actuelle 176 kilomètres, c'est-à-dire une longueur moindre que celle de la ligne de Sfax à Gafsa, qui a été achevée en dix-huit mois. En Guinée Française on a entrepris de construire une voie ferrée de 600 kilomètres du port de Konakry à Kouroussa sur le Niger, mais la colonie a voulu agir avec ses propres ressources et sans rien demander aux Chambres. Les études ont été faites de 1895 à 1899 et dès 1900 les travaux ont commencé; ils sont poussés activement et l'on espère atteindre le Niger dans cinq ou six ans. La même méthode est suivie au Dahomey pour une entreprise analogue et l'on en attend les mêmes résultats de célérité.

La rapidité d'exécution est, en effet, une condition primordiale de succès pour les chemins de fer coloniaux. Les colonies en voie de développement ne peuvent pas attendre, sous peine de voir leurs progrès compromis. De leur côté, les capitalistes décidés à s'intéresser à des affaires coloniales ne peuvent pas attendre non plus. Si, lorsqu'un certain nombre d'entre eux se sont groupés, ont étudié une entreprise et lui ont promis leur concours indispensable, on leur dit : « C'est très bien, nous prenons acte de votre bonne volonté; mais patientez pendant quelques annés, jusqu'à ce que le Parlement ait donné son autorisation », il n'est pas douteux que le groupe se désagrégera et que les capitaux trouveront un emploi ailleurs, peut-être à l'étranger.

Tel est le résultat le plus certain de l'ingérence des Chambres dans les entreprises de travaux publics aux colonies. Les pousser dans cette voie, c'est donc simplement faire œuvre d'obstruction.

MM. Berthelot et Pelletan ont réussi à faire triompher ce qu'ils ont cru être un principe. Nous ne rééditerons pas à ce propos un mot célèbre; mais nous nous contenterons d'exprimer la crainte qu'ils n'aient gravement compromis le développement d'une colonie, l'une de celles précisément qui doivent leur bon renom et leur situation prospère à la mise en pratique du système d'autonomie administrative sans lequel il n'y a pas de colonies véritablement florissantes.

DOCUMENTS, ARTICLES SPÉCIAUX
ACTES OFFICIELS

COLONIES FRANÇAISES

AFRIQUE DU NORD

Algérie. — Actes officiels. — *Le Mobacher, 20 février.*

Arrêté donnant avis de reconnaissance d'invention de gisements de phosphates dans le douar Thoufla, commune mixte de la Meskiana (Constantine). — *Création* d'un bureau municipal à Clairfontaine (Constantine).

Commerce. — *Achat supplémentaire de tabac.* — Par décision du 13 février 1901, le ministre des Finances a autorisé l'achat d'une quantité supplémentaire de 600,000 kil. de tabacs de la récolte 1900 qui se trouvent encore entre les mains des planteurs du département d'Alger.

Cet achat supplémentaire est autorisé à titre de prélèvement sur le contingent de 3,000,000 de kil. de la récolte de 1901 qui sera réduit de la quantité achetée.

La quantité de 6,000,000 kil. à recevoir sera répartie comme suit entre les deux magasins du départements d'Alger :

Magasin d'Hussein-Dey ...... 450.000 kil.
Magasin de Blida........... 150.000 kil.

Ces deux établissements seront ouverts à partir du 11 mars prochain et chacun d'eux sera clos lorsque le contingent qui lui est attribué aura été atteint et au plus tard le 30 mars, pour Blida, et le 30 avril, pour Hussein-Dey.

Les tabacs de commerce seront exclus de la livraison ; les producteurs y seront seuls admis.

Chaque planteur devra fournir un certificat d'origine délivré par le maire de sa commune et établissant que les tabacs présentés par lui au magasin proviennent bien de son exploitation.

Ne seront acceptés comme valables que les certificats d'origine portant une date postérieure à celle du 1er mars 1901, et indiquant le nombre des chouaries ou paillassons et le poids des tabacs présentés.

Le poids des chouaries ou paillassons ne devra pas excéder 150 kil.

Rapport du consul général d'Allemagne. — Les *Archives commerciales allemandes* viennent de publier un rapport de M. de Fischendorf, consul général d'Allemagne à Alger, consacré à l'étude des résultats de l'année 1899 en ce qui concerne le mouvement économique de la colonie.

M. de Fischendorf fait observer que l'année 1899 a vu s'accroître le mouvement de l'importation et de l'exportation, en dépit du faible rendement de la récolte des vins, qui est une des principales ressources de l'Algérie.

Il constate les grandes aptitudes de consommation de la population algérienne. Ce fait économique lui paraît être digne de remarque. Il y trouve l'explication du constant accroissement de l'importation, malgré les vicissitudes de la production.

L'importation des salaisons américaines s'est accrue de 67.785 kilogs. Les provenances françaises n'ont pas participé à ce mouvement, les prix de revient de la fabrication métropolitaine étant trop élevés comparativement à ceux des productions américaines.

Les importations de soie grège qui étaient en 1898 de 18.025 kilogs se sont élevées, en 1899 à 35,907 kilogs. L'Italie en a fourni pour 500.000 fr., la Chine, pour un million. M. le consul général d'Allemagne fait observer que l'industrie indigène a absorbé, à elle seule, toute cette matière première, dont elle tire parti à l'aide de procédés assez primitifs, en la faisant entrer dans la confection de divers articles de toilette arabe.

M. de Fischendorf fait remarquer l'augmentation considérable de l'importation du tabac en feuilles. Il ne l'explique pas seulement par l'insuffisance de la production de la colonie : mais il l'attribue en grande partie aux progrès de l'industrie de la fabrication des cigares et cigarettes en Algérie.

Il fait observer que les Algériens savent mélanger avec art les tabacs exotiques et les tabacs indigènes. Telle est à ses yeux, la cause de la défaveur où sont tombés les cigares allemands importés autrefois de Brême, et qui ne se trouvent plus qu'en très faibles quantités sur les marchés algériens

L'Algérie fait venir de Cette, dit le consul germanique, un vin de liqueur qui sert à la préparation d'apéritifs divers. Bône en importe des quantités notables. Incidemment, nous demanderons si la colonie ne pourrait pas se suffire à cet égard ?

La bière, qui se consomme en Algérie est presque exclusivement de provenance française. L'Allemagne ne fournit guère que de la bière en bouteille. On constate néanmoins un mouvement ascensionnel dans l'importation des produits des brasseries allemandes.

Il y a progrès dans l'importation des machines, eu égard à l'extension des exploitations agricoles et au mouvement ascendant de la colonisation. Sur ce terrain, la France ne soutient qu'à grand'peine la concurrence avec l'Angleterre et les Etats-Unis.

M. de Fischendorf assure que toutes les essences qui entrent dans la fabrication des liqueurs algériennes viennent d'Allemagne. « Leipzig monopolise en quelque sorte cette importation. »

Les matériaux de construction, notamment la pierre, la chaux, le ciment, les tuiles, sont importés en quantité chaque année plus considérable. « Les barrages, les constructions agricoles et industrielles, les travaux du port de Bône et la création de nouveaux centres de colonisation expliquent ces afflux croissant des matériaux de construction. »

En ce qui concerne le charbon, dont le commerce algérien a constitué des dépôts considérables pour répondre aux besoins grandissants des navires relâcheurs, il en existe des réserves très importantes. La menace d'une hausse, à la veille des événements du Transvaal, a déterminé les importateurs d'Alger à s'approvisionner largement.

Les tissus de coton et de laine sont l'objet des observations suivantes : « L'augmentation de l'importation de ces articles a été déterminée par l'extention considérable du commerce dans l'intérieur de la colonie. L'Angleterre a eu longtemps le monopole de cette importation ; mais quelques grandes fabriques françaises ayant envoyé des voyageurs dans les principaux centres algériens de la côte et dans l'intérieur, les produits anglais ont presque entièrement disparu, principalement les tissus de cotons. Les articles de fabrication française ont trouvé un large débit grâce au concours des Mozabites, race indigène qui tient une grande place dans le commerce.

Ces actifs intermédiaires ont délaissé complètement les produits anglais. La reprise du commerce est attestée, en outre, par la réouverture de magasins qui avaient été fermés naguère. »

Dans le commerce des peaux et des cuirs, il s'est produit une hausse d'environ 20 0/0 par suite des achats très considérables faits pour le compte du gouvernement anglais.

Relativement aux échanges entre l'Algérie et l'Allemagne, M. de Fischendorf constate que l'exportation de la colonie est bien supérieure à son importation.

Il ait observer toutefois que les relevés des douanes fournissent à cet égard des indications imparfaites, et que beaucoup de produits allemands introduits en France sous le régime des droits existants, sont ensuite réexpédiés en Algérie « comme articles français ». M. le consul général d'Allemagne conseille à ses compatriotes de recourir à l'intermédiaire du commerce français. De la sorte, ils bénéficieront de la faveur particulière dont jouissent aux yeux des Algériens, les produits originaires de la mère-patrie. »

Les articles allemands qui trouvent le plus facilement leur écoulement en Algérie sont : l'orfévrerie, l'argenterie, les instruments d'optique et de chirurgie, les couleurs, les objets en caoutchouc, la quincaillerie, les essences, la bonnetterie, les étoffes de soie à bas prix, etc... M. de Fischendorf recommande fortement aux fabricants d'Allemagne d'envoyer des commis-voyageurs et de distribuer des catalogues et prix courants rédigés en français.

Chemins de fer. — *Ligne d'Aïn-Sefra.* — Un décret, du 25 février, déclare d'utilité publique l'établissement du prolongement du chemin de fer d'Aïn-Sefra à Djenien-Bou-Rezg et à Duveyrier, dans la direction d'Igli.

Situation au 1er janvier 1901 des chemins de fer algériens. — Voici quelle est, d'après le tableau que vient de publier le ministère des travaux publics, la situation des chemins de fer en Algérie au 1er janvier 1901 :

Il n'y a eu, au cours de l'année 1900, aucune ouverture de lignes d'intérêt général.

La longueur du réseau exploité est de 2,933 kilomètres, non comprises les lignes concédées à la Compagnie Bône-Guelma sur le territoire tunisien (682 kilomètres).

La longueur du réseau concédé ou classé à la date du 1er janvier 1901, est de 3,472 kil., les mêmes lignes que ci-dessus étant exceptées.

Le 11 octobre 1900, la « Société des chemins de fer algériens » a ouvert le chemin de fer d'intérêt local d'Oran à Arzew (voie de 1 m. 05) dont la longueur totale, concédée à la date du 31 décembre 1899, était de 43 kilomètres.

Les lois du 25 avril et du 20 juillet 1900 ont respectivement concédé aux Compagnies de Mokta-el-Hadid et des chemins de fer algériens, les lignes de Aïn-Mokra à Saint-Charles *viâ* Jemmapes et de Aïn-Beïda à Khencela, toutes deux dans le département de Constantine. Ces lignes (voie de 1 mètre) auront, la première une longueur de 65 kilomètres, la seconde de 54.

Enfin, aux 160 kilomètres de tramways exploités en Algérie, il faut ajouter 51 kilomètres, ouverts de mai à décembre 1900 à la circulation, dans le département d'Alger, par la Société des chemins de fer sur route d'Algérie : 5 kilomètres et 10 kilomètres de Zeralda au pont du Mazafran et à Coléa ; et de 36 kilomètres du Maréchal à Boghni (ligne de Dellys à Boghni), soit pour le total 1.211 kilomètres.

Par un décret en date du 27 août 1900, M. Emile Laborie a obtenu la concession de la ligne de La Calle à Bône, 87 kilomètres ; M. Sandoz, de 4 kilomètres de voie devant relier l'hôpital du dey à l'école normale par N.-D. d'Afrique (Alger), avec raccordement au tramway d'Alger à Coléa.

Finances. — *Organisation du Crédit agricole.* — Dans sa séance du 19 février, « la Section économique de la Société de géographie d'Alger et de l'Afrique du Nord » avait mis à l'ordre du jour le projet de création de caisses rurales et régionales de Crédit agricole.

Le projet de loi sur l'organisation du Crédit agricole en Algérie qui a été voté par la Chambre le 18 décembre dernier, comme condition au renouvellement du privilège de la Banque de l'Algérie, doit venir prochainement en discussion devant le Sénat. Les diverses assemblées locales se sont déjà prononcées sur la question et l'ont envisagée de diverses manières. La question du Crédit agricole est d'ailleurs une des plus anciennes qui se soient posées en Algérie, parce qu'elle est peut-être la plus essentielle.

On se trouve surtout en présence de deux systèmes d'organisation : les uns proposent que les trois millions que doit verser la Banque d'Algérie servent à former le capital initial d'une banque centrale de crédit agricole ; les autres, au contraire, se basant sur l'esprit de la loi du 5 novembre 1894, concernant l'organisation des sociétés de crédit agricole, demanderaient que cette somme de 3.000.000 que doit verser la Banque d'Algérie, ainsi que les annuités de 200.000 à 300.000 francs qui lui sont imposées jusqu'en 1920, fussent mises à la disposition des syndicats et sociétés agricoles d'Algérie pour leur permettre d'organiser le crédit dans chaque centre.

Les partisans de ce second système sont de beaucoup les plus nombreux. L'organisation que nécessite une aussi puissante administration qu'une banque agricole centrale, les frais nombreux qu'elle occasionne, et surtout l'instrument politique qu'elle serait appelée fatalement à devenir sont autant d'objections qui leur font rejeter ce projet.

Dans la séance de la Société de géographie que nous rappelions plus haut, M. Lecq, inspecteur de l'agriculture, a résumé en quelques lignes l'historique de la question du crédit agricole.

« Après l'échec de l'essai de 1848, l'empire tenta, en 1860, une nouvelle expérience. Grâce à une dotation de 20 millions, portée plus tard à 40 millions, une Société ayant pour but de procurer des capitaux ou des crédits à l'agriculture ou aux industries s'y rattachant put être fondée.

« Soit que les agriculteurs aient été insuffisamment renseignés sur l'existence de la Société, soit que les difficultés pour obtenir des ouvertures de crédit fussent nombreuses par suite de l'éloignement du siège social ou de ses succursales des centres agricoles, les demandes de prêts agricoles n'affluèrent guère et la Société se lança dans les spéculations financières les plus hasardeuses pour aboutir à l'effondrement.

« Il y a quelques années, un projet déposé à la Chambre, tendant à la création d'une Banque d'Etat dotée de 500 millions, fut repoussé, grâce surtout à notre gouverneur général actuel, M. Jonnart, qui, aujourd'hui encore, se félicite de l'avoir fait échouer, ayant pu constater les bienfaits accomplis dans le Nord par le crédit agricole mutuel, au moyen des caisses rurales, dont il fut un des plus ardents propagandistes.

« La tentative faite pour la fondation du Syndicat national du Crédit agricole, pour lequel on comptait sur les 40 millions de la Banque de France, a piteusement échoué et l'on se rapppelle que l'affaire faillit avoir son dénouement devant les tribunaux.

« La Banque de l'Algérie, après avoir encouragé la grande culture, dans des conditions onéreuses pour les emprunteurs, a dû aussi abandonner ces opérations et céder à la Société domaniale le domaine qu'elle possédait.

« Or, depuis cinquante ans, on s'est attaché à l'étranger à poser le principe de la mutualité dans le Crédit agricole et les résultats ont été surprenants. »

Ces exemples ne sont pas faits pour encourager la création d'une nouvelle Banque agricole. Aussi la section coloniale et économique de la Société de géographie d'Alger et de l'Afrique du Nord, considérant que la mutualité est le système le plus favorable à l'organisation du Crédit agricole et engageant les colons à user des dispositions de la loi sur le crédit mutuel agricole, a-t-elle émis à l'unanimité le vœu que le Sénat ratifie le plus rapidement possible la loi votée par la Chambre des députés le 18 décembre 1900 et portant attribution des trois millions de la Banque d'Algérie.

Tunisie. — Actes officiels. — *Journal officiel tunisien.*

2 février. — Tableau de développement du budget général de 1901.

13 février. — *Décret* instituant une foire aux chevaux à Kairouan. — *Décret* approuvant la convention passée entre le directeur général des Travaux publics et la *Compagnie des phosphates du Dyr*, pour l'amodiation des gisements de phosphates de Kalaat et Senan.— *Décret* approuvant la convention passée entre M. le directeur général des Travaux publics et M. Margaine, pour le dessèchement du lac Sedjoumi.

23 février. — *Décret* expropriant pour cause d'utilité publique le terrain nécessaire à la construction du tramway de Tunis à la Manouba.

Administration. — *A propos de l'interpellation Berthelot.* — Un grand colon tunisien, M. Taine, fils du célèbre écrivain, adresse au *Journal* une intéressante lettre dont nous extrayons les passages suivants :

« Dès le début de son discours, M. Berthelot dit que, selon lui, le protectorat doit n'être que l'administration des indigènes par les indigènes, et pas autre chose. Mais, quant à l'administration de nos nationaux, il propose de la centraliser davantage encore en subordonnant désormais tout ce qui se fera d'important dans la Régence à un vote des Chambres. On ne se contente plus de nous centraliser à Tunis, maintenant on nous centralise à Paris.....

« Le vote d'il y a huit jours est donc gros de conséquences : après cette première emprise, la Chambre voudra discuter le budget tunisien, puis les décrets et les arrêtés ; elle tiendra de moins en moins compte de l'avis des fonctionnaires de Tunis et des colons, les principaux intéressés.

« C'est un coup sensible porté au système du protectorat.....

« Un bon choix de contrôleurs civils et des instructions sages et libérales, tel est le véritable remède à la situation actuelle. M. Berthelot, par le vote qu'il a demandé à la Chambre, a tout mis en suspens, et notamment le développement si impatiemment attendu de nos voies ferrées. Il n'en faut pas davantage pour briser l'essor de cette colonie, qui se développait si bien et qui ne demandait qu'à prendre un nouvel élan.

« Recevez, etc.

« Émile-H. Taine,

« Propriétaire à Bou-Arada (Tunisie). »

Colonisation. — *Le nouveau centre de colonisation de Maknassy.* — *La Dépêche Sfaxienne* signale comme étant en bonne voie de réussite les essais de colonisation tentés dans le Maknassy, région située dans le sud du caïdat des Hamana, entre Sfax et Gafsa.

Une trentaine de colons européens y vivent déjà. Dans un domaine appartenant à MM. le docteur Lowy et Posth, on viendrait de découvrir une abondante nappe artésienne qui permettrait l'établissement d'un puits et l'irrigation de toute la contrée. Cette nouvelle remplirait de joie les propriétaires voisins, car la pénurie d'eau est le principal obstacle auquel ils se sont heurtés jusqu'ici.

Déjà, dit-on, plus de trois mille éclats d'oliviers ont été mis en terre dans les seules propriétés cédées depuis le commencement de février et variant en superficie de 25 à 100 hectares.

L'année s'annonce très bonne, la pluie ayant mouillé la terre jusqu'à une profondeur de 80 centimètres.

Voilà donc la colonisation implantée dans des régions qualifiées complaisamment jusqu'ici de désertiques.

Maknassy est situé à peu près à moitié route entre Sfax et Gafsa, près d'une station de la ligne du chemin de fer qui unit ces deux villes. S'il est doté d'une eau abondante, ce nouveau centre de colonisation ne tardera pas à prendre de l'importance.

COMMERCE. — *Le développement du port de Bizerte.* — L'activité commerciale du port de Bizerte se développe avec une telle rapidité que plusieurs parties de son outillage n'arrivent plus à répondre aux besoins du public.

C'est ainsi, notamment, que les bâtiments et magasins destinés à abriter les marchandises débarquées ou attendant l'embarquement sont beaucoup trop exigus.

Les Compagnies maritimes qui ont affaire à Bizerte, les négociants, les affréteurs multiplient les pétitions et les plaintes à ce sujet; impatients d'avoir une solution. On dit cependant que la Compagnie du Port se préoccupe de cette question, mais qu'elle se trouve en présence de plusieurs projets entre lesquels elle hésite à faire un choix.

(*Dépêche tunisienne* du 27 février 1901.)

AFRIQUE OCCIDENTALE

Congo français. — ACTES OFFICIELS. — *Journal officiel du Congo.*

1er février. — *Arrêté* rattachant le service de santé de l'Oubangui à celui du Congo français. — *Arrêté* portant création d'un bureau de douanes à Bangui. — *Arrêté* supprimant à partir du 1er avril 1901, toutes indemnités et allocations perçues en dehors de leur solde coloniale par les fonctionnaires et agents du Congo français. — *Arrêtés* créant une agence spéciale à Sémio et au Fernan-Vaz.

COMMERCE. — *Statistiques commerciales de l'année 1899.* — Le mouvement général du commerce en 1899 au Congo français a été de 13.315.304 francs ainsi répartis :

IMPORTATIONS	de France	2.430.855	6.690.263
	des colonies franç.	19.091	
	de l'étranger......	4.234.317	
EXPORTATIONS	pour la France....	1.608.773	6.625.041
	pr les colonies franç.	515	
	pour l'étranger...	5.016.353	
TOTAUX GÉNÉRAUX....................			13.315.304

I. — *Principales importations :*

DÉSIGNATION DES MARCHANDISES	UNITÉS	FRANCE		COLONIES FRANÇAISES		ÉTRANGER		TOTAUX	
		Quantités	Valeurs	Quantités	Valeurs	Quantités	Valeurs	Quantités	Valeurs
Conserves de viande en boîtes.....	Kilog.	47.062	86.641	»	»	33.354	55.668	98.452	182.827
Riz entier........................	—	126.263	45.573	23.450	7.126	232.590	67.046	384.303	112.649
Tabacs en feuilles ou en côtes....	—	2.804	3.092	»	»	98.771	111.009	101.575	114.131
Tissus en pièces et pagnes ourlés.	Valeur	»	188.736	»	»	»	1.287.125	»	1.475.861
Vêtements confectionnés...........	—	»	105.168	»	»	»	338.775	»	443.943
Poudre de traite..................	Kilog.	144.722	144.722	»	»	61.698	61.698	206.420	206.420
Bâtiments de mer en bois ou en fer	Tonneau	87	228.160	»	»	73	196.800	160	424.960

II. — *Principales exportations :*

DÉSIGNATION DES MARCHANDISES	UNITÉS	FRANCE		COLONIES FRANÇAISES		ÉTRANGER		TOTAUX	
		Quantités	Valeurs	Quantités	Valeurs	Quantités	Valeurs	Quantités	Valeurs
Caoutchouc brut..................	Kilog.	173.108	818.408	»	»	496.270	2.096.747	670.872	3.015.105
Bois — Ébène.....................	—	802.793	280.978	»	»	629.740	220.409	1.432.533	501.387
Bois — Okoumé....................	—	1.035.500	155.325	»	»	2.810.586	384.685	3.846.736	577.010
Café en fèves et pellicules.......	—	22.315	24.547	»	»	26.966	29.662	49.281	54.209
Cacao en fèves et pellicules......	—	7.738	15.876	200	400	15.311	30.622	23.249	46.498

Côte d'Ivoire. — Actes officiels. — *Journal officiel de la Côte d'Ivoire.*

31 janvier. — *Arrêté* modifiant les articles 1er et 2 de l'arrêté du 27 juillet 1900 réorganisant le cercle de Kong. — *Arrêté* portant réorganisation du cercle de Boudoukou. — *Arrêté* portant réorganisation du cercle de l'Indénié. — *Arrêté* fixant les allocations supplémentaires spéciales auxquelles à droit le personnel en service dans les cercles du Baoulé, Kong et Boudoukou. — *Partie non officielle* : *Etat* des denrées du crû exportées pendant le mois de décembre 1900. — *Etat* comparatif des recettes des douanes.

Administration. — *Division nouvelle des cercles.* — Le gouverneur de la Côte d'Ivoire vient de procéder à une nouvelle division administrative de trois des cercles de la colonie :

Le cercle de Kong est divisé en trois circonscriptions qui portent les noms de :

Circonscription de Dabakala;
Circonscription de la Bandama;
Circonscription de Séguéla.

La circonscription de Dabakala est formée avec l'ancienne circonscription de Dabakala, la fraction nord de la circonscription de Bouaké non passée à la circonscription de la Bandama, à l'exception des pays Tons rattachés au cercle du Baoulé.

La circonscription de la Bandama est formée de la partie nord de l'ancien cercle de Bandama et des anciennes circonscriptions de Tombougou et d'Odienné.

La circonscription de Séguéla est formée du pays des Taguanas, du Kouradougou, du Koyaradougou et des anciennes circonscriptions de Séguéla et de Touba.

Le cercle de Bondoukou est divisé en trois circonscriptions qui porteront les noms de :

Circonscription de Bouna;
Circonscription de Bondoukou;
Circonscription de l'Assikasso.

Les limites du cercle sont : Au nord, la limite du 2e territoire militaire et de la Côte d'Ivoire, à l'est, la frontière anglaise jusques et y compris le village de Niabley; au sud, les limites du cercle de l'Indénié telles sont déterminées par l'arrêté du 28 janvier 1901; à l'ouest, le thalweg du Comoë.

Les limites intérieures de ces trois circonscriptions seront déterminées ultérieurement d'après les propositions de l'administrateur.

Le cercle de l'Indénié comprend les territoires dépendant des trois postes de Bettié, de Zaranou a d'Attakrou, avec résidence de l'administration Zaranou.

Les limites du cercle sont au nord: une ligne suivant sensiblement le 7e degré et tracée de telle sorte qu'elle comprenne dans le cercle actuel de l'Indénié tous les villages dépendant politiquement de l'ancien état indigène de l'Indénié, sauf ceux de Niabley et de Diénénikrou qui restent compris dans la circonscription de l'Assikasso, à l'est la frontière de la colonie anglaise de la Côte d'Or à partir de Niabley, au sud les limites actuelles des cercles d'Assinie, de Bassam et de Dabou.

Sur la rive droite du Comoë, l'influence de l'administrateur du cercle pourra s'étendre dans l'ouest jusqu'à la limite orientale du Baoulé et vers le nord-ouest jusqu'à la limite sud de l'Anno ou Mango qui continuera à dépendre du cercle de Kong.

Colonisation. — *Concessions.* — Le *Journal officiel de la Côte d'Ivoire* publie les demandes de concessions suivantes :

M. Henry Mollet, à Senlis (Oise), a demandé une concession de 9.800 hectares à l'embouchure de la Sassandra pour entreprises agricoles et commerciales. Ce terrain a pour limites : au Sud la côte de Yagrocoa jusqu'à la pointe Est de la Sassandra; à l'Ouest la Sassandra jusqu'à la rivière Niéga, la rivière Niéga jusqu'au point d'intersection d'une ligne figurée partant de Anain à Gadet; au Nord la ligne d'Anain à Gadet; à l'Est un petit affluent de droite de la rivière Dogbé, et la rivière Dogbé jusqu'à son embouchure.

M. Ladevie, à Gisors (Eure), a demandé la concession de 9.875 hectares environ dans le cercle de Béréby pour exploitation forestière.

Ce terrain est limité comme suit : à l'Ouest par une ligne perpendiculaire Sud-Nord d'une longueur de 20 kilomètres ayant son point de départ sur le rivage de la mer à 250 mètres environ de la lagune Goko; au Sud par la mer sur une longueur de 5 kilomètres en allant de l'Ouest à l'Est; à l'Est par une perpendiculaire Sud-Nord de 19 kilomètres 500; au Nord par une ligne droite de 5 kilomètres réunissant les extrémités des limites Ouest et Est.

Commerce. — *Etat des denrées du cru de la colonie exportées pendant l'exercice 1900 :*

DÉSIGNATION DES PRODUITS EXPORTÉS	VALEUR DES UNITÉS	TOTAL			
		Pour la France	Pour les colonies françaises	Pour l'Etranger	TOTAUX
	Kil.				
Pelleteries brutes	2 »	455	50	2.607	2.112
Défenses d'éléphant	13 »	291	»	632	923
Maïs en grains	0 10	»	»	1.202	1.202
Arachides	0 20	»	»	75	75
Amandes de palmistes	0 17	1.224.386	»	1.883.470	3.107.857
Café	1 »	22.726	4	1.992	24.722
Cacao (en fèves)	1 »	55	»	»	55
Piments et poivre de Guinée	1 »	»	82	12	94
Huile de palme	0 34	3.586.725	2.743	810.538	4.400.000
Résine exotique { Gomme copal blanc	1 »	771	»	1.738	2.509
Résine exotique { Id. id. rouge	2 »	»	»	»	»
Caoutchouc brut	4 »	17.844	»	1.033.939	1.051.783
Noix de kola	2 »	77	145	26	248
Bois d'ébénisterie : Acajou	0 05	1.682.321	»	11.737.991	13.420.312
Bois de teinture : Bois rouge	0 17	400	»	10.359	10.759
Piassava	0 30	213	»	4.704	4.917
Ignames	0 20	10	251	250	511
Animaux vivants : Moutons	nomb. 15 »	»	»	32	32
Poudre d'or	gram. 3 »	4.320	»	3.758	8.078

Guinée française. — Situation économique. — *Rapport commercial relatif aux 2e et 3e trimestres 1900* (Conakry, 8 décembre 1900).— Après une augmentation extraordinaire du chiffre d'affaires qui ne cessait de croître depuis 1896 avec une rapidité presque sans exemple, dit ce rapport, la colonie vient d'entrer dans une crise commerciale qui a suspendu une partie importante des transactions. L'administration, à qui cela est possible, a entrepris d'apporter un remède à la situation par des mesures énergiques, que les négociants seconderont de toutes leurs forces s'ils se rendent compte du danger que la prolongation de la situation actuelle leur ferait courir.

On sait que le produit principal de la Guinée est le caoutchouc qui, aux taux des statistiques, représente 60 0/0 des exportations totales, mais tenait une place encore bien plus importante en réalité les années dernières où il avait atteint des prix très élevés.

Dans les premières années où l'on se livra à la récolte de cette gomme résinée, les lianes abondaient partout; les noirs, les ayant près de leurs villages, les coupaient stupidement au lieu de simplement les saigner, mais fraudaient peu les boules par introduction de matières étrangères.

Lorsque, en 1898 et 1899, les cours montèrent en Europe jusqu'à 9 fr. 40 et eurent sur place une répercussion immédiate, les noirs coupèrent avec rage les lianes à caoutchouc qui leur donnaient de si beaux bénéfices et dévastèrent la zone voisine des villages. Le travail de récolte devint plus pénible à mesure de l'extension de l'exploitation, exigea de longues marches, et, peu à peu, le désir du gain engendra l'habitude de la falsification. Les producteurs mirent des cailloux dans les boules pour en augmenter le poids, puis des chiffons, de la terre et des fruits. La fraude était entrée dans les mœurs; on fit des boules avec le suc des ficus qui donne un produit très inférieur contenant 40 0/0 de résine, ou avec d'autres latex de provenances diverses, et on recouvrit ces boules d'une mince enveloppe de caoutchouc rouge de première qualité.

Dès la fin de l'année 1899, les industriels d'Europe s'aperçurent que le caoutchouc de Guinée devenait de moins en moins bon et les cours fléchirent légèrement d'abord, puis tombèrent d'autant plus vite que les expéditions de Conakry sur l'Europe se faisaient plus nombreuses et que la qualité continuait à décroître.

Le gouverneur s'inquiéta de la situation et, dès le mois de juin 1900, un arrêté du gouverneur intérimaire défendait la circulation et la vente du caoutchouc non coupé. Cette mesure a eu des résultats excellents. Les produits récoltés en octobre, par exemple, et qui commencent à se vendre au moment où j'écris, sont de beaucoup supérieurs à ceux d'il y a six mois, car les noirs, sachant que la fraude sera connue, n'ont plus intérêt à introduire des matières étrangères dans les boules.

D'ailleurs, par suite de la production énorme, une baisse générale a porté sur tous les caoutchoucs, mais, tandis que les nôtres tombaient (bonne qualité) de 9 fr. 40 en 1899 à 6 fr. 70, dernier cours connu au 10 décembre 1900, celui des autres pays ne perdait que 1 franc environ.

Les raisons qui ont amené le fléchissement des cours de caoutchoucs supérieurs sont toutes passagères; la crue de l'Amazone, retardée de plus de deux mois, ce qui a permis de prolonger la récolte de Para bien plus que d'ordinaire, est un phénomène qui peut varier une fois, mais non changer radicalement les cours, et l'exploitation excessive chez les Belges au Congo, particulièrement vers le lac Léopold II et le Cassaï, qui donne en ce moment des chargements entiers de navires et cela deux fois par mois, épuisera les lianes comme cela est arrivé chez nous, et cela à brève échéance.

Les demandes de l'industrie continuent, elles sont même en progression; inévitablement les cours remonteront ou, en admettant que les plantations faites un peu dans tous les pays tropicaux réussissent, ils se maintiendront fermes à des prix rémunérateurs.

Pour mettre fin au discrédit dont Conakry est actuellement victime, il suffit d'améliorer la qualité du caoutchouc exporté et, au bout de peu de temps, les prix redeviendront équivalents à ceux des caoutchoucs du Congo, prix très suffisants, et la crise sera terminée.

La diminution des exportations, commencée depuis le mois de juillet, est excessivement sensible ce trimestre. Le caoutchouc figure avec une moins value de 200.000 francs sur la période correspondante de l'année dernière. Le quatrième trimestre présentera une différence plus considérable encore et malgré cela, les six premiers mois de l'année ont fourni de tels excédents que nous clôturerons l'exercice avec un déficit peu considérable sur l'année précédente.

Il nous faudra six mois encore, c'est-à-dire atteindre la fin de l'hivernage prochain pour voir disparaître la mauvaise impression des cours d'Europe et par suite nos exportations remonter.

Il est, au reste, à remarquer que la crise constatée à l'exportation sera bien moindre pour l'importation, car il existe dans le pays un fort stock d'espèces accumulées depuis deux ans lorsqu'on payait le caoutchouc à 7 francs le kilo. Ces espèces seront employées à acheter les marchandises de traite et à payer l'impôt jusqu'à épuisement de ressources. Les noirs vendent aussi des bœufs à des prix assez élevés, et, depuis quelques jours, j'ai pu constater des arrivées d'or indigène dépassant toutes celles qui avaient eu lieu depuis cinq ans.

Il est à présumer que les noirs vont faire flèche de tout bois, dépenser leurs économies et vendre leur or avant d'accepter les nouveaux prix du caoutchouc, mais, étant données les habitudes qu'ils ont prises, ils ne cesseront point d'acheter les marchandises auxquelles ils sont maintenant accoutumés.

La diminution du prix du charbon va, du reste, j'espère, à bref délai, faciliter les affaires des négociants importateurs, en entraînant un arrêt de la hausse, puis une baisse des marchandises en Europe.

Les Compagnies de navigation enfin, qui, même les anglaises, s'apprêtaient à majorer leurs frêts de 30 0/0, n'auront plus de motifs de le faire.

Au point de vue de la colonie, les recettes dépasseront cette année de beaucoup les prévisions budgétaires et même les recettes de 1899; et, en 1901, après les premiers six mois qui pourront être déficitaires, nous sommes en droit d'espérer la reprise de la progression commerciale et budgétaire des années dernières.

Ces premières prévisions ont été confirmées depuis. L'excédent de recettes pour 1900 a été en effet de 1.852.658 francs pour le budget ordinaire et de 1.543.546 francs pour le budget extraordinaire (1).

AFRIQUE ORIENTALE

Madagascar. — Actes officiels. — *Journal officiel de Madagascar et dépendances.*

16 janvier — *Arrêté* soumettant aux dispositions du décret du 20 juillet 1897 l'exploitation des gîtes de cristal de roche proprement dit.

19 janvier. — *Arrêté* réorganisant les marchés de la ville de Tananarive. — *Arrêté* du 8 janvier déterminant les conditions d'application du droit de consommation sur les bières fabriquées dans la colonie de Madagascar. — *Arrêté* modifiant les attributions respectives des bureaux du gouvernement général. — *Circulaire* au sujet du projet de budget de 1902. — *Circulaire* au sujet du budget de 1902. — *Circulaire* au sujet de l'application des arrêtés des 16 janvier et 31 décembre 1900, sur la réglementation de la main-d'œuvre, la suppression des prestations et les offices du travail.

23 janvier. — *Arrêté* portant organisation du personnel inférieur du service des travaux publics. — *Arrêté* au sujet des agents, sous-agents et gardes sanitaires des côtes de Madagascar et dépendances. — *Arrêté* du 12 janvier établissant un droit de péage sur les rivières de la province de Tananarive.

26 janvier. — *Arrêté* créant un impôt foncier sur les maisons dans la province de Maroantstra.— *Arrêté* prescrivant le marquage du bétail dans la province de Tarafangana. — *Arrêté* rangeant dans la catégorie des « produits non dénommés », les bois vermoulus ne pouvant servir que comme bois à brûler et les frappant, dès leur sortie de Madagascar, d'un droit de 10 0/0 *ad valorem*..

Agriculture. — *Etude sur la valeur agricole des terres de Madagascar.* — MM. A. Müntz et Eug. Rousseaux ont étudié la valeur agricole des terres de Madagascar. Le général Galliéni, qui fait de si grands efforts pour mettre en valeur les ressources de la grande île, leur a demandé ce travail d'ensemble, qui doit servir à guider les colons pour le choix des régions que ceux-ci pourraient exploiter fructueusement.

De nombreux échantillons de terres ont été prélevés dans les diverses parties de l'île et leur analyse a permis de se rendre compte des ressources que celles-ci offrent à l'exploitation agricole.

MM. Müntz et Rousseaux ont trouvé que l'ensemble de l'île n'est pas très riche en principes fertilisants, que l'humus, l'acide phosphorique, la potasse et la chaux sont généralement en minimes proportions.

Ils pensent que l'ensemble de l'île n'est pas susceptible de nourrir une population d'une grande densité, mais beaucoup de points ont des terres d'assez bonne qualité pour que la colonisation agricole puisse y prospérer.

Dans le massif central, les terrains mamelonnés sont les plus pauvres. Les éléments fertilisants se sont concentrés dans les bas-fonds et les vallées, qui peuvent être exploités avec d'autant plus d'avantages qu'ils sont généralement bien arrosés. Quelques-unes de ces vallées sont constituées par des dépôts lacrustres d'une grande richesse.

La zone latérale, surtout au nord et au sud de l'île, où existent des terrains volcaniques, offre d'assez grandes ressources et, en raison de son climat chaud et humide, se prête avantageusement à la production de récoltes tropicales, qui sont souvent d'un si grand rapport.

(1) Voir *Quinzaine Coloniale* du 25 février 1901, p. 109.

Si Madagascar présente de grandes surfaces impropres à la culture, il existe donc aussi des parties bien pourvues des éléments de fertilité indispensables à la prospérité agricole du pays.

Colonisation à Sainte-Marie. — Les ressources que Sainte-Marie offre à la colonisation agricole et les entreprises qui y ont été fondées sont assez considérables, pour qu'il soit intéressant de connaitre le résultat des efforts déployés par nos compatriotes. Nous publions ci-après les renseignements autorisés que nous venons de recevoir :

Ankaramena, propriété de M. J. Sabatier. Elle mesure environ 300 hectares de superficie et compte 7.000 pieds de girofle, 1.000 caféiers et 1.000 vanilliers.

Son rendement annuel approximatif est de :

Pour le girofle............	5.000 kil.
— le café..............	100 —
— la vanille...........	50 —

Antsaha, concession de M. Kempf; représentants : MM. Ulliet et Duval. Cette propriété, quoique de création récente, a déjà 33 hectares de terrain planté en vanille, et compte plus de 20.000 pieds.

Vohidravy, exploitation de M. Bertoux. Cette petite concession, qui a une superficie de 5 à 6 hectares, est, comme les précédentes, cultivée en vanille. La récolte paraît devoir rapporter annuellement de 5 à 6.000 francs.

Sainte-Thérèse, plantation de M. Deroux. Une des plus anciennes; d'une superficie d'environ 200 hectares, elle compte 20.000 caféiers, 500 girofliers, et peut donner un rendement annuel de 4.000 kilog. de café et de 500 kilog. de girofle. Cette exploitation est mise en vente depuis quelques années.

Antsirakaraihy, concession appartenant à M. Nicolas, et située à l'extrémité nord-ouest de l'île. D'une superficie de 100 hectares, elle compte de nombreux et beaux cocotiers, qui constituent sa principale richesse, ainsi qu'une vanillerie. M. Nicolas se propose également de distiller le girofle, et il a commandé en France les appareils qui lui sont nécessaires pour cette opération.

A mentionner enfin l'exploitation d'*Antsarahaka*, à MM. Malaurent, et celle de Sahamamba, propriété de M. Vergoz; toutes deux cultivées en vanille et d'un avenir assuré.

Sauterelles. — Des vols nombreux de sauterelles ont été signalés dans toute la région de Manolakazo et du Mandridano. Les criquets viennent presque tous de l'Ouest et se dirigent invariablement vers l'Est et le Nord.

Commerce. — *Mouvement commercial de Tamatave.* — Les derniers courriers nous apportent quelques chiffres provisoires et partiels sur le mouvement commercial de 1900 :

Pendant l'année écoulée, la valeur des marchandises importées à Tamatave a été de.......................Fr.	12.499.150 64
contre, en 1899..........................	10.503.473 »
soit une augmentation de.............	1.965.677 64
Les exportations ont plus que doublé et ont atteint...........................	5.069.955 15
contre, en 1899.........................	2.387.217 »
soit une augmentation de.............	2.682.738 15

En 1898, les importations s'étaient élevées à 11.634.857 francs et les exportations à 764.625 francs seulement.

Le poids des importations en 1900 a été de 19.452.558 kil. 360 et celui des exportations de 1.845.879 kil. 634.

Port de Mananjary. Avenir économique de la province. — Nous avons reçu sur ce port et cette province les renseignements suivants :

Au point de vue commercial, Mananjary est le second port de la côte Est. C'est dans cette ville que transitent toutes les marchandises destinées aux provinces d'Ambositra et de Fianarantsoa.

En 1899, le chiffre des importations a été de............................ Fr.	2.242.463
Celui des exportations de...............	344.973
Pendant l'année 1900, le total des importations s'est élevé à la somme de...... Fr.	2.543.358
Celui des exportations a atteint.........	471.470

Il y a donc, par rapport à l'année précédente, une augmentation de 300.895 fr. sur le chiffre des importations. Quant aux exportations, elles accusent une plus-value de 126.497 fr. Or, cette somme serait en réalité plus considérable sans l'extension qu'ont prise les mines d'or, après la découverte des riches gisements de l'Ampasary, du Haut-Fanantara et du Sakaleony. Plusieurs milliers d'indigènes, délaissant la récolte du caoutchouc, du raphia et de la cire, se sont précipités sur les exploitations aurifères de l'Ampasary, d'où l'on a extrait près de 900 kilogrammes d'or, représentant une valeur minima de 2.250.000 fr.

Si l'on considère, d'autre part, que les périmètres miniers du Sakaleony et du Haut-Fanantara n'ont pas encore été ouverts à l'exploitation publique, si l'on tient compte de leur richesse, qui dépasse tout ce que l'on a vu jusqu'à ce jour à Madagascar, il est permis de fonder les meilleures espérances sur l'avenir économique de la province de Mananjary qui, en réalité, à l'heure actuelle, est *la circonscription d'où l'on exporte le plus.*

Les principales maisons de commerce installées dans la province sont les suivantes :

Maisons françaises

La Compagnie Lyonnaise de Madagascar, représentée par M. Lauratet ;

La maison Delacre, par M. Cambrésy ;

La Société Française de Commerce et de Navigation, M. Chennevières ;

Les Grands Bazars du Betsiléo, M. Dauphin ;

Les Établissements Gratry, M. Dufour ;

La Maison Bonnet, M. Barens.

Maisons anglaises

La Maison Procter brothers, M. Rogerson ;

Trouchet et Cie, M. H. Dupavillon.

Maison allemande

Soost et Brandon, M. Oehmichen.

Indépendamment de ces sociétés, qui disposent de capitaux importants, il convient de citer plusieurs commerçants, hommes d'action et d'initiative, qui se sont établis à Mananjary et font une sérieuse concurrence aux maisons de premier ordre. Parmi nos compatriotes, MM. Pachoud, Fichter et Vénot viennent en première ligne. Du côté des commerçants étrangers, MM. Berchtold (Suisse), Mairs et d'Emmerez de Charmois (Mauriciens), occupent une place honorable.

Toutes ces maisons détachent des traitants dans les principales localités de la province, à Mahela, Sakaleony, Ambodiriansakarafara, Sahavato, Tsiatosika, Tsafarafatra, Loholoka, Namorona et Vohimasina.

Agriculture. — Située à la limite des tropiques, la province de Mananjary jouit d'un climat des plus favorables aux cultures coloniales. Rarement les plantations ont à souffrir de la sécheresse ou d'une trop grande humidité.

La culture du café Libéria et celle de la vanille ont déjà donné les meilleurs résultats. On trouve également, sur l'ensemble des diverses concessions, près de 150.000 pieds de caoutchouc Céara (*Manihot Glaziowii*) dont les plus âgés ont cinq ans et qui croissent avec une remarquable vigueur. Le cacaoyer, le giroflier, le poivrier, le cocotier, le théier, qui viendraient également fort bien, n'ont été plantés qu'en qualités insignifiantes et plutôt à titre d'essais.

Le riz, base de la nourriture des indigènes est cultivé sur une vaste échelle. La canne à sucre et le tabac poussent aussi dans d'excellentes conditions, mais les Malgaches se livrent seuls à cette culture, qui n'a pris aucune extension et reste limitée aux besoins de la population. Il semble cependant que des plantations de tabac où de canne à sucre seraient vraiment rémunératrices. Le tabac de Madagascar est de bonne qualité et il serait intéressant d'essayer les espèces de la Havane.

Enfin, l'établissement d'une rhumerie permettrait aux colons de se livrer à la culture de la canne, concurremment avec celles du cacaoyer, du caféier et du caoutchouc Céara, et d'attendre ainsi moins longtemps le résultat de leurs efforts.

Le giroflier, qui a si bien réussi à Sainte-Marie, devrait être introduit à Mananjary. Il serait de même à désirer que l'on fît des essais répétés sur le théier et le poivrier qui paraissent, en raison du climat et des terrains qu'offre la province, susceptibles de douner un bon rendement.

Le raphia pousse abondamment dans tous les basfonds. Son industrie est exclusivement aux mains des Indigènes qui, s'ils faisaient violence à leurs habitudes de paresse, pourraient en fournir à nos commerçants des quantités beaucoup plus considérables.

Le caoutchouc, très coté sur les marchés, est extrait d'un arbre qui croît dans les parties basses et humides et qui est désigné par les indigènes sous le nom de *hazondrano.*

Une liane caoutchoutifère, donnant aussi un produit d'excellente qualité, la *voahéna*, est très répandue sur la bande forestière du bord de la mer. Cette liane est susceptible d'être propagée ; c'est une opération assez facile qu'ont déjà tentée plusieurs colons.

Le copalier est très abondant sur la côte, mais les indigènes ont presque renoncé à l'exploitation de cette gomme. Il y a là cependant une source inutilisée de revenus dont il conviendrait de tirer parti.

Le crin végétal provient d'un palmier connu sous le nom de *vonitra*, mais qui est assez rare dans la province.

Citons enfin un arbre que les Tanales appellent *kimba* et qui donne une matère gluante, désignée par quelques colons sous le nom de cire végétale. L'industrie ou la thérapeutique trouveraient peut-être l'emploi de cette substance.

Parmi les cultures vivrières, il convient de signaler le manioc et la patate. Ces deux tubercules, sans entrer autant que le riz dans la nourriture des indigènes, constituent pourtant une précieuse ressource pendant les périodes de disette due à l'invasion des sauterelles. Le manioc, qui sert à la fabrication du tapioca, est un aliment des plus nourrissants.

Grâce à l'abondance et à la variété de ses productions naturelles, grâce aussi à la fertilité de ses vallées, la province de Mananjary est devenue l'un des centres de colonisation les plus importants de la Grande-Ile. La main-d'œuvre, si elle n'est pas facile à recruter, est cependant suffisante et certains planteurs, non des moins importants, n'ont jamais eu recours à l'Administration.

Les concessions les plus remarquables sont celles de la Compagnie Lyonnaise de Madagascar, à Ampangarinamaro ; de la Compagnie Nantaise des Cultures Coloniales, au lieu dit Amicitia ; de M. Chaponnière, à Bakora ; de MM. Grimault et Narras, à Ampasimbola ; de M. Laborde, à Antanamboa ; de M. Clément, à Ambatofaritany ; de M. de Villemandy, à la Mesnière I et à la Mesnière II ; de M. Bail, près de Tsiatosika ; de M. Petit, à Antsaka ; de M. Bigouret, à Safoindrano ; de M. Lauratet, à Tsaravola et Antsirakakely, de Mme veuve Reynaud à Bédara; de Mme Georgine Nicol, à Mazava, etc. Sur toutes ces propriétés, les seules cultures qui aient été sérieusement entreprises sont celles du café Libéria, de la vanille et du Manihot Glaziowii.

Un jardin d'essai, créé sur les bords du Mananjary et à la tête duquel est placé un agent de culture sera bientôt en état de fournir aux colons des graines et des plants.

Finances. — *Impôt foncier.* — En vertu d'un arrêté du Gouverneur général, en date du 10 janvier 1901, un impôt foncier est établi sur les maisons dans la province de Maroantsera. Cet impôt se substituera à l'impôt sur les rizières antérieurement perçu et qui avait été supprimé provisoirement en mai 1898 en raison de son injuste répartition.

Il sera de trois francs par an pour les maisons de la première catégorie, c'est-à-dire mesurant plus de 5 mètres de façade, et de 1 fr.50 pour celles de la deuxième catégorie.

Forêts. — *Règlementation forestière.* — Le Gouverneur général de Madagascar vient de prendre un arrêté aux termes duquel, dans toute l'étendue de l'Imerina et du Betsileo, il est défendu à tout propriétaire fermier ou colon, Européen ou indigène, d'abattre ou d'arracher, quelle que soit son essence, un arbre forestier ou fruitier, en plein bois ou en haie, sans un avis, au préalable, fait de déclaration à l'administrateur, chef de province, et avoir obtenu une autorisation spéciale.

Moyens de Communication. — *Route de Tamatave à Tananarive. — Voyage en automobile.* — L'information suivante complète celle que nous avons déjà publiée :

Pour la première fois un automobile a effectué un véritable voyage sur une route de Madagascar. Nous avons la relation détaillée de cette expérience dont le résultat ne peut manquer de contribuer à développer les entreprises similaires ultérieures, et par conséquent à la fois d'améliorer les transports rapides dans la grande Ile et de favoriser une industrie essentiellement française.

Le parcours de Tananarive à Mahatsara et retour a duré exactement soixante-neuf heures trente minutes. Si l'on déduit les heures des deux nuits passées à l'aller et au retour à Beforona et des trois déjeuners pris en route, à Moramanga et à Mahatsara, la durée du trajet ressort à trente-neuf heures ce qui donne du 12 kilom. 800 à l'heure. Si l'on déduit le temps qui a été nécessité par les réparations effectuées en cours de route et par le renouvellement du pétrole, on trouve une vitesse de 17 kilom. 200 à l'heure.

De cette expérience, somme toute très satisfaisante, on peut conclure que la nouvelle route peut être facilement courue. Les déclivités excessives dans les parties construites au début, et notamment dans le voisinage de Tananarive et de Mahatsara ne sont pas un obstacle sérieux à la circulation; il sera d'ailleurs facile de les adoucir.

Un autre enseignement devra être retiré de ce voyage : la largeur de la partie empierrée de la chaussée, qui n'est que de trois mètres, est un peu insuffisante pour le croisement des voitures qui ont inévitablement, dans ce cas, une roue chacune sur l'accotement. Or, cet accotement peut être détrempé par les pluies et, sur les remblais, devenir un danger. Il y aura donc lieu d'élargir ultérieurement la plate-forme en étendant l'empierrement. Les expériences vont d'ailleurs se poursuivre.

Etat des travaux du chemin de fer. — Nous avons analysé naguère les instructions que le général Galliéni a rédigées à propos de la construction du chemin de fer de Tananarive à la mer. Il résultait de ce document que divers travaux préparatoires incombant à la colonie devaient être terminés avant le 1er avril prochain, date à laquelle les adjudicataires de deux premiers lots, d'une longueur totale de 56 kilomètres, prendront possession des chantiers.

Ces travaux préparatoires peuvent se classer en trois grandes catégories, dont l'état d'avancement à la date du 1er janvier 1901 est indiquée ci-après :

1° *Levé à grande échelle, projet d'exécution et de piquetage de détail.* — Le levé à grande échelle est terminé sur les deux tiers, et le projet d'exécution rédigé sur la moitié de chaque lot. Le piquetage est terminé sur les trois premiers kilomètres de chaque lot, et peut être, en quelques jours, étendu à toute la longueur dont chaque entrepreneur aura le droit de prendre possession, et qui dépendra du nombre d'ouvriers qu'il aura amenés sur les chantiers ;

2° *Construction d'une voie Decauville.* — Tout le matériel nécessaire, rails et wagons, est arrivé dans la colonie et se trouve actuellement réparti entre Tamatave, Andavakinimenarana et Anivorano.

La plate-forme est construite sur 38 kilomètres.

3° *Installation du personnel et des travailleurs.* — Les camps des travailleurs sont choisis et débroussaillés. On réunit les matériaux pour la construction des cases.

Les bâtiments actuellement construits représentent une superficie d'environ 1.500 mètres carrés.

Transports sur la route de l'Est. — On nous écrit de Tananarive, à la date du 2 février dernier :

« Un premier essai de transport de marchandises au moyen de charrettes attelées de bœufs, sur la nouvelle route de Mahatsara à Tananarive, a parfaitement réussi. Le trajet s'est effectué en treize jours, alors qu'au moyen de porteurs (bourjanes), il fallait compter vingt et un jours. Cet essai est dû à l'initiative de M. Giquel, de notre place.

« On annonce l'arrivée d'automobiles destinées au transport des voyageurs et des marchandises. Nous ne manquerons pas de vous tenir au courant de cette question intéressante au premier chef.

« Le premier voyage en automobile sur la totalité de la route, Tananarive-Mahatsara a été effectué par MM. les lieutenants-colonels Roques et Prudhomme, auxquels avait bien voulu se joindre M. Porter, consul d'Angleterre.

Partie de Tananarive, le 8 janvier, à 3 heures du matin, la voiture est arrivée à Mahatsara le 9, à 3 h. 30 du matin, et est rentrée à Tananarive dans la nuit du 10 au 11, ayant ainsi parcouru 500 kilomètres en 68 heures, dont 30 de marche effective, ce qui correspond à une vitesse de 16 kil. 660 à l'heure. Il faut noter que cette vitesse aurait notablement été dépassée si pendant à peu près tout le cours du voyage le fonctionnemennt des brûleurs n'avait été défectuenx.

Un autre essai intéressant a été fait pour le transport à Tananarive, par automobile, des lettres que portait la malle arrivée à Tamatave le 15 janvier.

Voici le détail de l'opération :

Arrivée du paquebot à Tamatave, le 15 janvier, à 5 h. 15 du soir.

Transport du courrier par le vapeur Nansen et arrivée à Mahatsara, le 16, à 8 h. 1/2 du soir.

Départ par automobile, le 17, à 4 heures du matin,

Arrivée à Tananarive, le 18, à midi 30.

Il s'est, par suite, écoulé 67 heures entre le mouillage du paquebot à Tamatave, et l'arrivée du courrier à Tananarive, au lieu de cinq à six jours nécessaires en temps habituel.

Il est à noter que la voiture, par suite des pluies, n'a marché que le jour. Le trajet, pendant la saison sèche, c'est-à-dire avec des marches de nuit, pourra s'effectuer dans un délai maximum de 30 heures.

Réunion. — Commerce. — *Exportation des vanilles.* — Le Conseil général de la Réunion a adopté dans sa dernière session un vœu en faveur d'un projet, combattu par M. le Cocq du Tertre, tendant à ce que la valeur des vanilles déclarées pour l'exportation soit déterminée pour la perception des droits de sortie d'après une valeur moyenne unique, quelle que soit leur qualité.

Les vanilles seront divisées en six catégories spécifiées comme suit : 1re, 2e, 3e qualités ; vanillons de 1re et de 2e ; vanilles et vanillons de rebut. La valeur marchande de chacune de ces catégories sera fixée mensuellement par la commission des mercuriales d'après les prix de la place de Saint-Denis durant le mois précédent.

Cette valeur ainsi déterminée pour chaque catérie, il sera formé une valeur moyenne, unique pour les six catégories, à l'aide de coefficients calculés d'après les quantités réelles de vanille de chaque catégorie exportées pendant les trois dernières années. Ces coefficients seront déterminés chaque année au mois de janvier par la commission des mercuriales et approuvés par un arrêté du gouverneur en conseil privé.

Le produit de cette valeur moyenne par le poids net des vanilles de toutes catégories déclarées pour l'exportation, servira de base pour la perception des droits de sortie, établis en représentation de l'impôt foncier par le décret colonial du 1er décembre 1843 modifié par les arrêtés locaux des 29 décembre 1848 et 16 décembre 1861.

AMÉRIQUE

Guyane française. — Actes officiels. — *Journal officiel de la Guyane, 31 décembre.*

Arrêté rendant exécutoire le budget du service local pour l'exercice 1901. — *Arrêté* rendant exécutoire le tarif des taxes et contributions locales pour l'année 1901. — *Tarifs* des taxes.

Finances. — *Budget de l'année 1901.* — Un arrêté du Gouverneur, en date du 31 décembre, a rendu exécutoire le budget du service local de la Guyane pour l'année 1901. Ce budget a été arrêté en recettes comme en dépenses à la somme de 2.692.818 fr. 62 qui se décompose comme suit :

RECETTES

RECETTES ORDINAIRES	
Chap. I. — Contributions sur rôles.....	179.335 »
— II. — Contributions indirectes....	1.784.890 »
— III. — Produits divers et revenus.	682.093 62
Total des recettes ordinaires..	2.646.318 62
RECETTES EXRAORDINAIRES	
Prélèvement à la caisse de réserve.	46.500 »
Total général des recettes..	2.692.818 62

DÉPENSES

DÉPENSES ORDINAIRES

Chap. I. — Dettes exigibles	115.000	»
— II. — Gouvernement et Secrétariat général	162.221	15
— III. — Justice et cultes	235.324	10
— IV. — Prisons	23.270	25
— V. — Instruction publique	257.381	70
— VI. — Police générale	67.055	»
— VII. — Police sanitaire	23.877	50
— VIII. — Douanes	134.719	55
— IX. — Gendarmerie	218.570	80
— X. — Trésor	57.322	35
— XI. — Dépenses imprévues	35.800	»
— XII. — Accessoires de la solde	63.500	»
— XIII. — Représentation locale	29.140	»
— XIV. — Enregistrement	28.464	45
— XV. — Postes et Téléphones	86.117	50
— XVI. — Imprimerie	70.835	»
— XVII. — Assistance publique	224.223	58
— XVIII. — Contributions	6.301	»
— XIX. — Ports et rades	84.803	30
— XX. — Personnel des travaux	86.786	85
— XXI. — Travaux	345.931	64
— XXII. — Dépenses diverses	167.809	26
— XXIII. — Dépenses d'ordre	61.613	64
— XXIV. — Indemnité de vivres	60.250	»
Total des dépenses ordinaires	2.646.318	62
DÉPENSES EXTRAORDINAIRES		
Addition du plan de campagne	46.500	»
Total général des dépenses	2.692.818	62

La Martinique. — Actes officiels. — *Moniteur de la Martinique.*

8 février. — *Arrêté* promulguant les décrets des 22 et 28 décembre 1900, appliquant provisoirement jusqu'au 30 juin 1901 les taxes du tarif minimum aux denrées coloniales originaires de certains pays et de Haïti. — *Arrêté* promulguant le décret du 9 novembre 1897 portant règlement d'administration publique pour l'application de la loi du 16 avril 1897, concernant la répression de la fraude dans le commerce du beurre et la fabrication de la margarine.

Saint-Pierre et Miquelon.— Administration. — *Caisse d'épargne.* — Un décret du 13 février rend applicable à la colonie certaines dispositions des lois du 9 avril 1881 et 20 juillet 1895, sur le régime des caisses d'épargne, autorisant l'achat de rente avec l'argent déposé aux caisses d'épargne lorsque le compte des déposants dépassera 1.500 fr.

ASIE

Indo-Chine. — Actes officiels. — *Journal officiel de l'Indo-Chine française (1re partie).*

24 janvier. — *Arrêté* portant promulgation d'un décret du 10 novembre 1900 rendant applicables en Indo-Chine divers textes de loi en vigueur dans la Métropole. Décret. Lois. — *Arrêté* fixant la force des alcools indigènes admis à la circulation et à la vente dans l'intérieur de l'Indo-Chine. — *Arrêté* du 29 décembre fixant les indemnités pour frais de déplacement à allouer aux colons appelés à faire partie des commissions administratives en matière de concession.

Enseignement. — *Organisation de l'école française d'Extrême-Orient.* — On sait qu'un arrêté du gouverneur général de l'Indo-Chine, en date du 15 décembre 1898, a créé dans nos possessions d'Extrême-Orient une mission archéologique permanente qui, sous l'autorité du gouverneur général de l'Indo-Chine et sous le contrôle de l'académie des inscriptions et belles-lettres, a le double but de travailler à l'exploration archéologique et philologique de la presqu'île indo-chinoise et de contribuer à l'étude érudite des régions et des civilisations voisines : Indes, Chine et Malaisie.

Cette mission archéologique, à laquelle un nouvel arrêté du gouverneur général de l'Indo-Chine du 20 janvier 1900 a donné la dénomination d'école française d'Extrême-Orient, a dès aujourd'hui fait ses preuves. Ses deux années d'existence permettent de déterminer les conditions de son fonctionnement permament, de rendre définitif, en le modifiant dans certaines de ses dispositions reconnues défectueuses ou trop étroitement limitatives, le règlement adopté en décembre 1898.

C'est dans ces conditions que, d'accord avec M. le ministre de l'Instruction publique et des beaux-arts. M. Decrais a présenté un projet de décret qui vient (26 février) de recevoir la sanction du chef de l'Etat, et que nous analysons ci après :

L'École française d'Extrême-Orient est placée sous l'autorité de gouverneur général de l'Indo-Chine et sous le contrôle scientifique de l'académie des inscriptions et belles-lettres de l'Institut de France. Elle a pour objet :

1° De travailler à l'exploration archéologique et philologique de la presqu'île indo-chinoise, de favoriser par tous les moyens la connaissance de son histoire, de ses monuments, de ses idiomes; 2° de contribuer à l'étude érudite des régions et des civilisations voisines : Inde, Chine, Japon, Malaisie, etc.

L'école a pour chef un directeur, nommé par décret, sur la proposition du gouverneur général de l'Indo-Chine et la présentation de l'académie des inscriptions. Il doit, dans la mesure des ressources qui sont mises à sa disposition, s'entourer des répétiteurs européens ou orientaux dont le concours est reconnu utile; Entretenir et développer la bibliothèque et le musée de l'école; fonder et diriger une publication où trouvent place, avec les travaux émanant directement de l'école, ceux qu'il peut recueillir ou provoquer au dehors, en guidant au besoin les auteurs de ses conseils et de son expérience.

Il est attaché à l'école sur la désignation de l'académie des inscriptions, des pensionnaires en nombre variable suivant les circonstances et l'opportunité.

Peuvent être désignés : soit des jeunes gens se destinant à l'étude de l'Inde ou des pays d'Extrême-Orient qui paraissent offrir des garanties sérieuses de préparation scientifique, soit des savants dont les recherches rendent désirables un séjour en Orient. Ces pensionnrires ou savants en mission doivent, tout en poursuivant leurs travaux personnels, coopérer à l'objet spécial de l'école. Ils sont défrayés par l'école et y demeurent attachés pendant un an au moins. Ce terme peut être prorogé d'année en année, sur la proposition du directeur et l'avis de l'académie. Un fonds spécial est inscrit aux crédits annuels affectés à l'école pour leur être distribué en indemnités de séjour et de voyage au moyen desquelles ils remplissent des missions d'étude, d'une durée proportionnée aux ressources disponibles, dans les pays d'Orient, Inde, Chine ou autres, selon l'objet particulier de leurs recherches.

L'académie correspond directement avec le directeur, toutes les fois qu'elle le juge opportun, pour tout ce qui concerne la marche des travaux de l'école Quant à la correspondance relative à l'organisation de l'école et à l'orientation générale des études, elle devra, comme le rapport annuel, être transmise par l'intermédiaire des ministres des Colonies et de l'Instruction publique.

Il peut être adjoint à l'enseignement scientifique de l'école un enseignement des langues, écritures et littératures modernes de l'Extrême-Orient.

Les dépenses de l'école française d'Extrême-Orient sont inscrites au budget général de l'Indo-Chine.

Annam. — Actes officiels. — *Journal officiel de l'Indo-Chine (1re Partie.)*

24 janvier. — *Arrêté* du 27 décembre portant que le monopole de l'opium sera exploité en Annam, à partir du 1er janvier 1901, par l'administration des douanes et régies de l'Indo-Chine.

(*2e Partie*)

31 décembre. — *Arrêté* du 17 février 1900, rendant exécutoire l'ordonnance du roi d'Annam, en date du 26 octobre 1898, créant à Hué une école d'agriculture.

Finances. — *Opium.* — Aux termes de l'arrêté du 27 décembre, à partir du 1er janvier 1901, le monopole de l'opium sera exploité en Annam par l'administration des douanes et régies de l'Indo-Chine, dans les conditions prévues et réglées par l'arrêté du 7 février 1899.

Cambodge. — Actes officiels. — *Journal officiel de l'Indo-Chine française (1re Partie.)*

21 janvier. — *Arrêté* fixant au 9 décembre la date de mise en service de l'usine des eaux pour l'alimentation de la ville de Pnom-Penh. — *Arrêté* désignant les membres d'une commission chargée d'examiner les travaux présentés par la Compagnie des eaux et de l'électricité et de procéder à leur réception définitive.

Cochinchine. — Actes officiels. — *Journal officiel de l'Indo-Chine française (1re Partie).*

24 janvier. — *Arrêté* rapportant celui du 28 août 1900 qui a désigné les territoires en Cochinchine sur lesquels seront exécutés les travaux de chemin de fer de Saïgon-Khanh-hoa-Lang-bian (section Saïgon-Tan-linh).

Colonisation. — *Mise en valeur de la Plaine des Joncs.* — Le lieutenant gouverneur de Cochinchine vient d'accomplir un voyage dans la plaine des Joncs, qui s'étend entre Long-Xuyen, Rach-gia et la pointe extrême sud de Camau, Bac-lieu, Soc-trang. Dans cette boucle, naguère, ne se rencontraient que forêts inondées. Grâce aux travaux d'assèchement entrepris sur certains points, grâce aux canaux creusés sur certains autres, cette région va enfin être mise en valeur.

Au nord, on rencontre une autre boucle, plus petite que la première, qui s'étend entre Sadeck, Tan-An, Binh-Dinh, Tay-Ninh, Bay-Nom et va se perdre, en diminuant, vers Pnom-Penh.

C'est dans cette seconde partie des plaines inondées que M. Picanon a voyagé pendant une semaine.

A droite et à gauche du canal, sur une largeur d'un kilomètre environ, s'aperçoivent des rizières qui s'amélioreront encore au fur et à mesure qu'elles seront plus travaillées.

De nombreux canaux sillonnent déjà ce pays.

La grande activité qui règne dans la région de Can-tho amène ceux qui les habitent à dénommer ancien canal, un canal qui n'a que n'a que quelques mois d'existence, car sans cesse on en creuse de nouveaux.

Riz. — *Son marché.* — On nous écrit de Saïgon à la date du 31 janvier dernier :

« Nos cours ont haussé durant cette quinzaine tout d'abord en raison de l'élévation des prix du paddy et ensuite d'importantes affaires à livrer qui se sont traitées pour l'Europe et les Philippines amenant les usiniers qui de ce fait, ont du travail assuré pour 2/3 mois à élever sensiblement leur prix de façon.

« Le vapeur français *Cholon*, est parti le 18 janvier pour Marseille, avec 1.876 t. riz blanc, 1 t. paddy, 122 t. brisures de riz et marchandises diverses.

Nous cotons pour livraison février/mars :

		Vinhlong	Gocong	Baixau
PADDY, par picul de 150 lbs ou 68 k. rendu aux usines........		2.12	2.12	2.14
CARGO d'usine, par picul de 134 lbs ou 60k. 700 brut le long du bord sans les droits en sacs de gunnies.	5 °/o......	2.73	2.73	2.81
	10 °/o......	2.68	2.68	2.76
	15 °/o......	2.64	2.64	2.72
	20 °/o......	2.60	2.60	2.68
CARGO indigène (mêmes conditions)	20 à 25 °/o.	»	»	»
RIZ BLANC d'usine (mêmes conditions)	N° 1.......	Prix suivant triage et conditions		
	N 2 trié..			
	N° 2 ord..	3.12	3.12	3.25

Tonkin. — Actes officiels. — *Journal officiel de l'Indo-Chine française (1re partie).*

24 janvier. — *Arrêtés* créant des postes de douane à Chima, That-Khé, Pointe-Pagode, Pi-lao, Hacoï (Tonkin).

(2e partie).

27 décembre. — *Arrêté* du 21 décembre, autorisant l'extension de la canalisation des eaux de la ville de Hanoï.

3 janvier. — *Arrêté* du 31 décembre, autorisant l'importation au Tonkin, par les voies maritimes, du bétail provenant de l'Annam et destiné à la boucherie.

7 janvier. — *Arrêté* chargeant M. l'ingénieur de Saugy d'une mission d'études et de recherches des gisements miniers en Annam et au Tonkin. — *Arrêté* nommant une commission chargée de procéder à l'adjudication pour la construction du Palais de l'Exposition de Hanoï.

Colonisation. — *Usine d'électricité d'Haïphong.* — Notre correspondant d'Haïphong nous écrit à la date du 21 janvier dernier :

« La commission chargée d'examiner les propositions de MM. Hermenier et Planté, directeurs de l'usine électrique d'Haïphong, s'est réunie à diverses reprises. Ces messieurs demandent au conseil municipal de prolonger dès maintenant de huit années leur contrat, qui expire dans douze ans, Cela ferait donc encore vingt ans à courir.

« Mise en présence de cette demande, la commission avait à discuter les améliorations à apporter au contrat qui lie la ville avec l'usine électrique. Nous croyons savoir qu'après discussion, un terrain d'entente a été trouvé et que l'accord est près de se faire sur les bases suivantes :

La prolongation serait accordée à MM. Hermenier et Planté. En échange, ceux-ci consentiraient :

1° A une réduction immédiate de 5 0/0 sur les prix actuels de l'éclairage public et privé jusqu'à l'expiration du contrat actuel, soit pendant douze années. A une réduction de 10 0/0 sur les prix actuels pendant huit ans, après ces douze premières années. Ceci pour toutes les polices en cours;

2° Une réduction de 10 0/0 serait consentie pour tous les nouveaux contrats faits à partir de la signature de l'arrangement;

3° Les particuliers auraient désormais le droit de s'adresser à n'importe quel entrepreneur pour l'installation du matériel d'éclairage;

4° MM. Hermenier et Planté s'engageraient à installer de suite une nouvelle machine de 150 chevaux, en plus de celles qui existent actuellement;

5° La ville se réserverait le droit de faire augmenter la tension fixée à 240 volts, au double de cette force, suivant les besoins, et ce sans augmentation de prix;

6° La canalisation existante serait complètement remaniée dès maintenant; de cette façon, elle ne gênerait plus les plantations d'arbres de la ville;

7° Un service de contrôle serait établi. La salle des mesures serait installée à l'usine, dans un endroit spécial.

Commerce. — *Chambres de Haïphong et de Hanoï.* — A la suite du scrutin du 6 janvier, les négociants dont les noms suivent ont été nommés membres de la Chambre de Commerce de Haïphong : MM. P. Abbadie, Porchet, Gage, Linossier, Brousmiche, Charrière, Lacombe, Delaine, Coqui, Freynet, Rouyer.

Quant à MM. Godard, Guioneaud, Crebessac, Debeaux, Lachal, Charavy et G. Schneider, ils ont été élus membre de la Chambre de Commerce de Hanoï.

Elevage. — *Commerce du bétail.* — Par dérogation aux dispositions de l'arrêté du 31 janvier 1900, l'importation au Tonkin du bétail provenant de l'Annam et destiné aux viandes de boucherie, pourra être faite au Tonkin par les voies maritimes, jusqu'à nouvel ordre et aux conditions suivantes :

Tous adjudicataires de viandes ou bouchers du Tonkin seront tenus :

1° De se procurer auprès de l'autorité du port d'embarquement un laissez-passer ndiquant le nombre de têtes embarquées, leur provenance et leur destination avec le nom du destinataire;

2° De remettre à l'autorité locale du port de débarquement, le laissez-passer, dès l'arrivée du vapeur, à l'effet de faire visiter le bétail immédiatemeent par le médecin chargé de l'abattoir. Cette visite sera faite à leurs frais.

Finances. — *Taux officiel de la piastre.* — Au cours de sa séance du 17 janvier dernier, la Chambre de commerce de Hanoï s'est occupée de cette question. M. Schneider a exposé qu'il existe un écart considérable entre le taux officiel et le taux commercial de la piastre.

Deux membres de la Chambre de commerce ont été désignés pour se rendre auprès du Président supérieur et lui demander d'intervenir en vue de ramener l'écart à ses limites normales.

Budgets provinciaux. — Sont rendus exécutoires, à compter du 1er janvier 1901, les budgets provinciaux désignés ci-après, arrêtés en recette et en dépenses, savoir :

Bac-giang, à 37.964 p.; Bac-kan, à 18.910; Bac-ninh, à 33.666; Cau-do, à 36.500; Haï-dzuong, à 63.961 55; Hanam, à 24.167 80; Hung-hoa, à 25.005 70; Hung-yên, à 31.227 29; Phu-lien, à 24.800; Nam-dinh, à 68.719; Ninh-binh, à 31.718; Quang-yên, à 23.235; Sontây, à 24.175 p.; Thai-binh, à 39.759 29; Thai-uguên à 29.065; Tuyen-quang, à 22.104 20; Vin-yên à 25.317 30; Yên-bay, à 22.034 50.

Les subventions ci-après énumérées seront allouées pour constructions, réparations et entretion des routes et digues :

Bac-giang, 5.000 p.; Bac-kau, 6.000 p,; Ban-ninh, 3.000 p.; Câu-do, 4.000 p.; Hai-duong, 6.000 p.; Hanam, 4.000 p.; Hung-ho, 3.000 p.; Hung-yên, 6.000 p.; Phu-lien, 4.000 p.; Ninh-binh, 6,000 p. Quang-yên, 6.000 p.; Thai-aguyên, 8.000 p.; Tuyen-quang, 5.000 p.; Vinh-yên, 6.000 p.; Yên-bay, 8.000 p.; soit un total de 80.000 p.

Les subventions, dont le total est de 71.067 p. 20, seront, en outre, allouées en 1901 aux budgets provinciaux désignés ci-dessous, qui ne peuvent s'équilibrer avec leurs propres ressources :

Bac-giang, 13,804 p.; Bac-kan, 12.590 p.; Hung-yên, 1.200; Phu-lien, 800 p.; Quan-yên, 12.446 p.; Thai-nguyên, 14.000 p.; Tuyen-quang, 9.653 p, 20; Vin-yên, 1.574 p.; Yên-bay, 5.000 p.

Rachat de corvées. — Le rachat, au profit des budgets provinciaux du Tonkin, de deux des dix journées de corvées en nature réservées aux provinces, a été autorisé.

Ce rachat, dont le prix est fixé à 0 p. 10 par journée, est facultatif.

Le produit du rachat sera affecté à des travaux d'art, d'intérêt provincial et agricole.

Le Résident supérieur sera consulté chaque année sur l'opportunité du rachat et pourra, par mesure exceptionnelle, prescrire l'emploi des dix journées de corvées en nature.

Un rôle numérique par village des corvées à racheter sera établi par les soins du Résident, de concert avec les autorités provinciales, et le recouvrement en sera effectué conformément aux prescriptions de l'article 5 de l'arrêté du 30 juin 1889.

Les arrêtés des 20 octobre 1896 et 22 mars 1900, réglementant le rachat des corvées dans les provinces de Hanam et de Vinh-yên, sont rapportées.

Travaux publics. — *Embellissements de Hanoï.* — La ville de Hanoï est à l'heure actuelle un immense chantier de constructions. La mise à exécution des grands travaux résultant de l'emprunt municipal marche de paire avec les entreprises du protectorat. La gare du chemin de fer qui va relier Hanoï à la frontière de Chine est en voie d'achèvement. Les grands viaducs qui supportent la voie à travers la ville sont pour la plupart terminés. Le pont métallique de deux kilomètres qui traverse le fleuve Rouge, un des plus grands travaux que la France ait entrepris en Extrême-Orient, est mené très activement. Le tablier est déjà jeté sur près d'un quart du parcours et les culées énormes dont il a fallu asseoir les fondations à plus de 40 mètres de profondeur pour trouver un sol stable, se dressent au-dessus des eaux du fleuve, comme un des superbes monuments de notre activité industrielle en ce pays.

Les rails des lignes des tramways électriques qui vont desservir l'intérieur de la ville et la mettre en communication avec sa banlieue sont presque entièrement posés. Le matériel roulant arrive de France. l'usine est achevée et on pense que dans peu de mois le service régulier pourra commencer à fonctionner.

Le palais du gouvernement, depuis si longtemps ajourné, vient d'être mis en adjudication et va s'élever sur les terrains déclassés de l'ancienne citadelle. Tout alentour déjà, un quartier nouveau et européen se construit et se groupe, grâce à l'initiative d'une réunion de capitalistes parisiens. Soixante ou quatre-vingts maisons européennes vont s'élever avant peu sur ce point, avec des marchés et toute une vie économique spéciale.

Les travaux de l'Exposition de 1902 sont menés, d'autre part, très activement. Les remblais se poursuivent avec une rapidité fiévreuse et, dans peu de temps, on verra commencer l'édification des superbes galeries dans lesquelles vont venir s'entasser les produits de tout l'Extrême-Orient et aussi de la métropole, car les adhésions arrivent sans cesse de France.

Près d'un million de travaux d'égout entrepris par la municipalité, dont le budget d'ailleurs est très florissant, sont en voie de construction, achevant enfin une voie d'assainissement et d'hygiène si importante pour l'avenir de notre colonisation.

Les quais sont terminés sur une grande partie de leur longueur et le seront complètement pour l'époque de l'Exposition. De hautes lampes électriques dites à arc, placées à des intervalles de 60 mètres, donnent à ces quais le soir un aspect féerique et font à la ville une ceinture de lumière d'un admirable effet. Le réseau d'éclairage électrique vient d'ailleurs d'être encore augmenté et s'étend à la presque totalité des quartiers européens. Il représente déjà à lui seul pour le budget municipal une dépense annuelle de 65.000 piastres (piastre à 2 fr. 50). Un palais de justice monumental vient d'être mis aussi en adjudication. La construction va commencer.

Enfin la municipalité va prochainement — si ce n'est déjà fait — commencer l'édification d'un théâtre dont le prix atteindra bien près d'un million. Les plans sont terminés et approuvés par le Conseil municipal. Ce théâtre aura huit cents places, une installation conçue d'après toute la machinerie et tous les agencements modernes. Les plus sérieux efforts vont être tentés pour que la construction puisse être achevée au moment de la grande Exposition d'Hanoï, c'est-à-dire à la fin de 1902.

La ville se pare somptueusement pour cette grande date qui sera décisive dans l'histoire de la France d'Extrême-Orient. Son outillage sera complet à cette époque, son travail d'assainissement achevé.

A elle viendront aboutir les grandes lignes de chemin de fer votées par le Parlement et qui vont semer la vie et la richesse dans notre colonie. A l'heure de l'Exposition, la ligne d'Hanoï à Haïphong sera terminée, mettant en contact le port de débarquement avec les centres de trafic et de consommation.

En un mot et grâce aussi à la situation garansant la sécurité la plus complète de la politique intérieure, rarement un essor économique se sera plus nettement dessiné. Les entrepreneurs locaux peuvent avec peine suffire aux grands travaux en cours. La période que nous traversons est pour eux un âge d'or que la plupart d'ailleurs ont bien mérité par leurs constance et leur labeur.

Adjudication. — Le gouvernement a approuvé le devis-programme relatif à l'adjudication sur concours de la construction et de la fourniture d'une drague marine porteuse à godets, qui sera affectée aux dragages à exécuter au Tonkin.

L'adjudication aura lieu à Hanoï, dans les bureaux de la Direction des travaux publics, le 15 avril 1901.

La dépense, jusqu'à 650.000 francs, sera imputée sur les crédits votés pour l'amélioration du port de Hongay ; pour le surplus, sur ceux votés pour le port d'Haïphong.

Travaux de route. — Nous extrayons les lignes suivantes d'une correspondance que nous venons de recevoir :

« La route nouvelle que l'on construit parallèlement, du moins dans sa première partie, à celle de Sontay, et qui coupe tous les villages s'étendant sur les terrains situés en bordure de la route de Cau-do, avance fort rapidement. Elle est déjà amorcée à l'avenue Puginier, à Hanoï, et le remblaiement de terre qui court sur les rizières se prolonge fort avant dans ces villages.

Depuis quelque temps, on donne un nouvel essor à toutes ces constructions de routes et de rues. Partout, on perce de nouvelles voies, on consolide les anciennes, comme, par exemple, la route de Sontay actuellement encombrée de tas de pierres qui vont servir à la renforcer.

On plante de nouvelles essences d'arbres plus jeunes, comme maintenant sur le boulevard Rollande, après l'avoir fait sur le boulevard Dong-Khanh. »

Inde française. — Actes officiels. — *Journal officiel des Etablissements français dans l'Inde.*

31 décembre. — *Arrêté* du 29 décembre, rendant exécutoire le budget des recettes et des dépenses de l'exercice 1901 (arrêté en recettes et en dépenses à la somme de un million deux cent cinquante-cinq mille roupies. — *Arrêté* concernant le tarif des taxes et des contributions à percevoir en 1901 dans les Etablissements français de l'Inde. *Tarif des taxes locales pour 1901.*

4 janvier. — *Arrêté* du 24 décembre, portant extension des limites de la rade de Pondichéry.

11 janvier. — *Instructions* pour les opérations du dénombrement de la population.

18 janvier. — *Décision* concernant le recensement général de la population des Etablissements français.

Colonisation.— *Recensement de la population.*— En vertu d'un arrêté du gouverneur, il a dû être procédé dans les Etablissements français de l'Inde au recensement général de la population dans la nuit du 1er au 2 mars, à Pondichéry, Chandernagor, Karikal et Yanaon et dans la journée du 2 mars, à Mahé.

OCÉANIE

Établissements français de l'Océanie. —

Actes officiels. — *Journal officiel de la colonie.*

20 décembre. — *Arrêté* du 15 décembre, rendan applicables à tous les marchés passés dans la colonie, les conditions générales du 7 juillet 1899 pour les marchés passés en France. — *Arrêté* du 15 décembre promulgant dans la colonie le décret du 4 juin 1868 qui fixe les conditions exigées des société d'ouvriers français pour pouvoir commissionner les travaux et fournitures faisant l'objet des adjudications de l'Etat. — *Arrêté* promulgant le décret du 26 octobre 1898.

Commerce. — *Résultats de 1900.* — D'après les relevés provisoires des contributions, les exportations se

sont élevées à............	3.597.357 fr. 84
et les importations à.......	3.521.526 fr. 24
Le total pour 1900 est ainsi de.........	7.118.884 fr. 08

Le mouvement commercial en faveur de 1898 avait été de 5.208.081 francs, soit une différence de 1.910.802 francs en faveur de 1900.

La saison de pêche aux Tuamotu. Evaluation.— D'après les renseignements qui sont parvenus à Papeete et les arrivages des bateaux qui desservent cet archipel, on peut évaluer approximativement à trois cents tonnes la production de nacre de cette année. Les îles Arutua, Takume et Hao sont le plus favorisées. L'impression première sur Hao n'était pas favorable, mais une inspection plus attentive a permis de mieux juger des possibilités de la plonge de cette saison et cette île ne faillira pas cette fois encore à sa réputation. L'ile Arutua est, cette année, très riche en perles; on cite un fait très curieux. Une seule huître de ce lagon aurait donné 300 perles environ (il s'agit ici de grenaille sans doute) dont une fort belle.

Enseignement. — *Création d'une école primaire supérieure et professionnelle.* — Un arrêté du 10 janvier 1901, porte création à Papeete d'une école d'enseignement primaire, supérieur et professionnel.

L'organisation pédagogique et administrative de cet établissement sera semblable, dans ses grandes lignes, à celle des écoles similaires de la métropole, avec les modifications que nécessiteront les besoins de la colonie.

Il y sera établi aussitôt que possible les sections spéciales suivantes ;

1° Section normale pour les jeunes gens qui se destinent à l'enseignement;

2° Section agricole et commerciale ;

3° Section commerciale et maritime.

Travaux publics. — *Routes et ports.* — Nous empruntons à l'*Océanie française* les informations suivantes :

I. — La cale de halage est complètement terminée. Seuls les travaux du ber ne sont pas encore finis. Il y a aussi l'un des quais qui reste à compléter, mais M. Bonet espère pouvoir livrer le tout à bref délai.

II. — « Moorea possède déjà six voitures et nombre d'indigènes enrichis par la vanille et le coprah en commandent en vue de l'achèvement de la route de ceinture de cette île. »

Nouvelle-Calédonie. —

Actes officiels. — *Journal officiel de la Nouvelle-Calédonie et dépendances.*

22 décembre. — *Circulaire* du Gouverneur : Au sujet des indigènes. — *Arrêté* rendant exécutoire le rôle de l'impôt de capitation, exercice 1900.

24 décembre. — *Arrêté* rendant exécutoire le budget des recettes et des dépenses du service local pour l'exercice 1901 — qui s'élève en recettes et en dépenses à la somme de 4.414.727 fr. 45 — et le tarif des taxes à percevoir en 1901. — (*Supplément*). Règlement municipal relatif au quai de Nouméa.

5 janvier. — *Arrêté* portant fixation du cadre du personnel des travaux publics de la Nouvelle-Calédonie.

Agriculture. — *Café.* — Dans son « Bulletin » du 20 décembre, l'*Union agricole calédonienne* reconnaît que le café calédonien est trop souvent l'objet d'une préparation défectueuse.

Voici, du reste, le résultat qu'a donné le triage de 21 kilogrammes de café :

Déchet..........................	0 k. 090
Grains cassés et très petits grains...	0 k. 080
Caracoli........................	0 k. 700
Café moyen......................	12 k. 970
Gros grains.....................	7 k. 170
Total égal....	21 k.

L'auteur de la note dont il s'agit, continue en ces termes :

« Le commerce ne se faisant pas par sentiments mais bien par intérêt, l'éhantillon ci-dessus, à première vue, a été déprécié par l'acheteur qui, naturellement, s'attache à constater le moindre défaut dans l'espoir de payer le meilleur marché possible et de fait la vente de ce lot s'est réalisée difficilement au prix de 1 fr. 75 le kilogramme ; alors si les trois premiers résultats n'avaient pu être constatés, c'est probablement le prix de 2 fr. 50 le kilogramme qu'on aurait obtenu.

En résumé, 21 kilogrammes de café à 1 fr. 75 ont

produit 36 fr. 75, si nous déduisons le déchet qui est de 870 grammes, mettons 1 kilogramme pour arrondir, nous n'aurions plus que 20 kilogrammes de café à 2 fr. 50, soit 50 00
la différence en plus aurait été de. 13 25
au profit du producteur, sa peine et son temps auraient donc été largement payés. Il faut tenir compte aussi que les frais de sac, de fret et de manutention sont les mêmes pour la marchandise non débarrassée de ses impuretés que pour celle qui est nette.

« Il ne suffit pas de faire figurer la marque « La Roussette « sur un emballage pour transformer en bon produit un article défectueux, elle garantit simplement l'origine, c'est là seulement son but. Mais si les producteurs calédoniens veulent que cette marque dispose le commerce en leur faveur, il faut au moins qu'elle ne soit appliquée que sur des produits de qualité, de la sorte elle constituerait une sorte de recommandation et faciliterait énormément les transactions commerciales.

« Les renseignements que nous avons reçus par le dernier courrier, nous apprennent que le café « Calédonie » 1er choix se vend 4 fr. 60 le kilog., vert, au détail, et à ce prix on ne peut suffire aux demandes ; en supposant que le vendeur prélève un bénéfice de 1 fr. par kilog., ce qui est excessif, et 0 fr. 58 de douane, il reste 3 fr. 02 pour le planteur. Or, sur les marchés le « Calédonie » n'est coté que 1 fr. 80 à 2 fr. 40 le kilog. tout au plus.

« Voilà des chiffres qui devraient être assez suggestifs pour décider tous les colons à adopter la meilleure méthode et donner les meilleurs soins à la préparation de leurs récoltes. »

Finances. — *Emprunt de 5 millions.* — L'emprunt de 5 millions que la colonie de la Nouvelle-Calédonie a été autorisée à contracter à la Caisse nationale des retraites pour la vieillesse pour pourvoir, comme nous l'avons dit, à l'exécution d'un programme de travaux publics, sera remboursable non pas en cinq annuités comme l'avait imprimé par erreur le *Journal officiel*, mais en cinquante annuités.

COLONIES ÉTRANGÈRES

Australie. — Le commerce français en Australie. — Le rapport soumis à la Chambre de commerce française de Sydney, au cours de sa dernière assemblée semestrielle, donne des renseignements intéressants sur les conditions actuelles du commerce en Australie et la part que pourraient s'y réserver nos négociants. Nous estimons qu'une analyse de cet important document intéressera nos lecteurs.

On sait que la Fédération australienne est maintenant un fait accompli. Nous allons donc voir tomber les barrières fort gênantes des douanes intercoloniales. Tout un continent s'ouvre à l'activité commerciale européenne avec une population d'environ 4 millions d'habitants seulement, mais avec un pouvoir consommateur et producteur égal à celui d'une grande nation.

Importance du commerce extérieur australien

Les derniers totaux annuels connus du commerce extérieur australien (transactions intercoloniales déduites) prouvent éloquemment notre affirmation :

	Liv. st.
Importations en Australie en 1899 (Nouvelle-Zélande non comprise)..........	34.330.285
(Soit environ 858 millions de francs.)	
Exportations d'Australie en 1899 (Nouvelle-Zélande non comprise)..........	48.596.624
(Soit environ 1.215 millions de francs.)	

L'Allemagne, l'Amérique et plusieurs autres pays étrangers se taillent une part de plus en plus large dans cet immense mouvement d'affaires. Ils rivalisent avec succès pour maints articles avec l'Angleterre elle-même. Il serait puéril de nous dissimuler que si nous demeurons en arrière, c'est en très grande partie de notre faute. Nous achetons en Australie beaucoup plus que l'Allemagne et nous y vendons infiniment moins qu'elle. Nos efforts se sont concentrés presque jusqu'à saturation de la région australienne, sur l'introduction d'un petit nombre d'articles, notamment les vins et les spiritueux.

On semble ignorer en France les progrès considérables de l'Australie comme pays vinicole, la préférence accordée à la bière sur le vin, le goût de plus en plus prononcé des consommateurs pour les eaux-de-vie de grains anglaises (whiskeys), enfin les droits énormes qui frappent les boissons étrangères à l'entrée et qui en restreignent forcément le débit.

Un champ autrement vaste est, en réalité, ouvert aux produits naturels ou manufacturés de la France. L'importation des étoffes, nouveautés, ganterie, parfumerie, bijouterie, articles de Paris, modes, produits chimiques, quincaillerie, etc., est très considérable en Australie, la production locale pouvant être considérée comme presque nulle. Il dépend de nos commerçants et de nos industriels de se créer ici la place à laquelle la presque générale supériorité des produits français leur donne droit. Ils n'ont qu'à imiter nos concurrents étrangers, les Allemands surtout, qui ne se bornent pas à l'envoi de catalogues, presque toujours jetés au panier (surtout lorsqu'ils sont rédigés en langue étrangère au lieu d'être traduits en anglais et tarifés en mesures et monnaies anglaises).

Nos rivaux cherchent un agent sérieux sur place et s'ils ne le rencontrent pas, ils ne reculent pas devant les dépenses de tournées d'affaires exécutées souvent par un associé de la maison, tout au moins par des voyageurs ou futurs représentants expérimentés, patients, tenaces, que rien ne décourage.

Une tournée stérile au début, mais renouvelée chaque fois avec une plus grande expérience acquise des besoins du pays, de la situation des clients à gagner, enfin avec des échantillons nouveaux ou modifiés suivant les goûts locaux, amène presque toujours des résultats satisfaisants dans les contrées même les plus battues, à plus forte raison dans les pays neufs.

La Chambre de commerce française est prête à aider les négociants et industriels français qui désireraient se créer par ces moyens des débouchés en Australie.

La Chambre de commerce rappelle les résultats que le commerce et l'industrie de notre pays seraient en droit d'attendre de l'envoi et du séjour en Australie d'un plus grand nombre de jeunes Français, choisis parmi les élèves actifs et intelligents de nos écoles commerciales et industrielles. Ils formeraient après quelques années d'expérience du pays, de ses goûts et de ses coutumes commerciales, une pépinière d'excellents représentants pour les produits de la France.

Les dépenses matérielles du stage nécessaire pour ces jeunes gens, entre la théorie enseignée en France et la pratique à acquérir du commerce à l'étranger, pourraient être terminées par leur entrée dans les bureaux d'un négociant de la place, avec un faible appointement, aussitôt qu'ils se seraient suffisamment familiarisés avec la langue du pays pour se rendre utiles. Ces débuts modestes seraient, nous en sommes persuadés, la base d'un bel avenir, comme représentants du commerce de leur patrie, pour ceux qui, travailleurs sobres et persévérants, seraient disposés à se fixer en Australie.

Les sacrifices que le gouvernement, les Chambres de commerce et les négociants de notre pays s'imposeraient pour encourager et assister ces jeunes gens seraient, croyons-nous, amplement compensés par la moisson future qu'ils assureraient à notre industrie et aux produits de notre sol. L'appui le plus cordial de la Chambre de commerce française de Sydney est d'avance assuré à nos jeunes compatriotes qui, sous de tels auspices et dans un tel but, iraient s'établir en Australie.

Ile Maurice. — *Taux officiel du change.* — Un arrêté du Gouverneur de l'île en date du 22 décembre dernier a fixé pour l'année 1901, la valeur de la livre sterling par rapport aux monnaies des diverses puissances.

Voici qu'elle est la valeur correspondante de la livre à la monnaie des pays ou existe l'étalon d'or pour l'acquittement des droits de douane.

France et colonies 1 livre sterling	25 francs.
Allemagne........................	20 marks
Suisse............................	25 francs.
Belgique..........................	25. —
Italie............................	25 lire
Autriche..........................	12 florins.
Hollande et Java..................	12 —
Norvège...........................	18 couronnes.
Suède.............................	18 —
Etats-Unis........................	5 dollars.
Canada............................	5 —

Les Seychelles. — Progrès économique. — Nous avons, dans notre numéro du 10 février dernier, signalé les modifications apportées au régime douanier de cette colonie dans le but de favoriser le développement du commerce tant à l'importation qu'à l'exportation. Voici, aujourd'hui, un aperçu des progrès économiques réalisés par ces îles.

En 1899, les Seychelles ont pu établir un nouveau record dans leur histoire financière, leur revenu ayant dépassé de 46.615 roupies celui de l'année 1898 qui avait lui-même dépassé tout revenu annuel précédent, l'excédent sur les dépenses n'étant pas inférieur à 93.884 roupies, avec 268.907 roupies aux dépenses et 362.791 roupies aux recettes.

Ce beau résultat semble être presque exclusivement dû à la sagesse de l'administration, qui a su faire monter le revenu des îles de 152.858 roupies en 1886 à 362.791 roupies en 1899, en maintenant les dépenses presque constamment à un niveau inférieur pendant cette période.

L'excédent de 1898 provenait de la vente des terres dans l'île Mahé, mais l'excédent de 1899 a été obtenu au moyen d'une plus-value dans les rendements fiscaux, dus à une progression de la mise en valeur des îles Seychelles, dont la puissance tant productrice que consommatrice augmente assez rapidement.

Pour alimenter ses recettes, l'administration seychelléenne n'a que les douanes, les licences, la taxation, la poste aux lettres et quelques droits administratifs d'un rendement presque négligeable. Toutes ces sources de revenu sont en notable progression depuis cinq ans, sauf pour les timbres-poste, les collectionneurs ayant diminué leurs achats au point de ramener le rendement bénéficiaire de la poste aux lettres de 22.709 roupies en 1896 à 9.865 roupies seulement en 1899. Pendant la dernière période quinquennale, les recettes douanières ont passé de 107.220 roupies à 219.608 roupies.

Une autre preuve que les Seychelles ont été bien administrées, c'est que leur compte de Doit et Avoir s'est soldé au 31 décembre 1899 par un excédent de 126.426 roupies à l'avoir.

Au commencement de l'exercice 1900, de bonnes petites mesures ont été prises qui ont consisté à rembourser les 55.000 roupies qu'on avait empruntées à l'île Maurice et à placer dans la métropole une première somme de 70.605 roupies pour le compte des caisses d'épargne, et une seconde somme de 70.005 roupies pour le compte de l'administration des Seychelles.

Voyons ce que cette bonne administration a pu donner au point de vue du commerce extérieur des îles. Un premier et excellent résultat a été obtenu en ce que, depuis quatorze ans, l'exportation a été presque constamment maintenue en excédent sur l'importation, ce qui constitue un point fort important, car une pareille situation pour les sorties et entrées assure à la fois la stabilité monétaire et le *quibus* d'un développement économique basé sur des données normales et d'une efficacité certaine.

On le voit bien d'ailleurs par la progression faite par le commerce extérieur des îles Seychelles. Pendant la période mentionnée, la valeur globale de ce commerce a passé de 835.796 roupies à 2.838.028 roupies, ce qui représente un développement considérable et rapide. La plus-value de l'année 1899 sur celle de 1886 est de 2 millions 802.232 roupies, et les plus-values totales réalisées depuis quatorze ans s'élèvent à 3.845.832 roupies.

En 1899, l'excédent de l'exportation sur l'importation a été de 868.696 roupies. Voilà une belle somme qui sera productive et qui ne sera grevée d'intérêts à servir à personne, avec une économie complète en ce qui concerne le remboursement.

En 1899, nous avons importé aux îles Seychelles pour 177.719 roupies de produits contre 131.496 roupies en 1898 et 104.519 roupies en 1897, contre 61.461 roupies en 1896 et 79.282 roupies en 1895; nos expéditions ont donc augmenté de 98.327 roupies depuis cinq ans, sans compter la plus-value totale pendant cette période, ni la nouvelle progression que nos envois vont prendre grâce à une administration coloniale savante et sage.

Ce sont les Indes qui importent le plus aux îles Seychelles, puis viennent la Grande-Bretagne et la France, les expéditions indiennes ayant atteint une valeur de 334.693 roupies en 1899, et les expéditions britanniques une valeur de 323.406 roupies. L'île Maurice fait un commerce suivi avec ces îles, ses envois atteignant 123.641 roupies en 1899.

En outre, nous faisons des achats considérables aux colons seychelléens, à qui nous avons versé une somme de 472.315 roupies en 1899, contre 290.958 roupies en 1898 et 348.330 roupies en 1897, avec 60.625 roupies seulement en 1895. De plus, Nossi-Bé a pris pour 50.854 roupies de produits en 1899.

Portugal. — Colonies de l'Ouest-Africain. — *Chemin de fer.* — Le rapport du consul d'Angleterre à Saint-Paul-de-Loanga nous apprend que les résultats de l'exploitation de la Royal Trans-African Company pour 1899, bien qu'en augmentation sur l'exercice de 1898, ne peuvent cependant être considérés comme satisfaisants. La longueur de la ligne en exploitation est de 365 kilomètres et les recettes ne se sont élevées qu'à 39.073 livres, soit un peu plus de 100 livres par kilomètre et par an.

Pendant cette même période, les dépenses ont été de 45.468 livres, laissant ainsi un déficit de 6.393 livres, auquel il faut ajouter la dépréciation du matériel roulant, dont il n'est pas tenu compte. La Compagnie essaye d'augmenter son capital pour prolonger la ligne de 200 kilomètres; plusieurs sociétés belges seraient, paraît-il, intéressées à l'affaire. On croit, cependant, que la Compagnie éprouvera quelques difficultés pour obtenir la concession qu'elle sollicite dans le district de Lunda.

LES PÉRIODIQUES DU MOIS

Agriculture. Elevage. — *Bull. ag. Tunisie :* L'olivier en Tunisie, N. Minangoin (janvier). — *Dépêche coloniale :* La question dans le Sud algérien (1er février); La conservation des forêts aux colonies, J. L. (23 février). — *Etudes* *colon.* : Conditions d'exploitations du caoutchouc en Bolivie (octobre); Afrique occidentale anglaise, caoutchouc; Etablissement d'une plantation de caféiers au Congo, Gentil; Madagascar, Elevage du bœuf et du porc; Productions agricoles des Canaries (février). — *Indische Mercuur* : Culture et préparation des textiles (19 février). — *Imperiale Institute Journal* : Les forêts dans l'Inde anglaise (février). — *Journ. des colons* ; La vinification en Algérie (27 janvier); La clavelisation, D. C. (3 février); La culture de l'olivier Minângoin; La maladie poétique des vignes en Tunisie (28 février). — *Mouv. géog.* : Les plantes textiles au Congo (3 février). — *Pol. Col.* : Le Fikongo (Tubercule comestible du Soudan français, A. Chevalier), (7 février). — *Portugal em Africa* : Culture du coton (N° 84). — *Rev. com. ext.* : Un quinquina africain, le Soundaké (2 février). — *Revue des cult. colon.* : Le jarrah et l'acajou d'Australie, J. Grisard; Les productions végétales naturelles de la région des Betsimi-saraka-Betamimena, E. Jacquot (20 février). — *Rep. Portugueza* : Agriculture coloniale, J. Henriques (20 janvier).

Armée. — *Bul. du Cercle militaire* : L'organisation de l'armée coloniale, Cᵉ Noirot (2 février); Réorganisation de l'armée des Etats-Unis (23 février). — *Débats* : La vraie réforme de l'armée, service de dix mois, Ch. Malo (15, 21, 23 février). — *Dép. col.* : Le service géographique du ministère des colonies. Jourdier (7 février); L'attaque de Moungar (Sud oranais), Soubeyran (12 février). — *Revue commerc.* : Les colonies et le service militaire, H. Lorin (8 février).

Chemin de fer. — *Dépêche colon.* : Le chemin de fer de Bagdad, R. S. (avec carte), 7 février); Les chemins de fer coloniaux portugais, A. Negreros (8 février); Le transsaharien, Boulland de l'Escale; Les idées de M. Duportal (25, 26 février). — *Génie colonial* ; Le chemin de fer de la Guyane française, Levat (janvier). — *Monde économ.* : Les chemins de fer indo-chinois, Doucet (16 février). — *Monthly Summary of Com. et Fin. of U. S. A.* : Matériel de voies ferrées américaines dans l'Afrique du Sud (octobre). — *O Economista* : *Revue coloniale*, les questions relatives au chemin de fer de Mormugao (10 février). — *Pol. col.* : Voies ferrées projetées en Afrique occidentale anglaise (17 fév.).

Commerce. — *Com. Afr. française* : La crise économique du Congo français, Bourdarie (février). — *Ch. de com. de Montréal* : L'importation française au Canada (25 janv.). *Débats* : L'offensive protectionniste en Allemagne, A. Ebray (29 décemb.). — *Dép. col.* : Les bons d'importation, E. Galland (28 fév.). — *Docum. statist. commerc. de la Fr.* : Résumé général des importations, exportations, etc. pour 1899, 1900 et 1901 (12 fév.). — *L'Esplorazione comm.* : Projet d'un syndicat établi pour le développement du trafic avec le Sud Amérique, Frison (15 fév.). — *Indische Mercuur* : L'exportation du caoutchouc de l'Ouest africain, H. Berkhout (5 fév.). — *Journ. of arts* : Industrie de la laque en Assam (8 fév.). — *Journ. Traités de com.* ; Le marché de Casablanca, Maroc (14 fév.). — *Journ. Tribunaux Tunisie* ; L'importation des vins (janvier). — *Monthly Summary of com. et Fin. of V. S. A.* : Statistiques comparées du commerce international; Commerce et progrès du Japon (octobre). — *Portugal em Africa* : La crise du caoutchouc et des cotons dans l'Angola (N° 84). — *Stat. et Législ. comp.* : Le commerce extérieur en 1900 (résultats provisoires) (janv.). — *Travail national* : Le commerce des céréales dans le monde, D. A. (3 fév.).

Douanes, Finances. — *Ann. du com. ext.* : Tarif général des douanes de Belgique (12ᵉ fasc.). — *Bul. com. Mozambique* : Service des douanes à Mozambique (3 janv.). — *Dép. col.* : La circulation monétaire au Japon (14 fév.). — *France de Demain* : Le régime financier des colonies françaises (15 fév.). — *Mon. off. du com.* : Musée permanent d'échantillons de la douane de Yokohama (31 janv.) — *O Economista* : Revue coloniale : au sujet du régime des banques coloniales (8 fév.).

Enseignement. — *Belgique colon.* : Faut-il un enseignement agricole spécial pour les colons, E. S. (24 fév.). — *Bull. Langues étrangères* : De l'enseignement des langues vivantes aux adultes (février). — *Dép. col.* : L'enseignement primaire dans l'Inde (21 fév.). — *Portugal em Africa* : L'éducation coloniale portugaise, Quirino Avelino de Jesus (N° 84). — *Revue com. ext.* ; L'Institut colonial de Bordeaux (2 fév.).

Explorations, Missions. — *Bul. Soc. géog. Italiana* : Expédition de l'Etoile polaire, conférence par le duc des Abbruzzes, avec carte (février); Géographie anthropologique de la Nouvelle-Guinée anglaise (février). — *Débats* : Le retour de M. Gentil, Ed. Payen (24 fév.). — *Dép. col.* : Mission Rouxel-Delaporte, à Ceylan (22 fév.). — *Esplorazione commerc.* : Excursion dans l'Etat brésilien de Parana, Tonissi (15 fév.). — *Et. coloniales* : Expédition Lionel Dècle à travers l'Afrique (février). — *La Géographie* : Deux missions scientifiques sur les côtes orientale et occidentale de Madagascar, E. Colin; De Ouango à Mobaye, par le pays N'sakara et Boughou, Julien (15 fév.). — *Geograph. Journal* : Exploration au Marot-Kland, Major Hill, Gibbons; Exploration du Dʳ Sven-Hedin (1899-1900). — *Mouv. géog.* : L'expédition Moore aux grands lacs de l'Afrique orientale, J. Wauters (10 fév.). — *Revue coloniale* : Rapport anecdotique de la mission Fourneau, Lᵗ Fourneau (déc.). — *Revue des Deux-Mondes* : Voyage au Japon, Bellessort (1ᵉʳ fév.). — *Revue gén. des sciences* : L'explorateur Serpa Pinto, H. Dehérain (15 fév.). — *Soc. géog. com. de Paris* : De l'Algérie au Congo français, par l'Aïr et le Tchad, F. Foureau ; Un voyage chez les Moïs Kienys vivant au pied de la chaîne de Djambra, avec carte de l'itinéraire, Cᵗᵉ de Barthélemy (Nᵒˢ 1-2).

Expositions, Congrès, Sociétés. — *Bull. du Travail* : Pensions de vieillesse dans la Nouvelle-Galles du Sud (janvier). — *Dépêche colon.* : Le Comité de l'Asie française, J. P. T. (25 fév.). — *Écon. français* : Les compagnies du Congo belge, A. Sayous (16 fév.). — *Esplorazione commerciale* : Programme du congrès géographique italien, Franzoni (15 fév.). — *Monit. marit.* : Exposition internationale d'hygiène, de sécurité maritime et de pêche à Ostende (24 fév.). — *O Economista* ; De quelques compagnies coloniales d'exploration étrangères et coloniales aux colonies portugaises (24 fév.). — *Revue du Com. ext.* : Le congrès du commerce allemand (2 fév.). — *Soc. de topograph.* : Une société de géographie allemande (déc. 1900).

Géologie, Mines. — *Journ. Soc. of Arts* : Mines métallifères de l'Inde, J.-W. Evans (1ᵉʳ fév.); Minerais de l'Inde (8 fév.). — *Pol. col.* : Les mines malgaches (8 fév.); Les mines d'or à la Guyane (25 fév.). — *Revue scient.* : Le cânon de Constantine, géologie, A. Souleyre (23 fév.). — *Revue scientifique* : Les progrès de la géologie, W. Solas (2 fév.).

Industries. — *Et. colon.* : Une industrie indo-chinoise. Décortication du riz (fév.). — *Pol. col.* : Les industries de la Réunion (12 fév.). — *Revue com.* : Les grands travaux publics en Argentine, de Tourmond (22 fév.). — *Soc. de Géogr. de St-Nazaire* : Découverte de gisements de houille au Yun-Nan (janv.).

Législation. — *Banque Afrique-Sud* : La loi de l'or de la République Sud-Africaine (28 fév.). — *Dép. col.* : Le droit de réquisition au Congo, A. de Bergues (3 et 9 fév.). — *Génie colonial :* La jurisprudence aux colonies, Fréville (janv.). — *Mon. Int. matér. :* La nouvelle loi anglaise sur les sociétés, G. de Laveleye (3 fév.).— *Pol. col. :* Législation coloniale; les exploits, E. Sauvel (15 fév.); Les tribunaux consulaires marocains et la cour d'appel d'Oran (21 fév.); L'égalité de traitement pour les fonctionnaires à la Réunion, un groupe de créoles (23 fév.). — *Revue scient. :* Les menteurs et les calomniateurs devant la loi chinoise, P. d'Enjoy (23 fév.).

Médecine, Hygiène, Ethnographie. — *Ann. d'hygiène et de méd. col. :* Le Cambodge, géographie médicale, Dr Augier; Origine, évolution et décadence de la médecine indienne, Dr Cordier; Morbidité et mortalité de la Nouvelle-Calédonie en 1899, Dr Prunet; Contribution à l'étude des plantes médicinales et toxiques de la Côte d'Ivoire, Dr Heckel; Notes médicinales sur le contesté franco-brésilien, Dr Burdin; Institut Pasteur de Madagascar; Quelques us et coutumes des indigènes de la Côte d'Ivoire, Dr Kermorgant (janvier). — *Dépêche coloniale :* La lèpre en Océanie (9 fév.); L'hygiène et les travaux publics au Sénégal, Guiest (10, 14, 15, 16 et 17 fév.); Eaux thermales et minérales des colonies françaises, Dr Kermorgant (22 fév.). — *Etudes col. et marit. :* Influence des climats et des saisons sur l'homme, Dr Maurel (31 janv.). — *Imperial Institute Journal :* La Tasmanie, station sani-

Colonisation. — *Belgique coloniale :* Un programme de politique coloniale, R. V. (3 fév.). — *Ch. de com. de Bordeaux :* Demande de subventions de l'Office colonial aux chambres de commerce (23 janv.). — *Ch. de com. de Lille :* Société d'études de la Côte d'Ivoire (déc. 1900). — *Débats :* Les missions catholiques en Chine, A. Ebray (1er fév.); les missions catholiques et l'influence française: relevé des missions (28 fév.). — *Dépêche coloniale :* Conférence de M. Eugène Etienne, à Bordeaux, sur la France dans l'Afrique occidentale (29 janv.); le régime économique des colonies à l'Union coloniale, J. Le Breil (16 fév.); conférence de M. Vignon à l'Union coloniale (17 fév.); le Dahomey, avec carte (19 fév.); le développement économique des colonies françaises, L. Gallaud (21 fév.); l'abolition de la prestation à Madagascar, d'Estournelles (22 fév.); l'organisation du travail à Madagascar, J. Lehr (28 fév.); l'œuvre coloniale des chambres de commerce, A. Terrier (28 fév.); *L'Esplorazione commerciale :* Le bilan commercial au XIXe siècle, Pini (31 janv.). — *Etudes jésuites :* Les colonies françaises et la colonisation par les Français, Forbes (20 fév.). — *L'Italie colon. :* Pour nos colonies, Diego Angeli (fév.). — *Journ. des colons :* L'attribution des concessions (17 fév.). — *Mouvement géographique :* Au Katanyx (colonisation((3 fév.); Luciano Cordeiro, une page de] l'histoire du Congo, A. Wauters (17 fév.). — *O Economist :* Revue coloniale, proposition de concessions de territoires portugais, Chambre des députés de Lisbonne (10 fév.). — *Pol. col. :* Les ennemis subventionnés de la Tunisie, E. Bonhoure (5 fév.); la disette de la main-d'œuvre en Nouvelle-Calédonie (15 fév.); la vente des terres en Tunisie, E. Fallot (16 fév.); la Fédération à Madagascar, L. Henrique (28 janv.). — *Quest. diplomat. :* Les emprunts coloniaux (Franconie) (15 fév.). — *Revue coloniale :* Les îles Saint-Paul et Amsterdam, M. Le Vaissière (déc.). — *Revue commerciale :* Le Brésil et la Guyane, De Tournion (3 fév.). — *Rev. Portugueza :* Le Portugal et ses colonies (fin), R. O. N.; la colonisation dans la province de l'Angola et l'Etat indépendant du Congo, H. C.. (20 janv.). — *Revue de Paris :* L'Indo-Chine, C. Bernard (1er et 15 fév.). — *Soc. de géog. de Saint-Nazaire :* Le Dahomey, A. Doyen (janv.).

taire, Dr J. Benjafield (fév.). — *Journ. des colons :* Les moustiques et la fièvre des marais, Dr H. George (17 fév.). — *Pol. col. :* Le pèlerinage de la Mecque et la peste (8 fév.). — *Rev. alg. et tun. de législat. :* Boissons, médecin de colonisation, affaires indigènes, etc. (déc. 1900).

Navigation, Marine marchande, Ports. — *Ch. de Com. de Buenos-Ayres :* Construction d'un port de commerce à Rosario et Santa-Fé (déc.). — *Ch. de Com. de Sousse :* Projet de création de port franc et de zone franche (n° 3). — *Doc. Statist. com. de la France :* Développement par ports du mouvement de la navigation (12 fév.). — *Monit. marit. :* Dépenses navales et marine marchande (10 fév.); Le projet de loi sur la marine marchande, observations du comité des Forges de France; Les capitaines au long cours et le cadre des officiers de réserve, M. Landry (24 fév.). — *Prix courant :* L'organisation du port de Hambourg (1er fév.). — *Soc. études colon. et marit. :* La surprime de navigation, Maurel (31 janv.). — *Temps :* La marine marchande allemande, E. Lockroy (7 et 28 fév.). — *Travail national :* La marine marchande française en 1899, P. V. (3 fév.).

Postes, Télégraphes. — *Mon. du Com. :* Nouvelle ligne de New-York aux Indes anglaises créée par la Compagnie Hama de Brême (21 fév.). — *Soc. de Géogr. de St-Nazaire :* Les câbles sous-marins français, E. Port (janvier).

Questions politiques. — *Belgique colon. :* Critiques coloniales en Allemagne, R. V. (24 fév.). — *Com. Afr. franç. :* La question du Wame (fév.). — *Dép. col. :* L'Angleterre et la France aux Canaries, G. Rides (fév.); Le péril américain à Tahiti, P. Didier (27 fév.). — *Etudes des Pères Jésuites :* La politique chinoise du 15 août, J. Tobar (5 fév.). — *Monit. marit. :* La question de Terre-Neuve, Amiral de Cuverville (24 fév.). — *Quest. diplom. :* L'Ethiopie; les intérêts anglais et français et carte, Ch. Michel. — *Soc. Etudes colon. et marit. :* Les Nouvelles-Hébrides et la fédération australienne, J. A. (31 janv.).

BULLETIN

DE L'UNION COLONIALE FRANÇAISE

Dîner de l'Union

Le prochain dîner de l'Union Coloniale française aura lieu à l'hôtel Terminus, le jeudi 21 mars 1901, à 7 h. 1/2.

Il y a à l'ordre du jour la suite de la discussion sur le régime économique des colonies entamée dans le dernier dîner.

Sont inscrits comme devant prendre la parole : MM. Théry, Jules Siegfried, Charles-Roux, Le Myre de Vilers, Emile Maurel et Depincé.

Le Gérant : A. Légeron.

Paris. — Imp. PAUL DUPONT, 19, rue du Croissant

25 Mars 1901. CINQUIÈME ANNÉE Tome IX. — N° 102.

LA QUINZAINE

COLONIALE

PACTE COLONIAL

ET

RÉGIME DE RÉCIPROCITÉ

(*Cinquième article.*)

Nous voici presque au terme de cette étude, et, au moment d'en formuler les conclusions, nous ne laissons pas que d'éprouver quelque embarras. C'est ici, en effet, que nous attend une curiosité, dont la bienveillance n'exclut pas un certain scepticisme, et dont, à vrai dire, nous craignons de tromper l'attente. On a paru supposer que nous croyions posséder le secret d'une sorte de formule magique, grâce à laquelle nous nous flattions de résoudre toutes les difficultés de ce problème complexe entre tous : l'établissement, entre la métropole et les colonies, d'un régime économique également satisfaisant pour celles-ci et pour celle-là. Et, en même temps, nous voyant nous engager dans la voie des concessions au protectionnisme, on a pris charitablement la peine de nous crier : « Casse-cou », et de nous montrer le danger de mettre, ne fût-ce que le petit doigt, dans un engrenage où le reste ne tarderait pas à passer.

***

Nous n'avons ni cet excès de prétention, ni cet excès de candeur. Nous ne sommes point des inventeurs de panacées; mais nous n'entendons pas être des dupes. Nous sommes tout simplement des gens de bonne foi qui avons constaté que le régime de la loi de 1892 ne satisfaisait ni les coloniaux, ni les protectionnistes, et qui nous efforçons de trouver un terrain d'entente où les uns et les autres, au prix de quelques concessions, puissent trouver à peu près leur compte. Nous aurions pu, il est vrai, nous borner à formuler les *desiderata* des coloniaux et, cela fait, nous croiser les bras et voir venir. Qu'aurions-nous gagné à cette attitude expectante? Tout le monde sait que nous n'obtiendrons l'admission en franchise des produits coloniaux que si nous pouvons nous concilier l'appui des protectionnistes, qui sont majorité dans le pays et au Parlement. Et tout le monde sait aussi que cet appui ne nous sera acquis que si nous nous montrons disposés à quelques sacrifices. S'il en est ainsi, la franchise n'est-elle pas la meilleure des habiletés, et au lieu de nous réserver pour un marchandage long et laborieux, où, de part et d'autre, on luttera de diplomatie et de finasseries, ne vaut-il pas mieux dès maintenant abattre notre jeu, et, sincèrement, dire de quel prix nous croyons pouvoir payer les avantages que nous attendons d'une revision de la loi de 1892?

***

C'est ce que nous avons entrepris de faire. Mais, ce faisant, nous avons pris la précaution de marquer très nettement les limites du terrain transactionnel sur lequel nous entendons nous maintenir. Pour nous, coloniaux, nous demandons — et c'est là notre point de départ, la condition *sine quâ non* que nous mettons à l'entente cherchée — nous demandons l'entrée en franchise complète des denrées coloniales originaires de nos possessions d'outre-mer.

De leur côté, les protectionnistes réclament l'établissement d'une patente compensatrice destinée à protéger les produits industriels et agricoles métropolitains contre la concurrence des similaires coloniaux. Nous avons montré qu'une pareille prétention était absolument inadmissible en ce qui concerne les produits coloniaux destinés à la consommation locale. Nous avons admis, au contraire, — et nous avons dit les raisons qui nous semblent justifier cette concession, — la possibilité d'une protection pour certains produits métropolitains contre leurs similaires coloniaux, quand ceux-ci ont pour destination soit la métropole, soit une colonie autre que celle d'origine. Mais, en même temps, nous avons demandé que l'étendue de cette protection fût soigneusement limitée et que l'établissement en fût entouré de certaines garanties nécessaires. Enfin, nous avons formellement repoussé le système de la patente en tant que mode d'application. C'est sur ces trois derniers points que nous avons maintenant à nous expliquer.

***

Pour ce qui est de la patente, un mot pourrait suffire, à savoir qu'un pareil système, qui peut se concevoir, qui est même le seul qui se présente à l'esprit s'il s'agit d'une protection à exercer dans la colonie de production contre ses propres produits, devient inutile et n'a plus de raison d'être si on admet, comme nous le faisons, que les colonies doivent pouvoir consommer librement tout ce qu'elles sont en état de produire. Il reste, dans ce cas, à protéger les produits métropolitains contre leurs similaires coloniaux sur le marché national et sur le marché intercolonial, et dût-on aller jusqu'à considérer ces similaires comme étrangers, le tarif général y suffit amplement.

Il n'est pas inutile cependant de montrer à quelles difficultés d'application se heurterait le système de la patente. On a très vite fait de dire qu'on veut établir, entre la métropole et les colonies, l'égalité des conditions de production. La formule a une apparence de simplicité qui peut séduire. Mais pour peu qu'on se donne la peine d'y réfléchir, on aperçoit immédiatement qu'elle se borne à poser, sans en fournir la solution, le plus complexe des problèmes.

***

Et d'abord il faut définir ce qu'on appelle les conditions de la production. Pour les protectionnistes, il suffirait d'envisager deux ou trois éléments, et tout serait dit quand on aurait comparé entre eux la valeur du sol, le taux des salaires et le chiffre des impôts, c'est-à-dire, parmi les facteurs qui concourent à former le prix de revient de telle ou telle production, ceux pour lesquels la métropole peut sembler être en état d'infériorité au regard de ses colonies. Mais il y en a d'autres et, à leur tour, les producteurs coloniaux demanderont qu'on tienne compte des frais de transport qu'ils ont à subir pour l'outillage qu'ils sont obligés de faire venir du dehors, des traitements plus élevés du personnel européen qu'ils emploient, des dépenses supplémentaires de toute sorte que leur impose ce personnel : frais de voyage, soins en cas de maladie, congés rétribués, etc. L'irrégularité des saisons, si fréquente dans les pays tropicaux, devra aussi être prise en considération, de même, d'une façon générale, que tous les aléas climatériques. Ce ne sera pas, on le voit, une petite affaire de se mettre d'accord sur la simple nomenclature des conditions de production.

***

Voilà donc une première difficulté. C'est la moindre. Supposons-la résolue à l'entière satisfaction des intéressés. Il faudra alors aborder la seconde partie du problème : l'évaluation de chacun des éléments de la production respective dans la métropole et dans les colonies; et ici il deviendra, non plus seulement difficile, mais tout à fait impossible de s'entendre. Comment choisira-t-on les termes de comparaison? Dans les colonies comme dans la métropole, il y a des terres plus ou moins fertiles. Sont-ce les plaines de la Beauce ou les plateaux de l'Auvergne, pour la France; sont-ce les Deltas ou les régions montagneuses, pour l'Indo-Chine, qui fourniront la base de l'estimation à donner à la valeur du sol? Même question pour les salaires. Rien n'est plus variable que le prix de la main-d'œuvre, en France même, d'une région à l'autre, pour la même industrie ou pour le même genre de culture; et dans les colonies elles-mêmes, il n'est pas sensiblement plus uniforme. Est-ce le salaire le plus élevé, est-ce au contraire le salaire le plus bas, qu'on prendra, de part et d'autre, comme élément de calcul? Et si c'est un salaire moyen, comment le déterminera-t-on? Si, par impossible, on arrive à se mettre d'accord sur ce point, cet accord pourra-t-il persister quand on en sera à discuter sur le coefficient à attribuer au rendement comparé de chacune des deux mains-d'œuvre envisagées? Qui pourra, exactement, mathématiquement, pour chaque colonie, et dans chaque colonie, pour chaque genre de travail, dire ce que produit un ouvrier indigène par rapport à un ouvrier français en France ?

***

Ce n'est pas tout. A supposer qu'on ait pu établir une liste complète des conditions de production à faire entrer en ligne de compte, à supposer encore qu'on ait réussi à donner à chacune d'elles une évaluation rigoureusement exacte, et, par suite, qu'on croie avoir en mains tous les éléments de solution du problème, pensera-t-on l'avoir résolu pour cela, pensera-t-on du moins l'avoir résolu d'une manière définitive ? Variables d'une région à l'autre, les conditions de production sont également variables d'une année à la suivante. Les prix de transport par terre et surtout ceux de transport par mer sont sujets à d'incessantes variations. Les salaires s'élèvent constamment, et on nous concédera bien que si nos colonies se développent, si leur production augmente comme nous l'espérons et comme les protectionnistes doivent l'espérer eux-mêmes, le prix de la main-d'œuvre indigène s'accroîtra en conséquence, et qu'il s'accroîtra plus rapidement et dans une proportion plus élevée que celui de la main-d'œuvre en France. On peut former les mêmes prévisions pour la plupart des éléments à considérer. Si donc on veut rester fidèle à la pensée maîtresse du système, qui n'est pas seulement d'établir, mais qui, logiquement et équitablement, doit être aussi de maintenir une égalité constante entre la métropole et les colonies sous le rapport des conditions de la production, ne voit-on pas qu'il faudra, chaque année, remanier le tarif des patentes, défaire le lendemain ce qu'on aura fait la veille, en un mot soumettre les colonies et la métropole elle-même à un régime dont l'instabilité dépasse tout ce qu'on peut imaginer ? Est-ce admissible un seul instant ?

***

Mais allons plus loin. Le système est établi; il fonctionne. « Le droit, nous dit-on, sera perçu sur les produits; il pourra être remboursé pour les expéditions destinées à l'étranger. » Ces remboursements supposent déjà des complications infinies, par les formalités qu'ils entraînent, par la comptabilité spéciale qu'ils nécessitent, par le personnel supplémentaire qu'ils exigent, Mais rien de tout cela n'est une impossibilité absolue. On peut encore concevoir que la perception du droit puisse s'effectuer avec une facilité relative sur les expéditions destinées à la France ou aux colonies. Mais comment effectuera-t-on cette perception sur les produits sortant de l'usine ou de l'exploitation agricole pour aller à la consommation locale? Se contentera-t-on de la déclaration du producteur? Si oui, que de fraudes à prévoir! Si, au contraire, on veut exercer un contrôle efficace, il faudra installer en permanence un douanier dans chaque établissement industriel ou agricole, ou tout au moins soumettre tous ces établissements à un exercice vexatoire. Nous répéterons ici encore : est-ce admissible ?

***

Une dernière objection, et non moins grave. Voici une usine qui, en raison de la nature des produits qu'elle fabrique, de l'importance de ses constructions et de son matériel, de l'effectif du personnel européen et indigène qu'elle emploie, a été imposée à une patente de 30.000 francs pour 1903. Ce chiffre correspond à une production de 300.000 francs, réalisée en 1902. Il fait ressortir le droit à 10 0/0 de la valeur de cette production. Nous admettons — c'est une pure hypothèse — que ce droit ne soit pas excessif et que le produit puisse le supporter sans que le producteur en soit écrasé. En 1903, pour une raison ou pour une autre, celui-ci est obligé de restreindre sa production, qui tombe à 100.000 francs. Immédiatement la quotité du droit s'élève de 10 0/0 à 30 0/0; et c'est la ruine pour l'industriel. A plus forte raison si on force l'hypothèse et si on suppose sa production descendant à 30.000 francs ou même au-dessous, ce qui n'a rien d'impossible. La valeur en sera absorbée, dans ce cas, par la patente, et il pourra même arriver qu'elle ne suffise pas à l'acquitter. Quand on a écrit cette phrase « Le droit sera perçu sur les produits », a-t-on prévu que, dans la pratique, cette formule d'apparence si simple et si inoffensive, pourrait aboutir à des conséquences d'une iniquité aussi criante et aussi monstrueuse.

***

Tout, donc, et les difficultés qu'on aurait à l'établir, et les impossibilités que présenterait son application, et les injustices qu'il entraînerait, tout condamne le système de la patente coloniale comme moyen de protection pour les produits de l'industrie et de l'agriculture métropolitaines. Aussi bien ce système, nous l'avons déjà fait observer, n'offrirait-il d'intérêt que si cette protection devait s'exercer contre les produits destinés à la consommation sur le lieu de production même, ce que nous ne saurions admettre dans quelque mesure que ce soit. Il est donc à repousser, tant pour son inutilité que pour ses vices propres, et c'est uniquement dans l'extension des droits du tarif de 1892 à un certain nombre de produits coloniaux qu'on doit chercher la solution du problème, restreint à la protection des similaires métropolitains contre ces produits, quand ceux-ci sont destinés, soit à la métropole, soit à une colonie autre que la colonie d'origine. Dans quelles limites cette extension doit-elle être renfermée? De quelles garanties doit-elle être entourée? C'est ce que nous étudierons dans un prochain et dernier article.

CH. DEPINCÉ.

BULLETIN DE LA QUINZAINE

Un bon placement. — Une des grosses difficultés pour le nouvel arrivant, dans les colonies, est de trouver à se loger, surtout lorsque, comme c'est le cas le plus fréquent, il ne dispose que de ressources restreintes et n'a qu'une faible somme à consacrer à son loyer. Il lui faut alors trop souvent se contenter d'une habitation plus qu'inconfortable, hutte plutôt que maison, dépourvue de vérandas, couverte en tôle, où il grille quand il n'y grelotte pas la fièvre et que, malgré tous ces inconvénients, il ne paie pas moins de 100 à 150 francs par mois, Tel est généralement, dans la plupart de nos villes coloniales, le lot de nombre de petits employés de commerce ou d'administration. On nous signale notamment Majunga comme particulièrement mal partagée à cet égard; mais nous pourrions citer tels autres centres urbains de Madagascar et même de l'Indo-Chine, qui n'ont rien à lui envier sous ce rapport. Presque partout, on en est resté aux installations sommaires et improvisées de la première heure.

On se demandera comment une pareille situation peut se prolonger dans des pays où, en définitive, ni le terrain, ni la main-d'œuvre, ni même les matériaux ne coûtent cher et comment on n'a pas songé à substituer à ces habitations par trop rudimentaires des maisons saines et bien aérées qui, — les chiffres indiqués plus haut le prouvent, — seraient d'un excellent rapport. Il y a à cela plus d'une raison. Tout d'abord l'hésitation assez naturelle des propriétaires de terrains, peu disposés à élever de nouvelles constructions qui feraient baisser le prix du loyer de celles qu'ils possèdent et dont ils tirent un revenu considérable. C'est, en second lieu, le manque d'argent. Les colons ont, en effet, le plus souvent leur capitaux engagés dans des entreprises commerciales ou agricoles et il ne leur est guère possible d'en distraire une fraction quelconque pour des opérations foncières. Ces opérations ne peuvent être tentées que par des personnes disposées à y immobiliser une certaine somme. Elles sont, du reste, des plus simples et des plus lucratives. Avec un mandataire bien choisi, elles peuvent rapporter de 15 à 25 0/0 net, suivant les lieux et les circonstances. Il devrait, ce nous semble, y avoir là de quoi tenter quelques-uns de nos compatriotes. Ils trouveraient dans ces opérations un placement tout aussi sûr et infiniment plus rémunérateur que ceux qu'ils peuvent trouver dans la métropole.

La situation en Indo-Chine. — Nous reproduisons plus loin une conversation que M. Doumer a eue, à son arrivée en France, avec un rédacteur du *Temps*. Les déclarations faites à notre confrère par le gouverneur de l'Indo-Chine démontrent l'inanité des critiques dont son administration a été l'objet en ces derniers temps et auxquelles nous faisions allusion récemment. On pourrait, il est vrai, être tenté de récuser le témoignage de M. Doumer dans un débat où il est le principal intéressé. Ce qui ne saurait être contesté, ce sont les chiffres authentiques sur lesquels ce témoignage s'appuie, ce sont les faits matériels certains qu'il se borne à mettre en relief. Chiffres et faits portent en eux-mêmes leur conclusion et justifient amplement la satisfaction que le gouverneur général éprouve de la situation que son habileté, sa prudence et son esprit de suite ont contribué à créer en Indo-Chine.

Une constatation, notamment, domine et tranche le débat qui s'est élevé à propos de la politique suivie à l'égard des indigènes par M. Doumer. On a représenté les populations annamites comme supportant impatiemment le joug de notre domination. Leur haine contre nous, surexcitée par des mesures qui n'ont suffisamment tenu compte ni de leurs habitudes, ni de leurs intérêts, ni même de leur orgueil national, n'attendrait qu'une occasion pour faire explosion.

Nous sommes de ceux, on le sait, dont les préférences sont acquises à une politique de bienveillance et de ménagements, et au maintien de l'organisation administrative indigène et même du mandarinat, au moins comme représentation officielle de cette organisation, et en quelque sorte à titre de décor. Or si, sur quelques points de détail, l'administration de M. Doumer s'est écartée de ce programme, elle en a du moins respecté les grandes lignes, et dans les mesures prises, jusqu'à l'heure actuelle, par le gouverneur général actuel de l'Indo-Chine, nous n'en apercevons aucune qui implique l'intention de brusquer la transition entre le régime du protectorat, tel qu'il a fonctionné jusqu'à lui en Annam et au Tonkin, et celui de l'administration directe qui sera, sans nul doute, le régime de l'avenir. Dans tous les cas, — et c'est là la constatation qu'il importe de retenir, — si les sentiments hostiles à la domination française qu'on prête à la population annamite existaient réellement, les événements de Chine leur fournissaient une occasion toute naturelle de se manifester. Cependant, elle n'a pas bougé; aucun symptôme d'agitation ne s'est révélé chez elle, à telles enseignes qu'on a pu dégarnir l'Indo-Chine de troupes pour constituer les premiers effectifs du corps expéditionnaire envoyé en Chine. C'est la preuve décisive, non seulement de la tranquillité matérielle absolue qui règne dans nos possessions d'Extrême-Orient, mais encore de l'excellent état d'esprit des populations indigènes.

La situation économique du pays explique d'ailleurs suffisamment cet état d'esprit. De 257 millions en 1897, le commerce extérieur de l'Indo-Chine est passé, en 1900, à 471 millions, soit une augmentation de 83 0/0 en quatre années. Un accroissement aussi considérable des échanges révèle un développement continu de la production et, partant, de la richesse locale. L'Annamite, se sentant protégé à la fois contre la piraterie qui semait la dévastation et la ruine dans le pays et contre les exactions des mandarins qui lui enlevaient le plus clair du produit de son travail, a pu librement donner carrière à son activité productrice. Les résultats n'ont pas tardé à se faire sentir. L'exportation des produits du cru a augmenté dans une proportion notable, et, la faculté d'achat de l'indigène s'accroissant d'autant, les importations ont suivi une marche ascendante parallèle.

En même temps la situation budgétaire s'affirmait de plus en plus brillante. Aux déficits chroniques d'autrefois succédaient des excédents d'année en année plus considérables, s'accumulant dans les caisses du Trésor et constituant un fonds de réserve qui se chiffre à l'heure actuelle par plus de 23 millions. L'Indo-Chine prenait à sa charge 12 millions de dépenses militaires annuelles supportées jusque-là par la métropole; et elle assurait en même temps le service de l'emprunt de 80 millions de 1896 et celui des 50 millions réalisés sur l'emprunt de 1898.

Il n'y a pas de critique qui puisse tenir contre de tels faits et de tels chiffres. Tout, assurément, n'est pas parfait en Indo-Chine. Mais il y a une injustice flagrante à méconnaître les progrès prodigieux qui y ont été réalisés au cours de ces dernières années, et à représenter comme un pays qui marche à sa ruine et qui se désaffectionne de nous, une colonie qui nous donne le spectacle d'un essor économique sans précédent dans notre histoire coloniale, d'une situation budgétaire que pourrait lui envier plus d'un Etat européen, et non des moindres, et, enfin, d'une tranquillité que les circonstances les plus défavorables n'ont pas pu troubler.

Le chemin de fer de Tunis au Kef. — Une réunion publique a eu lieu à Tunis le 8 de ce mois pour protester contre le retard apporté à la construction de cette ligne de chemin de fer à la suite de l'interpellation Berthelot.

Lecture a été donnée d'un rapport de M. Tessié qui conclut à la nécessité de commencer d'urgence les travaux, et insiste tout spécialement sur les importantes ressources minières de la région à desservir. « Les recherches effectuées ces dernières années, dit-il, ont fait reconnaître l'existence — sur la quasi-totalité de la ligne proposée — de richesses minières, dont la mise en valeur et l'exploitation ne pourront être utilement poursuivies qu'avec l'aide du chemin de fer si justement adopté par les pouvoirs publics de la métropole et du Protectorat. Ces richesses minières sont telles que, à ce jour, plus de deux cent cinquante demandes en permis de recherches, ont été introduites ou accordées, et que, malgré qu'un nombre relativement restreint de gisements aient pu être étudié, la Direction générale des Travaux publics évalue, dès à présent, à plusieurs milliers de tonnes le trafic annuel que ces exploitations minières apporteront à la nouvelle ligne. »

L'ordre du jour suivant a été voté à l'unanimité :

« La colonie française déclare pleinement approuver le projet de loi autorisant le Gouvernement de la métropole à ratifier la convention conclue par l'Etat tunisien pour la construction du chemin de fer de Pont-du-Fahs à Kalaat-es-Senam avec embranchement sur le Kef, dans les conditions stipulées aux délibérations de la Conférence consultative;

« Prie le Parlement de vouloir bien adopter d'urgence et sans modification la convention qui lui est soumise ;

» Prie M. le Résident général de transmettre au Gouvernement de la République et spécialement à M. le Ministre des affaires étrangères, l'expression de sa profonde gratitude. »

De son côté, le bureau du Syndicat des colons français en Tunisie, ayant à sa tête M. Paul Leroy-Beaulieu, son vice-président, en l'absence de M. Georges Picot, son président, retenu par une indisposition, a été reçu le 18 mars par M. Delcassé, ministre des affaires étrangères, auquel il a remis la protestation suivante :

Protestation présentée à M. le Ministre des affaires étrangères par le Syndicat des colons français en Tunisie le 16 mars 1901.

« Le Syndicat des colons français en Tunisie qui représente plus de 100 millions de capitaux apportés à la colonisation,

« Proteste énergiquement contre la menace qui a été faite aux intérêts de la Tunisie par le vote de la Chambre émis à la suite de l'interpellation de M. Berthelot.

« D'après ce vote, la création des chemins de fer tunisiens se trouverait livrée aux lenteurs de la procédure parlementaire.

« Le Syndicat considère cette menace comme la plus grave atteinte qui puisse être portée au régime du protectorat dont l'avantage principal était de laisser au pays protégé son autonomie en matière de finances et de travaux publics.

» Il est inadmissible que l'on vienne priver la Tunisie de cette autonomie juste au moment où l'on vient de l'accorder à l'Algérie.

» En ce qui concerne la ligne du Kef à Tunis, le Syndicat fait observer qu'elle est décidée depuis les premiers jours de l'occupation ; qu'elle est déjà amorcée du côté de Tunis sur 63 kilomètres jusqu'au Pont-du-Fahs.

« Qu'elle doit ouvrir à la colonisation une région qui lui est tout particulièrement propice et que ce résultat ne serait nullement obtenu si la ligne nouvelle se dirigeait directement de Kalaat-es-Senam sur la ligne de la Medjerdah.

« Pour les autres chemins de fer, il doit être observé que les circonstances qui ont motivé le vote de la Chambre se rapportent uniquement au parallélisme de la ligne projetée avec la ligne de la Medjerdah : le Syndicat espère donc que M. le Ministre voudra bien réserver expressément au gouvernement tunisien le droit de concéder toutes les lignes ferrées qui ne seraient pas parallèles au chemin de fer de la Medjerdah ou qui se trouveraient dans une autre région. »

On voit donc que sur cette question l'accord est unanime entre les divers membres de la colonie française, l'Administration du Protectorat et le ministère des affaires étrangères. Cette unanimité de vues ne pourra manquer de faire impression sur la Chambre.

Le développement de Bizerte. — Un des points de la Tunisie qui ont subi depuis le Protectorat la transformation la plus complète est à coup sûr Bizerte. Avant 1890, cette petite ville arabe ne comptait pas plus de 5.000 habitants, indigènes à quelques unités près. Son port, qui avait été florissant à l'époque de la piraterie, et le canal qui l'unissait au lac étaient ensablés, et il avait fallu procéder à des dragages pour rendre possible l'entrée des navires calant mois de 3 mètres. Aussi le mouvement commercial était-il nul et cette localité faisait l'effet d'une ville morte. C'est alors que pour tirer parti de l'admirable situation qu'occupe Bizerte non loin du cap Blanc, le point le plus septentrional du continent africain, où sont forcés de passer tous les navires qui traversent la Méditerranée pour aller en Orient ou en revenir, la direction générale des Travaux publics traita avec MM. Hersent et Couvreux qui cédèrent leur concession à la Compagnie du port de Bizerte. En cinq années, cette Société a exécuté une œuvre immense qui n'a pas coûté moins de dix millions et demi de francs, dont 4.500.000 fr., ont été payés par elle, et six millions sont restés à la charge du budget tunisien.

Un canal profond de 9 mètres et large de 64 mètres que des travaux complémentaires sont en train de porter à 200 mètres, donne accès dans le lac aux plus grands cuirassés de notre flotte. Deux jetées en protègent l'entrée qui sera couverte en outre, par un môle. Une somme de 8.600.000 fr. a été votée par le Parlement pour ces travaux complémentaires. Un quai de 200 mètres accostable aux navires de 7 mètres de tirant d'eau a été construit sur les berges du canal et complété par des engins de levage, des hangars, des voies ferrées et des conduites d'eau qui permettent d'opérer promptement le chargement et le déchargement des marchandises et de ravitailler les bateaux de passage. Le tarif de ces diverses opérations a été diminué à plusieurs reprises et est actuellement très inférieur à celui que la Compagnie avait été primitivement autorisée à percevoir.

« Au point de vue du ravitaillement des navires au long cours, la position de Bizerte, sur la route directe de Gibraltar à Port-Saïd, lui permet de rivaliser dans les meilleures conditions avec Alger et avec Malte. Dès que les habitudes commerciales se seront modifiées — ce qui est toujours assez long — il est certain que bien des navires ayant, pour une raison ou pour une autre, brûlé l'une des deux escales précédentes, entreront à Bizerte pour y renouveler leur charbon, leur eau, leurs vivres frais. Au point de vue des ressources, Bizerte est infiniment mieux doté que Malte, qui ne produit rien, et tout aussi favorisé qu'Alger. Vivres frais, bœufs, poissons, légumes s'y trouvent en abondance ; l'eau y est d'excellente qualité et en quantité pour ainsi dire illimitée. »

Ainsi s'exprime une récente publication officielle : « Les Travaux Publics du Protectorat en Tunisie ».

Afin de mettre cette position si précieuse à l'abri des attaques, tout un système de forts et de batteries est en construction autour de Bizerte. A côté de la vieille ville arabe, une ville française s'élève, en grande partie sur les terrains que la Compagnie du Port a conquis sur le lac. La population actuelle est estimée à 20.000 habitants, dont 2.000 Français civils,

4,500 Européens et 5.000 hommes de troupe. Cette croissance rapide fait le plus grand honneur au génie colonial de la France et à l'énergie des hommes qui ont su, en si peu de temps, mener à bien cette grande œuvre.

La mission scientifique pour l'étude de la fièvre jaune. — Nous avons signalé récemment le départ pour le Sénégal d'une mission organisée par le Ministère des Colonies, à l'effet de rechercher les mesures à prendre et les travaux d'assainissement à exécuter pour prévenir le retour de l'épidémie de fièvre jaune qui a désolé la colonie dans le cours de l'année dernière. Le Ministre des Colonies vient de compléter cette mesure, en demandant au Parlement les crédits nécessaires pour organiser une autre mission, destinée à rechercher la nature même de la maladie, son mode de transmission et son traitement curatif et préventif qui, jusqu'à ces derniers temps, étaient complètement ignorés. A cet effet, les Ministres des Colonies et des Finances ont déposé sur le bureau de la Chambre une demande de crédit de 150.000 francs destinés à faire face aux frais de première installation et d'achat du matériel nécessaire pour les recherches. C'est dire que ce crédit ne constitue qu'un « premier effort » et que de nouveaux crédits seront ultérieurement demandés pour l'entretien de la mission. L'importance de la dépense prévue tient, à la fois, à la durée probable des recherches et aux régions dans lesquelles on devra les poursuivre. Le projet prévoit, en effet, que l'étude de la fièvre jaune sera longue et difficile et qu'elle devra, pour aboutir à un résultat définitif, se prolonger pendant plusieurs années. Elle ne peut, par cela même, se pratiquer que dans des pays où cette affection règne à l'état endémique, afin que la mission soit assurée d'avoir toujours sous la main les éléments indispensables.

La dernière épidémie au Sénégal avait démontré l'impossibilité pour nos médecins de se livrer aux observations minutieuses et délicates que nécessitent les recherches scientifiques, pendant que le fléau sévissait et qu'ils devaient lutter contre lui. Aussi n'avait-on pu déterminer exactement ni les origines de la contamination, ni les traitements efficaces. C'est à les rechercher, à perfectionner nos moyens de défense contre le redoutable fléau que s'attachera la nouvelle mission.

Notre gouvernement suit, d'ailleurs, la voie dans laquelle se sont déjà engagés d'autres pays également intéressés dans cette question. Voici même que le *Times* annonce que des médecins de l'armée américaine, à la Havane, auraient découvert le véritable agent transmetteur de la maladie. Ce serait un moustique très abondant à Cuba, dont la piqûre inoculerait le venin. Bien qu'il soit difficile d'apprécier la valeur scientifique des expériences d'où paraît résulter cette découverte, elles marquent l'utilité et l'opportunité de la nouvelle mission dont le Ministre des Colonies vient de prendre l'initiative.

La colonisation militaire à Madagascar. — Les essais de colonisation militaire tentés par le général Gallieni n'ont pas été, à l'origine, sans rencontrer quelque scepticisme même chez les juges les plus bienveillants. On se demandait, et il était naturel qu'on se demandât, ce que donnerait cette expérience dans un pays où les exploitations agricoles nécessitent un capital relativement élevé, dont ne disposent généralement pas les militaires qui viennent de terminer leur service. Le *Journal officiel de Madagascar* vient de publier à cet égard des renseignements et des chiffres qui sont de nature à dissiper tous les doutes et toutes les inquiétudes. On trouvera plus loin ces détails. Bornons-nous ici à constater que sur les 40 militaires mis en concession, 37 ont persisté dans leur entreprise et sont en voie de réussite. C'est une moyenne qu'on serait heureux de retrouver ailleurs et même à Madagascar avec les colons appartenant à l'élément civil.

On pourrait penser que ce succès n'a été acheté par l'administration qu'au prix de sacrifices pécuniaires considérables. La vérité est que les sommes distribuées pendant deux ans aux colons militaires, en secours et en subsides de toute nature, ne dépassent pas 45.900 francs, soit un peu plus de 1.000 francs par tête. La plupart d'entre eux, il est vrai, disposaient de ressources personnelles, mais très certainement de beaucoup inférieures à celles qu'exige normalement la création d'une exploitation agricole à Madagascar. L'explication de leur réussite se trouve donc ailleurs. Elle se trouve d'abord dans le soin minutieux qui a présidé à la sélection des colons de cette catégorie et qui a permis d'éliminer toutes les non-valeurs. Elle réside, en second lieu, dans la connaissance préacquise du pays, grâce à laquelle les colons militaires ont pu, d'emblée, fixer leur choix sur des concessions fertiles et faciles à exploiter et se mettre immédiatement à l'œuvre, faisant ainsi l'économie des tâtonnements et des « écoles » qui représentent ordinairement pour le nouveau venu une si grosse perte de temps et d'argent, sans parler de l'atteinte qu'ils portent à son capital d'énergie et d'endurance morale. Enfin et surtout, le militaire, au cours de son service, s'est familiarisé avec les habitudes et les mœurs de la population indigène; il a appris à la manier et il n'y a rien d'étonnant à ce que, le moment venu, il ait plus de facilités qu'un autre pour y trouver la main-d'œuvre dont il a besoin et soit mieux préparé à tirer parti de cette main-d'œuvre. En un mot, il a, sur le nouvel arrivant, l'avantage d'être renseigné, entraîné et garanti par son expérience contre les erreurs possibles. Il faut ajouter que ces éléments de réussite ont été, dans la circonstance, merveilleusement mis en œuvre par un homme qui possède, en quelque sorte, le génie de la colonisation et qui a surveillé cette expérience avec une sollicitude toute particulière. La colonisation militaire a réussi à Madagascar grâce à la valeur propre des colons, mais beaucoup aussi grâce à la méthode, à l'esprit de suite, à l'attention passionnée que le général Gallieni a apportés dans la réalisation de cette partie de son programme.

Ce qu'il a fait, d'autres peuvent le faire aujourd'hui dans d'autres colonies en mettant à profit les enseignements qui se dégagent de cette tentative. On arriverait ainsi facilement et rapidement à former dans toutes nos possessions un noyau de colons éprouvés, qui serait un élément sérieux de la mise en valeur de ces possessions, en même temps qu'il contribuerait, par l'établissement de rapports familiers et suivis avec les populations indigènes, à leur faire accepter notre domination et qu'il apporterait, au besoin, un appoint précieux à la défense de notre empire d'outre-mer.

DOCUMENTS, ARTICLES SPÉCIAUX
ACTES OFFICIELS

COLONIES FRANÇAISES

AFRIQUE DU NORD

Algérie. — Actes officiels. — *Le Mobacher, 6 mars 1901.* — *Loi* déclarant d'utilité publique un chemin de fer prolongeant la ligne d'Aïn-Sefra à Djennien-bou-Rezg et à Duveyrier, dans la direction d'Igli. — *Arrêté* du gouverneur prononçant l'expropriation avec prise de possession d'urgence, des terrains nécessaires à la création du centre de Voltaire (Alger).

Administration. — *Service des postes.* — A partir du 1er avril prochain, tout objet de correspondance d'origine postale à destination de l'agglomération d'une localité d'Algérie siège d'une recette de plein exercice, d'un établissement de facteur-receveur ou d'une recette auxiliaire rurale sera distribué par exprès, lorsque l'expéditeur en aura fait la demande sur la suscription et aura acquitté un droit spécial de 50 centimes en sus de la taxe fixée par les tarifs en vigueur.

Colonisation. — *Création d'un nouveau centre.* — Par arrêté du 25 février 1901, M. le gouverneur général a prononcé l'expropriation avec prise de possession d'urgence de 1.968 hectares de terrains nécessaires à la création du centre de Voltaire. (Aïn Lechiak) commune mixte du Djendel, arrondissement de Miliana.

L'Exposition coloniale de 1903-1904. — Un groupe important de personnalités algériennes a pris il y a quelques mois l'initiative d'un projet d'exposition coloniale qui aurait lieu à Alger, dans le courant de l'hiver 1903-1904. La sous-commission d'études du projet s'est réunie dernièrement à la mairie d'Alger.

Le rapporteur a conclu à l'organisation d'une Exposition coloniale française et internationale africaine.

L'avant-projet comporte 51.500 mètres carrés de constructions : 10.000 mètres carrés pour l'Algérie; 15.000 mètres carrés pour les colonies françaises; 6.000 mètres carrés pour les produits africains; 8.000 mètres carrés pour les puissances méditerranéennes; 4.000 mètres carrés pour l'exposition maritime (en plus du port et de la rade); enfin 8.000 mètres carrés pour les produits français d'exportation en Afrique et pour la salle des fêtes. Une surface d'environ cinq hectares serait consacrée aux jardins, restaurants, attractions, etc.

Se basant sur ce fait qu'Alger est en relations commerciales avec tout l'Extrême-Orient et se trouve sur le passage des navires allant de la Méditerranée à l'Atlantique, le rapporteur a proposé l'installation d'une exposition maritime internationale qui, en raison de la surface des eaux du port et des quais, constituerait l'une des plus intéressantes exhibitions de ce genre.

La dépense prévue est évaluée à 7 millions.

Il y aurait, d'après les organisateurs, à choisir entre le terrain de manœuvres de Mustapha et les terrains d'Isly.

Commerce. — *Le commerce du Touat.* — La poursuite régulière de notre politique d'expansion saharienne ne peut malheureusement s'accomplir d'une façon toute pacifique, sans rencontrer une certaine opposition persistante dont les récents engagements de Charrouïn nous ont apporté le trop douloureux témoignage. Ces événements appellent une fois de plus l'attention sur la vaste région trop peu connue encore qui relie nos possessions du sud-est algérien aux territoires nord de l'ancien Soudan français.

Le Touat, nom général sous lequel on désigne cette immense partie du Sahara, se compose de trois districts : le *Gourara*, au nord, le *Tidikelt*, à l'est, et le *Touat* proprement dit, au sud-est, dont In-Salah est le principal centre.

Ce district mesure une étendue d'environ 800.000 kilomètres carrés; il compte plus de 200.000 habitants et 332 ksours. Ces ksours sont les marchés où viennent s'approvisionner les nombreuses tribus qui sillonnent le Sahara.

In-Salah est principalement le marché de la tribu des Touaregs-Hoggar. On estime qu'il ne contient pas moins de 7.000.000 de palmiers. L'occupation du Touat a procuré un débouché d'une certaine importance aux marchandises européennes qui transitent par le Maroc ou Tripoli. Deux grandes caravanes, qui emploient pour leurs transports près de 9.000 chameaux, partent annuellement d'Akabli, l'oasis extrême sud du Tidikelt, à destination de Tombouctou. Le départ de la première a lieu au commencement d'avril; elle arrive à Tombouctou vers la fin de mai, y séjourne pendant l'été, quitte cette ville, aux premiers jours d'octobre pour être de retour à Akabli vers le milieu de novembre. La durée du voyage à travers le Sahara est d'environ 35 jours. La seconde caravane quitte Akabli en octobre pour y revenir en mai.

Le droit d'octroi sur les oranges et citrons. — On sait que le Conseil municipal de Paris a établi un droit de 5 francs par 100 kilos sur les oranges et citrons à leur entrée dans la capitale. Un décret du 16 janvier a approuvé l'application de ce droit.

Cette nouvelle taxe n'a pas été sans émouvoir à juste titre les producteurs algériens. La production des oranges et citrons est d'environ 3.000.000 de francs par an, dont une large partie s'exporte directement à Paris.. Les nouveaux droits sont donc appelés à prélever sur ce commerce une lourde imposition. Dans sa séance du 15 janvier, la *Société des agriculteurs d'Algérie* a émis un vœu tendant au retrait par le Conseil municipal de Paris de cette taxe. D'autres sociétés agricoles d'Algérie et du Sud de la France ont émis des vœux semblables.

Les commercants parisiens qui sont aussi indirectement lésés par cette taxe ont essayé d'en atténuer lepréjudice.

On sait qu'un tiers seulement des oranges et citrons expédiés à Paris est consommé sur place; les deux autres tiers sont réexpédiés en province. Se basant sur ce que « les droits d'octroi ne trouvent leur explication que dans le fait de la consommation à l'intérieur d'une ville », les commerçants demandent que les droits perçus à l'entrée soient remboursés pour les oranges et citrons réexpédiés vers la province.

Ils ont, à cet effet, pétitionné auprès du préfet de la Seine et du directeur de l'octroi, ainsi qu'auprès du Conseil municipal, qui a chargé une commission d'examiner cette pétition.

Les primeurs d'Algérie. — Parmi les industries agricoles susceptibles de convenir aux colons disposant de faibles capitaux, celle des primeurs est justement recommandée. Ajoutons qu'elle n'est guère possible et ne doit être encouragée qu'à proximité des grandes villes, de préférence sur le littoral. Au moment où va commencer en France l'importation des primeurs d'Algérie, sur le marché de Paris et les principaux marchés d'Europe, il est intéressant de rappeler les prix qu'atteignent aux Halles les premiers primeurs.

L'exportation de l'artichaut en Algérie commence généralement en mars et dure de trois à quatre mois. L'artichaut se vend aux halles de Paris de 20 à 40 francs le cent, suivant l'époque et la qualité.

Les espèces cultivées de préférence sont le *Vert de Laon*, la plus estimée dans la région parisienne, et *Gros Camus de Bretagne*, qui est également de vente à Paris.

La culture de la pomme de terre nouvelle est importante aussi en Algérie.

Les producteurs algériens distinguent trois sortes principales de pommes de terre : 1° la grosse, que quelques expéditeurs d'Alger envoient par caisses en Angleterre; 2° la moyenne, qui a le plus de valeur; et 3° la grenaille ou toute petite pomme de terre, dont on voit souvent des échantillons sur les marchés locaux.

La pomme de terre s'expédie en barils que les expéditeurs se procurent à Marseille ou à Alger. Elle se vend à Paris de 25 à 30 francs les 100 kilos.

Quant à la culture des tomates primeurs, on sait que l'Algérie a complètement réussi à supplanter l'Égypte qui avait le monopole de cette fourniture sur les marchés de Paris et de Londres.

Deux espèces de tomates surtout se recommanderaient pour l'exportation : la *Reine des hâtives* et la *Merveille des marchés*.

Les fruits de cette dernière sorte sont absolument lisses, de moyenne grosseur, très résistants et ne se fendent pas, ce qui les rend d'un transport facile et les désigne plus particulièrement pour les pays où la culture de la tomate se fait en vue de l'expédition dans les grands centres et à l'étranger.

Les tomates primeurs se vendent, à Paris et à Londres, de fin février à avril, de 100 à 180 francs les 100 kilos.

Une autre culture également très productive en Algérie est celle du raisin chasselas, dont l'expédition commence vers le 15 juillet et dure environ cinq semaines. Le raisin de Guyotville est emballé en boîtes de plusieurs grandeurs. Au début de la campagne, on en fait quelques-unes de 500 grammes et de 1 kilo, mais les types les plus usités sont ceux de 3 et de 5 kilos la boite. Pour les expédier, on accouple les boites par fardeaux de deux.

Les premiers envois de raisins primeurs se vendent à Paris jusqu'à 300 francs les 100 kilos. Les prix vont ensuite en décroissant au fur et à mesure de l'importance des arrivages. Les envois cessent lorsque les cours tombent à 80 et à 90 francs, c'est-à-dire à l'époque où le raisin du Midi commence à donner.

Enfin, l'Algérie envoie également des quantités considérables de primeurs variées, notamment des haricots verts, des petits pois, des asperges, des fraises et des melons. Chaque vapeur de la Compagnie générale Transatlantique qui arrive à Marseille décharge, en moyenne, de six à huit mille colis de légumes et des fruits primeurs.

L'exportation des primeurs atteint annuellement en Algérie la somme de 8.000.000.

Mais, avant de songer à exporter, les maraichers algériens ont, pendant plusieurs années, assuré l'approvisionnement des marchés locaux. Ce n'est que lorsqu'il y a eu saturation qu'ils ont songé à alimenter le principal marché de la métropole, c'est-à-dire Paris, c'est ce qui pourrait expliquer l'essor considérable pris par ce genre de culture en Algérie dans ces dernières années, et les heureux résultats obtenus.

Aujourd'hui, les produits fruitiers et maraichers de l'Algérie sont consommés un peu partout en France et en Europe. Les principaux clients à l'étranger sont : l'Angleterre, la Belgique, la Suisse et l'Allemagne, qui achètent annuellement une importante quantité de légumes primeurs, plus particulièrement des pommes de terre, des tomates, des artichauts, des haricots verts, du raisin primeur, des oranges et des citrons, et, depuis peu de temps, des fraises et des melons.

Introduction des moutons en France. — Par arrêté du 23 février 1901, le Ministre de l'Agriculture a décidé qu'à dater du 1er mai 1901, les animaux de l'espèce ovine provenant de l'Algérie ne seront admis à l'entrée en France que s'ils ont été clavelisés au moins un mois avant l'embarquement ; cette opération sera constatée par un bouton apposé à l'oreille des animaux, suivant les prescriptions de l'arrêté de M. le gouverneur général de l'Algérie, en date du 28 avril 1898.

Toutefois, à titre de mesure transitoire, les moutons non clavelisés continueront à être admis en France jusqu'au 1er mai 1902, mais sous condition d'abatage immédiat au port de débarquement ou d'envoi en wagons plombés dans un abattoir de grande ville de la région méditerranéenne. Ces animaux pourront également être envoyés dans les mêmes conditions au sanatorium de la Villette.

Finances. — *L'emprunt de Philippeville.* — Le Ministre de l'Intérieur a déposé un projet de loi tendant à autoriser la ville de Philippeville à porter de 3.80 0/0 à 4 0/0 le taux de l'intérêt de l'emprunt de 492.000 francs approuvé par la loi du 15 mars 1900.

Tunisie. — Administration. — *La tournée du Résident général.* — M. Benoit, résident général par intérim, vient de visiter tout le sud de la Régence. Il s'est rendu successivement à Grombalia, Nabeul, Sousse, Kairouan, Sfax, Gafsa et Gabès. Partout il a pu constater les progrès considérables accomplis par la Tunisie dans la période d'une douzaine d'années qui s'est écoulée depuis son premier séjour dans le pays. Grâce aux routes et aux chemins de fer récemment construits, ce voyage qui présentait autrefois de réelles difficultés peut se faire maintenant en quelques jours et sans fatigue.

Colonisation. — *Ferryville.* — Cette petite localité, qui n'existe que depuis trois ans, se développe avec une rapidité merveilleuse. D'après la *Dépêche Tunisienne*, elle compte déjà 5.000 habitants, dont seulement 1.500 à 1.800 indigènes. Elle doit son existence à un colon, homme d'initiative et d'intelligence, M. Décoré, qui a acquis le terrain sur lequel elle s'élève, qui en a tracé les plans, et qui a présidé aux premières constructions, mais que la mort a malheureusement empêché de voir le succès complet de son œuvre. Située au fond du lac de Bizerte, elle grandira à mesure que s'élève à ses côtés le grand arsenal de Sidi-Abdallah. Les travaux de cet établissement maritime, qui rendra à notre flotte de précieux services avancent rapidement.

Alimentation en eau des villes et villages. — Le *Journal officiel tunisien* du 30 janvier a publié un rapport du directeur général des Travaux publics sur les études et recherches d'eau pour l'alimentation des villes et villages de la Régence, effectuées de 1896 à 1900. Cet important document énumère les travaux exécutés et les études entreprises pour alimenter d'eau potable les localités de Tunis, Bizerte, Ferryville, Mateur, Tebourba, Béja, Medjez-el-Bab, Souk-el-Arba, Tabarka, le Kef, Ksour, Thala, Hammamet, Nabeul, Sousse, Monastir, Mehdia, le Sahel, Enfidaville, Kairouan, Sfax, Gabès et Houmt-Souk. La longueur de cette énumération témoigne de l'activité déployée par le service des Travaux publics.

Industrie. — *Nouvelles exploitations de phosphates.* — S'il faut en croire l'*Écho des Mines*, la Société la « Floridienne » aurait acheté le gisement de phosphates de Sidi-Mabrouk, à 20 kilomètres de Sbiba. Ceux d'Aïn Guemouda et de Chaambi, dans la même région, seraient sur le point d'entrer en exploitation. Ces mines, avec plusieurs autres également importantes, permettraient la construction d'une nouvelle ligne de chemin de fer de Kairouan à Tlala, dans des conditions analogues à celles des lignes de Sfax à Gafsa et du Pont du Fahs à Kalaat-es-Senam. Le centre de la Régence, par cette voie ferrée, serait ouvert à la colonisation, et le port de Sousse recevrait l'aliment de transit qui lui fait encore défaut.

Moyens de transport. — *Caravanes d'automobiles.* — Une caravane d'automobiles, sous la conduite de M. de Méaulne, vient de parcourir la Tunisie depuis Tunis jusqu'à Gabès. La possibilité d'une semblable excursion montre le développement atteint dans la Régence par le réseau des routes empierrées. Les touristes peuvent la parcourir presque aussi facilement que n'importe quelle contrée d'Europe, et ils peuvent choisir le moyen de locomotion le plus conforme à leurs goûts.

AFRIQUE OCCIDENTALE

Afrique occidentale. — Actes officiels. — *Journal officiel du Sénégal.*

2 mars. — *Arrêté* portant modification de l'article 2 de l'arrêté du 2 avril 1897 prescrivant la réexpédition par le service compétent des colis postaux à destination de Thiès et Tivavouane. — *Arrêté* fixant le maximum des encaisses des agences spéciales dans le Haut-Sénégal et Moyen-Niger. — *Arrêté* portant approbation définitive du budget local autonome du Haut-Sénégal et Moyen-Niger, pour l'exercice 1901.

Caoutchouc. — *Exportations de la Côte occidentale d'Afrique.* — La Revue annuelle du marché de caoutchouc, publiée par Kramrisch et Cie de Liverpool, donne les renseignements suivants sur la production du caoutchouc en Afrique en 1900.

Il y a eu une augmentation de plus de 1.000 tonnes dans les arrivages des sortes africaines ; les prix du marché ont été presque les mêmes que ceux d'il y a trois ans, la surproduction des caoutchoucs du Congo sur le marché d'Anvers a même amené une diminution de 6 à 9 pence par livre sur les prix de la fin de 1899.

Les stocks de fin d'année à Liverpool et à Anvers sont de beaucoup supérieurs à ceux des années précédentes.

Le Lagos exporte de moins en moins de caoutchouc, par contre les exportations de la Gold Coast et de la Côte d'Ivoire augmentent et ont atteint plus de 2.000 tonnes en 1900. La production d'Angola est en diminution sur les années précédentes, mais peut-être une partie des caoutchoucs exportés ont-ils transité par le Congo. Les provenances de Benguela sont également en diminution, 1.510 tonnes en 1900, contre 1.810 en 1899 et 2.900 en 1898; à Loanda, les exportations de caoutchouc accusent aussi les diminutions (678 tonnes en 1900, contre 1.070 en 1899). Du Cameroun et du Congo français, on signale une augmentation dans la production et une diminution de prix de 9 à 10 pence par livre sur certaines sortes et de 6 pence sur quelques autres.

Les lots de caoutchouc du Sénégal sont peu importants et se vendent bon marché. Les produits de Sierra-Leone sont en légère diminution; dans les six derniers mois de 1900, beaucoup d'acheteurs ont été séduits par le bas prix et la bonne qualité des caoutchoucs du Congo vendus à Anvers, mais maintenant que les prix du Sierra-Leone sont diminués, les exportateurs de ce produit peuvent espérer voir les acheteurs leur revenir, si la qualité se maintient. Les caoutchoucs durs de la côte est d'Afrique et du Nyassaland ont trouvé preneurs à bon prix. Les arrivages de Madagascar n'ont pas été aussi conséquents qu'on s'y attendait, mais les quelques stocks reçus se sont bien vendus.

La quantité totale de caoutchouc importée de la Côte Occidentale d'Afrique à Liverpool a été 5.140 tonnes en 1900, contre 5.600 tonnes en 1899 6.400 en 1898. La production totale de l'Afrique a été de 12.500 tonnes en 1900, contre 11.500 en 1899 et 11.900 tonnes en 1898.

Colonisation. — *Les petites concessions.* — La commission des concessions s'est réunie le 12 mars, au Pavillon de Flore, sous la présidence de M. Cotelle; elle a entendu la lecture d'un rapport sur la réglementation de l'octroi de petites concessions de culture à la Côte occidentale d'Afrique.

Commerce. — *La Banque de l'Afrique occidentale.* — Nous annoncions, dans notre dernier numéro, la transformation de la *Banque du Sénégal* en *Banque de l'Afrique occidentale.* Un avis inséré au *Journal officiel du Sénégal* du 2 mars fait connaître que cette transformation sera un fait accompli à partir du 1er juillet.

Postes et Télégraphes. — *Nouveaux bureaux* — Le bureau de Lambaye est supprimé depuis le 1er mars ; celui de Toul est ouvert à la correspondance postale et télégraphique depuis cette même date.

Le bureau provisoire de Ouakaro a été transféré à Manambougou à la date du 20 février.

Côte-d'Ivoire. — COMMERCE. — *Principales exportations en 1900.* — A défaut des statistiques détaillées sur le commerce de la colonie pendant l'exercice écoulé, voici les principales denrées du cru exportées en 1900 :

	Exportations totales	Exportations pour France (comprises dans la colonne précédente)
	kilogr.	kilogr.
Amandes de palme...	3.107.857	1.224.386
Café................	24.722	22.726
Huile de palme.......	4.400.000	3.586.725
Caoutchouc brut......	1.051.783	17.844
Acajou..............	13.420.312	1.682.321

Sénégal. — FINANCES. — *Ressources pour travaux publics.* — Le Conseil général de Saint-Louis, dans sa session extraordinaire, a décidé de porter de 250.000 à 317.000 francs la quote-part annuelle des droits de douane perçus par le Sénégal pour le compte du budget autonome de l'ancien Soudan, à la condition que cette somme soit affectée à des travaux de chemin de fer dans le Soudan.

La colonie du Sénégal a inscrit à son budget une annuité de 500.000 fr. pendant vingt-deux ans pour garantir le solde de 7 millions à verser par la caisse des dépôts sur le premier emprunt de 16 millions pour les chemins de fer et garantir en outre un emprunt de 13 millions nécessaires à l'achèvement des travaux.

Cette décision est considérée comme un grand succès pour le gouverneur, M. Ballay.

AFRIQUE ORIENTALE

Madagascar. — ACTES OFFICIELS. — *Journal officiel de Madagascar et dépendances.*

30 janvier. — *Instructions* sur l'établissement des réseaux de routes à Madagascar et sur l'organisation particulière du réseau reliant le plateau central à la Côte Est. — *Arrêté* municipal réorganisant le personnel indigène de la police municipale.

2 février. — *Instruction* au sujet de l'attribution, par voie d'adjudication, des concessions de terres et de forêts. — *Circulaire* au sujet des pièces de monnaie divisionnaire adressées au Trésor.

6 février. — *Instructions* au sujet de la colonisation militaire. — *Circulaire* au sujet des avances à faire aux colons. — *Arrêté* relatif au contrôle hygiénique des boissons alcooliques importées à Madagascar.

9 février. — *Instructions* au sujet des mesures à prendre contre les invasions de sauterelles. — *Arrêté* autorisant la Société de batelage de la Côte Ouest à construire un débarcadère et des magasins à Majunga.

13 février. — *Arrêté* au sujet du tarif de remboursement des transports. — *Arrêté* suspendant jusqu'à nouvel ordre le recrutement dans la province d'Ambatondrazaka.

16 février. — *Arrêté* créant des établissements hippiques dans le commandement supérieur du Sud.

COLONISATION. — *Avances remboursables à consentir aux colons.* — M. le général Gallieni a adressé aux administrateurs, chefs de province et commandants de cercle, une circulaire à ce sujet. Il y fait connaître que, pour venir en aide aux colons qui, dans la période de début, éprouvent souvent de grandes difficultés à assurer le bon fonctionnement de leur exploitation, des avances remboursables pourraient leur être faites sur les fonds du budget local. Il va sans dire, ajoute le général, que la plus grande circonspection devra être observée dans la distribution de ces avantages. Il continue en ces termes :

« Sans entrer dans la voie de la colonisation officielle, il peut être très utile à la colonie d'avoir le moyen de secourir, par un appui pécuniaire, et par analogie avec les mesures de faveur prises à l'égard des colons militaires, ceux de nos compatriotes qui ont manifesté les qualités d'énergie et de ténacité auxquelles, dans les parties de l'île qui présentent certaines ressemblances avec les climats tempérés, est surtout subordonnée la réussite.

« Dans l'Imerina et le Betsileo notamment, où les cultures vivrières annuelles, pratiquées dans les environs des centres, peuvent donner des résultats presque immédiats, il faudra parfois un faible appoint pécuniaire, pour aider un colon travailleur, sobre et honnête, à triompher d'une crise, surtout à l'origine de son entreprise.

« C'est dans ce but qu'a été élaboré l'arrêté du 29 janvier courant.

« Vous remarquerez que ce texte vise particulièrement les petits agriculteurs ou industriels qui disposant de peu de ressources, mais faisant preuve d'énergie, d'intelligence et d'aptitude vraiment laborieuses, peuvent réussir dans les régions saines du centre de Madagascar.

« J'attire donc spécialement votre attention sur ce point, qu'en règle générale, les avances remboursables seront limitées aux colons du plateau central et ne devront pas dépasser une somme relativement minime.

« Seront, d'ailleurs, seules susceptibles d'être accueillies, les demandes de ceux que vous aurez reconnus tout à fait dignes d'intérêt, après les avoir vus à l'œuvre. »

Suit l'arrêté du 29 janvier, dont ce qui précède résume les clauses essentielles.

A Tamatave. — A la pointe Hastie, au delà des magasins de transit, on élève les magasins pour entreposer le matériel du chemin de fer d'Anivorano, transitant à Tamatave.

Ces magasins sont construits par M. Flondrois et sont semblables à ceux du wharf.

D'autres magasins seront encore édifiés de ce côté, et la pointe Hastie prendra un aspect nouveau.

Un deuxième pavillon démontable du Camp des Manguiers a été démonté et va être reconstruit à la pointe Tanio; les fondations sont terminées et le montage va commencer incessamment.

Le premier pavillon transféré, destiné au service de la Place, est presque terminé comme gros œuvre. Il ne reste qu'à finir les aménagements intérieurs.

Au casernement de la pointe Tanio on a construit une cantine en maçonnerie, couverte en tuiles, et une cuisine annexe.

Un grand réservoir, d'une contenance de 100.000 litres a été établi, pour assurer l'alimentation en eau des lavabos et d'une salle d'hydrothérapie. Ce réservoir sera rempli au moyen d'un moulin à vent actionnant une pompe aspirante et foulante.

La maçonnerie des magasins des services administratifs est terminée, la charpente va être mise en place sous peu.

Les travaux de la jetée de protection ont pu être continués activement, grâce au beau temps. Les marées ayant pris de l'amplitude, il a été possible de reprendre les coulées de béton, ce qui a été fait à la base du perré, dans toute la partie comprise entre l'appontement en bois et la portion déjà terminée de la jetée. Le perré en maçonnerie a été prolongé de ce côté sur une longueur de 30 mètres.

Du côté du wharf on continue à battre des pilots, et on a commencé à enfoncer des palplanches en partant de la culée du wharf pour venir à la rencontre des pilots. Les marées prochaines vont permettre de couler du béton de ce côté dans la partie qui présente le plus de difficultés et où l'érosion avait le plus exercé ses ravages.

Lorsque l'on sera arrivé à la hauteur du Ranonandriana, le reste du travail sera beaucoup plus facile.

On se préoccupe en ville de la traversée du chemin de fer. C'est ainsi que la rue Sainte-Marie va être élargie conformément au plan d'alignement homologué par M. le Gouverneur général. Elle sera suivie par le prolongement du chemin de fer d'Ivondro qui, par la rue du Commerce et la rue de la Marine, viendra jusqu'auprès de la Douane, et de là, par la jetée de protection et le boulevard maritime, ira jusqu'à la pointe Tanio.

Le matériel pour la partie comprise entre le wharf et la pointe Tanio est arrivé en partie par le *Santa-Fé*, à bord duquel se trouvaient quatre locomotives et des rails. Déjà un premier approvisionnement de traverses est constitué, et les travaux commenceront prochainement.

Dans quelques mois la pointe Tanio sera reliée au port par un service régulier de wagons traînés par des locomotives. Les marchandises pourront sans transbordement être amenées de la pointe Tanio, du wharf ou de la Douane jusqu'à Ivondro.

Le *Bulletin économique de Madagascar*. — Comme l'Indo-Chine, la Grande Ile va avoir son *Bulletin économique*, qui sera publié tous les deux mois. Il fallait à Madagascar une publication plus fréquente que ne sont les *Notes d'exploration* et à la fois plus souple et plus appropriée que les suppléments au *Journal officiel*. Le *Bulletin économique* constituera cette revue qui lui manquait et dont le défaut se faisait vraiment sentir.

Les futurs colons y trouveront d'abondantes informations, et les planteurs établis des conseils précieux. L'expérience de tous servira à chacun.

Voici le sommaire du premier numéro, que la *Quinzaine* n'a pas encore reçu :

Introduction. — L'agriculture sur la côte est de Madagascar. — Commerce extérieur da Madagascar pendant le 1er semestre 1900. — Production et consommation du caoutchouc dans le monde. — Revue des marchés extérieurs, actes officiels, offres et demandes d'emplois. — Bibliographie.

La colonisation militaire à Madagascar. — M. le général Galliéni a exposé dans le *Journal Officiel* de la colonie les résultats de la colonisation militaire à Madagascar. Nous en parlons d'autre part. Mais nous croyons devoir placer sous les yeux de nos lecteurs certains renseignements plus particulièrement topiques fournis par le gouverneur général.

Quoi qu'ils ne portent encore que sur un petit nombre d'essais (quarante colons), ils sont satisfaisants et encourageants.

Sur les 40 concessionnaires, 37 ont persisté à exploiter leurs concessions et sont en voie de réussite. Deux ont échoué et ont abandonné leurs concessions ; un a cédé récemment sa concession à son associé, comme lui colon militaire, et, en attendant sa libération très prochaine, s'est mis au service d'un colon pour gérer son exploitation.

Voilà un tant pour cent de succès qui dépasse de

beaucoup la moyenne constatée dans les tentatives de ce genre.

Le général Galliéni donne un autre renseignement : Combien ont coûté ces essais de colonisation artificielle ? Les sommes distribuées pendant deux années aux colons militaires en secours et subsides de toute nature, s'élèvent au total de 45.900 francs. Voici, d'ailleurs avec quelques détails ce qu'ont entrepris et ce qu'ont mené à bien certain nombre de ces colons :

Le soldat Leguet, établi à Andranofotsy, à la fin de 1898, sur une concession d'une superficie de 100 hectares environ, possède aujourd'hui 12 hectares, mis en valeur par des cultures, d'un rendement assuré.

Le commerce des bestiaux à l'engrais, auquel il a pu se livrer, grâce aux économies faites sur les premiers gains réalisés, lui a permis et va lui permettre encore de procéder à de nouveaux défrichements; il possède, en outre, une ferme propre et spacieuse, un jardin potager abondamment pourvu. Ce n'est pas la fortune, mais c'est déjà l'aisance, la vie relativement large, après une année de travail assidu.

Etabli dans la même région, à Sambaina, depuis le mois d'octobre 1898, le soldat Comtet, pourvu d'une concession de 100 hectares, est l'émule du précédent, avec 10 hectares de terrains exploités en cultures vivrières, dont les produits sont d'un placement toujours facile, et un important troupeau.

Dans le secteur d'Andramasina, les soldats Louys et Minet ont eu la très heureuse idée de s'associer. Cette mise en commun des efforts, cette union des bonnes volontés et des intelligences vers un même but ne sauraient être trop recommandées. Les associés y trouvent un soutien réciproque, un réconfort dans les moments pénibles; ils peuvent ainsi déployer plus activement leurs qualités d'initiative, élargir le cadre de leurs travaux en se secondant mutuellement, et en utilisant plus directement leurs aptitudes personnelles.

Les colons militaires Louys et Minet, tout en s'attachant à mettre en rapport leurs terrains, d'une superficie d'environ 200 hectares, ont cherché une source de bénéfices immédiats dans des entreprises industrielles, telles que la fabrication du charbon et l'exploitation des bois, sans négliger l'élevage, qui leur permettra bientôt de faire de très avantageuses opérations commerciales.

Le caporal Briat est établi à Fihaonana depuis le mois de novembre 1898; sa concession de 100 hectares est, d'ores et déjà, mise en valeur avec vingt hectares de cultures et un troupeau de plus de quarante têtes, une basse-cour, une porcherie, dont les rendements sont toujours rémunérateurs; ce colon militaire s'est rendu en France pour se marier et chercher une partie de sa famille. L'administration de la colonie l'a autorisé à rapporter tout un outillage agricole, dont elle fera les frais.

L'exploitation du soldat Gaudumet est comprise d'une façon analogue; elle date de la même époque.

L'adjudant Vincent disposait personnellement de 12,000 francs lorsqu'il a entrepris la mise en valeur d'une concession de 200 hectares, au titre de la colonisation militaire, en août 1899.

Il a été aidé dans les travaux de son exploitation par le soldat Carraz, qui, depuis, a accepté la direction de l'entreprise agricole d'un colon de la même province.

L'adjudant Vincent, comme d'ailleurs la plupart des colons militaires, a su se procurer une main-d'œuvre stable, en s'acquittant avec exactitude de ses obligations vis-à-vis de ses travailleurs, qu'il a eu soin d'installer avec leurs familles sur sa concession.

En résumé, les résultats acquis sont très appréciables. 400 hectares de terre ont été mis en valeur par les colons militaires. La plupart se sont créé des familles indigènes, quelques-uns ont fait venir plusieurs de leurs parents et songent à se marier en France et à faire souche dans la colonie. La colonisation militaire amène donc, par l'heureuse contagion de l'exemple et du succès, la colonisation sans épithète, celle qui prospèrera par l'initiative individuelle, sans l'appoint des distributions de vivres et de subsides officiels.

Port de Mananjary. Avenir économique de la province. — Le mouvement commercial de Mananjary, qui est le second port de la côte est. au point de vue des échanges, a été également en augmentation. C'est dans cette ville que transitent toutes les marchandises destinées aux provinces d'Ambositra et de Fianarantsoa :

Pendant l'année 1900, le total des importations s'est élevé à la somme de....Fr.	2.543.358
Celui des exportations a atteint..........	471.470
En 1899, le chiffre des importations avait été de..............................	2.212.463
Celui des exportations de...............	314.938

Il y a donc, par rapport à l'année précédente, une augmentation de 300.895 francs sur le chiffre des importations. Quant aux exportations, elles accusent une plus-value de 126,497 francs. Or, constate le *Journal officiel* de la colonie, cette somme serait en réalité plus considérable sans l'extension qu'ont prise les mines d'or, après la découverte des riches gisements de l'Ampasary, du Haut-Fanantara et du Sakaleony. Plusieurs milliers d'indigènes, délaissant la récolte du caoutchouc, du raphia et de la cire, se sont précipités sur les exploitations aurifères de l'Ampasary, d'où l'on a extrait près de 900 kilogrammes d'or, représentant une valeur minima de 2.250.000 francs.

Si l'on considère, d'autre part, que les périmètres miniers du Sakaleony et du Haut-Fanantara n'ont pas été encore ouverts à l'exploitation publique, si l'on tient compte de leur richesse, qui dépasse tout ce que l'on a vu jusqu'à ce jour à Madagascar, il est permis de fonder les meilleures espérances sur l'avenir économique de la province de Mananjary qui, en réalité, à l'heure actuelle, est la *circonscription où l'on exporte le plus*.

Les principaux articles d'importation sont les tissus qui, en 1900, atteignent une valeur de 1.151.448 francs. Puis viennent les confections pour 83.019 francs; les eaux-de-vie et alcools, 339.174 francs; les vins et liqueurs, 190.372 francs; les bières, 21.465 francs; les conserves de viandes, 16.918 francs; les sucres raffinés, 17.541 francs; le tabac fabriqué, 20.740 francs; le sel marin, 16.690 francs; le savon, 73.569 francs; les bougies, 23.213 francs; les faïences, verres et porcelaines, 27.390 francs; les outils, 17.826 francs; les marmites en fonte, 15.499 francs; enfin les articles de ménage, 48.786 francs.

Les produits exportés de la région sont, après la poudre d'or, 29.202 francs; le raphia, 117.349 francs; la cire, 212.328 francs; le caoutchouc, 9.077 francs; le crin végétal, 175 francs; la gomme copal, 705 francs; les peaux, 67.916 francs; les sacs en jonc, 38.100 francs. La poudre d'or ne figure ici que pour une faible somme, car la presque totalité de ce précieux métal est allée à Ambositra, Fianarantsoa, Tananarive et Tamatave.

Les produits importés à Vatomandry sont en plus-value de 796.198 francs en 1899 (3.036.117 francs contre 2.239.919 francs). La population européenne et assimilée n'ayant augmenté en 1900 que dans une proportion peu sensible, cette progression montre que les indigènes, se familiarisant avec nos mœurs et notre civilisation, commencent à se procurer les objets d'importation qui peuvent leur donner un peu de bien-être.

Les exportations du district pendant le dernier exercice s'établissent comme suit :

Désignation des produits	Quantités	Valeur
		Francs
Raphia	635.627 kilos	353.015
Peaux de bœufs brutes, grandes	16.889 peaux	143.690
Peaux de bœufs brutes, petites	1.896 —	9.256
Cire animale	17.055 kilos	122.908
Vanille	707 —	19.837
Caoutchouc	1.214 —	5.546
Crin végétal	19.256 —	10.355
Poils de porcs	341 —	440
Gomme copal	120 —	250
	Total	605.292

La valeur des exportations présente une différence en moins de 141.169 francs par rapport à 1899. Cette situation n'a rien qui puisse inquiéter, elle provient de deux causes qui ne peuvent influer en rien sur la prospérité de Vatomandry. Tout d'abord, le grand nombre d'hommes envoyés comme prestataires sur la route de l'est pendant le second semestre de 1900 qui a empêché la récolte du raphia et de la cire; cette situation n'existera plus l'an prochain, il n'y a donc pas à la retenir. En second lieu, l'ensablement pendant près de trois mois de l'embouchure de la rivière, ce qui a empêché les navires de charger. Cette difficulté est uniquement due à la sécheresse persistante qui n'avait pas été constatée à Vatomandry depuis un grand nombre d'années. Pour éviter pareil déboire, la douane a été déplacée et les opérations de débarquement et d'embarquement pourront désormais se faire aussi bien pendant la saison sèche que durant la saison des pluies.

Des cultures des colons, la vanille seule a fait l'objet d'exportation, 707 kilos ayant une valeur de 19.837 francs ont été envoyés en France et en Angleterre.

Les petits colons du district ne préparent pas eux-mêmes les gousses recueillies dans leurs vanilleries. Ils les cèdent vertes à des négociants de Vatomandry qui possèdent en cette ville des ateliers de préparation, à la tête desquels se trouvent des créoles de la Réunion et de Maurice entendus dans cette préparation. Ils perdent, de ce fait, un gros bénéfice et ne retirent presque rien de la culture de cette orchidée. La vanille verte vaut de 3 fr. 50 à 4 francs le kilo et chaque kilo de vanille sèche trois ou quatre kilos de vanille verte.

La sériciculture en Imérina. — Parmi les industries auxquelles il est, dès à présent, possible de prédire de l'avenir en Imérina, doit être comprise au premier rang la sériciculture.

Déjà, d'ailleurs, M. Salomon, dans sa magnanerie d'Itaosy, a obtenu, grâce à des sélections faites entre vers français et vers indigènes, de beaux cocons qui ont été primés aux deux derniers concours agricoles. Toutefois, la difficulté de se procurer du mûrier en quantité suffisante a jusqu'ici paralysé les tentatives faites.

Frappé de cette situation, M. Ormières, administrateur, s'est appliqué à encourager dans la circonscription d'Ambohibratrimo la culture du mûrier et l'élevage des vers. Bien mieux, il a installé une mûraie et une magnanerie. Les résultats qu'il a obtenus sont tout à fait satisfaisants.

Gisement aurifère du Syndicat Lyonnais d'exploitation. — Annexe agricole. — Essai de culture du café.— Le gisement aurifère qu'exploite actuellement le Syndicat Lyonnais d'exploitation à Madagascar est situé sur la route de Fenerive à Imerimandroso, à une heure environ à l'ouest du village d'Ambohibe, à 10 minutes au Sud de Fiadanana et à 3 heures à l'Est de Sahatavy.

L'exploitation de ce gisement, dont la teneur moyenne est de 1 gr. 50 à 2 grammes d'or au mètre cube, a été commencée le 1er décembre 1900 et, déjà un village de 120 cases bien aménagées y est établi au sommet d'un mamelon très aéré, situé à 400 mètres d'altitude, dominant la route de Fenerive à Imerimandroso. Une centaine de familles Hovas y sont installées et se livrent au lavage de l'or par le système de la batée. Ce village a été construit en partie par des Betsimisarakas prestataires que l'administration avait mis à la disposition de M. Meurs et dont la journée avait été fixée à 0 fr. 50. Le Betsimisaraka ne pouvant être employé au lavage de l'or, travail qui lui déplaît et qu'il ne veut à aucun prix entreprendre ; d'autre part, la population hova étant bien peu dense, le Syndicat Lyonnais va être tenu, s'il veut exploiter ce gisement avec avantage, d'employer un autre système exigeant une main-d'œuvre moins considérable. On va procéder à l'installation de *slaices* que l'on fera fonctionner au moyen de la main-d'œuvre antaimorona que l'on est en train de recruter.

Une école destinée aux enfants des travailleurs est en construction et le maitre d'école sera à la charge de la Société. Les médicaments sont distribués chaque jour gratuitement à tous les ouvriers qui en ont besoin, ainsi qu'à leur famille.

Le directeur de l'exploitation espère, dans la suite, rémunérer avantageusement le capital engagé, mais, jusqu'à ce jour, la production a été encore trop faible pour permettre des bénéfices appréciables.

En outre de l'exploitation de l'or, la Société veut aussi se livrer à la culture du café qui pousse d'une manière merveilleuse dans la région.

Le Syndicat Lyonnais a déjà mis en terre 50 kilos de café, représentant environ environ 200.000 pieds qui seront à repiquer au mois d'avril au plus tard. Une demande de concession de mille hectares de terre, dont une partie sera en lianes de caoutchouc du pays et de thé, a été adressée à l'administration.

Finances. — *Emprunt de 10 millions.* — Une loi du 14 avril 1900 a autorisé la colonie de Madagascar à réaliser par voie d'emprunt une somme de 60 millions de francs pour la construction d'un chemin de fer de Tananarive à la côte orientale et l'exécution de travaux publics.

Sur cette somme de 60 millions, ladite loi, dans son article 2, a autorisé l'emploi immédiat de 39 millions. Par une lettre datée du 1er juin 1900, M. le gouverneur général a demandé qu'une somme de 10 millions fut mise à la disposition de la colonie pour l'année 1901. Le département des colonies et le département des finances, conformément à l'article 1er de la loi précitée du 14 avril 1900, ont examiné les conditions dans lesquelles cet emprunt de 10 millions pourrait être effectué et ils ont songé à s'adresser à la caisse nationale des retraites qui deviendrait ainsi créancière de la colonie.

En vue de cette opération, le Ministre des Colonies a préparé le décret qui autorise la colonie de Madagascar à emprunter à la caisse nationale des retraites, à un taux qui ne pourra être supérieur à 4 0/0, une somme de 10 millions remboursables en soixante ans.

La somme dont il s'agit sera employée à la construction d'une ligne de chemin de fer partant d'Aniverano pour se diriger vers Tananarive et à l'exécution de divers travaux publics indiqués dans l'article 2 de la loi du 14 avril 1900.

Il sera pourvu à l'amortissement de cet emprunt et au payement des intérêts au moyen de soixante annuités qui seront inscrites, chaque année, au titre des dettes exigibles.

Le produit des taxes de consommation perçues dans la colonie est affecté chaque année, par privilège et jusqu'à due concurrence, au payement des annuités correspondant à l'emprunt autorisé par le présent décret.

Travaux publics. — *Un programme de travaux à Majunga.* — Un de nos abonnés de Majunga nous adresse l'intéressante lettre qu'on va lire :

« Je vous ai écrit déjà que l'avenir de Majunga « est entre les mains du Gouvernement local, qui « peut faire de notre pays l'entrepôt de la Côte « Ouest. Majunga, par son voisinage de l'Afrique, « est dans une position naturelle admirable. Pour « que ces promesses d'avenir se réalisent, il est « indispensable qu'une volonté ferme s'attelle à la « tâche. Or, nous venons d'apprendre avec une « vive satisfaction que, après s'être mis d'accord « avec M. le général Galliéni, notre nouvel admi- « nistrateur, M. Moriceau, étudie un programme « de travaux susceptibles de constituer l'outillage « qui permettra à notre ville de remplir sa des- « tinée.

« La question de l'eau est la plus urgente. « M. Moriceau s'occupe d'élaborer un projet de « citernes récoltant les eaux de pluie du plateau « Knott et au moyen desquelles il serait possible « de donner 100 litres d'eau potable par habitant. « Les travaux pourraient être achevés lors de la « prochaine saison des pluies. Ce système d'ali- « mentation ne sera certes pas définitif ; mais il « constituera une grande amélioration sur l'état « de chose actuel.

« L'administration étudie en outre un projet « d'école et de musée près du jardin public. Enfin, et « c'est là la partie importante du programme, elle « se préoccupe de la création d'un port, qui serait « complété par un dock flottant pouvant recevoir « des navires de 6.000 tonnes. Ces navires y séjour- « neront quelques heures — ce serait suffisant « pour leur nettoyage — moyennant une taxe de « 0.20 par tonne. L'atelier actuel de la flottille « serait complété par une fonderie, deux pilons, un « chemin roulant pour le transport des pièces lour- « des ; l'atelier permettrait de faire des réparations « importantes. Il n'est pas douteux que Majunga « aurait ainsi la clientèle de nombreux vapeurs et « voiliers qui fréquentent la côte d'Afrique et ne « trouvent qu'à Maurice les commodités qu'ils « recherchent.

« Plusieurs combinaisons se présentent à l'esprit « pour assurer l'exécution du programme dont il « s'agit ; celle qui paraît avoir les préférences de « l'administration consisterait à abandonner à « l'entrepreneur les droits de quai pendant une « période donnée. La question se posera sans « doute de ne pas, par une taxe de tonnage trop « forte, éloigner les navires. Mais nous croyons « qu'en se maintenant dans une limite très modé- « rée, il serait facile d'amortir en cinquante ans la « somme nécessaire.

« Mais là ne s'arrête pas l'initiative de M. le « général Galliéni et de son représentant ici. « Majunga est désignée pour être un centre d'éle- « vage. Une ligne de navigation régulière nous « reliant avec Durban, est le complément indis- « pensable de ce qui précède ; à l'aller, elle trans- « porterait du bétail, et, au retour, elle nous « apporterait du charbon. Toutefois, il convient « d'observer que le trafic ne sera véritablement « alimenté que par les produits de l'agriculture « (bétail, graines oléagineuses). Celle-ci doit être « développée. Quelques mesures essentielles s'impo- « seront d'urgence : assurer la sécurité aux convois « de bestiaux et organiser la petite colonisation « Par une série de mesures en somme assez faciles, « l'administration arrivera à empêcher les voleurs « de bétail de continuer leur industrie. Elle songe « aussi à provoquer l'introduction de cultivateurs « indiens pour assurer la mise en valeur des « immenses plaines de la région.

« M. le général Gallieni et son collaborateur sont « en train de transformer les conditions écono- « miques de la province. La colonie européenne « suit leurs efforts avec une vive sympathie. »

Etablissement de réseaux de routes à Madagascar. — Le gouverneur général vient d'adresser (circulaire du 29 janvier) des instructions détaillées aux administrateurs des provinces au sujet du réseau de routes à construire dans l'île, au fur et à mesure des ressources disponibles. Ce réseau prévoit une grande route transversale, déjà partiellement construite, et des routes aboutissant aux principaux ports de la côte Est, ainsi que le prolongement des Pangalanes le long de la côte.

Pour le 1er avril 1901, au plus tard, les chefs des provinces intéressées adresseront au général Galliéni sur cette question un rapport aussi complet que possible. Dès que les projets définitifs auront été établis et approuvés, des crédits réguliers seront ouverts.

ASIE

Indo-Chine. — Actes officiels. — *Journal officiel de l'Indo-Chine française (1re partie).*

31 janvier. — *Arrêté* du 31 décembre instituant une commission pour examiner le projet de balisage du bief inférieur du Mékong. — *Arrêté* du 5 janvier autorisant MM. Speidel et Cie à établir des réservoirs à pétrole sur la rive gauche du Cuacam.

4 février. — *Règlement* de la salle des ventes des villes de Saïgon et de Cholon.

7 février. — *Arrêté* portant promulgation en Indo-Chine du décret du 7 décembre 1900, autorisant l'ouverture des travaux sur les deux sections de chemin de fer de Viétri à Laokay et de Ninh-binh à Giem-Quinh.

11 février. — *Arrêté* du 13 novembre portant réglementation de l'enregistrement des actes régis par la loi française. — *Arrêté* portant réglementation de l'enregistrement des actes indigènes. — *Arrêté* portant réglementation de la contribution du timbre. — *Arrêté* portant fixation des droits d'hypothèque. — *Arrêté* du 9 février portant création de nouveaux timbres mobiles et fixation du taux de la piastre pour la conservation des sommes exprimées en francs, en vue de la liquidation des droits de timbre.

Agriculture.— *L'élevage sur les hauts plateaux de l'Indo-Chine.* — Nous avons fait remarquer, à plusieurs reprises combien favorablement certaines régions d'altitude de la chaine annamitique se prêtent aux exploitations agricoles et surtout aux entreprises d'élevage, si aléatoires, parfois, dans les régions basses des deltas et du littoral.

Parmi ces régions élevées, nous avons signalé les monts Bolovens, le vaste plateau du Tran-ninh au Laos, le plateau des Mâs et le Lang-Bian en Annam et les monts Tafine au Nord-Ouest du Tonkin. En ce qui concerne cette dernière région, nous avons, entre autres témoignages compétents, celui de M. Lepinte, ancien Directeur des services zootechniques au Tonkin qui, depuis longtemps, a appelé l'attention des éleveurs sur les avantages qu'elle peut leur offrir. Nous croyons utile de joindre à ce témoignage celui, non moins autorisé, d'un des membres de la mission Pavie qui visita les Tafine au mois d'avril 1896.

Voici la description qu'en donne le Dr E. Lefèvre dans son *Voyage au Laos* (Plon, Nourrit et Cie, 1898, p. 249 et suiv.) :

« ..... Le plateau de Tafine affecté la forme d'une cuvette dont les bords seraient dentelés et dont, le fond, très mamelonné, serait séparé en deux par un étranglement... Dès qu'on arrive sur la crête du plateau, on voit s'étendre devant soi une plaine plus basse, parsemée d'éminences couvertes d'herbes desséchées et bordées de pitons calcaires assez nettement détachés les uns des autres... Quelques éperons à gravir et l'on débouche dans une autre plaine, très vaste, entièrement cultivée en rizières, arrosée par une grosse rivière, le Quang-Ho, dont l'eau est d'une limpidité remarquable... Des bœufs et des chevaux paissent dans la rizière non cultivée. Cette seconde plaine forme un contraste frappant avec la première qui ressemble pour ainsi dire à un désert.

« Certainement, en été, le plateau de Tafine, à part l'accès difficile, serait un séjour très agréable. Les pêchers, les pommiers et quantité d'autres arbres fruitiers y poussent en liberté. Le chemin est rempli de fraisiers de bois dont malheureusement les fruits n'ont aucune saveur. Les pâturages actuellement grillés par la sécheresse doivent, à la saison des pluies, produire une herbe succulente, et je comprends maintenant la réputation de Tafine comme habitation d'été pour la race chevaline. Plus près d'Hanoï, on en ferait un merveilleux sanatorium. »

L'exportation du caoutchouc de l'Indo-Chine en 1900. — Les exportations de caoutchouc indochinois ont présenté en 1900 les augmentations suivantes sur 1899 :

	1899	1900
Exportations de Haïphong. (Ce caoutchouc provient en majeure partie du Laos, et de l'arrière-pays des provinces du Thanh-Hoa, du Nghê-An et du Ha-tinh, avec Vinh comme port exportateur).	51.300 kil.	300.400 kil.
Exportations de Saïgon....	1.513	39.000
	52.813	339.400

Le santal. Son rendement. L'industrie du santal. Exploitation et commerce. — Nous avons demandé à l'*Office national du commerce extérieur* des renseignements aussi complets que possible sur le santal de la Cochinchine et du Tonkin, renseignements qui nous avaient été demandés par un groupe de colons d'Indo-Chine. M. le Directeur de l'*Office national* nous a transmis la note intéressante que lui a fournie à cet égard M. le Dr Heim. Nous en donnons ci-dessous connaissance à nos lecteurs :

On connaît actuellement deux sortes de santal dans l'Indo-Chine française : le santal de la Cochinchine et le santal du Tonkin.

Les santals de la Cochinchine sont produits par deux plantes de la famille des Méliacées : l'*Epicharis Loureiri Pierre* (Huinh-dan, Huingh-duong, Bach-dan des Annamites) et l'*Epicharis Bailloni Pierre* (Sdan plmôn, Sadau).

Le premier croît dans les montagnes de la province de Bien-Hoà. Il se trouve dans les bazars de l'Indo-Chine et de la Malaisie sous forme d'éclats, longs de 15 à 20 centimètres. On le brûle dans les temples et dans les habitations. Lorsqu'il est frotté, il dégage une odeur douce de santal, beaucoup moins forte que celle du véritable santal blanc de l'Inde anglaise (produit fourni par le Santalum Ambum L., arbre de la famille des Santalacées). Brûlé, le santal de la Cochinchine exhale une odeur beaucoup moins forte aussi que celle du santal de l'Inde anglaise ; il paraît également moins riche que ce dernier en huile essentielle, mais, à notre connaissance, aucune étude chimique n'a encore été faite pour déterminer la composition et la valeur commerciale ou industrielle de ce santal de Cochinchine.

Le second, l'*Epicharis Bailloni Pierre* est un arbre du Cambodge auquel s'appliquent tous les détails que nous venons de donner.

Ces deux espèces sont appelées santals rouges de Cochinchine, par opposition au santal de l'Inde anglaise.

Si leur origine britannique et leur répartition géographique sont bien connues aujourd'hui, il n'en est pas de même des arbres à Santal du Tonkin.

Dans sa « nomenclature par provinces des bois du Tonkin » la *Revue indo-chinoise* de 1900 signale, sous le nom de Hoang-dân, un santal jaune attribué à un santalum, croissant dans le cercle de Lang Son : « Il fournit des bûches quelquefois considérables, droites, pourvues d'aubier et plus légères que l'eau, lorsqu'elles proviennent du tronc, tortueuses, sans aubier et plus pesantes que l'eau quand elles ont appartenu à la racine. Ce bois est susceptible d'un beau poli, sa couleur est jaune clair, fauve ou rougeâtre, toujours plus foncée au centre qu'à la circonférence. Son odeur est forte, agréable, analogue à celle de la rose, due à une essence plus pesante que l'eau. Sert à confectionner des coffrets. »

A l'Exposition de 1900, on pouvait voir aussi, au pavillon des produits indo-chinois, une bûche de santal étiquetée comme étant de provenance tonkinoise et qui serait actuellement soumise à la distillation par un colon.

Nous avons eu occasion de procéder à une étude sommaire de ce dernier bois de santal dont un échantillon nous avait été adressé par le commissaire général de l'Indo-Chine française. Voici les renseignements, malheureusement trop sommaires, que nous ont donné nos recherches, faites sur un échantillon de trop faible volume.

L'essence de ce santal est douée, comme le bois lui-même, d'une odeur très agréable rappelant un peu celle du bois de cèdre ; sa couleur est blanche. Le rendement du bois en essence est assez élevé, et l'essence est d'assez bonne qualité, pour être parfaitement susceptible d'emploi en parfumerie et en pharmacie. Le bois, s'il était fourni en billes d'un cubage assez fort, pourrait être utilisé par les usines françaises qui s'occupent de la fabrication des éventails en bois de santal.

Si le Tonkin peut fournir des quantités notables de bois identique à celui dont il est question, il y a tout lieu d'espérer que cette matière première lutterait avantageusement sur les marchés européens avec les bois de santal de l'Inde anglaise.

L'industrie du bois de santal est assez florissante encore en Espagne pour que ce pays s'approvisionne de notables quantités de bois de santal. Jusqu'ici, tout le santal importé en Espagne est acheté sur le marché français exclusivement, mais est produit par des colonies étrangères.

Nous n'avions aucun élément pour la détermination botanique de la plante productrice dont il est question en dernier lieu, mais, de l'examen microscopique du bois auquel nous avons procédé, il résulte qu'il a bien la structure du bois de santalum vrai. Le fait est intéressant à noter au point de vue strictement pratique, car si l'on voulait procéder à des essais de multiplication de cette essence, on se heurterait, sans doute, à de graves difficultés, vu que les santalacées sont parasites d'autres végétaux ligneux, et que leur mode de vie et leurs plantes nourricières sont encore très mal déterminés.

Il paraît très digne d'attirer l'attention sur les avantages que pourrait offrir l'exploitation du bois de santal de l'Indo-Chine française. Le bois des Indes anglaises devant, semble-t-il, toujours se maintenir à un prix très élevé, grâce aux mesures administratives fort habiles, prises par l'administration anglaise, en vue de s'opposer à la dépréciation de ce bois ; au Mysore, l'exploitation et le commerce du santal restant le monopole de l'administration des forêts, qui, pour éviter une entente entre acheteurs en vue d'établir la baisse, retire de l'enchère le bois ne trouvant pas d'amateurs au prix fixé. Les procédés d'exploitation les précautions prises, tant pour éviter toute perte de substance que pour donner pleine satisfaction à l'acquéreur mériteraient d'être tout particulièrement signalées à l'attention de nos colons chinois. Un bon résumé en est donné dans la brochure publiée sur le santal du Mysore par le « Conservator of forest » de cette province, à propos de l'exposition de l'administration coloniale anglaise en 1900.

Justice. — *Créances indigènes.* — Les articles 1 et 2 de l'arrêté du 5 septembre 1882 sont abrogés et remplacés par les dispositions suivantes :

Tout créancier indigène ou asiatique qui voudra faire exécuter un jugement ou arrêt contre un indigène ou asiatique devra se présenter au procureur de la République ou juge de paix à compétence étendue de son domicile, porteur, en matière immobilière, d'une grosse et d'un extrait contenant un *quoc-ngu* le dispositif du jugement ou arrêt et, en matière personnelle et mobilière, d'un extrait de jugement en français revêtu de la formule exécutoire et accompagné de sa traduction en *quoc-ngu.*

Le procureur de la République ou le juge de paix à compétence étendue adressera ces pièces, dans le plus bref délai pour exécution, aux notables du domicile du débiteur.

Dans les provinces qui ne sont pas siéges de tribunaux, les parties pourront s'adresser à l'administrateur de la province, qui procèdera par délégation du chef du parquet du ressort et lui rendra compte de toutes les difficultés que suscitera l'exécution de décisions de justice.

Situation générale. — *Une conversation avec M. Doumer*. — Nous reproduisons ci-après la conversation que M. Doumer a eue, au cours de son voyage de Marseille à Paris, avec un rédacteur du ***Temps***, et que nous commentons d'autre part :

« En revenant de Marseille à Paris, j'ai eu l'occasion de causer avec M. Doumer plus longuement qu'il n'était possible de le faire dans le brouhaha du débarquement. J'ai trouvé le gouverneur général avec cette mine jeune, vive et ouverte qui lui donne une physionomie si sympathique. Nulle trace de cette atteinte de dysenterie qui avait inquiété ses amis l'année dernière. Nulle trace non plus du labeur qu'il s'impose par la vie la plus active qu'on ait assurément jamais menée sous le ciel des tropiques.

— La prospérité financière de l'Indo-Chine crève les yeux, lui dis-je. Avant vous, on n'y connaissait que le déficit, et la métropole avait dû prêter son concours à trois reprises pour y remettre un peu d'ordre. Au contraire, chacun de vos budgets se sont soldés en excédent, et ces excédents vont croissant d'année en année. Vous avez gagé un emprunt de 200 millions. Vous avez fait face aux dépenses de l'administration unifiée que vous avez créée. Vous avez entrepris de grands travaux publics sur vos ressources ordinaires. Vous payez 12 millions de dépenses militaires dont vous avez déchargé la métropole. Et avec cela vous possédez actuellement 23 millions et demi dans vos caisses de réserve. Comment expliquez-vous de pareils changements en quatre ans ?

— Il y a deux causes, me répondit M. Doumer. Le développement économique du pays et l'effet de nos réformes financières. En 1896, les impôts, tout compris, rendaient environ 56 millions; en 1901, nous prévoyons qu'ils produiront 92 millions, soit 38 millions de plus. C'est cette plus-value qui nous a permis de tout faire.

— Mais ce surplus n'est-il pas obtenu par des élévations de taxes qui pèsent trop lourdement sur la population ? Vous savez que c'est l'opinion de quelques personnes.

— C'est vrai, c'est l'opinion de quelques Européens, mais il est curieux que jamais je ne l'aie entendu exprimer par des indigènes. Et cependant, si elle était partagée par eux, je ne serais sans doute pas le dernier à le savoir. Je me tiens au courant de ce qu'ils pensent d'aussi près que je peux. Je consulte fréquemment quelques-uns des principaux d'entre eux. Le plus estimé de tous est certainement N'Guyen Trong Hiep, l'ancien régent, aujourd'hui en retraite, et à l'avis duquel nous avons constamment recours. L'année dernière, j'avais quelque crainte de disette par suite de la sécheresse. Savez-vous comment il me rassura : en me disant que, si une partie de la récolte manquait, les Annamites vivraient sur leurs réserves. Voilà le fait économique nouveau qui fournit la plus solide des bases à notre système financier : l'Annamite a des ressources. L'enrichissement du pays s'aperçoit à mille signes extérieurs. Songez qu'il y a quelques années à peine, les deux tiers du Tonkin étaient périodiquement ravagés par la piraterie. Et représentez-vous quel est le gain qui résulte rien que de la tranquillité qui règne aujourd'hui. Elle n'a été nulle part sérieusement troublée depuis quatre ans. Aussi assiste-t-on à une sorte de renaissance. J'estime que les surfaces ensemencées en riz ont augmenté d'un tiers. Certaines régions autrefois désertes, comme le Yen-Thé, sont aujourd'hui repeuplées. Ajoutez à cela que les chantiers que nous avons ouverts pour nos grands travaux publics occupent en certaines saisons jusqu'à 30.000 ouvriers. Les salaires, en certains endroits, ont doublé et même triplé. Il y a donc beaucoup plus d'argent dans le pays. On le voit par les dépenses que font les indigènes. Ils sont mieux vêtus et tâchent de se mieux loger.

— Est-ce à ce développement du travail intérieur que vous attribuez la progression si rapide du commerce extérieur. Les statistiques ont accusé un total en 1897 de 257 millions, en 1898 de 298 millions, en 1899 de 367 millions et en 1900 de 471 millions, soit une augmentation de 128 0/0. Ce résultat a quelque chose de vraiment surprenant. Comment l'expliquez-vous ?

— Nos grands travaux y sont naturellement pour quelque chose. Le matériel que nous introduisons figure évidemment dans ces chiffres et les grossit un peu accidentellement, mais cependant dans une mesure assez légère. L'augmentation des importations de la France en Indo-Chine a été de 20 millions de 1899 à 1900. Ce n'est que dans cette mesure que joue l'influence de nos grands travaux. Pour le reste, il n'y a d'explication que la sécurité dont jouit le pays et qui lui permet de mettre en œuvre toutes ses facultés de travail. Je vous citais tout à l'heure les progrès de l'agriculture; ceux de l'industrie se voient aussi, par la navigation sur le fleuve Rouge, par exemple, qui est aujourd'hui couvert de longues files de chalands. Cette prospérité, le peuple en profite, il en a donc conscience; et si ce serait trop de dire que nous avons gagné sa sympathie, je puis au moins assurer que nous avons gagné son respect. Nous lui avions prouvé la force de nos armes. Et maintenant nous lui prouvons la force de notre civilisation. La construction du pont de Hanoï a eu, à ce point de vue, un retentissement vraiment très grand dans son imagination. C'est probablement le plus grand travail de ce genre qu'il y ait en Asie. Il a deux kilomètres et demi de long, dont 1,800 mètres sur le fleuve même, et les piles sont enfoncées à 32 mètres sous l'eau. Or, ce pont, ce sont les Annamites qui l'ont fait ; ce sont eux qui ont travaillé ainsi dans des conditions jusqu'ici inconnues d'eux. Cela a donné naissance à toutes sortes de légendes que renforce le renouvellement, sur une moindre échelle, des mêmes miracles pour les douze ou quinze grands ponts que nos chemins de fer nous obligent à construire,

— Pendant la guerre de Chine, vous avez dû faire l'épreuve des sentiments vrais de la population.

— C'est, en effet, une épreuve que je considère comme décisive. Elle n'a pas bougé. Et ce n'est pas faute d'avoir été tentée. Des émissaires des sociétés secrètes chinoises sont venus en assez grand nombre. On nous les a livrés et nous les avons nous-mêmes rendus aux autorités chinoises de la frontière qui en ont fait bonne justice. Les Annamites comprennent que leur assujettissement à une nation européenne est définitif et qu'ils n'auraient rien à gagner à changer de maîtres.

— On dit que vous auriez dû leur faire leur part spéciale dans ces grands travaux, c'est-à-dire prévoir des travaux d'irrigations dont ils profiteraient directement.

— Mais c'est fait. Seulement ce ne sont pas pas là des choses qu'on improvise. Nous avons actuellement douze brigades d'officiers qui nous ont été fournies par le service géographique de l'armée et qui font le nivellement du Delta au Tonkin et celui des plaines du Thanh-Hoa. C'est par là qu'il faut commencer. Nous avons fait un premier essai d'irrigation dans le district de Bazan entre Son-Tay et Hanoï. En été, le fleuve est haut, l'eau entre naturellement dans les canaux. Nous donnons l'eau pour rien. L'hiver, le fleuve est bas, il faut élever l'eau avec des machines à vapeur ; nous la vendons. Les deux tiers des villages, dès maintenant, en achètent. Par les irrigations d'été, une seconde récolte est possible. Mais peut-on faire une seconde récolte sans épuiser les terres ? C'est ce que nous expérimentons en ce moment. Quand nous serons fixés, nous généraliserons le système. Nous avons dès maintenant deux millions disponibles en réserve pour nos irrigations et je calcule qu'il en faudra dépenser une quinzaine en dix ans pour faire le nécessaire dans cet ordre d'idées.

— Vous parliez de vos chemins de fer. Où en est la construction ?

— Nous avons bien travaillé en moins de deux ans, je crois pouvoir le dire. Vous allez voir. Trois lignes sont complètement en construction et seront mises en exploitation au printemps de l'année prochaine, savoir : Haïphong-Hanoï, 92 kilomètres ; Hanoï-Vietri, 62 kilomètres, et Hanoï-Namdinh-Ninh-binh, 118 kilomètres, soit 272 kilomètres. Une autre ligne, Saïgon-Taïlinh, a été mise en adjudication le 17 novembre dernier. Et quatre autres tronçons : Nin-Vinh-Vinh, 210 kilomètres ; Tourane-Hué, 105 kilomètres ; Tanlinh-Lang-Biang, 210 kilomètres et Vietri-Laokaï, 223 kilomètres, sont étudiées et seront mises en adjudication en mars et en mai prochain.

— A propos de cette ligne du Lang-Biang, vous êtes au courant sans doute des dénonciations qu'un conducteur des ponts et chaussées a portées contre cette administration.

— Oui. Vous allez voir à quel point elle est fondée. On accusait M. Guillemoto, le directeur général, de m'avoir soumis un profil faux à une époque où aucun profil ne m'avait été soumis encore. Ce conducteur a vécu quelque temps dans la brousse, et c'est là une épreuve à laquelle les tempéraments ne résistent pas toujours.

— Vos projets pour l'établissement d'un grand sanatorium dans le Lang-Biang tiennent toujours ?

— Sans doute, plus on en a étudié le projet, plus on y a vu d'avantages. Le commandant en chef des troupes l'a fait examiner de son côté. Il y est plus attaché que moi encore si c'était possible. N'est-ce pas une chose éminemment propre à fonder solidement notre domination dans l'Extrême-Orient que d'avoir entre 14 et 1.700 mètres d'altitude, avec des températures d'Europe saines et vivifiantes un plateau très étendu où l'on pourra installer, d'une part, un grand camp militaire avec d'immenses champs de manœuvre où nos troupes blanches pourront vivre et s'exercer dans des conditions rappelant celles de l'Europe, et, d'autre part, une ville d'été où nos colons et nos fonctionnaires pourront se refaire des chaleurs et de l'anémie du bas pays.

M. Doumer, comme nous l'avions déjà observé à Marseille, ne croit pas devoir causer de ce qu'on pourrait appeler la politique extérieure de l'Indo-Chine. Comme je résumais notre conversation en lui disant qu'il était impossible de ne pas convenir que le temps écoulé depuis le dernier voyage de M. Doumer en France avait été fort activement employé :

— Et remarquez, ajouta-t-il, à l'honneur de nos ingénieurs qui constituent certainement à l'heure actuelle en Indo-Chine le plus brillant service qu'on puisse imaginer, que jusqu'à présent, dans tous ces travaux, jamais nos prévisions n'ont encore été dépassées.

Ainsi qu'on l'a déjà annoncé, M. Doumer compte passer trois mois en France et rejoindre ensuite son poste.

Annam. — Agriculture. — *Le thé en 1897 et 1900.* — Les exportations du thé de l'Annam (par Tourane, exclusivement) présentent le mouvement ascensionnel suivant depuis quatre ans :

1897..............	10.000 kilos
1898..............	39.000 »
1899..............	137.000 »
1900..............	180.000 »

Le ficus elastica en Annam. — *Le Bulletin économique de l'Indo-Chine* (nº du 1er février) publie sur cette plante une étude de M. Jacquet, directeur de l'Agriculture de l'Annam. Nous l'analysons ci-dessous, le manque de place ne nous permettant pas de la reproduire entièrement.

En ce qui concerne les rendements que M. Jacquet a déterminés, il y a lieu d'observer que c'est sur les plantations en bordures de routes très fréquentées, mauvaise situation par conséquent pour leur sécurité et leur développement, qu'ont été faites les récoltes successives ayant servi à établir les chiffres de rendement suivants. Des sujets régulièrement plantés et protégés auraient certainement produit davantage.

L'arbre du Thuong Bac, qui aurait vingt ans d'existence, a donné pour une seule récolte faite en neuf fois, pendant le mois de septembre 1900, un poids total de latex frais de 2 k. 010 dont l'extrait en caoutchouc sec, parfaitement débarrassé de matières étrangères, a pesé 1 k. 026 grammes.

Deux tableaux indiquent le poids en caoutchouc sec d'une seule récolte pratiquée sur dix arbres ayant le même âge (9 à 10 ans environ). Ces arbres plantés en bordure d'un chemin de neuf mètres de large et à douze mètres les uns des autres, sont loin d'avoir l'aspect vigoureux et robuste des arbres isolés qu'on rencontre en plein champ ou dans les jardins ; bien que n'ayant jamais été exploités régulièrement, ils portent de nombreuses cicatrices faites au moyen d'instruments tranchants, et on voit qu'ils ont eu beaucoup à souffrir des déprédations provenant du passage des hommes et des animaux.

Il ressort du tableau *A* que les rendements sont les suivants (les cueillettes ont été faites en juillet, août et septembre) : 640 g. 522, 280, 400, 280, 460, 300, 370, 410, 310. Le tableau *B* nous donne les résultats des cueillettes en mai, juin et juillet : 142 gr. 228, 204, 156, 190, 242, 230, 259, 257, 225.

L'observation à laquelle donne lieu l'examen de ces deux tableaux est la suivante : il existe selon les arbres et pour des causes inconnues jusqu'à présent, des différences très grandes entre le rendement en latex ; le tableau *C* montrera que la richesse des latex en caoutchouc varie aussi considérablement d'un arbre à l'autre. Si donc on arrive par l'observation à démontrer que la variabilité du rendement tient à la nature même de l'arbre, c'est-à-dire à sa complexion, il sera facile, *par la sélection*, d'arriver à écarter d'une plantation tous les sujets qui ne produisent du caoutchouc qu'en faible quantité.

Pour la récolte et la préparation, on n'est pas encore fixé, sur la meilleure époque à choisir pour pratiquer la cueillette du caoutchouc ; pourtant il est à remarquer que lorsque la végétation semble s'arrêter vers la fin de la saison sèche, pendant un certain temps, le suc de l'écorce, quoique un peu moins abondant, donne plus de gomme ; ce serait peut-être le moment d'opérer la récolte afin de ménager l'arbre, qui souffrirait moins, étant en quelque sorte à l'état de repos.

L'opération de la cueillette est des plus simples. Au moyen d'un grand couteau indigène (coupe-coupe), on entaille l'écorce d'un seul coup en ligne oblique se rapprochant de la verticale sur une longueur de 8 à 10 centimètres ; le latex jaillit immédiatement sous forme de gouttelettes laiteuses, qui coulent suivant la pente et se réunissent en gouttes plus fortes pour se détacher de l'écorce en un certain endroit ; du joint d'où est tombée la première goutte, toutes celles qui suivent tomberont. On place alors au-dessous un godet en fer-blanc muni d'un bec pointu en forme de gouttière et de deux autres pointes soudées à la base. Ces trois griffes enfoncées dans l'écorce de l'arbre suffisent pour fixer le godet.

Au bout de quelques minutes, le latex qui s'écoule se coagule sur le tronc de l'arbre, il n'y a plus qu'à pratiquer une nouvelle saignée et à changer le godet de place. Pour occuper un homme, il faut au moins une demi-douzaine de godets. On n'attend pas que tous les petits collecteurs soient pleins (ils deviendraient trop lourds) pour verser le suc dans un *récipient* en forme de cuvette très évasée où on l'abandonne à lui-même pendant douze heures.

Au bout de ce temps, une grande partie du latex est déjà coagulée ; on pétrit alors toute la masse pendant quelques minutes, la chaleur des doigts étant suffisante pour précipiter ce qui reste de l'émulsion. A ce moment, la masse de caoutchouc, qu'on sépare facilement de son eau de composition, ressemble à du fromage frais et en a la plasticité, qu'elle conserve du reste peu de temps. Il faut se hâter de lui donner la forme d'un pain allongé qu'on presse afin d'obtenir une pâte bien homogène.

Ces pains sont mis à tremper dans de l'eau claire et on peut, dès le lendemain, au moyen d'un couteau de table aiguisé, les diviser par tranches ayant à peu près un centimètre d'épaisseur. Cette première opération a pour but d'ouvrir et de nettoyer par un bon lavage les nombreuses alvéoles remplies d'eau et de débris de toute sorte qui se forment dans la pâte au moment de la coagulation. Sans cette précaution, la fermentation ne tarderait pas à s'établir en provoquant la pourriture de toute la masse.

Chacune de ces plaquettes est ensuite reprise et débitée, au moyen d'une forte paire de ciseaux, en fils aussi minces et longs que possible, qu'on lave très soigneusement à grande eau et qu'on sèche ensuite à l'ombre. Il ne reste plus qu'à les enrouler, en forme de pelotes, en tirant assez sur les brins pour que les parois des alvéoles distendues chassent à l'extérieur les dernières parcelles de matières étrangères qu'elles contiennent. Ces pelotes de la grosseur du poing ne tardent pas à former une masse compacte par l'adhérence des fils entre eux, elles se conservent alors en parfait état et il n'y a plus aucune fermentation à craindre jusqu'à ce qu'elles soient livrées à l'industrie.

Le caoutchouc ainsi obtenu a été évalué à 8 francs le kilo par plusieurs maisons d'achat en France : nul doute que la préparation soigneuse dont il a été l'objet ne le fasse bénéficier de cette plus-value, ce qui rend économique la mise en pelote, attendu qu'elle ne revient guère, faite par des congaïs habituées à ce travail, à plus de 10 cents par kilogramme.

En résumé, malgré les chiffres très supérieurs cités par quelques auteurs, on ne peut guère espérer un rapport de plus d'un demi-kilogramme pour deux récoltes, par arbre et par an, ce qui donnerait encore un revenu de 604 francs, en comptant 156 arbres à l'hectare et en vendant le produit au prix que nous indiquons plus haut.

Un moyen facile et infaillible, d'après M. Jacquet, d'obtenir des plants de caoutchouc pour la culture, c'est le bouturage des grosses branches mesurant de 8 à 15 centimètres de circonférence, auxquelles on enlève une partie de leurs feuilles, et dont on enterre le talon à 35 centimètres de profondeur, dans une terre bien ameublie. Si on opère aux époques de transition, entre les pluies et la sécheresse, alors que la chaleur humide est dans toute sa force, on peut compter sur une reprise de 90 0/0.

Mais on comprendra que ce moyen n'est pratique et même possible que lorsqu'on se trouve à proximité d'une plantation déjà importante et qu'on ne demande à chaque arbre, selon sa force, qu'un certain nombre de branches pour ne nuire ni à son développement ni à sa production.

Dans la plupart des cas, le problème à résoudre sera celui-ci : tirer un très grand nombre de plants d'un petit nombre de sujets.

Les semis sembleraient tout indiqués, mais il faudrait avoir des graines fertiles, ce que nous n'avons pas réussi à trouver à Hué. Pendant plusieurs mois, depuis l'apparition des premiers fruits mûrs, de mi-août jusqu'en décembre, M. Jacquet a fait des récoltes journalières et effectué à l'Ecole d'agriculture des semis de vingt façons différentes, sans arriver à obtenir un seul exemple de germination.

Après divers essais, le Directeur de l'agriculture en Annam au recours alors au marcottage indigène qui peut se faire avec toute branche bien aoûtée mesurant au moins 5 centimètres de circonférence à sa base.

Et si l'on considère maintenant la plantation et la culture, on peut dire que le « ficus » s'accommode à peu près de tous les terrains, pourvu qu'ils ne soient ni trop sableux ni trop humides.

Pour que sa culture soit productive, la plantation doit être faite un peu comme le reboisement d'une forêt, c'est-à-dire qu'il n'y aura pas à proprement parler de défrichement à opérer. On abattra tous les gros arbres et, de 8 mètres en 8 mètres, on débroussaillera ; puis on creusera un trou, dont la largeur et la profondeur varieront selon la nature du sol, sans être jamais inférieur à 50 centimètres pour la profondeur et 80 centimètres pour le diamètre (1).

M. Beausire, concessionnaire d'un terrain de 300 hectares à Dung-Dai, province de Quang-Tri, crée en ce moment une plantation de ficus, dans une plaine légèrement mamelonnée couverte de « petite brousse ». Les indigènes des villages de la région lui demandent dix *cents* par trou creusé et planté d'une bouture enracinée dont ils assurent la reprise ; celle-ci est fournie par le propriétaire.

Si en outre on met le prix des boutures à 10 *cents* l'une (et on doit pouvoir se les procurer souvent à meilleur marché) on arriverait à une dépense de première installation de 31 piastres à l'hectare.

A ce compte, en employant annuellement cinq piastres aux travaux d'entretien pendant huit ans, un hectare de ficus en rapport reviendrait à 71

(1) Plantés à cette distance, les arbres arrivent plus rapidement à étouffer toute végétation spontanée et, de plus, ils résistent mieux aux typhons qui ravagent souvent le nord de l'Annam.

piastres. On aurait une plantation de vingt hectares pour quatorze cents piastres ou 3,550 francs, produisant un revenu annuel de 12,080 francs moins 10 0/0 pour les frais de récolte et la préparation du caoutchouc commercial.

TRAVAUX PUBLICS. — *Port de Tourane.* — Nous recevons de Tourane, sous la date du 26 janvier, la commucation suivante :

« Vos lecteurs savent que la construction d'un port a été décidée à Tourane. Deux projets avaient été soumis au Conseil supérieur de l'Indo-Chine dans sa dernière session. Le premier consistait en la construction du port près du mouillage actuel, c'est-à-dire sous la presqu'ile de Tien-tcha ; le second projet établit le port au nord de la ville de Tourane, où l'on peut obtenir un mouillage de 8 mètres au droit du quai sur une longueur de 250 mètres au moyen de dragages s'élevant à 900.000 mètres cubes environ. Une jetée, soudée à la pointe nord de Tourane formera un abri contre la houle du large et arrêtera les apports de la rivière. Une voie ferrée de deux kilomètres, reliera les magasins à la gare du chemin de fer de Hué.

« Le second projet, qui ne comporte qu'une augmentation de dépenses de 200.000 francs sur l'ensemble des travaux évalués, dans ce cas, à 9.500.000 francs, a paru le plus favorable aux intérêts de la Ville et au développement progressif des installations du port. C'est celui qui a été adopté par le Conseil supérieur.

« Ces travaux ont été déclarés d'utilité publique par arrêté du 24 novembre 1900. Ils se répartissent comme suit :

« Jetée sur 2.900 mètres de longueur, 2.500.000 francs; Quai de 1.000 mètres, 3.000.000 francs; Enrochement de défense du terre-plein et derrière le mur du quai, 450.000; Dragages, 900.000 francs; Travaux divers, 180.000 francs; Magasins et matériel, 350.000 francs ; Voies ferrées et raccordement, 270.000 francs; Somme à valoir, 850.000 francs. Soit un total de 9.500.000 francs de travaux. »

Cambodge. — COMMERCE. — *La baisse des exportations de coton.* — Contrairement à la plupart des autres produits naturels de l'Indo-Chine, le coton du Cambodge est en diminution constante à l'exportation :

	1897	1898	1899	1900
	tonnes	tonnes	tonnes	tonnes
Coton non égrené..	3.651	790	509	328
Coton égrené......	1.284	1.864	1.219	538
	4.935	2.654	1.728	866

La grosse diminution de 1900 au commerce extérieur n'est pas compensée par les expéditions en cabotage vers le Tonkin, à destination des deux filatures tonkinoises (205 tonnes pendant les trois premiers trimestres de 1900).

On sait que la diminution des récoltes de coton au Cambodge depuis trois ans est due à peu près exclusivement à des crues moins fortes du Mékong. Ces crues plus faibles ont eu le double effet de restreindre la superficie des terres inondées et fertilisées par le limon du fleuve et, d'autre part, de laisser se multiplier sur les terres hautes laissées à sec et ensuite cultivées en coton les insectes nuisibles à la plante. Une autre cause de la diminution des récoltes de coton a été la substitution au coton de cultures estimées plus rémunératrices, comme le tabac et l'indigo, le premier surtout.

Cochinchine. — AGRICULTURE. — *Cultures à tenter.* — Une personne, ayant adressé au Comité du syndicat des Planteurs européens, une lettre pour être renseignée d'une manière précise sur les cultures rémunératrices à tenter en Cochinchine, M. Paris lui a adressé la lettre suivante que nous reproduisons malgré sa longueur, car elle résume avec l'autorité qui s'attache à tout ce qui émane du président du syndicat des Planteurs de Cochinchine en cette matière, une question essentielle qu'elle définit pour l'heure actuelle :

Il existe, en Cochinchine, environ 4 millions d'hectares non encore en culture, répartis sur tout le territoire de notre colonie, sauf toutefois la province de Gocong où toute la superficie est à peu près cultivée

Les provinces les plus propices à la culture du riz, et où de vastes espaces sont encore vacants, paraissent être celles de Cantho, Rachgia, Longxuyen Sadec, Chaudoc, Mytho, Tanan, Cholon et Giadinh.

Le rendement des rizières comme location varie selon les rizières depuis 5 piastres jusqu'à 20 piastres et même davantage à l'hectare ; la culture directe des rizières en pleine culture donne de 50 à 150 mesures (à 0 p. 70 la mesure).

Pour les défrichements et la durée de la mise en valeur, c'est aussi variable : à Cantho, Rachgia et Soctrang, on prétend qu'il suffit de faire des talus, faucher les herbes, les faire piétiner, laisser l'inondation passer et repiquer ensuite ; dès les premières années on récolterait, mais ces rizières ne donneraient guère que 50 à 60 gia à l'hectare au maximum et le prix de location serait le plus inférieur de ceux indiqués ci-dessus.

A Cholon, dans le Cau-an-Ha, le canton où sont les terres vacantes, et il doit en être de même à Tanan et à Mytho avec amélioration peut-être, surtout dans cette dernière province, il faut 5 à 6 ans pour faire une rizière passable. Cette situation est due à la présence de sels minéraux, notamment de sulfate de fer et d'alumine qui se trouvent en excès dans les terres. Il faut labourer ce sol ingrat, le laver au moyen de canaux qui assurent d'une part l'écoulement des eaux de pluie qui, actuellement, y séjournent et y croupissent, et facilitent d'autre part la pénétration des eaux douces des fleuves voisins refoulées par la marée.

Pendant les deux on trois premières années, il convient pour ces dernières terres de ne pas planter, on ne récolterait pas sa semence.

Ces terres, lorsqu'elles sont en bon état de culture, rapportent 10, 15 et 20 piatres de location à l'hectare ; elles produisent 100, 120, 150 mesures de paddy.

Je ne puis vous renseigner exactement sur le coût des frais de culture des rizières non labourées de Cantho, Rachgia et Soctrang, mais je ne crois pas qu'ils dépassent 20 piastres à l'hectare.

Quant aux rizières labourées, il faut compter pour un Européen une dépense d'au moins 30 piastres par hectare repiqué.

Un homme en travaillant bien avec deux paires de buffles et des charrues, peut, je crois, mettre en cultures 5 hectares de rizières ; il devra, toutefois, sûrement louer des femmes pour le repiquage et la récolte; 25 à 30 femmes payées de 12 à 20 cents selon la contrée, repiquent un hectare dans une journée; une femme peut récolter 5 mesures par jour en moyenne. Les prix et le quantum de la cueillette varient, du reste, selon les provinces.

D'après ces données, vous pouvez juger, Monsieur, combien il me serait difficile de vous donner le devis que vous demandez pour cent hectares. J'estime, pour les terres labourées, que si on veut mettre en valeur 100 hectares, il faut en demander au moins 6 ou 700, défricher, soit au milieu, soit en plusieurs endroits, en faisant des canaux si cela est nécessaire, de façon à donner de la valeur même aux terres non défrichées formant le surplus de la propriété. En conduisant sagement une entreprise de ce genre, on ne doit guère dépenser que 10.000 piastres pour arriver à l'ère de la productfon (faible d'abord) des 100 premiers hectares. Les 5 ou 600 autres coûteront évidemment moins cher à défricher.

Voilà pour la rizière.

Je ne connais pas d'ouvrage traitant sérieusement de la rizière ou plutôt des rizières de Cochinchine. A la Société des Etudes indo-chinoises, vous trouverez des notices, mais elles sont toutes spéciales aux provinces pour lesquelles elles ont été faites.

Pour le manioc, il faut, vous devez le savoir, des terrains élevés ou du moins échappant à l'inondation. Les bords du Veïco oriental sont assez propices, ainsi que les giôngs qui se trouvent dans la Plaine des Joncs.

La préparation de la terre et la mise en place des boutures revient la première année à 50 piastres l'hectare environ; il y a de plus l'achat et le transport des boutures dont on n'a plus à s'occuper les années suivantes, puisqu'on en a sur place. Si le terrain n'est pas trop aluné, on peut espérer à peu près retirer son argent (40 à 50 piastres) de la vente de la récolte faite snr pied, l'arrachage à la charge de l'acheteur qui doit laisser le bois pour les boutures de l'année suivante.

Les deuxième et troisième années, on peut trouver des ouvriers qui piochent et plantent pour 30 piastres l'hectare. La récolte meilleure que la première année peut se vendre aux mêmes conditions, 60 à 100 piastres selon l'abondance et la qualité de la récolte.

La quatrième année, il faut changer de culture et autant que possible ne planter du manioc que deux ans après.

Je suis fort peu documenté sur le cocotier, mais il faut généralement des terrains plus élevés que la rizière ; il n'aime pas l'eau stagnante. Je me livre en ce moment à une enquête dont je pourrai vous faire connaître le résultat, si vous le désirez.

Quant au coton, il n'y a guère que les indigènes qui s'y soient livrés jusqu'ici. Il existe à la Chambre d'agriculture diverses notices et ouvrages sur la culture de cette plante en Egypte et dans d'autres contrées qui sont à votre disposition.

En ce qui concerne les débouchés :

Le manioc se vend sur place à bien meilleur compte qu'on ne le vend en Europe; si la production augmentait, il serait facile de le transformer en farine ou en rondelettes desséchées pour l'expédier en France où il est demandé.

Le coton est demandé par la Société cotonnière du Tonkin (Butin et Cie) qui a prié la Chambre d'agriculture d'en informer les intéressés.

Je ne sais si l'emploi de la main-d'œuvre malaise pour la culture a été essayée; je ne le crois pas.

En Cochinchine, jusqu'ici la main-d'œuvre a été exclusivement indigène ou chinoise ; la première se paye de 5 à 7 et même 8 piastres par mois, selon les provinces ; la deuxième 12 piastres.

M. O'Connell, actuellement résident à Soai-Riêng, avait ramené des Indiens pour sa plantation de Tayninh je ne sais combien il les payait et s'il en a été satisfait.

On m'a bien parlé aussi des Javanais qui ne gagnent qu'un salaire bien inférieur à ceux ci-dessus énoncés dans leur pays, mais qui, paraît-il, ne fournissent qu'un travail très inférieur à celui des Annamites.

COMMERCE. — *Les exportations de poivre de Saïgon en 1900*, — L'année 1900 vient de marquer le *maximum* de l'exportation, par Saïgon, des poivres de la Cochinchine et du Cambodge, soit 2.538 tonnes.

Les trois années précédentes s'échelonnaient ainsi :

1897................	1.323 tonnes.
1898................	2.325 —
1899................	2.016 —

RIZ. — *Son marché.* — On nous écrit de Saïgon, à la date du 14 février dernier :

« Notre marché à été calme pendant cette quinzaine et, bien que le cours du paddy soit le même, nos prix, pour les riz travaillés, sont meilleur marché, les usiniers ayant abaissé leurs prétentions pour la façon.

« Le vapeur autrichien *Lucia* est parti le 4 février, pour Majunga, avec 2.811 t. riz blanc

« Le vapeur autrichien *Emilia*, est parti le 10 février, pour Port-Saïd à ordre, avec 5.221 t. riz cargo.

« Nous cotons pour livraison mars/avril :

		Vinhlong	Gocong	Baixau
		—	—	—
PADDY, par picul de 150 lbs ou 68 k. rendu aux usines........		2.12	2.12	2.12
CARGO d'usine, par picul de 134 lbs ou 60k. 700 brut le long du bord sans les droits en sacs de gunnies.	5 °/o......	2.65	2.65	2.75
	10 °/o......	2.60	2.60	2.70
	15 °/o......	2.56	2.56	2.66
	20 °/o......	2.52	2.52	2.62
CARGO indigène (mêmes conditions)	20 à 25 °/o.	»	»	»
RIZ BLANC d'usine (mêmes conditions)	N° 1.......	Prix suivant triage et conditions		
	N 2 trié..			
	N° 2 ord..	3.05	3.05	3.15

TRAVAUX PUBLICS. — *Canal de Bassac au Caï-lo.* — Le projet présenté par le service des Travaux publics en vue de l'ouverture du canal de Bassac au Caï-lo a été approuvé.

La dépense évaluée à 3.600.000 francs, sera jusqu'à concurrence d'une somme de 970.000 francs, prélevée sur le crédit ouvert au budget général de l'exercice 1901 (chapitre XV, article I) pour l'exécution de travaux de dragage en Cochinchine.

Chemin de fer de Saïgon-Tan-linh. — Un arrêté du 26 décembre dernier approuve le projet présenté par la Société de Constructions de Levallois-Perret pour la contruction des grands ponts, fourniture et pose des tabliers métalliques des petits ouvrages destinés à la ligne du chemin de fer de Saïgon-Tan-linh.

Tonkin. — AGRICULTURE — *La badiane.* — L'exportation d'huile de badiane du Tonkin en 1900 a atteint le chiffre maximum relevé jusqu'ici : *45,467 kilogrammes*, estimés par la Douane à 752.000 fr. et expédiés entièrement en France.

L'année 1900 a marqué une hausse normale après deux années maigres :

1897............	41.000 kilos
1898............	24.000 »
1899............	27.000 »
1900............	45.000 »

Importance de la production de la canne à sucre au Tonkin. — D'après M. Ch. Lemarié, directeur de l'Agriculture au Tonkin, les principaux centres de production sont : les huyên de Hac-Tri et de Phuc-Ninh, dans les alluvions anciennes de la rivière Claire ; le huyên de Thanh-Thuy, dans celles de la rivière Noire (province de Hung-Hoa) ; les rives du Fleuve Rouge ; les phu de Quang-Oai et Quôc-Oai, les huyên de Phu-Thc et Bât-Bât, dans la province de Sontây, où la culture est très ancienne et assez soignée, mais des plus rudimentaires ; le phu de Vinh-Tuong et le huyên de Yen-Lang dans celle de Vinh-Yen ; les huyên de Nam-Xanh et Binh-Luc, dans la province de Hanam ; Thu-Lang, Duyên, Hung-trang, Tân-Dê, Tuong-loan, Tuong-trang ; Tuong-loan trung trang, Phi-Côc (hameau de Tien-Côc) dans la province de Nam-Dinh, où l'industrie du sucre ne date que d'une vingtaine d'année et reste sans progrès ; le huyên de Hung-Nhân, particulièrement le canton de Dông-Xa, dans la province de Thai-Binh ; quelques villages du phu de Gia-Lâm et des huyên de Diêu-Loai et Van-Giang, dans celle de Bac-Ninh, où la production se fait depuis longtemps, est soignée et tend à se développer ; les cantons de Phuong-Ban, Tinh-Hoa, Hà-Quang, Phu-Dong, la commune de Ta-hung, dans le deuxième territoire militaire.

On compte en moyenne annuelle dans les provinces suivantes :

Hung-Hoa : 250 mâu (90 hectares) en culture jardinière, 4,000 mâu (1,440 hectares) en grande culture consacrés à la production de cannes vendues aux fabricants de sucre hors de la province ;

Sontay : 1,000 mâu (360 hectares) dont 900 pour l'alimentation des fabriques de sucre situées de l'autre côté du fleuve, ou en aval ;

Vinh-yên : 400 mâu (144 hectares) dont 350 pour les cannes industrielles ;

Hanoï : 650 mâu (234 hectares) dont 570 en *miare* ;

Hanam : 7 à 800 mâu (250 à 280 hectares) pour la plupart en vue de la fabrication du sucre.

Bac-Ninh : 200 mâu (75 hectares) ;

Nam-dinh : une centaine de mâu (36 hectares) ;

Cao-bang : 105 mâu (66 hectares) dont 120 pour l'industrie :

Ces chiffres montrent le peu d'importance de la culture de la canne à sucre au Tonkin. Elle y est cependant fort ancienne mais ne paraît susceptible d'aucun développement si l'on ne rompt radicalement avec les usages établis.

Il faudrait chercher des variétés à grande production spécifique et à grand rendement en sucre et transformer totalement les modes de culture et de fabrication.

De puissantes sociétés cultivant elles-mêmes, traitant la canne et raffinant le sucre par les procédés les plus perfectionnés, à l'exclusion de tout intermédiaire onéreux, seraient seules en état de mener à bien pareille entreprise.

Il n'est pas douteux, d'autre part, qu'elles arrivent au même succès qu'en Egypte ou aux Philippines.

Il est permis d'espérer que le décret du 14 août 1900, attribuant des primes d'exportations aux sucres indigènes et coloniaux aidera au développement de cette intéressante industrie.

L'irrigation au Tonkin. Constitution d'une nouvelle Société. — Le *Bulletin économique* du 1er janvier dernier publie une étude de M. l'ingénieur Godard, chef du service spécial d'études et de travaux d'hydraulique agricole au Tonkin. Nous en donnons une analyse, le manque de place ne nous permettant pas de la publier en son entier.

1° LES IRRIGATIONS DANS LES PROVINCES DE HANOI, BAC-NINH ET HUNG-YEN

A la suite d'études faites en 1897, l'on est entré au Tonkin dans la voie de l'essai des irrigations par machines élévatoires, à savoir : par l'arrêté du 30 janvier 1898, pour l'irrigation de 3.600 hectares près Bazan, sur le Fleuve Rouge, en amont d'Hanoi, avec prévision d'extension du système aux provinces de Hanoi, Bac-ninh et Hung-yen, qui sont les trois provinces où les irrigations peuvent rendre le plus de services ; et, par l'arrêté du 5 mai 1899, pour l'irrigation de 3.000 hectares près Hoatoc dans la province de Sontay.

Dans cet ordre d'idées, une convention, qui n'est qu'une conséquence de l'arrêté du 30 janvier 1898, a été passée, le 7 mars 1900, entre le Directeur général des Travaux publics et M. J. Bédat, et approuvée par le Gouverneur général le 9 mars. Cette convention prévoit des travaux importants dont il convient de parler, mais, au préalable, il est bon de rappeler en quelques mots l'historique du canal de Bazan.

Le service des Travaux publics avait prévu l'exécution, en 1898, d'un canal d'irrigation dans le Nord-Est de la province de Hanoi, avec prise d'eau au Fleuve Rouge, à Bazan, en vue de l'irrigation de 3.600 hectares. Ces ouvrages ne devaient servir *qu'aux irrigations d'été* et assurer, en cas de sécheresse, la récolte du 10e mois annamite ; c'est seulement pendant cette période, en effet, que le niveau du fleuve, grâce à la crue d'été, peut atteindre le niveau du radier de la prise d'eau et peut déverser sur les terres, à l'abri des digues, un cube d'eau de 1.500 litres à la seconde.

Sur ce premier projet est venu se greffer un second. M. Bedat a demandé et obtenu l'autorisation, par l'arrêté du 30 janvier 1898, de se servir des ouvrages de Bazan pour pratiquer l'irrigation d'hiver au moyen d'une machine élévatoire établie sur un ponton flottant, prenant l'eau du Fleuve Rouge à un niveau alors très bas et l'élevant à la hauteur du canal.

Les travaux du canal et de la prise d'eau de Bazan ont été adjugés le 19 mars 1898 à M. Quenelle ; la réception provisoire en a été faite le 3 mai 1900 ; le décompte définitif de l'entreprise s'élève à 21.874 p. 22 et les dépenses en régie ne dépasseront pas 6.286 p. 71, soit au total 28 mille 160 p. 93.

Par suite d'une entente entre MM. Quenelle et Bédat, les ouvrages, bien que pas tout à fait terminés, puisqu'ils ont été reçus provisoirement le 3 mai 1900, ont servi aux irrigations de l'hiver 1899-1900. Le canal a fonctionné également pendant la crue dernière. En sorte que l'on a un commencement d'expérimentation des irrigations d'été et d'hiver, expérimentation incomplète, mais comportant tout de même sa part d'enseignement.

Les canaux secondaires et les rigoles permettront seuls d'atteindre le périmètre irrigable. Le service de l'hydraulique n'attend que la terminaison prochaine du levé nivelé au 1/20.000 de cette région, qui doit nous être communiqué par le Service géographique de l'Indo-Chine pour procéder à cette étude.

M. Bédat n'a pu traiter que pour l'irrigation d'hiver de 150 hectares seulement. Il y a lieu de croire que, lorsque les canaux secondaires et rigoles seront faits, la superficie cultivée en hiver ira en croissant.

Quant au fonctionnement des irrigations d'été, il faut reconnaître que le radier de la prise d'eau a été placé beaucoup trop haut tant par rapport à la courbe des hauteurs du Fleuve Rouge qu'en raison de la cote trop élevée de la prise d'eau.

L'article 10 de l'arrêté du 30 janvier 1998 stipulait que, jusqu'au 1er janvier 1910, M. J. Bédat aurait un droit de préférence au cas où l'administration voudrait installer des usines élévatoires destinées à l'irrigation d'hiver en d'autres points des provinces de Hanoi, Bac-ninh et Hung-yen. Par la convention du 7 mars, l'*Administration prend l'engagement de construire, dans le délai de dix ans, des canaux d'irrigation dans les provinces de Hanoi, Bac-ninh et Hung-yen, jusqu'à concurrence d'un débit de 50* m. c. *à la seconde pris au Fleuve Rouge*, et, pour commencer, de mettre en adjudication, avant le 1er septembre 1901, un réseau de canaux correspondant au débit de 10me.

Pour les surfaces à irriguer, voici comment on est arrivé à ce chiffre de 50 m. c. à la seconde. D'après des statistiques, il est vrai approximatives, les surfaces ne produisant pas la récolte du 5e mois (mai-juin), c'est-à-dire ayant besoin d'irrigations d'hiver, sont respectivement de 30.000 hectares, 40.000 hectares et 30.000 hectares; cela fait, pour les irrigations d'hiver, une superficie totale approximative de 100.000 hectares à irriguer sur une superficie de 310.000 hectares, que les canaux devront commander. Le *coefficient net d'arrosage* de canaux analogues dans l'Inde est en moyenne de 1 litre à la seconde par hectare pour les terrains et les climats analogues au Delta du Tonkin. On voit que, dans le cas actuel, avec un débit, à la prise au Fleuve Rouge, de 50 m. c. à la seconde, et une superficie à irriguer de 100.000 hectares, le coefficient net d'arrosage sera *inférieur* à 0 litre 5, car le coefficient d'arrosage s'applique à l'eau qui passe par les prises d'eau particulières et il faut tenir compte de l'évaporation sur le canal principal entre la prise d'eau au fleuve et les prises d'eau particulières. Donc ce chiffre de 50 m. c à la seconde est plutôt un minimum (1).

Il résulte d'une évaluation sommaire que l'exécution de ces canaux nécessitera 6.000.000 m. c. de terrassements, et un ensemble de petits ouvrages d'art coûtant 2.000.000 francs; en comptant le mètre cube de terrassements à 0 p. 20, cela fait une dépense en nombre rond de 5.000.000 francs. La dépense serait moindre si on avait recours à la corvée subventionnée pour l'exécution des terrassements.

La dépense annuelle serait donc au minimum de 500.000 francs à prévoir au budget pendant dix ans. Pour un premier réseau correspondant à un débit de 10 m. c. à la seconde, la dépense sera d'environ 850.000 francs.

Mais pour que les travaux de nivellement préliminaires puissent être exécutés, il faut que les études soient faites et les projets étudiés pour être mis à temps en adjudication. Les nécessités d'avoir un lever nivelé à grande échelle pour la préparation de ses projets est maintenant reconnue. Un projet de carte régulière de Delta au 1/50.000, avec levers minutes au 1/20.000, a été approuvé et son exécution se poursuit actuellement.

Pour hâter l'achèvement de la carte et surtout pour permettre de pouvoir mettre en adjudication, avant le 1er septembre 1901, un premier réseau de canaux correspondant au débit de 10 m. c., le gouverneur général a adjoint au Service géographique de l'Indo-Chine des brigades topographiques spéciales chargées des études du nivellement et des levés de plan en vue spécialement des travaux en question. Un premier crédit de 100.000 piastres, prélevé sur le reliquat de l'emprunt de 80 millions affecté aux irrigations, a été mis à la disposition du Service géographique pour payer les dépenses de ces brigades. Le service compte avoir le 1er mai 1901 au plus tard, les minutes au 1/20.000 de la région comprise entre le Day, le Fleuve Rouge et le canal de Phu-ly.

---

(1) *Les coefficients d'arrosage dans les rizières, dans divers pays.* — C'est sur ce point que les documents rassemblés à la Direction de l'Agriculture et du Commerce de l'Indo-Chine peuvent fournir peut-être, au service technique, quelques points de comparaison utiles. Les renseignements suivants sont extraits du recueil *Die Indisch Cultuur Almanach*, 1900, publié par la maison J.-H. Bussy, d'Amsterdam, qui les a pris elle-même dans diverses publications officielles. Nous les reproduisons cependant sous réserves.

En *Italie*, on calcule que la quantité d'eau nécessaire pour l'irrigation de rizières de bonne terre est de 2 litres par hectare et par seconde (?).

En *Egypte*, d'après F.-W. Conrad, il faut compter 20 mètres cubes d'eau, par 24 heures, par *feddan* (1 feddan = 4.459 m. c.) pour les *grains*, — soit un peu plus de 0 l. 5 par hectare: — chiffre qui se rapprocherait de celui de la quantité d'eau que rendront disponibles les travaux de Bazan. Mais les récoltes à assurer ne sont pas les mêmes.

Comme on se contente d'ordinaire d'inonder périodiquement les rizières, au lieu de les laisser sous l'eau d'une facon continue, on estime qu'un débit de *1 litre 4*, par hectare et par seconde, est suffisant aux *Indes néerlandaises*. C'est, à peu de chose près, le chiffre qu'avait également signalé le capitaine Bernard, à la suite d'un voyage à Java, dans une note communiquée au *Bulletin Economique de l'Indo-Chine* (n° 26, p. 450), soit *1 litre et demi* par hectare et par seconde.

Dans la présidence de *Madras*, où les travaux d'irrigation sont très importants, Baird Smith indique la quantité de *3 yards cubiques* (1 yard cubique = 0mq 7645) par *acre* = (0 h.4046) comme nécessaire, soit *1 litre 500* par hectare et par seconde, chiffre supérieur à celui indiqur indiqué par M. Godard, mais qui se rapprocherait de celui de Java.

2° TRAVAUX D'IRRIGATION DANS LA PROVINCE DE SONTAY

Un arrêté du 5 mai 1899 du gouverneur général a déclaré d'utilité publique l'établissement de travaux d'irrigation dans la province de Sontay, et approuvé une convention passée entre le Résident supérieur du Tonkin et les entrepreneurs relative à l'exécution et à l'exploitation de ces travaux.

Les travaux dont il s'agit consistent dans l'irrigation de 7.000 hectares dans la province de Sontay. Le concessionnaire a à pourvoir à la construction des canaux de distribution et aux ouvrages d'élévation et de prise d'eau à leur tête; il a à assurer, avec les villages qui traitent avec lui, l'irrigation des terres en tout temps, été comme hiver. Le projet de ces travaux n'est pas encore arrêté; les prévisions primitives comportaient l'irrigation de 3.000 hectares, avec une usine flottante élévatoire établie sur le Fleuve Rouge, à Hoa.Toc; et l'irrigation des 4.000 hectares restants, avec un réservoir établi à Vokhuy, et alimenté par les crues de la Rivière Noire; mais le projet définitif différera probablement beaucoup de ces prévisions.

En ce qui concerne la deuxième partie du projet, relatif à l'irrigation de 4.000 hectares par le réservoir de Vokhuy, emmagasinant des eaux au moment de la crue de la Rivière Noire, le service de l'hydraulique a la certitude qu'elle ne pourra être présentée à l'approbation de l'Administration à la date fixée du 1er juin 1901. Ce projet nécessite en effet l'observation, en un certain point de la Rivière Noire, des hauteurs d'eau au moment de la crue; or, d'après nos renseignements aucune observation n'a été faite à la crue de cette année et il faudra attendre la crue de 1901 pour faire ces constatations. D'où retard de six mois au minimum dans la production du projet.

3° IRRIGATION DES PLAINES DE KEP ET DE VOI, DANS LA PROVINCE DE BAC-GIANG

Un projet a été dressé en 1897, par le service des Travaux publics pour l'irrigation de 4.500 hectares dans les plaines de Kep et de Voï, au moyen d'un barrage déversoir à établir à Causon, sur le Song-thuong, et d'un canal conduisant l'eau de Causon au niveau de ces deux plaines. Les travaux ont été adjugés en 1898 à M. Paturel, et la partie du canal d'amenée, comprise entre le kilomètre 4 et la route de Bo-hoa, a été en grande partie creusée. Les travaux ont été arrêtés fin 1899, à cause de l'insuffisance de l'entrepreneur, et la résiliation de l'entreprise a été prononcée par arrêté du 16 décembre 1899; les dépenses faites s'élèvent à 56 mille 278 p. 58.

Le service des Travaux publics s'occupe actuellement de la reprise de ces travaux. En réalité, il y avait lieu non seulement de reprendre les travaux, mais encore de reprendre les études sur le terrain et de refaire le projet du barrage, ainsi que de la partie amont du canal d'amenée sur les quatre premiers kilomètres, le projet primitif ayant été établi sur des études insuffisantes.

Ces études, M. l'ingénieur Godard n'en a été chargé que depuis la création du service spécial d'études et de travaux d'hydraulique agricole. Il a trouvé dans les archives qui lui ont été remises, assez de renseignements pour dresser et présenter le projet de barrage qui est certainement la partie la plus difficile de l'ensemble des travaux; mais ces renseignements sont incomplets en ce qui concerne le canal d'amenée et ne lui ont pas permis de présenter le projet dudit canal. Il lui serait nécessaire, pour cela, d'avoir le lever au 1/5000 de la région d'environ 25 kilomètres carrés, comprise entre le Song-thuong, le chemin de fer et le méridien du village de Lang-phan. Il demande, en conséquence, que ce lever soit exécuté cet hiver par le Service géographique de l'Indo-Chine dans les conditions de l'arrêté du 9 mars 1899, relatif à des travaux analogues. Si ce plan lui est remis le 1er mars 1901, il sera en mesure de présenter le projet du canal le 1er mai suivant.

Il estime que la construction du barrage de Kep demandera deux ans et que le creusement des divers canaux exigera une année de plus. Il compte que la dépense s'élèvera au total à 345.000 piastres en y comprenant les 56.278 p. 58 déjà dépensées.

Cettee somme de 345.000 piastres n'a rien d'exagéré au regard du résultat à attendre des travaux.

Il faut compter, en effet, que 4.500 hectares de rizières, qui ne produisent rien pendant l'hiver, donneront une certaine récolte.

En estimant cette récolte à 1.500 kilos de paddy à l'hectare (1) et à 2 piastres le prix de 100 kilos de paddy, cela fait une valeur brute de 135.000 piastres. A cela, il faut ajouter que les irrigations pratiquées en été permettront d'assurer, en tout temps, le maximum de la récolte du dixième mois.

(1) Ce chiffre nous paraît un peu fort pour les rizières de cette région du Tonkin; il y aurait lieu de faire faire des analyses des terres à irriguer au laboratoire de la Direction d'agriculture du Tonkin.

En attribuant une récolte entière, tous les cinq ans, à ce supplément d'irrigation, on ne fait donc certainement pas, à notre avis, un calcul exagéré. Cela fait, en moyenne, une production supplémentaire annuelle de 300 kilos de paddy par hectare, soit une augmentation en piastres, de 27.000. Au total, les recettes brutes s'élèveraient donc à 162.000 piastres. En supposant que l'Administration prélève, sous forme d'impôt foncier ou autrement, une contribution de 1/5, on voit qu'elle retirerait de ces travaux une somme annuelle de 32.000 piastres plus que suffisante pour couvrir les dépenses d'exploitation (6.000 piastres environ) et payer l'intérêt et l'amortissement des dépenses de premier établissement.

4° CONCESSION DE TRAVAUX D'IRRIGATION DANS LA PROVINCE DE VINH-YEN

M. Gaston Choisnel, représenté par M. Mézières, avocat-défenseur à Hanoi, a adressé à l'Administration, à la date du 2 août 1900, des documents, plans, dessins, calculs et mémoire, à l'effet d'obtenir la concession de travaux d'irrigation pour l'utilisation des eaux de la rivière du Song-Pho-Day jusqu'à concurrence de 3.600 litres à la seconde, en vue de l'irrigation des terres du haut Vinh-yen.

M. Choisnel demande que la concession de ces travaux lui soit accordée aux mêmes conditions que celles inscrites dans la convention passée le 2 mai 1899 entre M. le Résident supérieur du Tonkin et M. Dessoliers pour des travaux analogues à exécuter dans la province de Sontay.

Cette demande est examinée en ce moment par le service des Travaux publics.

5° PROJET DE CONSTITUTION DE SOCIÉTÉ

Cette étude pourtant si complète laisserait ignorer un fait intéressant qui s'est produit dernièrement : il s'agit d'un projet de constitution de Société pour l'irrigation des provinces de Hanoi, Bac-Ninh et Hung-Yen présenté par MM. Bédat et F. Devaux. Les promoteurs de l'entreprise font ressortir que les trois provinces, où ils ont obtenu un privilège pour l'irrigation, sont riches et peuplées, que sur une superficie de 300.000 hectares, 200.000 sont cultivés en riz. Le capital nécessaire pour l'installation des usines élévatoires pour l'irrigation de 60.000 hectares est évalué à 3 millions de francs.

Quant au but poursuivi, il peut se résumer ainsi :

1° Donner la récolte du cinquième mois au haut et au moyen Delta ;

2° Donner la récolte du dixième mois ;

3° Fertiliser les terrains par l'emploi des eaux limoneuses du Fleuve Rouge.

C'est l'application au Delta du Fleuve Rouge du système d'irrigations qui fait la richesse du Delta du Nil.

Ainsi qu'on l'a vu plus haut, cette proposition a servi de base à un accord passé entre M. Bedat et l'administration ; une société, au capital d'un million, susceptible d'augmentations futures au fur et à mesure du développement de l'entreprise, a été constituée récemment à Paris en vue de l'exploitation de la concession dont il s'agit. On calcule qu'un délai de deux ans, trois au maximum, suffira pour la mise en train complète de l'affaire.

COMMERCE. — *Chambre de Commerce de Haïphong.* — Dans sa séance du 12 janvier dernier, la Chambre de commerce de Haïphong a procédé à l'élection de son bureau. En voici la composition :

Président : M. Porchet ;
Vice-Président : M. d'Abbadie ;
Secrétaire : M. Linossier.

La vente de Kébao. — L'adjudication de l'île de Kébao, que nous avions annoncée, a eu lieu au prix de 540.050 francs. Les adjudicataires se sont mis d'accord avec la « Société Industrielle et Commerciale de l'Indo-Chine » ; en attendant les résultats d'une mission qu'ils ont l'intention d'envoyer sur place en vue d'étudier les moyens de tirer parti du gisement houiller, ils ont l'intention, ils se proposent d'introduire dans l'île diverses cultures telles que le poivre et le manioc, et surtout d'exploiter les lianes caoutchifères qui s'y trouvent en abondance et dont l'existence avait échappé aux anciens propriétaires.

INDUSTRIE. — *Fabrication du coke à Hongay.* — Un correspondant nous adresse (5 fév.), la communication suivante :

« On vient de réussir à faire du coke à Hongay. Cette nouvelle sera bien accueillie de tous ceux qui s'occupent de la question métallurgique ici. C'est en effet la possibilité d'installer des usines métallurgiques dans la colonie, question qui était à l'étude, mais non encore résolue.

Le coke fabriqué à Hongay serait, nous dit-on, envoyé à Sans-Francisco, où il trouve un débouché certain. »

VOIES DE COMMUNICATIONS. — *Route d'accès à la gare terminus du chemin de fer de Hanoï à la frontière de Chine.* — Une somme de 30.000 piastres est mise à la disposition du maréchal Sou, commandant en chef les forces militaires du Kouang-si, à titre de contribution de l'Indo-Chine aux travaux d'une route d'accès à la gare terminus du chemin de fer de Hanoï à la frontière du Qouang-si reliant cette gare à la route de Long-tchéou.

COLONIES ÉTRANGÈRES

Indes anglaises. — Développement de la production du thé dans l'Inde anglaise. — La superficie occupée par les plantations de thé dans l'Inde, à la fin de 1899, était évaluée par M. J.-E. O'Conor, directeur général du Bureau des statistiques, à 209.070 hectares, groupés principalement en Assam dans les vallées de la Brahmapoutre (80.383 hectares) et de la Surma (53.600 hectares), en tout 133.983 hectares, soit environ 64,1 0/0 de la superficie générale employée à cette culture.

Le Bengale vient ensuite, pour l'importance de la superficie, avec 53.780 hectares, ou 27,5 0/0 de la totalité. Les neuf dixièmes du thé produit dans l'Inde anglaise viennent donc de l'Assam et du Bengale.

Les provinces du Nord comportent, d'autre part, 7.278 hectares complantés de thé et celles du Sud environ 13.464 hectares.

Les principales localités dans chaque province productrice de thé sont :

En Assam : Cachar, avec 60.542 acres (1 acre = 4.046 mèt. c.) ; Sylhet, avec 71.936 acres.

Dans la vallée de la Brahmapoutre : Sibsagar, 79,797 acres ; Lakhimpour, 63.344 acres ; Darrang, 41.469 acres.

Au Bengale : Darjecling, 50.673 acres ; Jalpaiguri, 74.121 acres.

Le même rapport, auquel sont empruntées les indications précédentes, attribue aux plantations des vallées de la Brahmapoutre et de Surma des rendements moyens annuels, à l'hectare, de 500 kilos environ de thé préparé (voir à ce sujet les rendements moyens pour l'Inde (récolte 1899-1900) dans le n° 27 du *Bulletin économique*, p. 484) alors qu'ils sont de 455 kilos au Bengale et de près de 597 kilos à Jalpaiguri (Bengale).

Css rendements tombent à 330 kilogrammes à l'hectare dans les provinces du Nord-Ouest et sont encore inférieurs partout ailleurs.

D'autre part, la superficie complantée en thé dans l'Inde anglaise n'a cessé de s'accroître d'une façon continue depuis une quinzaine d'années. En 1885, elle comprenait 114.906 hectares, pour passer, en 1899, à 209.070 hectares, soit un accroissement de 82 0/0 ; mais la période de grande activité date surtout des cinq dernières années (1895-1899) où l'on pouvait compter un gain annuel de près de 9.400 hectares.

Au point de vue de l'importance de superficie, les plantations varient énormément entre elles, suivant les contrées. En Assam, où l'industrie du thé est, en majeure partie, entre les mains de maisons européennes possédant de gros capitaux, où la tendance, depuis quelques années, est de fusionner les propriétés pour réduire les frais généraux, et enfin où les plantations ont, à côté d'elles, de grandes étendues de terrain encore incultes, on évalue la superficie moyenne par plantation à 502 hectares.

Au Bengale, cette moyenne est de 294 hectares, elle est de 48 hectares dans les provinces du Nord-Ouest ; de 35 hectares dans la province de Madras et enfin de 1 hectare 1/2 à 2 hectares dans la vallée de Kangra au Panjab, où la culture du thé est entre les mains de petits propriétaires indigènes.

Production. — La quantité de thé produite par les plantations indiennes, de 1885 à 1899, s'est accrue de 161 0/0 alors que la superficie occupée a augmenté de 82 0/0 entre ces deux années extrêmes. L'Assam tient la tête ; sa récolte de 1899 a été supérieure de 8.154 tonnes à celle de 1898, celle du Bengale de 1.812 tonnes comparativement à l'année précédente.

Le personnel employé à l'industrie du thé dans l'Inde anglaise, comprenait, en 1899, 654.616 personnes, dont 558.001 à titre permanent et 96.615 à titre temporaire, ce qui ferait environ 13 personnes par hectare planté.

La Grande-Bretagne est de beaucoup le plus fort acheteur du thé produit dans l'Inde, ses achats comprennent 97 0/0 de la production totale. La consommation locale peut s'estimer à 895 ou 900 tonnes par an.

Si l'on passe maintenant aux prix de vente pratiqués sur le marché de Calcutta, depuis 1873, et si l'on prend le nombre 100 pour unité de prix du Flowery Pekoc, on voit que, de 1873 à 1885, cette parité a toujours été dépassée avec des variations de 110 à 148. En 1885, la baisse générale de l'argent a eu son contre-coup sur le thé, que nous retrouvons à 90 et même à 52 pendant les dix années de 1885 à 1895.

Rendement moyen des principaux produits de l'Inde anglaise. — Nous empruntons aux *Agricultural statistics* (Calcutta, 1899), les renseignements suivants sur la méthode employée dans les différentes provinces de l'Inde anglaise pour établir les rendements des principaux produits, chaque année.

Il convient de rappeler que les moyennes prises pour bases dans les calculs annuels résultent d'une longue série d'expériences et peuvent, par suite, être considérées comme suffisamment exactes, pour toutes fins utiles.

1° *Le riz.* — *Au Bengale.*— Ce produit comprend deux qualités : le *chadoi* ou riz d'hiver dont le rendement moyen à l'hectare est estimé à 1.383 kilogrammes 7, et le *boro* ou riz d'été dont on évalue la quantité produite à 922 kilos 4 à l'hectare.

Ces deux moyennes s'entendent pour le riz décortiqué.

En Birmanie. — Une longue série d'expériences a conduit les différents bureaux de statistiques des provinces à prendre comme mesure moyenne (année moyenne et qualités de terres moyenne) la quantité de 1.719 kilos 7 à l'hectare (riz non décortiqué).

2° *Le coton.* — Dans les provinces du Nord-Ouest et dans l'Oudh, le coton constitue, comme dans beaucoup de contrées de l'Inde anglaise, soit une culture absolument séparée des autres; dans ce cas, la base des calculs varie de 112 à 145 kilos 5 à l'hectare, soit une culture mélangée à d'autres, et rend, dans ce dernier cas, de 56 kilos à 89 kilos 5 de coton égrené à l'hectare.

Dans la présidence de Madras, le coton de Coconada rend en moyenne 50 kilos à l'hectare, celui du Nord et de l'Ouest environ 35 kilos, le salein 51 kilos 5 et celui de Tinnevelly 78 kilos 3.

3° *Les graines oléagineuses.* — En Assam, on prend comme mesure type 560 kilogrammes à l' h. tare; ce chiffre a été choisi à la suite d'une série d'expériences ayant duré une dizaine d'années et porté sur plus de 1.417 récoltes dans toute la vallée de la Brahmapoutre.

Au Bengale. — Le lin, le colza et la moutarde donnent environ 553 kilos à l'hectare. La graine de Sésame se calcule à raison de 415 kilos ; dans l'Oudh et les provinces occidentales du Nord, ce même produit (sésame) ne rend plus que 224 kilogrammes.

4° *L'indigo* au Bengale est calculé à raison de 13 kilos 400 à l'hectare et de 22 kilos 400 au Bihar dans l'Oudh; on estime qu'un 10° de la surface totale plantée d'indigo sert chaque année à produire la graine nécessaire à la récolte suivante, et qu'il faut compter sur un rendement moyen d'un quart de maund de bazar à l'acre, ce qui ramène aux chiffres de 22 kilos 770 à l'hectare.

Dans la présidence de Madras, les évaluations de récolte d'indigo sont faites en tablant sur une production moyenne à l'hectare de 27 kilos 9 environ.

5° Les rendements du *jute* au Bengale sont calculés par les bureaux des statistiques suivant une mesure générale équivalant à 1.343 kilos par hectare cultivé en ce produit.

BULLETIN

DE L'UNION COLONIALE FRANÇAISE

Banquet Doumer

Le groupe colonial de la Chambre et le groupe colonial du Sénat, le comité de l'Asie française et le comité de l'Afrique française, l'Union coloniale française et la *Revue des questions diplomatiques et coloniales* offrent un banquet, le mardi 2 avril, à M. Doumer, gouverneur général de l'Indo-Chine et à M. Beau, ministre de France en Chine.

Le banquet sera présidé par M. Etienne, député, président du groupe colonial de la Chambre et du comité de l'Asie française.

On peut s'inscrire dès à présent à l'Union Coloniale, 44, Chaussée-d'Antin.

Nouveaux membres

ADHÉRENTS :

Léon Gaudet, Maison Maurel et Prom, Bordeaux.
Parrains : *M. Depincé; M. Denoual.*

R. Grégoire, architecte, 76, rue des Saint-Pères, Paris.
Parrains : *M. Depincé; M. Denoual.*

De Liencourt, 122, rue de Grenelle, Paris.
Parrains : *M. le comte de Castries; M. le vicomte de Noailles.*

Nogués, agent maritime, président honoraire de la Chambre de commerce française d'Anvers, 2, rue Baudin, Paris.
Parrains : *M. Milhe-Poutingon; M. Georges Chailley-Bert.*

Rigaut (Eugène), ingénieur civil, 18, rue Mabillon, Paris.
Parrains : *M. Depincé; M. Denoual.*

Marquis de Saint-Seine, 151, boulevard Haussmann, Paris.
Parrains : *M. Mercet; M. le vicomte de Montureux.*

Syndicat des Exportateurs, 12, rue Cannebière, Marseille.
MM. J. B. et A. Artaud frères.

Lieutenant-colonel Tournier, résident supérieur au Laos, Vien-Tiane (Laos).
Parrains : *M. E. Mercet; M. Chailley-Bert.*

Le Gérant : A. LÉGERON.

Paris. — Imp. PAUL DUPONT, 19, rue du Croissant

10 Avril 1901. Cinquième Année Tome IX. — N° 103.

LA QUINZAINE
COLONIALE

PACTE COLONIAL
ET
RÉGIME DE RÉCIPROCITÉ

(Sixième et dernier article.)

Etant donc admis que nous devons nous attacher avant tout à obtenir la franchise complète des denrées coloniales à leur entrée en France ; que, pour atteindre ce but, le concours des protectionnistes nous est indispensable, et qu'il faut nous le concilier par l'offre de certains avantages; que, néanmoins, nous ne saurions nous prêter à l'établissement d'une patente compensatrice atteignant la consommation locale dans les colonies de production ; qu'il ne s'agit plus, d'ailleurs, que d'assurer la protection des produits de l'industrie et de l'agriculture métropolitaines contre les similaires coloniaux sur le marché national proprement dit et dans les colonies autres que celles du lieu d'origine, et que le tarif général suffit à cette protection, nous n'avons plus maintenant à nous demander que deux choses :

1° Quelle procédure doit-on suivre pour élaborer le nouveau régime ?

2° Quels principes généraux doivent présider à son établissement ?

***

La question de procédure a, dans l'espèce, une importance capitale, si on veut faire une œuvre de bonne foi, qui soit durable et dans laquelle on s'efforce de ménager et de concilier tous les intérêts en jeu. C'est donc à offrir aux deux parties en cause toutes les garanties voulues d'un examen sincère et impartial que l'on doit viser tout d'abord. Le procédé proposé naguère par M. Méline, à savoir la constitution d'une commission extra-parlementaire, n'a rien en soi, à cet égard, dont nous puissions prendre ombrage. Le tout est de savoir comment cette commission sera composée.

Elle le sera certainement de manière à assurer aux intérêts de l'industrie et de l'agriculture métropolitaines une large représentation. De ce côté nous sommes sans inquiétude : les protectionnistes ont assez prouvé qu'ils savaient se faire leur place lorsqu'il s'agissait de tarifs de douane à établir ou à modifier. Les précédents sont moins rassurants pour les intérêts coloniaux. Nous ne pouvons pas oublier, en effet, qu'on les a tenus soigneusement à l'écart des travaux préparatoires de la loi du 11 janvier 1892, et ce souvenir nous oblige à prendre nos sûretés en vue de la revision de cette loi et des études préliminaires auxquelles elle doit donner lieu.

Si donc nous acceptons que le soin de préparer cette revision soit confié à une commission extraparlementaire, c'est à la condition que celle-ci comprenne, à côté d'hommes politiques et d'économistes notoirement acquis à la cause de la liberté commerciale, les chefs de quelques-unes des principales entreprises coloniales dont le siège est en France et les délégués des colonies au Comité consultatif du commerce, de l'agriculture et des colonies institué auprès du ministère des colonies, comité qui joue, ou plutôt qui devrait jouer le rôle d'une chambre consultative supérieure du commerce et de l'agriculture pour l'ensemble de nos possessions d'outre-mer.

Nous demandons, en outre, que les propositions de la commission, quand celle-ci aura terminé ses travaux, soient soumises pour avis à chacune des Chambres de commerce et d'agriculture de nos colonies et que le texte n'en soit définitivement arrêté qu'après examen et discussion, par la commission elle-même, des observations présentées par ces Chambres.

Tous les intéressés étant ainsi appelés à concourir directement, ou indirectement par l'intermédiaire de leurs représentants autorisés, à l'élaboration du nouveau régime, il y a chance pour que ce régime, s'il ne satisfait pas entièrement tout le monde, ce qu'il serait chimérique d'espérer, tienne compte de l'ensemble des intérêts en jeu et que les réclamations auxquelles il pourra donner lieu soient réduites au strict minimum. Du moins ne verra-t-on pas se reproduire les protestations violentes que les colonies firent entendre au lendemain de la mise en vigueur de la loi de 1892, alors qu'elles pouvaient justement se plaindre d'avoir été sacrifiées sans avoir été admises à se défendre.

***

Aussi bien ne courent-elles aucun risque d'être sacrifiées de nouveau si, dès le début de ses travaux, la Commission pose certaines règles que nous considérons comme essentielles et qui nous apparaissent comme la sauvegarde nécessaire des intérêts coloniaux.

1° Les situations existantes doivent être avant tout respectées, c'est-à-dire que la franchise dont jouissent actuellement les produits coloniaux autres que les denrées coloniales proprement dites, doit être maintenue à l'entrée soit en France, soit, suivant le cas, dans les colonies destinataires, si ces produits donnent déjà lieu à un courant d'affaires suffisant pour constituer un droit au profit soit de la colonie d'origine, soit du pays récepteur, métropole ou colonie. Sous le bénéfice de cette réserve, nous admettons que le tarif métropolitain puisse être appliqué.

Ainsi, pour préciser notre pensée par un exemple, le régime de faveur édicté par la loi de 1892 au profit des guinées de l'Inde doit être considéré comme intangible en ce qui concerne les expéditions à destination du Sénégal, parce que, d'une part, ces tissus constituent un élément essentiel du trafic sur la côte occidentale d'Afrique, et que, d'autre part, priver nos établissements de l'Inde de ce débouché déjà acquis et sur la conservation duquel ils ont pu et dû compter, serait les condamner à une ruine certaine. Mais, par contre, nous souscririons à la suppression de ce régime de faveur pour les expéditions destinées soit à la métropole, soit aux colonies autres que le Sénégal, dans lesquelles les guinées de l'Inde ne figurent à l'importation que pour des quantités trop faibles et depuis trop peu de temps pour qu'on ait à craindre, en les soumettant, dans ces colonies, aux droits du tarif général, de léser des intérêts d'une sérieuse importance actuelle et de porter atteinte à des droits acquis.

***

2° Certains produits, même manufacturés, bien que d'origine étrangère, bénéficient actuellement à l'entrée dans certaines colonies soit de la franchise complète, soit d'une détaxe partielle. C'est le cas, notamment, pour les sacs de jute, qui sont admis sans payer de droits en Indo-Chine, en Nouvelle-Calédonie, à la Réunion, etc., et qui, lorsqu'ils proviennent des centres européens de production, bénéficient, en France même, du tarif minimum. Ce régime spécial, motivé par des nécessités indusdustrielles ou commerciales, dont l'administration a dû bon gré mal gré tenir compte, doit naturellement profiter aussi aux sacs de jute qui pourraient être fabriqués dans telle ou telle colonie, et expédiés de là soit dans la métropole, soit dans d'autres colonies. On comprendrait mal, en effet, que pour les produits de cette catégorie, les colonies françaises fussent traitées plus défavorablement que les pays étrangers et que si, un jour ou l'autre, des fabriques de sacs de jute — pour continuer à raisonner sur cet exemple — venaient à se fonder en Indo-Chine, leur production dût acquitter des droits de douane en Nouvelle-Calédonie, où les sacs de jute provenant de Calcutta n'en paient aucun et fût soumise, dans la métropole, aux taxes du tarif général, alors que les similaires originaires d'Ecosse y sont admis au bénéfice du tarif minimum. En un mot, il doit être entendu que, dans tous les cas, les exemptions de droit, totales ou partielles, accordées soit dans la métropole, soit dans les colonies à tel ou tel produit d'origine étrangère seront, *a fortiori*, maintenues en faveur des similaires coloniaux.

***

3° Toutes les denrées coloniales proprement dites doivent être mises, dès l'abord, en dehors et au dessus de toute discussion, et cela doit s'entendre même de celles qui ont des similaires en France. Ainsi du sucre par exemple. Cette précaution peut paraître superflue et on pensera peut-être que nous enfonçons une porte ouverte. Nous n'en savons rien, et personne ne peut garantir qu'il ne se trouvera pas — il s'en est trouvé — des représentants de l'industrie sucrière métropolitaine pour demander que des mesures soient prises pour protéger la betterave de nos départements du Nord et de l'Est contre la canne à sucre de la Réunion, de l'Indo-Chine et de nos autres colonies, comme si la canne à sucre n'était pas un produit essentiellement colonial et comme si la betterave avait un droit d'antériorité. Il importe donc que ce point soit bien acquis.

4° Il n'importe pas moins qu'on s'entende très nettement sur la signification exacte et limitée des mots : *produits similaires*. Il y a, chez les protectionnistes, une tendance à qualifier de similaires entre eux tous les produits qui, bien que de nature différente, peuvent être substitués les uns aux autres dans la consommation ou dans certaines utilisations industrielles. Avec ce système, la pomme de terre des Vosges, qui est un farineux, peut prétendre interdire l'accès du territoire français au riz d'Indo-Chine ou de Madagascar, produit qui n'a rien de commun avec la pomme de terre, si ce n'est qu'il est, comme celle-ci, un farineux. On pourrait aller plus loin et proscrire le café des colonies dans l'intérêt de la chicorée métropolitaine, ce café du pauvre, ou même encore la vanille, sous prétexte qu'elle fait une concurrence déloyale à l'essence connue sous le nom de vanilline, cette trouvaille ingénieuse de la chimie moderne. Il faut donc qu'il soit bien entendu que les produits coloniaux à soumettre au tarif général devront être des « similaires », dans l'acception littérale et rigoureuse du mot, c'est-à-dire des produits offrant, par leur nature même, une identité absolue avec les produits métropolitains à protéger, faute de quoi on tombe infailliblement dans la fantaisie et dans l'arbitraire.

***

5° C'est une banalité de dire qu'un régime douanier doit être stable. Il n'est pas inutile cependant de rappeler cette vérité élémentaire et de demander que la Commission qui sera chargée de la revision de la loi de 1892 s'en inspire et, mieux encore, qu'elle la consacre par une formule impérative, en assignant une durée ferme à l'existence du nouveau régime à instituer. Il en serait du pacte qui doit intervenir entre la métropole et les colonies comme des traités ou des conventions de commerce passés entre deux États souverains et qui, dans l'intérêt commun des deux parties, stipulent que chacune d'elles sera liée vis-à-vis de l'autre pour un nombre déterminé d'années. Peut-être objectera-t-on qu'il n'est pas conforme à la vérité constitutionnelle qu'un pays aliène, même temporairement, au profit de ses colonies, son droit de légiférer. Ce scrupule juridique, en admettant qu'il soit fondé, ne saurait, à notre avis, prévaloir contre la nécessité de garantir aux intérêts en jeu la sécurité qui résulte d'un long avenir assuré. Si cette précaution était négligée, les colonies seraient exposées à voir leur sort remis en question par d'incessantes modifications et la simple menace de ces modifications suffirait à paralyser leur activité. Il faut qu'elles sachent, une fois pour toutes, ce qu'elles peuvent produire et exporter librement à destination de la métropole et des autres colonies et que, si des remaniements doivent être apportés, sur un point spécial, au pacte qui sera intervenu, ce ne puisse être que d'un commun accord entre elles et la métropole.

***

6° Tout ce qui précède suppose que, sous la réserve des règles générales que nous avons formulées, la situation de chaque colonie et le règlement de ses rapports commerciaux avec la France et avec les autres colonies feront l'objet d'un examen spécial et distinct. Cette proposition ne peut, semble-t-il, soulever aucune objection, tant il paraît indiqué qu'un régime uniforme ne saurait s'adapter à des pays où tout diffère : le climat, la population, les productions, les besoins. Aussi bien tout le monde est-il d'accord sur ce point puisque les protectionnistes se sont déjà prononcés en faveur de ce mode de procéder et que les coloniaux l'ont, de tout temps, préconisé.

***

Ainsi conduite, entourée de ces précautions, limitée par avance dans ce domaine nettement circonscrit, la revision de la loi du 11 janvier 1892 peut, on le voit, nous conduire au but que nous nous sommes proposé, et qui est, en donnant satisfaction, dans une certaine mesure, aux protectionnistes, de nous assurer le bénéfice de l'entrée en franchise pour les denrées coloniales. Les protectionnistes reçoivent satisfaction si, comme ils le prétendent, leurs préoccupations et leurs inquiétudes visent moins le présent que l'avenir, puisque l'industrie et l'agriculture métropolitaines sont mises à l'abri de la concurrence que pourraient leur faire les exploitations industrielles ou agricoles coloniales dont elles redoutent la création ou le développement. Et, réciproquement, le pacte nouveau dont nous venons d'esquisser les grandes lignes, s'il entrave l'activité économique de nos colonies dans telle ou telle de ses branches, ne l'entrave du moins que dans celles où cette activité ne s'est pas encore exercée et, par contre, lui permet de se donner librement et fructueusement carrière dans les productions pour lesquelles elle accentue la situation privilégiée dont elles jouissent déjà sur le marché national et qui sont précisément celles vers lesquelles les conditions locales doivent tout naturellement la porter. Il y a donc là le terrain d'une entente également préférable à tous. Nous avons loyalement, sans arrière-pensée de marchandage, avec le sincère désir de concilier et d'harmoniser tous les intérêts, donné rendez-vous aux protectionnistes sur ce terrain. C'est à eux, maintenant, de voir s'il leur convient de répondre à cet appel.

Ch. Depincé.

BULLETIN DE LA QUINZAINE

Le service militaire aux colonies. — Cette question du service militaire aux colonies, depuis si longtemps en discussion, vient de faire enfin un pas en avant. La commission de l'armée saisie des propositions Fleury-Ravarin et Le Myre de Vilers qui demandaient, la première que tous les jeunes français établis hors d'Europe fussent soumis à une année de service ; la seconde, que tous les jeunes gens établis hors de France fussent exonérés du service militaire, a adopté un système mixte. Elle a maintenu l'exonération pour les jeunes gens établis en territoire étranger et elle a consacré le principe d'une année de service pour tous ceux qui prennent l'engagement de se livrer pendant dix années consécutives à l'agriculture, au commerce ou à l'industrie dans les colonies françaises (exception faite de l'Algérie, de la Guadeloupe, de la Martinique et de la Réunion, soumises à un régime spécial) et les pays de protectorat. Ces deux règles posées, la commission admet les adoucissements suivants : elle permet au jeune homme installé dans une des colonies françaises d'abord, de faire son année de service, à son choix, de 18 à 23 ans ; ensuite, de choisir le lieu où son service sera effectué, en France ou aux colonies, et enfin elle lui accorde un permis de séjour en France pour motifs de santé ou d'affaires, à raison de quatre mois tous les deux ans. Telles sont les bases sur lesquelles M. Fleury-Ravarin a établi un rapport qui a été approuvé par la commission de l'armée et qui va être déposé sur le bureau de la Chambre. Elles constituent, certes, tout un ensemble d'améliorations appréciables pour le jeune homme qui, non encore en règle avec la loi militaire, va s'établir aux colonies ; mais ce système nouveau n'est pas cependant complètement satisfaisant. On ne comprend pas, par exemple, pourquoi on ne fait aucune distinction entre les colonies au point de vue des permis de séjour à accorder aux colons ; un régime uniforme est ici absurde tant à cause de la différence d'éloignement de nos colonies par rapport à la métropole, qu'à cause de la variété des climats des colonies entre elles. Il est impossible, par exemple, de traiter un colon établi à la côte occidentale d'Afrique comme celui qui vit à Tahiti. Il y aurait là, il est vrai, une correction facile à faire, mais alors même que la Chambre rectifierait sur ce point le projet de sa commission celui-ci resterait très imparfait, car il ne fait point disparaître l'encouragement pour l'établissement à l'étranger aux dépens des colonies françaises que la loi de 1889 donne aux jeunes gens décidés à émigrer. Après comme avant le projet de la commission de l'armée, il existera dans nos lois militaires une véritable prime à l'établissement en pays étranger, ce qui est tout à fait inadmissible pour ne pas dire incohérent, et c'est ce qui fait que nous avions toujours demandé une réforme de la loi de 1889 dans le sens de la proposition Le Myre de Vilers ; celle-là seule était logique et devait être efficace, aussi, ne désespérons-nous pas de la voir adopter enfin un jour ou l'autre.

Un enseignement de médecine coloniale à Paris. — A plusieurs reprises, nous avons insisté, ici même, sur la nécessité d'organiser à Paris un enseignement de médecine coloniale (1). L'épidémie de fièvre jaune, qui a sévi pendant de si longs mois au Sénégal, a donné une actualité trop douloureuse à cette question et montré la nécessité inéluctable d'entrer sans plus attendre dans la voie pratique des réalisations.

C'est sur l'initiative privée qu'il faut s'appuyer pour obtenir des résultats prochains et sûrs. C'est d'elle que doivent venir l'idée, et le désir ardent de réussir et c'est elle aussi qui doit procurer la majeure partie des moyens financiers nécessaires à l'établissement, au maintien et au progrès d'une semblable institution.

Les affaires coloniales deviennent de plus en plus, en effet, notre chose. Qui conquiert les colonies? nos fils ; qui s'établit aux colonies? nous-mêmes; qui risque au loin sa personne et son argent? nos voyageurs et nos industriels et nos commerçants; qui administre enfin ces vastes territoires? des fonctionnaires français. De telle sorte qu'il n'est guère à l'heure actuelle, de famille française qui ne compte, — ainsi qu'on appelle volontiers ceux qui s'établissent dans nos possessions et, par extension, ceux qui n'y sont jamais allés, mais qui en parlent dans les livres et qui ont des intérêts dans les entreprises coloniales — un, deux ou plusieurs coloniaux.

Un premier résultat dû à l'initiative privée secondée par le gouvernement a déjà été obtenu. C'est l'envoi au Sénégal, à la demande des principaux commerçants établis à la côte occidentale d'Afrique, d'une mission chargée d'étudier les moyens de combattre l'épidémie de fièvre jaune dans la colonie où elle a été importée.

Nous apprenons qu'une seconde mission, qui a reçu l'approbation de la commission parlementaire est en voie d'organisation. Il s'agirait, cette fois, d'aller étudier le mal sur les lieux mêmes d'où il est originaire, c'est-à-dire au Brésil. Nous ne pouvons qu'applaudir à cette décision. En agissant ainsi, le gouvernement ne fait que continuer le système qui a été jusqu'ici généralement suivi et qui consistait à envoyer, chaque fois qu'une épidémie se déclarait, soit dans les colonies françaises, soit à l'étranger, une mission confiée à un spécialiste pour tâcher de déterminer la nature du fléau et, s'il était possible, les moyens de le combattre. C'est ainsi que le Dr Yersin a été chargé d'étudier l'épidémie de peste en Chine et aux Indes anglaises.

Mais organiser des missions, fournir à leur entretien, n'est pas suffisant. C'est, d'ailleurs, un très mauvais système que celui qui consiste à attendre pour étudier le mal que la nécessité de cette étude ait été démontrée par les ravages de la maladie. Guérir est bien, mais la science doit viser plus haut, son rôle est de prévoir le mal afin de l'empêcher. Les missions d'étude des maladies tropicales gagneraient donc à être multipliées, sans attendre que les circonstances les aient rendues en quelque sorte indispensables. Elles auraient surtout besoin d'être coordonnées, d'être préparées d'une façon méthodique.

Or la poursuite utile d'une méthode n'est possible que s'il existe une autorité suffisante pour la proposer. Cette autorité doit, en outre, être assez éclairée pour que ses ordres ne puissent être discutés par personne. En d'autres termes, l'organisation des missions médicales d'études, l'ordre de leurs travaux, la préparation des futurs chefs de mission par des études approfondies, la coordination de tous les travaux conçus et exécutés d'après un plan méthodique, tout cela suppose et nécessite la création d'un organisme permanent, pourvu d'une indépendance et d'une autorité suffisantes pour en assurer le fonctionnement régulier.

Nous avons eu l'occasion de dire, à cette place, ce qui avait été fait dans cet ordre d'idées par d'autres nations. L'Angleterre, plus riche que nous d'expérience et responsable aux colonies de vies autrement nombreuses, possède deux écoles des sciences médicales tropicales : l'une à Londres, l'autre à Liverpool. L'Allemagne, puissance coloniale seulement d'une dizaine d'années d'existence, a créé un institut des maladies tropicales à Hambourg, la Hollande et l'État libre du Congo possèdent des institutions semblables.

En France, nous avons des éléments de ces institutions, éléments très appréciables et qui ont déjà rendu de grands services à la même cause, tels que les cours de l'école de medecine de Marseille, et les leçons professées dans les hôpitaux des grands ports, mais nous n'avons nulle part un enseignement comparable à ceux des pays que nous citons plus haut. Il est indispensable que cette lacune soit comblée le plus tôt possible, et c'est à Paris, centre d'études où viennent aboutir et se concentrer les recherches et les observations scientifiques, qu'il conviendrait de fonder l'école spéciale de médecine coloniale.

Nous croyons savoir que ce projet est en voie de réalisation prochaine, grâce à l'initiative privée. Nous en reparlerons d'ici peu, et nous espérons pouvoir être en mesure d'annoncer l'heureuse solution d'un problème qui doit prendre la première place dans les préoccupations les plus intimes de chacun.

Le Comité du peuplement français de la Tunisie. — Cette Société qui fonctionne à Tunis depuis près de deux ans, et qui est composée d'un groupe de colons français, s'est donné la tâche de hâter le peuplement de la Régence au moyen de nos compatriotes. Elle centralise les demandes des cultivateurs français qui désirent s'établir dans la Régence comme garçons de fermes, maîtres-valets, métayers et fermiers et les offres des propriétaires qui sont disposés à employer des Français. Elle étudie en même temps

(1) Voir *Quinzaine coloniale* des 25 déc. 1898, p. 740; 25 mai, 16 juillet et 10 août 1899, p. 303, 398 et 462.

les mesures les plus propres à faciliter la colonisation et les recommande à l'attention du gouvernement du Protectorat. Emu du danger que l'immigration italienne fait courir à l'influence française, le comité du peuplement français de Tunis, a délégué à Paris son secrétaire général M. Jules Saurin, avec mission d'insister auprès des pouvoirs publics pour l'application du programme suivant :

1° Dotation supplémentaire de 8 millions à la caisse de colonisation afin qu'elle achète des terres destinées à être morcelées en faveur des Français;

2° Modification de la législation des biens habbous privés ou publics;

3° Création de centres avec adduction d'eau, postes, écoles et église;

4° Amorcer le courant d'émigration entre la France et la Tunisie en payant tous les ans le voyage à un millier de cultivateurs sérieux qui voudraient étudier le pays avec l'intention de s'y fixer — et en établissant au plus tôt mille familles de petits cultivateurs français en qualité de cantonniers sur les routes, de poseurs de la voie et de garde-lignes sur les chemins de fer. Il suffirait pour cela que le gouvernement Tunisien construise sur ses routes et ses chemins de fer, les mille maisons nécessaires;

5° Libération anticipée par congés renouvelables des soldats de la division de Tunisie qui justifieraient qu'ils peuvent s'établir dans le pays comme colons.

Le Comité espère que, quand on aura pris ces mesures, il sera possible de faire appel à toutes les forces de la France, aux officiers, aux instituteurs, aux curés, à tous les bons citoyens pour qu'ils contribuent à envoyer en Tunisie des colons français; il y aura place pour toutes les catégories de cultivateurs, depuis celui qui n'a que ses bras et qui pourra être cantonnier, poseur de la voie ou maître valet jusqu'au riche bourgeois qui fera une affaire fructueuse en créant des fermes qu'il donnera en métayage ou en location à des paysans français disposant de 500 à 2,000 francs.

Un semblable programme mérite d'être étudié avec la plus sérieuse attention. Nous y relevons en particulier deux articles dont l'adoption aurait sur le rapide développement de la colonisation l'influence la plus heureuse. L'augmentation du chiffre des crédits mis à la disposition de la direction de l'agriculture et du commerce pour acheter des terres, lui permettrait d'offrir un plus grand choix aux immigrants français et par suite d'en retenir un plus grand nombre. Le projet de faciliter l'établissement de petits cultivateurs en leur assurant un salaire en qualité de cantonniers ou de garde-lignes est ingénieux et rencontrerait un succès certain. Mais sa réalisation est subordonnée aux disponibilités budgétaires; il nécessiterait, en effet, pour la construction des maisons, une dépense qui ne serait pas inférieure à trois millions pour mille familles.

Nous savons que le premier article du programme, qui comporte la création de centres avec adduction d'eau et construction de maisons de poste et d'école, est déjà adopté en principe par l'administration.

M. Saurin a profité de son séjour en France pour faire une tournée de conférences sur la Tunisie dans les principales villes de France. Partout, et notamment à Bordeaux et à Nantes, il a obtenu un succès mérité.

Le banquet Doumer. — Le succès du banquet organisé en l'honneur de M. Doumer par les principaux groupes coloniaux de Paris, sous la présidence de M. Etienne, a dépassé les prévisions les plus optimistes de ceux qui en avaient pris l'initiative. Il a ainsi fourni au parti colonial l'occasion d'affirmer, par une manifestation éclatante, sa vitalité et la puissance de jour en jour grandissante de son rayonnement. Le temps est loin où les coloniaux se comptaient dans le pays et où on se croyait dispensé de compter avec eux. Ils constituent, à l'heure actuelle — et le banquet de l'autre soir en a fourni une preuve nouvelle et décisive — une force agissante, qui résume en elle les énergies et les qualités d'initiative de notre race et qui a su se faire sa place au soleil. Alors bien même que la réunion du 2 avril n'eût pas eu d'autre portée et d'autre résultat, celui-là suffirait à notre satisfaction.

Mais elle nous a donné en même temps la joie de constater que les coloniaux, qu'on représente volontiers comme des gens à l'humeur changeante et oublieux des services rendus, savent à l'occasion se montrer fidèles et reconnaissants. Après plus de quatre ans, M. Doumer a retrouvé auprès de lui, pour le fêter et pour lui témoigner leur admiration de l'œuvre qu'il a accomplie en Indo-Chine, toute la phalange des amis dont les vœux et les espérances l'accompagnaient à son premier départ. Il l'a retrouvée accrue des bataillons serrés de ceux qui, ayant suivi de près ou de loin ses efforts, ont tenu à venir proclamer qu'il avait bien mérité du pays et qu'on attendait de son dévouement et de la sagesse du gouvernement qu'il nous fût donné de le voir retourner là-bas pour compléter son œuvre. De ce côté, toute crainte doit être désormais bannie. La présence de trois membres du gouvernement aux côtés de M. Doumer dans ce banquet, les éloges sans réserve décernés par le Ministre des Colonies à sa politique et à son administration, équivalent à un engagement formel.

Ces éloges, tout le monde par avance les savait mérités. Le tableau que M. Doumer a tracé des résultats obtenus au cours de ces quatre dernières années, a montré à quel point ils étaient justifiés, et cette démonstration a été faite sans phrases, par le seul moyen de quelques faits et de quelques chiffres sans réplique. L'outillage économique de l'Indo-Chine en voie de constitution, une caisse de réserve riche de

23 millions, des excédents budgétaires réguliers, la métropole allégée de 12 millions de dépenses militaires prises à sa charge par notre colonie, le mouvement commercial porté de 257 millions en 1897 à 471 millions en 1900, la sécurité assurée et la tranquillité du pays maintenue alors que les provinces chinoises voisines étaient en pleine effervescence, notre empire asiatique devenu le pivot de notre politique et la base de notre action militaire en Extrême-Orient, et apportant ainsi à la France un nouvel et puissant élément de grandeur et de force, telle est, résumée à grands traits l'œuvre accomplie en Indo-Chine par M. Doumer, et dont quatre cents auditeurs enthousiastes ont applaudi l'exposé, vengeant ainsi l'artisan de cette œuvre de critiques plus perfides d'ailleurs qu'autorisées.

M. Etienne qui, dans un magnifique langage tout vibrant d'émotion, avait exprimé à M. Doumer la reconnaissance et l'admiration de tous les coloniaux présents et absents, avait eu l'heureuse idée d'associer au Gouverneur général de l'Indo-Chine, dans une manifestation commune de sympathie, M. Beau, qui va partir dans quelques jours pour recueillir à Pékin la succession de M. Pichon. Il a ainsi rendu en quelque sorte palpable la nécessité de maintenir une étroite union entre les deux principaux représentants de la politique française en Extrême-Orient. La réalisation des légitimes ambitions que les événements de Chine et notre situation au Tonkin nous autorisent à concevoir est à ce prix. D'une part, une diplomatie ferme et avisée, de l'autre, une action à la fois prudente et énergique peuvent et doivent nous permettre de nous faire la part qui nous revient de droit dans les partages de zones d'influence et, éventuellement, de territoires, auxquels il faudra bien venir un jour, puisque, aussi bien, si personne n'en parle pour le moment, tout le monde y pense. Ces qualités de volonté, d'esprit de suite, d'habileté, M. Doumer n'en est plus à en faire la preuve. Tous ceux qui connaissent M. Beau savent que les intérêts français auront également en lui un défenseur énergique et habile à profiter de toutes les circonstances. Nous pouvons donc avoir confiance en l'avenir; et cette impression, qui s'est dégagée si vivement de la réunion de l'autre soir, ajoute encore une raison de plus à toutes celles que nous avons, par ailleurs, de nous réjouir de cette imposante manifestation.

Le Comité de l'Asie française. — Le Comité de l'Asie française, dont nous avons annoncé la formation sous la présidence de M. Eug. Etienne, député et président du groupe colonial de la Chambre, vient de se constituer définitivement. Nos lecteurs trouveront plus loin, avec la liste des membres du Comité, un extrait de la circulaire que ce nouveau groupement a adressée à ses futurs adhérents, mais nous tenons à lui souhaiter ici la bienvenue. L'Asie offre à notre activité un champ immense. De récents événements ont attiré vers l'un de ses empires les plus puissants l'attention du monde. Il importait de profiter de ce réveil de l'opinion publique à l'égard des affaires asiatiques. Le Comité de l'Asie vient à son heure. Il entretiendra et développera ce courant d'opinion en mettant sous les yeux du public des notions précises en ce qui concerne tous les pays et tous les événements économiques de ce grand continent qui est l'Asie. Le Comité nouveau aspire à devenir le centre qui réunira les renseignements diplomatiques, économiques, techniques, sociaux, religieux, qu'exige une action raisonnée ; s'il peut réaliser son idéal, les hommes politiques comme les commerçants et les industriels auront en lui un collaborateur précieux et tous pourront travailler à la grandeur de notre influence en cet Orient où notre Indo-Chine nous crée déjà tant de droits et de devoirs.

Les Nouvelles-Hébrides. — Le décret qui a pour but d'assurer la protection des citoyens français dans les îles et terres de l'océan Pacifique ne faisant pas partie du domaine colonial de la France vient d'être promulgué. On en trouvera le texte plus loin. A vrai dire, ce décret ne vise que les Nouvelles-Hébrides, le seul pays de l'Océanie, et peut-être du monde entier, à l'heure actuelle, qui soit sans maître et qui ne relève d'aucune nation civilisée. Nous avons fait ressortir à maintes reprises l'anomalie et les inconvénients de cette situation, qui aboutit à placer les groupements de colons déjà constitués dans l'archipel néo-hébridais sous le régime de l'anarchie pure. Pas de lois, partant pas de juges, pas d'état civil, en un mot aucune sécurité ni pour les personnes ni pour les biens, et pour tout dire la mise hors du droit commun de la civilisation; tel a été jusqu'ici ce régime.

Le décret du 22 février va changer tout cela. Il donne à nos compatriotes des Nouvelles-Hébrides les garanties essentielles qui leur faisaient défaut. Ils auront désormais le moyen de faire trancher leurs différends par des magistrats réguliers ; la répression des crimes et des délits sera légalement assurée, en tant du moins que des Français en seront les auteurs; enfin et surtout l'organisation d'un état civil leur permettra de naître, de se marier, et de mourir sous l'égide et avec les garanties de la loi française. C'est là un progrès incontestable sur la situation antérieure, étant donné surtout qu'à ces améliorations viendra s'ajouter avant peu, en vertu d'un décret actuellement en préparation, le bénéfice de la détaxe coloniale pour quelques-uns des principaux produits néo-hébridais récoltés ou préparés par des colons français.

Il était d'autant plus urgent de mettre un terme à l'état inorganique dans lequel nos compatriotes ont vécu jusqu'ici aux Nouvelles-Hébrides que, depuis quelques années, la colonisation française a fait dans cet archipel des progrès aussi considérables que rapides. Un courant régulier d'émigration y a amené des colons qui s'y sont fixés et qui y ont fondé des exploitations agricoles. Des centres anciens se sont développés ; des centres nouveaux se sont créés et l'écart qui existait déjà sous le rapport du nombre et de l'importance des intérêts entre l'élément français et l'élément anglais, s'est accru considérablement au profit du premier. Il continue à s'accroître en ce moment même, par l'installation, sur divers points, de six nouveaux missionnaires français, par l'établissement, à Vila, centre de la principale agglomération européenne de l'archipel, d'un médecin détaché du corps de santé des colonies et de quatre sœurs qui seront préposées à la direction d'une école pour les enfants des colons et aux soins à donner aux malades dans un hôpital que fait construire la société française des Nouvelles-Hébrides.

Ainsi s'est constituée peu à peu, sans bruit, une véritable colonie française, à côté de laquelle l'élément anglais, représenté uniquement par des missionnaires qui ne sont que des agents politiques et qu'aucun intérêt n'attache au sol, fait médiocre figure. Le moment semble venu de transformer cette situation de fait en une situation de droit par un accord diplomatique qui nous assure la possession régulière, définitive et sans partage, de l'archipel néo-hébridais. L'Angleterre s'est fait sa part, sa très large part, dans l'océan Pacifique. La reconnaissance des droits que la France tient de la situation géographique des Nouvelles-Hébrides par rapport à la Nouvelle-Calédonie, comme aussi de ceux qu'elle a su se créer par la constitution d'intérêts incontestablement prépondérants, ne sera qu'une mince compensation aux avantages territoriaux que, de sa propre autorité, ou d'accord avec l'Allemagne, l'Angleterre s'est attribués en Océanie. Aussi bien la conservation de la Nouvelle-Calédonie est-elle à ce prix et il suffit de jeter un coup d'œil sur la carte pour se convaincre que, si les Nouvelles-Hébrides venaient à nous échapper, la Nouvelle-Calédonie, enserrée de toutes parts entre des possessions britanniques, subirait infailliblement tôt ou ard le même sort.

DOCUMENTS, ARTICLES SPÉCIAUX
ACTES OFFICIELS

GÉNÉRALITÉS

Le service militaire aux colonies. — Le Ministre des Colonies vient d'adresser la circulaire suivante aux gouverneurs des colonies.

Nous la reproduisons in-extenso, car elle fixe d'une manière précise la durée du service effectif que doivent faire les soldats incorporés aux colonies.

Messieurs, le Gouverneur général de Madagascar a appelé mon attention sur la durée du service actif à laquelle sont astreints les jeunes gens admis au bénéfice de l'article 81 de la loi du 15 juillet 1889.

J'ai l'honneur de vous faire connaître que le Ministre de la guerre, consulté a ce sujet, m'a répondu ce qui suit :

« Il est à remarquer que la réduction du service stipulée par l'article 81 ne constitue pas, au strict point de vue légal une dispense véritable.

« Les dispenses proprement dites sont, en effet, énumérées aux articles 21, 22 et 23 de la loi et conférées par le Conseil de revision.

« Le bénéfice de l'article 81 est, au contraire, concédé d'après l'avis des Gouverneurs des Colonies, par décisions administratives, aux jeunes gens résidant dans ces colonies et à l'égard desquels le Conseil de revision a statué sans tenir compte de leur situation particulière.

« En outre, la libération anticipée des dispensés a été décidée pour des motifs militaires qui ne peuvent être invoqués dans le cas visé par votre dépêche du 30 juillet dernier.

« En effet, le départ de la classe a lieu, en France, après les manœuvres d'automne.

« A ce moment, l'instruction est terminée dans les régiments et jusqu'à l'arrivée des jeunes soldats le service est pour ainsi dire suspendu dans les corps de troupe. C'est d'ailleurs la période de l'année où les permissions sont accordées dans la plus large mesure aux militaires de tous grades.

« Dans ces conditions, il n'y aurait aucun intérêt à conserver sous les drapeaux, après le départ de la classe, des jeunes gens dont on ne pourrait développer d'avantage l'instruction militaire et qui ne rendraient aucun service au régiment.

« La situation est toute autre aux colonies, où doit intervenir la question des effectifs. C'est pourquoi la loi du 15 juillet 1889 prescrit :

« 1° Qu'en temps de guerre, la libération d'une classe n'a lieu qu'après l'arrivée de la nouvelle classe et que cette disposition est exceptionnellement applicable dès le temps de paix *aux hommes servant aux colonies*. (Art. 40, 7° alinéa.)

« 2° Que les Français et naturalisés Français en résidence dans les colonies et incorporés dans les corps qui y sont stationnés sont envoyés dans la disponibilité après une année de présence *effective* sous les drapeaux. (Art. 81.)

« En conséquence, la mesure adoptée en France, en ce qui concerne la libération des dispensés ne peut être appliquée, dans les colonies, aux jeunes gens qui doivent accomplir une année de service, conformément aux dispositions de l'article 81 de la loi du 15 juillet 1889. »

LE COMITÉ DE L'ASIE FRANÇAISE. — Le *Comité de l'Asie française*, dont nous parlons d'autre part, a envoyé à ses futurs adhérents une circulaire dont voici un extrait :

« Nous entrons en Asie dans la période décisive, non seulement pour le développement de notre industrie et de notre commerce, mais même pour la consolidation de l'empire colonial que nous nous y sommes créé.

L'initiative privée a donc, au point où nous en sommes arrivés, un rôle important à jouer, en éclairant, en décidant l'opinion, et en exerçant par son intermédiaire une influence utile sur notre politique. Nous nous efforcerons de le remplir, par l'envoi de missions en Asie, dont les renseignements et les conclusions seront vulgarisés, par des conférences que nous organiserons, et par les publications spéciales que nous répandrons dans le public.

Pour mener une pareille action, des concours moraux et matériels nous sont absolument nécessaires. Nous n'hésitons pas à venir vous demander le vôtre.

Nous espérons que vous voudrez bien nous permettre de vous compter parmi les adhérents à l'œuvre du Comité de l'Asie française, et aussi que vous nous seconderez par votre propagande auprès de vos amis.

Nous vous serons reconnaissants de votre souscription, quel qu'en soit le chiffre, et nous vous rappellerons seulement que tout versement de 25 à 300 francs donne la qualité d'adhérent; de 300 à 1.000 francs le titre de donateur; et de 1.000 francs et au-dessus, celui de bienfaiteur.

Toutes ces souscriptions donneront droit à recevoir le Bulletin mensuel du Comité et ses autres publications.

Le nom des souscripteurs et la mention de leur versement seront inscrits dans le Bulletin du Comité de l'Asie française. »

Le Comité :

Par délégation du Président,
Vte H. DE LA PANOUSE.

Voici la liste des membres du Comité :

Président : M. Etienne, député, président du groupe colonial de la Chambre.
Vice-présidents : MM. Guillain, député; Sénart, de l'Institut; marquis de Moustiers, député.
Membres : MM. Adam, député; prince d'Arenberg, député; comte d'Aunay, sénateur; Aynard, député; commandant Berger, Éd. de Billy, prince Roland Bonaparte, Bonvalot, marquis de Barthélemy, Bertin, comte Jean de Castellane, vicomte Robert de Caix de Saint-Aymour, J, Chailley-Bert, A. Chaumier, Chautemps, député; Clémentel, député; Henri Cordier, J.-L. Deloncle, Deluns-Montaud, ministre plénipotentiaire; Denys Cochin, député; Depincé, Dumolard, Froidevaux, C. Gabiat, député; Gevelot, député; comte J. de Gontaut-Biron, député; Gervais, député; Gauthiot, J. Haussmann, ancien directeur au ministère des colonies; prince d'Henin, député; baron Hulot, L. Henrique, député; baron Hély d'Oissel, A. Jouannin, de Kerjégu, député; Amédée Lefèvre-Pontalis, Pierre Leroy-Beaulieu, G. Lesueur, R.-G. Levy, Mège, C. Madrolle, Mellier, Mercet, Mézières, de l'Académie française, sénateur; Moisant, Mme Massieu, prince Henri d'Orléans, vicomte Henri de la Panouse, Pavie, ministre plénipotentiaire; de Peyerimhoff, Ch. Picot, Ulysse Pyla, H. Pensa, Ch. Prevet, sénateur; L. Pelatan, Louis Raveneau, Ristelhueber, Rueff, Albin Rozet, député; Charles-Roux, Saint-Germain, sénateur; Eugène Schneider, député; Jules Siegfried, S. Simon directeur de la Banque de l'Indo-Chine; Richard Waddington, sénateur.

LES DROITS SUR LES CACAOS. — MM. Jourde et A. Gervais ont déposé un projet de loi ayant pour objet de modifier ainsi qu'il suit les droits sur les cacaos :

Article unique. — Les cacaos de toute provenance seront inscrits au tarif général au taux de 300 francs et au tarif minimum au taux de 104 francs.

Dans l'exposé des motifs qui vient d'être distribué au Parlement, les auteurs font ressortir que leur proposition consiste à inscrire une disposition sur les deux tarifs, général et minimum, à des taux différents.

Le maintien à un tarif unique de ce produit, en présence d'une mesure générale frappant tous les autres produits, n'ayant aucune raison d'être.

Dans la loi douanière du mois de janvier 1892, les produits coloniaux de consommation figurent au tarif général et au tarif minimum avec des chiffres identiques. Il en est résulté que les pays producteurs de ces denrées drainaient et drainent encore l'or de la France consommatrice des articles en question, sans avoir le moindre intérêt à lui accorder, à titre de compensation, des régimes de faveur en ce qui concerne ses produits ouvrés.

Ainsi, pour donner un exemple, la douane brésilienne perçoit, par bouteille de vin, quelle que soit la valeur marchande, 4 fr. 20; la moyenne des droits payés par l'industrie française dans les ports sud-américains est rarement inférieure à 50 0/0 de la valeur, souvent supérieure à 200 et 500 0/0.

Comme les articles français sont plus chers que ceux fabrication étrangère et que le change sur Europe, dans l'Amérique latine (à l'exception de l'Uruguay et du Venezuela) vacille entre 100 et 500 0/0, l'écart entre le taux français et les prix courants dans les marchés de l'Europe et des Etats-Unis,

*

relativement peu sensible entre pays à étalon d'or, devient très considérable lorsqu'il s'exprime en monnaie sud-américaine.

Par suite, cette situation est devenue fort dangereuse pour notre commerce, car ces fournisseurs de matières premières ont compris que la France était désarmée en présence de leurs exigences. Pour remédier à cet état de choses, les Chambres ont voté la loi du 24 février 1900, établissant deux tarifs pour les produits en question avec la préoccupation de faire accorder le tarif inférieur contre des compensations équitables.

Or, le cacao n'a pas été compris dans la liste des produits soumis à un double tarif. Cette exception a permis à plusieurs pays de ne pas tenir compte de la loi relative aux cafés et de ne pas abroger les taxes prohibitives qui ont fermé tant de marchés à notre exportation.

Les motifs qu'on a fait valoir pour ne pas comprendre le cacao dans la loi du 24 février ont été formulés à peu près ainsi : dans le cas où nous fermerions par des tarifs exagérés le marché français aux cacaos du Brésil, du Venezuela, du Centre-Amérique, d'Haïti, etc., ces pays vendraient leurs marchandises en Suisse ou en Espagne d'où elles arriveraient sur le marché français sous forme de chocolat : on porterait donc atteinte à une importante industrie française.

Or, ce raisonnement est spécieux, car en même temps que l'on relève le droit sur le cacao, on n'a qu'à imposer proportionnellement l'importation des chocolats.

MM. Jourde et Gervais ne croient pas que cette dernière mesure aurait à être mise en vigueur, attendu que le Brésil, le Venezuela, le Centre-Amérique, etc., ne peuvent pas renoncer brusquement à leurs marchés français des cacaos et comprendraient la juste nécessité d'accorder leurs intérêts avec les nôtres.

COLONIES FRANÇAISES

AFRIQUE DU NORD

Algérie. — Actes officiels. — *Le Mobacher.*

16 mars. — *Arrêté* ministériel prescrivant la clavelisation des moutons algériens destinés à l'importation en France.

23 mars. — *Arrêté* du Gouverneur général fixant les tarifs de conversion en argent des impôts arabes, ainsi que le nombre de centimes communaux additionnels à ces mêmes impôts pour l'année 1901.

Agriculture. — *Essence d'Eucalyptus.* — M. le docteur Trabut a présenté récemment à la Société des Agriculteurs d'Algérie un échantillon d'essence d'Eucalyptus citriodora. Cette essence est composée de 80 0/0 de citronellol ; le reste est en très grande partie du géraniol. Ainsi constitué, ce produit pourrait être vendu de 15 à 18 francs le kilogramme. L'arbre est moins vigoureux que les autres eucalyptus, mais il peut être greffé. On est en train de faire des essais. Cette essence pourrait être préparée concurremment avec l'essence de géranium.

Il serait à souhaiter que la culture de cette sorte d'eucalyptus prît un certain développement en Algérie; ce serait pour les colons un nouvel avantage à retirer d'un arbre qui offre déjà tant d'intérêt au point de vue sanitaire.

Le commerce des Figues. — M. Plichon a déposé récemment un projet de loi qui a pour but de comprendre dans le tableau D du tarif douanier les figues sèches d'origine européenne, importées d'ailleurs que des pays de production et de les frapper d'une surtaxe de 2 francs par 100 kilos.

L'auteur de ce projet de loi justifie sa proposition par les considérations suivantes :

De temps immémorial, les ports de grande pêche, du nord et du nord-ouest de la France, faisaient une importation considérable de figues sèches provenant du midi de l'Europe et surtout du Portugal.

Les armateurs y employaient leurs navires au retour d'Islande pour occuper l'hivernage ; ils revenaient alors de Portugal chargés de figues sèches en même temps que de sel.

Cette combinaison, qui permettait d'offrir un fret rémunérateur, est devenue impossible depuis quelques années par suite de la concurrence des ports étrangers, et surtout de celui d'Anvers.

Les nombreuses lignes de navigation qui desservent ce grand port et en rendent l'accès facile ont fait d'Anvers un entrepôt général où s'approvisionnent à la fois la Belgique, la Hollande et une partie de la France.

Depuis 1892, l'importation des figues sèches, de provenance portugaise, par le port de Dunkerque (par lequel se faisaient surtout ces importations) suit une marche décroissante.

On peut s'en faire une juste idée en consultant les statistiques d'où il résulte que le chiffre des importations par Dunkerque qui était de.... 2.844.151 kilog.
en 1892, s'est abaissé à .... 171.912 —
en 1898 et est tombé à............... 12 —
en 1899, autrement dit est devenu nul.

Figues d'Algérie

Il faut dire toutefois que pendant cette année 1899 les figues d'Algérie dont l'introduction en France augmente d'année en année sont entrées en grande quantité à Dunkerque, et que leur importation s'est élevée à.............................. 1.013.526 kilog. alors qu'elle était en 1892 de........ 303.317 —

Cette majoration ne saurait compenser la diminution des importations portugaises, puisque l'importation totale des figues à Dunkerque a passé de 3 millions 249.570 kilos qu'elle était en 1892, à 1.050.130 kilos en 1899.

Or, cette décroissance n'est pas la conséquence d'une diminution dans la consommation des figues en France ; les statistiques montrent que l'importation de ce produit est constante. Elle était de 17.290.452 kilos en 1899. C'est donc par suite de l'importation par voie de terre après déchargement dans un port étranger, que s'est trouvé réduit le mouvement de nos ports.

Pour tout le nord de la France, la proximité d'Anvers de nos grands centres, et les tarifs très réduits des chemins de fer belges ont rapidement amené la disparition totale de l'importation directe par mer.

Voici maintenant des chiffres qui permettent de constater l'entrée considérable des figues sèches en France par voie de terre; chiffres relevés dans les directions des douanes de Lille, Charleville et Nancy.

Pour le Portugal, pays principal de production, l'entrée en France en 1897 est de 866.892, en 1898 de 1.027.260 et en 1899 de 867.425 (cette différence entre 1898 et 1899, vient vraisemblablement de l'augmentation des entrées des figues de provenance algérienne.

Effets de la surtaxe

La surtaxe de 2 francs par 100 kilogrammes, qui nous paraît nécessaire pour regagner le trafic qui échappe à notre marine, aura un double effet. Elle favorisera l'importation des figues d'Algérie au profit de cette colonie, et assurera l'importation par les ports français des quantités que ne peuvent nous fournir nos possessions méditerranéennes.

La Commission des douanes a examiné cette proposition. M. Morinaud, représentant la région de Bougie, grande productrice de figues, lui a donné des renseignements détaillés à ce sujet. Il a appuyé énergiquement le rapport favorable de M. Plichon, qui a été adopté à l'unanimité.

FINANCES. — *Impôts arabes.* — Deux arrêtés du Gouverneur en date du 18 mars ont fixé ainsi qu'il suit le tarif de conversion en argent des impôts Zedkat et Achour à percevoir en 1901.

IMPÔTS ACHOUR :

Par quintal métrique de blé....	22 fr.
— — d'orge..	11 fr.

IMPÔTS ZEDKAT :

Chameaux, par tête..........	4 »
Bœufs..........................	3 »
Moutons........................	» 20
Chèvres........................	» 25

AFRIQUE OCCIDENTALE

Congo français. — ACTES OFFICIELS. — *Journal officiel du Congo français.*

16 février. — *Décret* réorganisant le service judiciaire au Congo.

23 février. — *Perception* de l'impôt sur les cases. — Rapports entre les compagnies concessionnaires et l'administration. — Protection des indigènes.

2 mars. — *Arrêté* réglementant le permis de port d'armes à feu.

ADMINISTRATION. — *Les achats de vivres du service local.* — Nous signalions récemment (1) une lettre du Ministre des Colonies au Commissaire Général du Congo, lui prescrivant d'acheter le plus souvent possible dans la colonie les objets ou vivres nécessaires aux besoins du service local.

Dans une nouvelle circulaire en date du 14 janvier, le Ministre dit à ce sujet. . . . .

.....Je saisis cette occasion pour vous rappeler d'une façon toute spéciale l'intérêt que j'attache à ce que, à l'avenir, les délivrances de vivres aux fonctionnaires et agents de la colonie par les magasins de l'Administration soient réduites au strict minimum et même évitées s'il est possible.

A cet effet il vous appartiendra d'engager le commerce local à accroître en conséquence ses approvisionnements et à ouvrir des comptoirs à proximité des résidences officielles ou en contact avec elles. Votre arrêté du 18 octobre réaliserait ainsi entièrement son but, la colonie se trouvant libérée de la préoccupation constante d'avoir à pourvoir à des ravitaillements toujours onéreux et considérables.

L'impôt indigène. — Le *Journal officiel du Congo*, du 23 février, publie une circulaire du Commissaire général de la colonie, notifiant aux administrateurs des régions de Libreville, de l'Ogooué, de Mayumba, de Loango, de Brazzaville, de la Basse-Sangha, de la Haute-Sangha, du Moyen-Congo, de Bangui et du Haut-Oubangui, un extrait que nous reproduisons plus loin, des instructions ministérielles du 30 novembre 1900, relatif à la perception de l'impôt sur les cases, aux rapports entre l'administration et les compagnies concessionnaires, ainsi qu'à la protection des indigènes.

Les récentes protestations formulées par l'Union congolaise au nom des principales sociétés concessionnaires du Congo, donnent un intérêt tout particulier à cette circulaire; le ministre des colonies a essayé par là de mettre au point l'une des questions les plus importantes qui font l'objet des réclamations des sociétés. Voici le texte *in extenso*

(1) Voir *Quinzaine Coloniale* 25 Février 1901.

des extraits de la circulaire ministérielle et des commentaires du Commissaire général qui les accompagnent :

La question du recouvrement de l'impôt personnel ou impôt sur les cases se rattache étroitement à celle des droits des indigènes. Si l'on considère, en effet, que l'ensemble des produits du sol appartient aux concessionnaires, ceux-ci peuvent prétendre que la perception en nature de l'impôt constituera une diminution des avantages qui leur ont été conférés, en les privant, au profit de la colonie, d'une partie des richesses de la concession. Leurs prétentions à cet égard seraient évidemment discutables. Mais il est préférable de ne pas aller jusqu'à un conflit.

Il conviendra donc que vous ayez bien soin de ne pas spécifier d'une façon formelle, dans les actes relatifs, au paiement de ces impôts que les indigènes auront à s'acquitter par des livraisons d'ivoire, de caoutchouc ou de produits du sol. Le principe de l'impôt sans indication de modalités de versement devra seul être posé et vous inviterez les fonctionnaires qui seront chargés d'assurer les perceptions, à faire tous leurs efforts pour obtenir des populations le paiement de leurs contributions en argent autant que possible.

Je n'ignore pas qu'actuellement le numéraire est peu ou point répandu au Congo. Mais les salaires que les concessionnaires vont nécessairement attribuer aux indigènes en rémunération, soit du travail fourni, soit des produits apportés, modifieront vraisemblablement cette situation. Il sera de l'intérêt bien entendu de l'administration locale de concourir à cette transformation en intervenant auprès des indigènes pour les engager à se mettre à la disposition des concessionnaires et à conclure avec eux des contrats de louage de travail. Cette intervention peut être fertile en résultats heureux. Les sociétés concessionnaires rencontrent actuellement des difficultés considérables pour le recrutement de la main-d'œuvre. L'obligation imposée aux indigènes de payer des contributions, de les acquitter en numéraire dans la mesure du possible et, par suite, de se procurer ce numéraire par le travail, peut et doit constituer un progrès vers la solution de ces difficultés. Je me contente de vous signaler la question et la solution possible.

Vous aurez, bien entendu, à examiner et à prendre, toutes les mesures de détail qu'une semblable réglementation peut comporter. Il serait nécessaire notamment de prendre toutes précautions utiles pour que des contrats de ce genre, même simplement en apparence, ne puissent être considérés comme portant atteinte au principe de la liberté commune. Ces contrats seront certainement à l'abri de toute critique, s'ils sont conclus à court terme, sauf à les renouveler quand il serait nécessaire.

....

D'une façon générale et pour résumer ce qui précède, je considère qu'il est de l'intérêt absolu de l'administration locale de venir en aide dans la plus large mesure aux entreprises des concessionnaires dont le sort, par suite des charges financières qui leur sont imposées (versement de redevances et de contributions diverses, douanes et télégraphes, quote-part dans les bénéfices) est intimement lié à la prospérité de la colonie. Je vous recommande tout particulièrement d'inviter les fonctionnaires et agents placés sous vos ordres à se bien pénétrer de ces idées et à faciliter par leur concours les opérations des représentants des sociétés dans l'intérieur.

Il va sans dire qu'ils n'en resteront pas moins les protecteurs naturels des indigènes et qu'ils ne devront pas hésiter, le cas échéant, à réprimer et à vous signaler tous les abus qui pourraient se produire.

Vous devrez, monsieur l'Administrateur, dans vos rapports avec les compagnies concessionnaires, vous inspirer exactement des instructions du Ministre qui précèdent.

Comme le recommande le Ministre, l'impôt indigène sera désormais perçu autant que possible en numéraire, ce qui veut dire *en numéraire français ou qui ayant cours en France, est reçu dans les caisses du Trésor au Congo français*. Il ne faut pas qu'il y ait d'équivoque possible à ce sujet.

Vous userez de toute votre influence morale sur les chefs indigènes pour qu'ils procurent et assurent aux compagnies concessionnaires la main-d'œuvre permanente qui est indispensable à celles-ci. Pour me permettre d'élaborer l'arrêté général que j'ai à prendre, vous m'adresserez aussitôt que possible un projet de réglementation des contrats de travail à intervenir entre les indigènes et les compagnies concessionnaires. Je vous serai obligé d'y joindre un rapport développé où vous expliquerez et motiverez d'une façon précise les dispositions de votre projet.

Enfin, j'ai l'honneur d'appeler votre attention particulière sur la phrase finale des instructions ministérielles.

Vous êtes, monsieur l'Administrateur, le protecteur naturel des indigènes. Vous avez le devoir de veiller à ce qu'ils soient, toujours et par tous, traités comme des hommes. Vous devrez me signaler immédiatement les abus et les actes arbitraires dont ils pourraient être victimes dans votre circonscription territoriale; vos collaborateurs auront la même obligation vis-à-vis de vous, et vous les inviterez à vous informer sans délai, dans des rapports précis et détaillés, des faits délictueux et criminels dont ils auraient connaissance.

Je suis fermement décidé, quant à moi, à déférer à l'autorité judiciaire ceux, quels qu'ils soient, qui se rendraient coupables de sévices, de violences, de séquestration illégale, de crimes à l'égard d'indigènes du Congo français.

Ces circulaires montrent l'esprit bienveillant qui anime le Ministre des colonies et le Commissaire général du Congo à l'égard des sociétés concessionnaires aussi bien que des indigènes. Un point particulier mérite d'attirer l'attention des directeurs des sociétés. Parlant du droit légal des concessionnaires d'empêcher l'administration de faire payer l'impôt par les indigènes en produits récoltés sur les terrains des sociétés concessionnaires, le Ministre dit : « Leurs prétentions à cet égard seraient évidemment discutables ». C'est poser juridiquement un problème qui pourrait être gros de conséquences, si le Ministre n'avait pris soin de les atténuer dans une certaine mesure en ajoutant immédiatement : « Mais il est préférable de ne pas aller jusqu'à un conflit. »

Réglementation du port d'armes. — Par un arrêté en date du 16 février, le commissaire général du Congo a institué dans la colonie les permis de port d'armes :

La valeur des permis est ainsi fixée :

1re Catégorie : armes de salon comprenant les Flobert, les pistolets et les revolvers.... 3 fr. »
2e Catégorie : armes de chasse........ 6 fr. »
3e Catégorie : autres armes à feu..... 7 fr. 50

Le permis sera renouvelé chaque année, au commencement du mois de janvier.

Pour les armes de la première et de la deuxième catégorie, le permis sera valable pour toutes les armes de même nature dont l'introduction aura été successivement autorisée, au profit du même porteur, dans le cours de la même année.

Mention sera faite sur le permis de ces autorisations successives.

Pour les armes de la 3e catégorie, le permis ne sera valable que pour une seule arme. Le port de chaque arme nouvelle de même nature sera soumis à la délivrance d'un nouveau permis, et à la perception de la taxe correspondante.

COLONISATION. — *L'émigration au Congo.* — Le *Journal Officiel du Congo* du 9 février publie un arrêté du gouverneur, en date du 31 janvier qui règlemente l'émigration hors du Congo des travailleurs indigènes.

Voici quelles sont les principales dispositions de cet arrêté :

Nul ne peut entreprendre au Congo français les opérations d'engagement et de transport des émigrants ou de recrutement des travailleurs engagés à temps sans l'autorisation du commissaire général, en conseil d'administration.

Les compagnies ou agences d'émigration ou de recrutement de travailleurs pour des colonies ou pays n'appartenant pas à la France, ne pourront être autorisées à entreprendre les opérations d'engagement ou de transport des émigrants qu'à titre essentiellement temporaire et exceptionnel et à la condition de fournir un cautionnement dont le quantum et les conditions seront fixés pour chaque cas.

L'autorisation sera toujours révocable soit d'une façon générale, soit pour un pays déterminé :

1° En cas d'abus grave ;

2° Toutes les fois que la situation économique ou politique de la colonie sera jugée de nature à nécessiter la suppression des opérations pour lesquelles aura été délivrée l'autorisation.

Aucun capitaine ou armateur d'un navire pouvant recevoir des passagers ne devra, sans l'autorisation de l'administration, accepter à son bord un ou plusieurs indigènes à destination d'un pays étranger.

Cette autorisation sera constatée au moyen d'un bulletin délivré par le secrétaire général ou son délégué, mentionnant le nom et le pays d'origine du passager, la date d'embarquement et le lieu de destination.

Côte d'Ivoire. — ACTES OFFICIELS. — *Journal officiel de la Côte d'Ivoire.*

28 février. — *Arrêté* portant création de caisses d'agences spéciales à Dabakala, Bandama, Seguéla et Ouossou. — *Arrêté* créant des postes de douanes à Yaou et Nougoua dans le cercle d'Assinie.

Dahomey. — ADMINISTRATION. — *Perception de l'impôt indigène.* — Par circulaire en date du 24 janvier dernier, le Gouverneur vient d'adresser des instructions aux administrateurs et agents spéciaux de la colonie relatives à la perception de l'impôt indigène en 1901.

Le Gouverneur appelle l'attention des administrateurs sur l'intérêt que peut offrir, pour le budget de 1902, l'établissement très exact des rôles par villages, qui pourront servir de base à l'établissement d'un impôt par case. Les agents sont même autorisés à relever les omissions qui auraient pu se produire en établissant dans le cours de l'année un rôle supplémentaire.

Pour cette année encore les indigènes du Haut-Dahomey sont autorisés à payer leurs impôts en prestations ou par des versements en nature lorsqu'ils ne pourront les liquider en argent.

Pour la régularisation des versements en nature, une mercuriale pour tous les produits pouvant être perçus au titre de l'impôt, sera établie chaque année à l'aide de renseignements fournis par les Résidents et Administrateurs du Haut-Dahomey. Cette mercuriale, fixée par une décision du gouverneur sera appliquée pendant tout le cours d'un exercice.

En terminant, le Gouverneur insiste sur l'intérêt qu'il y a d'exiger le recouvrement de l'impôt en monnaie française.

Les agents spéciaux ne devront du reste accepter la monnaie étrangère que lorsque les indigènes seront dans l'impossibilité absolue de se libérer autrement.

Le Gouverneur a décidé que la perception de l'impôt pourrait être poursuivie pendant toute l'année.

COMMERCE. — *Statistique de l'année 1900.* — Le mouvement commercial de la colonie a progressé d'une façon très sensible en 1900. Il s'est, en effet, élevé à la somme de 27.977.313 francs contre 25.068,160 francs en 1899, ce qui représente une augmentation de 2.909.153 francs en faveur de l'année dernière.

Ces chiffres se sont répartis de la façon suivante :

Importations....	15.221.419	12.348.971	en plus	2.872.448
Exportations....	12.755.894	12.719.189	—	36.705

La part de la France dans les transactions du Dahomey a passé de 6.882.000 francs en 1899 à 8.388.000 fr. en 1900. La progression des échanges depuis 1899 est tout à fait surprenante, ainsi qu'on le verra ci-dessous :

Années	Mouvement commercial avec la France	total
—	—	—
1897..................	3.445.722 »	14.021.815 20
1898..................	4.131.460 08	17.533.326 35
1899..................	6.882.372 31	25.068.160 46
1900..................	8.388.829 »	27.977.313 »

La presque totalité de l'augmentation provient des importations :

Années	Importations de France	totales
—	—	—
1897..................	2.930.912 »	8.242.957 04
1898..................	1.958.514 08	9.994.567 53
1899..................	3.448.667 46	12.348.971 »
1900..................	3.628.516 »	15.221.419 »

Importations. — Les augmentations à l'importation se répartissent sur tous les produits, excepté les alcools. Elles portent principalement sur les :

Tabacs............	514.785	kil.	au lieu de	411.922	kil. en 1899
Sucres............	152.728	—	—	64.332	— —
Sel................	3.028.341	—	—	1.887.491	— —
Poudre...........	169.670	—	—	142.455	— —
Tissus............	3.299.798	fr.	—	1.933.396	fr. —
Fils................	331.795	—	—	160.213	— —
Machines et mécaniques........	308.600	—	—	111.544	— —
Ouvrages en bois.	357.489	—	—	263.240	— —
Ouvrages en matières diverses.	459.611	—	—	320.041	— —
Monnaie.........	1.832.470	—	—	1.711.193	— —

Cette dernière augmentation est uniquement due à l'importation de monnaie française. Les monnaies étrangères sont en diminution : 1.337.169 fr. au lieu de : 1.600.236 fr. en 1899.

En ce qui concerne les *tissus*, l'augmentation provient en partie de la majoration des valeurs des mercuriales de l'année 1900. En réalité il a été importé 503.126 kilogrammes de tissus de toutes sortes contre 469.737 kilogrammes en 1899.

Pour les autres denrées l'augmentation s'explique par l'activité des affaires et par l'ouverture de nouveaux débouchés par suite du développement de nos relations commerciales avec les populations du Haut-Dahomey.

De plus, pendant l'année 1900, les marchandises reçues pour le compte du Service local, ont été relevées dans les statistiques — ce qui n'avait jamais été fait précédemment.

Alcools. — L'augmentation de la taxe sur les alcools, a eu pour effet immédiat de diminuer très sensiblement les importations de ce produit.

Il en a été importé pendant l'année 1900	3.027.321 litres
Contre en 1899........................	4.625.880 —
Soit une différence en moins de.......	1.598.559 litres

En ce qui concerne les marchandises provenant des pays étrangers, l'Allemagne se présente au premier rang, avec 5.076.824 francs, grâce à ses importations considérables de boissons (2.594.907 francs), de tissus (683.444 francs) et de tabacs (531.846 francs). De son côté, la colonie allemande de Togo, a expédié pour 329.288 francs de produits et de monnaies. Le commerce direct de l'Angleterre avec la colonie ne se monte qu'à 2.726.830 fr., mais le Lagos figure dans les statistiques pour 3.399,611 francs, de sorte que c'est bien l'importation britannique qui est la plus considérable au Dahomey, grâce à ses tissus, à ses machines et mécaniques, au tabac, etc. Les « autres pays » ne sont représentés que par 35.341 francs et les colonies françaises par 2.009.

Exportations. — Comme nous l'avons dit, les exportations ne se sont accrues que de 36.705 fr.

Années	EXPORTATIONS pour la France	totales
—	—	—
1897..................	1.514.810 »	5.778.858 16
1898..................	2.177.946 »	7.538.782 22
1899..................	3.433.704 85	12.719.189 72
1900..................	4.767.313 »	12.755.894 »

Les huiles de palme exceptées, tous les autres produits du crû sont en augmentation :

	kilogrammes
Amandes de palme : exportées en 1900..	21.986.043
id. id. 1899..	21.850.982
Différence en plus pour 1900........	135.061
Coprah : exportés en 1900...............	220.580
id. — 1899...............	143.500
Différence en plus pour 1900.........	77.080
Caoutchouc : exporté en 1900............	19.875
id. id. 1899............	14.455
Différence en plus pour 1900.........	5.420
Huiles de palme : exportées en 1899.....	9.650.081
— — 1900.....	8.920.359
Différence en moins pour 1900.......	729.722

Ces divers produits ont reçu les destinations suivantes :

	Amandes de palme	Huiles de palme	Caoutchouc	Coprah
	kilogs	kilogs	kilogs	kilogs
France........	2.851.517	6.353.239	11.092	218.580
Angleterre....	36.958	2.000	72	»
Allemagne....	8.229.026	906.149	979	»
Lagos.........	10.827.986	1.652.383	7.732	2.000
Togo..........	40.556	6.588	»	»
Totaux...	21.986.043	8.920.359	19.875	220.580

Les recettes des douanes accusent un excédent de 330.332 francs sur les totaux de 1899. La progression de ces recettes a été la suivante pendant la période que nous passons en revue : 1897, 1.328.626 francs ; 1898, 1.565.234 francs ; 1899, 2.317.970 fr. ; 1900, 2.648,293 franc. Sauf Porto-Novo, tous les bureaux de perception se présentent en plus-value.

BUREAUX	Recettes en 1900	Diff. par rapport à 1899
Porto-Novo...............	260.699 24	— 35.510 85
Cotonou..................	1.591.216 10	+ 172.310 »
Ouidah...................	456.631 23	+ 179.538 12
Grand-Popo...............	314.273 40	+ 2.561 75
Agoué....................	22.809 89	+ 9.007 71
Athémié..................	2.519 21	+ 2.274 29
Savé.....................	144 40	+ 132 75
Totaux.............	2.648.293 47	+ 830.322 77

Le mouvement maritime a compté, à l'entrée, 416 vapeurs jaugeant 393.401 tonneaux ; à la sortie, 416 vapeurs et 393 426 tonneaux. Ces totaux sont en diminution par rapport à 1899.

Guinée Française. — FINANCES. — *Emprunt de 4 millions.* — La colonie de la Guinée française est autorisée à emprunter auprès de la Caisse des dépôts et consignations, à un taux qui ne pourra dépasser 4 0/0, une somme de 4 millions de francs qui sera employée aux travaux de superstructure, au matériel roulant et au prolongement de la ligne du chemin de fer actuellement en construction.

Il sera pourvu à l'amortissement de cet emprunt et au payement des intérêts au moyen de vingt-cinq annuités qui seront inscrites, chaque année, au budget local, au titre des dettes exigibles.

Le produit des droits d'exportation et de consommation est affecté chaque année, déduction faite de la somme de 408.000 fr. déjà engagée en garantie d'un premier emprunt de 8 millions, par privilège et jusqu'à concurrence, au payement des annuités correspondantes à l'emprunt autorisé par le présent décret.

D'autre part, le maximum de la caisse de réserve de la Guinée française est fixé à 2 millions. Cette décision a été prise parce qu'on a pensé qu'il pouvait y avoir intérêt, en présence des engagements actuels de la colonie, à pouvoir parer à tout événement qui serait de nature à arrêter les affaires commerciales et, par contre-coup, les ressources que lui procurent les douanes et l'impôt de capitation.

RÉGIME FONCIER. — *Réglementation.* Le *Journal officiel de la République française* a publié dans son numéro du 1er avril 1901 les décrets relatifs au domaine public, au régime forestier, au régime foncier et aux terres domaniales à la Guinée française, décrets analogues à ceux qui furent rendus naguère pour le Congo (8 février et 28 mars 1899) pour le Sénégal, la Côte d'Ivoire et le Dahomey (1900). Nous reviendrons sur le plus important de ces documents, celui relatif au régime foncier.

Sénégal. — ACTES OFFICIELS. — *Journal officiel du Sénégal.*

9 mars. — *Circulaire ministérielle.* — Régime des terres domaniales. — Application de l'article 3 du décret du 28 mars 1899. — *Circulaire ministérielle.* — Au sujet du temps de service actif que doivent accomplir les militaires admis au bénéfice de l'article 81 de la loi de recrutement. — *Arrêté* convoquant en session extraordinaire le conseil général de la colonie. — *Arrêté* portant création d'agences spéciales dans le Haut-Sénégal et le Moyen-Niger. — *Arrêté* rétablissant le service du trésor à Kati. — *Arrêté* interdisant aux indigènes la circulation et la vente du caoutchouc en boules non coupées.

ADMINISTRATION. — *Service du trésor.* — Voici quelle est la liste des agences spéciales du Haut-Sénégal et Moyen-Niger qui doivent fonctionner en 1901 dans les territoires civils de la colonie :

Agence spéciale locale de Bafoulabé, de Kita, de Bamako, de Ségou, de Satadougou, de Bougouni, de Djenné, de Nioro, de Goumbou, de Sokolo, de Koulikoro.

Depuis le 1er janvier ont été créées à Toukoto et à Kati des agences spéciales locales.

Un arrêté du 30 janvier a rétabli le service du Trésor à Kati.

Conseil général. — *Emprunt pour l'achèvement des travaux publics.* — Le Conseil général du Sénégal a été convoqué en session extraordinaire le 18 mars dernier pour statuer sur la garantie que la colonie doit accorder à l'emprunt qu'elle doit contracter pour l'achèvement des travaux de construction du chemin de Kayes au Niger.

Commerce. — *La vente du caoutchouc.* — Les commerçants du Soudan se plaignaient depuis longtemps des fraudes que commettent les indigènes dans la préparation du caoutchouc. Ceux-ci, en effet, pour pouvoir suffire aux demandes de plus en plus nombreuses qu'ils recevaient des traitants, avaient pris l'habitude de remplir l'intérieur des boules avec des corps étrangers. Ces procédés préjudiciables au commerce, ont amené une baisse assez sensible sur les caoutchoucs du pays.

Pour remédier à cet état de choses le gouverneur général de l'Afrique occidentale vient de prendre un arrêté en date du 5 mars interdisant aux indigènes, quelque soit leur statut personnel, la circulation et la vente du caoutchouc en boules entières, non coupées en deux parties égales.

Toute charge ou lot de caoutchouc sera considéré comme appartenant en propre à l'indigène entre les mains duquel il sera trouvé.

Cet arrêté n'est applicable que dans les différents cercles du Haut-Sénégal et Moyen-Niger et dans les territoires militaires.

AFRIQUE ORIENTALE

Madagascar. — Actes officiels. — *Journal officiel de Madagascar et dépendances.*

20 février. — *Arrêté* du 5 février 1901 réglementant la police de roulage et des messageries publiques à Madagascar. — *Arrêté* du 5 février déclarant ouvertes à la circulation des voitures la route de Mahatsara à Tananarive et la route circulaire de Tananarive. — *Circulaire* au sujet de la patente à laquelle doivent être assujettis les commerçants indigènes.

23 février. — *Arrêté* promulguant à Madagascar : le décret du 30 mai 1899, accordant une concession territoriale à la Compagnie forestière de Madagascar, les deux décrets des 12 juin et 5 août en 1900 modificatifs de ce décret et l'arrêté ministériel du 29 septembre rendant définitive la concession territoriale accordée à la Compagnie forestière de Madagascar. — *Décret.— Cahier des charges.* — *Décret modificatif* et *Arrêté ministériel.* — *Décision* répartissant le service des travaux publics à Tananarive.

27 février. — *Arrêté* constituant de plein droit un centre d'état civil au chef-lieu de chaque province ou cercle, de district ou de secteur.

Agriculture. — *Elevage de l'autruche à Madagascar.* — M. Clément Métrier, demeurant à Lagnière (Ain) avait entretenu M. le général Galliéni de la question de l'acclimatation et de l'élevage de l'autruche à Madagascar. Il en a reçu, sous la date du 3 octobre dernier, la réponse suivante :

« J'ai l'honneur de vous remercier de votre intéressante communication et de vous exprimer ma gratitude pour l'intérêt que vous portez à l'avenir de la grande île.

« Je me suis déjà occupé de cette importante question et j'estime, comme vous, que les autruches seraient susceptibles de s'acclimater dans notre nouvelle possession. Des pourparlers ont été engagés par un colon avec les autorités britanniques du Natal, pour obtenir quelques couples de ces oiseaux, qui seraient placés dans le cercle de Fort-Dauphin, cette région, par la nature du sol et du climat, semblant la mieux appropriée à une telle entreprise ».

Le jardin d'essais à Tamatave. — M. Deslandes, sous-inspecteur d'agriculture, communique les renseignements suivants :

Pendant le cours de l'année 1900, les travaux entrepris par le service de l'agriculture dans les stations de la côte Est, ont été considérablement augmentés.

Un grand nombre d'espèces exotiques présentant toutes une utilité quelconque, ont été introduites. Quelques-unes, théier, muscadier, cola, coca, poivre, variétés de caféier, de cacaoyer, caoutchouquiers divers, fruitiers, peuvent donner lieu à des cultures importantes, et sont multipliées aussi rapidement que possible pour être répandues dans la colonie.

Les expériences se multiplient et s'étendent. Bien que la plupart demandent encore plusieurs années avant d'aboutir à un résultat définitif, on peut déjà bien préjuger des essais d'introduction entrepris sur de précieuses espèces.

Au début de l'année, la Station comprenait deux hectares de pépinières à l'air libre, 4.500 mètres d'ombrières et environ 6 hectares de défrichement destinés à divers essais et agrandissements, sur la rive droite de l'Ivoloina, à des mises en place pour essais de longue durée, sur la rive gauche.

Actuellement, tous les terrains en plateau facilement cultivables, sur l'une ou sur l'autre rive, sont défrichés.

Dès cette saison, la plus grande partie va être utilisée pour la mise en place des plantes ou des abris qui doivent les précéder sur la plantation ; une autre recevra des cultures annuelles. Il est à prévoir que dans deux ans la station sera à l'étroit dans son domaine actuel.

La rive gauche de l'Ivoloina, destinée aux essais de grande culture, comprend un plateau s'étendant sur 1.000 mètres de longueur et dont la largeur varie entre 100 et 180 mètres.

La station d'essais de Tamatave est restée en rapports constants avec le museum d'histoire naturelle, le jardin colonial, les autres stations de la Colonie.

Elle a pu ainsi effectuer de nombreux échanges de graines et de plantes.

Au cours de sa mission en Extrême-Orient, le directeur de l'agriculture a fait adresser à Tamatave des collections très importantes de graines de plantes utiles de Ceylan, de Java et a rapporté lui-même, en serres portatives, une série considérable de plantes vivantes : variétés choisies de café, de cacao, plants à gutta, fruitiers, arbres abri, d'ombrage, etc.

Parmi ces végétaux, certains furent d'une introduction particulièrement difficile : chacun sait que le transport des plantes à gutta en dehors de leur aire naturelle est considéré comme à peu près impossible, et les grands jardins d'Europe n'en possèdent pas dans leurs collections de serre.

Le nombre d'espèces que possédait la station de Tamatave s'est trouvé doublé par ces envois nombreux, et sans compter les végétaux de la flore indigène, le catalogue de la station comprend près de 400 espèces de végétaux dont la plus grande partie ont une utilité quelconque.

Il est à remarquer que beaucoup de semis ont dû être faits à contre saison, dès l'époque de réception des graines.

Une partie germe seulement maintenant, après 6 à 8 mois et la liste des végétaux de la station s'enrichit ainsi chaque jour d'une nouvelle espèce.

En échange des graines reçues, la station d'essais de Tamatave a adressé à ses correspondants des échantillons de la flore locale. Elle prépare encore actuellement des collections destinées aux jardins botaniques de Ceylan et de Java qui lui ont adressé des envois.

La station de l'Ivoloina effectue en outre des cessions aux différents services et aux particuliers.

Colonisation. — *Constitution d'un syndicat de colons à Madagascar.* — Il vient de se constituer à Tananarive un syndicat de colons, dont l'objet principal est de servir d'intermédiaire, dans les questions d'intérêt général, entre les colons et l'administration de la colonie.

Nous applaudissons à cette création, dans la conviction où nous sommes qu'elle répond à une nécessité. Trop souvent les réclamations isolées restent sans résultat et c'est surtout vis-à-vis des gouvernants que l'union fait la force.

Le syndicat nous envoie communication de ses statuts, que nous reproduisons ci-après :

Article premier. — Le syndicat a pour titre : « Syndicat des Colons de Madagascar et Dépendances », son siège est à Tananarive et pourra être transporté partout ailleurs, suivant les intérêts de l'Association, sur décision du comité.

Il a pour but :

1. De défendre les intérêts des colons de Madagascar, à tous égards.

2. De resserrer les liens entre les colons de Madagascar, résidant dans l'île de Madagascar, ou partout ailleurs.

3. De servir d'intermédiaire à un point de vue général, entre les intérêts généraux des colons et l'administration de la colonie, ou à qui de droit.

4. De fonder un service de renseignements pour tout ce qui se rattache aux questions de colonisation.

5. De procéder à l'étude de toutes questions économiques intéressant la colonisation.

6. De représenter tous vœux et toutes réclamations sur les questions ci-dessus à l'administration de la colonie ou à qui de droit.

Commerce. — *Commerce de Madagascar en 1900.* — Dans les statistiques douanières de 1900 — que nous publierons ultérieurement d'une manière détaillée — on relève les chiffres suivants, qui démontrent le progrès du développement économique de la colonie : 92.661.994 kilos de produits français, ce qui représente 89.910.365 francs, soit une augmentation de deux millions et demi sur 1899. L'industrie française, depuis l'application du tarif général, prend à Madagascar une place prépondérante. Exportation de tafia, poudre d'or, vanille, girofle, etc., représentant 10.702.373 francs, poids 10.265.193 kilos.

Entrés dans les ports 6.400 navires, dont 570 vapeurs et 5.830 voiliers, sur lesquels 4.338 français avec 913.521 tonnes, 1.859 anglais avec 43.062

tonnes, 85 allemands avec 5.594 tonnes, 45 indiens, avec 3.592 tonnes, 68 divers, 15.234 tonnes.

L'augmentation des voiliers français démontre les efforts du commerce national pour assurer le progrès des ressources du cabotage sur les différents points de l'île.

Mouvement commercial de Tananarive. — Le mouvement commercial de la place, nous écrit un correspondant de Tananarive à la date du 28 février, est toujours faible en cette période de l'hivernage. Les indigènes sont occupés à leurs rizières et achètent peu. Les transports se font toujours avec la même lenteur désespérante.

MINES. — *Projet de décret sur les exploitations aurifères.*— Le président de la Chambre consultative de Commerce de Tananarive, a reçu, à la date du 6 février, la lettre ci-dessous. Elle touche à une question d'une haute importance, au sujet de laquelle nous avons publié ici même, plusieurs documents. Mais rarement la thèse soutenue par les représentants les plus autorisés des intérêts français dans la grande Ile a été présentée avec plus de force et de clarté que par l'auteur de la lettre qu'on va lire.

A Monsieur le Président
de la Chambre consultative de Commerce
de Tananarive.

Monsieur le Président,

Monsieur le Gouverneur général a demandé à la Chambre consultative son opinion sur le projet de décret sur les exploitations aurifères à Madagascar.

Comme particulièrement intéressé dans la question, je me permets, Monsieur le Président, de vous présenter et de présenter à la Chambre consultative les reflexions que me suggère la lecture de ce projet.

Mon opinion étant celle d'un simple commerçant d'or qui ne s'occupe pas d'exploiter les gisements eux-mêmes, cette opinion ne doit porter que sur les articles du projet de décret qui intéressent le commerce en général, savoir : les conditions générales d'autorisation d'exploiter cette richesse naturelle de l'île, pour le plus grand bénéfice du commerce qui considère surtout, dans l'or, l'instrument précieux d'échange destiné à rendre plus faciles les transactions dans un pays où le numéraire est rare.

A ce point de vue il me semble qu'il y aurait intérêt, sinon à admettre les indigènes à l'exploitation de l'or, tout au moins à leur permettre la prospection, en réservant certains avantages à ceux d'entre eux qui feraient des découvertes intéressantes. Il est certain que, d'une part, les indigènes ont plus d'aptitudes et de facilités pour les recherches préliminaires que les Européens, et que, d'autre part, le commerce en général a le plus grand intérêt à voir se multiplier les découvertes des gisements aurifères.

L'article 2 du décret prévoit que, « pour la recherche et l'exploitation des mines, les indigènes ou assimilés doivent être autorisés par le Gouverneur général ». Nous sommes certainement d'accord avec Monsieur le Gouverneur général, en pensant que, s'il faut traiter les indigènes humainement et conformément aux traditions généreuses de notre pays, il ne faut pas, non plus, vouloir leur accorder traitement égal en tout à celui des Européens. Nous sommes donc persuadés que ces autorisations, qui resteront « d'ordre intérieur pour la colonie », tant que le général Galliéni sera à notre tête, n'iront pas à l'encontre de ces idées qui sont celles de tous les véritables coloniaux. Néanmoins, il me semble utile d'exprimer certains desiderata pour la dispense de ces autorisations.

Nous estimons, ai-je dit ci-dessus, qu'il y a intérêt pour le commerce en général, à permettre les prospections aux indigènes, en réservant des récompenses à ceux qui feront des découvertes intéressantes. Nous estimons également, qu'il y aurait injustice et danger à permettre à ces mêmes indigènes l'exploitation des gisements découverts.

Injustice, parce que la main-d'œuvre, si rare à Madagascar, irait beaucoup plus difficilement vers l'Européen que vers l'indigène qui, lorsqu'il possède une certaine supériorité intellectuelle, et ce sera le cas pour ceux auxquels l'autorisation aura été donnée, — jouit d'une influence très grande sur tous ses compatriotes. On mettrait donc l'européen — et il y aurait véritable injustice à cela —dans un état d'infériorité notable.

Nous ajoutons qu'il y aurait danger, pour les intérêts de la colonie, à admettre l'indigène dans l'exploitation des gisements. En effet, si jusqu'ici la seule exploitation à la battée a été pratiquée, s'il en est résulté un véritable « gaspillage », déploré par tous, de certains gisements, il est l'intérêt de la colonie de parer à ce gaspillage en n'autorisant pas l'indigène, routinier et ignorant, à l'exploitation des gisements, exploitation pour laquelle il continuera, invinciblement l'application du système primitif de la battée.

Tenant compte, d'une part, de ces intérêts divergents, d'autre part, de l'économie générale du projet de décret, je proposerai à la Chambre de demander à M. le Gouverneur général :

1° Que l'indigène puisse obtenir des licences de recherches et ce, d'une manière très large.

2° Que l'indigène, lorsque ces licences de recherches auront amené d'intéressantes découvertes, puisse obtenir le permis d'études valable une année ou même deux années, comme il est dit à l'article 25, le permis d'études donnant droit à l'utilisation du produit du travail constituera une première récompense pour l'indigène.

3° Qu'à l'expiration du permis d'études, le gisement découvert par l'indigène soit mis en vente publique, le prix devant lui en être versé. Ce sera la seconde récompense, et parfois très fructueuse que recueillera l'indigène pour l'aide qu'il aura donnée à la colonisation européenne.

J'ajoute, messieurs de la Chambre consultative, que si vous approuvez les réflexions qui précédent, il vous restera à prononcer sur un point très important. Il vous appartiendra de demander à M. le gouverneur général si, plutôt que de laisser l'application des desiderata susdits à l'appréciation du Gouvernement général, il ne vaudrait pas mieux, — tant au point des idées d'égalité et de justice qui doivent être la base de toute législation, qu'à celui du danger qu'offre pour l'avenir la restriction de l'article 2 suspensive d'un droit que certains, en France, regardent comme implicitement reconnu, — s'il ne vaudrait pas mieux, dis-je, demander au Gouverneur général, de modifier le texte même du décret dans le sens que je viens d'indiquer.

Veuillez agréer...,

Signé : PLASSE,
Représentant du Comptoir National d'Escompte de Paris à Madagascar.

MOYENS DE COMMUNICATION. — *Ouverture à la circulation des voitures de la route de Mahatsara à Tananarive et de la route circulaire de Tananarive.* — Un arrêté du 5 février applique cette mesure. Sont seules admises à circuler sur ces routes les voitures dont aucun essieu n'aura à supporter, en terrain horizontal, une charge supérieure à 1.500 kilogrammes. A ce sujet, nous lisons dans les *Débats* (31 mars) ;

« Nous commençons à bénéficier régulièrement des avantages qui résultent de l'ouverture de la route de Tanananarive à Mahatsara et de l'emploi par le gouvernement général d'automobiles sur cette route. Le courrier d'Europe a, comme celui du mois dernier, été transporté de Mahatsara à Tananarive à l'aide des deux voitures automobiles du gouvernement général. L'une d'elles a dû, par suite de la rupture d'une chaîne survenue à Beforona, interrompre son voyage ; mais l'autre a continué sur Tananarive, avec la totalité du courrier et, malgré ce chargement excessif, était rendue en ville le 19 février, à neuf heures un quart.

« Voici exactement les conditions de rapidité dans lesquelles s'est effectué le parcours :

« *17 février.* — Départ de Mahatsara à deux heures du soir.

« Arrivée à Beforona à sept heures du soir.

« *18 février.* — Départ de Beforona à sept heures dix du matin.

« Coucher à Ambatolaona.

« *19 février.* — Départ d'Ambatolaona à cinq heures du matin.

« Arrivée à Tananarive à neuf heures un quart du matin.

« Il y a lieu d'ajouter que l'accident survenu à la voiture restée en panne à Beforona, a occasionné un retard de trois heures.

« On peut juger par là de l'amélioration réalisée par l'ouverture de la route. Actuellement, il n'y a encore que le courrier qui en profite ; mais bientôt toutes les marchandises dont notre capitale a besoin bénéficieront, elles aussi, d'améliorations notables dans leur transport, et la vie sera ainsi grandement facilitée dans la capitale malgache. »

Etablissement des réseaux de route — Pour faire suite à ce que nous avons déjà publié ici même à cet égard, nous reproduisons ci-dessous la communication que nous venons de recevoir d'un de nos correspondants en résidence à Madagascar :

Tamatave, le 18 février 1901

Cependant, je me permets d'appeler votre attention sur les « instructions » à MM. le commandant supérieur du sud et les administrateurs chefs de province, sur l'établissement des réseaux de routes à Madagascar et sur l'organisation particulière du réseau reliant le plateau central à la Côte d'Or insérées au *Journal officiel* dont je vous envoie, inclus, un exemplaire.

De ces « instructions » il résulte que le projet du général Galliéni est d'établir une route, sorte de grande artère centrale, reliant Diégo-Suarez à Fort-Dauphin et de laquelle se détacherait tout un réseau de routes auxiliaires aboutissant aux différents ports de l'Est et de l'Ouest. Il est certain que si, à un moment donné, cette artère centrale était convertie en une ligne de chemin de fer, Diégo-Suarez deviendrait la tête de ligne de toutes les compagnies de navigation, que toutes les marchandises seraient envoyées par cette artère principale desservant le réseau des routes auxiliaires, et qu'ainsi on éviterait les risques de navigation et les barres si difficiles des ports de la Côte Est.

Mais l'exécution de ce projet grandiose est tellement éloignée, que l'on ne peut en faire fonds dès maintenant, et que l'avenir seul décidera, à ce point de vue, du rôle assigné à Diégo-Suarez.

AMÉRIQUE

Guyane. — ACTES OFFICIELS. — *Journal officiel de la Guyane.*

2 février. — *Arrêté* promulguant à la Guyane française les décrets des 3 avril et 16 décembre 1900, relatifs à la reconnaissance des terrains domaniaux à la Guyane. — *Arrêté* réglant les mesures de détail concernant l'application des décrets des 3 avril et 16 décembre 1900, relatifs à la reconnaissance des terrains domaniaux à la Guyane.— *Instructions* adressées à la commission instituée par le décret du 3 avril 1900, relatif à la reconnaissance des terrains domaniaux à la Guyane.

9 février. — *Arrêté* décidant que les arpenteurs libres assermentés pourront seuls désormais procéder aux délimitations intéressant les particuliers.

Colonisation. — *Régime des terres domaniales.* — Nous avons déjà publié les décrets des 3 avril et 16 décembre 1900 relatifs au régime des terres domaniales, à la Guyane (1). Ces décrets viennent d'être promulgués dans la colonie.

Le Gouverneur en a fait suivre la publication d'un arrêté qui en réglemente les détails, et d'instructions adressées à la commission chargée de vérifier les titres de propriétés qui lui seront présentés.

De l'arrêté, nous ne retiendrons que quelques articles intéressant les demandeurs :

Art. 2. — Les demandes seront signées par l'intéressé ou par son mandataire qui devra justifier de son mandat par une procuration qui restera annexée à la demande.

Art. 3. — Les mandataires légaux, tels que tuteurs, curateurs et autres, devront également justifier de leur mandat par l'expédition de l'acte établissant leur qualité. Cette expédition sera jointe à la demande.

Art. 4. — Les demandes seront déposées dans le délai de deux ans, imparti par l'article 2 du décret du 3 avril 1900, au Secrétariat général du Gouvernement, à Cayenne.

Art. 5. — Les demandes devront être déposées par l'intéressé ou par son mandataire.

Art. 6, — Le bordereau des pièces adressées sera dressé en double expédition.

Art. 8. — Les demandes devront être rédigées sur timbre. Lorsqu'elles seront rédigées sur les formules imprimées fournies par l'Administration, ces formules devront être visées pour timbre avant leur dépôt.

L'un des doubles du bordereau sera rendu au déposant revêtu du récépissé prescrit par l'article 3 du décret du 3 avril 1900.

Art. 13. — Les séances de la commission se tiendront dans l'une des salles du Secrétariat général.

Les parties intéressées ou leurs mandataires auront la faculté d'y assister ; elles seront prévenues, huit jours à l'avance, du jour et de l'heure de la séance.

Le Gouverneur a complété ces arrêtés par une série d'instructions aux membres de la Commission chargée de la reconnaissance des terrains domaniaux de la colonie.

(1) Voir *la Quinzaine Coloniale* des 25 avril 1900 et 25 janvier 1901.

« Vous ne perdrez pas de vue, à cet égard, a dit le Gouverneur, que le mot *titres* employé dans l'article 4 du décret doit être compris dans son acception la plus large. Il ne signifie pas seulement titres écrits, mais il comprend évidemment tous les droits qui peuvent être utilement invoqués pour acquérir la propriété immobilière. Il suffit pour s'en convaincre de se reporter au texte de l'article 1er ainsi conçu :

« Art. 1er. Toute personne pouvant avoir des « droits sur les immeubles sis dans l'étendue de la « Guyane, en dehors de la ville de Cayenne, sera « tenue de se pourvoir en reconnaissance de ces « droits conformément aux dispositions ci-après. »

« Vous aurez donc à examiner les droits de tous les demandeurs, même de ceux qui invoqueront des droits ne résultant pas d'écrits.....

«.... Il ne s'agit pas en effet de juger une question de propriété entre deux plaideurs ordinaires. Il s'agit, on ne saurait trop le répéter, de rechercher les terres vacantes et sans maître pour permettre au domaine de les concéder ensuite dans l'intérêt de la colonisation. Vous aurez donc la plus grande latitude pour apprécier la valeur des titres et des droits qui vous seront soumis. D'une manière générale, vous devrez apporter la plus grande bienveillance à l'examen des droits sur lesquels vous aurez à vous prononcer.

« Les demandeurs en reconnaissance peuvent d'ores et déjà être rangés en deux catégories principales : ceux dont les droits résultent d'actes (authentiques ou sous seing privé), et ceux qui ne peuvent se réclamer que de droits provenant d'une possession plus ou moins longue.

« En ce qui concerne les premiers, ceux qui seront nantis de leurs actes n'auront qu'à vous les présenter et, dans ce cas, la formalité de la reconnaissance, comme je le disais au Conseil général, se bornera la plupart du temps à un simple enregistrement. Pour les demandeurs qui invoqueront des droits résultant d'actes ou de titres perdus, ils auront toute facilité pour en rechercher la trace dans les archives, soit de l'enregistrement, soit du cadastre.

« En ce qui concerne la seconde catégorie, les détenteurs du sol sans actes, vous n'hésiterez pas à les reconnaître propriétaires à l'égard du Domaine, si leur possession réunit les conditions requises pour prescrire par trente ans. Lorsque vous vous trouverez en face d'une possession de moindre durée, vous ne devrez pas écarter *de plano* la demande qui vous sera soumise. C'est surtout dans ce cas que vous devrez vous inspirer de l'équité et du but poursuivi par le décret. Chaque fois que le demandeur en reconnaissance vous apportera la preuve que sa possession a été continue, publique, paisible et non équivoque, qu'il a mis en exploitation utile le terrain ou l'immeuble qu'il revendique, l'équité vous fera une obligation de reconnaitre ses droits. Le but poursuivi par le décret étant réalisé, quel intérêt pourrait-il y avoir à reprendre une terre pour la rétrocéder à quelqu'un qui pourrait se montrer moins actif et moins laborieux que le précédent occupant?

« Dans le doute, quand les titres de propriété seront obscurs ou même lorsqu'ils feront totalement défaut, la raison commandera de protéger le possesseur qui a pour lui un état de fait conforme à certaines exigences de la loi. La commission ne devra pas perdre de vue ce principe qui a servi de base aux actions possessoires prévues par nos lois. C'est dans cet ordre d'idées que je disais au Conseil général que la possession annale pourrait elle-même être invoquée utilement devant la commission administrative. »

Martinique. — Régime douanier. — *Tare afférente aux cafés*. — Le *Moniteur de la Martinique* du 1er mars publie un arrêté du gouverneur promulguant dans la colonie le décret du 16 janvier 1901 fixant la tare légale afférente aux cafés en sacs ou en balles de jute.

Cette tare est ainsi fixée:

Emballage simple 0 75 pour 100.

Emballage double (2 toiles distinctes) 1 pour 100.

ASIE

Indo-Chine. — Actes officiels. — *Journal officiel de l'Indo-Chine française (1re partie)*.

14 février. — *Arrêté* du 6 février, relatif à la conservation des monuments historiques de l'Indo-Chine.

18 février. — *Arrêté* du 23 janvier, portant oganisation du cadre des interprètes et lettrés indgènes du service judiciaire de l'Indo-Chine. — *Arrêté* du 16 février, dispensant du laissez-passer les Asiatiques étrangers voyageant dans l'intérieur de la Cochinchine et le maintenant pour ceux qui se rendent au Tonkin, en Annam, au Cambodge et au Laos.

Forêts. — *Service forestier en Indo-Chine*. — M. Ducamp, inspecteur des forêts, dont nous avons publié ici même d'intéressantes études, est mis à la disposition du gouverneur général de l'Indo-Chine pour occuper les fonctions de chef du service forestier dans cette colonie. Il rejoindra son poste par le paquebot quittant Marseille le 7 avril.

Annam. — Actes officiels. — *Journal officiel de l'Indo-Chine française (1re Partie.)*

18 février. — *Arrêté* du 25 janvier, créant à la direction des travaux publics de l'Annam un service régi par économie pour la mission d'études préparatoires à l'établissement du chemin de fer de Tourane à Quinhon.

Travaux publics. — *Travaux extraordinaires à exécuter en Annam en 1901*. — Il est prélevé sur la caisse de réserve et de prévoyance de l'Annam une somme de 271.500 piastres pour l'exécution des travaux suivants:

Route mandarine............	110.000	piastre.
Routes et sentiers forestiers..	57.700	—
Ponts métalliques...........	58.000	—
Digues et canaux...........	16.800	—
Construction de bâtiments...	29.000	—

Cambodge. — Agriculture. — *L'élevage des bœufs*. — La chambre consultative mixte de commerce et d'agriculture du Cambodge a approuvé à l'unanimité les termes d'une étude de son distingué Président, M. Vandelet, sur l'élevage et l'exportation des bœufs. Comme elle se rattache étroitement à la mise en valeur du Cambodge et qu'elle renferme à ce sujet de précieux conseils, nous croyons devoir la reproduire:

Il faut que les capitaux français, que les bonnes volontés, que les jeunes gens qui seraient disposés à venir ici tenter des essais d'élevage, comme tant d'autres l'ont fait déjà avec succès dans toutes les parties de l'Amérique, sachent qu'il existe ici des terrains d'une grande richesse, des prairies étendues et disponibles, un marché aux bestiaux qui chiffre et que, grâce à l'importance toujours croissante de notre unité indo-chinoise, à nos moyens de transport qui vont s'améliorant, nous pouvons exporter de grandes quantités de bœufs à Manille et à Singapore.

Depuis vingt-sept années que j'habite ce pays, j'ai vu sans interruption les adjudicataires des gros marchés pour la Cochinchine venir faire leurs achats au Cambodge.

Il en est de même des bouchers et des Indiens qui se livrent à l'industrie du lait frais.

Les bœufs sont si nombreux au Cambodge que les Chinois peu délicats avaient mis en œuvre pour s'en procurer un moyen aussi aisé que malhonnête. Ils achetaient une quinzaine de bœufs, le marquaient soigneusement le soir des achats au moyen d'un fer rouge et le lendemain les poussaient devant eux dans la direction de la Cochinchine.

Leur troupeau s'augmentait de tous les animaux rencontrés sans gardien, on les marquait comme les autres, et en marchant vite on arrivait au bout de trois ou quatre jours à la frontière tant désirée avec un troupeau qui s'élevait à quelques centaines de têtes.

Il fallut des mesures énergiques, des mesures d'exception même, très sévèrement appliquées, pour faire cesser ces brigandages.

Ces faits ne se renouvellent plus, mais les acheteurs asiatiques n'en continuent pas moins à venir prendre au Cambodge tous les animaux dont ils ont besoin.

Pendant vingt années, le prix de vente était tel qu'on ne pouvait faire aisément l'exportation que pendant la saison sèche et par voie de terre, les routes les plus suivies étant la route de Tayninh pour les produits du Grand'Fleuve, Chaudoc pour ceux du Bassac et surtout Soai-Rieng, qui n'est qu'à une journée de marche de Cholon.

Depuis cinq ou six années, les prix de la viande de boucherie à Saïgon s'étant élevés, les bouchers et les fournisseurs des troupes peuvent aussi faire voyager les animaux par les chaloupes à vapeur qui font le service de Phnom-penh à Saïgon.

Quelques-unes sont aménagées spécialement et plusieurs d'entre elles transportent par mois plus de cent animaux.

J'ai cherché à me procurer des statistiques de sortie, mais elles ne peuvent exister à la douane du Cambodge, puisque le transit est absolument libre entre le Cambodge et la Cochinchine; le service de l'agriculture prépare un recensement qui nous sera une indication précieuse. Pour les années écoulées, M. le directeur a bien voulu me communiquer des chiffres qui donnent pour les meilleures années; 1894, 10 à 12.000 têtes; 1895, 12 à 15.000 têtes; 1899, 6.314.

A mon avis, nous en produisons trop, et si le Cambodgien n'avait besoin du bœuf comme moyen de locomotion, il n'en produirait pas pour la boucherie.

Il n'y a pas d'éleveurs proprement dits au Cambodge, personne ne possède de très grands troupeaux; par contre, presque tous les paysans ont cinq ou six vaches destinées à fournir les bœufs de charrue et de labour.

Ce ne sont que les réformés qui vont à la boucherie et jamais un animal n'a été livré à la consommation sans avoir travaillé au préalable.

Le seul moyen de maintenir la production, c'est d'assurer le débouché; peu importe si dans dix années la viande coûte à Saïgon un peu plus cher qu'aujourd'hui; elle n'aura fait que suivre une progression générale qui est l'indice de la richesse d'un pays.

Maintenant, en ce qui concerne l'exportation des vaches au Cambodge, il faudrait demander à l'administration la stricte application des règlements en vigueur.

Des arrêtés ont décidé qu'on n'abattrait plus de vaches au Cambodge pour l'alimentation. Ce qui n'empêche qu'on en fasse tous les jours une consommation excessive. Il ne suffira pas d'avoir signalé le fait pour le voir cesser. Cette tolérance est d'abord, plus grave de conséquences qu'elle ne paraît tout et se rattache à un autre ordre de faits où les règlements sont tombés en désuétude au profit des Chinois; je veux parler du cahier des charges du fermier général de l'abattoir; j'y reviendrai une autre fois.

Le concours agricole du Cambodge. — MM. Dupuy, Vandelet, Faraux et Luce, résident supérieur, ont organisé ce concours, dont les pavillons ont été installés au pied du Pnom.

La race bovine y a été abondamment représentée. Les bœufs étaient de taille moyenne, mais fournissant une viande de boucherie excellente. Les chevaux étaient nombreux; on sait que le cheval cambodgien est susceptible de grandes améliorations. La race porcine offrait une collection de spécimens appartenant à la race si répandue dans toute l'Indo-Chine, et désignée, sous le nom de « cochon du Tonkin ». M. Leblanc avait présenté un sujet de deux ans, grand et vigoureux, qui pourra constituer un excellent type pour l'élevage. M. O'Connel avait exposé des ânes et ânesses de l'Inde. Plus de cent buffles, grands et vigoureux, représentaient toutes les variétés. Plus d'une centaine d'éléphants avaient été rassemblés à droite et à gauche de la rue du même nom. On sait que l'administration empêche la destruction de ces pachydermes. Le droit protecteur est un droit de sortie de 300 dollars. Norodom et ses ministres avaient exposé les plus beaux spécimens de leurs troupeaux.

Il y a lieu de signaler, ensuite, une extraordinaire variété de produits agricoles auxquels un pavillon spécial avait été réservé : riz, thés, tabacs, maïs, bétel, cannelle, ananas, cire, patates, ignames, cocos, plantes tinctoriales, sucres et eau-de-vie de palme. Mais ce qui domine, ce sont les échantillons de riz. Puis viennent des collections de résines, gommes-gutte et laques, les persils, les cerfeuils et les salades.

Enfin, après le pavillon de la pêche et de la chasse, il y a lieu de signaler celui affecté aux oiseaux de volière et de basse-cour; il s'y trouvait des produits superbes : oies, dindons, chapons, poulets, coqs sauvages, paons, faisans, canards domestiques et sauvages.

De nombreux minerais de fer ont été exposés. L'industrie du fer deviendra une des richesses du Cambodge. Déjà des prospecteurs et des ingénieurs ont été envoyés dans la province de Kompong-Thom. Sous les yeux des visiteurs, des Cambodgiens forgeaient des fers de lance et des poignards.

Le pavillon 5 était réservé aux tissus. Les indigènes y dévidaient et tissaient la soie à l'aide de métiers primitifs. Une collection de belles étoffes de soie cambodgienne complétait cette partie de l'Exposition. On pourrait faire au Cambodge ce que MM. Delignon et Paris viennent de faire avec plein succès en Annam pour la fabrication des crépons de soie.

Enfin, de très nombreux échantillons de produits forestiers donnaient une idée des richesses incalculables encore inexploitées au Cambodge.

Le concours dont il s'agit a eu un succès incontestable et il témoigne de la confiance qu'ont les organisateurs en l'avenir du Cambodge. Ils ont pu réunir, malgré l'insuffisance des moyens dont ils disposent, assez de produits pour faire pressentir les immenses richesses que renferme ce pays, où la colonisation française a déjà obtenu de très sérieux résultats. Nous croyons que la publication d'une notice, rédigée par les organisateurs, c'est-à-dire par les hommes les plus compétents, et qui renfermerait en quelque sorte la monographie précise de tous les types réunis et groupés dans les divers pavillons serait particulièrement intéressante, et nous pensons qu'elle aurait sa place tout indiquée dans le *Bulletin économique de l'Indo-Chine*.

Cochinchine. — Riz. — *Son marché.* — On nous écrit de Saïgon, à la date du 28 février 1901 :

« Nos cours ont fléchi de quelques cents par suite du calme des affaires et du peu de demande. Depuis que les fêtes du nouvel an indigène sont terminées, les arrivages de l'intérieur reprennent une certaine importance et contribuent de leur côté à la baisse qui semble se dessiner.

« Le vapeur anglais *Trigonia* est parti le 17 février, pour Sanga-Sanga, sur lest.

« Le vapeur français *Colombo* est parti le 18 février, pour Marseille, avec 2.065 t. riz blanc, 133 t. brisures de riz et marchandises diverses.

« Le vapeur anglais *Arara* est parti le 18 février, pour Port-Saïd à ordre, avec 5 069 t. riz cargo.

« Le vapeur danois *Siam* est parti le 25 février, pour le Havre, avec 1.424 t. riz blanc, 376 t. brisures de riz.

« Nous cotons pour livraison mars/avril :

		Vinhlong	Gocong	Baixau
		—	—	—
PADDY, par picul de 150 lbs ou 68 k. rendu aux usines........		2.10	2.10	2.12
CARGO d'usine, par picul de 134 lbs ou 60k. 700 brut le long du bord sans les droits en sacs de gunnies.	5 °/o......	2.63	2.63	2.73
	10 °/o.....	2.58	2.58	2.68
	15 °/o.....	2.54	2.54	2.64
	20 °/o.....	2.50	2.50	2.60
CARGO indigène (mêmes conditions)	20 à 25 °/o.	»	»	»
RIZ BLANC d'usine (mêmes conditions)	N° 1.......	Prix suivant triage et conditions		
	N 2 trié..			
	N° 2 ord..	3.02	3.02	3.12

Tonkin. — Actes officiels. — *Journal officiel de l'Indo-Chine française (1re partie).*

18 février. — *Arrêté* du 22 janvier approuvant conformément au projet présenté par le service des travaux publics, l'exécution des travaux d'établissement de la plate-forme de la gare de Hanoï. — *Arrêté* du 25 janvier approuvant le projet des travaux à exécuter en 1901 pour la défense de la ville de Hanoï contre le Fleuve-Rouge.

Administration. — *Création d'un bureau auxiliaire du timbre à Haïphong.* — Cette création a été réalisée par arrêté du 19 février dernier. Le magasin approvisionne de papiers timbrés et de timbres modèles les débitants du Tonkin et de l'Annam.

Agriculture. — *Caoutchouc de l'Annam et du Tonkin.* — *Débouché de Hambourg.* — M. Jules Silvain, conseiller du commerce extérieur dans le grand port allemand, écrit que les qualités du caoutchouc du Tonkin et de l'Annam « plaisent beaucoup » aux négociants hambourgeois ; ils ont acheté 80 tonnes de caoutchouc indo-chinois en 1900 au lieu de 17 tonnes en 1899.

Cette vente, ajoute M. Silvain, n'ira qu'en augmentant et on pourrait certainement écouler sur cette place n'importe quelles quantités en provenance de l'Indo-Chine, surtout si elles sont offertes directement. Le marché de Hambourg tient essentiellement à s'approvisionner de première main et à être en contact avec les importateurs eux-mêmes.

Ce que l'on aime surtout ce sont les boules en vracs et les boudins, fuseaux, plaques. Les cours fin février s'établissaient comme suit :

Petites boules rouges en vracs, jusqu'à 3 marks.

Boudins fins et plaques, jusqu'à 2 mks 75.

Agglomérés en paquets, 2 mks 50 à 2 mks 80.

Qualité inférieure, jusqu'à bonne (balles), 2 mks à 2 mks 80.

Qualité inférieure, jusqu'à bonne (fuseaux, boudins), 2 mks à 2 mks 60.

Le tout par livre, donc le double par kilogramme.

Les conditions de vente sur la place de Hambourg sont :

3 0/00 déduction (pour 1.000).

1/2 0/0 bon poids.

1 0/0 escompte.

Tare nette.

Courtage 1 0/0.

15 jours pour prendre réception au magasin.

CHEMINS DE FER. — *Transformation de la voie de Phu-lang-Thuong à Langson.* — Le montant des dépenses autorisées pour les travaux à l'entreprise du 2e lot de la transformation de la voie de Phu-lang-Thuong à Langson est porté de 200.000 piastres à la somme de 219.000 piastres.

TRAVAUX DIVERS. — *Travaux à exécuter en 1901 pour la défense de la ville de Hanoï contre le Fleuve-Rouge.* — Le projet présenté par le service des travaux publics, comprenant les travaux à exécuter en 1901, pour la défense de la ville de Hanoï contre le Fleuve-Rouge et comprenant une dépense de 135.000 piastres, est approuvé par arrêté du 25 janvier dernier.

Travaux d'électricité à Haïphong. — La Commission de l'Electricité a terminé ses travaux. En l'absence de M. Hermenier, obligé de partir à Saigon et sous réserve de son acceptation, M. Planté, co-directeur de l'usine, a accepté le prix minimum de 1 fr. 80 par lampe et par mois. En France, ce minimum est de 1 fr. 66.

En ce qui concerne les installations, M. Planté accepte, pour les abonnés ayant un compteur, de les laisser libres de faire faire leurs installations par qui bon leur semblera. Mais, pour l'éclairage à forfait, il s'est refusé à donner cette facilité, se basant sur la faculté que l'usine doit avoir de surveiller, dans ce cas, la consommation d'électricité.

Par 4 voix contre une, la commission a accepté les dernières concessions de l'Usine électrique.

Le Conseil municipal examinera sous peu la question.

Travaux d'établissement de la plate-forme de la gare de Hanoï. — Aux termes d'un arrêté, en date du 22 janvier dernier, est approuvée l'exécution des travaux d'établissement de la plate-forme de la gare de Hanoï.

Travaux en cours à Quang-Tchéou-Wan. — L'ambulance dernièrement décidée, ne tardera pas à sortir de terre et le capitaine d'artillerie chargé des constructions s'occupe activement des casernes du Fort-Bayard.

On peut espérer que, sous peu, toutes les troupes seront confortablement et sainement logées.

La ville administrative et commerciale qui doit s'élever de l'autre côté de la rivière, à Pointe-Nivet, marche plus lentement, faute de crédits d'abord et peut-être aussi par suite des affaires de Chine dont on attend la solution pour pousser les travaux.

Etablissements français de l'Inde. — MOYENS DE COMMUNICATION. — *Une ligne directe entre l'Inde française et la Métropole.* — On annonce qu'une ligne directe de navigation entre nos établissements de l'Inde et La Pallice, va être établie par les soins d'une société commerciale dont M. d'Orbigny, maire de La Rochelle, aura la direction et la présidence.

OCÉANIE

Établissements français de l'Océanie. — ACTES OFFICIELS. — *Journal officiel de la colonie.*

24 janvier. — *Arrêté* du 16 janvier 1901 portant création à Papeete d'une école d'enseignement primaire supérieur et professionnel.

31 janvier. — *Arrêté* du 30 janvier approuvant le règlement concernant le fonctionnement de l'école professionnelle.

AGRICULTURE. — *La production agricole à Raivavae.* — La production du café à l'île Raivavae a atteint vingt tonnes cette année, d'autres plantations doivent l'an prochain apporter leur contingent. Cette culture peut donc aujourd'hui être considérée comme implantée sérieusement dans cette île qui doit devenir le grenier de nos établissements pour cette denrée. Espérons que les pouvoirs publics ne négligeront pas de fournir aux planteurs les moyens de tirer un bon parti de leurs récoltes en organisant un service de transport, et en leur procurant des instruments pour le décortiquage.

INDUSTRIE. — *L'industrie maritime à Tahiti.* — M. Rey, gouverneur par intérim, a procédé au lancement de la « Perle », construite à Tahiti. Il a prononcé à cette occasion (23 février) un discours d'où nous extrayons ce passage, parce qu'il nous fournit un des indices — que nous ne manquons jamais de signaler ici — du réveil économique de nos établissements :

« Voulez-vous me permettre de lever mon verre en l'honneur de la « Perle ». Ce bâtiment est un heureux résultat de l'autonomie financière de vos archipels ; il a permis aussi de démontrer ce que peut l'industrie maritime locale. Si ce bateau, qui ira tout à l'heure prendre fièrement possession de son élément, est de modeste dimension, il n'en réunit pas moins les moyens de propulsion dus aux conquêtes les plus récentes de la science et ses constructeurs doivent être d'autant plus fiers de leur œuvre, qu'elle est une démonstration, une révélation presque, de ce que peuvent enfanter nos propres efforts. Si donc le bateau est petit, l'événement, lui, est grand.

« Je bois à M. le gouverneur Gallet, qui dota les Tuamotu de cet engin de prospérité économique avec les ressources de l'archipel dont il va soutenir et encourager les efforts, en préparant et en assurant son avenir.

« Je bois à vous, M. Bonet, au triple titre de président du Conseil général, de délégué des Tuamotu et de membre de la Commission qui voulut bien se charger de diriger la construction de la « Perle ». En levant mon verre en votre honneur, je vous salue respectueusement, comme l'une des figures les plus dignes de l'exemple à suivre, parcequ'elle représente, dans ce pays, ce que peuvent, réunis, le patriotisme, le dévouement à la chose publique et le désintéressement. »

La pêche des huîtres à nacre et des huîtres perlières. — La pêche des huîtres à nacre et des huîtres perlières constitue, comme chacun sait, une des principales ressources de nos établissements français de l'Océanie ; mais la vente n'en a jamais été jusqu'à ce jour organisée de façon à diriger vers les marchés français ces produits naturels d'une si grande valeur. Le ministre des colonies, justement préoccupé de cette situation, vient de confier à M. Cheyrouse une mission commerciale dans les îles océaniennes à l'effet d'étudier les moyens pratiques de vendre dans la métropole la nacre et les perles qui sont actuellement dirigées et encore d'une façon irrégulière vers l'Angleterre et l'Allemagne. L'industrie française et la colonie ne pourront que profiter toutes deux de cette entente économique qui donnera de féconds résultats.

POSTES. — *Service postal de Papetee à San Francisco.* — On nous écrit de Papeete : « L'établissement du service postal à vapeur entre San Francisco et Papeete donne déjà des résultats. Un hôtel se construit sur le quai, par les soins de MM. Kennedy et Fritch, sur l'emplacement de leurs magasins actuels et des magasins Bradet et Brunshwig. La maison Porter Brothers, de San Francisco, a déjà institué une agence à Papeete pour l'achat et l'expédition en Californie des fruits du pays ; on paye couramment les bananes 40 à 60 cent. le régime ; les ananas, 5 dollars le cent ; les citrons 1 dollar et demi le mille et les cocos secs 25 dollars le mille, argent chilien.

Les directeurs de l'*Oceanic Steam Ship Company* auxquels on avait prêté l'intention de suspendre le service, viennent de démentir officiellement cette rumeur, dans une communication à leur agent de Papeete, qu'ils terminent en ces termes : « Nous continuerons le service, car nous avons grande confiance dans l'avenir de l'archipel, ayant été non seulement les témoins, mais aussi, dans une large mesure, les « instruments » de la prospérité des îles Hawaïennes dans des conditions presque absolument semblables «.

Nouvelle-Calédonie. — COLONISATION. — *Création de centres de colonisation.* — Il va être créé de nouveaux centres à Pouébo (côte Est), et à Colligo (côte Ouest), près Gomen. Les géomètres de l'administration vont en commencer la délimitation, aussitôt la saison des pluies terminée.

A Hienghène, il va être également délimité de nouveaux lots ; Témala, Bako, Kaala-Gomen ont encore de nombreuses concessions prêtes à recevoir les émigrants.

Question de la main-d'œuvre. — Une mission avait été formée en Nouvelle-Calédonie pour aller à Java, au Tonkin et Pondichéry, à l'effet d'y recruter de la main-d'œuvre. Elle était composée de M. Gelot, secrétaire général par intérim ; de M. Cacot, syndic de l'immigration, de M. V. Maurin, représentant de l'Association du Commerce pour l'introduction de la main-d'œuvre.

Si, au Tonkin, la mission — et cela était à craindre — avait subi un échec, elle traita avec les agences chinoises du Yunnam, de Haïnan ou de Canton.

Elle devait prendre le courrier du 5 février, mais elle a dû surseoir à son départ à la suite d'un câblogramme du ministre des colonies. MM. Rodier, gouverneur de l'Inde et L. Feillet se seraient mis d'accord pour l'envoi d'Hindous.

Société minière calédonienne. — Du *Bulletin du commerce de Nouvelle-Calédonie* :

« Cette Société, constituée primitivement au capital social de 400.000 francs, pouvant être augmenté, augmente son capital de 40.000 francs pour l'achat de deux nouvelles mines. Ainsi fera-t-elle, nous dit-on, chaque fois qu'elle se lancera dans une opération nouvelle afin de ne pas entamer le fonds social.

« Cette Société, composée de 7 membres auxquels on ne peut refuser une grande compétence industrielle, a des ramifications financières très importantes. Nous ne serions pas étonnés d'avoir à annoncer, un de ces jours, que la Société minière calédonienne augmente de nouveau son capital pour le fixer à plusieurs millions. »

Usine d'affinage de nickel. — Le *Bulletin du commerce de la Nouvelle-Calédonie* annonce que, dans le courant de cette année, la construction d'une usine d'affinage par le coke.

Mission d'ingénieurs anglais sur la côte Ouest (1). — Les ingénieurs anglais sont revenus de la côte Ouest, ils ont terminé sur cette côte la visite des mines de la Société d'exploitations coloniales.

Dimanche, ils doivent prendre passage à bord du *Koné* pour visiter les mines de la baie du Prony et de la côte Est, propriété de la même Société. D'autre part, M. Power, qui est allé visiter à Bourail, les mines de nickel de M. Oulès et de cinabre de M. Prevost, va également prospecter minutieusement les mines de la Société minière calédonienne dans différentes régions.

Commerce. — *Exportations en 1900.* — Pour faire suite aux renseignements d'ensemble que nous avons déjà publiés, nous croyons utile de faire connaître que les exportations de la Nouvelle-Calédonie en 1900 sont les suivantes :

Minerai de nickel	100.318.686	kilos.
« cobalt	2.437.691	»
« chrome	10.474.377	»
Café	275.929	»
Conserves de viande	80.456	»

En décembre, elles ont atteint :

Minerai de nickel	17.270.200	kilog.
« cobalt	189.512	»
« chrome	969.765	»
Café	67.662	»
Conserves de viande	15.035	»

En comparant avec 1899, on constate une diminution : pour le nickel, de 1.610 tonnes ; pour le cobalt, de 850 tonnes ; pour le chrome, de 850 tonnes, et, pour le café, de 110 tonnes.

Les causes de ces diminutions peuvent être ramenées aux suivantes : la peste, qui a arrêté certaines transactions ; le manque de navires pour le transport des minerais ; enfin la rareté de la main-d'œuvre. Cette dernière constatation donne un véritable caractère d'urgence aux mesures que nous avons préconisées ici même et qui paraissent susceptibles d'assurer à la Nouvelle-Calédonie le nombre de travailleurs qui lui sont d'autant plus nécessaires que sa prospérité générale s'y affirme davantage.

Quant à la diminution de l'exportation du café, elle provient en grande partie, outre du défaut de travailleurs, de l'avilissement des cours durant les premiers mois de l'année, et enfin de la tardivité de la récolte.

Finances. — *La situation budgétaire de la Nouvelle-Calédonie.* — Nous extrayons les renseignements ci-après d'une étude parue dans le *Bulletin du Commerce de la Nouvelle-Calédonie* du 26 janvier :

Le budget de la colonie atteint en 1901, pour les recettes et les dépenses, la somme de 4.414.727 fr. 45, ou plus exactement 3.739.727 fr. 45, en défalquant 675.000 francs, chiffre de la subvention fournie cette année par la métropole, et qui figure à la fois aux recettes et aux dépenses.

C'est une augmentation de 332.000 francs, par rapport au budget de 1901, lequel présentait lui-même un accroissement de 218.000 francs sur l'exercice 1899.

L'excédent des recettes sur les dépenses, en 1899, a été de 43.567 fr. 50, et ce que nous connaissons de l'état des recettes de l'exercice 1900, nous permet d'augurer que cet exercice se clôturera également par un léger boni, résultat inespéré, on peut le dire, quand on considère les causes et les événements qui ont pesé sur la situation économique de la Nouvelle-Calédonie que nous rappelons d'autre part.

Il est utile de dire que le déficit a été surtout conjuré en économisant une somme de 120.000 fr., prévue pour travaux neufs de routes.

Enfin, il est à propos d'observer que la métropole payait 841.000 francs pour les dépenses de justice, de culte, de gendarmerie, de télégraphie officielle, etc. ; elle n'accorde plus à la colonie qu'une subvention (à réduire chaque année), de 675.000 francs

soit une différence de	166.000 fr.
Frais de transit des courriers postaux	30.000
Pour reconstitution de la caisse des dépôts des indigènes	40.000
Subvention à l'Office du travail pour l'introduction d'émigrants français	25.000

(1) Le *Bulletin du commerce de la Nouvelle-Calédonie*, 19 janvier 1901.

Crédits divers pour combattre la lèpre, 110.000 francs, desquels il faut retrancher 15.000, inscrits aux budgets précédents, soit..........	95.000
Et enfin, la somme représentant la réduction de 15 à 10 francs, réduction opérée par le Conseil d'Etat sur l'impôt de capitation des indigènes, soit......................	40.000
Total..................	396.000 fr.

L'aggravation de charges financières qui en résulte n'a pas eu pour effet, comme on pouvait s'y attendre, un vote de d'impots nouveaux.

En résumé, la situation financière de la colonie se présente dans de bonnes conditions pour 1901, d'autant plus que le chiffre des exportations va certainement se relever, sans parler de l'activité nouvelle qui résultera de grands travaux dont l'entreprise ne saurait tarder.

Industrie. — *Préparation de la vanille en Nouvelle-Calédonie* (1). — En Calédonie, on se sert de deux préparations: 1° celle dite bouillantée, qui consiste à faire subir aux gousses un séjour plus ou moins long dans de l'eau chaude qui commence à chanter, ce qui a lieu quelques instants avant l'ébullition. D'après la longueur des gousses, elle subit un séjour plus ou moins prolongé ;

2° L'autre méthode qui donne de meilleurs résultats, est celle de l'étuve. La vanille, sans distinction de dimension, est mise dans un vase où elle subit l'influence de la vapeur d'eau pendant 12 à 15 heures, puis elle est essuyée et mise comme l'autre, à sécher en plein soleil mais entre des couvertures de laine noire. En employant la méthode à l'étuve, la préparation est plus rapide.

Au Mexique et à la Réunion, depuis seulement quelque temps, on se sert du four. Les gousses seraient déposées par couches dans un four spécial, chauffé à une température de 50 à 75 degrés et cela pendant un temps qui varierait entre 24 et 36 heures selon la dimension des gousses.

Jamais un propriétaire ne doit faire que de la vanille. C'est un complément à d'autres cultures et à l'emploi des engagés dans certains moments.

Situation générale. — *Cyclone*. — Les correspondances de la Nouvelle-Calédonie arrivées par le courrier annoncent qu'une tempête à forme de cyclone a sévi sur la colonie le 23 janvier.

Les centres les plus éprouvés sont ceux de la Foa, de Thia, de Fonwhary, de Farino, de Focola et Fogacheux, de Méaré et Pierrat, de Saraméa, d'Amboa, de la plaine des Malabars. Les pertes de cette seule circonscription, éprouvées par les colons, ne seraient pas inférieures à 150.000 francs.

Les îles Loyalty ont également beaucoup souffert; tous les cocotiers sont à peu près perdus. L'église d'Ouvéa est démolie et la maison du résident de Lifou a été rasée par la tempête.

Nouvelles-Hébrides. — Administration. — *Règlementation, au point de vue administratif et judiciaire, de la situation des citoyens français établis dans les îles et terres de l'océan Pacifique ne faisant pas partie du domaine colonial de la France et n'appartenant à aucune autre puissance civilisée.* — Le décret du 28 février dispose que le gouverneur de la Nouvelle-Calédonie et dépendances exerce les fonctions de commissaire général de la République française dans l'océan Pacifique. On sait que les Nouvelles-Hébrides forment la partie principale des terres et îles que vise le décret.

Il est chargé en cette qualité de protéger les Français qui résident ou trafiquent dans les îles de l'océan Pacifique ne faisant pas partie du domaine colonial de la France et n'appartenant à aucune autre puissance civilisée.

Le commissaire général peut désigner, pour chaque île ou groupe d'îles, un commissaire à qui il délègue tout ou partie de ses pouvoirs. En l'absence sur les lieux du délégué du commissaire général, et en cas d'urgence, tout officier commandant un navire de l'Etat pourra exercer les pouvoirs conférés au dit délégué. Il devra, dans tous les cas, établir aussitôt que possible un rapport des faits qu'il adressera au commissaire général. Celui-ci pourra toujours, après examen d'une de ces affaires, modifier ou révoquer les mesures prises par l'officier de marine en tant que cela sera possible.

Le commissaire général peut déléguer aux commissaires des pouvoirs qui n'excéderont pas ceux d'un juge de paix à compétence étendue. Ces pouvoirs s'exerçent, en se conformant autant que possible à la loi française telle qu'elle est promulguée en Nouvelle-Calédonie, dans toutes les contestations entre Français. Les appels formés contre les jugements en premier ressort sont portés devant la Cour de Nouméa.

En matière répressive, le commissaire délégué connaît : 1° en se conformant à la loi française telle qu'elle est promulguée en Nouvelle-Calé-

(1) *Bull. de l'Union agricole calédonienne.* — 20 janvier 1901.

donie, de tous les délits correctionnels commis par des Français; ses jugements sont susceptibles d'appel devant la Cour de Nouméa; 2° en matière de simple police et statuant en premier et dernier ressort, des contraventions aux arrêtés de police pris par le commissaire général. Les crimes commis par des Français sont jugés par la cour d'assises de Nouméa. L'instruction en est faite par le commissaire délégué.

Lorsque le délégué sera absent, tout officier commandant un navire de l'Etat pourra, s'il y a urgence, remplir momentanément les fonctions judiciaires dévolues au commissaire du Gouvernement Des arrêtés du commissaire général règlent tout ce qui est relatif à la tenue des audiences, aux formes de la procédure et de l'exécution des jugements, qui devront être aussi simplifiés que possible. Le commissaire général désigne les personnes qui, dans chaque île ou groupe d'îles, remplissent les fonctions d'officier de l'état-civil à l'égard des Français qui y sont établis. Ces personnes se conforment, pour l'établissement des actes et pour la célébration des mariages, aux dispositions de la loi française en vigueur en Nouvelle Calédonie. Lorsqu'un Français ou sujet français décède sans laisser d'héritiers connus et présents, il est pourvu par les soins du commissaire délégué à l'administration de ses biens, jusqu'au jour où ils peuvent être remis aux ayants droit.

Le commissaire général est chargé de régler par des arrêtés particuliers les mesures d'exécution du décret que nous venons d'analyser.

Les ministres des coloniés, de la justice, des affaires étrangères et de la marine sont chargés, chacun en ce qui le concerne, de l'exécution du présent décret.

Colonisation. — *Envoi d'un médecin aux Nouvelles-Hébrides.* — Le gouvernement français vient de décider l'envoi d'un médecin aux Nouvelles-Hébrides. C'est M. Ferrand, médecin de 1re classe, en ce moment à Bourail (Nouvelle-Calédonie).

Situation générale. — *Cyclone aux Nouvelles-Hébrides.* — Aux Nouvelles-Hébrides, deux cyclones se sont consécutivement abattus sur le groupe : le premier, qui a commencé le 24 janvier au soir, a duré toute la journée du 25. Il a été terrible. Tous les arbres qui se trouvaient sur son passage ont été déracinés; de nombreuses plantations ont été saccagées, quelques cases rasées. Le second cyclone, moins violent que le premier, a éclaté le 28 janvier au matin et a duré deux jours.

ÉTRANGER

Chine. — Renseignements généraux sur la Mandchourie. — Après une série de luttes avec les Chinois, la Russie, en 1860, s'établissait définitivement en Mandchourie sur la rive gauche de l'Amour; des conventions toutes récentes ont placé sous l'influence russe le reste de cette vaste région. Aussi le ministre des finances de Russie s'attache-t-il aujourd'hui à faire connaître, par des publications importantes, ce pays encore fort peu exploré par les autres nations.

Ces documents évaluent à 6.000 verstes carrées l'étendue de la Mandchourie qui se divise naturellement en deux parties bien distinctes : le nord, très montagneux, avec la belle vallée du Soungari; et le sud qui, bien que sablonneux, est très fertile.

La principale rivière est le Lao-Khé. Dans les vallées du nord, on cultive le blé, l'opium et le tabac; ailleurs, les champs sont semés de chanvre, de mil et de pavot, ou plantés de mûriers. Le coton et le riz sont cultivés dans l'extrême sud. Au reste, la flore de Mandchourie est peu variée; ce sont surtout des sapins au revers des montagnes et des peupliers au bord des cours d'eau.

La sériciculture est florissante dans la province de Moukden. Au nord comme au sud, on exploite des mines de fer, de houille et de manganèse. Il existe aussi une vingtaine de gisements aurifères dans le bassin du Soungari. En somme, l'industrie est peu développée, sauf la distillerie et l'huilerie. Le commerce est exploité, presque entièrement, par les Chinois; mais il est entravé par l'insuffisance des moyens de transport et par le brigandage. Les payements ont lieu en argent, qui circule sous forme de lingots pesant quatre à cinq livres.

Les hivers sont longs et rigoureux; même dans le sud, la température descend à 19° Réaumur au-dessous de zéro, et dans le nord, jusqu'à 40°. Par contre, l'été est très chaud. La tuberculose et l'influenza sont en permanence dans toutes les provinces.

Les 12 millions d'habitants que renferme la Mandchourie se composent de Mongols, de Chinois et de Toungouses. La religion dominante est celle de Confucius; toutefois, les mahométans sont assez nombreux, et les chrétiens convertis sont évalués à vingt mille.

Mexique.— Situation commerciale (1899). — Le rapport du consul d'Angleterre fournit les renseignements suivants sur le commerce du Mexique pour l'année 1899. Le consul engage tout d'abord ses compatriotes à donner leur attention à ce pays, dont le marché est entre les mains des commerçants allemands et américains; le rapporteur a sans doute voulu dire, anglais et américains, car les importations françaises sont supérieures à celles de l'Allemagne de plus de 72.000 livres sterling en 1899, et ne l'étaient que de 43.000 l'année précédente.

Le commerce du Mexique s'est élevé en 1899 à la somme de 11.254.315 liv. st. à l'importation ; et à 14.099.554 liv. st. à l'exportation.

Le commerce d'importation de la France et des autres nations avec le Mexique a progressé d'une façon assez sensible en 1899, ainsi qu'il en résulte du tableau ci-dessous :

	1899	1898
Etats-Unis............Liv. st.	5.502.041	4.444.472
Grande-Bretagne et colonies.	2.072.103	1.608.888
France....................	1.294.922	1.092.751
Allemagne..................	1.222.784	1.049.734
Espagne....................	609.209	495.335

Parmi les principaux produits qui font l'objet du commerce d'importation, il faut citer le coton naturel et manufacturé; sur les 532,460 cwts de coton consommés en 1899, le Mexique en a importé 127.398, contre 162.246 en 1898; la diminution est due à l'abondance de la récolte dans le pays.

L'importation du coton manufacturé a augmenté d'une manière assez sensible en quantité et valeur. Il en a été importé en 1899, 49.029.863 yards, contre 47.330.090 en 1898.

La plus grande partie de ces tissus sont des cotonnades de couleur. Les importations de cette sorte progressent sans cesse, ajoute le rapporteur, et c'est là aussi que les industriels anglais trouvent la plus grande concurrence; ces importations ont augmenté de plus de 4.256.356 yards de l'année 1898 à 1899 (1899, 21.459.474 yards; 1898, 17.203.118) Les autres sortes de tissus sont aussi en augmentation.

Le développement très rapide des lignes de chemins de fer et de l'industrie métallurgique ont amené une augmentation considérable dans l'importation des rails de chemins de fer, et des métaux nécessaires à l'industrie métallurgique. L'emploi du fer se substitue de plus en plus dans la construction à celui du bois. Les sociétés minieres existantes en décembre 1898 étaient de 8.496; la formation de plus de 1.000 sociétés, pendant l'année 1899, a provoqué une importation considérable d'acier en barres.

Les distilleries et brasseries du Mexique fabriquent une partie des liqueurs nécessaires à la consommation du pays.

Lex produits exportés du Mexique s'élèvent pour 1899 à 14.099.554 liv. st., contre 13.871.513 liv. st. pour 1898.

Le principal produit du Mexique est, comme on sait, le café; la production et la consommation de cette denrée au Mexique sont considérables, car toutes les classes sociales du pays en consomment plusieurs fois par jour. On peut estimer, dit le rapporteur, qu'il s'en consomme annuellement une demi-livre par tête et par jour, ce qui donnerait un total annuel de 9.750.000 cwts; l'exportation étant d'environ 360.000 cwts, on peut évaluer la production du café au Mexique à plus de 10 millions de cwts, soit environ 518.000.000 de kilogrammes.

Les Compagnies de colonisation américaine qui ont créé de nouvelles plantations dans les états de Vera-Cruz et Oaxaca ont donné un nouvel élan à cette culture. La plus grande partie du café exporté est envoyé à New-York. La valeur du café exporté en 1899 est de 789.118 liv. st., contre 919.362 en 1898.

Les exportations de minerai de cuivre et de cuivre préparé sont passées de 17.667 en 1897 à 25.103 tonnes en 1899, représentant une valeur de 792.516 liv. st. Le bétail exporté en 1899 représente 634.710 liv. st., en augmentation de 134.000 liv. st. sur l'année précédente.

La guerre de Cuba a servi les planteurs de tabac. La production a presque doublé au Mexique depuis 1897.

La vanille est surtout cultivée au Mexique dans l'état de Vera-Cruz. Les prix sur le marché de New-York sont restés les mêmes en 1899 que l'année précédente : de 8 à 14 dollars 50 d'or par livre.

Les exportations de vanille qui étaient en 1898 de 59.034 livres, représentant 65.011 liv. st., ont plus que doublé en 1899 et ont atteint 133.676 livres, valant 181.547 liv. st.

Les exportations de sucre ont sensiblement diminué; la production peut, du reste, à peine suffire à la consommation.

Chemins de fer. — *The Enginnering News*, de New-York, du 14 février, annonce que des offres seront reçues pour la construction au Mexique d'un chemin de fer allant de Matamoras à Monterey.

Une subvention de 5,000 dollars par kilomètre est offerte pour cette construction. La subvention ne pourra cependant pas dépasser 1.000.000 de dollars. La distance entre Matamoras et Monterey est d'environ 200 milles; le tracé ne présente pas de grands obstacles.

BULLETIN

DE L'UNION COLONIALE FRANÇAISE

Dîner de l'Union

LE RÉGIME ÉCONOMIQUE DES COLONIES

Le dîner de mars de l'Union Coloniale française et du Comité de Madagascar a été suivi d'une discussion sur le régime économique des colonies, discussion qui, nos lecteurs s'en souviennent, avait été entamée au dîner précédent par M. Louis Vignon.

Cette fois, c'est M. Edmond Théry qui a pris le premier la parole. Après avoir remercié de l'invitation qui lui avait été adressée, l'orateur a déclaré qu'il essaierait de dissiper quelques-uns des malentendus qui existent en cette matière et tout de suite il a posé la formule qui, pour lui, résume le rôle réciproque que doivent avoir au point de vue économique les colonies et la métropole.

En matière économique, a-t-il dit, la production coloniale doit être le complément de la production métropolitaine et non une production de concurrence, et, comme conséquence rationnelle de ce premier principe : la colonie doit être surtout l'associée économique de la métropole et non sa rivale.

Nous avons un domaine colonial qui nous a coûté très cher, qui a été arrosé du sang de nos soldats et de nos explorateurs, que faut-il en faire ?

Est-ce que l'idée de faire converger ses intérêts avec les nôtres est une idée hérétique, barbare, et si nous sommes actuellement tributaires de l'étranger, n'est-il pas logique de souhaiter qu'à l'aide d'un bon régime économique nous échappions à cette tutelle ?

L'orateur a établi le bilan des produits exotiques que la France demande encore à l'étranger. Le tota se chiffre par plus de 1.160 millions de francs.

Nos colonies ne nous fournissent que pour 92 millions environ de ces produits. Est-il étrange de dire que les colonies qui nous coûtent si cher devraient nous fournir davantage ? Or, voici ce que voudrait M. Théry

En ce qui concerne les anciennes colonies, dit-il, nous n'avons pas la prétention de demander une modification quelconque à ce qui existe ; nous voulons que tout ce qui s'est créé sous le régime des conditions anciennes soit conservé. Mais pour les nouvelles colonies, la situation est différente. La concurrence n'y existe pas encore et si l'on doit trancher la question de leurs rapports avec la métropole c'est au moment où on peut le faire sans léser aucun intérêt existant.

On dit que leur concurrence ne présente aucun danger pour les produits métropolitains, mais sait-on, dans le siècle où nous sommes, avec les moyens d'action dont on dispose, si ce qui était hier un pays en friche ne pourra pas devenir demain ou très rapidement un pays industriel ?

M. Edmond Théry se défend de vouloir faire de l'histoire ou citer des exemples, mais quand on dit : Pourquoi redoutez-vous l'industrie coloniale ? Elle n'existe pas ; il ne peut s'empêcher de se tourner ver les pays nouveaux et d'interroger le spectacle qu'offrent certaines régions de l'Extrême-Orient.

Si nous restons sur le terrain de la concurrence pour la production nationale, il ne faut pas négliger ces exemples, celui du Japon entre autres. Essayons de donner à nos colonies un régime qui permette aux industries locales de se développer sans que cela soit au détriment des industries françaises similaires.

Distinguons si l'on veut les industries qui existent déjà et au profit desquelles nous avons contracté en quelque sorte des engagements ; nous éviterons ainsi les difficultés qui se sont présentées lorsqu'il a fallu régler les tarifs douaniers. Si nous attendons que les situations soient acquises, nous provoquerons, le jour où nous voudrons les réglementer, la dissociation de la colonie et de la métropole qui deviendront des ennemies économiques et même politiques.

On peut, expose l'orateur, soutenir qu'il est monstrueux qu'un pays comme la France qui s'impose d'énormes sacrifices pour ses colonies, conserve des barrières douanières entre ces colonies et elle. Mais ces barrières ne doivent être, selon une expression que M. Edmond Théry a faite sienne, que *préventives*. Il doit résulter de ce système que la France doit prévenir loyalement ses colonies que pour un certain nombre de produits elle n'ouvrira pas ses portes toutes grandes. Ces produits seront ceux ayant leurs similaires en France.

M. Raphaël-Georges Lévy constate que M. Théry et lui poursuivent le même but qui est la prospérité de la France et de ses colonies et qu'ils ne diffèrent que sur les moyens à employer pour y parvenir. L'orateur ne pense pas notamment qu'on doive se borner à utiliser les facultés de nos colonies dans la mesure où elles ne concurrencent pas les nôtres ; il est convaincu au contraire qu'on peut laisser les colonies libres de choisir la production qui leur paraît le plus de nature à développer leur propre prospérité.

M. Charles-Roux proteste contre les idées des protectionnistes. Il a fallu beaucoup de temps pour faire comprendre au peuple le profit qu'il pourrait retirer d'un domaine colonial et aujourd'hui que de saines idées ont cours à ce sujet, voilà qu'on se trouve en présence de législateurs qui n'apportent que méfiance là où il faudrait toute confiance. Si le système des protectionnistes était admis, que ferions-nous vis-à-vis de nos coloniaux? Nous leur interdirions, par exemple, de faire du chocolat, bien qu'ils produisent du cacao, parce qu'on en fabrique en France. De telles théories, si elles étaient appliquées, entraîneraient la ruine de notre œuvre coloniale.

A M. Charles Roux a succédé M. Giraud, professeur à la Faculté de droit de Poitiers, qui a surtout insisté sur cette idée qu'on ne saurait songer à un régime douanier uniforme pour nos colonies. A des situations diverses, il faut des tarifs divers; c'est ainsi que Jules Ferry l'avait entendu autrefois. Il disait qu'il faut que chaque colonie ait un régime douanier spécial et le Conseil d'Etat avait été autorisé à modifier les tarifs selon le lieu d'application. Malheureusement, il n'a pas usé de cette prérogative et aujourd'hui les colonies souffrent comme producteurs, puisqu'on les limite et comme consommateurs en raison des tarifs qui rendent la vie chère. On a appliqué aux colonies le tarif général des douanes. Beaucoup voudraient prendre un régime intermédiaire. Quant à M. Giraud, il voudrait que l'établissement de l'autonomie douanière fût, pour les colonies nouvelles, la conséquence et presque le corollaire de l'autonomie financière. La première peut être pour les colonies une récompense de leurs efforts. Lorsqu'elles feront face à leurs dépenses, elles pourront devenir maîtresses de leurs tarifs douaniers.

M. Louis Vignon a répondu à M. Théry en reproduisant une partie de l'argumentation qu'il avait développée dans la précédente réunion.

M. de Moor, qui a une très importante industrie dans la Seine-Inférieure a, dans une causerie tout à fait humoristique, déclaré qu'il admettrait parfaitement que tout le monde vécût sous le régime de la liberté. Seulement, en l'état actuel des choses, il ne voudrait pas qu'une industrie installée aux colonies bénéficiât de privilèges dont seraient exclues, dont sont exclues les industries métropolitaines, soumises à des droits énormes.

Après une intervention très écoutée de M. Théry, M. Charles Roux a rappelé qu'à l'Union Coloniale on demandait quelque chose de bien plus simple que tout ce qu'on venait de préconiser dans les deux camps. On a demandé un système de réciprocité qui permette aux colonies d'envoyer en France leurs produits en franchise.

Nous ne pouvons avoir la prétention de modifier un régime douanier que nous n'avons pas fait. Mais ce que nous demanderons à nos collègues du Parlement, c'est, si, par malheur, la Chambre s'occupant pour une fois des lois d'affaires, venait à mettre en discussion la proposition de M. Méline, de la combattre de toutes leurs forces.

Nouveaux membres

DONATEURS :

Delmas et Clastres, négociants, 118, cours d'Alsace-Lorraine, Bordeaux.

ADHÉRENTS :

Marcel Alioth, importateur, 22, rue Saint-Remi, Bordeaux.
Parrains : *M. Espagne; M. Milhe-Poutingon.*
Philippe Basset, fondé de pouvoirs de la Maison Génestal et fils, 28, rue de Grammont, Paris.
Parrains : *M. L. Mellier; M. Bouthors.*
Card, Maison Ballande fils aîné, Nouméa.
Parrains : *M. Ballande; M. Denoual.*
Chambrelent, ingénieur, 7, rue Gounod, Paris.
Parrains : *M. H. Vuibert; M. Nony.*
Eyrolles, ingénieur, directeur de l'Ecole spéciale de Travaux publics, 12, rue du Sommerard, Paris.
Parrains : *M. H. Vuibert; M. Mercet.*
R. Lasserre, représentant de commerce, 137, rue de la Gare, Bordeaux.
Parrains : *M. Espagne; M. Milhe-Poutingon.*
Nony, éditeur, 22, boulevard Saint-Germain, Paris.
Parrains : *M. H. Vuibert; M. Mercet.*
R. Paris de Bollardière, capitaine d'infanterie de marine, détaché à l'Ecole supérieure de guerre, 23, avenue de Breteuil, Paris.
Parrains : *M. le marquis de Saint-Seine; M. Depincé.*
Philippe Riohemond, administrateur-délégué de la Compagnie générale Franco-Malgache, 6, rue Edouard-Detaille, Paris.
Parrains : *M. Mercet; M. Bouthors.*
Albert Rödel, industriel, 29, rue Vergniaud, Bordeaux.
Parrains : *M. Tandonnet; M. Milhe-Poutingon.*
Louis de Saugy, Tourane (Annam).
Parrains : *M. le marquis de Barthélemy; M. Depincé.*
Société vinicole Mostaganémoise, Mostaganem, Algérie.
Parrains : *M. Milhe-Poutingon; M. Coquet.*

LES PÉRIODIQUES DU MOIS

Agriculture, Elevage. — *Belgique coloniale :* La récolt du café au Brésil (3 mars); la mouche tzé-tzé (24 mars) — *L'Econom. colonial :* — Le coton au Soudan (15 fév.). — *Etudes coloniales :* Industries botaniques et stations agricoles en Nigeria (mars). — *Imp. Inst. Journ. :* Maladies de la canne à sucre; plantations de caoutchouc Charduar; expériences sucrières aux Barbades; expériences agricoles dans l'Inde (mars). — *Journ. of Sec. of Arts :* Lois de protection des forêts dans le monde, Dr W. Schlich (1er mars); fibre de nafia à Madagascar (8 mars). — *Pol. col. :* Les primeurs en Algérie et en Tunisie (13 mars). — *Portugal em Africa :* L'éléphant dans la mission catholique du Gabon (mars). — *Revista Portugueza :* Agriculture coloniale (suite); Julio Henriques (20 fév.). — *Revue des Cult. col. :* Trois plantes alimentaires du Soudan Vuillet; sur quelques cultures tropicales tentées en pleine terre au jardin colonial de Marseille, Dr Heckel (20 mars). — *Revue des Deux-Mondes :* Le caoutchouc et la gutta percha, A. Dastre (1er mars). — *Revue des sciences :* Le crin de Tampico et la culture de l'agave en Algérie (15 mars).

Armée. — *Bull. Soc. Et. col. et mart. :* Les colons français et le service militaire (28 fév.). — *Débats :* La réforme militaire en Angleterre, A. Ebray (11 mars). — *Etudes des Pères Jésuites :* En Chine; une armée chrétienne improvisée P. A. Wetterwald (5 mars). — *Pol. col. :* Opinion sur l'armée coloniale, L. Hubert (6 mars). — *Revista Portugueza :* Armée coloniale, A. F. (20 fév.). — *Revue française :* La défense des colonies; un Vétéran (mars).

Chemins de fer, Transports. — *Board of Trade :* Les

chemins de fer dans les colonies portugaises (29 février); route commerciale de l'Inde à la Perse orientale, par Nuzki (14 mars). — *Dép. col. :* Le service des travaux publics de l'Indo-Chine; les chemins de fer en Chine. Boulland de l'Escale (17 mars); le chemin de fer de la Guyane, avec plan, Levat (5-13 mars). — *Jour. Soc. of Arts :* Les chemins de fer et la famine aux Indes, Horace Bell (15 mars). — *Revue de Madagascar :* Les routes du Betsiléo, E. Beusch (10 mars).

Colonisation. — *Ann. de géographie :* La Casamance avec phot., Chevalier et Cligny ; de l'influence de l'homme sur la terre, exemple de Java, A. W. Voeikof (15 mars). — *Belgique coloniale :* Comparaisons coloniales (3 mars). — *Bul. com. Afrique française :* Les sociétés concessionnaires du Congo (N° 3). — *Débats :* La suppression des prestations à Madagascar (12 mars). — *Dép. col. :* L'œuvre coloniale des chambres de commerce, A. Terrier (1er mars); le salariat à Madagascar, J. Lehr (2 mars); le Dahomey en 1900, E. Galland (27 mars); la colonisation par les noirs au Congo belge, R.S. (23 mars). — *Esplorazione commerciale :* Bilan colonial du XIXe siècle, E. Pini (28 fév.). — *Italia colon. :* Comment on fonde une colonie, Diego Angelli; programmes et colonies, H. Dragomanno; un projet de colonisation italienne dans l'Argentine (mars). — *Mon. off. du com. :* L'émigration par les ports britanniques en 1900 (8 mars). — *Mouvem. géog. :* Les protectorats allemands (10 mars). — *Musée social :* La question agraire en Australie et en Nouvelle-Zélande (fév.). — *O Economista :* Concessions de territoires dans les colonies et intervention politique (3 mars). — *Polit. col. :* La Guinée portugaise, A. Negreiros (14 mars); colonisation française en Tunisie, XX (21 mars); des irrigations au Tonkin (22 mars); civilisation au Congo par les noirs (30 mars). — *Portugal em Africa :* La colonisation dans les missions catholiques portugaises (chron. des missions (mars). — *Quest. diplom. :* Les territoires du Chari et l'œuvre de M. Gentil, A. Bernard (15 mars). — *Rev. du Dahomey :* Le Dahomey économique, (Nos 1-2). — *Revue française :* L'Afrique en 1800 et 1900 (avec carte). Vasco; l'invasion sicilienne en Tunisie, G. Demanche; les progrès de la Guinée française, P. B. (mars). — *Revue de Paris :* L'Indo-Chine, C. Bernard (1er mars). — *Regista Portugueza :* La question des missions religieuses au prochain Congrès colonial national, Tito de Carvalho (20 fév.). — *Soc. de géog. de Dunkerque :* La colonisation du Sahara, J. Hurabielle (mars). — *Soc. géog. de Lille :* Progrès de la colonisation en Indo-Chine, Gallois (N° 2). — *The Times :* Discours de M. Chamberlain sur l'émigration des femmes (15 mars).

Commerce. — *Chine et Sibérie :* Aspect commercial du péril jaune, Muller (N° 26). — *Docum. stat. com. de la France :* Résumé général des importations et exportations des droits perçus et des mouvements de la navigation (février). — *Econ. col. :* Les magasins généraux de Djibouti (15 mars). — *Journ. Royal col. Instit. :* Expansion commerciale en Chine, Whitehead (mars). — *Journ. Soc. of Arts :* Commerce au Sahara (8 mars). — *Mon. marit. :* Le commerce extérieur et les installations maritimes de la Belgique (10 mars). — *Mon. off. du com. :* Caravanes de développement commercial en Algérie; commerce et navigation de la Corée en 1899 (28 fév.); marché du caoutchouc et de l'ivoire en 1900 (28 mars). — *O Economista :* Relations commerciales entre le Portugal et ses colonies en 1899 (10 mars). — *Revue du com. ext. :* La situation commerciale de la France à la fin du XIXe siècle (9 mars). — *Le Temps :* Protectionnisme et petit commerce (12 mars).

Douanes, Finances. — *Bull. stat. :* Budget et situation de la Tunisie pour 1901 (fév.). — *Crédit populaire :* Les caisses régionales agricoles en Algérie (mars). — *Dép. col. :* Le dégrèvement des denrées coloniales en Allemagne, E. Galland (3 mars); la réforme douanière aux colonies, E. Etienne (6 mars); le budget local des colonies, E. Lenoir (7 mars); organisation économique de l'Afrique occidentale, Aspe-Fleurimont (26 mars); la perception de l'impôt sur les cases au Congo français (27 mars). — *Econom. Européen :* La question monétaire dans l'Inde (22 mars). — *Italie coloniale :* La coopération italienne de crédit tunisienne (mars).

Enseignement. — *Dép. col. :* Education professionnelle des indigènes (14 mars). — *Imp. Inst. Journ. :* Ecole d'études orientales modernes (mars). — *Revista Portugueza :* L'éducation du nègre, José de Macedo (20 fév.).

Explorations, Missions. — *La Géographie :* Mission Gendron au Congo français, E. Jobit; La mission Chari-Sangha (15 mars). — *Mouv. géog. :* L'expédition Moore aux lacs de l'Afrique orientale (3 mars); Mission scientifique du Katanga (24 mars). — *Soc. géog. ital. :* Expédition Donaldson-Mith au lac Rodolphe et au Nil Vannuttelli; Le capitaine d'Albertis dans le Soudan et en Erythrée (mars).

Expositions, Congrès, Sociétés. — *Belgique coloniale :* Le musée commercial de Tervueren (17 mars). — *Monit. marit. :* Congrès international de la marine à Monaco (17 mars). — *Mon. off. du com. :* Exposition internationale de Chicago (7 mars). — *Pol. col. :* Pour l'exposition d'Hanoï (3 mars).

Industries. — *Dép. col. :* Le coton et l'industrie cotonnière au Cambodge, Ch. Lemire (25 mars). — *Inform. agric. :* La question des sucres dans les Indes occidentales (16 mars). — *Mouv. géog. :* L'avenir industriel du Shan-Si (3 mars). — *Pol. col. :* L'industrie des colonies françaises (7 mars). — *Revue commerciale :* L'industrie, le commerce et l'agriculture malgaches avant la guerre (23 mars). — *Soc. des Ing. civils :* Les industries chimiques en Algérie, M. P. Jannetaz (janvier).

Législation. — *Belgique coloniale :* A propos de régimes coloniaux, R. V. (24 mars). — *Dép. col. :* L'impôt indigène en nature au Congo français, P. Bourdarie; Législation des mines dans les colonies françaises, P. de Valroger (8-9 mars); La Cour de cassation et les pourvois coloniaux, Rotureau-Launay (26 mars). — *La Tribune :* Travail des indigènes, engagés des colons, prestations (1er mars).

Médecine, Hygiène. — *Archives médec. navale :* Influence des climats et des saisons sur les dépenses de l'organisme chez l'homme, Dr Maurel (N° 2). — *Dép. col. :* Le ramomafana de Madagascar (17 mars); L'assistance médicale gratuite en Algérie (21 mars); Remède contre la lèpre, à Tahiti (30 mars). — *Rev. du Dahomey :* Introduction à l'étude de la matière médicale indigène au Dahomey, G. Liuas (Nos 1-2). — *Rev. scientif. :* Rapports du choléra et du paludisme au Brésil, O. d'Araujo (16 mars).

Navigation, Marine marchande, Ports. — *Dép. col. :* Le port de Marseille, E. Galland (6 mars); Navigabilité du fleuve Bleu, E. Bonin (14 mars). — *Mon. off. du com. :* Trafic du port de Calcutta pendant l'exercice 1899-1900 (14 mars); Navigation de Banana et Boma, Congo belge (28 mars). — *Mouv. géog. :* La navigabilité du fleuve Jaune (10 mars). — *Soc. de géog. de Dunkerque :* Revue des ports marchands en 1900 (mars).

Pêches. — *L'Economiste français :* L'évolution des pêches maritimes (30 mars). — *Journ. Soc. of Arts :* Les pêcheries de perles dans l'île Bahrein (15 mars). — *Revue com. :* Les pêcheries de Bizerte, A. Rödel (8 mars); La transformation des pêches maritimes, A. Rodel (23 mars).

Politique coloniale. — *Débats :* Affaires éthiopiennes; la question de Mandchourie, R. de Caix (10, 13, 27 mars). — *Dép. col. :* Les affaires coloniales à l'étranger, A. Terrier (3 mars). — *Econ. franç. :* Lettre d'Australie; la fédération, libre échange et protection, dette publique (30 mars). — *Mouv. géog. :* Le problème du Wam, A. J. W. (24 mars). — *Quest. diplom. et colon. :* La Belgique et l'Etat du Congo, E. Pels (1er mars). — *Revue des Deux-Mondes :* La colonie du Mozambique et l'alliance anglo-portugaise, R. Pinon (1er mars). — *Rev. pol. et parl. :* Japon. Matsukata Masayoshi (10 mars). — *Le Temps :* Le French Shore (2 mars); Mandchourie et Corée (27 mars).

Postes, Télégraphes. — *Pol. col. :* Le service postal d'Océanie française sur Francisco (27 mars).

Le Gérant : A. Légeron.

Paris. — Imp. PAUL DUPONT, 19, rue du Croissant

25 Avril 1901. Cinquième Année Tome IX. — N° 104.

LA QUINZAINE COLONIALE

LE SERVICE MILITAIRE DES COLONS

Nous avons, dans notre dernière numéro, indiqué les grandes lignes de la solution à laquelle s'est tout dernièrement rangée la commission de l'armée de la Chambre des Députés en ce qui concerne le service militaire aux colonies. Jugeant alors d'après les informations sommaires données par la presse quotidienne, nous disions que la commission de l'armée nous paraissait avoir, tout en apportant quelque amélioration au sort de nos jeunes colons, laissé en réalité le problème sans solution. Cette opinion, que nous émettions sur la lecture d'une simple analyse du dispositif adopté, se trouve aujourd'hui singulièrement confirmée par le rapport que M. Fleury-Ravarin vient de rédiger au nom de la commission. Nos lecteurs trouveront plus loin cet important document. Ils y verront une justification, en termes excellents, de la campagne que nous menons ici, depuis plus de cinq années; il est impossible, en effet, de montrer mieux que ne l'a fait M. Fleury-Ravarin, dans son rapport, tous les obstacles que le régime actuel apporte à l'œuvre coloniale française; mais, en poursuivant leur lecture, ils se convaincront bientôt que la commission de l'armée a, tout en donnant quelque preuve de bonne volonté, laissé debout tous ces obstacles.

***

Il s'agit, et vraiment il est quelque peu superflu de le rappeler, de faire cesser la différenciation établie par la loi de 1889 entre le jeune homme qui va à l'étranger et celui qui va aux colonies, le premier étant affranchi de tout service, tandis que le second a à compter avec une réglementation très compliquée qui, presque toujours, lui cause les plus graves embarras. Aux termes de l'article 50 de la loi de 1889, le Français qui, avant l'âge de 19 ans révolus, établit sa résidence à l'étranger hors d'Europe, est exempté de tout service militaire actif, s'il ne rentre en France, pour s'y fixer, qu'après sa trentième année accomplie; et pendant ce séjour de onze ans, il jouit de beaucoup de liberté, pouvant très souvent revenir en France. Aux colonies, le système est tout autre. Partout où il y a une garnison, l'obligation du service réduit à un an existe pour le colon, qui n'en est exempté que là où il n'y a pas de garnison. Or, comme le reconnaît le rapporteur lui-même, l'exemption totale édictée en faveur des jeunes gens des colonies et pays de protectorat dépourvus et éloignés de toute garnison n'a, en fait, jamais lieu d'être appliquée. « En outre, et c'est encore ici M. Fleury-Ravarin qui parle, les dispenses totales ou partielles, de droit ou facultatives, sont subordonnées à des conditions rigoureuses, notamment à ce que la situation de l'intéressé ne subisse aucun changement, ni de son fait, ni du fait d'autrui, jusqu'à ce qu'il ait atteint l'âge de trente ans révolus.

Ainsi, revient-il en France avant cet âge? Il doit parfaire ses trois ans de service.

Passe-t-il d'une colonie dépourvue d'un corps de troupe dans une colonie pourvue d'une garnison? Ce passage l'oblige à faire un an de service.

La colonie où il réside vient-elle à être pourvue d'une garnison? Le fait d'autrui lui impose l'obligation de servir un an.

Bien plus, le Français résidant dans une colonie non pourvue, ni à proximité d'une colonie pourvue de troupes, vient-il en France entre 20 et 30 ans pour affaires ou raisons de santé? Il s'expose à subir le service de trois ans ».

Quelles que soient les conditions auxquelles doive se conformer le jeune homme établi à l'étranger hors d'Europe pour bénéficier de l'exemption totale que lui accorde l'article 50 de la loi de 1889, il y a, entre sa situation et celle du jeune colon, un véritable abîme et on se trouve, en fait, ici, de par la volonté du législateur de 1889, en face d'une véritable prime à l'émigration à l'étranger au détriment du peuplement et de la mise en valeur de nos colonies.

***

Cette prime, qui met nos colonies dans un évident état d'infériorité à l'égard des pays étrangers, puisqu'elle fait obstacle à la fois à la création d'entreprises dans nos colonies et à l'extension des rapports commerciaux entre ces colonies et la métropole, il faut la supprimer et c'est cette suppression qu'on demandait à la commission de l'armée. Deux moyens s'offraient à elle ; elle pouvait ou bien assimiler le jeune colon au jeune homme établi à l'étranger hors d'Europe, c'est-à-dire généraliser l'article 50, ce que lui demandaient MM. Le Myre de Vilers, Etienne, Guillain et Chautemps (1), ou bien imposer à tout Français établi hors d'Europe et des colonies assimilées (Guadeloupe, Martinique, Réunion et Guyane) l'obligation de faire un an de service actif. Ce dernier système lui était proposé par son rapporteur d'aujourd'hui, M. Fleury-Ravarin, qui craignait que la proposition Le Myre de Vilers ne substituât à la prime à l'émigration au détriment de nos colonies, une prime à l'émigration au détriment de la métropole. Nous avons fait connaître notre sentiment à l'égard de ces deux propositions, et nous nous sommes nettement prononcé ici en faveur de la proposition de M. Le Myre de Vilers, comme étant la seule capable de donner satisfaction au but qu'on poursuit.

Que veut-on, en effet?

On veut déterminer vers nos colonies un courant d'émigration qui n'existe aujourd'hui que d'une façon trop restreinte. Or, quel est le meilleur moyen de provoquer ce courant? C'est encore de recourir à un stimulant spécial, à un appât qui soit efficace et il n'en est pas à l'heure actuelle qui doive l'être plus que l'exemption totale du service militaire. Si on n'accepte pas cette solution, on risque de laisser en un perpétuel état de langueur un domaine qui nous a coûté beaucoup d'argent et beaucoup de sang et qui continue à coûter très cher ; il y a là, pour notre œuvre coloniale, une question de vie ou de mort.

Si ce système doit présenter pour les colonies de grands avantages, il ne s'en suit pas qu'il doive fatalement porter préjudice à la métropole. MM. Le Myre de Vilers, Etienne, Guillain et Chautemps écrivaient dans l'exposé des motifs de leur proposition que la défense nationale ne serait point, du fait de l'adoption de leur solution, privée d'un appoint important, et, en effet, les perspectives d'un séjour de dix années dans les pays tropicaux, jointes à tous les aléas de la vie du colon, suffiraient à éloigner tous ceux qui n'auraient pas une vocation vigoureuse. Nous ajouterons que la perspective, aujourd'hui très probablement prochaine, de la réduction du service militaire à deux ans, voire à dix mois, est une raison de plus pour adopter la solution Le Myre de Vilers, car, dans ce cas, d'une part, contraindre les colons à un an de service ne constituerait plus un appât suffisant, alors que d'autre part l'exemption totale serait un danger moins grand — si danger il y a — que dans le moment présent. Plus tard, quand le courant d'émigration serait bien établi, nous ne verrions aucun inconvénient à ce qu'on astreignît les colons à une certaine période d'exercice, étant convaincu d'ailleurs, qu'en tout état de cause, à l'heure du danger, les forces organisées de la colonie trouveraient en eux des auxiliaires précieux, le métier de colon exigeant des qualités qui trouveraient merveilleusement à s'employer aux heures les plus dures que rencontre un soldat dans sa carrière.

***

Si nous lisons attentivement le rapport de M. Fleury-Ravarin, nous y voyons que la com-

(1) Voir *la Quinzaine Coloniale* du 25 janvier 1901, p. 42.

mission de l'armée a reconnu tous les bienfaits que le système de l'article 50 avait apportés au point de vue de notre action à l'extérieur; aussi l'a-t-elle conservé, contrairement à ce que proposait M. Fleury-Ravarin lui-même, mais elle n'a pas voulu faire plus, et, se refusant à l'étendre aux jeunes gens établis aux colonies, comme le demandait M. Le Myre de Vilers, elle a élaboré un nouveau système dont on rechercherait en vain la justification dans le rapport et qui, en maintenant la dualité, laisse le problème sans solution.

Nous ne méconnaissons pas, certes, l'avantage que présentent, par rapport à la situation actuelle, les modifications consenties par la commission de l'armée. La faculté qu'elle reconnaît aux jeunes gens qui ont l'intention d'aller aux colonies, ou qui y sont installés, de faire leur service de 18 à 23 ans, est une commodité qui, en certains cas, pourra être appréciable; il en est de même pour le choix qui est laissé à ces jeunes gens de faire leur service dans la colonie ou dans la métropole, de même encore pour la possibilité qui leur est donnée de venir en France quatre mois tous les deux ans, bien qu'ici cette règle uniforme soit très critiquable, le séjour pouvant être prolongé sans inconvénient pendant plus de deux ans à Tahiti où à la Nouvelle-Calédonie, alors qu'un pareil séjour peut être dangereux en quelques points de la Côte occidentale d'Afrique.

Mieux aurait valu ne pas s'attarder à laisser aux jeunes colons tous ces choix, toutes ces options, et les soumettre tout simplement à l'article 50, puisque aussi bien on juge nécessaire de le maintenir. On aurait fait alors une besogne vraiment utile, car on aurait créé un stimulant capable d'activer l'émigration aux colonies; au lieu de cela, on laisse ce stimulant agir comme autrefois en faveur des seuls pays étrangers; en d'autres termes, on maintient la prime qui joue actuellement au détriment de nos possessions d'outre-mer et qui continuera à jouer, parce qu'on n'aura rien fait pour favoriser l'émigration dans nos colonies, aussi longtemps qu'elles ne seront pas traitées sur un pied d'égalité avec les pays étrangers situés hors d'Europe. C'est là la vérité dont il faudrait bien se persuader. Elle n'a rien de tellement subversif qu'on ne la puisse adopter; nous ne croyons même pas qu'on puisse dire d'elle qu'elle constitue un privilège, et le pourrait-on, qu'il ne faudrait pas pour cela hésiter à son égard. C'est à coups de privilèges, c'est en multipliant les faveurs et les exemptions de charges, que l'ancien régime est parvenu à constituer l'admirable empire colonial que nous avons achevé de perdre en 1815, et toute la question est de savoir si, après être parvenus à en conquérir un nouveau, nous entendons le laisser en jachères et sacrifier une fois de plus nos colonies à un principe.

P.

BULLETIN DE LA QUINZAINE

La France en Chine. — Nous n'avons pu, faute de place, qu'analyser très sommairement, dans notre dernier numéro, le discours prononcé par M. Beau, le nouveau ministre de France en Chine, au banquet dont il a partagé les honneurs avec M. Doumer. Ce discours vaut cependant qu'on s'y arrête. Moins encore pour la forme élégante, souvent éloquente même, que l'orateur a su donner à ses idées que pour ces idées elles-mêmes.

Ce qui nous y plaît tout d'abord, c'est que M. Beau, tout diplomate qu'il est, ne se croit pas tenu à s'enfermer dans ce mutisme de sphinx que notre diplomatie nous a habitués à considérer comme une sorte de vertu professionnelle. Il n'affecte pas d'entourer de mystère la mission qui lui est confiée. Il sent tout ce que cette mission à d'important et, sans trahir aucun secret, il le dit, et il le dit avec une conviction de bon augure pour les intérêts supérieurs qu'il a charge de représenter et de défendre en Chine.

Il ne s'agit, en effet, de rien moins que d'assurer à la France la part à laquelle elle a droit dans l'exploitation de cet immense empire, définitivement ouvert à l'activité et aux entreprises des nations de civilisation européenne. C'est en vain que nous voudrions nous tenir en dehors du partage d'influence et de profits, peut-être même de territoires, qui se prépare en Chine. Nous ne le pourrions pas, même si nous n'avions en Extrême-Orient une situation déjà acquise à défendre et à maintenir. Du moins ne le pourrions-nous pas sans renoncer à notre puissance dans le monde, s'il est vrai que la puissance d'un pays diminue de toute celle qu'il laisse prendre aux autres. A plus forte raison, la politique de désintéressement et d'abstention que quelques-uns nous conseillent n'est-elle pas permise à la nation qui possède, touchant à la Chine même, une colonie qui, pour vivre, a besoin d'air et qui, sous peine de se laisser étouffer, ne peut pas tolérer à ses portes la présence de voisins ambitieux et forts. Que le Japon, l'Allemagne, et surtout l'Angleterre prennent pied dans les provinces chinoises limitrophes du Tonkin et c'en est fait à brève échéance de notre empire indo-chinois.

La sécurité même de notre établissement en Indo-Chine exige donc qu'aucune autre influence que la nôtre ne vienne, s'implanter dans ces provinces, dévolues d'ailleurs par avance, en raison de leur situation, non seulement à notre action politique, mais encore à notre action économique. Toute une partie du Quang-Tong, le Quang-Si et le Yunnan tout entier, de même que le Kouëi-Tchéou et le Tze-Tchouen trouvent dès maintenant ou sont appelés à trouver, le jour où les voies de communication actuelles auront été complétées ou transformées, toutes ces régions, disons-nous, trouveront, soit à travers le Tonkin, soit vers Pakhoi, qui dépend géographiquement et économiquement du Tonkin, soit vers Quang-Tchéou Ouan, qui nous appartient d'ores et déjà, la route la plus courte vers la mer. Or, avec les moyens de transport d'aujourd'hui, toute abréviation des distances se chiffre par une économie; et, ici, il s'agit de quelque chose comme 700 kilomètres de moins! Le Tonkin a donc, comme route commerciale, une supériorité énorme et incontestable sur les autres routes ouvertes au trafic des provinces méridionales de la Chine. Il ne servirait de rien toutefois que nous possédions cet avantage sur la carte, si nous ne savions l'utiliser en fait. Il faut d'abord attirer vers le Tonkin le trafic actuel, déjà considérable, des régions chinoises comprises dans sa sphère d'attraction naturelle. Il faut aussi, en même temps, nous appliquer à développer ce trafic. Tout cela ne peut être que l'œuvre de l'initiative privée, profitant des voies qui lui sont ouvertes par notre diplomatie, et lui en préparant à elle-même de nouvelles. C'est de cette façon et de cette façon seulement, par la prise de possession économique du pays, que nous affirmerons et maintiendrons nos droits hors de toute atteinte pour le jour où sonnera l'heure de l'inévitable échéance. En conviant nos industriels, nos commerçants, nos établissements de crédit à la réalisation de ce programme, M. Beau a montré qu'il avait à un haut degré le juste sentiment de notre situation et de nos intérêts en Chine. Nous ne doutons pas que son appel ne soit entendu.

M. Jonnart en Algérie. — Le gouvernement a confirmé tout récemment, pour une nouvelle période de six mois, la délégation des fonctions de gouverneur général de l'Algérie, qu'il avait naguère faite à M. Jonnart, député du Pas-de-Calais. C'est là une excellente décision, qui ne peut être que très favorable à l'Algérie, où M. Jonnart vient d'arriver. En effet, bien que le nouveau gouverneur général ait, pendant les premiers six mois de ses fonctions, été presque toujours retenu en France par de graves préoccupations de famille, il n'en a pas moins pris des mesures qui ont assuré, durant ce temps, un très bon fonctionnement de l'administration algérienne. Il faut imputer ce résultat aux réformes administratives qu'il a réalisées dès les premières semaines de son installation, en homme qui, de vieille date, connaissait le pays qui lui était confié et ses besoins les plus urgents. Le soin qu'on a mis à ne donner des postes délicats qu'à des fonctionnaires pourvus du diplôme de langue arabe, a été pour beaucoup dans ce résultat. Toute une série de mesures ont, du reste, pendant cette première période, été étudiées ou même réalisées; nous les avons déjà signalées ici, notamment celles concernant la réforme des sous-préfectures et les pouvoirs du gouverneur en matière de choix de colons. Aujourd'hui, nous en mentionnerons une autre, qui est à la veille d'être réalisée et qui est relative aux conditions de nomination des titulaires des offices ministériels : défenseurs-avoués d'appel et de première instance, notaires, huissiers, greffiers, commissaires-priseurs. On sait que la vénalité des offices n'existe pas en Algérie. Leur dévolution ne s'y effectue pas comme en France. Les nouveaux titulaires n'ont pas à payer au cédant ou à ses ayants-droit, ni le cas échéant, à l'Etat, le prix de leur charge fixé par la chancellerie. Ils sont nommés par décret contresigné du garde des sceaux, sous certaines conditions d'admissibilité et sur les propositions des chefs de la cour d'Alger.

Il y aurait intérêt, l'expérience l'a montré, à confier au gouverneur général le pouvoir qui appartient actuellement au garde des sceaux; aussi est-ce ce qu'on va faire.

Une autre mesure qu'on ne saurait trop approuver est celle qui consiste à reviser la loi sur les cabarets. La loi du 17 juillet 1881 sur la liberté des cabarets, loi qui actuellement soulève en France même beaucoup d'objections, a été rendue applicable en Algérie par un décret du 5 mai 1881. En ce pays, plus encore qu'en la métropole, cette liberté a eu de déplorables conséquences; aussi M. Jonnart a-t-il soumis au Conseil de gouvernement, qui l'a adopté, un projet de décret qui permet de revenir en Algérie au régime antérieur au décret du 5 mai 1881, dans l'intérêt de l'hygiène comme dans celui de la sécurité publique. La réglementation nouvelle est respectueuse, bien entendu, des droits acquis. Les débitants actuellement existants ne sont pas soumis à l'autorisation préalable. Toute mutation par voie de cession devra faire l'objet d'une autorisation nouvelle. En cas de décès ou d'incapacité personnelle du débitant, le successeur ou gérant devra être agréé par le préfet. L'agrément devra, en cas de décès, être sollicité dans la quinzaine.

Tout débit qui, par suite de décès, faillite, cessation de commerce ou autre cause, aura cessé d'exister depuis plus de six mois à partir de la constatation faite par le service des contributions diverses sera considéré comme supprimé.

Il est à souhaiter que cette sage réglementation produise tous les effets qu'on en espère et que l'Algérie devienne enfin un pays calme et travailleur, préoccupé de tirer tout le parti possible de la liberté d'allures que désormais lui permet son autonomie financière, toute prête à faire ses preuves. Les délégations financières se réuniront, en effet, le 5 mai prochain pour examiner le projet de budget qu'a fait préparer le gouverneur et qui comprend un programme de travaux auquel fera face un emprunt de 300 millions.

Tous ces faits sont d'heureux augure et si la population comprend, ce qui n'est guère douteux, de quel côté est son intérêt, elle facilitera par son calme et sa sagesse leur exécution complète pour le plus grand bien de l'Algérie.

Le voyage d'enquête des futurs colons tunisiens. — Nous avons publié dans le dernier numéro de la *Quinzaine Coloniale*, le programme du comité du peuplement français de la Tunisie. Parmi les divers articles de ce programme, il en est un sur lequel il ne sera pas sans intérêt de revenir : « Amorcer le courant d'émigration en payant tous les ans le voyage à un millier de cultivateurs sérieux qui voudraient étudier le pays avec l'intention de s'y fixer. »

L'administration du protectorat, depuis que fonctionne son service de colonisation, a senti l'utilité que présentent ces voyages d'études, et elle a fait ce qui dépendait d'elle pour les encourager et en faciliter l'exécution. De son côté, le service de la Tunisie à l'*Union Coloniale* ne manque jamais d'en signaler les avantages à ses visiteurs et à ses correspondants ; il remet en outre à ceux qui se décident à tenter l'expérience une lettre d'introduction pour la direction de l'agriculture et du commerce de Tunis, où les futurs émigrants trouvent des fonctionnaires empressés à les accueillir et à leur prodiguer les indications et les conseils qui peuvent les diriger dans leur enquête. Cette méthode a presque toujours réussi ; très nombreux sont les colons tunisiens qui ont fait précéder leur établissement définitif d'un voyage préalable d'exploration.

En présence de ces résultats satisfaisants, l'Administration de la colonie a fait davantage ; elle se montre très large dans les recommandations qu'elle adresse aux Compagnies de transport en vue de faire obtenir aux émigrants un tarif de faveur, et ces Compagnies, désireuses de concourir à une œuvre patriotique, mettent la plus grande bienveillance à tenir compte presque toujours de ces recommandations. En fait, des réductions de 50 0/0 pour le trajet en chemin de fer et un prix très réduit pour la traversée sont accordés non seulement aux ouvriers ou employés munis d'un contrat d'engagement ou disposant d'une somme de 1,000 fr. et aux personnes qui ont déjà acheté ou loué des terres en Tunisie, mais aussi à celles qui s'y rendent *dans l'intention d'acheter ou de louer des terres* et qui possèdent un capital suffisant pour réaliser leur projet. Il a été reconnu, en effet, qu'une affaire aussi grave que l'acquisition d'une propriété, surtout lorsqu'elle doit entraîner le déplacement d'une famille entière, ne peut pas se traiter sérieusement de loin. Il est nécessaire que le futur colon ait vu et choisi lui-même son lot de terrain avant de signer l'acte d'achat, et ce voyage préliminaire, qu'il n'est pas possible d'éviter, est facilité par la réduction de prix accordée.

Il serait utile de pouvoir aller plus loin dans cette voie, et de permettre au futur colon de bénéficier du tarif réduit, lorsqu'il retourne en France pour chercher sa famille ; c'est ce que demande le Comité de peuplement. Il y a là une suggestion qui mérite d'être prise en considération et étudiée avec le plus grand soin. Mais cette amélioration ne pourra être obtenue que par le concours des bonnes volontés réunies du Gouvernement du Protectorat et des Compagnies de chemins de fer et de navigation. Heureusement dans cette circonstance les intérêts des deux parties ne sont nullement en opposition : la Tunisie a besoin de voir s'augmenter le nombre des colons français qui cultivent son sol, et, bien que cette affirmation puisse paraître, à première vue, paradoxale, on peut dire que chaque colon français établi en Tunisie, est un client assuré pour les Compagnies de transport. En effet, l'émigrant français qui va se fixer en Tunisie, n'est pas, comme autrefois l'émigrant qui se dirigeait vers l'Amérique, un homme qui part pour ne jamais revenir. Bien au contraire, le colon tunisien habite si près de France que ses affaires, ses amitiés ou ses plaisirs l'y rappellent sûrement tôt ou tard, plus ou moins fréquemment suivant sa situation de fortune ; s'il est riche, il fuit chaque été les chaleurs de l'Afrique ; s'il ne peut s'accorder ce luxe aussi souvent, à moins d'impossibilité matérielle, il fera tous les deux ou trois ans une visite à sa famille et à ses amis de la métropole. En outre, sa présence en Tunisie concourra à accroître le mouvement des échanges entre la colonie et la métropole. Il deviendra donc, à un double titre, un client régulier des Compagnies de transport ; et la faveur que ces Compagnies lui auront accordée pour son premier voyage se trouvera largement compensée par la suite.

La proposition du Comité du peuplement français n'a donc rien d'irréalisable. Elle s'inspire d'une connaissance très exacte des conditions de l'émigration. En Tunisie, plus qu'ailleurs, il faut veiller à ce que les futurs colons ne cèdent pas, en quittant la France, à un mouvement d'enthousiasme trop peu réfléchi, qui pourrait bien leur préparer pour l'avenir de cruelles désillusions. Or, la meilleure manière de se rendre compte à l'avance de ce qu'ils trouveront en Tunisie et de mettre en balance les résultats qu'ils peuvent légitimement espérer et les difficultés qui les attendent, est pour eux de visiter le pays. A leur retour, ils peuvent prendre une décision en pleine connaissance de cause et vaincre plus facilement la résistance qu'ils rencontrent parfois chez certains membres de leur famille.

Le gouvernement russe, qui a si merveilleusement réussi dans son œuvre de colonisation sur le continent asiatique, a fait l'expérience de la justesse de cette observation. Aussi n'accorde-t-il les avantages qu'il offre à ses émigrants qu'aux chefs de famille qui ont déjà visité la région qu'ils se proposent de coloniser. Comme la distance à parcourir pour faire ce voyage est énorme, et les frais très dispendieux, il autorise les futurs colons à faire faire cette enquête préalable par un mandataire de confiance qui opère souvent pour le compte de plusieurs familles. Ces messagers-enquêteurs, qui portent en russe le nom de « khodokis » ont droit, aux termes des lois sur l'émigration, soit à l'aller, soit au retour, au tarif réduit (25 0/0 du tarif ordinaire) accordé aux émigrants eux-mêmes. Une large part du succès si rapide obtenu pour le peuplement russe de la Sibérie est attribué à cette institution.

On vient de voir qu'elle n'est pas tout à fait inconnue en France. Il serait à désirer qu'elle se généralisât de plus en plus, grâce aux efforts communs de l'Administration et des Compagnies de transport.

La colonisation agricole en Indo-Chine. — Les renseignements statistiques que nous publions plus loin sur la situation actuelle de la colonisation agricole européenne en Indo-Chine, permettent de se rendre un compte exact des progrès considérables réalisés depuis quelques années à ce point de vue dans notre grande colonie asiatique. Alors qu'antérieurement à 1896, 288 concessions seulement avaient été accordées à des Européens — presque tous, sinon tous Français, disons-le en passant — il en a été accordé 370 pendant la période quinquennale 1896-1900. La Cochinchine vient en tête dans cette augmentation avec 159 concessions nouvelles, le Tonkin suit de près avec 156, puis viennent l'Annam avec 33 et le Cambodge avec 12. A l'heure actuelle, les 648 concessions se répartissent comme suit : Cochinchine, 390; Tonkin, 197; Annam, 43; Cambodge, 18.

Ce sont là des chiffres très satisfaisants, même et surtout si on les compare à ceux qu'on enregistre en Birmanie, colonie anglaise et semblable, où la colonisation agricole européenne n'existe pour ainsi dire pas. Toutefois, ils pourraient et devraient l'être davantage. Nous n'avons ici de préférence particulière pour aucune de nos colonies, plutôt que pour telle autre. Notre objectif est d'assurer la mise en valeur de tout notre domaine colonial, sans distinction aucune. On doit convenir cependant que cette mise en valeur ne peut se faire que par étapes successives, correspondant aux facilités plus ou moins grandes de main-d'œuvre offertes par telle ou telle de nos possessions d'outre mer, ainsi qu'au degré d'avancement de leur outillage économique. Or, il est certain qu'à ce double point de vue, l'Indo-Chine possède actuellement une supériorité incontestable sur d'autres colonies qui, à une date plus ou moins récente, ont paru exercer une attraction considérable sur l'esprit d'entreprise et sur les capitaux de nos compatriotes. On peut se demander, par exemple, pourquoi Madagascar qui, à beaucoup près n'offre les mêmes facilités ni sous le rapport des ressources de main-d'œuvre, ni sous celui des moyens de communication, se trouve aujourd'hui, après cinq ans à peine au point de vue de la colonisation agricole européenne, au moins aussi avancé sinon plus que le Tonkin après plus de quinze ans. Et il est tout aussi surprenant que tant de sociétés aient pu se former en quelques mois pour l'exploitation du Congo, pays absolument neuf et inconnu dans la presque totalité de son étendue, alors que l'Indo-Chine, dont on connaît les ressources de tout ordre, compte les sociétés similaires. Il y a là un cas de psychologie coloniale tout particulier, dont l'explication ne peut se trouver que dans l'engouement qui nous porte de préférence vers l'inconnu. C'est un état d'esprit qui a ses bons côtés, mais qui présente aussi ses inconvénients. Et on est en droit de se demander si, pour le pays et pour les intérêts coloniaux envisagés dans leur ensemble, il n'y aurait pas eu avantage à ce que les enthousiasmes souvent peu réfléchis dont a bénéficié la colonisation de Madagascar et du Congo eussent pour objectif l'Indo-Chine.

La ville d'Hanoï. — Nous avons déjà eu, à plusieurs reprises, l'occasion de constater le développement considérable et rapide pris par la ville d'Hanoï au cours de ces dernières années. Un de nos confrères de l'Indo-Chine, l'*Avenir du Tonkin*, nous fournit à cet égard des renseignements statistiques qui permettent de mesurer avec une exactitude pour ainsi dire mathématique, les progrès réalisés dans la grande cité tonkinoise depuis l'avènement de M. Doumer au gouvernement général. On nous saura gré de les reproduire ici, ne fût-ce que pour montrer le parti que nos compatriotes savent, contrairement à l'opinion généralement reçue et que les Français eux-mêmes ont tant contribué à accréditer — tirer des éléments que nos colonies offrent à leur activité et à leur esprit d'entreprise, quand leurs efforts sont secondés par une administration intelligente et qui sait à la fois prendre des initiatives et favoriser celles des particuliers.

L'on sait combien grandiose est le programme des travaux publics qui est en train de s'exécuter à Hanoï; sans parler du grand pont sur lequel le chemin de fer franchira le fleuve Rouge, sur une étendue de 1.200 mètres, de la gare qui est en construction à l'extrémité du boulevard Gambetta, ni des édifices qui abriteront l'Exposition de 1902, c'est à la fois un palais pour le gouverneur général, un palais de justice, un théâtre dont la dépense ne sera pas inférieure à un million et une halle nouvelle dans le marché, qui vont être construits. D'autres travaux d'édilité, pour être plus modestes, n'offrent pas un moindre intérêt. En 1897, la longueur totale des rues de Hanoï ne dépassait pas 45.000 mètres; à la fin de 1900, elle atteignait déjà 67.000 mètres. Quand les voies projetées seront définitivement percées ou établies, le réseau des voies urbaines d'Hanoï approchera de 80.000 mètres, non compris les routes qui rayonnent dans la banlieue (47 kilomètres environ). Dans la partie européenne de la ville, on poursuit la construction de trottoirs en carreaux striés avec bordures en pierres de taille. Toutes les grandes voies centrales en seront bientôt pourvues. Les égouts, dont il est inutile même d'indiquer l'impérieuse nécessité au Tonkin comme ailleurs, ne représentaient il y a quatre ans qu'une longueur de 3.600 mètres. Depuis le 1er janvier 1897, il en a été construit 11.059 mètres; ils sont de sections diverses, mais tous visitables et le nettoyage en est assuré par un excellent système de chasse. L'égout d'un demi-kilomètre de long qui a été construit en 1899 par le génie militaire et qui dessert les nouvelles casernes est relié au réseau de la ville.

Les puits à grand diamètre qui ont été creusés de 1897 à 1899 pour capter la nappe aquifère dont l'existence avait été reconnue dès avant 1895, fonctionnent définitivement depuis un an : 5.000 mètres cubes d'eau potable peuvent quotidiennement être fournis aux 85 bornes-fontaines et aux 53 branchechements d'abonnés que relie une canalisation de 26 kilomètres de tuyaux. L'éclairage de la banlieue et d'une partie du quartier indigène d'Hanoï comporte désormais 691 lampes, soit une centaine de plus qu'en 1898. L'usine électrique a porté sa force motrice, en quatre ans, de 300 à 850 chevaux. Elle emploie pour l'éclairage du quartier européen 523 lampes à incandescence et 55 lampes à arc de 8 ampères, dont une vingtaine environ pour les 1.200 mètres de quais neufs.

Les particuliers rivalisent de zèle avec les services coloniaux ou locaux pour élever de nouvelles constructions. En janvier 1897, on comptait à Hanoï environ 2.954 maisons annamites en briques et 2.852 en torchis et couvertes en paillottes. A la fin de 1900, les chiffres s'étaient ainsi modifiés : 3.425 maisons en briques, 2.195 maisons en torchis. Cette augmentation progressive des maisons de briques annamites, en raison proportionnelle, pourrait-on dire, de la diminution des maisons en torchis, est un signe indéniable du développement de la fortune publique. Ajoutons qu'elle contribue singulièrement à améliorer les conditions sanitaires de la ville. Quant au nombre des maisons européennes, qui était de 384 il y a quatre ans, il va s'élever à 569. Sur l'emplacement de l'ancienne citadelle, notamment, une Compagnie va faire construire cinquante immeubles à étage d'un loyer moyen de 30 piastres par mois. Ainsi, autour du palais du gouvernement, toute une nouvelle cité va sourdre de terre, qui aura son marché spécial, son eau, son électricité, tout l'outillage nécessaire à la vie moderne. Sur le boulevard Henri-Rivière, en face de la résidence, un immense caravansérail, l'hôtel Métropole se développe sur une façade de 80 mètres; il sera terminé dans quelques semaines.

Vers juillet prochain, trois lignes de tramways pourront être mises en exploitation : elles convergent au centre de la ville, sur la place Négrier. Le réseau (12 kilomètres concédés) sera alimenté par un courant de 500 volts. Le mode de traction employé est le système à trolley, avec voiture de remorque.

La progression du budget municipal qui, de 252.285 piastres en 1897, s'est élevé à 579.639 piastres en 1900 et s'élèvera à 686.809 piastres pour l'exercice en cours, celle des naissances qui va de 48 en 1897 à 73 en 1900, celle des mariages qui double presque pendant la même période de quatre années, enfin l'augmentation de la population européenne qui était au 31 décembre 1896 de 950 personnes et qui est à l'heure actuelle de 1.351 personnes (la garnison non comprise), attestent la vitalité d'Hanoï. L'européanisation de la capitale du Tonkin n'éloigne d'ailleurs ni les Chinois ni les Annamites. Il est difficile d'évaluer le nombre de ces derniers, mais on peut approximativement le fixer à 80.000. Un nouveau quartier sera créé pour eux vers la route de Hué, à mesure que les nouvelles constructions les chasseront du centre de la ville.

Si l'on ajoute à la liste des travaux que nous venons d'énumérer les constructions que les divers services de la colonie ont édifiées à Hanoï, soit : l'hôtel de la résidence, l'hôtel des postes et télégraphes, l'hôtel destiné au Kinhluoc et qui est aujourd'hui occupé par les Chambres de commerce et d'agriculture, les casernements en briques de la garde civile indigène, la halle de la route de Hué et le groupe scolaire (école des garçons, école des filles, salle de conférence et bibliothèque); si l'on ajoute les constructions élevées depuis 1897 pour les services militaires, c'est-à-dire un quartier de cavalerie et de remonte pour 200 chevaux et une infirmerie, un quartier d'artillerie (état-major et trois batteries) divers magasins pour l'infanterie de marine, des pavillons pour le service géographique, pour le service des subsistances et pour le service vétérinaire tonkinois de la garnison d'Hanoï, on aura une idée de ce que les Français ont fait de la capitale de la haute Indo-Chine, qui déjà avec le mélange curieux et pittoresque qu'elle offre des civilisations annamite et européenne qui s'y touchent et s'y côtoient pour ainsi dire à chaque pas, était une des villes les plus intéressantes de tout l'Extrême-Orient. Les travaux qu'on y a exécutés ou qu'on y exécute, les embellissements qu'on y apporte et le confort qu'on y introduit avec la louable préoccupation de ne pas altérer son caractère original de cité asiatique, vont la mettre, pour la fin de 1902, à la hauteur de ces créations du génie anglais qui s'appellent Singapour, Hong-Kong, Shanghaï, et les visiteurs français que l'Exposition attirera alors à Hanoï trouveront, dans le spectacle qu'elle leur offrira, de quoi satisfaire l'orgueil national le plus exigeant.

LE SERVICE MILITAIRE AUX COLONIES

Nous avons analysé le dispositif de la proposition que la Commission de l'armée a élaboré sur ce sujet.

Voici *in extenso* le rapport de M. Fleury-Ravarin sur cette grave question :

Messieurs,

La Commission de l'armée a été saisie de deux propositions de loi tendant, l'une et l'autre, à atténuer, mais dans des proportions différentes et par des moyens également différents, les rigueurs de la loi du 15 juillet 1889 à l'égard des Français établis dans les pays de protectorat et les colonies françaises autres que la Guadeloupe, la Martinique, la Réunion, la Guyane et l'Algérie. Actuellement, ces jeunes gens sont soumis aux règles suivantes :

1° La colonie où ils résident est-elle pourvue ou à proximité d'une colonie pourvue d'une garnison ? Ils ne doivent qu'un an de service (art. 81 § 2) ;

2° La colonie où ils résident est-elle dépourvue ou éloignée d'une colonie pourvue d'une garnison ? Ils sont exemptés de droit de tout service actif (art. 81 § 3);

3° Résident-ils dans un pays de protectorat pourvu d'une garnison? Ils peuvent être admis à bénéficier d'une dispense de deux ans et n'être obligés, en conséquence, qu'à un an de service (art. 81 § final);

4° Inscrits sur les listes de recrutement de la métropole, résident-ils dans une colonie ou un pays de protectorat dépourvus de garnison ? Ils peuvent être exemptés de tout service actif (art. 82 § 1er) mais si, avant qu'ils aient atteint l'âge de 30 ans, une garnison vient à être établie, ils sont tenus d'accomplir un an de service conformément à l'art. 81 § 2 ;

5° Inscrits sur les listes de recrutement d'une colonie, résident-ils dans une autre colonie? Ils peuvent être exemptés de tout service actif (art. 82 § 2).

Résumant ce système compliqué, on peut ramener à deux régimes différents les obligations imposées aux intéressés.

1° Font un an de service actif en vertu d'une dispense :

a) de droit ;

Les jeunes gens établis en Algérie et dans une colonie non assimilée à la métropole et pourvus d'une garnison ;

b) facultativement :

Ceux établis dans un pays de protectorat ayant une garnison.

Donc, partout où il y a garnison, l'obligation du service existe et est réduite à un an de service.

2° Sont exemptés de tout service actif :

a) de droit : les jeunes gens établis dans une colonie non assimilée, sans garnison et éloignée de toute garnison ;

b) facultativement : ceux inscrits sur les listes de recrutement de la métropole et établis dans une colonie, non assimilée ou un pays de protectorat dépourvu et éloigné de toute garnison, et ceux inscrits sur les listes de recrutement d'une colonie et résidant dans une autre colonie.

Là où il n'y a pas de garnison, pas d'obligation.

Mais ces dispenses totales ou partielles, à quelles conditions sont-elles soumises ?

Remarquons de suite que l'exemption totale édictée en faveur des jeunes gens des colonies et pays de protectorat dépourvus et éloignés de toute garnison n'a, en fait, jamais lieu d'être appliquée.

En outre, les dispenses totales ou partielles, de droit ou facultatives, sont subordonnées à des conditions rigoureuses, notamment à ce que la situation de l'intéressé ne subisse aucun changement, ni de son fait, ni du fait d'autrui, jusqu'à ce qu'il ait atteint l'âge de trente ans révolus.

Ainsi, revient-il en France avant cet âge ? Il doit parfaire ses trois ans de service.

Passe-t-il d'une colonie dépourvue d'un corps de troupe dans une colonie pourvue d'une garnison ? Ce passage l'oblige à faire un an de service.

La colonie où il réside vient-elle à être pourvue d'une garnison ? Le fait d'autrui lui impose l'obligation de servir un an.

Bien plus, le Français résidant dans une colonie non pourvue, ni à proximité d'une colonie pourvue de troupes, vient-il en France entre 20 et 30 ans pour affaires ou raisons de santé ? Il s'expose à subir le service de trois ans.

Par contre, aux termes de l'article 50 de la loi de 1889, le Français qui, avant l'âge de 19 ans révolus, établit sa résidence à l'étranger hors d'Europe, est exempté de tout service militaire actif, s'il ne rentre en France pour s'y fixer, qu'après sa trentième année accomplie.

Pendant ce séjour de onze ans, auquel est attachée l'exemption totale, il jouit de toute liberté et peut être autorisé à revenir en France presque tous les trois ans, pour trois mois chaque fois, et même plus souvent s'il se présente des circonstances exceptionnelles de façon à défendre en personne ses intérêts dans la métropole, à régler ses affaires et à entretenir et à étendre ses relations commerciales et autres.

Toutefois, l'exemption de l'article 50 appelle quelques explications :

1° Elle est subordonnée à un établissement avant l'âge de 19 ans à l'étranger ;

2° Elle est simplement facultative, l'avis du consul pouvant la faire refuser ;

3° Elle constitue, à proprement parler, une suspension pendant onze ans, temps de séjour minimum, de l'obligation du service militaire ;

4° Jusqu'à l'âge de trente ans, le bénéficiaire doit fournir des justifications annuelles ;

5° S'il revient avant l'âge de 30 ans, il doit accomplir ses trois ans de service, l'exemption cessant avec le non accomplissement de la condition de séjour;

6° S'il revient après 30 ans, il est soumis aux obligations de sa classe ;

7° Pendant ces onze ans, c'est-à-dire pendant cent trente-deux mois, il ne pouvait, antérieurement à la circulaire du 11 juillet 1898, séjourner plus de trois mois en France.

Au point de vue de la forme, cette réglementation est d'une complexité excessive et gagnerait beaucoup à être simplifiée.

Mais, au fond, elle soulève de très vives critiques. Subordonnant les faveurs qu'elle accorde aux Français établis dans nos colonies à des conditions trop rigoureuses, le régime qu'elle institue, bien qu'il ait la prétention de les servir, gêne et compromet gravement nos intérêts commerciaux ; il entrave le développement de la richesse nationale et de notre influence à l'extérieur ; il fait obstacle à la fois à la création d'entreprises dans nos colonies nouvelles et lointaines et à l'extension des rapports commerciaux entre ces colonies et la métropole.

Bien plus, la faveur attachée à l'établissement à l'étranger aggrave singulièrement tous ces inconvénients. Elle constitue une véritable prime à l'émigration à l'étranger au détriment du peuplement et de la mise en valeur de nos colonies. Elle oblige à méconnaître son intérêt ou son devoir le jeune homme qui se trouve dans l'alternative d'aller se fixer à l'étranger ou dans nos colonies.

Soucieux de nos intérêts coloniaux, déplorant de ne voir dans nos colonies comme colons que ceux qui n'ont pas assez de capacités pour coloniser à l'étranger, beaucoup de bons esprits se sont élevés contre la différenciation faite entre le jeune homme qui va à l'étranger et celui qui va aux colonies, et partant d'un point de vue plus général que celui où s'était placé le législateur de 1889, ont demandé l'adoption d'un régime uniforme applicable indistinctement à l'un et à l'autre.

Ce principe de l'uniformisation substitué à la dualité était la base commune des deux propositions de loi dont votre Commission de l'armée a été saisie. L'une et l'autre tendaient également à faire disparaître l'inégalité de traitement dont souffrent actuellement nos colonies par rapport à l'étranger, c'est-à-dire à réaliser cette uniformisation des obligations militaires de tout Français établi hors d'Europe. Tel était le but essentiel de la proposition que nous avons eu l'honneur de déposer au mois de juillet dernier ; tel était aussi celui de la proposition de loi déposée au mois de janvier 1901 par nos honorables collègues MM. Le Myre de Vilers, Etienne, Guillain et Chautemps.

Quant aux moyens d'atteindre ce but, les deux propositions différaient.

Le remède proposé par M. le Myre de Vilers et ses collègues consistait dans l'assimilation des territoires français hors d'Europe aux territoires étrangers hors d'Europe, c'est-à-dire dans la généralisation des dispositions de l'article 50.

Nous avions étudié cette solution, elle nous paraissait évidemment devoir donner satisfaction aux intérêts coloniaux en exemptant de toute charge militaire le Français établi aux colonies, comme en est aujourd'hui exempté celui qui se fixe à l'étranger hors d'Europe ; avec ce système, uniformisé, nos colonies ne seraient plus sacrifiées à l'étranger. Mais nous l'avions écarté, craignant que le remède proposé, guérissant un mal, n'en fît surgir un autre infiniment plus grave, par la substitution à la prime à l'émigration au détriment de nos colonies d'une prime à l'émigration au détriment de la métropole. Au lieu donc du régime réservé aux Français établis à l'étranger par l'art. 50, nous proposions l'extension à tout Français établi hors d'Europe du régime édicté pour les Français établis en Algérie par le paragraphe 2 de l'article 81, sous réserve de certaines améliorations qui nous paraissaient indispensables et sans distinguer si la colonie où le pays de protectorat possède ou non une garnison.

Notre proposition tendait, sans sacrifier la métropole à nos colonies, à supprimer la prime à l'établissement à l'étranger, à améliorer la situation de nos nationaux aux colonies, et à augmenter les forces militaires de la nation en obligeant à apprendre le métier des armes, conformément au principe d'égalité démocratique du service militaire obligatoire pour tous, tous ceux qu'une infirmité ne rend pas incapables de concourir à sa défense. Notre conception se ramenait à une règle unique, imposant à tout Français établi hors d'Europe et des colonies assimilées l'obligation de faire un an de service actif.

La Commission de l'armée a examiné ces deux solutions.

Elle a rejeté celle de M. Le Myre de Vilers en se prononçant d'une façon ferme, conformément à nos propositions, pour le maintien de l'obligation du service militaire réduit à un an à l'égard de nos compatriotes établis en colonie française.

Mais, considérant que l'article 50 a contribué puissamment à favoriser l'établissement de nos nationaux dans les pays extra-européens, et à leur permettre d'assurer à notre commerce et à notre industrie les moyens de conquérir des débouchés nouveaux et la possibilité de lutter sans désavantage contre la concurrence étrangère, considérant également que si, avec le régime actuel, le Français établi à l'étranger, pouvant revenir en France après 30 ans sans risquer d'être repris par le service militaire, est encouragé à garder la nationalité française, la suppression de l'article 50 pourrait avoir pour conséquence d'entraîner un assez grand nombre de jeunes gens à acquérir la nationalité des pays hors d'Europe, où ils vont s'établir, la commission a décidé le maintien dudit article 50.

En d'autres termes, elle a rejeté toute extension et toute suppression des règles qui déterminent actuellement la durée des obligations militaires respectives de nos nationaux établis hors d'Europe. Elle a repoussé l'uniformisation et maintenu la dualité.

Mais elle a reconnu, comme nous le demandions, qu'il y a lieu de mettre en harmonie avec les nécessités sociales des intéressés les règles qui fixent les obligations militaires de nos nationaux établis dans nos colonies. Elle a considéré que, dans l'intérêt même de la colonisation française, du développement de notre commerce et de notre industrie, il est nécessaire de lever quelques-unes des entraves que l'organisation de la défense nationale a imposées par la loi de 1889 à la mise en valeur de notre domaine colonial, et d'améliorer dans la plus large mesure conciliable avec les intérêts militaires européens de la métropole la situation faite à ceux qui s'en constituent les pionniers.

Dans cet ordre d'idées, la commission a été d'avis qu'il convient de permettre aux jeunes gens que nous envisageons d'effectuer leur année de service dès l'âge de 18 ans, c'est-à-dire de devancer l'appel, afin que leur carrière ne subisse pas obligatoirement le retard dont on fait si justement grief, dans le monde commercial et industriel, au service militaire, tel qu'il est organisé par la loi de 1889 : n'arrive-t-il pas trop fréquemment, en effet, qu'un jeune homme en possession d'une place dans une maison de commerce lors de son départ sous les drapeaux, trouve ladite place prise lors de sa libération, une maison sérieuse n'ayant jamais plus d'employés qu'il ne lui en faut, ni d'emplois inoccupés ?

Comme complément de cette première mesure, elle a pensé aussi qu'il y a lieu d'autoriser les intéressés à retarder leur incorporation jusqu'à l'âge de 23 ans accomplis. Pour pallier autant que possible les inconvénients que l'obligation du service militaire peut présenter pour eux, elle a jugé utile d'accorder aux jeunes gens se livrant à l'agriculture, au commerce ou à l'industrie, dans nos colonies, la faculté de faire leur année de service, à leur choix, entre 18 et 23 ans.

En outre, la Commission s'est rangée à notre proposition, de permettre aux jeunes gens dont il s'agit, d'accomplir leur année de service à leur choix soit dans la métropole, soit dans une colonie. Cette faculté d'option nous a paru être d'une utilité incontestable et présenter des avantages nombreux. Les jeunes gens qui se destinent aux colonies doivent, pour y réussir, avoir la vocation coloniale. Aujourd'hui, beaucoup de jeunes gens vont aux colonies pour bénéficier de la dispense de deux ans de service, ignorant la vie, les difficultés et les dangers qui les attendent. Le climat, la fatigue, les maladies en réduisent un grand nombre à l'état de non-valeurs. Ils végètent et reviennent ou succombent. Nous avons pensé qu'après avoir terminé entre 19 et 24 ans leur année de service militaire dans la métropole, les coloniaux d'occasion hésiteront à s'expatrier pour dix ans et préféreront accomplir deux autres années de service en France. Quant aux autres, s'ils accomplissent leur année en France, ils acquerront au régiment une endurance physique précieuse pour la vie aux colonies; s'ils préfèrent au contraire servir aux colonies, ils pourront s'acclimater, se familiariser avec la langue, les mœurs, la manière de vivre, faire des relations qui leur seront utiles, modifier leurs projets primitifs ou en ébaucher de nouveaux. De toute façon, ce système nous assurera des colons plus faits et plus voués à la colonisation, ce dont les intérêts privés et les intérêts généraux pourront attendre les plus heureux résultats.

Enfin si c'est faire œuvre éminemment profitable à la prospérité nationale que s'établir aux colonies pour y créer des affaires et pour développer l'extension commerciale française, il est essentiel, pour que leurs efforts produisent tous leurs effets utiles que nos nationaux restent en rapport avec la métropole, qu'ils y gardent et augmentent leurs relations, qu'ils se tiennent au courant des production et des variations de ses besoins. Nous avons dit que l'article 50 de la loi de 1889 subordonne ses faveurs à un séjour de onze ans à l'étranger, pendant lequel le bénéficiaire de l'exemption totale ne peut venir passer que trois mois en France; trois mois sur 132! Mais cette rigueur a paru tellement excessive à l'administration elle-même que, par une circulaire du 11 juillet 1898, le ministre de la Guerre a reconnu à nos compatriotes établis à l'étranger hors d'Europe la faculté d'obtenir trois autorisations successives d'absence, de trois mois chacune et même davantage, s'il se présente des circonstances exceptionnelles ou s'ils ont à faire valoir des raisons majeures. Adoptant nos conclusions, la Commission de l'armée a admis le principe que les jeunes gens établis dans les colonies françaises non assimilées, auront droit de se faire délivrer des permis de séjour en France, pour motif de santé ou d'affaires, à raison de quatre mois tous les deux ans, et a renvoyé à un règlement d'administration publique le soin de déterminer les conditions de délivrance de ce permis de séjour.

Telle est l'économie générale du texte adopté par la Commission de l'armée.

Il maintient les principes actuels : obligation du service militaire réduit à un an pour les jeunes gens établis dans les colonies françaises non assimilées pourvues d'une garnison, exemption totale pour ceux qui vont s'établir à l'étranger hors d'Europe.

Il permet d'espérer un meilleur recrutement des colons.

Enfin il apporte au régime actuellement applicable aux colonies les tempéraments et les améliorations qui sont aussi nécessaires à la prospérité de nos entreprises d'outre-mer qu'à celles de la métropole.

Nous montrons plus haut pourquoi nous croyons que la Commission n'a pas fait une œuvre utile ; parce qu'elle ne s'est pas placée dans l'hypothèse réelle qui est de créer un stimulant à l'émigration. Hors de la solution que l'Union recommande depuis si longtemps, il n'y a que des demi-mesures destinées à un avortement.

DOCUMENTS, ARTICLES SPÉCIAUX
ACTES OFFICIELS

COLONIES FRANÇAISES

AFRIQUE DU NORD

Algérie. — Actes officiels. — *Le Mobacher.*

6 avril. — *Arrêté* du Gouverneur général, rapportant celui du 28 avril 1898, et fixant les nouvelles conditions d'après lesquelles doivent être effectuées les opérations de la clavelisation des troupeaux de moutons.

10 avril. — *Décret* concédant les mines du Djebel-Soubella, commune mixte des Rhiras, à la Société du Bou-Thaleb.

Administration. — *Les infractions à l'indigénat.* — Le *Journal officiel* du 27 mars a publié un rapport du ministre de l'intérieur au Président de la République à propos de la loi du 21 décembre 1897 qui maintient, pendant sept ans, aux administrateurs des communes mixtes de l'Algérie, le droit de réprimer par voie disciplinaire les infractions spéciales à l'indigénat.

Ce rapport embrasse la période comprise entre le 1er juillet 1899 et le 30 juin 1900. La moyenne des condamnations pour l'ensemble des trois départements et par 1,000 habitants était, pour la période précédente, de 9.63, soit une différence en plus de 0.96; cette aggravation porte, pour la plus grande quantité, sur le département d'Oran, alors que celui d'Alger continue à présenter une notable décroissance.

Le département de Constantine offre une augmentation de 279 condamnations; celui d'Oran passe de 6.798 condamnations à 9.262.

A Constantine, il s'est produit une forte décroissance sur l'article 6 retard prolongé et non justifié dans le paiement des impôts : 1.332 condamnations contre 2.255 en 1898-1899. Il en est de même pour le département d'Alger : 582 condamnations contre 1,256 dans la période précédente.

Le total des jours de prison infligés s'élève, pour les trois départements, à 71.967, pour 19.549 condamnations, soit en moyenne 3.77 par condamnation; pendant la période précédente, la moyenne a atteint 3.73, avec 65.018 jours de prison pour 17.410 condamnations prononcées.

Le rapport dit que cette augmentation sensible du nombre des condamnations provient de la nécessité où on se trouva de réagir contre certaines tendances des indigènes, surtout contre la dissimulation des matières imposables.

Agriculture. — *L'élevage des chèvres.* — Dans la dernière séance tenue par la Société de géographie d'Alger, M. Couput a fait une intéressante communication sur l'élevage de la chèvre angora en Algérie.

Il en résulte que les produits des animaux introduits en Algérie en 1856 n'ont subi aucun abâtardissement et que leur élevage peut être poursuivi dans des conditions de rapport très fructueuses sur plusieurs points de l'Algérie.

Au regard des Anglais qui, à la même époque, introduisaient la race caprine angora dans la colonie du Cap, nous sommes dans un état d'infériorité conduisant au néant.

Alors que le Cap vend chaque année pour plus de onze millions de toisons angora, l'Algérie, qui pourrait prétendre au même chiffre d'affaires, n'en vend pas pour mille francs.

M. Couput termine en préconisant cet élevage, puisque chaque bête rapporte de 3 fr. 75 à 4 francs par an pour la toison ; que la peau en laine trouve preneurs à 15 francs et que la viande est excellente.

Colonisation. — *Réduction de transport pour les émigrants.* — Une communication de la Compagnie de l'Est-Algérien nous informe que, par décision en date du 18 mars dernier, l'administration supérieure a homologué, à titre provisoire, le nouveau tarif spécial G. V. A. n° 2, concernant le transport des émigrants en Algérie. Ce nouveau tarif est appliqué depuis le 2 avril.

Aux termes de ce tarif, les émigrants et leurs familles se rendant en Algérie munis, soit d'un acte provisoire de concession gratuite, soit d'un certificat délivré par le gouvernement général, ainsi que les acquéreurs de terres domaniales porteurs d'un titre constatant la vente par l'Etat d'une propriété en Algérie et portant autorisation de passage gratuit de Marseille ou Port-Vendres en Algérie, sont transportés en voiture de 3e classe d'Alger ou de Constantine à une gare quelconque de la ligne, à moitié prix des places de 3e classe.

On peut espérer que ce tarif de transport réduit sera prochainement appliqué dans toute l'Algérie, car ainsi que nous l'avons annoncé (1), la Compagnie de l'Ouest-Algérie a déjà soumis à l'homologation ministérielle des propositions de modification de tarifs lui permettant d'accorder les mêmes avantages aux émigrants. Les autres Compagnies voudront certainement suivre prochainement le même exemple. Ce sera un encouragement et une facilité de plus pour les colons.

Commerce. — *Prix du fret.* — Désireuse de favoriser le développement commercial entre l'Algérie et la métropole, la Compagnie générale Transatlantique vient d'abaisser le prix du fret des objets qui participent le plus aux échanges entre les deux pays.

Voici le nouveau tarif adopté depuis le 15 avril dernier.

Importation en France par Marseille, Cette et Saint-Louis

Céréales (avoines comprises).	6 fr. 0/00	au lieu de	8 fr.
Vins en fûts	7	—	—	9
Ecorces à tan	8	—	—	11
Crin végétal, alfa	10	—	—	11
Son et repasse	12	—	—	14
Phosphates en sacs	6	—	—	8
Grignons	8	—	—	9

Exportation de France au départ de Marseille Cette, Saint-Louis

Chaux, ciment, plâtre	6 » 0/00	au lieu de		8 »
Tuiles, briques, carreaux et tomettes	8 »	—	—	10 »
Engrais, tourteaux, soufres, soude, sulfate, superphosphate, sel marin	7 »	—	—	8 »
Légumes secs, haricots, riz, lentilles	10 »	—	—	12 50
Fûts vides (1/2 muids)	2 25	—	—	1 50
— (bordelaises)	1 25	—	—	1 »
Céréales (avoines compr.)	7 »	—	—	8 »

(1) Voir *Quinzaine Coloniale* du 25 janvier, p. 45.

Tant à l'importation qu'à l'exportation, ces prix s'entendent sans commission, ni ristourne. Toutes taxes accessoires : embarquement, débarquement, tonnage, restent en sus comme précédemment, ainsi que le primage éventuel, en ce moment fixé à 50 0/0.

Ces diminutions de tarifs présentent un intérêt considérable pour le commerçant et le consommateur.

Voici quelques chiffres à l'appui.

En 1898, il a été exporté d'Algérie à destination de la France ; 3.391.672 hectolitres de vin, 5 millions 822.479 kilogrammes d'écorce à tan, 706.700 quintaux métriques de phosphates. Les chiffres des articles d'importation en Algérie sont également très importants. On voit quel est l'importance du sacrifice consenti par la Compagnie. Mais elle y gagnera certainement dans la suite, par le développement progressif des échanges.

Prix de transport des vins algériens — Le Comité consultatif des chemins de fer vient de consacrer plusieurs séances à l'étude des tarifs proposés par la Compagnie Paris-Lyon-Méditerranée pour améliorer les conditions actuelles de transport des vins algériens en France, en abaisssant les prix des tarifs en vigueur.

La Compagnie Paris-Lyon-Méditerranée désireuse de reprendre une partie du trafic algérien, qui depuis quelques temps se détournait de sa voie naturelle pour passer par Rouen, avait proposé au Comité consultatif d'abaisser à 36 francs le prix de transport des vins algériens d'un port de l'Algérie ou de Tunisie, à destination directe de Paris. La Société des Agriculteurs de France a protesté au nom des producteurs métropolitains et surtout des viticulteurs du Midi. En effet, un viticulteur de Perpignan paierait 37 fr. 75 pour expédier une tonne de vin à Paris, là ou un producteur algérien, ne paierait que 36 francs.

M. Noblemaire, directeur de la Compagnie Paris-Lyon-Méditerranée, a été entendu par le Comité et après échange d'observations, il a proposé pour les vins d'Algérie le chiffre de 38 francs, prix ferme, quelque soit au départ le port d'Algérie ou de Tunisie.

Deux propositions opposées ont été soumises au Comité. La première de M. Bourat, ainsi concue :

» La proposition de la Compagnie Paris-Lyon-Méditerranée n'est homologuée que sous la réserve que les prix actuels du transport des vins du réseau Paris-Lyon-Méditerranée comprendront le retour des fûts vides et des réservoirs vides. »

Cette proposition qui tendait à faire ajourner l'homologation des nouveaux tarifs pour les vins algériens a été vivement combattue par MM. Etienne et Thomson et repoussée à une grande majorité.

La proposition de M. Lebon à laquelle MM. Etienne et Thomson se sont ralliés, a été adoptée par une très grande majorité du Comité consultatif. Elle est ainsi conçue :

Application par tonne de mille kilogrammes pour les expéditions de 50.000 kilogrammes pour Paris, à l'exclusion des autres gares du réseau, au prix ferme de 38 francs au départ de tous les ports d'Algérie et de Tunisie et du prix de 39 francs pour les expéditions de 10.000 kilogrammes. Ces prix fermes comprennent le transport des fûts vides en retour.

Homologation des prix de 38 francs par 50 tonnes sous condition que la Compagnie Paris-Lyon-Méditerranée, tout en maintenant son barême du tarif 6 actuel, aura présenté dans un délai de trois mois un barême pour le transport des vins dans toutes les gares du réseau Paris-Lyon-Méditerranée à Paris, ce barème comprenant les transports des fûts ou réservoirs vides en retour et réalisant sur les prix actuels de ce transport une réduction suffisante.

Réduction à 36 francs du prix de 38 francs, le jour où la Compagnie Paris-Lyon-Méditerranée aura justifié d'une entente avec la Compagnie du Midi pour réduire le prix du transport des vins de Port-Vendres à Paris au même chiffre de 36 francs, y compris le retour des fûts et réservoirs vides et où cet accord aura été mentionné par l'administration.

Introduction de moutons algériens non clavelisés. — Après avis du comité consultatif des épizooties, et sur le rapport du directeur de l'agriculture, le ministre vient de modifier l'article 2 de l'arrêté du 25 février 1901, concernant l'introduction des moutons algériens en France. Cet article est rapporté et remplacé par le suivant :

A titre de mesure transitoire, continueront à être admis jusqu'au 1er mai 1902 les moutons non clavelisés, mais sous la condition que ces animaux auront été, avant leur embarquement, soumis à un lavage complet, par immersion, soit dans l'eau de mer, soit dans une solution alcaline.

Cette opération sera constatée par un certificat du vétérinaire chargé par le gouvernement général de l'Algérie de la visite des animaux exportés de la colonie.

Tunisie. — AGRICULTURE. — *Création d'une société d'apciulture.* — On annonce la création d'une société d'apiculture, due à l'initiative d'un groupe de quelques-uns des principaux colons tunisiens. Elle publiera un Bulletin qui est appelé à combler une véritable lacune en appelant l'attention sur les services que peut rendre en Tunisie cette branche encore trop peu exploitée de l'industrie agricole.

COMMERCE ET INDUSTRIE. — *Réservoirs à pétrole.* — D'immenses réservoirs à pétrole, qui font le plus grand honneur à leurs constructeurs, MM. Berhoud et Cie, de Tunis, viennent d'être édifiés près de la Goulette, sur la rive du lac de Tunis. Un appontement spécial permettra aux navires d'aborder loin de toute agglomération d'habitations et de puissantes pompes refouleront le pétrole à travers une conduite en fonte dans deux réservoirs en tôle qui pourront contenir près de 4 millions 1/2 de litres. Avec une semblable réserve, la Tunisie ne sera plus exposée, comme cela lui arrivait parfois, à voir ce précieux liquide devenir rare sur son marché au point de se vendre à des prix relativement élevés. Le public tirera donc un avantage sérieux de cette nouvelle entreprise, et les facilités que les négociants trouveront pour le logement de leur marchandise dans les aménagements qui leur sont offerts, amèneront certainement une augmentation dans cette branche du commerce tunisien.

L'eau minérale d'Aïn-Garci. — Une nouvelle industrie vient de naître en Tunisie : l'exploitation des sources d'eau minérale froide d'Aïn-Garci. Ces sources, situées à quelques bilomètres d'Enfidaville, siège de la Société franco-africaine, qui exploite le grand domaine de l'Enfida, avaient été captées jadis par les Romains. Une Société, récemment constituée à Tunis, a repris ces anciens travaux, et a constitué des dépôts de vente dans les principales villes de la Régence. L'eau d'Aïn-Garci, qui rappelle celle de Saint-Galmier, trouvera un écoulement dans toute l'Afrique septentrionale, et en particulier dans le sud de l'Algérie et de la Tunisie où les eaux que l'on est obligé de boire sont presque partout de mauvaise qualité.

Les phosphates de Gafsa. — La *Dépêche Sfaxienne* donne les renseignements suivants sur la Compagnie des phosphates de Gafsa :

« La Compagnie marche ; elle extrait une quantité suffisante de phosphate pour fournir à l'embarquement, qui s'élève, comme l'avait promis après l'accident de Metlaoui, à 20.000 tonnes environ par mois.

« Les trains fonctionnent régulièrement, et la mise en service des nombreux wagons et des nouvelles machines assure les transports d'une façon très régulière. »

Travaux publics. — *Chemin de fer du Kef. — L'enquête administrative.* — L'avis officiel suivant a été publié par les principaux journaux de la régence.

Le gouvernement du protectorat a projeté la construction d'une ligne ferrée du Pont-du-Fahs à Kalaât-es-Senam, avec embranchement sur le Kef.

La ligne principale, de 190 kilomètres de longueur environ, serait établie à voie d'un mètre en prolongement de la ligne ferrée existante de Tunis au Pont-du-Fahs.

Elle partirait du Pont-du-Fahs, desservirait la vallée du Fahs et le Bou-Arada, pénétrerait dans la vallée de l'Oued-Sillane, qu'elle traverserait pour entrer dans la vallée de l'Oued-Tessa, suivrait cette vallée en desservant les plaines du Korrib, de la Ghorfa et du Sers, franchirait le Khanguet-Fras pour se diriger, au travers de la plaine des Zouarines, sur le col Fedj-el-Tameur en passant entre Ebba et Ksour, descendrait du col Fedj-el-Tamenr, traverserait la partie nord-est de la plaine des Zeghalma, atteindrait l'Oued-Sarrath qu'elle suivrait jusqu'à Majouba et aboutirait au pied nord-ouest de Kalaât-es-Senam.

L'embranchement de 32 kilomètres de longueur environ, se détacherait de la ligne principale avant la traversée du Khanguet-Fras et traverserait la plaine du Kef pour aboutir près de la ville du Kef.

Les personnes qui désireraient de plus amples renseignements sur les conditions d'établissement de la ligne projetée pourront s'adresser dans les bureaux:

De la direction générale des travaux publics, place de la Kasba, à Tunis.

De la Chambre de commerce du Nord, à Tunis.

De la Chambre d'agriculture du Nord, à Tunis.

De la Chambre mixte de commerce et d'agriculture du Centre, à Sousse.

Des contrôles civils de Tunis, de Bizerte, du Kef, de Maktar, de Souk-el-Arba, de Béja, de Sousse, de Kairouan, de Thala et des annexes de contrôle de Medjez-el-Bab et Teboursouk.

Deux cartes du tracé, accompagnées d'une notice explicative, se trouvent déposées dans chacun des bureaux ci-dessus désignés.

Conformément aux instructions de M. le ministre des affaires étrangères, le résident général a l'honneur d'informer les intéressés qu'ils peuvent lui adresser par l'intermédiaire des contrôleurs civils tous les avis, vœux ou communications concernant la ligne projetée qu'ils croiraient devoir porter à la connaissance de l'Administration.

Un registre d'enquête destiné à recevoir les observations des intéressés restera ouvert du 10 au 25 avril courant dans les bureaux des contrôles civils de Tunis, de Bizerte, du Kef, de Maktar, de Souk-el-Arba, de Béja, de Sousse, de Kairouan, de Thala et dans les annexes de contrôle de Medjez-el-Bab et de Teboursouk.

Les travaux du port de Bizerte. — L'exécution de la plate-forme inférieure des nouvelles jetées de l'avant-port, constituée par des blocs naturels fournis par la carrière d'Aïn-Meriem, a été poussée avec activité malgré les mauvais temps de cet hiver, par M. Hausermann, ingénieur, représentant de MM. H. Hersent et fils, entrepreneurs. Dans quelques jours, l'on commencera la mise en place des gros blocs artificiels de cinq à six mille tonnes, qui doivent constituer le corps des nouvelles jetées.

Les installations importantes nécessitées par le lestage et le bétonnage de ces énormes blocs sont à peu près terminées.

C'est l'électricité qui sera chargée de distribuer la force motrice aux nombreux appareils destinés au cassage des cailloux à béton, à la confection du mortier et du béton, etc.

C'est également l'électricité qui fera mouvoir les appareils spéciaux installés soit sur le prolongement de la jetée, soit sur le môle du large, pour la mise en œuvre du béton de remplissage des blocs.

L'électricité sera produite par quatre dynamos génératrices installées dans l'un des bâtiments de l'entreprise, à la Casba. Elle sera distribuée aux divers appareils récepteurs, sur 500 volts, au moyen d'un réseau important de conducteurs, et au môle du large par un câle sous-marin.

L'éclairage des divers chantiers, des bureaux et ateliers de construction et de réparation sera assuré par de nombreuses lampes à arc et à incandescence.

C'est la première installation électrique de ce genre qui est créée à Bizerte, et il serait à souhaiter que la municipalité et la compagnie du port suivissent l'exemple de MM. H. Hersent et fils pour l'éclairage de l'ancienne et de la nouvelle ville.

(*Dépêche tunisienne.*)

AFRIQUE OCCIDENTALE

Congo français. — Actes officiels. — *Journal officiel du Congo.*

9 mars. — *Arrêté* transformant la Caisse d'agent spécial de Libreville en une Caisse de menues dépenses. — *Rapport* de la commission chargée de l'examen des cultures de M. Duhard.

16 mars. — *Arrêté* modifiant celui du 6 novembre 1900, créant la région de la Basse-Sangha. — *Arrêté* affectant un crédit de 1.000 francs à l'entretien des tombes des Français décédés au Congo. — *Décision* portant suppression de la ligne télégraphique de Loango à Kokamœka.

Administration. — *Agence spéciale de Libreville.* — Par arrêté du commissaire général, en date du 27 février :

La caisse de l'agent spécial créée à Libreville par l'arrêté du 22 novembre 1899 sus-visé, est remplacée par une caisse de menues dépenses présentant un caractère d'urgence, telles que : règlement de salaires à des ouvriers ou journaliers licenciés avant la fin du mois, paiement de légers salaires à des indigènes occasionnellement employés, achats de vivres à des indigènes.

AGRICULTURE. — *Essais de cultures.* — Le Commissaire général vient de recevoir le rapport de la commission chargée d'examiner les cultures entreprises par M. Duhard, chef de station.

Depuis 1895, M. Duhard occupe, aux environs de Libreville, un terrain dont un hectare seulement est exploité et sur lequel on compte déjà 3.000 pieds de vanille, dont 1.800 environ âgés de trois à quatre ans; 200 ayant un an et qui sont déjà vigoureux; les autres plants ont été mis en terre plus récemment.

A cette culture viennent s'ajouter 2.000 cacaoyers de un à cinq ans, dont un petit nombre seulement sont, par conséquent, en rapport.

La plantation comprend, en outre, de 300 à 400 pieds de café. Le Libéria est en majorité, mais des plants de Bourbon figurent également ainsi que quelques pieds de café du Kouilou.

Le rapporteur ajoute :

« La culture de la vanille qui, jusqu'à ce jour, n'a été entreprise dans la colonie que par de trop rares planteurs, parmi lesquels M. Duhard doit être placé des premiers, pourra constituer pour l'avenir, en raison du prix élevé de ce produit, une très grande ressource pour les colons.

La preuve est faite désormais que la vanille pourra donner d'excellents résultats au Congo, mais elle exige des soins continus : la fécondation de la fleur est particulièrement délicate et demande un personnel de choix et une surveillance presque incessante.

Nous avons reconnu dans les cultures de M. Duhard des efforts vraiment intéressants que la colonie aura tout avantage à encourager et, bien qu'au dernier concours agricole, ce planteur ait obtenu un prix de 400 francs, la Commission estime qu'une prime d'encouragement de 800 francs pourrait lui être attribuée. »

Le Commissaire général a approuvé cette proposition.

POSTES ET TÉLÉGRAPHES. — *Suppression de ligne télégraphique.* — Par arrêté du commissaire général, en date du 12 mars, la ligne télégraphique de Loango à Kokamœka a été supprimée à partir du 1er avril.

Côte d'Ivoire. — ACTES OFFICIELS. — *Journal officiel de la colonie.*

15 mars. — *Arrêté* créant un poste de douanes à Groumania dans le cercle de Kong. — *Arrêté* au sujet de l'embarquement de Kroumen.

ADMINISTRATION. — *Emigration de Kroumen.* — Désireux de se soustraire au paiement de la taxe d'émigration beaucoup de Kroumen des cercles du Cavaly et du Berelry allaient s'embarquer à Cap-Palmas (Liberia) privant ainsi la colonie d'un impôt de 2 francs par émigrant. Par arrêté du gouverneur p. i. en date du 1er mars, il est formellement interdit aux habitants des cercles de la Côte Ouest de pénétrer sur le territoire du Liberia sans être munis d'un laissez-passer, délivré par un administrateur, constatant que les émigrants se sont soumis aux prescriptions de l'arrêté du 21 janvier 1897.

COLONISATION — *Demandes de concessions.* — Le *Journal officiel* de la colonie du 15 mars publie les demandes d'explorations et de recherches suivantes :

La *Société française d'exploration africaine*, ayant son siège à Paris, 28, avenue Bugeaud, a demandé un permis d'exploration d'une superficie d'environ 50.000 hectares dans la région Ouarié, sur la rive droite du fleuve Comoë.

La même Société française d'exploration africaine a demandé :

1° Un permis de recherches portant sur un terrain situé dans l'Indénié mesurant 7.854 hectares.

2° Un permis de recherches portant sur un terrain situé dans la région du Sanwi d'une superficie de 4.417 hectares et compris dans un cercle qui a pour centre l'intersection d'un affluent de la rivière Krisam avec le sentier de Maféré à Afiénou.

3° Un permis de recherches portant sur un terrain situé dans le Sanwi dans les environs de Dissou, d'une superficie de 4.417 hectares et compris dans un cercle imaginaire ayant pour centre autant que possible le centre du village de Dissou et un rayon de 3 k. 750, soit un diamètre de 7 k. 500.

MM. J. et M. Amblard, commerçants à Béréby, ont demandé pour exploitation forestière la concession d'un terrain de 8.000 hectares environ sur les rives de la rivière Nono (cercles de Béréby et de San-Pedro) limité au Sud par une ligne d'une longueur de 4 kilomètres ayant son milieu à l'embouchure de la rivière Nono et perpendiculaire à l'axe de cette rivière; à l'est et à l'ouest, par une ligne d'une longueur de 20 kilomètres parallèle à l'axe de la rivière Nono et partant d'un point situé à 2 kilomètres à l'est et à l'ouest de l'embouchure de cette rivière, enfin, au nord, par une ligne de 4 kilomètres réunissant les extrémités des limites est et ouest.

Dahomey. — Actes officiels. — *Journal officiel du Dahomey.*

25 mars. — *Arrêté* du gouverneur en date du 27 février, portant que la contribution de la colonie aux dépenses militaires de l'Etat, pour l'exercice 1901, est portée de 3.600 francs à 10.000 francs.— *Arrêté* du gouverneur en date du 2 mars ouvrant au budget du service local un crédit spécial de 15.000 francs destiné à faire un achat de vivres en France.

Sénégal. — Actes officiels. — *Journal officiel du Sénégal.*

23 mars. — *Ouverture* de la session extraordinaire du Conseil général. — *Dépêche ministérielle.* Mesures à prendre pour éviter les émigrations d'indigènes.

Administration. — *Mesures à prendre pour éviter les émigrations d'indigènes.* — Le ministre des Colonies vient d'adresser au gouverneur général de l'Afrique occidentale française une circulaire dans laquelle il expose que son département a été, en ces derniers temps, saisi de nombreuses demandes de rapatriement formulées par des indigènes originaires de nos possessions africaines qui, venus dans la métropole sous des prétextes divers, s'y sont trouvés bientôt dénués de toutes ressources.

Il importe, dit le ministre, que les budgets locaux de nos colonies de l'Afrique occidentale française ne soient pas grevés de charges que ne vient compenser aucun avantage et il prie le gouverneur général de prendre, pour le Sénégal et pour les autres colonies placées sous sa direction, des mesures appelées à éviter, dans l'avenir, le retour de pareils faits dont le renouvellement répété devient un véritable abus.

AFRIQUE ORIENTALE

Madagascar. — Actes officiels. — *Journal officiel de Madagascar et dépendances.*

2 mars. — *Arrêté* créant un commandement supérieur du Centre. — *Arrêté* créant un commandement supérieur de l'Est. — *Arrêté* fixant les droits de péage dans la province de Maroantsetra.— *Convention* pour l'exploitation des sources de Mahatsinjo.

6 mars. — *Décret* approuvant la substitution de la Société des magasins généraux et Entrepôts de Madagascar à la Compagnie coloniale de Madagascar.

13 mars. — *Arrêté* du 28 février promulguant dans la colonie le décret du 20 décembre 1900, portant création à Madagascar d'un cadre temporaire d'ingénieurs, conducteurs et commis des travaux publics. *Rapport, décret.*

16 mars. — *Arrêté* du 7 mars sanctionnant les contrats d'engagement intervenus sous le régime de la réglementation nouvelle. — *Circulaire* au sujet du prélèvement d'échantillons minéralogiques et géologiques. — *Lettre* circulaire sur les usages commerciaux en vigueur dans la colonie.

Commerce.— *Commerce de Madagascar en 1900.* — Il résulte d'un travail du service des douanes que les résultats du mouvement commercial de Madagascar pour 1900 sont les suivants :

Les importations totales pour l'année 1900 représentent une valeur de 39.895.897 francs contre 27.916.614 francs en 1899, d'où, pour 1900, une différence en plus de 11.979.283 francs Les exportations de l'année s'élèvent à 10.741.176 francs contre 8.046.408 francs en 1899, soit, pour 1900, une augmentation de 2.694.768 francs. En résumé, le commerce total de Madagascar s'est élevé, pour 1900, à 50.637.073 francs contre 35.963.022 francs en 1899, soit une différence en plus de 14.974.051 francs.

Le port de Tamatave conserve toujours la première place avec 17 millions 1/2 pour le commerce total. Majunga vient ensuite avec 10 millions environ. Ces chiffres montrent bien les progrès incessants du mouvement commercial depuis cinq ans. En 1896, ce mouvement ne s'élevait qu'à 17 millions au total. La grande majorité des importations comprend des marchandises françaises, surtout des toiles de Rouen, du Nord et de l'Est de la France.

Les exportations sont surtout représentées par l'or en poudre ou en lingot, le rafia et le crin végétal, le caoutchouc et la gomme copal, les peaux et les bœufs.

Commerce des divers ports. — Progrès des transactions à Madagascar. — Commerce de Diego-Suarez. — Prospérité de ce centre. — Nous recevons de cette ville les intéressants renseignements qui suivent :

Diego-Suarez, 21 mars 1901.

Douanes. — Voici quelques chiffres intéressants qui prouvent à quel point, pendant l'année 1900, le commerce d'importation de Diego-Suarez a prospéré :

Importations effectuées en :

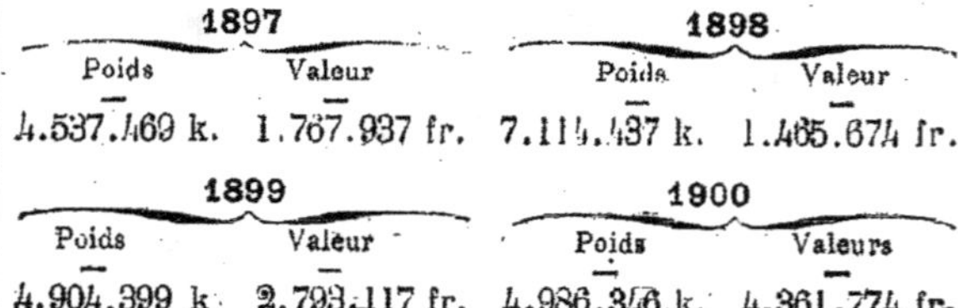

1897		1898	
Poids	Valeur	Poids	Valeur
4.537.469 k.	1.767.937 fr.	7.114.437 k.	1.465.674 fr.

1899		1900	
Poids	Valeur	Poids	Valeurs
4.904.399 k.	2.793.117 fr.	4.986.346 k.	4.361.774 fr.

Les chapitres les plus importants, pour l'année 1900, sont les suivants :

Farineux alimentaires	1.017.500
Denrées coloniales	345.900
Bois	507.600
Boissons	1.107.300
Marbres, pierres, terres, combustibles, minerais	1.385.200
Métaux	316.200
Tissus	733.800
Ouvrages en métaux	534.300
Armes, poudre, munitions	248.100
Ouvrages en bois	1.537.900
Ouvrages en matières diverses	242.800

Le chiffre total des divers produits importés dans la colonie pendant l'année 1900 a atteint le chiffre de 39.895.847 francs. Il n'avait été, pour l'année 1899, que de 27.916.614, soit une augmentation de 11.979.283 francs en faveur de 1900.

Le classement des ports de Madagascar pour 1900 s'établit comme suit par ordre d'importance :

	francs	Augmentation en 1899
1. Tamatave	10.593.473	1.905.677
2. Diego-Suarez	9.360.774	6.566.014
3. Majunga	7.185.169	798.589
4. Nossi-Bé	3.325.211	838.830
5. Vatomandry	3.144.345	904.426
6. Mananjary	2.545.870	503.407
7. Tuléar	537.504	167.494
8. Fort-Dauphin	444.771	94.005

(Les autres ports sans importance.)

Ainsi que vous le voyez, Diego-Suarez occupe le deuxième rang dans cette liste.

Le chiffre des importations, pendant les mois de janvier et de février de cette année, montrent que la prospérité de Diego-Suarez ne s'arrête pas ; c'est ainsi que le mois de janvier donne une valeur de :

Marchandises importées	1.263.810
et le mois de février	515.926
Ensemble	1.779.736

Si la proportion se continue ainsi, l'année 1901 verrait son chiffre d'importation s'élever à 10.678.400 francs en progression sur l'année 1900 de 1.307.600 fr.

Cette prospérité n'est-elle que provisoire ? Quelle sera la durée de ce provisoire ? Doit-on faire état du chiffre ci-dessus pour une conclusion en faveur de l'avenir de Diego-Suarez ? Ce sont autant de questions que nous nous efforcerons de résoudre et dont nos lettres vous apporteront la solution au fur et à mesure que nous aurons pu mieux étudier le pays et ses ressources.

Voici maintenant le tableau comparatif des exportations pour les années 1897, 1898, 1899 et 1900 :

1897		1898	
Poids	Valeur	Poids	Valeur
699.378 k.	245.247 fr.	3.227.778 k.	564.997 fr

1899		1900	
Poids	Valeur	Poids	Valeur
1.264.841 k.	433.558 fr.	1.522.506 k.	402.766 fr

Le chiffre des exportations est de beaucoup moins satisfaisant que celui des importations. A en juger par les montants, les exportations de 1900 ont été inférieures à celles des années précédentes. Il faut attribuer en partie cette infériorité à la fermeture des usines d'Antagobato appartenant à la Compagnie coloniale d'élevage et d'alimentation de Madagascar qui, en 1898, ont exporté 766.497 kil. valant 264.602 fr. en 1899, ont exporté 413.754 kil. — 139.830 fr. et qui ne figurent plus en 1900 que pour 12.109 kil. d'une valeur de 4.100 francs.

Les principales marchandises exportées en 1900 sont les suivantes :

	Poids	Valant
Bœufs sur pied	323.000 k.	118.000 fr.
Os	395.204	44.100
Peaux de bœufs	76.817	104.950
Ecailles de tortue	939	27.690
Vanille	719	25.514
Caoutchouc	8.882	46.147
Sel	510.200	7.653

Le chiffre des exportations est loin de se rapprocher de celui des importations, et cependant Diego-Suarez n'est pas, jusqu'à présent du moins, un port de transit. Il faut donc en conclure que la balance de commerce se trouve dans les sommes dépensées sur place par l'occupation militaire, les fonctionnaires, et les ouvriers employés aux travaux des fortifications.

La Réunion. — Actes officiels. — *Journal officiel de La Réunion.*

5 mars. — *Arrêté* modifiant l'article 1er de l'arrêté du 7 janvier 1901, qui accorde une prime pour favoriser l'importation des bœufs à la Réunion. — *Arrêté* fixant à 6 0/0 le taux du change.

AMÉRIQUE

Martinique. — Finances. — *Nouvelles taxes.* — Dans ses séances de décembre dernier le Conseil général de la Martinique avait voté certaines taxes nouvelles, ou augmenté d'autres déjà existantes.

Par application de la nouvelle loi des finances, le *Journal Officiel* des 23 mars et 7 avril contient une série de décrets approuvant la majeure partie des taxes proposées.

Le droit d'entrée sur les maïs en grains est porté de 2 fr. 10 à 2 fr. 95 par 100 kilos.

Le taux de la contribution mobilière est élevé de 2 à 2 1/2 pour 100 de la valeur locative de l'habitation personnelle, mobilier compris, pour tous les loyers supérieurs à 250 francs.

Les fonctionnaires, les ecclésiastiques, employés civils et militaires, sont astreints au paiement de cette taxe.

Les entreprises d'assurances non mutuelles, sont astreintes à une patente annuelle de 300 francs au lieu de 500 francs proposés par le Conseil général.

La quotité du droit de sortie sur les sucres est fixée à 1 fr. 20, mais pour l'année 1901, ce droit est fixé par exception à 1 fr. 35.

Les pharmaciens sont soumis à un droit de visite annuel, de 10 francs, les droguistes ne paient que 6 francs.

Les voitures particulières sont soumises à des droits de 25, 15 et 10 francs.

Les pianos paient 10 francs par an.

Un décret du 3 avril approuve diverses modifications faites aux droits d'enregistrement ; un autre du 30 mars supprime la facilité laissée aux consommateurs de transporter les spiritueux par quantité inférieure à 5 litres de chez les détaillants à leur domicile. Cette mesure a été prise pour éviter la fraude que l'administration s'est déclarée elle-même dans l'impossibilité de combattre.

Saint-Pierre et Miquelon. — Régime douanier. — *Modifications au tableau des exceptions.* — Dans sa séance du 30 août dernier, le conseil d'administration de Saint-Pierre et Miquelon a pris une délibération tendant à modifier le tableau des exceptions au tarif général des douanes dans cette colonie.

Les propositions de l'assemblée locale ont pour but de mettre la nomenclature de ce tableau en harmonie avec celle du tarif général.

En effet, le décret du 21 décembre 1892, qui a déterminé le régime douanier spécial aux îles Saint-Pierre et Miquelon, n'a énuméré que d'une manière sommaire les articles soumis à un régime de faveur. Il en résulte que tout objet non expressément mentionné au tarif d'exception, doit en droit de strict être atteint par le tarif métropolitain. L'administration s'est vue dans la nécessité d'interpréter cet acte dans un sens plus large et d'admettre en franchise, par voie d'extension, certains articles considérés comme implicitement exemptés en raison de l'imprécision même des termes employés.

Désireux de favoriser les intérêts de la colonie le ministre des Colonies a résolu de donner suite aux propositions du conseil d'administration.

Le *Journal Officiel* du 9 avril a publié un décret donnant la liste nouvelle des marchandises ou produits qui jouissent d'un régime de faveur à l'entrée dans la colonie.

ASIE

Indo-Chine. — Actes officiels. — *Journal officiel de l'Indo-Chine française (1re Partie).*

4 mars. — *Arrêté* du 14 février réglementant la perception des droits de navigation édictés par l'arrêté du 11 octobre 1899. — *Arrêté* du 14 février portant réglementation provisoire de l'exploitation des plantes à caoutchouc indigène de l'Indo-Chine.

11 mars. — *Arrêté* du 9 mars déclarant le port de Singapoore contaminé de peste.

(2e Partie.)

25 février. — *Arrêté* du 9 février autorisant provisoirement la suppression du filigrane du mot Indo-Chine dans le papier timbré.

28 février. — *Arrêté* du 6 février nommant M. Paul Pelliot, professeur de chinois à l'Ecole française d'Extrême-Orient.

Colonisation. — *Les progrès de la colonisation européenne, de 1896 à 1900.* — Le tableau suivant résume les progrès de la colonisation européenne en Indo-Chine, de 1896 en 1900, d'après les documents centralisés à la Direction de l'Agriculture et du Commerce de l'Indo-Chine.

Concessions européennes

Années	Cochinchine		Cambodge		Annam		Tonkin		Totaux	
	Nombre des exploitations	Superficie en hectares	Nombre des exploitations	Superficie en hectares	Nombre des exploitations	Superficie en hectares	Nombre des exploitations	Superficie en hectares	Nombre des exploitations	Superficie en hectares
Antérieures à 1896...	231	38.531	6	554	10	3.957	41	22.009	288	65.061
1896............	24	4 312	»	»	»	»	11	11.488	35	15.800
1897............	26	678	»	»	5	11.466	40	59.930	71	72.074
1898............	52	18.466	6	1.336	8	2.079	65	78.215	131	100.146
1899............	22	1.986	3	12	9	4.705	6	4.003	50	10.706
1900............	35	14.301	3	19.006	11	2.826	24	22.124	73	58.259
Total de 1896 à 1900.	159	39.743	12	20.404	33	21.070	156	175.760	370	256.985
Total général à la fin de 1900.	390	78.274	18	20.968	43	25.033	197	197.769	648	322.046

Surveillance de la douane dans les eaux maritimes et fluviales de l'Indo-Chine. — Sont soumis à la surveillance de l'administration des Douanes les navires, chaloupes, jonques et barques de mer exerçant la navigation, soit dans les eaux maritimes de l'Indo-Chine, soit dans les eaux fluviales une distance de moins de un myriamètre de la côte ou de deux myriamètres dans les régions de salines.

Sera considéré comme exerçant la navigation dans les conditions ci-dessus indiquées et paiera la taxe pour l'année entière, tout bateau trouvé au moins trois fois et en trois jours différents en l'espace d'un mois, dans les eaux maritimes ou dans les eaux fluviales, à l'intérieur de la zone déterminée ci-dessus.

Les navires, chaloupes, jonques et barques de mer qui auront acquitté le droit de navigation fixé par l'arrêté du 11 octobre 1899, seront exemptés des taxes locales applicables aux barques de rivière.

Les navires, chaloupes, jonques et barques qui se trouveront dans le cas prévu ci-dessus et qui auront acquitté déjà les taxes locales applicables aux barques de rivière, n'auront à payer que la différence entre ces taxes et le droit de navigation.

Si cette différence est inférieure à vingt cents ou si la taxe des barques de rivière est supérieure à la taxe de navigation, ces embarcations n'acquitteront que le droit de vingt cents, coût du livret et des frais d'immatriculation. (*Arrêté du 14 février 1901.*)

Températures moyennes générales mensuelles observées aux stations météorologiques principales et secondaires de l'Indo-Chine en 1900 :

Stations	Janvier	Février	Mars	Avril	Mai	Juin	Juillet	Août	Septemb.	Octob.	Novemb.	Décemb.	Moyennes
	Degrés	Degrés	Degrés	Degrés	Degrés	Degrés	Degrés	Degrés	Degrés	Degrés	Degrés	Degrés	Degrés
Saïgon	26.45	27.95	29.35	31.25	29.40	28.45	28.125	27.73	27.224	27.62	26.875	26.03	27.96
Cap Saint-Jacques	25.585	26.515	27.935	29.905	28.35	27.685	27.75	27.10	26.40	27.30	25.80	24.85	27.142
Poulo-Condore	26.96	27.10	27.96	29.37	28.67	28.535	28.115	28.295	27.37	28.555	27.875	26.92	27.969
Pnom-Penh	26.05	26.655	27.27	29.35	28.575	28.56	27.96	28.06	27.10	27.83	26.875	25.89	27.515
Nhatrang	24.725	24.67	26.16	27.025	27.83	28.40	27.915	28.35	27.60	26.85	25.65	24.90	27.775
Langsa (Langbian)	16.65	18.00	18.75	19.80	20.10	19.90	19.80	19.75	19.40	19.22	17.75	16.75	18.82
Tourane	22.65	22.70	24.40	26.80	28.45	29.65	28.95	28.85	27.75	26.30	24.65	22.90	26.07
Hanoï	15.425	14.60	19.05	25.40	28.80	29.10	29.915	30.20	28.65	26.75	23.70	21.20	24.399
Vientiane	»	»	»	29.07	28.93	28.345	28.495	28.41	29.335	28.255	26.49	25.70	28.131

COMMERCE. — *Commerce de l'Indo-Chine.* — Les renseignements ci-après sur le commerce de l'Indo-Chine en 1900 nous permettent de compléter ceux que nous avons donnés.

Mouvement du Commerce extérieur

Années	Exportations	Importations	Total
	Francs	Francs	Francs
1890	63.891.079	56.995.118	120.886.197
1891	67.834.567	68.647.791	136.481.358
1892	68.630.634	95.071.570	164.702.404
1893	68.088.060	93.874.501	161.962.516
1894	67.923.105	103.399.247	171.322.352
1895	89.018.496	95.222.301	184.210.797
1896	81.084.040	88.809.575	160.893.615
1897	88.182.991	115.762.596	205.412.953
1898	102.444.346	125.553.314	225.955.325
1899	115.424.494	137.937.288	253.362.782
1900	185.850.566	155.657.800	341.410.366

La part de la France dans ces échanges s'établit de la manière suivante; on remarquera que, durant cette période, les importations françaises en Indo-Chine ont progressé de 54 millions de francs ou de 270 0/0.

Commerce avec la France

Années	Exportations	Importations	Total
	Francs	Francs	Francs
1890	20.527.423	2.321.715	22.849.138
1891	21.791.485	5 801.712	27.593.197
1892	18.437.532	9.742.842	20.180.374
1893	18.953.068	11.500.627	30.453.695
1894	20.150.811	11.604.274	31.755.085
1895	28.326.477	12.560.554	40.887.031
1896	30.547.037	10.143.905	40.690.942
1897	35.784.780	16.059.014	51.843.794
1898	44.415.786	29.198.786	73.614.572
1899	55.200.693	23.566.583	78.767.276
1900	74.032.446	34.767.810	108.800.256

Si l'on ajoute au commerce extérieur le cabotage et le transit, le mouvement commercial total de l'Indo-Chine qui atteignait 145 millions en 1890 a dépassé 471 millions en 1900 :

	1890	1900
	Francs	Francs
Commerce extérieur	120.886.197	341.410.366
Cabotage	19.150.334	109.423.115
Transit	5.216.640	20.791.662
Ensemble	145.253.171	471.625.143

Plus-value : 218 0/0.

Principales destinations des riz indo-chinois de 1897 à 1900. — 1° *Vers la France.* — L'année 1900 a marqué, par rapport à l'année précédente, un relèvement dans les exportations des riz de la Cochinchine et du Cambodge vers la France : 140.965 tonnes, contre 107.376 tonnes en 1899. Le maximum enregistré jusqu'ici a été de 151.230 tonnes en 1898, contre 86.979 tonnes en 1897 ;

2° *Vers les colonies françaises.* — Exportations peu importantes variant de 11 à 22,000 tonnes (vers la Réunion, à peu près exclusivement) :

1897 : 15.723 tonnes.
1898 : 22.993 »
1899 : 11.933 »
1900 : 18.580 »

3° *Vers l'Europe.* — Fluctuations énormes d'une année à l'autre. Ce sont sur ces marchés que nos riz ont surtout à lutter contre les riz de Birmanie, dont la cote est supérieure.

1897 : 134.661 tonnes.
1898 : 18.930 »
1899 : 83.260 »
1900 : 43.914 »

4° *Chine direct et Japon.* — Les statistiques douanières confondent ces deux destinations. — Les expéditions vers les ports d'Amoy, de Soua-t'éou (Swatow) et de Canton sont assez variables ; celles vers le Japon encore davantage (1). Voici les chiffres de la douane :

1897 : 33.191 tonnes.
1898 : 128.125 »
1899 : 14.118 »
1900 : 23.021 »

5° *Hongkong* (pour la Chine méridionale). — Ainsi qu'on a pu s'en rendre compte par les communications que nous avons publiées précédemment dans la *Quinzaine*, Hongkong, c'est-à-dire Canton, est le plus gros consommateur de riz indo-chinois.

	De Saïgon	D'Haïphong	Total
	tonnes	tonnes	tonnes
1897..........	169.424	136.584	306.008
1898..........	331.970	88.582	420.552
1899..........	409.150	95.139	504.289
1900..........	283.180	168.622	451.802

(1) D'après la Chambre de Commerce de Saïgon, les envois au Japon auraient été de :

47.237 tonnes en 1897
134.608 — 1898
1.681 — 1899
9.937 — 1900

Ce qui représente, pour les trois dernières années, plus de la moitié de l'exportation des riz de l'Indo-Chine.

6° *Singapour.* — Ici, comme en Europe, l'Indo-Chine rencontre la concurrence birmane, et, à un moindre degré, la concurrence siamoise. Aussi observe-t-on de grosses fluctuations d'une année à l'autre.

1897 : 120.423 tonnes.
1898 : 22.179 »
1899 : 32.197 »
1900 : 38.409 »

7° *Pays non dénommés d'Asie, d'Océanie, etc.* — Ces pays comprennent surtout Java et les Philippines (1).

1897 : 87.174 tonnes.
1898 : 47.352 »
1899 : 184.998 »
1900 : 188.664 »

Le commerce du pétrole en Indo-Chine en 1900. — Les quantités de pétrole importées en Indo-Chine en 1900 ont été (poids brut, caisse compris) de 22.422.000 kilogrammes contre 24.478.000 kilos en 1899, se répartissant ainsi :

Cochinchine et Cambodge... 17.926.000 kilos
Tonkin.................... 3.696.000 —

L'importation avait été de 19.900.000 kilos en 1897 et de 20.657.000 kilos en 1898.

Finances. — *Le budget de l'Indo-Chine pour 1901.* — Le budget général de l'Indo-Chine, dont on sait l'organisation encore récente, s'équilibre de la manière suivante pour l'année 1901 :

Dépenses......... 22.982.000 piastres (2)
Recettes.......... 22.998.000 —

Il y aurait donc, d'après les prévisions, un excédent de recettes de 16.000 piastres. Les événements peuvent transformer ce résultat ; aussi convient-il surtout de comparer le budget actuel avec celui de 1900. Les recettes présentent en 1901 une plus-value de 2.195.000 piastres, tandis que les dépenses n'accusent un accroissement que de 2.186.000 piastres.

(1) La statistique douanière ne distingue pas les Philippines. D'après la Chambre de Commerce de Saïgon, dont les bases de calcul ne sont malheureusement pas tout à fait les mêmes, les expéditions vers Manille auraient été les suivantes :

1897 : 1.081 tonnes.
1898 : 3.414 »
1899 : 92.500 »
1900 : 115.099 »

(2) La piastre a été évaluée au taux de 2 fr. 40.

Dans cette augmentation totale de 2.186.000 piastres de dépenses inscrites au budget de 1901, les services militaires et les grands travaux publics interviennent à eux seuls pour une somme de 1.974.000 piastres, qui se décompose en 1.347.000 piastres pour travaux publics et 627.000 piastres pour services militaires.

Le chapitre V qui comprenait au budget de 1900 la totalité des dépenses des services militaires, a été, dans le budget de 1901, scindé en cinq nouveaux chapitres (chapitre V, services militaires; chapitre VI, services maritimes; chapitre VII, services administratifs; chapitre VIII, service de santé; chapitre IX, gendarmerie).

Le chapitre V, qui est le plus important, comprend 13 articles dont les dépenses se répartissent de la façon suivante :

	Piastres
Article 1er. — Tirailleurs annamites.	650.000
2. — Tirailleurs tonkinois.	2.725.000
3. — Tirailleurs chinois.	94.000
4. — Tirailleurs cambodgiens.	27.000
5. — Compagnies de dépôt des régiments de tirailleurs.	65.000
6. — Chasseurs annamites.	46.000
7. — Peloton de cavalerie de remonte.	37.000
8. — Service géographique.	79.000
9. — Service de la télégraphie militaire.	22.500
10. — Service vétérinaire.	500
11. — Justice militaire.	11.000
12. — Entretien des immeubles et frais de location.	17.000
13. — Dépenses diverses.	117.000
Total.	3.891.000

L'augmentation de dépenses pour les tirailleurs indigènes est, en 1901, de 69,000 piastres.

Le noyau d'un régiment de tirailleurs chinois est déjà constitué.

Les compagnies de dépôt de tirailleurs sont en formation cette année en Cochinchine; on va commencer au Tonkin leur organisation qui sera complétée en 1902.

Le peloton de cavaliers de remonte ajouté à l'esdron de chasseurs annamites a occasionné une dépense de 37,000 piastres.

Parmi les autres augmentations de dépenses nous signalerons : 14,000 piastres pour la direction du commerce et de l'agriculture de l'Indo-Chine dont les services sont excellents; 13,000 piastres pour la création d'une direction du service de santé de l'Indo-Chine.

Les crédits alloués pour les chemins de fer étaient, en 1900, de 478,000 piastres; ils sont, en 1901, de 505.000 piastres.

L'augmentation de 27,000 piastres provient de dépenses nécessitées par l'exploitation, en 1901, de la ligne entière de Hanoï à la frontière du Kouang-Si dépenses qui correspondent d'ailleurs à l'augmentation des recettes qui passe dans les prévisions, de 196,134.84 piastres (1900) à 272,000 piastres (1901); soit une augmentation de recettes de 75,875.16 piastres.

Sous la rubrique : Résidences et établissements français en Extrême-Orient (chapitre 18), nous trouvons une augmentation de 148,000 piastres qui provient :

1° De 22,000 piastres pour notre possession de Quang-Tchéou-Wan; 2° de 3,917 piastres pour la participation de l'Indo-Chine aux dépenses des consulats de l'Extrême Orient (augmentation prévue du personnel); 3° de 69,500 piastres pour les postes médicaux en Chine (augmentation du nombre de ces postes et imputation à ce chapitre de dépenses précédemment imputées sur les crédits des missions en Chine); 4° de 10,000 piastres, pour les postes médicaux au Siam (crédit nouveau pour créations projetées); 5° de 20,000 piastres pour les écoles françaises en Chine (dépenses nouvelles résultant de besoin constatés); 6° de 1.000 piastres pour les écoles françaises au Siam (augmentation à prévoir des écoles subventionnées); 7° de 21.000 piastres, pour le dépôt de remonte de Yunnan-sen (dépenses précédemment imputées sur les crédits des missions en Chine); 8° 10,583 piastres, pour les établissements divers (envoi projeté d'officiers et de fonctionnaires à Pékin et à Yun-nan-sen).

Tous ces crédits se rapportent à notre action dans les pays voisins de l'Indo-Chine, aussi est-il intéressant d'en connaître le détail.

Nous ne retiendrons plus dans le budget des dépenses que le chapitre relatif aux dettes remboursables par annuités.

Trois articles composent ce chapitre : 1er article, annuité de remboursement de l'emprunt de 80 millions de francs du Tonkin; 2e article, annuité de remboursement de l'emprunt de 200 millions de francs que l'Indo-Chine est autorisée à contracter, en vertu de la loi du 23 décembre 1898; 3e article, annuité de remboursement du capital de construction du chemin de fer de Saïgon à Mytho. Les crédits des articles 1 et 3 s'élèvent à la somme de 2,115,775 fr., en 881,573 piastres.

Quant à l'article 2, on a prévu au budget de 1901 une annuité de remboursement pour une somme de 150 millions sur les 200 millions de l'emprunt autorisé. Cette annuité figure au budget général pour la somme de 6,243,000 fr.., ou. en piastres, 2,001,250.

Les prévisions de recettes qui, nous l'avons dit, présentent une plus-value de 2,195,000 piastres sur celles de 1900, sont basées surtout sur les produits des contributions indirectes et des régies qui figurent pour un chiffre de 15,000,000 piastres sur un total de 22,998,000 piastres. Viennent ensuite les douanes avec 5,940,000 piastres, l'enregistrement, le domaine et le timbre pour 897,000 piastres, etc. Aux recettes figurent pour 292,000 piastres les produits de l'exploitation des chemins de fer. Deux lignes sont actuellement en exploitation : celle de Saïgon à Mytho et celle de Hanoï à la frontière du Kouang-Si.

Une Société fermière exploite la première de ces deux lignes et paie à la colonie une redevance annuelle de 80 à 105 fr., plus une part annuelle dans les bénéfices. Cette part a été insignifiante en 1898. En 1899, elle a été de 8,312 piastres. Cette dernière somme a servi aux prévisions de 1901.

La ligne de Hanoï à la frontière du Kouang-Si est exploitée par les travaux publics. En 1899, elle comprenait 100 kilomètres de développement (de Phulang-Thuong à Langson) ; ses recettes étaient alors de 154,446 piastres. La ligne entière comprend une étendue de 160 kilomètres ; les recettes prévisionnelles portées au budget de 1901 sont de 230,000 piastres.

Annam. — Actes officiels. — *Journal officiel de l'Indo-Chine française (1re Partie.)*

25 février. — *Arrêté* du 24 janvier formant, sous la direction du capitaine Debay, de l'Infanterie de marine, une mission à l'effet de rechercher l'emplacement d'un sanatorium dans la région de l'Annam central.

(2e Partie.)

28 février. — *Arrêté* du 4 février instituant une commission sanitaire à Hué.

Colonisation. — *Sanatorium dans l'Annam central.* — Par un arrêté du 24 janvier dernier, une mission est formée sous la direction du capitaine Debay, à l'effet de rechercher l'emplacement d'un sanatorium dans la région de l'Annam central.

Travaux publics. — *Chemin de fer en Annam.* — Aux termes d'un décret du 20 mars dernier, est autorisée l'ouverture des travaux sur la section de la ligne ferrée allant de Tourane à Hué.

Travaux extraordinaires à exécuter en Annam en 1901. — Il est prélevé sur la caisse de réserve et de prévoyance de l'Annam, une somme de 271.500 piastres qui sera appliquée à l'exécution des travaux suivants : Route mandarine (110.000) Routes et sentiers (57.700), grands ponts (58.000), canaux et digues (16.8000), bâtiments divers (23.000).

Cambodge. — Actes officiels. — *Journal officiel de l'Indo-Chine française (1re Partie.)*

7 mars. — *Arrêté* instituant un comité chargé de préparer la participation du Cambodge à l'exposition d'Hanoï en 1902. — *Arrêté* du 22 février fixant la répartition des primes à l'élevage du cheval pour l'année 1900.

Cochinchine. — Forêts. — *Les essais de reboisement.* — D'après une étude de M. Roy, garde général, chef par intérim du service forestier de Cochinchine, les travaux de reboisement exécutés en 1898 et 1899 ont porté presque exclusivement sur les tecks. 14 pépinières ont été créées ; plus de 40,000 tecks en ont été extraits et transplantés.

En 1900, deux nouvelles pépinières ont été installées et 5.000 jeunes tecks ont été plantés ; des semis directs ont été tentés en forêt ; 40.000 potets ont été ouverts et ensemencés en teck.

Les résultats obtenus n'ont malheureusement pas été satisfaisants (1). Sur 45.000 tecks, 13.000 plants étaient encore vivants au mois de décembre 1900. Sur les 40.000 potets ouverts en forêt, 3.500 seulement ont réussi.

Riz. — *Son marché.* — On nous écrit de Saïgon, à la date du 14 mars dernier :

« Nos usines continuent à être en pleine activité et alimentent avec peine les nombreux steamers qui se succèdent sans relâche dans notre port en

(1) Cet insuccès n'est pas seulement dû à l'inexpérience d'un personnel forestier en formation, surtout au point de vue du choix des terrains. La mauvaise qualité, difficilement reconnaissable, des graines de teck y est entrée pour beaucoup. Enfin, en ce qui concerne tout au moins l'année 1900, les travaux de plantation et de semis direct n'ont pu être commencés que beaucoup trop tard (fin juillet, commencement d'août), les crédits n'ayant été mis à la disposition du service forestier qu'à cette époque.

Mais si les essais faits en vue de l'introduction du teck en Cochinchine n'ont pas été bien brillants, la dépense a été très faible (1.500 piastres, soit 4.056 francs, en 1900), et ces essais n'auront pas été inutiles, car ils ont fait connaître les températures, les sols qui lui conviennent ou lui sont contraires. On abandonnera dorénavant le système de tâtonnement, inévitable au début, et on opérera presque à coup sûr.

vertu des contrats d'affrétements du début de la campagne. Les besoins de matière que cela occasionne entretiennent sa cherté, mais il est à présumer, vu la demande qui continue à être très calme de partout, qu'une fois cette effervescence passée, nos cours se relâcheront quelque peu.

« Le vapeur anglais *Riverdal* est parti le 7 mars, pour Hambourg, avec 5.011 t. riz cargo.

« Le vapeur anglais *Shrewebury* est parti le 9 mars, pour Port-Saïd à ordre, avec 4 814 t. riz cargo.

« Le vapeur anglais *Anna-Naor* est parti le 9 mars pour Bordeaux, avec 498 t. riz cargo, 2.314 t. riz blanc, 1.042 t. brisures de riz.

« Nous cotons pour livraison avril :

		Vinhlong	Gocong	Baixau
		—	—	—
PADDY, par picul de 150 lbs ou 68 k. rendu aux usines		2.14	2.14	2.14
CARGO d'usine, par picul de 134 lbs ou 60k. 700 brut le long du bord sans les droits en sacs de gunnies.	5 °/₀.....	2.63	2.63	2.66
	10 °/₀.....	2.58	2.58	2.61
	15 °/₀.....	2.54	2.54	2.57
	20 °/₀.....	2.50	2.50	2.53
CARGO indigène (mêmes conditions)	20 à 25 °/₀.	»	»	»
RIZ BLANC d'usine (mêmes conditions)	N° 1......	Prix suivant triage et conditions		
	N 2 trié..			
	N° 2 ord..	3.03	3.03	3.08

Riz de Cochinchine et riz de Birmanie. — Sous ce titre, M. G. Capus, directeur de l'agriculture et du commerce de l'Indo-Chine, a publié (1) une étude que nous résumons brièvement. Il commence par constater que nulle part, en Birmanie, l'administration n'intervient, d'une façon ni directe, ni indirecte, pour maintenir ou améliorer la qualité des riz du pays.

Les modes de culture du riz, le choix des variétés et celui des semences, l'outillage agricole, etc., sont entièrement abandonnés au savoir faire et à la vieille routine du riziculteur indigène.

Cette règle n'est pas l'effet d'un manque d'intérêt, d'initiative ou de pouvoir de l'administration : elle est voulue en vertu d'une convention qui nous a été exprimée par les chefs des services agricoles à Rangoon, aussi bien que par les chefs d'administration provinciale.

« L'indigène, disent-ils, sait mieux que quiconque travailler le sol, semer le riz quand et comment il le faut, récolter le produit, et y prélever la qualité de semences qu'il a su apprécier et qu'il sait reconnaître. » Quelques-unes de ces personnes marquaient même leur étonnement que la question d'une intervention administrative fût posée ; il est vrai qu'elles furent étonnées également d'apprendre que les riz pouvaient dégénérer et perdre de leur valeur en l'absence de cette même intervention. C'est dire que l'administration ne s'en est pas préoccupée en Birmanie. Elle ne s'en est pas préoccupée parce que le besoin de mesure de prévoyance pour l'avenir de la qualité des riz ne s'y est pas fait sentir. Tel n'est pas le cas en Cochinchine.

Il est, en effet, un fait réel : celui de la supériorité des riz d'exportation de Birmanie sur nos riz de Cochinchine. Cette supériorité se manifeste déjà sur les marchés locaux de la Birmanie.

Si la Birmanie n'a rien appris à M. Capus, au point de vue de l'ingérence administrative, elle lui a pourtant permis d'entrevoir certaines causes de sa supériorité en riziculture au point de vue : 1° du sol ; 2° des méthodes de culture ; 3° des pratiques commerciales et industrielles. Les différences qui existent, sous ce rapport, entre la Birmanie et la Cochinchine, indiqueront la voie à suivre et les moyens à employer.

Nous ne pouvons, vu le manque de place, entrer dans l'étude détaillée de ces questions. Il est essentiel toutefois de remarquer que, plus on aide les phénomènes naturels à restituer à la rizière les principes que la paille lui enlèvent, et plus nous pouvons espérer obtenir un riz de qualité supérieure. L'emploi de l'engrais s'impose pour la génération rapide de nos riz. Cet engrais doit être, à mon avis, avant tout un engrais phosphaté.

Des expériences faites à « Pégu farm » en 1896-97 et à titre privé, ont montré qu'à la suite de l'usage d'un engrais phosphaté sous forme de scories, le rendement de la rizière, pendant l'année de l'expérience, a été de 46.03 0/0 supérieur à celui de l'année précédente. Ces résultats ont paru suffisants au gouvernement de Birmanie pour entreprendre des essais du même genre sous son propre contrôle. Je rappellerai que des expériences comparatives, dans ce sens, ont été entreprises et seront continuées sur les Champs d'essais de Phu-my et de Ong-yièm en Cochinchine.

Bref, le riziculteur birman apporte, de plus en plus, de l'engrais à sa rizière. La pratique n'en est pas encore générale, mais elle me paraît plus étendue et plus régulière qu'en Cochinchine. Durant toute la saison sèche, après la récolte, le bétail est en pâturage sur la rizière et lui laisse son fumier. Beaucoup de rizières reçoivent du fumier de ferme, porté en petits tas sur le terrain quelques mois avant le labour.

(1) *Bulletin économique de l'Indo-Chine*, 1er mars 1901.

Enfin, toutes les herbes et les résidus de paille sont formés en tas et brûlés avant le labour.

Il est un autre détail de la méthode de culture birmane qui nous paraît avoir une importance réelle : il s'agit des quantités d'eau laissées à la rizière durant la période de la maturation du grain.

Quant aux opérations commerciales et industrielles, elles semblent, moins qu'en Cochinchine, contrarier la possibilité d'un produit marchand non mélangé, avant et après son entrée à l'usine.

Les achats se font auprès du producteur ou sur le marché, par les acheteurs des grandes rizeries ou par les courtiers spéculateurs qui achètent pour leur compte et revendent aux exportateurs ou usiniers. Souvent, la récolte est vendue avant d'avoir été semée. La spéculation sur les riz est considérable. Les usiniers, faisant trêve à une concurrence préjudiciable à leurs intérêts communs, prennent maintenant l'habitude de se concerter sur un maximum de prix et arrivent à déjouer les entreprises d'accaparement ou de hausse des spéculateurs.

L'exportation du riz de Birmanie a été de 417 tonnes de paddy et de 968,514 tonnes de riz en 1896-97. Elle a été de 1,120,000 de riz en 1897-98 et de 1,315,948 tonnes en 1898-99, dont une très faible partie en paddy.

Le nombre des rizeries de premier ordre est d'une cinquantaine en Birmanie. Ces rizeries font le cargo, le riz blanc et le riz glacé. Elles ont tout avantage à ne pas arrêter leurs appareils et leurs acheteurs et courtiers travaillent pour ne pas les laisser chômer. Les riz d'exportation, nous dit-on, ne sont pas mélangés à l'usine pour les besoins de la marche ininterrompue des appareils. Les qualités n° 1 et 2 sont toujours tenues séparées, même si les autres qualités moindres sont mélangées.

Les achats de riz se font toujours, *à la mesure et au poids à la fois :* c'est-à-dire que le poids spécifique intervient dans l'appréciation de la valeur de la marchandise. On vend par 100 « nine gallon basquets » c'est-à-dire par panier d'une contenance de neuf gallons anglais chacun (1). Le poids du basquet (2) est déterminé et si la quantité de riz, vendu par unité de mesure, n'atteint pas le poids voulu, le vendeur est obligé de parfaire cette quantité jusqu'à concurrence du poids requis. En d'autres termes, il y a là une prime commerciale au poids spécifique du paddy et l'acheteur contribue indirectement au maintien de variétés de riz dont le poids spécifique est élevé.

Que se passe-t-il en Cochinchine ? Les acheteurs, à bord de leurs jonques, vont généralement dans l'intérieur recueillir les paddys chez le producteur ou le prennent à bord des jonques d'arroyos ou des sampans en cours de route. Le tout est chargé, soit en sac, soit plus rarement en vrac sur la jonque de l'acheteur. Dans les deux cas, le mélange est fait de toutes les variétés : grains ronds et grains longs, Gocong, Baixau et Vinhlong. Les achats se font à la mesure et aucun contrôle de poids n'intervient pour différencier les qualités par le poids spécifique. Le producteur indigène n'a donc à s'inquiéter avant tout que de la quantité et de l'apparence extérieure de son produit.

A Cholon, si le mélange n'est pas encore opéré, il a toutes chances de se faire avant que le riz n'entre à l'usine. Les arrivages successifs sont, ou bien mis en stock dans les magasins, ou versés de suite à l'usine. Aucun tri, aucune séparation préliminaires. L'usine doit fournir tant de milliers de tonnes de cargo ou de riz blanc dans tel délai. Elle a intérêt à ne pas chômer et verse dans ses moulins du paddy, sans plus. Les usiniers reconnaissent eux-mêmes cet état de choses et le déplorent, mais ils ne peuvent y remédier dans les conditions actuelles. Le meilleur système, en attendant, avec l'uniformisation de nos variétés, leur régénération, serait l'établissement de vastes trieurs par lesquels passerait le paddy avant de prendre le chemin des moulins. Mais cette installation serait coûteuse, en présence des quantités énormes de paddy traité par les usines, et l'usinier recule d'autant plus devant ce complément d'outillage coûteux que, étant donnés les prix déjà si bas offerts pour les riz de Cochinchine, l'exportateur lui-même ne favorisera guère la cote d'un riz supérieur, parce qu'il est passé par le trieur.

Nous sommes, de plus, dans des conditions d'exportation très différentes de celles de la Birmanie. La colonie anglaise, en effet, exporte surtout du riz décortiqué (cargo, blanc, etc...)

Enfin, M. Capus a dressé un tableau des exportations de la Cochinchine et du Cambodge pour la période triennale 1897-1899. Nous avons publié déjà les chiffres qui y sont rappelés.

Il en résulte clairement que la Chine (y compris Hongkong) et le Japon (mais ce dernier très irrégulièrement) sont nos clients de beaucoup les plus importants; de plus, Hongkong nous demande

(1) 1 galon = 4l 5.

(2) Le *standard basquet,* ou panier officiel, est de 46 livres anglais, soit 20k.838.

une quantité de farines et de brisures, de plus des 3/4 de la quantité de riz entier que nous lui donnons. Or, avec un placement aussi facile et aussi certain de nos riz, dépréciés par la forte proportion de brisures, des farines également, issues d'autant plus abondantes que les grains travaillés aux meules sont moins uniformes, les efforts des usiniers pour relever la qualité du produit de leurs usines sont moins nécessaires que si le placement de ces produits secondaires etait moins aisé.

De plus, les exportateurs, contrairement à ce qui se passait il y a une dizaine d'années, achètent maintenant à l'usine, après le travail du paddy, alors qu'autrefois ils achetaient souvent avant et donnaient à façon à l'usine. Or, l'intérêt d'avoir un beau produit pour l'exportation est moindre chez l'usinier que chez l'exportateur.

En résumé, nos riz d'exportation étant inférieurs à ceux de Birmanie avec lesquels ils entrent en concurrence sur les marchés d'Europe, nous devons faire effort pour les améliorer. Cette obligation existe même si la concurrence n'était pas en notre défaveur.

La régénération des riz en Cochinchine ne saurait être obtenue par l'indigène seul sans l'intervention de l'Administration. Les remontrances, conseils et exhortations de l'administration valent moins que l'exemple et cet exemple devra être donné par elle, et les indigènes qui l'acceptent, le feront connaître ensuite. Les errements actuels ne sauraient davantage être changés par des mesures coërcitives. Aucune méthode de culture n'est infaillible et lorsqu'il s'agit d'intérêts aussi énormes que ceux qui s'attachent à la culture par excellence de la Cochinchine, la moindre imperfection d'une mesure de ce genre, applicable à tous, entraînerait des dangers qu'il est sage d'éviter en ne les provoquant pas.

Mais l'Administration peut arriver à la lente et progressive régénération des riz de Cochinchine par l'application de mesures qui amèneront l'indigène, bénévolement, à améliorer le produit de ses rizières. Le but sera atteint lorsque, sur les champs de culture aménagés et dirigés par les agents qualifiés de l'Administration, l'indigène aura reconnu la supériorité de la méthode et du produit et que, grâce aux avantages qui lui seront faits pour l'acquisition d'une bonne semence sélectionnée, il suivra l'exemple. Ce jour là, la rizière modèle, créée par l'Administration pour la distribution de semences améliorées, aura rempli son rôle et pourra disparaître.

Tonkin. — Actes officiels. — *Journal officiel de l'Indo-Chine française (2 partie).*

21 février. — *Arrêté* du 16 février nommant une commission chargée de procéder à l'adjudication des travaux de construction d'une estacade de 300 mètres de longueur.

28 février. — *Arrêté* du 14 février portant constitution de huit dépôts d'étalons au Tonkin. — *Arrêté* suspendant le droit de recherches minières dans la partie dite le mamelon de l'observatoire météorologique de Phu-liên.

Administration. — *Inscription des indigènes employés dans les exploitations agricoles.* — Au cours de la séance du 21 décembre dernier de la Chambre d'agriculture du Tonkin, M. Lecacheux a fait une proposition très justifiée et que cette assemblée a adoptée. Les indigènes employés dans les exploitations agricoles sont toujours portés sur les rôles comme « inscrits », bien que dans leur village d'origine ils fussent « non inscrits » pour la plupart. C'est donc une charge imposée indûment aux colons. En conséquence, M. Lecacheux a proposé à la Chambre d'agriculture d'émettre le vœu que les indigènes employés à une exploitation agricole et domiciliés dans la concession ne soient assujettis qu'à la taxe des non inscrits. Ce vœu a été adopté.

Agriculture. — *Renseignements à fournir aux colons sur les caoutchoucs.* — Un membre de la Chambre d'agriculture du Tonkin (séance du 21 décembre) a exprimé le vœu qu'il fût demandé à la direction de l'agriculture des renseignements sur la manière de traiter et de préparer le caoutchouc.

L'élevage du mouton au Tonkin. — La consommation annuelle du Tonkin, à raison de cinq cents moutons par mois, est de six mille montons. On ne peut fixer à une moindre quantité le nombre des moutons nécessaires au reste de l'Indo-Chine. Cette possession française paie donc à la Chine 12.000 moutons par an à raison de 15 piastres l'un, soit 180.000 piastres.

La question est de savoir si l'élevage du mouton est possible au Tonkin. Il ne faut pas, en effet, compter sur les moutons du Yunnan. La population du Yunnan, qui avoisine le Tonkin, est, en effet, peu nombreuse, et moins nombreux encore sont les éleveurs de moutons de l'autre côté de la frontière. Le jour où la demande s'augmenterait dans une proportion un peu forte, les prix monteraient dans une proportion excessive. Même à ces hauts prix, il ne serait pas possible de faire franchir à des troupeaux de moutons la forte distance qui sépare le Yunnan de la ville d'Hanoï. Les conducteurs de ces animaux leur imposent des marches forcées ; les animaux périssent d'autant plus qu'ils ont plus marché, et, en fait, les moutons du Yunnan n'ont pu pénétrer au Tonkin que dans une zone voisine de la frontière et très limitée.

L'approvisionnement du Tonkin ne peut donc s'effectuer que par l'élevage en ce pays. Reste à savoir s'il est possible.

On a soutenu que le mouton ne pouvait se reproduire au Tonkin. Cette légende est venue à la suite de ce qui se passait à Tulé. Le commandant de ce poste, alors que ce point était encore un territoire militaire, élevait en effet un troupeau de moutons, mais ne conservait pas plus de deux mois les petits de ce troupeau. Les choses auraient pu durer longtemps si le poste de Tulé n'avait été évacué par l'autorité et concédé à l'abbé Girod.

A ce dernier, on vint dire, un jour qu'il avait perdu un mouton de deux mois. Mais il apprit, quelques heures après, d'une autre personne qu'il n'était pas perdu pour tout le monde, et il put inviter le voleur à le restituer. La découverte de ce vol analogue à ceux dont fut victime le capitaine L..., commandant du poste de Tulé, vint mettre fin à cette légende.

La question est donc aujourd'hui en partie résolue puisqu'à Tulé au moins, en plein Tonkin, on peut conserver des troupeaux de moutons et même, depuis la découverte du père Girod, les petits de ces troupeaux.

Finances. — *Assiette des impôts directs indigènes.* — Le résident supérieur au Tonkin a adressé (1 février) à ce sujet, aux administrateurs, chefs de provice du Tonkin, une circulaire se résumant comme suit :

1° Augmentation progressive des rôles par une vérification plus exacte des terres cultivées, dont une partie échappe encore à l'impôt ;

2° Application rationnelle des taxes foncières fixées par arrêt du 2 juin 1897, pour le classement des différentes cultures

3° En ce qui concerne l'impôt personnel, veiller à ce que les cartes soient distribuées avec le plus grand soin aux inscrits et non inscrits; faire comprendre à la population les avantages de la possession de la carte qui établit l'identité de chaque individu.

Hygiène. — *Emploi du Temœ-Lawha dans les affections du foie.* — Le Temæ-Lawha (famille des gingibéracées) est originaire des Indes Néerlandaises. D'après une communication de M. Pluchon, pharmacien-chef de l'hôpital de Hanoï, il peut être utilisé de la manière suivante :

« Les tubercules, après leur extraction, seront lavés, coupés en rondelle, séchés au soleil. Lorsqu'ils seront suffisamment secs, les pulvériser (sans passer au tamis) et prendre, dans du thé ou dans un bouillon, une ou deux cuillerées de poudre lorsque le foie est congestionné. Les médecins hollandais et ceux de l'hôpital de Hanoï ont constaté les effets bienfaisants de cette plante dans les affections du foie. »

Industrie. — *Rendement de la canne à sucre au Tonkin.* — Le rendement d'un hectare en sucre est impossible à préciser, tant les divers chiffres recueillis diffèrent entre eux.

Des analyses chimiques manquent encore et l'on doit s'en rapporter aux appréciations d'observateurs dont l'opinion est nécessairement influencée par une foule de causes d'erreur.

Un *sào* (360 mètres carrés) de terre médiocre, propre à la culture de la canne à sucre, ne donnera pas plus de 2.000 tiges, alors qu'en bon sol, il en produira jusqu'à 9.000.

En poids, cette production varie de 200 à 1.000 kilos par *sào* ou de 5 à 25 charges (1). La charge d'un porteur ordinaire, soit 35 à 40 kilos, est l'unité généralement employée dans les transactions par les commerçants en gros.

Les jus se vendent parfois, en gros, au *thung* (13 litres), ou en détail, au *can* (1 litre 30). Mais la mesure la plus usitée pour la vente du vesou, du sirop ou des mélasses, est le *cai-lao*. Suivant les régions, il équivaut à 10 à 12 *cai-bàt* ou grands bols. Sa capacité la plus ordinaire est d'environ deux litres. Mais les variations les plus inattendues s'observent pour lui comme pour ses sous-multiples, et aucun chiffre ne saurait renseigner même approximativement

Une bonne récolte peut donner, par les procédés locaux, 120 litres de jus par *sào*, et de 40 à 50 kilos de sucre. Mais c'est un résultat exceptionnel.

En évaluant cette production au prix moyen de

(1) M. Lemarié fait remarquer que les chiffres de 1.000 kilos et de 25 charges ne s'appliquent qu'à 1 *sào* (360 m²) très bien soigné. Ce rendement donnerait 27.700 kilos à l'hectare, ce qui n'a rien de surprenant puisque, à Java, le *minimum* du rendement, en poids, des cannes récoltées à l'hectare est de 35.000 kilos.

Un compte de culture dans un pays où la canne à sucre est cultivée par très petites surfaces est impossible à établir sans risquer d'émettre des idées fausses sur la production d'ensemble.

20 cents par kilogramme, on arrive à un produit brut de 275 piastres par hectare.

Ce chiffre est évidemment loin d'être atteint, dans la plupart des cas ; mais il explique les soins relativement grands dont les indigènes des régions fertiles entourent leurs plantations de canne.

OCÉANIE

Etablissements français de l'Océanie. — SITUATION GÉNÉRALE. — *Situation économique des établissements français de l'Océanie.* — Nous empruntons à un rapport d'ensemble de M. G. Gallet, gouverneur de nos établissements, les renseignements qui suivent :

Importations et exportations. — Le commerce général des Etablissements français de l'Océanie a continué, pendant l'année 1900, sa marche ascendante et la prospérité de la colonie a été plus grande encore que l'année précédente.

Commerce extérieur. — Le chiffre des importations et des exportations a été, pendant l'année 1900, de 7.118.884 fr. 05, ce qui donne, sur l'année précédente, qui surpassait déjà de 464.383 fr. 42 les chiffres de l'année 1898, une plus-value de 697.018 fr. 27. Sur le total ci-dessus, le commerce général avec la France et ses colonies entre pour un chiffre de 1.112.799 fr. 27 avec une augmentation de 351.487 fr. 56 sur l'année 1899.

En dehors de la France, les Etats-Unis, l'Angleterre, la Nouvelle-Zélande et l'Allemagne sont les principaux pays avec lesquels la colonie fait du commerce.

Importations, — Le commerce d'importation, qui a atteint en 1900 le chiffre de 3.521.526 fr. 24, est en augmentation de 628.093 fr. 16 sur la valeur relevée pour l'année 1899.

L'importation française y contribue pour une somme de 578.576 fr. 77. Ce chiffre présente une amélioration de 240.494 fr. 96 sur celui de l'année précédente. Les importations étrangères sont également en augmentation de 378.598 fr. 20 sur les opérations de l'année 1899.

Les principaux articles qui ont contribué à ce mouvement ascensionnel des importations de l'année 1900 sont les suivants, par ordre d'importance : vins rouges et blancs, cassonade, houille, parfumerie, savon et le matériel destiné aux services publics de la colonie, le tout d'origine française ; l'importation étrangère est représentée par les tissus, les agrès et apparaux de navires, les conserves de viandes en boîtes, les farines et biscuits de mer, la tôle galvanisée, le saumon en boîtes, les sardines, le saindoux, le beurre, les bois de construction, portes et fenêtres.

Pendant l'année 1900, l'importation française, bien que notablement augmentée, reste encore inférieure à 2.364.372 fr. 70 au chiffre de l'importation étrangère. Ici, M. Gallet fait une observation que nous avons souvent présentée ici-même, à savoir que le dépassement des importations nationales sur les importations de l'étranger ne paraît pas devoir se produire à aucune époque, les marchandises reçues de San-Francisco et de Nouvelle-Zélande consistant presque exclusivement en objets et denrées servant à l'alimentation et qui, grâce à leur bon marché, à la proximité relative des centres de production et à la rapidité des communications, lutteront vraisemblablement toujours avec succès, contre les produits similaires de la métropole.

Exportations. — Les exportations pour l'année 1900, se sont élevées à 3.597.357 fr. 81 et une augmentation de 68.925 francs sur les chiffres de l'année 1899. Déjà l'augmentation relevée pour cette dernière année, sur l'exercice précédent, était de 568.098 fr. 24.

L'augmentation constatée en 1900 porte exclusivement sur le commerce avec la métropole, dont la valeur, qui était de 432.229 fr. 90 en 1899, s'est élevée, en 1900, à 534.222 fr. 50, soit en faveur de cette dernière année, une différence de 101.992 fr. 60.

Les opérations avec l'étranger, qui atteignent, en 1900, 3.063.135 fr. 31, ont subi, par contre, durant la même année, un ralentissement, peu important d'ailleurs, de 33.067 fr. 49.

Il y a lieu de signaler que l'augmentation du chiffre des exportations pour la France, en 1900, est le résultat d'expéditions de nacres déclarées pour la consommation française afin de bénéficier éventuellement des dispositions du décret du 12 mars 1899 qui accorde aux nacres de cette destination le remboursement de la taxe de sortie.

Voici les chiffres afférents aux principales exportations de la colonie :

	France et colonies	Etranger	Totaux
Nacres......	462.160	645.897 50	1.108.057 50
Coprah.....	»	1.221.480 »	1.221.480 »
Vanille......	71.973	739.365 »	811.338 »
Coton égréné	»	35.436 40	35.436 40

Les sorties de nacres donnent une plus-value de 330 mille 510 fr. 50 sur l'année 1899, due à l'ouverture du lagon d'Hikueru.

En 1899, les sorties totales de coprah se sont élevées à 1.468.144 fr. 71 contre 1.221.480 francs en 1900. Cette moins-value est due à la maladie qui a sévi sur les cocotiers et à la perte par suite d'incendie d'environ 400 tonnes de ce produit aux Îles-sous-le-Vent et aux Marquises.

La vanille a atteint, en 1900, 811.338 fr. contre 830.957 fr. en 1899. Cette diminution est le résultat des cours commerciaux, moins élevés en 1900.

Les biches de mer, les ananas, les citrons, les bananes et quelques autres produits sont aussi en augmentation.

En ce qui concerne la réexportation des marchandises provenant de l'importation, elle se répartit à peu près dans la proportion de 2 0/0 pour les marchandises françaises et 98 0/0 pour les marchandises étrangères, donnant pour l'année 1900 un total de 357.205 fr. 35. En général les produits réexportés ont été dirigés sur l'archipel de Cook (Raratonga, etc.).

Pêche de nacres. — Campagne 1899-1900. — Bien qu'il soit très difficile de préciser exactement le moment où toutes les nacres pêchées pendant chaque campagne sont transportées au chef-lieu et que, par suite, les quantités elles-mêmes ne puissent être déterminées avec une exactitude absolue, on peut néanmoins considérer comme terminée la campagne 1899-1900.

Elle a donné les résultats consignés dans le tableau suivant, portant désignation des îles ouvertes à la plonge et à la production de chacune d'elles.

Désignation des îles	Production
Tuamotu	
Napuka	»
Tikahau	»
Reitoru	»
Nihiru	411 »
Rairoa	188 »
Fakarava	419 »
Aratika	1.056 »
Katiu	9.535 »
Makemo	6.287 »
Marokau	14.251 500
Kauehi	166 »
Hikueru	394.946 310
Raroia	3.670 500
Marutea (Sud)	8.598 »
	431.528 310
Provenant d'îles non désignées	2.055 »
	441.528.318
Gambier	
Banc des Tokaai	8.075 »
Total	449.588.310

Comparée aux résultats de la campagne précédente qui se chiffrent seulement par un total de 220 tonnes environ, la saison de 1899-1000 accuse un rendement très supérieur, soit 450 tonnes, en chiffres ronds.

C'est à l'ouverture du lagon d'Hikueru qu'est due une situation aussi prospère, puisque, à lui seul, il a produit environ 395 tonnes.

Pour avoir un aperçu tout à fait exact des nacres importées au chef-lieu, il convient d'ajouter, aux 450 tonnes des archipels français, une quantité de 32.156 kilogrammes, provenant de Penrhyn, île anglaise, et l'on pourra ainsi évaluer à 482 tonnes, en chiffres ronds, les nacres qui auront fait l'objet à Tahiti de transactions commerciales, pendant la période sus-visée.

C'est là un beau résultat, qu'il serait très désirable d'atteindre chaque année et il n'est pas excessif d'espérer, par des études pratiques et raisonnées : d'une part, d'augmenter le rendement des lagons déjà productifs; d'autre part, de peupler ou repeupler ceux qui n'ont jamais produit ou qui ont cessé de produire.

C'est dans ces vues que l'administration a songé à s'assurer le concours technique d'un naturaliste, qui aura pour mission de rechercher tous les moyens propres à favoriser la production et le développement de l'huître nacrière.

D'autre part, pour rendre la surveillance plus active, l'administration fait construire un petit bâtiment, destiné à se transporter rapidement d'un point à un autre et à exercer ainsi dans tout l'archipel la surveillance des lagons.

Agriculture et colonisation. — La colonie était privée, jusqu'à l'année dernière, de tout domaine susceptible d'être affecté à la colonisation agricole.

Tel était encore l'état de la question au commencement de l'année 1900, lorsque la caisse agricole des établissements français de l'Océanie eut l'occasion, au mois de mai de ladite année, de faire l'acquisition, pour être livrée à la colonisation, d'une parcelle du domaine d'Atimaono, échue à l'un des copropriétaires dans le partage de ce bien indivis intervenu entre ceux-ci.

La portion en question du domaine d'Atimaono est formée d'une surface sensiblement rectangulaire qui part de la mer pour se diriger vers la montagne, où elle se prolonge dans les gorges et sur les plateaux adjacents. Les terres de plaines immédiatement cultivables couvrent une superficie totale de 150 hectares environ divisée en deux par la route de ceinture.

L'ensemble de ces deux parties constitue au plan de lotissement vingt-et-une concessions de cinq à six hectares d'excellentes terres. Toutes les concessions sont bornées par des rivières ou ruisseaux; quelques-unes sont traversées par de petits cours d'eau.

Les conditions de concessions des lots sont les suivantes :

Les prix des terres à culture est fixé à 350 francs par hectare, payable en dix ans; il est versé 20 francs par hectare et par an pendant les trois premières années; 35 francs pendant les 4e, 5e et 6e années; 45 francs pendant les 7e, 8e et 9e années; 50 francs pendant la 10e année. Ces versements sont faits par semestre et d'avance, les concessionnaires pouvant toujours se libérer par anticipation. Les intérêts sont fixés à 3 0/0.

Les lots à concéder ont une superficie de cinq hectares au minimum; Ils sont exclusivement réserves pour être distribués à des immigrants français venant s'établir dans la colonie. Ces immigrants doivent justifier de la possession d'un capital minimum de 7.000 francs en numéraire ou en valeurs immédiatement réalisables. Plusieurs lots peuvent être attribués aux familles nombreuses ou aux immigrants pourvus d'un capital supérieur à celui exigé,

Deux familles de colons sont déjà établies à Atimaono.

C'est le commencement d'un système de colonisation qui pourra être pratiqué aussi bien à Tahiti que dans les autres îles du Pacifique, notamment aux Iles-sous-le-Vent et aux Marquises, dont les terres sont particulièrement fertiles.

Mais la culture qui a été recommandée particulièrement aux planteurs est celle du cocotier. Les plantations de cet arbre se multiplient sans cesse, et bientôt, dans une dizaine d'années, la richesse du pays se ressentira heureusement de cet effort agricole.

Si la quantité de coprah exportée en 1900 n'a pas été plus élevée que celle de l'année précédente, la cause en est à des incendies qui, aux Marquises et aux îles Sous-le-Vent, ont détruit des dépôts de ce produit La maladie (*l'aspidiotus vastatrix*) qui a sévi si rigoureusement sur les cocotiers dans nombre d'îles de nos archipels est aujourd'hui en décroissance aux Tuamotu. La culture de la vanille continue toujours à s'étendre, malgré une diminution, sur les marchés européens, du prix de ce produit.

De grandes quantités de graines de l'espèce dite *Georgie longue soie*. Quelques plantations de cacoyer sont faites par des colons intelligents. L'avenir récompensera certainement leurs efforts. Aucun changement sensible dans les plantations de canne à sucre; la fabrication du sucre continue toujours à prévaloir sur celle du rhum. Quelques autres cultures entreprises dans la colonie, mais en petites quantités, sont le tabac, les céréales et les cultures vivrières.

Enfin un produit de l'avenir qu'il importe de mentionner ici est le caoutchouc. Des essais de l'espèce dite Céara faits au jardin de Vairahi, aux îles Sous-le-Vent, ont donné des arbres d'une croissance et d'une vigueur remarquables.

Les terres des îles françaises du Pacifique semblent donc merveilleusement convenir à l'exploitation de ce produit si recherché par l'industrie moderne. Aussi l'administration compte-t-elle la propager dans tous nos établissements océaniens, dût-elle en encourager la culture par des primes. »

Situation financière de la colonie au 31 décembre 1900

1° BUDGET DE TAHITI ET DE MOOREA

Recettes :	*Dépenses :*
1.519.800 fr. 03	1.404.889 fr. 79

Balance en faveur du budget local de Tahiti et de Moorea...............Fr.. 200.299 51

2° BUDGET DES ETABLISSEMENTS SECONDAIRES DE LA COLONIE

Recettes :	*Dépenses :*
685.901 fr. 78	511.369 fr. 61

Balance en faveur des archipels....Fr. 174.532 17

3° BUDGET SPÉCIAL DES ILES-SOUS-LE-VENT

Recettes :	*Dépenses :*
174.953 fr. 83	109.820 fr. 29

Balance en faveur des Iles-sous-le-Vent Fr................................ 65.133 54

La dette de la colonie s'élevant à la somme de 358.063 fr. 76 et le montant de ses ressources disponibles à 439.965 fr. 22, on arrive à cette heureuse conclusion *que la colonie pourrait actuellement amortir complètement sa dette* et aurait encore à son actif une somme de 81.901 fr. 46.

Nouvelle-Calédonie. — ACTES OFFICIELS. — *Journal officiel de la Nouvelle-Calédonie.*

23 février. — *Arrêté* du 15 février promulguant dans la colonie le décret du 19 décembre 1900, qui porte modification au régime disciplinaire des établissements pénitentiaires.

2 mars. — *Arrêté* du 20 février fixant les règles d'exploitation des arbres à caoutchouc.

MAIN-D'ŒUVRE PÉNALE EN NOUVELLE-CALÉDONIE. — *Nouveau tarif.* — Lors de la préparation des décrets des 13 décembre 1894 et 30 août 1898, réglementant l'emploi de la main-d'œuvre pénale dans les colonies pénitentiaires, on avait jugé utile d'établir des tarifs différents pour la Nouvelle-Calédonie et la Guyane.

On prévoyait, en effet, à cette époque, un ensemble important de travaux d'utilité générale à exécuter à la Guyane, et il avait paru, dès lors, y avoir lieu de stipuler un tarif réduit en faveur de cette colonie, pour l'emploi des contingents de condamnés aux travaux forcés qui pourraient lui être nécessaires.

Or, la Nouvelle-Calédonie vient de s'imposer de lourdes charges pour l'exécution de grands travaux d'utilité publique; il semble dès lors équitable de rendre uniforme, pour nos deux colonies pénitentiaires, le taux fixé pour le remboursement des ces cessions de main-d'œuvre pénale.

Telles sont les considérations qui ont motivé le décret du 20 mars 1901, disposant que la redevance imposée aux services employeurs pour les condamnés mis à leur disposition est fixé à 75 centimes par homme et pour toutes les journées pendant lesquelles ils doivent les employer, conformément à l'article 16. Toutefois, lorsqu'il s'agit d'un travail d'utilité publique pour les colonies, le ministre peut consentir une réduction sur les prix de cession, sans que celui-ci puisse descendre au dessous de 50 centimes.

Ce tarif est applicable pour le service de l'Etat.

COLONIES ÉTRANGÈRES

Colonies hollandaises. — Une société de propagande coloniale : l'Union Vost en West (l'Orient et l'Occident). — Nous avons reçu sur cette société coloniale, fondée à La Haye en juin 1899, un très intéressant rapport de sa présidente Mme Van Zuylen, rapport que nous reproduisons ci-dessous car il montre avec quel soin on se préoccupe aujourd'hui en Hollande à la fois de faciliter l'œuvre coloniale et d'y intéresser, de la façon la plus intelligente possible, le plus grand nombre de personnes de la métropole. Ceux qui ont lu le livre de notre directeur sur Java et ses habitants, pourront se rendre compte que l'Union Wost en West se préoccupe de remédier à quelques inconvénients que M. Chailley-Bert avait signalés dans son ouvrage :

Une nation qui possède des colonies a le devoir de bien les gouverner. Trop souvent jusqu'ici, en oubliant la grande responsabilité morale, on a considéré ces possessions lointaines tout simplement d'un point de vue matériel; la métropole s'est enrichie et y a envoyé des fonctionnaires, des militaires et d'autres qui y trouvaient des places lucratives et y faisaient fortune.

En Hollande, cependant, le parti libéral colonial a fait sentir son influence depuis un demi-siècle à peu près, et l'exploitation d'autrefois a fait place, sous plusieurs rapports, à un systéme plus équitable; mais la marche des améliorations est lente et trop irrésolue pour satisfaire ceux qui croient que l'avenir est à un gouvernement colonial qui n'envisage qu'une chose : *le bien-être des gouvernés.*

Quelle est la cause de la marche trop lente des réformes coloniales ? Rien autre que le manque absolu de la connaissance de ces pays subjugués chez le peuple même, chez *la nation entière.*

Le public n'a, pour ainsi dire, aucune notion, même élémentaire, du pays colonial, des indigènes, de leur industrie, leur commerce, leur caractère, leur langue.

C'est la nation qui, par les élections, choisit la Chambre des députés qui, avec les lois existantes, a le gouvernement colonial en mains, et le peu d'intérêt pour les colonies chez les électeurs est cause que des députés, connaissant les affaires coloniales, sont rares et que la grande majorité de ceux qui doivent juger ne se trouve même nullement attirée par les débats sur les questions coloniales dont elle n'a que des notions très élémentaires.

Dernièrement encore une session de la seconde Chambre, où le budget colonial était traité, ne pouvait avoir lieu à cause du nombre insuffisant des membres.

C'est dans l'idée qu'une instruction coloniale *du peuple entier* pourrait être un remède à ce mal, que quelques hommes et femmes portant un vif intérêt à tout ce qui concerne les colonies se sont réunis en juin 1899 à La Haye pour fonder l'Union Vost en West. En faisant son programme, cette Union a cru que l'instruction seule ne suffirait pas pour atteindre le but et qu'il serait utile et nécessaire que des relations continuelles existassent entre les habitants de la mère-patrie et ceux des colonies.

Pour pouvoir mieux satisfaire aux exigences de ce programme assez étendu, on a formé cinq commissions spéciales ou sections, travaillant indépendamment l'une de l'autre, mais trouvant un lien dans la direction générale d'un comité central.

La première section s'occupe des intérêts directs de tous ceux qui, en venant des Indes ou en y retournant, ont besoin d'aide et de bons conseils pour s'installer avec leur famille. Beaucoup de ceux qui se rapatrient ou qui, nés aux Indes, visitent la métropole pour la première fois, trouvent de la famille ou des amis pour les aider, mais il y en a aussi qui viennent ou qui rentrent tout à fait comme étrangers et ce sont ceux-là qui, dorénavant, trouveront tous les renseignements nécessaires auprès de cette première commission et cela non seulement à La Haye, mais dans toutes les autres villes importantes du pays où l'Union aura des subdivisions ou des correspondants.

La deuxième commission s'occupe du placement des enfants envoyés en Europe pour faire leur éducation. Elle n'a pas seulement soin que ces enfants se trouvent dans un bon entourage et aient une bonne instruction, si le désir lui en est exprimé, elle les surveille et se tient en correspondance avec les parents ou les tuteurs.

L'éducation des enfants est aux Indes une grande difficulté pour les colons européens ; on n'y trouve ni universités, ni écoles polytechniques, ni écoles d'arts, et ne sachant à qui se fier, les parents reviennent eux-mêmes dans la métropole pour diriger les études de leurs enfants, ou bien c'est la mère qui se sépare de son mari pour prendre soin des enfants en Europe.

La deuxième commission, ayant pour membres des hommes et des femmes connus et estimés dans les colonies, remplira certainement très souvent la tâche des parents et leur permettra de la sorte de rester ensemble là où ils ont leur travail et leurs intérêts.

La troisième section donne les indications et les informations voulues à ceux qui ont l'intention d'aller aux colonies. Puis, elle aide, lorsqu'ils en ont besoin, les rapatriés et leurs enfants à trouver un emploi ou du travail dans la mère-patrie.

C'est la quatrième section qui s'est chargée de ce que nous avons appelé le but principal de l'Union : propager le commerce de nos possessions aux Indes, instruire le peuple dans tous les degrés sociaux par des conférences ou des œuvres littéraires.

Il y a bien déjà à La Haye la société des Indes (Indisch Genostschap) qui, dans les réunions de ses membres, traite les questions politiques, économiques et sociales des Indes, mais elle n'a guère de membres en dehors de ceux qui connaissent déjà les colonies.

Puis nous avons encore quelques journaux qui, de temps en temps, s'occupent des questions coloniales, et par ci par là, soit dans les réunions Foynhee, soit dans celles des missionnaires protestants, on peut entendre quelques conférences populaires sur les îles de la Sonde et les habitants, mais il s'en faut de beaucoup que *tout notre peuple* profite de ces leçons. Et pourtant la grande masse doit parvenir à s'intéresser à ces belles contrées auxquelles les Pays-Bas doivent tant de prospérité, à se rendre compte de la responsabilité qu'ils ont de bien les gouverner et de les mener à un développement énergique.

La cinquième section veut, par des moyens pratiques, contribuer à ce développement.

Jusqu'ici, il n'y a en dehors des sucreries que très peu d'entreprises industrielles à Java et dans les autres îles de la Sonde; presque partout, cependant, on y trouve beaucoup de matières premières et une main-d'œuvre peu chère. C'est en coopération avec la société pour l'industrie et l'agriculture que « Vost en West » cherchera à améliorer cette situation tout à fait contradictoire aux règles les plus simples de l'économie sociale.

La cinquième section s'occupera plus particulièrement de l'industrie indigène et de l'art appliqué à cette industrie. Les ouvrages d'art industriel du passé remarquables par leur style typique et pour l'achevé du travail sont très beaux. Ceux qui ont visité la section des Indes néerlandaises à l'Exposition de Paris ont sans doute admiré les diverses œuvres d'art exposés dans les pavillons et les merveilles du Bourou-Boudor. Mais l'influence européenne s'est fait sentir, et beaucoup de ce que l'on fait maintenant a presque perdu son vrai caractère.

Par des exploitations permanentes et en créant des débouchés pour ce qui est bon et beau, on espère combattre la décadence.

Par la grande diversité du programme dans les cinq sections on a l'avantage que presque tout le monde trouve dans l'Union le travail qu'il croit être le plus utile et que chacun donc peut s'y vouer.

Les contributions sont minimes, et par ces deux raisons l'Union « Vost en West » qui a débuté il y a un an et demi avec quarante membres, en compte déjà plus de mille actuellement.

Aux Indes orientales et occidentales, des comités se sont formés pour coopérer avec l'Union-mère et les gouverneurs des Indes orientales, de Suriname et de Curaçao se sont fait inscrire comme donateurs

Jusqu'ici l'Union, n'en est encore qu'à ses premiers efforts; cependant la seconde exposition d'art décoratif a déjà eu lieu dans ses salons à La Haye, où une bonne salle de lecture est à la disposition des membres, et elle va créer une feuille paraissant tous les quinze jours pour faciliter le travail des sections et pour la propagande de ses idées dans le pays.

Avant de conclure ce rapport sur la nouvelle société coloniale, je me permets de fixer l'attention sur les deux points principaux de différence entre elles et les sociétés coloniales existantes chez nous.

Le premier, c'est qu'elle s'adresse au grand public et qu'elle admet des membres de toutes les classes de la société, et qu'à cause de la minime contribution tout le monde peut y entrer.

Le second, c'est qu'il y a coopération absolue entre les deux sexes. La moitié des membres environ se compose de femmes et on les trouve autant dans le comité central que dans toutes les sections.

« Vost en West » est une Union nationale, cependant elle se sentira très heureuse si les sociétés coloniales de l'étranger voudraient se mettre en relation avec elle; son adresse est, 4, Heerengracht, La Haye.

N. van Zuylen Fromp,
Présidente.

Birmanie. — Le commerce de la Birmanie avec le Yunnan. — Le commerce de la Birmanie avec le Yunnan est en progrès. Les importations en 1899-1900 (exercice clos le 31 mars), ont atteint la valeur de 1.954.690 roupies, supérieure de 285.615 roupies à celle des importations de l'année précédente. Les espèces monnayées figurent, dans cette augmentation, pour 67.698 roupies et les marchandises diverses, pour 217.917 roupies.

La plus-value constatée dans l'importation des espèces monnayées doit être attribuée entièrement aux monnaies d'argent qui ont fourni 123.000 roupies de plus que précédemment, tandis que la circulation des monnaies d'or a diminué de 55.3 2 roupies, ce qui laisse bien, au total, le bénéfice déjà indiqué de 66.698 roupies.

Parmi les marchandises diverses, les principaux articles qui ont contribué à produire l'augmentation signalée, sont :

		Roupies
Les poneys et les mules	+	155.000
Les produits fibreux naturels	+	12.500
Les peaux naturelles	+	32.000
L'orpiment (sulfure jaune d'arsenic)	+	61.000
Les provisions diverses	+	72.000
Le thé	+	47.000
Les articles manufacturés	+	18.000

L'importance extraordinaire des achats de poneys et de mules est due sans doute à ce fait que les transactions ayant été presque nulles pendant les trois dernières années, le besoin d'une remonte générale devenait urgent. En effet, pendant cette longue période, on n'avait importé que 1.540 animaux, tandis que pendant ce seul exercice on en a reçu 2.095.

En ce qui concerne les produits fibreux, l'amélioration enregistrée provient de l'importation de l'écorce intérieure d'un palmier sauvage appelé « Htaminbaw », écorce dont on se sert pour l'emballage des marchandises.

Les principales causes des autres augmentations sont :

Pour les peaux naturelles, les maladies et la grande mortalité du bétail sur le territoire chinois.

Pour l'orpiment, les demandes plus nombreuses que de coutume venues de Mandalay et de Rangoon.

Pour les provisions diverses, la plus grande consommation d'œufs, de jambon et de lard.

Pour le thé, la faible quantité importée les années précédentes.

Pour les articles manufacturés, une demande plus importante en chapeaux, tapis et imperméables.

D'autre part, il y a lieu de noter une diminution sur la soie grège (— 165.000 roupies) dont le commerce, qui avait pris une extension inusitée, est revenue à des conditions normales, et sur les fruits (— 21.000 roupies), qui ont manqué par suite de l'abondance des pluies et de la violence du vent.

Les exportations des produits birmans au Yunnan ont donné un total de 2.383.978 roupies, supérieur de 384.443 roupies à celui de l'exercice précédent.

Les principaux articles dont la vente a progressé, sont :

	Roupies
Le coton naturel	+ 158.008
Les fils et cordons de coton (provenance européenne)	+ 16.000
Les cotonnades (provenance européenne)	+ 200.000
Le poisson sec	+ 22.000
Le jade	+ 22.000
Les lainages	+ 32.000

Ces augmentations sont attribuées :

Pour le coton naturel, à l'excellente récolte de 1898-1899.

Pour les cotonnades et autres articles en coton de provenance européenne, à une demande plus active, en raison des faibles exportations précédentes.

Pour le poisson sec, aux stocks abondants restant sur les marchés de la colonie.

Pour le jade, aux travaux d'amélioration effectués dans les mines, et pour les lainages, à la faveur dont jouissent nécessairement ces étoffes dans le Yunnan, dont le climat est froid et humide.

Enfin, on remarquera que l'exportation des espèces monnayées a augmenté de 77.966 roupies ; ce résultat, rapproché de celui, identique, déjà signalé à l'article des importations, est une preuve évidente du développement du commerce de la Birmanie avec le Yunnan.

Saint-Christophe. — MODIFICATIONS DOUANIÈRES. — Un décret, pris il y a quelques mois, et dont le texte a été tout récemment transmis au Colonial Office, de Londres, a augmenté les taxes perçues à l'entrée à *Saint-Christophe et Nevis* sur certains spiritueux.

Voici quels sont les nouveaux droits perçus en application de ce décret :

	s.	d.
Bières, cidres et poirés (par douzaine de bouteilles dénommées quarts)	2	0
Bières, cidres et poirés en fûts (par gallon)	0	7
Brandey — —	8	0
Whisky — —	6	6
Thé (la livre)	0	6
Tabac, en feuilles, importés en paquets d'au moins 500 lbs	0	11
Tabac manufacturé, y compris le tabac à priser	2	11

Les droits additionnels perçus sur ces marchandises d'après l'ordonnance précédente, cesseront d'être appliqués.

BULLETIN

DE L'UNION COLONIALE FRANÇAISE

Dîner de l'Union

Le prochain dîner de l'Union Coloniale aura lieu le jeudi 9 mai, à l'hôtel Terminus, à 7 h. 1/2.

L'ordre du jour porte la suite de la discussion sur le régime économique des colonies. Les orateurs inscrits sont MM. Le Myre de Vilers, Guillain, Emile Maurel, Depincé.

Le Gérant : A. LÉGERON.

Paris. — Imp. PAUL DUPONT, 19, rue du Croissant

10 Mai 1901. CINQUIÈME ANNÉE Tome IX. — N° 105.

LA QUINZAINE COLONIALE

AFFAIRES D'ALGÉRIE

Les événements tragiques dont le village de Margueritte vient d'être le théâtre ont provoqué en France une émotion et des inquiétudes faciles à comprendre. C'est en vain, en effet, que les journaux algériens s'efforcent de réduire ces événements aux proportions d'une simple bagarre, d'un accident tout local, d'une effervescence passagère, due aux excitations d'un prophète d'occasion. Outre que le terme euphémique de bagarre ne convient peut-être pas, en soi, à un drame où dix Européens ont trouvé la mort, le fait seul qu'un soulèvement semblable se soit produit à 120 kilomètres d'Alger et que, dans une région où on pouvait croire toute veilléité d'insurrection paralysée par la proximité des moyens de répression, une bande de révoltés ait pu, pendant plusieurs heures, se livrer au meurtre et au pillage et pousser l'audace jusqu'à mettre la main sur les représentants de l'autorité française, démontre qu'il y a là quelque chose de plus qu'un accident.

Ce n'est pas à dire cependant qu'il faille voir dans la prise d'armes des indigènes de Margueritte l'effet d'un plan concerté et préparé de longue main. La facilité avec laquelle on a pu circonscrire ce soulèvement dans les limites relativement étroites du territoire où il s'est produit, la rapidité avec laquelle on en est venu à bout, écartent toute idée d'une entente en vue d'une guerre sainte et d'une insurrection générale. Il est permis néanmoins de se demander ce qui se serait passé et quelles proportions aurait pris le mouvement, si l'autorité n'était intervenue à temps pour l'enrayer avant qu'il ait pu se propager. Et, dans tous les cas, même circonscrit, même réprimé dès ses débuts, il reste comme un symptôme grave, comme un avertissement dont il serait puéril d'essayer d'atténuer la signification et la portée.

***

Au surplus, s'il a surpris tout le monde, y compris l'administration locale, par la soudaineté avec laquelle il a éclaté, cette impression de surprise ne résiste pas à l'examen des causes qui l'ont amené et on doit bien plutôt s'étonner qu'il ait attendu jusqu'ici pour se produire et qu'il soit resté isolé. C'est qu'en effet la situation qu'il révèle ne date pas d'hier. Des voix autorisées et éloquentes l'ont de longue date dénoncée à l'attention des pouvoirs publics; et il suffit de relire les célèbres rapports de Jules Ferry et de Burdeau, écrits l'un et l'autre en 1892, pour se convaincre que nous ne faisons que récolter actuellement en Algérie les fruits amers et douloureux de la politique imprévoyante et maladroite que nous y avons pratiquée depuis trente ans envers les indigènes. A la lumière de ces documents, devenus tristement prophétiques, les événements de Margueritte s'éclairent d'un jour singulièrement suggestif et apparaissent, en quelque sorte, comme l'illustration sanglante de l'enquête poursuivie alors par ces deux éminents hommes d'État sur la situation de notre grande colonie transméditerranéenne et sur l'état d'esprit des populations soumises à notre domination.

On croit avoir tout dit quand on a mis le sac de Margueritte sur le compte du fanatisme religieux, exploité par un intrigant doublé d'un ambitieux, habile à mener de front ses intérêts particuliers et la politique, comme il s'en rencontre tant dans les communautés musulmanes. Cette explication montre une fois de plus qu'il est plus facile de faire le procès des autres que son propre examen de conscience. Même vraie, d'ailleurs, elle ne serait pas une excuse.

Le sentiment religieux, si profond et si vivace chez les Musulmans, et dont on peut dire qu'il forme la trame même de leur vie collective, familiale et individuelle, fait partie, au même titre et plus encore que tout le reste, de cet ensemble de droits, de mœurs, d'intérêts, disons, si l'on veut, de préjugés, auquel une tutelle intelligente, s'exerçant en pays conquis, doit s'abstenir de toucher ou du moins doit ne toucher que le moins possible. Ce sentiment, nous ne l'avons pas plus respecté que le reste. Pourquoi s'étonner dès lors si les froissements que nous avons accumulés ainsi au fond de l'âme indigène tournent peu à peu à la haine, et si cette haine, après avoir longtemps couvé en silence, fait tout à coup violemment explosion ? On a appelé le mahométisme « une formidable machine de guerre ». N'est-il pas d'une souveraine imprudence de lui fournir, par de maladroites provocations, un prétexte à se mettre en mouvement ?

***

Tout d'ailleurs, dans notre politique indigène, témoigne d'une égale incompréhension de la mentalité, des besoins et des droits de la race soumise à notre domination. Cédant, là comme partout, à notre manie d'assimilation, nous avons prétendu transporter en Algérie tout l'arsenal de nos lois, avec la complication de notre système administratif, et les beautés de nos institutions électives. C'est de là que vient tout le mal.

Notre code forestier, pour prendre cet exemple, est un monument admirable, soit, mais bon pour nous et pour nous seuls. Nous nous sommes empressés d'en doter l'Algérie, au mépris des habitudes et des droits séculaires des 800.000 Arabes qui, de temps immémorial, vivent de la forêt. On est arrivé ainsi à faire produire à celle-ci, à coup de procès-verbaux, sans compter les mois de prison, plus d'un million et demi d'amendes par an. Mais qui pourra faire le compte des haines amassées contre nous par cette fiscalité inintelligente et féroce, infligée à des populations qui ne comprennent pas et qui ne peuvent pas comprendre les prescriptions d'une législation faite pour un autre milieu physique, économique et social ?

Que dire aussi de nos lois sur la propriété et sur les successions, notamment ce fameux article 815 du Code civil qui, sous prétexte d'introduire dans le monde arabe la propriété individuelle, a livré les terres des indigènes à la spéculation et à la spoliation ; de la loi du 23 mars 1882, destinée à permettre la constitution de l'état-civil chez les indigènes, et qui n'a abouti qu'à accroître la confusion et à faire des mécontents.

Et que dire encore de la substitution à la juridiction expéditive et économique des cadis de tout notre appareil judiciaire et de notre procédure formaliste, lente, et surtout coûteuse, au point que M. Burdeau a pu citer le cas d'un domaine de 292 hectares, indivis entre 513 indigènes, dont la licitation, poursuivie par l'acquéreur d'une part infinitésimale de la propriété, payée 20 francs, a occasionné pour 10.994 fr. de frais !

Mais là où éclate surtout l'imprévoyance et le défaut de souplesse de notre politique, c'est dans la part excessive que nous avons faite au système électif et dans la prépondérance que nous avons laissé prendre aux colons dans la gestion des intérêts généraux et des intérêts communaux.

A la faveur de ce système et de cette prépondérance, 400.000 colons ont pu exercer un pouvoir sans limites et sans contrôle sur 4 millions d'indigènes. Ils ont pu non seulement s'arroger le droit de dicter des lois au gouvernement et au parlement, non seulement confisquer l'administration à leur profit exclusif, et annihiler son pouvoir modérateur et pondérateur, mais encore, dans la vie de chaque jour, faire peser sur ces 4 millions d'indigènes un régime d'oppression et d'exploitation à outrance.

L'histoire des communes mixtes et des communes de plein exercice est pleine de faits qui permettent de saisir sur le vif les fantaisies et les abus de cette tyrannie exercée par une infime minorité de colons sur des groupes indigènes dont l'ensemble représente parfois une population de 30 à 40.000 âmes. Ce sont — sous le couvert d'une prétendue représentation de l'élément indigène, en réalité réduit à l'impuissance par son ignorance de notre langue, de notre législation et des intérêts à la discussion desquels il assiste en figurant muet et passif — ce sont les impôts communaux, dont les indigènes supportent presque tout le poids, employés pour le profit exclusif des Européens; c'est l'attribution à ceux-ci, par des voies détournées, des terres qui fournissaient à ceux-là leurs moyens d'existence; ce sont des humiliations dans le genre de celle, rapportée par un de nos confrères, qu'inflige un Conseil municipal nommé par 151 Français aux 4.357 Arabes qu'il administre, dans une délibération où le mariage indigène est qualifié de « simple collage sans valeur ». En un mot, c'est l'exploitation organisée et érigée en système, c'est la provocation sans mesure et de chaque jour, c'est l'indigène réduit à l'état de vassalité et livré sans défense aux préventions ignorantes et hostiles, en même temps qu'aux appétits sans scrupules d'un petit groupe d'hommes d'une autre race.

***

Au surplus, à quoi bon aller chercher dans des causes générales l'explication des événements de Margueritte, alors qu'elle nous est fournie préventivement, pour ce cas particulier, par un document irrécusable — puisqu'il date de 1892 — consigné dans le rapport de la Commission sénatoriale qui visita l'Algérie en 1892. Les indigènes d'Adelia, ceux-là mêmes qui viennent de se révolter, furent entendus par la Commission. De leur déposition nous extrayons les passages suivants :

« Ces paysans arabes ne sont pas cultivateurs, ils ont des troupeaux.

« Ils se plaignent, lorsqu'il y a des sauterelles, d'être obligés de travailler à les détruire en ne recevant que huit sous par jour, alors que les Européens seuls profitent de ce travail. Quand leur bétail s'échappe et va dans les champs des Européens, les propriétaires l'arrêtent et ne le rendent que moyennant une indemnité de 5 à 10 francs qu'ils perçoivent à leur profit.

« Les prestations sont trop lourdes, disent-ils : 6 francs par individu, 3 fr. 50 par bête de somme en plus du zekkat qui est de 5 fr. 50. Il n'est pas possible d'accomplir les prestations en nature, parce que l'endroit où il faut travailler est toujours à 25 ou 30 kilomètres de nos habitations.

« *Quand nous avons payé tous nos impôts, il ne nous reste rien, et si nous voulons nous plaindre, personne ne nous écoute.*

« Nous ne nous plaignons pas particulièrement du caïd, qui est un ancien garde-champêtre, originaire du pays, mais les membres de la djemaa sont choisis par lui; nous voudrions avoir le droit de les désigner; au moins ils auraient qualité pour défendre nos intérêts.

« L'administrateur ne s'occupe pas de nous; ou bien il reste à Hammann-Rira, ou bien quand il vient de ce côté, il se rend au village de colonisation de Margueritte. *Les indigènes ne comptent pas.*

« Nous avions un cadi qui était un homme juste; il donnait raison même aux pauvres gens contre les gens riches; aussi a-t-il dû partir. »

Et ces indigènes, qui ont fourni les révoltés du 26 avril dernier, terminaient leurs doléances par ce vœu :

« Si l'État ne nous écrasait pas d'impôts, s'il nous concédait des terres du domaine qui ne sont pas de vraies forêts, si la caisse de prévoyance nous accordait des avances, nous sortirions certainement de notre misère. »

« Notre misère », voilà le mot décisif! Et c'est à peu près la même chose partout en Algérie! Comment s'étonnerait-on dès lors que cet appauvrissement des tribus indigènes, dépouillées de leurs terres, produise ses conséquences naturelles : l'accroissement continu de la mendicité, la diminution progressive de la population — celle de certains douars a diminué de moitié en quelques années — l'exode vers la Syrie de milliers d'Arabes algériens en quête d'un sort supportable et d'un sol plus hospitalier que le leur, devenu inhabitable, et finalement, quand ces malheureux ne peuvent pas quitter ce sol, l'exaspération qui ne voit plus de remède que dans la révolte. Il suffit alors de la parole enflammée d'un agitateur pour allumer l'incendie et lancer les Beni Menasser au meurtre et au pillage.

***

Assurément, le problème algérien est malaisé à résoudre. Il s'agit de faire vivre, côte à côte, pacifiquement, les colons sans l'industrie desquels cette merveilleuse terre resterait en friche et qui la transforment peu à peu par un incessant effort, en un domaine d'une incomparable richesse, pour leur propre profit et pour celui de la mère-patrie, et une population indigène de beaucoup supérieure en nombre, réfractaire à nos mœurs et à notre civilisation, mais qui a le droit à l'existence et du concours de laquelle nous ne saurions, au surplus, nous passer.

Le colon, impatient de recueillir les bénéfices d'une expatriation qu'il regarde comme un acte méritoire, voire comme un sacrifice, est porté à considérer l'indigène comme un obstacle et comme un ennemi. Antagonisme d'intérêts, diversité de race, incompréhension réciproque de leurs mœurs et de leur mentalité respectives, tout concourt à les séparer, quand ce n'est pas à les mettre aux prises dans les contacts incessants qu'amène la vie journalière. Pour résoudre ce conflit, pour faire régner l'ordre et la paix là où sévissent l'anarchie et la haine, il faut un pouvoir fort, conscient de sa mission modératrice, résolu à s'interposer entre les deux éléments, et à ne pas tolérer que l'un soit sacrifié à l'autre. Il faut que ce pouvoir cesse d'être un instrument docile aux mains des politiciens pour devenir un arbitre impartial et libre. Il faut qu'il se pénètre de la nécessité de substituer à la politique d'oppression et de vexation qui a été trop longtemps suivie à l'égard des indigènes, une politique de justice, de bienveillance, de respect de leurs droits.

Cette vérité commence à se faire jour. Amorcée par les rapports de Jules Ferry et de Burdeau, la réorganisation du gouvernement général est en train de se faire. Le régime de l'assimilation et des rattachements a vécu pour laisser la place à une décentralisation qui met l'autorité là où est la responsabilité. Le gouvernement général, naguère réduit à l'impuissance, est devenu une force agissante, et nous savons M. Jonnart résolu à mettre cette force au service d'une politique indigène à la fois ferme et juste. La circulaire que lui ont inspirée les événements de Margueritte et qui avait été précédée d'actes significatifs procédant du même esprit — notamment l'institution, dans chaque département, d'un secrétaire général spécialement chargé des affaires indigènes, la transformation des fonctions des sous-préfets, déchargés de leurs attributions bureaucratiques pour leur permettre de se consacrer tout entiers à leur mission de contrôle et d'entrer en rapports personnels plus suivis avec leurs administrés — témoigne d'un sentiment exact et raisonné du caractère et des devoirs de la tutelle dont nous avons assumé la charge envers les populations algériennes et d'une volonté bien arrêtée d'exercer cette tutelle dans le sens de la bienveillance et de la justice.

Il faut que la même conception et la même volonté se retrouvent à tous les degrés de l'échelle administrative. On prétend qu'il est loin d'en être ainsi et que la réalisation de ce programme rencontre des résistances plus ou moins avouées chez certains fonctionnaires qu'il dérange dans leurs habitudes d'esprit et dans leur tranquillité. Ces résistances doivent être brisées, si nous ne voulons pas voir les rancunes et les haines dont les événements de Margueritte ont été la manifestation, se traduire sur d'autres points par d'autres explosions du même genre. Il y va de notre honneur, il y va de la sécurité de notre domination et aussi de la sécurité personnelle des colons; qu'on ne puisse pas dire que nous n'avons su pratiquer en Algérie d'autre politique indigène que celle qui se résume dans ces trois termes : oppression, répression, suppression.

Ch. Depincé.

BULLETIN DE LA QUINZAINE

Un nouvel exemple de colonisation familiale. — Nous avons déjà signalé, à plusieurs reprises, les intéressants essais de colonisation familiale tentés en Nouvelle-Calédonie par M. le comte de Castries. En louant, moins encore qu'elle ne méritait de l'être, l'initiative généreuse de ce bon citoyen, doublé d'un excellent colonial qui sait payer de sa bourse en même temps que de sa personne pour le service de ses idées, nous émettions, non, à vrai dire, sans quelque crainte de rencontrer peu d'écho, le vœu que cette initiative suscitât des imitateurs. Nous sommes heureux d'avoir à enregistrer une nouvelle tentative du même genre qui donne tort à nos doutes et qui montre, une fois de plus, la vertu bienfaisante de l'exemple. Le mérite en revient à la fois à M. le comte de Noailles qui a facilité, par un prêt, l'établissement en Nouvelle-Calédonie d'une famille éminemment digne d'intérêt, et à M. de Castries lui-même, qui a servi d'intermédiaire entre M. de Noailles et cette famille. Le bénéficiaire en est M. Eugène Garnier, âgé de trente ans, natif d'Annoire (Jura), qui était en mai 1900 employé dans les ateliers de M. Hesse, fondeur de métaux précieux, 70, rue des Archives. Intelligent, économe, laborieux et robuste, M. Garnier était un excellent ouvrier, très apprécié de son patron; mais, fils de cultivateur, et ayant lui-même travaillé aux champs dans sa jeunesse, il avait conservé la nostalgie de la terre et avait depuis longtemps formé le projet d'aller s'établir comme colon en Nouvelle-Calédonie.

Avec l'idée arrêtée de réaliser un jour cet objectif, il arriva, bien que marié et père de trois enfants (7, 5 et 4 ans), à économiser, en cinq années, une somme de 5,000 francs. Cette épargne, qui témoignait de sa sagesse et de son esprit d'ordre, était cependant insuffisante pour lui permettre de mener à bien son entreprise. Garnier cherchait vainement à doubler son petit capital, quand il fut informé, par les soins de l'Union Coloniale, du système de crédit créé par M. de Castries pour la colonisation familiale et dont l'application avait été déjà faite à des familles se trouvant dans une situation analogue à la sienne. Il fut mis par M. de Castries en relations avec M. le vicomte de Noailles, membre de l'Union Coloniale, qui, après s'être entouré de renseignements, consentit à lui avancer une somme de 5,000 francs. Les clauses de la reconnaissance souscrite par M. Garnier et relatives au remboursement, aux intérêts et à la garantie sont identiques à celles du contrat passé entre M. de Castries et la famille Lapetite, que nous avons analysé naguère ici même.

M. Garnier partit avec sa famille pour la Nouvelle-Calédonie au mois de juillet 1900. A son arrivée à Nouméa, on lui affecta, dans la vallée de Hyenghène, un lot de 50 hectares, à 10 kilomètres environ en amont de la concession de M. Lapetite. La correspondance de M. Garnier, que nous a gracieusement communiquée M. le vicomte de Noailles, est des plus intéressantes et constitue pour la colonisation un document pris sur le vif.

Sa première lettre, datée du 12 septembre 1900, écrite quelques jours après son débarquement, est empreinte d'un certain découragement. M. Garnier aurait voulu des lots moins retirés dans la montagne. La seconde, du 2 janvier 1901, est écrite sous une toute autre impression. Il a reconnu l'existence de caféiers en plein rapport sur sa concession et compte sur une récolte prochaine. Il débrousse dans la plaine pour faire du manioc et se propose de monter une porcherie. Il a, en attendant, acheté un petit taureau, deux vaches, dont une a son veau. « Ainsi, écrit-il, nous avons lait, beurre et fromage. »

L'année prochaine, il augmentera son troupeau, dont il espère un bon rapport. Un four en terre qu'il a construit lui-même, lui permet de faire d'excellent pain, dont les indigènes se montrent très friands. Au surplus, ses relations sont très bonnes avec les Canaques du voisinage. Entre eux et lui, c'est un échange de bons procédés et de produits, et ce petit commerce, qui facilite l'existence du nouveau colon, lui rapporte en même temps quelques bénéfices. Il a passé un forfait avec des scieurs de long qui débitent pour lui du bois dans la forêt; car il a l'intention de remplacer par une maison en planches la case que l'administration met à la disposition des immigrants et qui manque par trop de confortable. En un mot, l'avenir lui apparaît plein de promesses et, le travail aidant, il supporte allègrement l'isolement qui l'avait effrayé tout d'abord.

Enfin, dans une troisième lettre, Garnier exprime sa satisfaction complète et demande qu'on facilite le départ de son frère pour la Nouvelle-Calédonie. Il compte sur lui pour l'aider dans son entreprise, et ainsi se trouve mise en lumière, une fois de plus, cette vérité d'expérience, à savoir que la meilleure propagande pour nos colonies est celle que font les colons eux-mêmes auprès des parents et des amis qu'ils ont laissés en France. M. Garnier n'est, d'ailleurs, pas abandonné à lui-même. Par de là les mers, M. de Noailles continue à s'intéresser à son œuvre, le soutient de ses encouragements, l'éclaire de ses judicieux conseils. On ne peut rien imaginer qui soit plus réconfortant et qui fasse plus d'honneur à l'obligé et à son bienfaiteur que la déférente cordialité de celui-là et l'affectueuse tutelle que celui-ci continue à exercer sur le premier. Aussi souhaitons-nous à la Nouvelle-Calédonie beaucoup de colons comme M. Garnier, et à la métropole beaucoup de coloniaux à l'esprit large et au cœur généreux comme M. de Noailles et M. de Castries.

Epilogue de l'interpellation Berthelot. — Lorsque, dans la *Quinzaine Coloniale* du 10 mars, nous exprimions la crainte que l'immixtion du Parlement dans la question de la construction du chemin de fer du Kef n'eût pour résultat de décourager les capitalistes qui s'étaient déclarés disposés à le construire, nous ne pensions pas que l'événement nous donnerait si promptement raison. Une communication faite à la conférence consultative de Tunisie, dans sa séance du 2 avril dernier, par le Directeur général des travaux publics, et que nous publierons lorsque le texte officiel nous en sera parvenu, nous apprend que la Société qui avait déjà traité avec l'Administration pour doter la Régence de cette nouvelle voie ferrée, a notifié son désistement. Tous les efforts faits jusqu'à ce jour pour arriver à une solution, sur laquelle on était en droit de pouvoir compter, sont donc rendus inutiles. La question est à reprendre, comme si rien n'avait été fait. Le Gouvernement du Protectorat, sans se laisser décourager par cet échec si regrettable, a mis à l'étude une nouvelle combinaison à l'aide de laquelle le chemin de fer pourra être construit : cette combinaison n'est autre qu'un emprunt. Elle nécessitera l'inscription au budget tunisien d'une annuité représentant l'intérêt et l'amortissement de la somme empruntée. Il faudra donc que le Trésor beylical se crée de nouvelles ressources permettant de faire face à cet accroissement de dépenses. Ainsi, pour déférer à un désir exprimé par la Chambre des députés, le Protectorat tunisien va grever ses contribuables de nouvelles charges; par suite, les membres du Parlement français ont voté, par voie indirecte, certaines dépenses que leurs électeurs n'auront pas à payer. Il y a là plus qu'une anomalie: il y a une violation flagrante du principe qui se trouve à la base même de tout gouvernement représentatif, et en vertu duquel un impôt ne peut être décidé que par les mandataires des contribuables. Il n'était pas inutile de faire ressortir une conséquence aussi bizarre du vote irréfléchi de la Chambre des députés.

Le chemin de fer de Kayes au Niger. — Comme nous l'avons déjà annoncé (1), le gouverneur général de l'Afrique occidentale a, les 18 et 19 mars dernier, sur l'ordre du ministre des colonies, réuni le Conseil général du Sénégal pour lui soumettre les projets financiers, qui permettront d'achever le chemin de fer de Kayes au Niger. Le Conseil général, a pris des résolutions en tous points conformes aux propositions de l'Administration. La base du projet consiste dans l'affectation spéciale aux travaux du chemin de fer d'une notable partie des droits de douane perçus au Sénégal et dont une quote-part revient aux territoires du Haut-Sénégal et Moyen-Niger. Cette quote-part a été portée de 250 à 417.000 fr. pour compte du 1er janvier 1902. La colonie du Senégal s'engage vis-à-vis de l'Etat, pendant vingt-quatre années, à garantir l'inscription dans son budget et l'emploi spécial de la dite somme aux travaux d'avancement du chemin de fer.

Le mot d'avancement est ici bien de mise, et pourrait prêter même à quelques propos malicieux, s'il ne s'agissait pas d'une question aussi grave. En effet, bien que la construction du chemin de Kayes au Niger ait été recommandée à tous les points de vue, comme appui de la conquête, comme le meilleur aide du commerce et de la colonisation, ce chemin de fer, commencé, il y a vingt ans, n'avance point.

Décidé en 1879, en même temps que celui de Dakar à Saint-Louis, le chemin de fer de Kayes au Niger fut commencé l'année suivante par la première section de Kayes à Bafoulabé. Abandonné, puis repris et délaissé de nouveau, il n'atteignait encore en 1898 que 131 kilomètres à Bafoulabé où commencèrent d'autres vicissitudes. Il est, en effet, resté là huit ans sans progresser, arrêté à l'obstacle que lui présentait le Bafing.

(1) Voir la *Quinzaine Coloniale* du 10 avril, p. 200.

Puis il y eut une période d'activité assez grande, mais les ressources faisaient défaut.

En 1898, on se décida à recourir à l'emprunt et c'est l'origine des conventions intervenues depuis lors entre l'État, la colonie du Soudan et le Sénégal, et dont la dernière fait un même honneur au gouverneur général qui l'a conçue et aux membres du Conseil général de la colonie qui ont compris la nécessité, d'apporter dans une question capitale pour la mise en valeur du pays, leur adhésion unanime.

Les grandes manœuvres du Tonkin. — Le Tonkin, tout comme la Métropole, a eu ses grandes manœuvres. Pour la première fois, les troupes de cette colonie ont pu se livrer à l'exercice qui est la caractéristique d'un état de paix et de calme prolongé. Le général Dodds a présidé lui-même aux opérations qui se sont déroulées aux environs de Bac-Ninh et qu'ont dirigées les généraux de la Folye de Jaux et Geil. Il y a eu d'abord des manœuvres de brigade contre brigade, puis des manœuvres de division contre un ennemi représenté. 7,000 hommes de troupe ont participé aux manœuvres, soit 3 bataillons d'infanterie coloniale, 2 bataillons de tirailleurs algériens, 3 bataillons de tirailleurs tonkinois, 5 batteries d'artillerie, une section du génie, un escadron de chasseurs annamites, une section de télégraphie militaire. Ces manœuvres ont, paraît-il, été très satisfaisantes au point de vue purement technique ; mais ce n'est pas sur ce caractère que nous voulons insister ; elles ont en effet constitué un événement politique très important et c'est à cet égard surtout qu'elles ont droit ici à une mention particulière.

Le fait qu'on ait pu faire des grandes manœuvres au Tonkin, comme on en exécute dans la Métropole, est déjà par lui-même très significatif. Aussi longtemps que les troupes que nous entretenons dans cette partie de notre Indo-Chine ont été occupées soit à soumettre quelques groupes de partisans rebelles, soit à faire œuvre de police, on ne pouvait songer à les réunir en aussi grand nombre en un point déterminé pour un simple exercice d'entraînement. Si ces manœuvres prouvent, par le seul fait qu'elles ont été possibles, le calme dont jouit actuellement le Tonkin, elles auront contribué certainement à le consolider encore. L'effet moral qu'elles ont produit sur les Annamites a été, en effet, de l'aveu de tous, considérable. Tant de soldats réunis n'avaient été vus depuis longtemps et cette manifestation de notre puissance militaire a paru en imposer beaucoup aux indigènes.

Au point de vue de la sécurité et de la tranquillité intérieures de notre possession, ces grandes manœuvres ont donc été efficaces. Mais à cela ne s'est pas bornée leur utilité ou, si l'on préfère l'enseignement qui s'en dégage. Le général Dodds, dans l'ordre du jour qu'il a adressé à ses troupes, après la revue de Bac-Ninh, a dit « qu'il était certain, qu'avec la collaboration des habiles généraux de brigade qui commandent les troupes, il serait en état de faire face, avec elles, à toute situation, quelque grave qu'elle pût être jamais pour l'Indo-Chine. » C'est là un témoignage précieux au moment où l'on se préoccupe tant avec raison d'assurer la défense de nos colonies, et peu de mois après les événements dont l'Extrême-Orient a été le théâtre. Les grandes manœuvres du Tonkin ont montré par la rapidité de concentration de nos troupes et par l'importance de ces troupes que nous étions en mesure de parer à toute éventualité locale ou même internationale en ces régions asiatiques, et c'est une démonstration qui n'est pas superflue.

La Colonisation française jugée à l'étranger. — La grande œuvre coloniale qui sera l'honneur de la politique française dans le dernier quart du XIXe siècle est étudiée de plus en plus près par l'étranger. Nos voisins en Europe suivent avec intérêt ou peut-être simplement avec curiosité, mais suivent, en tout cas, attentivement ce que nous faisons dans les territoires que la prévoyance de quelques-uns de nos hommes d'Etat nous a fait acquérir en divers points du globe. Cette étude, nous aimons à le constater, se termine presque toujours par une approbation tant pour la grandeur de l'œuvre que pour la façon heureuse dont nous en tirons parti.

Tout dernièrement, la *Gazette de Cologne* disait : « Nous sommes habitués, dans les questions coloniales, à invoquer l'exemple de l'Angleterre, il est vrai; non pas pour le suivre, et cela parce que nous nous disons que la nation anglaise, étant incomparablement plus riche que la nation allemande, dispose de moyens d'action que nous n'avons pas. En revanche, les adversaires les plus acharnés de la politique coloniale allemande ne pourraient nier que sous le rapport de la richesse et des moyens d'action, nous ne sommes pas tellement en arrière de la France ; et que, même en ce qui concerne le besoin d'expansion au dehors, l'excédent de population et l'extension considérable de notre commerce extérieur, nous devançons nos voisins d'au-delà des Vosges. Et toutefois la France, dont le centre d'action, comme le nôtre, est situé en Europe, dépasse de beaucoup l'Allemagne en force colonisatrice, et l'on voit les colonies allemandes de Togo et de Cameroun plutôt décliner que progresser. »

Dans le même article, la célèbre feuille rhénane déclarait qu'on ne saurait assez admirer une politique coloniale conduite avec autant d'esprit de suite et aussi ferme dans la poursuite de ses buts, et elle en donnait pour preuve ce que nous avons fait à la Côte occidentale d'Afrique et dans le centre du continent africain. Peu après le *Journal de Saint Pétersbourg* venait ajouter son témoignage à celui du journal allemand. Notre confrère, la *Belgique coloniale*, disait aussi dans son numéro du 28 avril dernier : « Les efforts coloniaux de la France sont en somme proportionnés aux facultés dont la nature ou les circonstances l'ont dotée. Et les résultats sont là qui attestent cette concordance. Il est permis de douter que d'autres eussent mieux réussi qu'elle en Algérie ou en Tunisie, où, malgré bien des vicissitudes, s'élève un établissement de plus en plus solide et prospère... L'ordre et la sécurité partout, un commerce général de 600 à 700 millions, des travaux publics importants, voilà qui parle plus clairement que des théories sur la supériorité essentielle voire la prédestination exclusive de telle ou telle race dans les voies de la colonisation ». La *Belgique coloniale* explique que nous avons des méthodes de jour en jour plus fermes et mieux suivies, et si elle fait quelques réserves au sujet de notre politique économique qui pourrait être plus libérale et qui pourra le devenir, elle conclut à la réelle efficacité de la politique coloniale de France.

Nous pourrions rappeler ici les témoignages de quelques journaux anglais rendant pleinement hommage à la politique que nous avons suivie à l'égard des indigènes de la côte occidentale d'Afrique, politique qui a eu de bien meilleurs résultats que celle pratiquée par l'Angleterre dans les mêmes régions; mais nous en avons assez dit pour montrer que, en dehors de nos frontières, il se trouve nombre de voix autorisées pour approuver l'œuvre coloniale française et reconnaître sa grandeur et son efficacité, ce que quelques Français se refusent encore à faire. De telles approbations, certes, ne doivent point être pour nous prétexte à vanité, mais il est bon de les enregistrer pour qu'elles nous soient un encouragement à persévérer dans la voie où nous sommes entrés résolument il y a quelque trente ans; et à rendre chaque jour notre œuvre plus parfaite.

Quelques institutions coloniales anglaises. — Sous ce titre, notre ami et ancien collaborateur, M. Ch. Noufflard, actuellement chef du service commercial à l'Office Colonial, vient de publier dans la *Revue des Questions diplomatiques et coloniales* le compte rendu d'une visite qu'il a faite récemment à deux des principales institutions coloniales anglaises : l'*Imperial Institute* et à l'*Emigrant's Information Office*, visite dont il a rapporté d'intéressantes observations.

L'*Imperial Institute*, dont l'idée première remonte aux fêtes du premier jubilé de la reine Victoria devait être, dans la pensée de ses promoteurs, comme la synthèse vivante et agissante de la politique impériale alors à ses débuts. Son programme comportait l'établissement d'une exposition permanente des produits des colonies anglaises, la création d'un laboratoire d'expériences, la fondation d'une revue et d'une bibliothèque, l'organisation de conférences, etc. « De plus, l'*Imperial Institute* devait être le *home*, le *club*, de tous les enfants de l'Empire de passage à

Londres, en un mot un centre de ralliement pour les hommes, les idées et les choses se rapportant à cette grande entité : l'Empire ». Un immense palais avait été élevé pour abriter les destinées de l'institution nouvelle.

Il s'en faut que l'événement ait justifié de tous points cet effort considérable et ce programme ambitieux. La faveur du public a continué à se porter vers des institutions déjà anciennes et qui, par leurs services, avaient su mériter sa confiance. L'*Imperial Institute* a dû se spécialiser et concentrer ses efforts, en les faisant porter sur son exposition permanente et son laboratoire d'expériences techniques. Ces deux services dont M. Noufflard décrit le fonctionnement, paraissent répondre à tout ce qu'on est en droit d'attendre du caractère éminemment pratique des Anglais. Le laboratoire, notamment, est organisé d'une manière remarquable. Richement doté, dirigé par des hommes de la plus haute valeur, admirablement outillé, il possède tous les moyens requis pour remplir avec fruit sa tâche qui est d'analyser les produits coloniaux qui lui sont soumis par les gouvernements coloniaux ou dont il provoque l'envoi, et d'en déterminer la valeur commerciale et industrielle. Les résultats de ses travaux sont publiés et même communiqués, par des notes particulières, à tous ceux qui sont susceptibles de les mettre à profit. M. Noufflard donne une nomenclature des principales recherches effectuées par le laboratoire. Elles sont nombreuses, et leur variété n'est égalée que par leur intérêt. On se rend aisément compte de l'importance des services que cette institution a déjà ainsi rendus et de ceux qu'elle est en mesure de rendre tant aux colonies elles-mêmes qu'au commerce et à l'industrie de la métropole.

L'*Emigrant's Information Office*, pour avoir des allures plus modestes, n'en rend pas moins également des services signalés au public. Fondé en 1886, son rôle se borne à fournir des renseignements aux émigrants, principalement sur les colonies de peuplement, l'Australasie, le Cap, etc., au moyen de publications et d'affiches. Les publications : notices, guides, circulaires, etc., sont remises les unes gratuitement, les autres moyennant quelques sous, à tout émigrant qui se présente. Il y trouve des informations sûres et précises sur la colonie de son choix. Mais c'est l'affiche qui est le principal moyen d'action de l'*Emigrant's Information Office*. Renouvelée tous les trois mois, apposée dans tous les bureaux de poste, elle est en quelque sorte le sommaire des renseignements contenus dans les notices et autres publications de l'Office. Par elle, celui-ci se tient en communication directe et constante avec le public. Elle sert, non seulement à provoquer les demandes de renseignements, mais encore en quelque sorte à les épurer et à les dégrossir. Ainsi s'explique que, alors qu'en 1899 les statistiques accusent un chiffre de 146.777 émigrants, l'*Office* n'a reçu que 10.610 lettres et 2.768 visiteurs, et expédié seulement 46.005 lettres, ce qui est relativement peu. A cette besogne, qui ne laisse pas cependant d'être considérable, un personnel de cinq fonctionnaires suffit. Il est vrai que l'*Office* a des succursales en province. Son budget est de 37.500 francs seulement. Mais il jouit de la franchise postale, tant à l'arrivée qu'au départ, et n'a pas à supporter la charge des publications qu'il édite.

Tels sont, brièvement résumés, l'organisation et le fonctionnement de cette institution. Là encore on retrouve les caractères principaux de l'administration anglaise : simplicité, économie, rapidité, efficacité. Il y aurait pour nous plus d'un enseignement utile à retirer de cet exemple. L'affiche, notamment, serait chez nous, plus encore que de l'autre côté du détroit, — parce que, chez nous, il y a plus à faire à ce point de vue — un excellent moyen de déterminer et d'éclairer les vocations coloniales. Avec les facilités dont dispose l'administration, il en coûterait peu de faire ainsi l'éducation du public. Ses représentants se plaignent parfois du peu d'empressement de nos compatriotes à porter leur activité dans nos colonies. En ont-ils bien le droit alors que, trop soucieuse de ne pas engager sa responsabilité, elle néglige systématiquement de recourir à un procédé à la fois pratique et économique, le seul, pour tout dire, par lequel on puisse espérer arriver à déterminer un courant sérieux d'émigration vers nos possessions d'outre-mer ?

ÉMIGRATION ET COLONISATION

Le livre que le R.P. Piolet a fait paraître il y a quelques mois sous ce titre : *La France hors de France*, a été loué comme il méritait de l'être. A ceux de nos lecteurs qui ont pu s'étonner de ne pas nous voir nous mêler plus tôt à ce concert d'éloges, nous pourrions répondre que les bons ouvrages ont ce rare privilège d'être toujours d'actualité. Mais la vérité est que, par l'importance des problèmes qu'il soulève, comme aussi par la richesse de sa documentation et par la variété de ses aperçus, l'ouvrage du R. P. Piolet nous a paru mériter mieux qu'une étude hâtive et sommaire, et qu'avant de le suivre dans l'exposé des questions dont il traite, nous avons tenu à le soumettre à un examen consciencieux et approfondi.

Ces questions, qui sont au nombre de celles dont notre pays a le devoir impérieux de se préoccuper s'il veut conserver son rang dans le monde, le R. P. Piolet les a abordées dans un esprit de libéralisme auquel, d'ailleurs, il nous avait depuis long-

Deuxième Année. — N° 12 10 Mai 1901

BULLETIN BIBLIOGRAPHIQUE COLONIAL

Supplément de la QUINZAINE COLONIALE

Paraissant le 10 de chaque mois

Adresser toutes les communications à M. Austin de CROZE, Bibliothécaire de l'UNION COLONIALE FRANÇAISE, rue de la Chaussée-d'Antin, 44, Paris. — TÉLÉPHONE : **248.17**

LES LIVRES DU MOIS

(*Entrées de la Bibliothèque de l'Union Coloniale Française*)

Les numéros qui suivent la désignation des ouvrages sont ceux du nouvel inventaire de la Bibliothèque.

Abréviation : S. i., sans indications. — S. d., sans date. — D. don. — D. ch. com. XXX, don de la Chambre de commerce de XXX. — D. e., don de l'éditeur. — D. a., don de l'auteur. — D. com., don du Commissaire général de... ou du Comité de.... — Ech., services d'échanges.

Il sera rendu compte de tous les ouvrages envoyés en double exemplaire.

GÉNÉRALITÉS

Brocard (Service des changes de la Banque). — *Devises étrangères et lettres de change, usages de place, monnaies, timbres, etc.* In-8, 83 p. Paris, imprim. de la Presse, 1901. **[1048]**. D. M. Lugné-Poë.

Brochure très utile au commerce d'exportation et qui donne les renseignements essentiels sur les systèmes financiers des grandes puissances.

Cat (Edouard). — *Découvertes et explorations du* XVI*e au* XIX*e siècle.* 5e édit. In-8, 279 p. Paris, Ch. Delagrave, s. d. **[1037]**. D. è.

Costantin (J.). — *La nature tropicale.* Gr. in-12, 315 p. fig. Paris, F. Alcan, 1899. Relié, 6 fr. **[1057]**. D. é.

L'importance sans cesse croissante des questions coloniales vient ajouter un véritable intérêt d'actualité à l'intérêt scientifique du livre curieux que publie M. Costantin dans la *Bibliothèque scientifique internationale* dirigée par M. Em. Alglave.

L'auteur examine d'abord la constitution de la forêt tropicale, dont la végétation arborescente révèle la structure fondamentale. Puis, c'est l'étude des lianes, des épiphytes, des parasites, qui montre le pullulement et les transformations de la vie végétale; l'exposé des caractères de la flore du littoral et des îles et enfin l'étude scientifique des légendes sur le déluge qui existent dans toutes les religions, légendes se rattachant à des phénomènes réels. Bref, à travers ce livre savant et captivant, on voit, comme dans les sociétés humaines, toutes les formes de la charité, du parasitisme et de la salubrité.

Fagnan (E.). — *Histoire de l'Afrique et de l'Espagne*, intitulée AL-BAYANO'L-MOGRIB. Traduction et annotations de E. Fagnan. Publié par le **Gouvernement général de l'Algérie**. Tome I. In-8, II-520 p. Alger, Fontana et Cie, 1901. 4 fr. 50 **[975]**. D. Gouv. génér. de l'Algérie.

Cette compilation, écrite à la fin du VIIe siècle de l'Hegire (XIIIe siècle après J. C.) par Ibn'Adhari Merrâkechi, un auteur sur lequel on ne sait rien, est rédigée sous la forme de chronique et (dit très justement le traducteur, M. E. Fagnan), présente « le plus souvent, cette sécheresse à laquelle semblent se complaire les Arabes à qui la conception de l'histoire est presque restée étrangère ». Depuis longtemps déjà, on en réclamait une traduction française, car la chronique d'Ibn'Adhari contient des fragments d'ouvrages antérieurs et disparus sans doute à jamais ; c'est cette traduction qu'a entrepris de faire, sur le texte arabe publié par E. Dozy en 1848-1851, M. E. Fagnan ; il y a ajouté des notes concises dans lesquelles les assertions d'Ibn'Adhari sont rapprochées de celles des principales sources orientales, et les personnages cités par le chroniqueur sont aussi exactement identifiés et définis que possible. Un index général termine cet intéressant volume et vient en faciliter le maniement.

Foâ (Edouard). — *Sur la domestication éventuelle de l'éléphant d'Afrique.* Extrait des comptes rendus du congrès des Sociétés savantes en 1899, sciences. In-8, 8 p. Paris, Impr. nationale, 1900 **[945]**. D. a.

Ce court mémoire a pour but de montrer le péril que court actuellement l'éléphant, et l'urgence qu'il y aurait à prendre des mesures pour sa protection. M. Foâ ne voit que deux mesures réellement efficaces : l'interdiction absolue de la chasse et du commerce de l'ivoire.

Hugues (Luigi). — *De Explorazioni polari del secolo* XIX. Milan, Ulrico Hoepli, 1901 **[954]**. D. é.

Ce très intéressant volume n'ayant rien de colonial, on ne s'étonnera pas que nous n'insistions pas sur lui. Bornons-nous à dire que c'est un excellent résumé des voyages polaires, — antarctiques aussi bien qu'arctiques, — exécutés au cours du XIXe siècle. C'est par le récit de imporante expédition arctique du duc des Abruzzes, et par un résumé succinct des voyages antarctiques de la *Belgica* et de la *Southern-Cross* que se termine le volume très soigné et très précis de M. Luigi Hugues. Dix bonnes cartes l'accompagnent. Nous en aurions souhaité une onzième, donnant avec quelque détail le tracé des terres australes déjà explorées par un certain nombre de navigateurs.

Manuring Tea. Practical Experiments and Results. Gr. in-8, 7 p. illustr. New-York, German Kali Works. s. d. **[1053]**. D. M. Milhe-Poutingon.

Renseignements très intéressants, accompagnés de bonnes et instructives gravures, sur la culture du thé à Ceylan et à Java.

Régismanset (Charles). — *Sensations coloniales vers l'Equateur.* In-16, 42 p. Paris, J. André, 1901 **[974]**. D. é.

M Régimanset a voulu faire œuvre de poète colonial et il a rendu curieusement les impressions qu'il emporta d'un voyage sur les côtes de l'Afrique occidentale.

Tropical Planting and Instructions for using Plant Food. In-16, cart., 46 p. illustr. **[1050]**. — *Cotton culture. A Guide for raising profitable cotton crops.* In-16, car., 90 p. illustr. **[1051]**. — *Tobacco culture.* In-16 car., 98 p. illustr. **[1052]**. New-York, German Kali Works, s. d. D. M. Milhe-Poutingon.

Voici trois plaquettes très intéressantes, et par le but qu'elles poursuivent et par la manière dont elles sont rédigées. Ce sont des travaux de vulgarisation, destinés à faire connaître des cultivateurs les résultats pratiques fournis par les expériences scientifiques, soit sur le coton, soit sur le tabac, soit encore sur les plantes tropicales. Les engrais les meilleurs sont indiqués pour chaque culture, et on trouvera dans le petit livre sur le coton des indications très utiles sur les maladies du coton, les insectes qui lui nuisent, etc., dans la brochure sur le tabac l'indication du sol favorable à la culture de cette plante, de la manière de la préparer. Ces trois plaquettes, et d'autres encore de la même collection, toutes très bien illustrées, sont envoyées gratuitement aux fermiers qui en font la demande ; elles fournissent une preuve de plus de la manière intelligente dont, en Amérique, on s'attache à vulgariser les résultats obtenus dans les champs d'expériences et dans les laboratoires.

FRANCE

Heckel (Dr Edouard), **Jumelle, Jacob de Cordemoy, Laurent, Eberlin.** — *Notice sur le musée et l'institut colonial de Marseille.* (Collection « Les Colonies françaises ». Exposition universelle de 1900.) In-8, 108 p., illustré. Paris, impr. H. Roberge, 1900 [**1013**]. D. Musée commercial de Marseille.

Quel intérêt présentent les différentes notices publiées à l'occasion de l'Exposition dans le volume consacré au ministère même des colonies, nous avons déjà eu occasion de le dire, et nous sommes heureux de le redire aujourd'hui encore en signalant le tirage à part de la *Notice sur le musée et l'institut colonial colonial de Marseille.* Due à MM. Edouard Heckel, Jumelle, Jacob de Cordemoy, Laurent et Eberlin, cette notice très remarquable à tous les points de vue, est ce qui peut le mieux faire connaître l'admirable institution qu'est le musée colonial de Marseille ; elle en expose l'histoire, l'organisation, les travaux botaniques les plus récents et jette en terminant un coup d'œil méthodique sur l'ensemble des collections du musée colonial. De belles gravures accompagnent et illustrent cette notice, une des meilleures qui aient été publiées à l'occasion de l'Exposition universelle de 1900.

Ministère des Colonies. Office colonial. — *Statistiques coloniales pour l'année 1898. Commerce.* In-8, XIII-327 p. Melun, impr. administrative, 1901 [**980**]. D. Office colonial.

Ministère de la Guerre. — *L'armée Coloniale, lois, décrets, circulaires concernant son organisation.* In-8, 96 p. Paris, H. Charles-Lavauzelle, s. d. [**973**]. D. é.

Ce recueil n'intéressera pas seulement les militaires, mais rendra également de réels services à tous ceux qui désireront se rendre exactement compte de la nouvelle organisation de notre armée coloniale. Le fascicule complémentaire annexé au recueil (p. 89-96) mène la collection des lois, décrets et circulaires relatifs à l'armée coloniale nouvelle jusqu'à la date du 14 février 1901.

Oncieu de la Batie (comte Eugène d'). — *Manuel de l'enseignement agricole.* In-12, V-344 p. Chambéry, Imprimerie Savoisienne, 1898 [**1020**]. D_4 a.

Tout en ne contenant que les méthodes, programmes et législation de l'enseignement agricole en France, ce manuel, que termine une excellente bibliographie, pourra servir avantageusement de préparation à l'étude de l'agriculture coloniale.

Piolet S. J. (Rév. P. J.-B.). — *La France hors de France.* (Bibliothèque d'histoire contemporaine.) In-8, 659 p. Paris, Félix Alcan, 1900 [**167**]. D. é.

Sommes-nous capables de coloniser pratiquement ? Si jusqu'ici le Français a très peu émigré hors de France vers nos colonies, les circonstances économiques actuelles sont telles que cette émigration est devenue une véritable nécessité ; nous devons envoyer au loin un grand nombre de nos enfants.

Ce sont ces idées qu'expose l'auteur, ancien missionnaire à Madagascar, idées et ouvrage dont il sera plus longuement parlé dans la *Quinzaine Coloniale.* Nous dirons seulement que dans cette thèse, bien documentée, on trouve, après une étude historique et démographique, un exposé de géographie économique et sociale dont les conclusions méritent d'être méditées.

Union coloniale française. — *Création à Paris d'un Institut de médecine coloniale.* In-8, 60 p. Paris, Union coloniale française, 1901 [**1042**].

Cette brochure pleine de faits expose quel enseignement des maladies tropicales est donné, soit dans les universités étrangères, soit dans les universités françaises et conclut à la création à Paris d'un Institut de médecine coloniale pour lequel l'Union coloniale française ouvre une souscription publique destinée à doter la France d'un établissement capable de rivaliser avec les écoles ou instituts de médecine tropicale de l'étranger.

COLONIES FRANÇAISES

AFRIQUE :

Céalis (Edouard) et préface de **G. Larroumet.** — *De Sousse à Gafsa.* Lettres sur la campagne de Tunisie, 1881-84. In-16, XI-279, illustré. Paris, E. Flammarion, s. d. 3 fr. 50 [**1022**]. D. é.

Ce sont des lettres familières, écrites par un ex-militaire qui a fait en 1881 la campagne de Tunisie, et raconte aux siens, au jour le jour, ce qu'il a vu et les événements auxquels il a pris part. *De Sousse à Gafsa* est un livre agréable à lire où on trouvera, à côté de renseignements sur les opérations militaires, de jolies et pittoresques descriptions, des sensations bien rendues, et l'indication d'un état de choses complètement disparu actuellement.

Cohen (Jacques). — *Les Israélites de l'Algérie et le décret Crémieux.* In-8, VIII-386 p. Paris, Arthur Rousseau, 1900 [**873**]. D. é.

A une époque où les passions politiques et même religieuses se donnent libre carrière dans la presse quotidienne, et où l'impartialité se rencontre si rarement, c'est toujours avec une réelle satisfaction que l'on se trouve en présence de la discussion calme et conduite suivant une méthode scientifique de l'une des questions qui soulèvent les plus violentes polémiques. Tel est le caractère de l'ouvrage que M. Cohen a consacré au problème si controversé des « Israélites algériens et du décret Crémieux. » Après avoir présenté un tableau exact de la situation des juifs en Algérie depuis la conquête française, l'auteur fait assister le lecteur à la genèse du fameux décret qui ne dut probablement qu'à un accident politique d'être signé par un membre du Gouvernement de la Défense nationale, puisqu'il avait été préparé par le gouvernement impérial qui l'aurait vraisemblablement promulgué sans la révolution du 4 Septembre. Les effets politiques et juridiques de la naturalisation collective des Israélites algériens sont ensuite passés en revue. M. Cohen n'a pas de peine à démontrer que l'abrogation du décret Crémieux serait à la fois contraire à notre droit public, illogique, inutile et injuste. Mais, dans l'énumération des mesures qu'il propose pour mettre fin à la crise algérienne dont la campagne antisémite n'est qu'une manifestation, il semble ne pas tenir un compte suffisant du rôle joué par l'élément israélite dans les luttes politiques. « Pas de mesures de rigueur, dit-il, ni de moyens restrictifs contraires à la liberté républicaine, mais une série d'actes administratifs destinés à nous assimiler entièrement la population nouvelle d'Algérie ». Ce programme est excellent, mais il ne comprend que des palliatifs. Le mal dont souffre l'Algérie est trop profond pour n'avoir pas besoin de remèdes plus énergiques. Il a pour cause principale l'erreur que l'on a commise lorsqu'on a transporté dans ce milieu si différent de la France toute notre organisation politique et électorale qui n'a produit que des fruits de haine et de désorganisation sociale. C'est de ce côté que devront porter les réformes, si on veut les rendre efficaces.

Davesne (Paul). — *La Tunisie française.* In-16, 19 p. Châlons-sur-Marne, Impr.-libr. de l'Union républicaine, 1901 [**1034**]. D. a.

S'inspirant des paroles de notre directeur, M. J. Chailley-Bert « Si l'instituteur accepte dans son cœur de nous aider dans notre tâche, il fera une œuvre durable », M. Davesne a fait là une conférence très claire et très attrayante sur l'aspect et les ressources agricoles de notre protectorat tunisien. Les instituteurs pourront la lire avec fruit.

Garrot (Henri). — *Notice sur la pêche du corail sur les côtes de l'Algérie.* In-8, 24 p., 3 photogr., carte couleurs, 1 fr. 25 [**1014**]. — *La colonisation maritime en Algérie.* In-8, 222 p. illustré, carte couleurs. 3 fr. 50 [**1015**]. Alger, J. Angelini, 1900. D. a.

Poublon (G.). — *La Terre. Projet de petite colonisation et de création de centres agricoles en Tunisie.* In-8, 16 p., 1 planche. Tunis, Impr. Rapide, 1901. 1 fr. [**1047**]. D. Comité peuplement français de la Tunisie.

Cette publication, faite sous les auspices du Comité du Peuplement français en Tunisie, est à rapprocher des *Exemples de combinaisons agricoles* de M. Gustave Wolfrom. Elle poursuit le même but patriotique et désintéressé : accroître la minuscule colonie française de Tunisie et la mettre à même d'encadrer fortement cette immigration étrangère qui nous déborde et nous étouffe.

Robin (Colonel). — *L'insurrection de la Grande Kabylie en 1871.* In-8, 579 p., 2 cartes couleurs hors textes. Paris, H. Charles-Lavauzelle, s. d. (1901). 10 fr. [**1073**]. D. é.

La tactique à employer pour réprimer les insurrections algériennes ne s'improvise pas, et à l'heure où le général Servières poursuit avec succès l'œuvre de pacification de l'ouest algérien, tandis qu'éclatent les troubles des Beni-Benasser, il est intéressant de rechercher les mœurs, les coutumes et les ruses de guerre des Arabes. On les trouvera très finement décrites dans ce bel ouvrage où le colonel Robin a soigneusement relaté les faits insurrectionnels qui se produisirent dans les subdivisions de Dellys, d'Aumale et l'annexe d'Alger, et on comprendra comment, si l'on n'y prend garde, l'histoire se recommence.

Société des Missions évangéliques de Paris. — *Mission protestante française de Madagascar. Le district de Mahéréza* (d'après les notes de M. le pasteur Rusillon). P. in-8, 40 p., illustr. plans et cartes. Paris, Maison des Missions évangéliques, 1901 [**1021**]. D. é.

Le district de Mahéréza, situé à l'ouest de Tananarive, est le territoire ecclésiastique des alentours de Fénoarivo que la Société des Missions Evangéliques de Paris a chargé M. Rusillon d'évangéliser ; la population de ce district est d'environ 20.000 âmes. Quelles fondations y a déjà faites ce missionnaire et quelles améliorations, quels développements il voudrait donner à son œuvre, voilà ce qu'on trouvera indiqué dans cette plaquette.

Wolfrom (Gustave). — *Exemples de combinaisons agricoles applicables en Tunisie* (Publié par la **Régence de Tunis**), 2e édit. In-12, 57 p., 3 grav. Tunis, Impr. Générale Picard et Cie, 1901 [**950**]. D. a.

Ces exemples ne s'appliquent qu'au nord de la Tunisie, et dans ce pays, aux régions favorables à la culture des céréales et de la vigne. Trois annexes d'un très vif intérêt (sur le vin et les vignobles tunisiens ; sur le travail de la vigne, les frais de main-d'œuvre et d'attelage ; sur la création d'un vignoble en Algérie) ont été ajoutés à cette excellente brochure, dont la direction de l'agriculture et du commerce en Tunisie a bien fait de publier une seconde édition.

Amérique :

Bellet (Adolphe). — *La découverte de l'Amérique au XIVe siècle. La question du French-Shore à Terre-Neuve. Mémoire présenté au Congrès International des Pêches Maritimes, Bayonne-Biarritz, juillet 1899*. In-8, 29 p., fig. et cartes. Paris, A. Challamel, 1900 [**1056**]. D. a. et Chambre de Commerce de Fécamp.

L'auteur de cette plaquette, revendique pour les Basques, à l'aide de documents probants, l'honneur d'avoir les premiers découvert l'Amérique du Nord, et notamment les parages de Terre-Neuve où, dès le XIVe siècle, les attirait la pêche de la baleine. Cette démonstration est suivie d'un exposé de la question du *French Shore*, où sont établis d'une manière irréfutable les droits de la France, et qui conclut par l'indication d'une solution destinée à assurer le libre exercice de ces droits, tout en donnant satisfaction à ce qu'il y a de légitime dans les plaintes des habitants de Terre-Neuve.

Brousseau (Georges). — *Les richesses de la Guyane française et de l'ancien Contesté Franco-Brésilien. Onze ans d'exploration*. In-4, VIII-248 p. Paris, Société des Editions scientifiques, 1901 [**1046**]. D. a.

En écrivant cet ouvrage, après avoir pendant onze années consécutives parcouru la Guyane française et ce qui était, il y a une année encore, le Contesté Franco-Brésilien, M. Brousseau a voulu faire connaître notre colonie de l'Amérique du Sud, « si méconnue et si calomniée jusqu'à ce jour, et rédiger un véritable guide du colon et de l'industriel à la Guyane et dans l'ancien Contesté Franco-Brésilien ». Dans les quatre parties de son ouvrage, il étudie successivement le pays lui-même, ses habitants et ses placers, ses ressources agricoles, ses richesses végétales et animales, et enfin, l'ancien Contesté Franco-Brésilien. Cet ouvrage intéressant, complet au double point de vue scientifique et économique, et qu'il convient au point de vue minier de rapprocher du rapport de M. E.-D. Levat, rendra (du moins nous l'espérons) tous les services qu'en attend son auteur ; puisse-t-il faire mieux connaître et apprécier une colonie que les événements des quarante dernières années du XVIIIe siècle ont rendue la moins appréciée de toutes nos possessions d'outre-mer !

ÉTRANGER

Amérique :

Espagnat (Pierre d'). — *Souvenirs de la Nouvelle-Grenade*. In-16, VII-391 p. Paris, E. Fasquelle, 1901, 3 fr. 50 [**1049**]. D. é.

Ceux qui ont lu naguère les *Jours de Guinée* de M. Pierre d'Espagnat, retrouveront dans les *Souvenirs de la Nouvelle-Grenade* les mêmes qualités d'observation précise et de style qui leur ont plu dans le précédent ouvrage du même auteur. A la description du pays actuel, M. d'Espagnat a su très heureusement mêler des réminiscences du temps passé (voir, en particulier, le chapitre V consacré à ces « deux aires de gerfauts » qui sont Santa-Maria et Carthagène), et faire de son nouveau livre, dont on a déjà pu lire plusieurs chapitres dans la *Revue des Deux-Mondes*, un volume intéressant pour les historiens de la colonisation autant que pour les géographes et les économistes.

Estudio é Informe sobre el Cafe de Costa-Rica. (Etude et renseignements sur le café de Costa-Rica.) In-12, 48 pages. San-Jose-de-Costa-Rica, Tip. Nacional, 1900 [**984**]. D. Légation de Colombie.

Cet opuscule concerne plus spécialement le commerce que les modes de culture du café. On y trouve néanmoins des renseignements qui pourront être très utiles à nos colons des Antilles françaises.

Iglesias (Don Rafael). — *Compilácion de Leyes y Documentos oficiales relativos a la evolucion monetaria de Costa-Rica 1896-1900* (Recueil des Lois et Documents officiels relatifs à l'évolution monétaire de la République de Costa-Rica, de 1896 à 1900). In-12, 125 p. San-Jose-de-Costa-Rica, Tipografia Nacional, 1900 [**983**]. D. de S. Exc. Don Manuel de Peralta.

La Vaulx (comte Henri de) et préface de José-Maria de **Hérédia**. — *Voyage en Patagonie*. In-16, XVI-284 p., 40 grav., 1 carte hors texte. Paris, Hachette et Cie, 1901 ; 4 francs. [**1058**]. D. é.

Dans une préface charmante, M. de Hérédia explique comment, un jour, le comte de La Vaulx résolut d'aller se promener jusqu'en cette Patagonie où, jadis, l'un de nos compatriotes s'était fait nommer par les indigènes roi — roi d'Araucanie ! Quant au récit du voyage de M. de La Vaulx, il est très alerte et donne de précieux renseignements sur ce pays peu connu, sur ses ressources et les mœurs de ses habitants.

Peralta (Don Manuel M. de). — *La Géographie historique et les Droits territoriaux de la République de Costa-Rica*. In-4, VIII-386 p., 16 cartes hors texte. Paris, s. n., 1900 [**978**]. D. a.

Ce très important ouvrage appartient à la collection, que nous avons analysée (*Bulletin Bibliographique Colonial*, n° 5), des pièces de la procédure relative au différend territorial qui divisait les Républiques de Colombie et de Costa-Rica. On retrouve dans cet aperçu critique les qualités d'historien et de géographe qui font de M. de Peralta l'un des plus savants diplomates de l'Amérique.

Salas (Carlos P.). — *Estudio sobre las Enfermedades infectò-contagiosas en la Provincia de Buenos-Aires*. (Publication de la **Direccion general de Estadistica de Buenos-Ayres**). In-4, LIII-117 p., 15 graphiques couleurs. La Plata, Talleres de Publicaciones del Museo, 1900 [**1019**]. D. M. Mercet.

Tableau de la marche des maladies infectieuses et contagieuses dans la province de Buenos-Aires de 1889 à 1898.

COLONIES ÉTRANGÈRES

Afrique :

Lemaire (Capitaine Ch.). — *Mission scientifique du Ka-Tanga. Premier mémoire*. (Publication de l'Etat Indépendant du Congo.) In-4, II-68 p., 2 fac simile aquarelles de **Dardenne**, héliograv. Bruxelles, Impr. Ch. Bulens, 1901 ; 10 fr. [**1038**]. D. a.

Les travaux de la mission scientifique du Ka-Tanga donnent lieu à un certain nombre de publications qui doivent paraître incessamment et dont ce premier numéro ouvre magistralement la série. Le capitaine Lemaire y a étudié, avec la compétence qu'on lui connaît, la géographie, les phénomènes magnétiques et les stations météorologiques du Ka-Tanga.

Mandat-Grancey (Baron E. de). — *Au Congo (1898). Impressions d'un Touriste*. 3e édit. In-18, 301 p., photogr., carte couleurs. Paris, Plon-Nourrit et Cie, 1900 ; 4 francs. [**1075**]. D. é.

Les amusants volumes publiés par M. de Mandat-Grancey, sur l'Amérique du Nord, la côte orientale d'Afrique, etc., viennent d'avoir une suite, grâce à la récente publication des impressions de voyage recueillies par le même auteur au Congo belge. C'est à l'occasion de l'inauguration de la voie ferrée que M. de Mandat-Grancey s'est rendu dans l'Etat Indépendant; s'il ne s'est pas avancé loin dans l'intérieur, du moins a-t-il bien vu le peu qu'il a vu et a-t-il recueilli sur le nord du pays des informations précises et exactes. A côte de l'ouvrage de M. Pierre Mille, on fera bien de placer ce volume plein d'humour, de malice et d'esprit; il pourra, à plus d'un lecteur, suggérer de sérieuses réflexions, — ce qui est d'ailleurs le cas de nombre d'autres ouvrages publiés par la maison Plon dans sa jolie collection illustrée de voyages.

Reclus (Elisée). — *L'Afrique Australe*. Description mise à jour entièrement par Onésime **Reclus** (*Géographie Universelle*). P. in-4, 358 p. illustré, 28 cartes dont 3 couleurs. Paris, Hachette et Cie, 1901; 10 fr. [**1012**]. D. é.

Cette description de l'Afrique Australe n'est pas seulement une réimpression, sans les gravures, du texte de la *Nouvelle Géographie Universelle* d'Elisée Reclus; comme le titre l'indique, il s'agit d'une description nouvelle, entièrement mise à jour et très développée; toute personne qui se donnera la peine de comparer le texte du tome XIII avec le texte de l'Afrique Australe s'en rendra parfaitement compte. Dans ce nouveau volume, qui est le meilleur tableau d'ensemble de l'Afrique Australe actuellement écrit en français, toutes les colonisations européennes qui se sont succédées dans le pays sont successivement passées en revue et examinées dans leurs résultats les plus importants. Aussi engageons-nous vivement nos lecteurs à n'aborder des ouvrages de détail qu'après avoir soigneusement étudié ce beau volume. On y trouvera réunies, en effet, les qualités de science, de précision, de poésie et de style de MM. Elisée et Onésime Reclus; on y trouvera aussi un certain nombre de cartes d'ensemble et de détail présentant un grand intérêt. Une bibliographie raisonnée de l'Afrique Australe termine ce volume dont il est inutile de faire plus longuement l'éloge, où nos lecteurs trouveront encore une étude particulièrement attentive du double élément ethnique anglais et hollandais, hollandais surtout, et un récit détaillé des débuts de la dernière guerre d'indépendance des Boërs.

Robinson (Charles-Henry) et **Brooks** (W.-H.). — *Dictionary of the Hausa Language*. 2 vol. in-8. Cambridge, University Press; London, J. Clay and Sons, 1899 [**1039 a et b**], D. é.

Vol. I. — Hausa-English, XXXIV-270 p., 12 shillings;
Vol. II. — English-Hausa, VIII-217 p., 9 shillings.

C'est sous les auspices et la direction de l'Association Haoussa qu'a été fait ce nouveau dictionnaire Haoussa, à l'aide de l'ouvrage de Barth et de Schön, après six ans d'étude de la langue, soit dans les pays haoussas, soit dans l'Afrique du Nord, soit en Angleterre; à l'aide de différents manuscrits, des mots nouveaux ont été recueillis, d'autres ont été vérifiés, et ainsi a été dressé ce très important dictionnaire de la future langue de toute l'Afrique tropicale.

Société d'Etudes Coloniales. — *Manuel du Voyageur et du Résident au Congo*. 2e édition. In-8, 3 volumes et 2 suppléments, reliés. Bruxelles, Impr. Hayez et Impr. Weissenbruch, 1900; 14 fr. [**981 a à e**]. D. Société d'Etudes Coloniales.

Vol. I. — *Renseignements pratiques*, par le général **Donny**, 336 p.
Vol. II. — *Hygiène, médecine et chirurgie*, par le docteur **Dryepondt**, 224 p.
Vol. III. — *Droits, Constructions, Itinéraires, Photographies, Collections*, par le général **Donny**, 260 p., fig.
Supplément. — *Art militaire*, sous la direction du colonel **Donny**, 168 p., 24 fig.
Portefeuille. — Carte de l'Etat Indépendant du Congo, 4 feuilles.

Nous n'avons plus à faire l'éloge de cet ouvrage dont l'Etat Indépendant du Congo munit tous ses agents. Nous nous bornerons à dire que cette seconde édition a été mise à jour et considérablement augmentée, et que tous ceux qui ont à gérer des entreprises africaines feront bien de le consulter.

ASIE :

Municipal commissionner of Bombay. — *Municipal Taxation and Expenditure in the Bombay Presidency Report for 1899-1900*. In-4, 259-8 p. Bombay, government central Press, 1901. 3 shilings [**1044**]. D. Government of Bombay.

OCÉANIE :

Bie (H. C. H. de). — *De Landgow der Inlandsch Bevolking op Java*. (L'agriculture chez les populations indigènes de Java). 1re partie. (Publication des *Mededeelingen uit'slands Plantentuin*. XLV). In-8, 143 p., cart. Batavia, G. Kolff et Ce, 1901 [**1055**]. D. c. Jardin de Buitenzorg.

Maitland (A. Gibb.). — The Mineral Wealth of Western Australia (Western Australia Geological Survey, bulletin n° 4). In-12, 150 p., 6 cartes dont 1 couleurs. Perth, Richard Pether, 1900 [**1023**]. D. Agent général de la West-Australia.

Ce petit précis des richesses minières de l'Australie occidentale est très intéressant et plein de faits. Encore que son auteur s'excuse de n'avoir pu visiter jusqu'à présent toutes les parties du territoire de sa province et de ne pas parler assez longuement de certains districts (surtout entre les fleuves Gascoyne et de Grey), son travail, accompagné de 6 cartes et plans, de statistiques, de renseignements de tout genre, n'en rendra pas moins de grands services. Les 12 chapitres de ce fascicule font d'abord connaître les principaux traits géologiques du pays, puis l'or, le plomb, le cuivre, l'étain, le fer et les autres minerais (charbon, graphite, etc.), enfin les dépôts de guano que contient l'Australie Occidentale. Une liste de tous les minéraux trouvés dans le pays, dressée par M. E. S. Simpson, termine cet intéressant opuscule.

North Borneo Company (The). — *Views of British North Borneo, with a brief History of the colony, compiled from official Records and other sources of Information of an authentic nature, with Trade Returns, etc., showing the Progress and Development of the Chartered Company's Territory to the latest date*. Album in-8 obl., 60 p. illustr., 2 cartes couleurs, relié. London, W. Brown, 1899 [**1000**]. D. a.

Comme l'album de la *Rhodesia*, dont nous parlions dans le dernier *Bulletin Bibliographique*, ce recueil de vues du nord du Bornéo britannique est intéressant et fera mieux connaître cette colonie anglaise. Une courte mais bonne notice accompagne ces excellentes photographies, dont la plupart sont caractéristiques à un point de vue ou à un autre, et sont dues à deux officiers de la Compagnie : le Dr Johnston et M. A. J. West.

AMÉRIQUE :

Guénin (Eugène). — *La nouvelle France* (ouvrage couronné par l'Académie française). In-4, 415 p., 12 planches couleurs, nombr. fig., 5 cartes. Paris, Hachette et Cie, 1900. 4 fr. 50 [**1059**]. D. é.

L'histoire du Canada est, par excellence, l'histoire de la colonisation française. Il n'y a pas de peuple, en effet, qui ait plus profondément imprimé sur sa conquête son caractère propre que la France de Louis XIV. C'est ce que l'auteur fait très heureusement ressortir dans cet ouvrage où vibrent avec force l'amour du pays et la foi dans ses destinées. Aussi en conseillerons-nous la lecture à ceux qui veulent sagement rechercher dans le passé des leçons pour l'avenir.

CARTES ET ESTAMPES

Feist (le lieutenant). — *Carte de la Côte Occidentale d'Afrique* au $\frac{1}{1.500.000^e}$ publiée par le **Service géographique du Ministère des Colonies**. Une feuille (121 × 72) couleurs. Paris, H. Barrère, édit., 1901 [**G. 28**]. D. Serv. géogr. du Ministère des Colonies.

Gouvernement des Célèbes. — *Kaarts van Celebes, van Minakassu, Zuit-West Celebres; Platte grond van Makasser; Deze eilandengroepen Saleijer* [cartes des Célèbes, de Minakassa, des Célèbes du Sud-Ouest; Plan de Makasser; Groupe des îles Saleijer). Une feuille (132 × 67) couleurs. S. l., 1901 [**G. 29**]. D. Ministère des Colonies des Pays-Bas.

Pelet (Paul). — *Atlas des colonies françaises*. Livraison n° 5, 3 cartes couleurs (65 × 43) au $\frac{1}{3.000.000^e}$ nos 3, 4 et 5: *Oran, Alger, Constantine*. Paris, A. Colin, s. d. [**G. 25**]. D. e. — Livraison n° 6, 3 cartes couleurs (64 × 48) au $\frac{1}{1.300.000^e}$ nos 6, 13, 14 : *Tunisie, Congo (Haut-Oubangui et Chari), Côte française des Somalis et dépendances*. Paris, A. Colin, s. d. [**G. 26**]. D. é.

Vivien de Saint-Martin et **Schrader**. — *Atlas universel*. Carte n° 4, Asie politique au $\frac{1}{25.000.000^e}$. Une feuille couleurs (67 × 55). Paris, Hachette et Cie, décembre 1900. 0 fr. 60 [**G. 27**]. D. é.

Le Gérant : A. LÉGERON.

PARIS. — Imp. PAUL DUPONT, 19, rue du Croissant.

temps habitués. Nous avons également retrouvé dans son livre, portées à un plus haut degré encore, ces qualités de belle et solide ordonnance, d'exposition claire et méthodique, de style ferme et précis, déjà si frappantes dans ses précédents ouvrages et qui, dans celui-ci, atteignent à la maîtrise. Ajoutez que ce livre, qui fait en quelque sorte le tour du problème colonial, témoigne d'un labeur considérable et qu'il a fallu toute la ténacité, toute l'érudition, toute l'expérience coloniale de l'auteur pour mener à bien sa tâche. Que dirons-nous de sa thèse en soi? Qu'elle est juste, qu'elle est, sauf sur quelques points secondaires ou de détail, la nôtre, ou plutôt celle de tout le parti colonial. Ce qui appartient en propre au R. P. Piolet, c'est la vigueur de logique avec laquelle il a su l'établir, c'est le choix toujours sûr des statistiques les plus démonstratives, des arguments les plus topiques, des preuves les plus solides qu'il a accumulés avec une profusion incroyable autour de cette thèse pour la défendre contre toutes les critiques passées ou à venir.

A ces mérites si divers, le livre du R.P. Piolet joint encore celui d'être venu à son heure. Aujourd'hui, la littérature coloniale est d'une abondance extraordinaire. Quel contraste avec ce qui se passait il y a moins de trente ans! Sous le dernier Empire, les questions se rattachant à la colonisation semblaient constituer le domaine réservé des sphères officielles, et encore s'y occupait-on de préférence d'administration pure. Prévost-Paradol, parmi les écrivains arrivés à la grande notoriété, était à peu près le seul qui signalât la nécessité d'organiser un large courant d'émigration vers les pays neufs. Comme en beaucoup d'autres choses, il eut, en cette matière, des vues prophétiques, et il donna de la politique coloniale que la France devait adopter au milieu de la transformation de la vieille Europe, une définition dont l'avenir a montré la justesse. Mais les masses profondes et même, — lui et quelques autres exceptés, — l'élite du pays, continuaient à se désintéresser des colonies, à leur marquer même une sorte d'hostilité, ou, à tout le moins, de défiance, et toute une école politique, bruyante et active, se chargeait de leur donner des raisons de persister dans cette disposition d'esprit. Peu à peu, l'opinion publique a abandonné ses préventions contre la politique coloniale, et maintenant que la période de conquête est close, on s'applique de toutes parts à rechercher les meilleures méthodes de mise en valeur et d'exploitation, si bien qu'aujourd'hui c'est surtout, on pourrait dire exclusivement, à une œuvre d'éducation pratique que doivent se consacrer désormais les hommes qui, en matière coloniale, ont l'ambition d'exercer un apostolat utile. C'est au moment où nous entrons dans cette nouvelle phase de l'activité coloniale, que le P. Piolet a condensé tout ce qui forme cet enseignement nouveau, et accumulé toutes les raisons décisives de se rallier à cette politique des réalités fécondes et ce sens précis des nécessités de l'heure actuelle ajoute un nouveau mérite à son livre.

I.

Le R P. Piolet examine successivement les ordres d'idées suivants : *Pourquoi nous émigrons si peu. Que nous devons émigrer. Que nous pouvons émigrer. Quels sont ceux qui doivent émigrer. Quels sont les pays où nous devons émigrer.* Nous suivrons dans notre étude les mêmes divisions. Il recherche tout d'abord quel est le contingent de la France dans l'émigration totale de l'Europe. De 1886 à 1895, la France a eu dix-huit fois moins d'émigrants que le Royaume-Uni, douze fois moins que l'Italie et neuf fois moins que l'Allemagne. Avec M. Levasseur, il évalue à 10.000 personnes la moyenne de notre émigration annuelle. C'est peu. Ici, le R. P. Piolet fait une remarque qui fixe un point d'histoire. « Ce qui ajoute à ce « fait, c'est qu'il n'est pas particulier à ce siè- « cle, mais se vérifie au contraire dans le passé, « aux époques les plus brillantes de notre expan- « sion coloniale, sous Louis XIII et Louis XIV, sous « Richelieu et sous Colbert, sous Louis XV et « Louis XVI, sous l'Empire et la République. » C'est ainsi que, de 1606 à 1700, 6.000 émigrants à peine sont allés au Canada. De plus, l'exode vers les colonies n'a pas été, sous l'ancien régime, spontané. Leur peuplement a été organisé jusque dans les détails par le gouvernement royal. Colbert déterminait lui-même la composition des contingents d'émigrants, et dans sa correspondance, publiée par Clément, il énumère avec une précision remarquable les qualités que doivent réunir les familles destinées à aller faire souche dans la Nouvelle France. De nos jours, un ministre, pour si éphémère que soit sa puissance, ne consentirait pas volontiers à descendre de son empyrée pour s'occuper de l'aptitude physique des futurs colons.

Donc, « la nation ne se sentait pas portée d'elle-même à l'émigration », mais il y avait à cela de nombreuses raisons qui n'existent plus aujour-

*

d'hui : la peur de l'inconnu, les légendes qui troublent l'imagination populaire, les dangers et les embarras d'un long voyage, etc. Et pourtant notre émigration reste encore extrêmement faible. Le R. P. Piolet considère que, pour arriver à changer pareil état de choses, il faudrait créer « l'habitude » de l'émigration, et, le courant une fois établi, amener les colons à appeler près d'eux leurs parents, leurs amis, leurs anciens voisins, tous ceux qui, portant le poids du jour, aspirent, dans une contrée où la personnalité peut atteindre son plein développement, à une destinée meilleure. C'est ce qu'on a appelé l'*auto-recrutement*, c'est-à-dire le recrutement de nouveaux colons par les colons déjà installés. Nous verrons dans la suite de ce travail les résultats qui ont été obtenus par ce mode de procéder en Nouvelle-Calédonie, en Argentine, au Mexique.

Résoudre nos compatriotes à s'expatrier, leur en faire contracter « l'habitude », vaincre des répugnances en apparence invincibles, c'est une tâche immense. Le P. Piolet espère qu'elle pourra être remplie. Mais ce ne peut être qu'au prix des efforts de tous. Dans cet ordre d'idées, l'initiative privée, sous les formes multipliées à l'infini qu'il lui est loisible de revêtir, peut jouer un beau et grand rôle.

Mais, encore une fois, pourquoi émigrons-nous si peu, alors que nos rivaux créent dans tous les pays de si puissants noyaux d'intérêts? C'est d'abord « notre ignorance des choses coloniales », notre humeur casanière, l'amour des places et de la stabilité qu'il semble qu'elles assurent dans une médiocrité parfois voisine de la misère. A ce propos, Michelet a écrit une page admirable : « C'est « ainsi que l'ignorance et la peur des femmes, font « du peuple le plus aventureux de la terre le plus « sottement timide, le plus inerte, le mollusque « sur son rocher. L'Anglais, l'Américain, le Russe « ont la terre entière pour théâtre de leur acti- « vité.... Mais prenons l'Allemagne même, qui « chérit tant l'intérieur ; vous la voyez se répandre « dans les deux Amériques. Partout où la famille « est forte, elle en est plus voyageuse, sûre de « porter le bonheur avec elle. » — Voilà comme quoi les hommes par ailleurs le plus divisés, se trouvent d'accord dès qu'ils interrogent le passé de ce pays, et envisagent son avenir sous l'angle d'un patriotisme éclairé et prévoyant.

Cette éducation de l'esprit public, de la famille, de l'écolier, est en bonne voie. D'immenses progrès ont même été réalisés. Le livre que nous analysons ne contribuera pas peu à ceux qui ne tarderont pas à se manifester.

Aujourd'hui, dans ce pays où la douceur de vivre est si grande, malgré le remuement de ceux qui semblent s'être donné comme gageure de le rendre inhabitable, on ne trouverait plus de maître d'école pour tenir le langage qu'Edmond About prête au sien : « Je vous détournerai des ambi- « tions vagabondes, je vous prêcherai la rési- « dence, je vous attacherai de « toutes mes forces « au sol natal. »

L'ignorance et les préjugés ne sont pas seuls en cause. Le R. P. Piolet signale d'autres obstacles : la « centralisation et la puissance exagérée de l'État », qui détruisent le ressort de l'initiative individuelle ; l' « administration coloniale » elle-même, dont le libéralisme laisse trop souvent à désirer, l'infériorité effrayante de notre marine marchande, infériorité telle que 47 0/0 de nos transports sont effectués sous pavillon étranger, le « partage des biens et nos lois successorales », enfin la loi sur le recrutement.

Parmi les *desiderata* qu'il formule sur ces divers points, il en est qui ont reçu déjà partiellement satisfaction. Ce sont précisément ceux qui s'appliquent aux deux réformes en faveur desquelles l'*Union* a mené et mène encore le bon combat : la loi militaire et la marine marchande aux colonies. En ce qui concerne la première, la commission de l'armée de la Chambre des députés a repoussé, il est vrai, le projet de loi de MM. Le Myre de Vilers, Étienne, Guillain et Chautemps, tendant à obtenir pour les jeunes gens qui vont s'établir aux colonies l'exemption du service militaire actif ; mais elle a adopté une série de dispositions qui constituent une amélioration notable de la situation existante et où on peut entrevoir la promesse d'une réforme plus complète, qui seule sera efficace comme stimulant à l'émigration. En ce qui touche la seconde, MM. Charles-Roux, Le Myre de Vilers, Thierry, d'autres encore, ont saisi soit le Parlement, soit l'opinion publique, des alarmes que cause l'état de notre marine marchande, et il est à prévoir que les solutions qu'ils ont proposées, et qui ont rencontré dans le monde des affaires et dans les milieux coloniaux, une approbation unanime, seront, dans un délai plus ou moins prochain, un fait accompli. Quelques-unes de ces améliorations pourraient être, à la vérité, réalisées par voie de décret ; mais on ne sait que trop que la machine administrative tourne lentement, ou qu'elle ne tourne qu'à son heure.

Quant au recrutement du personnel de l'administration coloniale, il est en passe de devenir excellent. Les anciennes traditions, qui étaient détestables, font place à un esprit nouveau. Il reste à perfectionner les méthodes, mais cela viendra par surcroît. L'administration commence à comprendre qu'elle a des devoirs impérieux à remplir envers ceux dont l'activité produit la richesse de notre domaine d'outre-mer, et qu'il est des circonstances où elle doit faire ce que l'initiative individuelle ne saurait réaliser. Du moment qu'elle se rend compte de cette double obligation — et ici la place nous manque pour entrer dans le détail — il faut espérer que, partout, elle se mettra en mesure de s'en acquitter.

Pour les autres réformes réclamées par le P. Piolet, il n'en va pas de même. L'héritage administratif du Premier Empire n'est pas près d'être répudié. Les gouvernements y ont trouvé des armes trop commodes et trop sûres. Pour qu'ils pussent cesser de s'en servir, il faudrait qu'auparavant ils eussent habitué ce pays aux mœurs de la liberté. A ce sujet, nous formulerons longtemps des vœux stériles, et encore l'expression de ces vœux restera-t-elle limitée à des milieux bien restreints. Le R. P. Piolet le sait, et bien qu'il se soit attaché à montrer le mal avec une force de logique irrésistible, on sent que l'application du remède lui paraît encore lointaine et problématique.

Il en est de même de nos lois de succession. Il est certain que l'Angleterre doit une bonne partie de sa puissance d'expansions à la liberté testamentaire, et rien n'est plus tristement exact que cette boutade de lord Castlereagh : « Après tout, « les Français sont suffisamment affaiblis par leur régime de succession ». Mais ce legs de Napoléon Ier est, lui aussi, devenu intangible. La passion d'égalité qui a pénétré profondément la nation empêchera que les tempéraments demandés ne soient apportés à la législation en cette matière. Napoléon, ici encore, s'est montré grand psychologue en flattant le jacobin qui sommeille en chacun de nous. C'est donc surtout sur l'initiative des citoyens, sur l'effort de l'association intelligemment constituée, beaucoup plus que sur des réformes législatives qui ne viendront pas de longtemps, si même elles viennent jamais, qu'il convient de compter. C'est d'ailleurs cette conviction qui inspire les plus belles pages du livre qui fait l'objet de cette étude, c'est elle qui soutient l'auteur dans l'infatigable apostolat dont il a assumé la tâche.

Dans un prochain article, nous examinerons les deux chapitres suivants : « Que nous pouvons « émigrer. Quels sont ceux qui doivent émigrer ».

CH. DEPINCÉ.

DOCUMENTS, ARTICLES SPÉCIAUX
ACTES OFFICIELS

GÉNÉRALITÉS

CONVENTION FRANCO-ESPAGNOLE DU 29 MARS 1901. — Le *Journal Officiel* du 2 avril publie le texte de la convention du 27 juin 1900 signée le 29 mars 1901 entre les ministres espagnols et français, pour la délimitation des possessions françaises et espagnoles sur la côte du Sahara et sur la côte du golfe de Guinée.

Article premier. — Sur la côte du Sahara, la limite entre les possessions françaises et espagnoles suivra une ligne qui part de la côte occidentale de la péninsule du cap Blanc, entre l'extrémité de ce cap et la baie de l'Ouest, gagne le milieu de ladite péninsule, puis, en divisant celle-ci par moitié autant que le permettra le terrain, remonte au nord jusqu'au point de rencontre avec le parallèle 21°20° de latitude nord. La frontière se continue à l'est sur le 21°20 de latitude nord jusqu'à l'intersection de ce parallèle avec le méridien 15°20° ouest de Paris (13° ouest de Greenwich).

De ce point, la ligne de démarcation s'élève dans la direction du nord-ouest en décrivant entre les méridiens 15°20° et 16°20° ouest de Paris (13° et 14° ouest de Greenwich), une courbe tracée de façon à laisser à la France, avec leurs dépendances, les salines de la région d'Idjil, de la rive extérieure desquelles la frontière se tiendra à une distance d'au moins 20 kilomètres. Du point de rencontre de ladite courbe avec le méridien 15°20° ouest de Paris (13° ouest de Greenwich), la frontière gagne l'intersection du tropique du Cancer avec le méridien 14°20° ouest de Paris (12° ouest de Greenwich) et se prolonge sur ce dernier méridien dans la direction du nord.

Il est entendu que, dans la région du cap Blanc, la délimitation qui devra y être effectuée par une Commission spéciale s'opérera de façon que la partie occidentale de la péninsule, y compris la baie de l'Ouest, soit attribuée à l'Espagne, et que le cap Blanc, proprement dit et la partie orientale de la même péninsule demeurent à la France.

Art. 2. — Dans le chenal situé entre la pointe du cap Blanc et le banc de la Bayadère, ainsi que dans les eaux de la baie du Lévrier, limitée par une ligne reliant l'extrémité du cap Blanc à la pointe dite de la Coquille, les sujets espagnols continueront comme par le passé à exercer l'industrie de la pêche concurremment avec les ressortissants français. Sur le rivage de ladite baie, les pêcheurs espagnols pourront se livrer à toutes les opérations accessoires de la même industrie telles que séchage des filets, réparation des engins, préparation du poisson. Dans les mêmes limites, ils pourront élever des constructions légères et établir des campements provisoires, ces constructions et campements devant être enlevés par les pêcheurs espagnols toutes les fois qu'ils reprendront la haute mer, le tout à la condition expresse de ne pas porter atteinte, en aucun cas, ni en aucun temps, aux propriétés publiques ou privées.

Art. 3. — Le sel extrait des salines de la région d'Idjil et acheminé directement par terre sur les possessions espagnoles sur la côte du Sahara ne sera soumis à aucun droit d'exportation.

Art. 4. — La limite entre les possessions françaises et espagnoles sur la côte du golfe de Guinée part du point d'intersection du thalweg de la rivière Mouni avec une ligne droite tirée de la pointe Coco Beach à la pointe Diéké. Elle remonte ensuite le thalweg de la rivière Mouni et celui de la rivière Outemboni, jusqu'au point où cette dernière rivière est coupée pour la première fois par le 1er degré de latitude nord et se confond avec ce parallèle jusqu'à son intersection avec le 9e degré de longitude est de Paris (11°20' est de Greenwich).

De ce point, la ligne de démarcation est formée par ledit méridien 9e est de Paris jusqu'à sa rencontre avec la frontière méridionale de la colonie allemande de Caméroun.

Art. 5. — Les navires français jouiront pour l'accès par mer de la rivière Mouni, dans les eaux territoriales espagnoles, de toutes les facilités dont pourront bénéficier les navires espagnols. Il en sera de même, à titre de réciprocité, pour les navires espagnols dans les eaux territoriales françaises.

La navigation et la pêche seront libres pour les ressortissants français et espagnols dans les rivières Mouni et Outemboni. . . . .

Art. 6. — Les droits et avantages qui découlent des articles 2, 3 et 5 de la présente convention étant stipulés à raison du caractère commun ou limitrophe des baies, embouchures, rivières et territoires susmentionnés, seront exclusivement réservés aux ressortissants des deux hautes parties contractantes et ne pourront en aucune façon être transmis ou concédés aux ressortissants d'autres nations.

Art. 7. — Dans le cas où le gouvernement espagnol voudrait céder, à quelque titre que ce fût, en tout ou en partie, les possessions qui lui sont reconnues par les articles 1 et 4 de la présente convention, ainsi que les îles Elobey et l'île Corisco voisines du littoral du Congo français, le gouvernement français jouira d'un droit de préférence dans des conditions semblables à celles qui seraient proposées audit gouvernement espagnol.

Le service militaire aux Colonies. — A la date du 20 janvier dernier le ministre de la Guerre prenait l'arrêté ci-dessous :

Article premier. — Par application des prescriptions du 4e alinéa de l'article 81 de la loi du 15 juillet 1889, peuvent être dispensés, par le Gouverneur, de la présence effective sous les drapeaux, les jeunes gens en résidence fixe, au moins depuis le 1er janvier de l'année du tirage au sort, et en possession d'une situation régulière dans les Colonies ci-après, qui se trouvent dépourvues de troupes françaises :

Côte d'Ivoire,
Guinée,
Congo français,
Dahomey et dépendances,
Saint-Pierre et Miquelon,
Côte française des Somalis et dépendances,
Etablissements français de l'Inde.

Le bénéfice des dispositions contenues dans le présent article ne peut être réclamé que par les jeunes gens arrivés dans la Colonie après l'âge de 19 ans révolus.

Art. 2. — Un arrêté ultérieur déterminera, s'il y a lieu, le rayon hors duquel l'obligation de servir cessera d'être imposée, en ce qui concerne les appelés en résidence au Sénégal, en Indo-Chine, à Madagascar, à la Nouvelle-Calédonie et dans les Etablissements français de l'Océanie.

Le ministre des Colonies en le transmettant aux gouverneurs des Colonies intéressées a tenu à bien préciser l'esprit de cet arrêté :

« J'appelle votre attention, dit-il, sur le 2e paragraphe de cet arrêté, aux termes duquel le bénéfice des dispositions contenues dans le paragraphe précédent ne peut être réclamé que par les jeunes gens arrivés dans la Colonie après l'âge de 19 ans révolus.

En conséquence, ceux qui, avant l'âge ci-dessus fixé, auront établi leur résidence dans l'une des Colonies précitées et se trouveront dès lors dans les conditions de l'article 82 de la loi, devront, comme par le passé, faire parvenir en temps opportun au Conseil de revision du domicile, qui statuera, une demande de dispense appuyée de l'avis conforme du Gouverneur, et d'un certificat, modèle X, destiné à établir leur droit.

Il résulte, d'autre part, du texte précis du premier paragraphe de l'arrêté prémentionné, que les jeunes gens qui ne sont pas en résidence fixe dans la Colonie, au moins depuis le 1er janvier de l'année du tirage au sort et qui n'y sont pas en possession d'une situation régulière, ne sauraient prétendre au bénéfice de la dispense prévue audit arrêté.

Je vous serai par suite obligé de n'accueillir les demandes de dispenses qui vous seront présentées qu'après vous être assuré que les intéressés remplissent bien les conditions exigées. »

On ne peut nier, en lisant cette note, que les ministres de la Guerre et des Colonies ne soient animés des meilleures intentions vis-à-vis des futurs colons, mais pourquoi le ministre de la Guerre prescrivait-il, presque à la même époque, que les jeunes gens qui font leur service militaire aux Colonies, feront une année effective de service au lieu de 10 mois comme on fait actuellement dans la Métropole.

Nous avouons ne pas nous rendre compte de l'utilité qu'il y avait à créer une exception au détriment des jeunes gens qui font leur année de service aux Colonies, dans des conditions certainement moins favorables que dans la Métropole.

Les réservistes des Colonies. — La circulaire du 26 février 1901, relative aux demandes formées par les réservistes des troupes coloniales dans leurs foyers sont complétées par l'alinéa ci-après :

En ce qui concerne les changements de destination, il conviendra de refuser, en principe, aux réservistes des troupes coloniales, l'autorisation d'accomplir leurs périodes d'exercices dans les corps de troupes métropolitaines. Toutefois, il pourra être fait exception à cette règle en faveur des réservistes convoqués en dehors de l'époque annuelle des manœuvres, comme ayant obtenu un devancement d'appel ou un ajournement.

La loi militaire et la chambre de commerce de Saigon. — La chambre de commerce de Saïgon a examiné (séance du 26 février) le projet de loi déposé par MM. Le Myre de Vilers, Etienne, Guillain et Chautemps sur le service militaire aux colonies. La Chambre a approuvé à l'unanimité l'initiative dont il s'agit.

COLONIES FRANÇAISES

AFRIQUE DU NORD

Algérie. — Actes officiels. — *Le Mobacher.*

17 avril. — *Arrêté* ministériel modifiant les dispositions de l'arrêté du 25 février 1901, relatives à l'exportation des moutons algériens en France. — *Arrêté* du Gouverneur général, portant fixation des limites des territoires rentrant dans chacune des quatre catégories prévues par l'arrêté du 3 janvier 1901, sur la circulation des produits agricoles et horticoles.

20 avril. — *Décret* maintenant M. Jonnart dans les fonctions de gouverneur général de l'Algérie.

24 avril. — *Arrêté* convoquant les délégations financières pour le 6 mai 1901. — *Arrêté* nommant les commissaires du gouvernement près les délégations financières. — *Programme* des travaux de la session.

Administration. — *Une circulaire du gouverneur général de l'Algérie.* — A la suite des douloureux événements qui se sont produits récemment en Algérie, M. Jonnart a adressé, le 29 avril, la circulaire suivante aux préfets des trois départements algériens :

Monsieur le préfet,

L'attaque du village de Margueritte vient d'être énergiquement réprimée. Les auteurs de cette tentative criminelle seront impitoyablement frappés ; mais ce douloureux événement me fait un devoir de vous signaler à nouveau tout l'intérêt que j'attache à l'application intégrale, et suivant l'esprit qui les a dictées, les réformes administratives que j'ai décidées au mois de décembre dernier.

L'organisation d'un contrôle administratif et d'un contrôle financier, sous mon autorité directe, ne saurait donner tous les résultats utiles que j'en attends, qu'à la condition d'être complétée et fortifiée par la réorganisation administrative dont vous avez été spécialement chargé.

Je vous prie, avant tout, de tenir la main à ce que les administrateurs des communes mixtes et les sous-préfets fassent de fréquentes tournées sur les territoires fort étendus confiés à leur vigilance. Il importe qu'ils s'associent désormais plus étroitement aux préoccupations, aux efforts, à la vie des populations qu'ils administrent. Leur ambition ne doit pas se borner à l'expédition des affaires courantes dont la solution est prévue et fixée par la jurisprudence et les règlements. Il leur appartient de participer activement au progrès des idées et des mœurs et à l'essor de la prospérité générale, en prenant l'initiative des propositions destinées à favoriser en même temps que le développement de la colonisation, le relèvement de la condition des indigènes, de leur situation morale et matérielle.

A ce point de vue, l'institution du secrétariat général pour les affaires indigènes, que j'ai créé auprès de vous, a une portée dont vos collaborateurs doivent se rendre exactement compte et une utilité que l'expérience mettra de plus en plus en lumière si, par vos soins, ma pensée et mes prescriptions sont fidèlement interprétées.

Au secrétariat général pour les affaires indigènes doivent converger tous les rapports et tous les renseignements sur l'état des esprits de chacun de nos douars, sur les besoins de chacun, sur les moyens de remédier à la situation critique de certains d'entre eux, sur l'application des ressources que tous fournissent aux budgets locaux, sur les travaux d'utilité publique qu'ils réclament, sur les moyens susceptibles d'améliorer les méthodes de culture et d'élevage dans les milieux indigènes et de faire revivre et progresser les arts industriels musulmans jadis en honneur dans de nombreuses tribus, enfin sur toutes les questions de prévoyance et d'assistance dant j'ai le premier devoir de poursuivre la solution.

Chaque douar doit avoir, en quelque sorte, dans nos bureaux son histoire et son inventaire sans cesse tenu à jour et, si je puis dire, son compte courant faisant ressortir ce qu'il donne et ce qu'il reçoit.

Je désire être constamment édifié sur les préoccupations de vos sujets musulmans, les influences diverses qui s'exercent sur eux et être ainsi mis à même de remédier promptement aux erreurs et aux abus dont ils auront à se plaindre.

Aujourd'hui, les affaires qui m'intéressent sont disséminées dans un trop grand nombre de services, n'ayant pas entre eux de suffisantes relations, de telle sorte qu'il est malaisé pour l'administration centrale de dégager la véritable situation de la plupart de nos tribus et d'assurer à la gestion de leurs intérêts l'unité de vues et de direction indispensable à notre propre sécurité.

Nous pourrons être d'autant plus fermes vis-à-vis d'eux que nous serons plus justes, plus soucieux de leur bien-être et respectueux de leurs traditions et de leur culte.

Nous avons acquis sur la terre d'Algérie, fécondée par le meilleur de notre sang et l'effort prodigieux de nos colons, des droits imprescriptibles. Ces droits impliquent des responsabilités et des devoirs.

Tout le monde comprendra désormais, en Algérie, le danger des excès de désordres dans la rue, indignes d'un pays civilisé, monstrueux dans un pays de suffrage universel. Il serait puéril de se dissimuler combien contagieux et meurtrier peut être, dans la colonie, l'exemple de nos discordes civiles et des folies de la persécution des races et combien criminelle cette propagande que rien n'excuse et qui risque de ruiner, dans les milieux indigènes, le respect de l'autorité et des lois, en y rallumant les mauvaises passions et les haines.

Le rôle de protecteur vis-à-vis des populations, soumises à la tutelle généreuse et bienfaisante de la France, n'est pas rempli, s'il n'est pas avant tout un rôle d'éducateur.

J'exprime l'espoir que les Français d'Algérie seront unanimes à vous aider dans l'accomplissement de votre tâche ; je suis sur en tout cas de pouvoir compter sur votre énergie en même temps que sur votre patriotisme et votre dévouement à la République.

La Session des délégations financières. — Les délégations financières, primitivement convoquées pour le 6 mai, ne se réuniront que dans quelques semaines.

Il n'est peut-être pas inutile, à cette occasion de rappeler en quelques mots leur origine et leur but.

L'institution des délégations financières, (décrets du 23 août 1898 et du 4 janvier 1900), a eu pour effet d'apporter au gouvernement général le concours d'opinions libres, d'avis éclairés émis par des représentants directs des contribuables algériens, sur toutes les questions d'impôts et de taxes. Le nombre des délégués est de 69 ; ils se divisent en 3 catégories :

1° Celle des *colons*, composée de 24 membres, élus directement par les colons eux-mêmes à raison de 8 par département ;

2° Celle des *contribuables autres que les colons*, comprenant aussi 24 membres nommés dans la même proportion ;

3° Celle des *indigènes musulmans* qui comprend 21 membres, dont 9 délégués des indigènes des territoires civils, 6 des territoires de commandement et 6 délégués Kabyles.

Dans leur dernière session les délégations financières ont voté à l'unanimité le budget spécial de l'Algérie, elles ont donc connaissance des devoirs qui vont leur incomber.

La prochaine réunion a donc une importance capitale et c'est pourquoi le Gouverneur général a préféré en reculer la date que de n'y pouvoir consacrer toute l'activité que son état de santé lui empêcherait actuellement d'y apporter.

Le Gouverneur a désigné, comme chaque année, comme commissaire du gouvernement auprès des délégations :

Le directeur de l'agriculture ;
Le directeur des finances ;
Le directeur des travaux publics ;
Le directeur du contrôle des chemins de fer algériens ;
Le chef du contrôle administratif ;
M. Luciani, conseiller rapporteur adjoint près le Conseil de gouvernement ;
M. le commandant Lacroix, chef du service des affaires indigènes du gouvernement général.

Voici, d'autre part, quel est le programme de la session prochaine :

Questions à examiner en assemblée plénière

1° Vote du projet de budget présenté pour l'année 1902.
2° Emprunt.
3° Programme général des travaux.
4° Création de Cours d'Appel à Oran et à Constantine.

5° Propriété indigène.
6° Act Torrens.
7° Convention pour l'exploitation de lignes de chemins de fer rachetées ou à racheter.

Délégation des colons

A. — Toutes les questions à discuter en assemblée plénière.
B. — 1° Caisse de prévoyance pour les désastres périodiques dont souffre l'agriculture.
2° Pépinières de vignes américaines.
3° Clavelisation.
4° Amélioration de la race ovine.
5° Crédit agricole.
6° Assistance publique.
7° Octroi de mer.

Délégation des non colons

A. — Toutes les questions à discuter en assemblée plénière.
B. — 1° Amélioration du régime des ports maritimes.
2° Assistance publique.
3° Octroi de mer.
4° Droit d'enregistrement.

Délégation indigène (Section arabe et section kabyle)

A. — Toutes les questions à discuter en assemblée plénière.
B. — 1° Assistance publique.
2° Octroi de mer.

La question de l'emprunt projeté par le gouverneur général domine toutes les autres. C'est d'elle que dépend l'établissement même du budget. M. Jonnart compte soumettre aux délégations le projet d'un emprunt de 250 ou 300.000.000 fr.

Cette somme qui doit être consacrée entièrement aux travaux publics sera réalisée en 8 ou 10 ans. En effet, ni les ressources actuelles du budget, ni les cadres du personnel des travaux publics, ni l'état des crédits d'entretien ne permettraient, en effet, d'agir autrement. On ne peut pas espérer chaque année une somme supérieure à 25 ou 30 millions.

Aussi devons-nous attendre que l'emprunt soit voté, pour voir les attributions diverses qu'il en sera faites.

COMMERCE. — *Les débits de boissons.* — Le premier décret abrogeant celui du 5 mai 1881 et remettant en vigueur en Algérie les dispositions du décret du 29 décembre 1851 sur les débits de boissons, vient d'être publié à l'*Officiel*. On sait que le décret de 1851 interdit l'existence de plus d'un débit par commune de 300 habitants européens agglomérés et l'exploitation des débits par des mineurs non émancipés ou des individus condamnés pour crimes de droit commun ou vol. Une permission spéciale devra, en outre, être demandée pour gérer le débit, et la mutation par voie de cession devra être l'objet d'une autorisation nouvelle.

Réduction du tarif des frais de transport. — La Compagnie des chemins de fer de Paris à Lyon et à la Méditerranée, dans le but de permettre et de faciliter les transactions et la vente des vins en Belgique, s'est entendue avec la Compagnie du Nord, de l'Est et de la Grande-Ceinture pour appliquer temporairement les prix suivants pour les vins expédiés d'une gare quelconque de son réseau à tous les points frontières belges des Compagnies du Nord et de l'Est :

Par expédition d'au moins 50 kilos, 40 francs la tonne; de 5.000 kilos, 32 francs; de 7.000 kilos, 28 francs.

Ces prix comprennent les frais de chargement, de gare et de transmission. Le prix de 28 francs est également applicable aux vins expédiés en wagon-réservoir chargé d'au moins 10.000 kilos ou payant pour ce poids; dans ce cas, le chargement étant effectué par les expéditeurs, le prix sera réduit de 0 fr. 30 centimes par tonne.

Cette mesure ne pourra que faciliter les échanges déjà importants entre l'Algérie et la Belgique.

TRAVAUX PUBLICS. — *Le port de Bône et la baie de l'Agha.* — Deux décrets du 28 mars dernier viennent d'affecter par parties égales une somme de 400.000 fr. aux travaux d'amélioration du port de Bône, et la construction d'un arrière-port dans la baie de l'Agha.

Tunisie. — AGRICULTURE. — *La viticulture en Tunisie en 1900.*

Le *Bulletin de la Direction de l'agriculture et du Commerce* publie l'intéressant rapport suivant :

Le vignoble tunisien couvre une superficie de 11.374 hectares 76 ares se décomposant de la façon suivante :

Vignoble européen..........	9.708 hectares 76 ares
Vignoble indigène...........	1.666 — » —

Le vignoble européen s'est accru en 1900 de 2.105 hect. 76. Jamais on n'avait eu à constater une augmentation d'étendue aussi forte, ainsi qu'en témoignent les chiffres ci-dessous qui reproduisent les augmentations annuelles du vignoble depuis 1882.

Années	Hectares	Années	Hectares
1882...	100	1892...	316
1883...	140	1893...	335
1884...	200	1894...	44
1885...	374	1895...	218
1886...	714	1896...	181
1887...	858	1897...	300
1888...	641	1898...	350
1889...	844	1899...	742
1890...	629	1900...	2105
1891...	659		

Comme on le voit, le chiffre des augmentations a, cette année, dépassé le double de celui relatif à 1887, année qui jusque-là venait au premier rang pour l'importance des plantations nouvelles. Les chiffres ci-dessus montrent en outre que depuis 1896 l'accroissement annuel du vignoble a été sans cesse en augmentant, mais que cette anné; l'étendue des plantations nouvelles va jusqu'à dépasser le total des augmentations constatées chaque année depuis 1896.

La répartition du vignoble européen entre les diverses circonscriptions de contrôle en 1900, comparée à cette même répartition en 1899, fournit les résultats suivants :

Territoires	1899	1900	Augment.
Béja et Medjez-el-Bab...	334 41	448 40	113 99
Bizerte.................	221 12	305 10	83 98
Gabès, Djerba et Zarzis.	18 16	20 »	1 84
Grombalia.............	1.082 17	1.260 »	177 83
Kairouan et Mactar.....	» »	5 05	5 05
Kef et Teboursouk.....	50 46	60 »	9 54
Sfax..................	211 28	273 15	61 87
Souk-el-Arba et Tabarca	280 92	295 »	14 08
Sousse................	609 68	657 06	47 38
Thala.................	» »	5 »	5 »
Tunis.................	4.795 »	6.380 20	1.585 20
Totaux......	7.603 20	9.708 96	2.105 75

De ce tableau comparatif, il résulte que toutes les circonscriptions ont vu leurs plantations s'accroître, que cette augmentation est surtout importante pour les contrôles de Tunis, de Grombalia, de Béja, de Medjez-el-Bab et de Bizerte.

Pour ce qui est de l'étendue des plantations, le vignoble tunisien se répartit de la façon suivante :

90 propriétés ont au moins 20 hectares de vignes.

40	—	—	50	—	—
17	—	—	100	—	—
6	—	—	150	—	—
4	—	—	200	—	—

Les conditions climatériques de l'année 1900 ont été favorables à la culture de la vigne.

Si les pluies ont été rares pendant les trois premiers mois de l'année, elles ont été abondantes en avril et en mai, et celles qui sont tombées dans la première et la dernière huitaines du mois de juin n'ont pas peu contribué à donner à la vigne une vigueur de végétation qui lui a permis de supporter sans dommages les quelques journées de siroco constatées dans le mois de juin.

En avril, un orage de grêle a toutefois causé d'assez sérieux dégâts dans les régions de La Soukra et de La Marsa, dont les vignobles n'ont par suite donné qu'une récolte assez faible.

Malgré les pluies tombées au printemps, les cas de coulure n'ont pas été nombreux, et malgré les conditions de milieu qui ont été favorables à leur développement, les maladies cryptogamiques n'ont pas causé, en 1900, de dégâts appréciables dans le vignoble tunisien. Toutefois, au moment de la véraison, quelques cas d'anthracnose maculé ont été observés. L'oïdium n'a fait son apparition que tardivement, les spores de ce champignon n'ayant pas rencontré plus tôt les conditions de chaleur nécessaires à leur développement ; si, dans le plus grand nombre des vignobles européens, les dégâts causés par l'oïdium ont été peu importants, grâce à l'application des traitements préventifs, il n'en a pas été de même dans les vignobles indigènes et beaucoup de vignobles italiens, dans lesquels aucun traitement n'est habituellement pratiqué. Le mildew, trouvant un milieu de chaleur et d'humidité extrêmement favorable à sa propagation, aurait pu prendre une certaine extension si l'application des traitements cupriques n'avait immédiatement enrayé la maladie. Quelques cas, assez rares d'ailleurs, de gommose bacillaire et de pourridié ont en outre été signalés. L'affection physiologique dénommée maladie pectique est apparue dans plusieurs vignobles à la suite des brusques variations de température et surtout après les brouillards du mois de juin. Cette maladie peut être dangereuse en Tunisie, parce que, de la disparition des feuilles qu'elle entraîne, il résulte que le raisin, beaucoup moins abrité, a davantage à craindre du siroco.

Enfin, comme les années précédentes, le vignoble tunisien a été reconnu indemne de phylloxera à la suite des visites faites par les experts du Syndicat général obligatoire des Viticulteurs.

La récolte de 1900 s'est élevée à 225,000 hectolitres environ, contre 171.000 hectolitres en 1899 et 210.000 hectolitres en 1898. Dans ce total, les vignobles du contrôle de Tunis entrent pour une production de 155.000 hectolitres; ceux de Grombalia pour 35.000 hectolitres; ceux de Sousse pour 13.000 hectolitres.

Les cours des vins ont été cette année inférieurs à ceux des années précédentes. Ils ont oscillé entre 14 et 16 francs l'hectolitre, alors qu'en 1899 ils avaient atteint 18 et 19 francs. Cette baisse, due en partie à ce que la production de la Tunisie a été importante, trouve surtout son explication dans l'abondance exceptionnelle de la récolte en France.

COMMERCE. — *La foire aux chevaux de Kairouan.* — Les colons français de la région de Kairouan réclament depuis plusieurs années la création d'une foire. Leur persévérance a triomphé de toutes les difficultés; à la fin du mois d'avril dernier, cette foire s'est tenue pour la première fois à Kairouan.

Elle avait attiré un grand concours d'indigènes. Des récompenses ont été distribuées aux plus beaux produits commerciaux, agricoles et industriels. Le Résident général, retenu à Tunis par la session de la Conférence consultative, avait délégué pour présider la cérémonie d'inauguration M. Touchon, contrôleur civil à Tunis, qui a été le premier contrôleur civil de Kairouan.

Le commerce du pétrole. — On lit dans la *Dépêche tunisienne* du 20 avril dernier :

« Mardi est arrivé, provenant de Batoum, le bateau-citerne *Sophie*, apportant à la Goulette le premier chargement de pétrole adressé à MM. Mangano et Cie, agents de la Société des pétroles.

Quelques minutes ont suffi pour que le bateau pût entrer dans le bassin que la Compagnie des ports a fait draguer à cet effet et s'adosser à l'appontement particulier des magasins de la Société des Pétroles.

Mille cinq cents tonnes, soit environ deux millions de litres, ont été débarqués dans le court délai de quatre heures et demie et ont été refoulés dans l'un des nouveaux réservoirs. Nous avons assisté aux opérations de transvasement et nous avons remarqué que l'étanchéité des conduites d'adduction et des réservoirs est telle, que pas une goutte de pétrole ne s'est vue.

Le pétrole est passé du bord aux réservoirs sans que les personnes présentes aient pu s'en apercevoir !

C'est avec satisfaction que nous avons constaté cet excellent résultat, qui fait le plus grand honneur aux ingénieurs de la Société des Pétroles et aux constructeurs, MM. Bertrand et Cie.

MM. Mangano et Cie ont bien voulu nous donner quelques renseignements sur les livraisons de pétrole qui vont, maintenant, se faire normalement, avec rapidité, soit en gros, dans des barils en acier galvanisé, soit au détail, dans des récipients très solides, d'un nouveau modèle et d'une contenance de dix-huit litres comme les anciennes boîtes à pétrole.

Nous sommes rassurés maintenant et nous savons que le pétrole, cet article de toute première nécessité dans les ménages, pour le chauffage, pour les moteurs industriels et agricoles, etc., se vendra constamment à des prix raisonnables que des spéculateurs ne pourront plus faire varier à leur gré.

Un nouveau pétrolier venant directement de l'Amérique est attendu pour la semaine prochaine : il apporte un chargement de pétrole *Atlantic.* »

On ne peut qu'applaudir à la fondation d'une entreprise dont le public retirera les bons effets. Nous exprimerons, cependant, le regret que ce soit une société américaine qui ait pu la réaliser et que les capitalistes, nos compatriotes, se soient laissé devancer par des étrangers dans une affaire qui promet d'être rémunératrice.

AFRIQUE OCCIDENTALE

Afrique occidentale française. — ADMINISTRATION. — *Organisation du troisième territoire militaire.* — Pour compléter l'organisation des contrées qui forment le 3e territoire militaire, le Gouverneur général de l'Afrique occidentale vient de créer deux agences spéciales coloniales, l'une à Say, et la seconde à Zinder.

Congo. — ADMINISTRATION. — *Perception de l'impôt.* — Nous avons signalé à plusieurs reprises les efforts très louables du commissaire général, pour concilier les intérêts de la colonie, avec ceux des commerçants établis au Congo.

Voici une nouvelle circulaire, par laquelle M. Grodet rappelle les administrateurs et commandants de région à l'observation des règlements.

Mon attention vient d'être appelée de la manière la plus sérieuse sur les inconvénients que présente, au point de vue du rendement de l'impôt, l'acceptation par les administrateurs ou commandants de cercle de marchandises importées.

J'ai l'honneur de vous rappeler que la pratique à laquelle je fais allusion est formellement interdite.

Partout où des factoreries sont établies dans des conditions suffisantes pour que l'indigène puisse échanger contre argent le produit de son travail, vous devez exiger le paiement de l'impôt en monnaie française.

J'ajoute que, lorsque vous recevez l'impôt en nature, vous devez chercher à le réaliser vous-même, et n'êtes autorisé à expédier au chef-lieu les produits versés que dans le cas où vous vous trouvez dans l'impossibilité absolue d'en poursuivre la vente sur place.

Toute manière de procéder, autre que celle que je vous recommande à nouveau avec la plus vive insistance, expose le budget local, comme cela vient de se produire, à des pertes que je n'hésiterais pas à laisser à la charge des administrateurs négligents.

Missions. — *La mission Chari-Sangha.* — M. le docteur Huot, médecin 1re classe des colonies, et M. l'Administrateur-adjoint des colonies V. Bernard, en mission, ont adressé à M. le Commissaire Général du Gouvernement au Congo un rapport dont nous extrayons les passages suivants.

1° Du Gribingui a la Oua.

« Partis du poste de Fort-Crampel le 20 octobre dernier, nous arrivons le lendemain soir au village de Ouangandi, situé sur une berge assez élevée, dominant la petite rivière Goura. Nous y employons une grande partie de la journée du 22 à interroger les chefs Ouangandi et Aassen, à constituer définitivement le convoi au moyen des 50 porteurs fournis par ces deux chefs et à introniser, suivant vos introductions, Ouangandi comme grand chef des N'Gaos. Nous nous remettons en route dans la soirée, accompagnés par Hassen qui s'est joint spontanément à nous, mais dont l'enthousiasme pour un tel déplacement ne devait être que de courte durée. Campement chez Outa le soir du même jour. Le lendemain matin 23, notre étape nous conduit chez le vieux Damamdjia, dont le village marque la limite du pays N'Gao dans cette direction. Excellent accueil de Dadmandjia, qui proteste de son dévouement au Commissaire du Gouvernement et de son entière soumission à ses volontés.

Nous campons à quelques kilomètres plus loin sur les bords du ruissseau Goumoco et le lendemain 24 arrivons au village Mandjia de Guéremba, qui a conservé un bon souvenir du passage de Bernard et nous fait un excellent accueil. Le 25, séjour chez Guéremba et visite de plusieur chefs Mandjias des environs, entre autre Gui a et Guidago, qui, très vraisemblablement à l'instigation des contremaîtres N'Gaos, s'offrent à nous accompagner jusqu'à la Oua avec une quarantaine de leurs hommes. Le 26 au matin, départ de Guéremba et arrivée à midi chez le chef Bako. Ce dernier nous sert de guide jusqu'au village bada de Léourou, où nous couchons. Nous apprenons que la Fafa n'est plus guéable à cette époque et qu'il n'existe de pont que dans le voisinage des Togbos, à deux jours de marche dans le sud. Cette circonstance qui nous offre l'avantage, au prix d'un léger allongement de reconnaître la Fafa sur une nouvelle partie de son cours, nous décide à abondonner momentanément l'itinéraire de Bernard.

« Après cinq jours d'une marche pénible à travers les grandes brousses qui couvrent les bords de la Fafa et de la Koumi, nous réussissons, guidés uniquement par la boussole et en utilisant le plus souvent les sentiers d'éléphants, à atteindre, le 31 octobre, le village de Maguita, grand chef bouroua. Depuis Léourou, nous avons quitté les Mandjias — que nous retrouverons bientôt sur la Oua — pour passer chez les Badas et les Yaboukas, maintenant nous traversons successivement les tribus des Bourouas chef Maguita, des Joosas, chef Bako, et des Man as, chef Garasco, appartenant toutes trois au groupe béréia. Le chef Garasco nous accompagne jusqu'à la Oua, que nous atteignons dans le matinée.

« C'est en pays N'Gao, à une dizaine de kilomètres à l'Ouest d'Ouangandi, que se trouve, dans cette région ordinairement peu ondulée, un seuil d'une cinquantaine de mètres de hauteur, formant plateau, qui constitue la ligne de partage des eaux entre le Gribingui et la Fafa, important affluent de la rive droite de la Oua. A partir de ce point, les cours d'eau, au lieu de couler du sud au nord, comme la Vassa, pour rejoindre le Gribingui, se dirigent de l'est à l'ouest pour se jeter dans la Fafa qui recueille dans cette région tous les cours d'eau de la rive droite de la Oua, à l'exception de la rivière Bobo, qui passe chez Garasco et se jette directement dans la Oua. La Fafa qui, d'après les indigènes riverains, aurait sa source dans les grandes montagnes, non loin de celles de la M'Biri (très probablement la M'Poko), a un cours très sinueux à direction générale S.-O.-N.-E., de 200 kilomètres de longueur environ. A partir de son confluent avec la Koumi, sa largeur en aval varie entre 40 et 60 mètres, à cette époque des hautes eaux, sa profondeur moyenne étant de 2 mètres 50 à 3 mètres. A partir de ce même point elle n'est encombrée d'aucun seuil rocheux et serait par conséquent accessible en tout temps aux pirogues et éventuellement aux vapeurs pendant la saison des pluies. Les principaux affluents sont la Dy, la Bowi et la Koumi, profonde rivière de 15 à 20 mètres de largeur, provenant des régions voisines de la Nana (Makorou), qui serait une précieuse voie de communication entre ce point et la Oua. Cette région, très peu accidentée, est irriguée par une quantité de petites rivières et recouverte, surtout dans le voisinage de la Fafa, de marais assez étendus.

« La faune ne diffère pas sensiblement de celle des environs de Fort-Crampel. On y retrouve le lion (Fafr) et la panthère. Les antilopes y abondent au moment de la repousse des jeunes herbes. Les éléphants, dont on ne constate presque point de traces entre Ouangandi et Léourou, semblent s'être rassemblés dans la grande brousse déserte des bords de la Fafa où ils vivent en sécurité par troupes considérables; les indigènes totalement dépourvus d'armes à feu, se risquent rarement à les attaquer avec les armes primitives dont ils disposent et paraissent, d'autre part, ignorer l'emploi des pièges usités dans d'autres régions. Ils se répandent ainsi jusqu'aux villages Béréias de Ouxa et de Maguitr (Bourouas.)

« Près de la Fafa, l'aspect du pays se modifiie sensiblement et rappelle assez les bords du Congo. Au lieu des grandes plaines broussailleuses du pays des N'Gaos, faiblement ombragées par quelques gommiers et autres arbustes de petite dimension, ce sont de profondes forêts formées d'arbres vigoureux et très riches en lianes à caoutchouc atteignant des dimensions surprenantes. Ce caoutchouc n'est d'ailleurs pas plus exploité ici que chez les Béréias qui en possèdent également sur le cours de leurs rivières, mais ignorent totalement sa valeur ainsi que la façon de le recueillir. Cette espèce donne un produit instantanément coagulable qui après chaque incision s'étale sur la liane en longues lanières élastiques que l'on peut détacher isolément puis agglutiner les unes aux autres de façon à former une boule compacte. Une liane moyenne donne 500 grammes de caoutchouc environ à chacune des saignées qui peuvent être répétées tous les deux mois, au dire des indigènes, sans que la plante en souffre en aucune façon.

« Les cultures vivrières sont toujours constituées par le mil, le manioc, le maïs, les patates douces, les ignames, les courges, les haricots, etc. A partir de chez les N'Gaos, on rencontre de vastes cultures de tabac de plusieurs espèces, de sésame et d'arachide. A signaler en outre une grande labiée à fleurs violettes, dont les cendres, après lavage, filtrage et évaporation, laissent un résidu employé comme sel indigène, dont nous rapportons un échantillon. Le coton paraît ici moins cultivé que sur la Oua.

2° RECONNAISSANCE DE LA OUA

Arrivés le 3 au matin sur la rive droite de la Oua, en vue du village de Bougadji, nous devons consacrer toute cette journée à parlementer par l'intermédiaire du chef béréria Garaso et des chefs maudjias Guida et Guédago avec les habitants du village qui ne sont pas rassurés sur nos intentions et se montrent peu disposés à nous fournir des pirogues et des vivres. Enfin, le lendemain, à 6 heures du matin, nous sommes en possession de trois pirogues moyennes et commençons immédiatement le passage de la rivière, d'ailleurs simplifié par la disparition du chef N'Gao Hassen et de ses 30 hommes, qui se sont enfuis au petit jour, en dépit de leurs engagements antérieurs et laissant entre nos mains sept fusils que nous avions eu la précaution de leur prendre la veille. Restent maintenant avec nous — et ils nous accompagneront jusqu'au bout — les N'Gaos de Ouangandi, nos Bondjos ou Ouaddas et une vingtaine de Mandjias de Guida qui ne devaient pas aller plus loin en principe, mais consentent maintenant à remplacer les N'Gaos d'Hassen jusqu'à la Sangha. A dix heures, le passage de la Oua est terminé. Toutefois, notre départ est légèrement retardé par la désertion de quelques Mandjias de Guida, rapidement revenus sur leurs dernières promesses et que nous devons remplacer au pied levé par des hommes de Bougadji. Aussi, ce jour-là, très courte étape jusqu'auprès du gros village de Ouangui, sur la Oua, non loin du Kaga Bakra.

« Le lendemain matin, 5 novembre, nous traversons ce village que les habitants viennent de déserter, abandonnant des quantités de cabris sur lesquels il est interdit à notre personnel d'effectuer aucun prélèvement au passage. Nous laissons le convoi sur la garde du sergent Abdoulaye et de 20 hommes et allons, accompagnés de 12 miliciens, faire l'ascension du Kaga Bakra, colline abrupte de 200 mètres de hauteur, d'où nous apercevons la Oua se déroulant à perte de vue dans l'Ouest au milieu d'une plaine mamelonnée et littéralement couverte de cases et de plantations. Lorsque nous rentrons à Ouangui, les habitants ont réintégré le village et, peu à peu mis en confiance, consentent à nous vendre à des prix infimes autant de cabris et de manioc que nous en désirons. Mais, au moment du départ, quand il s'agit de trouver un guide, tous s'éclipsent de nouveau. Nous nous mettons en route par une pluie battante et, tout en suivant exactement la rive de la Oua, arrivons le soir au village Bessé de Doungou où nous trouvons le même accueil craintif. Le lendemain, 6 novembre, quitté le territoire des Bessés pour entrer dans celui des Boundious, où nous traversons une série de petites agglomérations de trois ou quatre cases, disséminées dans les plantations et se succédant sans interruption tout le long de la Oua.

« Mêmes rives peu boisées, mamelonnées par endroits, même abondance de villages et de cultures durant les journées des 6, 7 et 8 novembre, sur les territoires des Boudémas, Bakalas, Sasarias, Bodaros et Sumbès, importante tribu chez laquelle nous campons le 8 au soir, au village de Boungara. Depuis la veille, les indigènes nous parlent avec persistance du voyage d'un blanc venu de l'Ouest il y a plusieurs lunes, sur la rive droite de la Oua. La description qu'ils en font paraît bien se rapporter à Perdrizet, mais aucun d'eux ne connaît le village de Gankoura que cet explorateur donne comme point terminus de son itinéraire. A Boungara, les renseignements se précisent au point de ne plus laisser subsister aucun doute. Le nom de Gankoura est toujours inconnu, mais le chef Boungara nous montre à quelque distance de la petite rivière Kémo, le village de Garao où s'est arrêté le blanc et d'où il est ensuite retourné sur ses pas jusqu'au village de Bingey où il aurait fondé un poste qui existerait encore. D'autre part, les indigènes nous citent quelques noms de chefs ou de villages de la rive droite (Akoumas, Bingey, Géné Pé, etc.) que nous retrouvons sur la carte de Perdrizet et aux mêmes distances environ que celles indiquées par les indigènes.

« Notre Garao est donc bien le Gankoura de Perdrizet.

Le dimanche, 11 novembre, départ de Boungara pour continuer l'exploration de la rive gauche sur un parcours de 75 kilomètres, parallèlement à l'itinéraire de Perdrizet sur la droite, jusqu'au village de Bobouna en traversant les territoires des Bofa-Bourou, des Boungones et des Bosanas. Le 14 novembre, nous retraversons la Oua à Boubouna et atterrissons au village d'Akouma, sur la rive droite, où nous adoptons l'itinéraire de Perdrizet sur un parcours de 50 kilomètres jusqu'aux villages de Benguey et de Touïanga où nous arrivons le 18 novembre, après avoir franchi la rivière Bâ, gros affluent de la Oua et traversé les territoires des Akoumas, des Afrazzas, des Andokos et des Bodalous. Au lieu du poste Européen que l'on nous avait dit exister à Benguey, nous ne trouvons qu'une bourgade de temps en temps visitée par des caravanes de Bayas ou de Haoussas venus des environs du poste de Carnot échanger des étoffes contre des cabris ou des volailles.

Du moins, nous avons maintenant la certitude absolue d'avoir rejoint l'itinéraire Perdrizet et ainsi heureusement accompli la première partie de de notre mission.

Du confluent de la rivière Bâ à l'île Gobo, la Oua très encaissée, encombrée de rapides, souvent morcelée en plusieurs bras, a un cours tourmenté, sinueux, qui suit cependant une direction générale Sud-Ouest-Nord-Est assez régulière jusqu'au massif montagneux des Kaga Ouaio, Dekouaïo et Dangua qui la refoule au Sud; au niveau de l'île Gobo, elle revient à l'Est pour reprendre ensuite sa direction primitive S.-O.-N.-E jusqu'à Bongodji Elle change alors totalement d'aspect. C'est maintenant une belle rivière de 150 mètres de largeur dont les eaux limpides et profondes coulant avec une vitesse moyenne de 5 kilomètres à l'heure, ne rencontrent qu'en deux points : au niveau du Kaga Rei et au niveau des Kaga Catara et Kaouéi, des seuils rocheux laissant d'ailleurs subsister de très larges passes. C'est assez dire qu'à partir de l'île Gobo et pendant la saison des hautes eaux, la Oua est accessible à tous les vapeurs. En amont, elle reste navigable pour les grandes pirogues et, à plus forte raison, pour les petites pirogues cylindriques du pays faites d'un tronc de borassus évidé.

« Les principaux affluents de gauche de la Oua sont : la Boéni, la Nana, la Bi et la Jouâ, provenant de régions très populeuses ; à signaler sur la rive droite : la Bâ, belle rivière de 35 mètres de largeur que nous avons pu suivre jusqu'à sa source.

« Dans les environs de Bougodji, on ne rencontre que quelques collines isolées : Kaga Bakra, Kaga Karabo se prolongeant jusqu'au Kaga Kaonéi sur la rive droite et déterminant à ce nivau un rapide d'ailleurs sans importance aux hautes eaux enfin les Kaga Bakala, Kratila, Ouaio et Balé. Mais à partir de ce dernier massif, le niveau général du terrain s'élève très sensiblement et sans interruption jusqu'à Benguey et Touïanga où la pression barométrique moyenne est de 695 millimètres au lieu de 710 à Bougodji.

« La faune des rives de la Oua se réduit à une très petite variété d'animaux. Les seuls fauves seraient la panthère et la hyène qui obligent les indigènes à abriter leur bétail dans de petites étables construites en solides madriers. Les antilopes y seraient nombreuses à la fin de la saison des pluies.

« Enfin, aux eaux basses, la rivière regorge d'hippopotames et de caïmans. Mais nulle part aucune trace d'éléphant, totalement ignoré des indigènes qui ne connaissent comme ivoire que les très rares bracelets apportés des bords de la Fafa.

« Les cabris et les volailles y existent en si grande abondance que les indigènes n'en font aucun cas et les vendent à des prix infimes : une petite cuillerée de perles représente la valeur d'un cabri ou de plusieurs volailles.

« Les bords de la Oua forment un contraste des plus frappants avec les forêts profondes des rives de la Fafa. Ce sont ici, en arrière de la ligne ininterrompue de villages qui bordent la rivière, de vastes plaines herbeuses entrecoupées de cours d'eau et où n'apparaissent que rarement quelques arbustes rabougris au feuillage grêle ; à peu de chose près, en somme, les paysages du bas Chari ou du haut Sénégal ; et ce manque presque total de végétation arborescente pourrait être un obstacle sérieux à la navigation à vapeur sur la rivière. Il va sans dire que le caoutchouc est très rare dans toute cette région ; on trouve cependant quelques lianes sur le parcours des petites rivières, et il est à peu près certain que l'arbre à caoutchouc s'y acclimaterait à merveille ; c'est du haut d'un bel arbre à caoutchouc, au sommet du Kaga Bagra, que nous avons pu examiner le paysage d'alentour. Toujours est-il que les indigènes vont chercher dans le sud, sur la rive droite de la Oua, le caoutchouc dont ils se servent pour confectionner leurs coiffures et pour ajuster après le bois les fers des flèches et des sagaies.

« Les plantations qui entourent chaque groupe de cases comprennent généralement du mil, du tabac, du manioc, du sésame, de l'herbe à sel, des ignames, patates, courges, etc. ; mais le mil et le tabac occupent toujours la place prépondérante. Il convient de signaler la culture d'un arbuste : l'Irri, dont le liber est employé comme étoffe indigène. »

Dahomey. — Actes officiels. — *Journal officiel du Dahomey*.

1er avril. — *Circulaire* ministérielle rappelant d'une manière toute spéciale les prescriptions des articles 2 et 3 du décret du 28 mars 1899 relatif au régime des terres domaniales. — *Circulaire* ministérielle portant que diligence soit faite pour que les dépenses engagées soient liquidées entièrement avant la fin de chaque exercice financier. — *Arrêté* du Gouverneur du 20 mars rattachant le territoire de Say au cercle du Moyen-Niger. — *Arrêté* du Gouverneur du 20 mars, autorisant le service des douanes à rembourser les trop perçus sur liquidation. — *Arrêté* du Gouverneur du 20 mars créant un service de colis postaux dans l'intérieur de la colonie, suivi du règlement de ce service.

Administration. — *Le territoire de Say.* — Le Gouverneur de la colonie a pris un arrêté rattachant le territoire de Say au cercle du Moyen-Niger.

Il y a créé un magasin du service local. Ce magasin est destiné à recueillir tous les versements en nature faits à la colonie, à quelque titre que ce soit, ainsi que les vivres destinés à la ration du personnel en service dans le nord de la colonie.

Le lieutenant Tilho, de la 7e compagnie de Tirailleurs Sénégalais, est nommé Résident du territoire de Say ; et le sergent Colin de la même compagnie, magisinier du service local.

Commerce — *Usages commerciaux.* — Le rapport d'ensemble sur la situation de la colonie en 1899 et les ouvrages publiés l'an dernier à l'occasion de l'Exposition, nous ont fourni d'intéressants détails sur les usages commerciaux du Dahomey. Le Gouverneur vient de compléter ces renseignements par les notes suivantes :

A l'*importation*, les charges qui pèsent sur l'expéditeur peuvent se décomposer de la manière suivante :

L'assurance qui s'élève à 62 cent. 1/2 0/0 ;

La commission qui est environ de 2 0/0 en France et qui varie entre 2 et 5 0/0 en Angleterre ;

Le fret, jusqu'en rade de Cotonou, de Ouidah et de Grand Popo ; celui-ci monte au maximum à 50 francs la tonne ; il varie, d'ailleurs selon, la qualité de la marchandise, et peut descendre jusqu'à 30 francs la tonne par suite d'arrangements pris entre les maisons de commerce et les Compagnies de navigation. Il convient également de tenir compte, dans l'évaluation des prix du fret, de la saison, de l'encombrement des navires ; les capitaines des Compagnies qui desservent la côte occidentale d'Afrique, entrent volontiers en arrangements, à leurs voyages de retour, pour compléter la cargaison de leurs bâtiments.

Aux prix que nous avons indiqués plus haut, il faut, en ce qui concerne les marchandises à destination de Porto-Novo, ajouter les frais de passage par le wharf et sur la lagune, qui s'élèvent à 16 francs la tonne ou le mètre cube.

Les débarquements à Ouidah et à Grand-Popo se font par embarcations et varient entre 4 et 5 francs la tonne.

Exportations. — Il n'existe pas de succursale de Compagnies d'assurances, permettant d'assurer les marchandises exportées du Dahomey.

Il n'y a pas non plus de commissionnaires, et les transports sont à la charge de l'acheteur.

Les marchandises sont expédiées en Europe à la maison mère par ses représentants qui sont en compte courant avec elle ; ils lui renvoient, habituellement, des produits et, très rarement, de l'argent. Ce sont au contraire, le plus souvent, les maisons mères qui sont obligées de faire des envois de fonds, généralement en billets de la Banque de France à leurs représentants, en vue d'assurer le paiement des droits de consommation dans la colonie. Ces droits sont perçus d'après un tarif qui est annexé au budget local.

Nous n'avons aucune indication particulièrement intéressante à donner en ce qui concerne la réception des marchandises. Une fois dédouanées, elles sont mises en entrepôt ou livrées à la consommation. Les indigènes se fournissent dans les factoreries mêmes de la côte et supportent les frais du transport dans l'intérieur de la colonie.

Les commerçants ont toujours dû consentir des crédits à longue échéance, crédits ne reposant, pour la plupart du temps, que sur la bonne foi des gens. Ce n'est pas directement au consommateur indigène que les factoreries vendent leurs produits, elles passent par l'intermédiaire de traitants parfois d'une moralité douteuse. Aussi quelques maisons ont-elles supporté des pertes considérables par suite de crédits non rentrés. Les commerçants, instruits par cette expérience, tendent de plus en plus à réduire le crédit et à supprimer l'intermédiaire du traitant, pour s'adresser directement à l'indigène.

Aucun autre usage commercial ne mérite d'être particulièrement signalé.

Postes et Télégraphes.— *Service des petits colis postaux.* — Le Gouverneur de la colonie vient de créer un nouveau service qui sera de la plus grande utilité aux colons.

Depuis le 1er mars dernier fonctionne un service de petits colis, qui circulent seulement dans l'intérieur de la colonie.

Ce service est assuré par les agents des postes et télégraphes.

Le poids maximum de chaque colis ne doit pas excéder 1 kg. 500. La taxe perçue, quelle que soit la destination, est fixée comme suit :

De 350 à 500 grammes..................	0 fr. 50
De 501 gr. à 1 kilog.....................	0 fr. 75
De 1 kg. 001 à 1 kilo 500 grammes........	1 fr. »

L'affranchissement des colis est obligatoire.

Les dimensions maxima sont 0m40 en longueur et 0m20 en largeur ou hauteur.

Sénégal. — Actes officiels. — *Journal Officiel. 13 avril.* — *Dépêche* ministérielle, sur la réduction de la taxe télégraphique. — *Notification* d'un arrêté concernant l'application de l'article 81 § 4 de la loi de recrutement. — *Arrêté* portant création dans le 3e territoire militaire de deux agences spéciales coloniales.

Administration. — *Notification des décès.* — Le *Journal Officiel du Sénégal* du 13 avril contient un arrêté promulguant dans la colonie les instructions ministérielles sur la notification des décès ou disparitions des officiers, fonctionnaires, etc... relevant du ministère de la marine. La longueur de ces documents nous empêche de les publier, mais il faut remarquer que le Ministre a tenu à ce que la famille du défunt fût toujours informée télégraphiquement de la perte qu'elle venait de faire.

Le retour en France de M. Ballay. — M. Ballay, Gouverneur général de l'Afrique Occidentale vient de rentrer en France.

Sa santé, éprouvée par le climat de la colonie et l'activité qu'il a dû dépenser pour remédier à la crise commerciale du Sénégal, l'obligent à prendre un repos bien mérité.

Le gouverneur compte profiter de son séjour en France, afin de s'entendre avec le ministre des colonies pour l'exécution des travaux qu'a reconnus indispensables la mission sanitaire envoyée au Sénégal et qui ne sauraient être différés sans compromettre l'avenir de la colonie.

Interviewé à son arrivée, M. Ballay a fait les déclarations suivantes :

« L'état sanitaire du Sénégal, a-t-il dit, est aussi satisfaisant que possible. Par ci par là, les médecins découvrent bien encore quelques cas de fièvre jaune, mais ils sont bénins. La colonie a repris son activité normale.

« Quant à la mission sanitaire, présidée par le médecin inspecteur Grall, que le gouvernement avait envoyée au Sénégal, elle a, malgré le peu de temps qu'elle a passé dans la colonie, rapporté des éléments suffisants pour établir un programme de travaux d'assainissement auxquels elle attache une grande importance. J'adopte d'ailleurs entièrement ses vues et j'ai la conviction comme elle, qu'une fois ce programme de travaux exécuté, la fièvre jaune déclinera ou tout au moins ne se produira pas avec l'intensité qu'elle a eue en 1900. Mais pour mener cette œuvre à bien il va falloir de l'argent, beaucoup d'argent.

Assurément, les seules ressources de la colonie n'y sauraient suffire, et il faudra que, sous forme d'emprunt et avec l'aide des pouvoirs métropolitains, le concours nécessaire lui soit assuré. »

Ce sont les détails de cet emprunt que le gouverneur général vient régler en France, et on ne peut que souhaiter que les travaux très importants d'assainissement qui vont être entrepris au Sénégal, empêchent le retour d'un fléau qui aurait pu lui causer un préjudice énorme sans l'énergie de son chef.

Commerce. — *Statistique du 1er trimestre 1901.* — Le commerce du Sénégal commence à se relever de la crise qu'il avait subie lors de l'épidémie de fièvre jaune. Les statistiques du 1er trimestre, qui viennent de paraître, sont des plus satisfaisantes, et que l'on trouvera ci-dessous; presque toutes les recettes douanières sont en augmentation sur la même période de 1900.

Voici le montant des recettes douanières réalisées :

Détail des Recettes		Recettes du 1er janvier au 31 mars 1901	1900
Droits de sortie	Gommes	5.180 18	2.179 31
	Casamance	15.064 04	24.297 32
Droit sur les caoutchoucs		5.591 75	5.119 35
Droit d'importation		973.585 12	427.628 71
Droit de douane		477.595 01	300.935 05
Taxe de consommation		299.170 93	274.925 33
Droits de navigation	Ancrage	64.331 13	57.437 67
	Autres	4.249 34	6.552 14
Dépôt et magasinage		1.617 70	818 35
17 0/0 sur le produit des amendes et confiscations		36 41	152 88
Produit des ventes		» »	54 »
Recettes accessoires et accidentelles à expliquer		» »	» »
Totaux		1.846.421 61	1.100.100 11
Octroi municipal		136.394 97	147.954 61
		Douane : En plus : 746 30	

Il est à signaler que les recettes perçues pendant les trois mois en revue dépassent la *moitié* des prévisions budgétaires pour l'exercice 1901 tout entier.

Postes et Télégraphes. — *Réduction du tarif des télégrammes.* — A la suite des démarches faites par le sous-secrétaire d'Etat aux Postes et Télégraphes en vue d'obtenir une réduction de taxe en faveur des télégrammes échangés entre le Sénégal et l'Afrique du Sud, les Compagnies intéressées avaient consenti à appliquer, à partir du 1er janvier 1901, le tarif uniforme européen de 4 fr. 375 par mot aux télégrammes de cette catégorie acheminés par les voies Bathurst-Saint-Vincent-Ascension et Bathurst-Loanda.

C'est une réduction importante sur le tarif actuel qui était de 10 francs par mot par la voie Bathurst-Loanda.

La répartition de la nouvelle taxe sera la suivante :

Entre le Cap, le Natal, le Transwaal et l'Orange et

	LE SÉNÉGAL via Bathurst		LES CANARIES via Bathurst	
	LOANDA	ST-VINC.	LOANDA	ST-VINC.
Taxe terminale des Canaries	—	—	0.20	0.20
Câble Teneriffe St-Louis	—	—	0.75	0.75
Taxe du Sénégal	0.20	0.20	0.10	0.10
Section Saint-Louis-Loanda	2.025	—	2.025	—
Section Loanda-Le Cap	2.15	—	1.50	—
Section Saint-Louis Saint-Vincent	—	2.11	—	2.12
Section St-Vincent-Le Cap	—	2.055	—	1.205
	4.375	4.375	4.375	4.375

Pour les autres pays de l'Afrique méridionale, il y aura lieu d'ajouter à la taxe de 4 fr. 375 les taxes terminales fixées pour les télégrammes échangés entre ces pays et l'Europe.

En ce qui concerne particulièrement la voie Bathurst-Loanda, la nouvelle taxe a été rendue possible par l'abaissement à 2 fr. 025 de la taxe afférente au parcours Saint-Louis-Loanda.

AFRIQUE ORIENTALE

Madagascar. — Actes officiels. — *Journal officiel de Madagascar et dépendances.*

20 mars. — Instructions sur l'organisation de l'assistance médicale et de l'hygiène publique indigènes à Madagascar. — *Arrêté* du 17 mars, portant organisation des services de l'assistance médicale et de l'hygiène publique indigènes dans l'Imerina et le Betsiléo. — *Décision* fixant la composition du Comité central consultatif de l'assistance médicale et de l'hygiène publique indigènes. — *Arrêté* fixant les subventions du budget local attribuées aux budgets provinciaux de l'assistance médicale indigène. — *Arrêté* du 6 mars, règlementant la perception des frais de surveillance des distilleries et des brasseries.

23 mars. — *Arrêté* promulguant dans la colonie le décret du 6 janvier 1901 organisant provisoirement le service de la justice militaire pour les troupes coloniales. — *Décret.* — *Règlement* sur l'organisation et le fonctionnement d'un service de cession de graines et de plants aux particuliers.

27 mars. — *Arrêté* modifiant les articles 1, 2 et 5 de l'arrêté du 8 novembre 1898 fixant la composition du personnel européen de la police administrative et judiaire de Madagascar et dépendances.

Administration. — *Administration. Côte Est.* — On nous écrit de Tamatave, à la date du 2 avril :

« L'île de Madagascar ayant été divisée en quatre parties, dont chacune sera administrée par un commandant supérieur, nous allons avoir un administrateur de la Côte Est, qui aura naturellement sous sa juridiction la province de Tamatave.

Cest M. Martin qui a été désigné comme commandant supérieur de la Côte Est et qui doit arriver prochainement.

Nous aurons donc, à Tamatave, cinq administrateurs :

M. Martin, commandant supérieur de la Côte Est;

Radou, administrateur adjoint au commandant Martin;

Dubosc-Faret, administrateur, maire de Tamatave;

Guédès, administrateur de la province de Tamatave;

Vali, administrateur, adjoint à M. Guédès. »

CHEMINS DE FER. — *Chemins de fer. Adjudication.* — Les adjudications des terrassements et maçonnerie des premiers (26 kilomètres) et deuxième (30 kilomètres) lots ont eu lieu le 19 octobre, sur les cahiers des charges présentés par l'Inspecteur général des travaux publics des colonies, et approuvés par le ministre.

Les deux lots ont trouvé preneurs avec des rabais de 12 0/0 pour le premier lot et de 6 0/0 pour le second, sur les prix de la série.

Les entrepreneurs ont dû prendre possession des chantiers à la date du 1er avril dernier.

La colonie a pris à sa charge les travaux préparatoires suivants :

1° Piquetage de l'axe du tracé ;

2° Installation d'une voie Decauville paralèllement au tracé;

3° Installation des travailleurs.

Dès le mois de juin 1900, un service spécial a été installé, à l'origine de la voie ferrée, en vue de l'exécution de ces travaux préparatoires.

Le retard mis à l'achèvement du canal des Pangalanes a quelque peu entravé la marche de ces travaux, qui sont néanmoins en bonne voie.

COMMERCE. — *Situation commerciale de Tananarive.* — Nous extrayons ce qui suit d'une lettre de notre correspondant de Tananarive, en date du 4 avril :

« La situation des affaires est toujours languissante et il est bien à souhaiter que d'ici deux mois les transports se fassent plus rapidement et permettent l'activité des transactions entre la côte et la capitale. Les charrettes à bœufs et surtout les charretons à bras réussiront certainement. Quant aux automobiles, la colonie attend avec impatience les sérieuses expériences que la *Société d'Etudes et de Transports* tentera en mai et juin. »

HYGIÈNE. — *L'assistance médicale à Madagascar.* — Un arrêté du général Galliéni, du 17 mars 1901, a définitivement organisé ce service. Un Comité central consultatif de l'Assistance médicale et de l'hygiène publique indigènes a été créé à Tananarive. Dans les provinces, des commissions régionales assureront le fonctionnement de l'assistance médicale. Les malades indigents, les femmes enceintes, les enfants abandonnés, les infirmes et les vieillards sans ressources seront soignés et recueillis dans les hôpitaux de la province ou dans des établissements privés qui auront traité avec la colonie.

Un budget spécial autonome est créé pour chaque province; il est alimenté :

1° Par les dons en nature ou en argent des particuliers, des fokon'olona ou des corps de village.

2° Par une subvention du budget local, calculée à raison de 0 fr. 20 c. par an et par habitant.

3° Pour des provinces où est instituée la taxe des léproseries, par une subvention supplémentaire du budget local, représentant le montant du produit de ladite taxe.

4° Par le produit des journées d'entretien des malades payants dans les hôpitaux.

En cas d'insuffisance de recettes d'un budget provincial, il pourra être alloué une subvention spéciale prélevée sur les excédents de recettes des autres budgets provinciaux de l'assistance médicale indigène.

Enfin, les médecins indigènes, sous le contrôle des médecins militaires, assureront le service des hôpitaux, feront des tournées dans les villages, donneront des conseils et consultations gratuites aux habitants, et vulgariseront, par des conférences faites aux fonctionnaires indigènes, les principes généraux de l'hygiène et les règles élémentaires de la médecine domestique.

Dans une circulaire relative à l'application des dispositions de cet arrêté, le général Galliéni s'exprime ainsi :

« Ces questions touchent de près aux intérêts immédiats et à l'avenir économique de Madagascar. Nous repeuplerons ainsi la grande île, et nous assurerons, dans un avenir assez rapproché, la mise en valeur complète et la prospérité définitive de la colonie.

« Nos administrateurs, dit-il en terminant, doivent être bien persuadés que nulles dépenses ne serviront plus efficacement la cause de l'humanité en même temps que celle de l'influence et de la colonisation françaises à Madagascar.

MOYENS DE TRANSPORT. — *Nouveau service des Chargeurs Réunis.* — On nous écrit de Madagascar : « La compagnie des Chargeurs va inaugurer une nouvelle ligne du Havre au Japon, qui passera par Diégo-Suarez, Colombo, Singapore, les ports de Chine et de Japon.

Le premier voyage sera effectué par la *Ville de Pernambuco*, qui est attendue de jour en jour.

Cette Compagnie aura une ligne annexe qui desservira tous les ports de la côte est de Madagascar et qui sera postale. La subvention accordée, serait, dit-on de 100.000 francs. »

SITUATION GÉNÉRALE. — *Côte est : orage et raz de marée à Tamatave. — Les criquets. — Travaux du chemin de fer.* — Un de nos abonnés nous adresse de Tamatave (2 avril) l'intéressante lettre qu'on va lire : «..... La côte Est, en général, et notre port en particulier, ont été visités la semaine dernière par un violent orage qui a duré trois jours. A part des dégâts causés aux travaux du boulevard maritime par un raz de marée, la ville de Tamatave n'a heureusement pas trop souffert. Mais la route de Tananarive a, paraît-il, été beaucoup éprouvée.

De Mahatsara à Beforona, les inondations ont détruit les ponts et détérioré la route à plusieurs endroits.

De Beforona à Moramanga des éboulements importants nécessiteront un déblayage qui durera bien quinze jours.

De Moramanga à Tananarive la route n'a pas souffert ; en tout cas le trafic est momentanément arrêté, les charrettes de MM. Pochard et Wilson ne pouvant pas continuer leur route.

D'aute part, toute la récolte de riz, sur la route de Tananarive, est, dit-on, absolument détruite par les sauterelles. Les criquets achèvent l'œuvre de destruction des sauterelles.

Il en est de même dans l'intérieur de la province de Fénérive où le riz atteint des prix inabordables.

Un télégramme de Paris du 20 mars, nous a appris qu'un décret autorisait Madagascar à emprunter dix millions à prélever sur la caisse des retraites pour les travaux du chemin de fer.

Les travaux du chemin de fer doivent commencer aujourd'hui (1er avril), mais, d'après ce que m'ont dit plusieurs entrepreneurs, on craint bien que le Génie ne soit pas prêt pour cette date.

Il n'y a, en effet, paraît-il, pas de quoi abriter les ouvriers étrangers. On doit donc commencer par construire des abris.

De plus, les embarcations du Génie qui ne pouvaient pas remonter la rivière de Mahatsara à Anivarane par suite du peu d'eau de cette rivière, n'ont pas la force de remonter le courant formé par une crue subite due aux grosses pluies qui ont suivi l'orage dont je vous parle plus haut. De sorte que les matériaux ne peuvent être transportés là qu'au prix d'énormes sacrifices, à 30 francs la tonne.

On manque, de plus, de madriers, et on se demande quand les travaux pourront sérieusement commencer.

Certains entrepreneurs craignent que la soumission des 100.000 traverses, qui doit se faire ces jours-ci à Tananarive, ne précède de trop longtemps l'emploi de ces traverses qui seront pourries en partie lorsqu'on les utilisera ; on ajoute que les 45 millions réservés au chemin de fer ne suffiront pas de beaucoup à l'achèvement de cette entreprise.

Etat sanitaire de Diégo-Suarez et de Tamatave. — De nos correspondants, sous la date des 2 et 4 avril :

« Diégo-Suarez : l'état sanitaire de notre place laisse beaucoup à désirer en ce moment. L'hôpital militaire regorge de fiévreux et la variole vient d'éclater dans la partie de la ville habitée par les Malgaches.

Cependant nous n'avons pas entendu dire que des Européens aient été atteints.

Néanmoins, l'*Oxus*, qui vient d'arriver, porteur de la malle d'Europe, a mis la terre en quarantaine et, par suite, ne prend aucun passager pour Tamatave, la Réunion et Maurice.

Tamatave : Notre place a souffert depuis cinq à six semaines d'une petite épidémie de fièvre dingue dont nous avons presque tous été atteints plus ou moins. »

TRAVAUX PUBLICS. — *Les Travaux publics à Madagascar.* — Le Lieutenant-colonel Roques, directeur du génie et des travaux publics, a rédigé sur la marche générale du service des travaux publics pendant l'année 1900 un rapport que la *Journal officiel* de la colonie a publié tout récemment. Ce document donne des détails sur les travaux des routes de l'île, détails que nous avons donnés en leur temps, ainsi que ceux concernant le wharf de Tamatave et les ports de Majunga et de Diego-Suarez. Parmi les travaux exécutés sous la direction immédiate du directeur des travaux publics, nous signalerons ceux des phares. On a commencé les fondations du phare de Katsepe, qui, avec ceux d'Anorombato et de la Ponte de Sable, déjà mis en service, complètera l'éclairage de la rade de Majunga.

La tourelle et l'appareil lumineux du phare de Katsepte sont attendus, dans la colonie, au mois de juin. Le montage pourra commencer anssitôt.

Les logements des gardiens des trois phares de Majunga ont été construits en 1900.

A Tamatave, les deux phares construits sur la pointe Hastie et sur la pointe Tanio ont été reconnus insuffisants pour permettre l'accès de la rade pendant la nuit ; on étudie l'installation d'un grand feu pour l'atterrissage.

On a construit, en 1900, les logements des gardiens des deux premiers phares.

L'ancien appareil de l'ilot des Aigrettes, à Diego-Suarez, n'avait pas une portée suffisante pour éclairer les abords de la passe. On le remplace par un appareil plus puissant, qui vient d'arriver dans la colonie.

Un service spécial va être installé à Nossi-Bé pour l'étude et, ulérieurement, l'amélioration des feux de cette rade et la construction des feux de l'ilot Boisé et de Nosy-Iranja.

Pour assurer une meilleure hygiène dans les grandes villes de l'île et aussi des facilités plus grandes aux habitants, on a exécuté les travaux suivants :

La ville de Tananarive est construite sur une colline dont on a souvent comparé la forme à celle d'un Y et dont le sommet le plus élevé est situé à une altitude de 186 mètres au-dessus de la plaine de l'Ikopa.

Les habitants ont profité de tous les méplats du terrain pour y édifier leurs habitations sans que le gouvernement hova se soit jamais préoccupé de leur imposer un alignement ou d'ouvrir des rues. Les maisons sont jetées pêle-mêle sur les flancs de la colline. On y accède par des ruelles étroites, tortueuses, escarpées, qui se transforment en torrents au moment des grandes pluies.

Dans ces conditions, l'ouverture de rues régulières est une opération difficile et onéreuse. Elle exige l'extraction d'un cube considérable de déblais, souvent rocheux, la confection de murs de soutènement et des expropriations nombreuses.

Cette opération a été entreprise dès 1897 et poursuivie avec activité.

Sans compter la route circulaire, qui contourne toute la colline, les rues accessibles aux voitures dans l'intérieur de la ville ont un développement de 6 kilomètres 857 mètres.

Un grand nombre de ruelles ont été rectifiées et élargies.

Les bâtiments communaux ont été maintenus en leur état.

Le théâtre municipal a été muni d'annexes : magasins aux décors, loges d'artistes, etc.

Des postes de police et des latrines publiques ont été construits dans les divers quartiers.

L'abattoir a été amélioré.

Un logement de gardien et un dépositoire ont été construits au cimetière.

Une subvention de 380.000 fr., accordée à la ville sur les fonds de l'emprunt, va permettre de donner une grande impulsion aux travaux communaux.

La première impulsion aux travaux communaux de Tamatave a été donnée, en 1898, par le service des travaux publics de la colonie, qui a dressé le plan général de la ville et de ses futurs quartiers, avec leurs réseaux d'égouts et de canalisations d'eau potable, et établi les plans d'alignement détaillés des diverses rues.

Ce travail a été soumis au ministre, sous le nom de projet d'assainissement de la ville de Tamatave.

Les travaux se sont poursuivis depuis cette époque avec activité.

Les rues les plus importantes, autrefois étroites et tortueuses, ont été élargies et alignées.

On a entrepris la construction des égouts et des trottoirs dans la rues du Commerce.

Un marché couvert, avec charpente métallique, et un abattoir ont été construits. Des latrines publiques ont été réparties dans les divers quartiers de la ville.

Un service des vidanges a été organisé.

En attendant les travaux d'adduction d'eau potable, dont l'étude de détail est sur le point d'être terminée, les puits de la ville ont été munis de pompes.

On étudie, en ce moment, le drainage des marais les plus voisins de la ville.

Le chemin de fer des Pangalanes, qui doit être prolongé jusqu'à la pointe Tanio, pour desservir les établissements militaires, facilitera les communications entre les anciens et nouveaux quartiers. Cette voie ferrée se dirigera, ultérieurement, quand les ressources le permettront, de la pointe Tanio au Mahangareza, à travers la ville, et viendra se souder au chemin de fer d'Ivondrona.

La ville sera ainsi dotée d'une sorte de métropolitain, dont la topographie locale rend l'exécution particulièrement facile.

La ville de Majunga, se trouvant dans des conditions sanitaires meilleures que celles de Tamatave, et ayant été, jusqu'à présent, indemne de peste bubonique, les travaux communaux y ont été moins activement poursuivis. Cependant, les rues ont été alignées et mises en état et, récemment, une subvention de 400.000 francs a été accordée à la commune, pour ses principaux travaux d'édilité.

Cette subvention permettra de poursuivre l'alignement des rues et de construire un marché et un abattoir.

La question de l'adduction d'eau potable est à l'étude et semble devoir aboutir à une solution facile à réaliser.

Mayotte. — COMMERCE. — *Usages commerciaux.* — A la date du 2 mars, le gouverneur de Mayotte et dépendances, adressait au ministre des Colonies, un rapport dont nous extrayons les renseignements suivants sur le commerce de la colonie :

Les importations sont de deux origines, Marseille et Bombay; selon qu'elles consistent en produits de consommation européenne, c'est-à-dire tissus, modes, vins, farine, conserves, liqueurs, salaisons, beurre, graisse, huile, savon, quincaillerie, etc.; ou en produits de consommation indigène, toiles dites simbous, riz, beurre arabe, etc....

Le commerce des objets de consommation européenne est entièrement aux mains d'un créole de Maurice, qui dirige deux boutiques situées l'une à Dzaoudzi, l'autre à Mutsamudu.

Quelques particuliers font venir des colis postaux de France et l'Administration locale s'était jusqu'ici approvisionnée par l'intermédiaire du Département des objets de quincaillerie ou de consommation nécessaires aux divers services.

Presque toutes les marchandises destinées aux Européens sont de fabrication française et sont exemptes de droits de douane; elles sont grevées des commissions, des primes d'assurance et du fret par Messageries maritimes. Sur les deux premiers points, je n'ai pu avoir du seul commerçant de l'archipel, des indications précises. En ce qui touche le fret, il varie selon la nature des chargements de 50 à 75 francs.

Tous les ans, une proportion de sept à dix boutres indiens, d'un tonnage moyen de 100 tonnes, apportent de Bombay, à la faveur de la mousson, des tissus spéciaux aux indigènes et du riz, ainsi que certaines épices préparées en petite quantité. Ces marchandises, sauf le riz qui en est exempté, acquittent les droits du tarif général. Les destinataires sont des Indiens et se montrent très réservés au sujet de leurs usages, et des prix de revient des objets importés. J'ai pu savoir que les commerçants indiens sont des associés ou des commis de maisons de Bombay, dont les magasins des Comores sont de simples succursales.

En dehors du riz, que la métropole ne pourrait fournir, les efforts du commerce français devraient se porter à substituer les tissus de fabrication nationale à ceux qui proviennent de l'Inde.

L'étoffe, en usage dans la colonie, de dimensions particulières et de fabrication également spéciale est de composition fort grossière; elle est utilisée comme suit : un des côtés est enroulé autour de la taille, de manière que le tissu entoure les deux jambes à la fois, formant ainsi jupon et substituant le pantalon; les deux sexes s'en servent de cette façon. Les hommes se couvrent la partie supérieure du corps d'un tricot de coton, quelquefois d'une chemise de coton qui descend alors jusqu'aux jambes, et les femmes, dont le simbou, plus grand a été enroulé non à la taille, mais au-dessus des seins, couvrent leurs épaules d'un autre simbou plus petit.

Il serait difficile de savoir quel peut être le bénéfice réalisé par les vendeurs; il est certainement minime et, pour que les commerçants indiens des Comores, substituent un produit français à celui de l'Inde, il conviendrait que la différence de prix fût très sensible, c'est-à-dire que la marchandise française fût livrée sous palan dans la colonie à un prix au plus égal au droit de douane. Même dans ces conditions on peut se demander, étant donné que les maisons indiennes de Mayotte sont des succursales de maisons de Bombay, si les mêmes commerçants s'approvisionneraient en France.

D'autre part, l'intermédiaire de l'Asiatique ou de l'Africain est indispensable pour la vente aux indigènes. Il faut, en effet, que le marchand vende à crédit aux travailleurs et se présente sur les propriétés au moment de la paie pour se faire rembourser.

Sous ce climat, ces déplacements entraîneraient pour des Européens des frais dont l'Indien ou l'Arabe fait l'économie en parcourant de longues distances à pied et en se nourrissant d'un peu de riz

L'exportation est limitée au sucre; au café et à la vanille expédiés en France aux représentants des propriétaires des îles et pour la plupart à ces propriétaires eux-mêmes qui habitent l'Europe.

A Mayotte, les expéditeurs tirent des traites et les escomptent aux mains des Indiens commerçants, de telle sorte qu'il y a peu d'entrée ou de sortie de monnaie. A Anjouan, où la consommation indigène est moins considérable qu'à Mayotte, en raison de ce que les salaires y sont beaucoup moindres, les colons font venir des roupies de Zanzibar et les paient en traites sur l'Europe; quelques-uns reçoivent, lorsqu'il y a sur place un stock suffisant de roupies, des billets de la Banque de France par lettres chargées.

A Mohéli, il est procédé de semblable façon qu'à Anjouan.

En ce qui touche la Grande-Comore, les exportations ont été jusqu'ici de trop faible importance pour qu'un usage se soit assis.

AMÉRIQUE

Guyane. — ACTES OFFICIELS. — *Journal officiel*

2 mars. — Arrêté ayant pour objet de réprimer le maraudage en matière d'industrie aurifère et de réglementer la circulation et la vente de l'or natif.

9 mars. — *Arrêté* promulgant le décret du 6 août

1887, qui déclare applicable aux colonies la loi du 10 juillet 1885 sur l'hypothèque maritime, et réglant les conditions d'application de cette loi. — *Sentence* arbitrale du conseil fédéral suisse.

23 mars. — *Arrêté* fixant les conditions générales pour les fournitures de toute espèce à exécuter en vertu de marchés passés dans la colonie.

Martinique. — Actes officiels. — *Journal de la Martinique.*

19 mars. — *Arrêté* autorisant la Banque de la Martinique à distribuer un dividende de 4 0/0 pour le premier trimestre de l'exercice 1900-1901.

Finances. — *Nouvelles taxes.* — Le *Moniteur de la Martinique* du 2 avril contient les arrêtés du Gouverneur, promulguant dans la colonie les décrets autorisant la création de taxes nouvelles.

Les chèques envoyés de place en place seront soumis au droit de timbre de 0 fr. 20.

Il est établi dans la colonie un droit de transmission de 0 fr. 50 pour 100 fr. sur les actions et obligations des sociétés, compagnies ou entreprises.

Ce droit, pour les titres au porteur, et pour ceux dont la transmission peut s'opérer sans un transfert sur les registres de la société, est converti en une taxe annuelle et obligatoire de 0 fr. 20 par 100 francs du capital desdites actions et obligations.

ASIE

Indo-Chine. — Actes officiels. — *Journal officiel de l'Indo-Chine française (1re Partie).*

14 mars. — *Arrêté* du 4 mars déclarant le territoire de Kuang-tcheou contaminé de peste.

18 mars. — *Arrêté* du 14 février fixant la procédure des aliénations des terrains domaniaux affectés à l'établissement de la ville de Quang-tchéou. — *Arrêté* du 16 mars déclarant le port de Hongkong contaminé de peste. — *Lettre* du directeur des affaires civiles à M. le lieutenant-gouverneur signalant les principales dispositions des actes réglementant les droits d'enregistrement, tant en matière française qu'en matière indigène et le timbre, qui entrent en vigueur à compter du 15 mai 1901. — *Décision* fixant le prix de cession aux exportateurs des opiums bruts et préparés de la régie à partir du 1er mars 1901.

21 mars. — *Arrêté* promulguant en Indo-Chine le décret du 6 janvier 1901, organisant provisoirement le service de la justice militaire pour les troupes coloniales. — *Décret.* — *Arrêté* du 14 février instituant une commission chargée de procéder aux adjudications des travaux d'infrastructure et bâtiments, ballastage et pose de voie de la ligne de Hanoï à Nam-dinh et à Vinh (2e section Ninh-Binh-Song-Mai, et 3e section Song-Mai-Vinh.)

Administration. — *Timbres mobiles.* — Indépendamment des timbres mobiles prévus par l'article 6 de l'arrêté du 13 novembre 1900, pour l'acquit des droits de timbres proportionnels, il est créé, dans les mêmes conditions, des timbres mobiles aux valeurs de

0 p. 80	pour effet de.	1.001	à	2.000 p. 00
2 00	— de.	4.001	à	5.000 p. 00
4 00	— de.	9.000	à	10.000 p. 00
8 00	— de.	10.001	à	20.000 p. 00

L'emploi, l'apposition et l'oblitération de ces timbres sont réglés par les articles 7, paragraphe 2, 34 et suivants de l'arrêté du 13 novembre 1900.

Les sommes exprimées en francs dans les effets de commerce et autres actes assujettis au timbre proportionnel sont, en vue de la liquidation des droits de timbre, convertis en piastres au taux officiel du Trésor, en vigueur au jour de la souscription de l'effet.

Si l'effet a été souscrit en pays étranger ou dans une colonie française où le timbre n'est pas établi, on applique le taux en vigueur au jour de l'acceptation ou de l'endossement en Indo-Chine.

Situation générale. — *Situation économique de l'Indo-Chine.* — Dans le rapport que la section commerciale industrielle et de statistique du *Board of Trade* vient de publier et dont l'auteur est M. Thomas Worthington, nous lisons ce qui suit en ce qui concerne l'Indo-Chine :

« C'est la plus prospère de toutes les colonies françaises ; ses revenus sont suffisants pour faire face à toutes les dépenses de son administration, à l'entretien d'une milice indigène, au remboursement à la mère patrie les frais de sa conquête ; de plus, la Cochinchine participe dans les dépenses de la nouvelle colonie laotienne. L'Indo-Chine est, par excellence, la grande région exportatrice du riz ; les trois principaux marchés, Saigon en Cochinchine, Bangkok au Siam, et Rangoon dans la Basse-Birmanie, étant situés dans les fertiles deltas du Mékong, du Menam et de l'Irraouaddy. La quantité de riz exportée annuellement de Cochinchine s'élève à 700.000 tonnes dont la plus grande partie à destination de l'Extrême-Orient et le reste pour l'Europe. Les droits perçus sur l'exportation du riz sont la principale source des revenus de la Cochinchine.

« La Cochinchine a cet avantage sur le Tonkin qu'elle n'a pas un exès de population, mais elle a une population assez nombreuse pour cultiver ses rizières, bien qu'elle n'ait pas une densité suffisante pour monopoliser tous les produits de la colonie. De plus, de grandes superficies territoriales sont encore incultes ; aussi, bien que le commerce du riz se soit déjà considérablement développé, on suppose que cette industrie est appelée à un bel avenir, quoique d'autres produits tropicaux, entres autres le poivre, aient donné d'excellents résultats, le riz est toujours le principal article d'exportation de Saïgon.

« Cholon est le principal centre commercial du riz; c'est là que se trouvent les plus grandes usines à décortiquer. Cette ville, qui possède 122,000 habitants, presque tous Chinois (160 Européens seulement en 1898), est située à environ 5 kilomètres de Saigon, à laquelle elle est reliée par un canal, toujours sillonné de bateaux et de sampans, et par deux tramways à vapeur; de plus, la seule ligne ferrée de la Cochinchine, le chemin de fer de Saigon à Mytho y passe. Cette ligne a environ 70 kilomètres de longueur et ses recettes se sont élevées, en 1896, à 11,440 livres sterling (286,000 francs) et ses dépenses à 10,680 livres sterling (267,000 francs) laissant un bénéfice insignifiant par suite de la concurrence des transports fluviaux.

« L'Indo-Chine paraît favorable à la culture de l'arbre à caoutchouc : Beaucoup de coloniaux se sont adonnés à cette industrie. En 1888, M. Josseline, inspecteur d'agriculture, fit des expériences avec le *Hevea brasiliensis* ou caoutchouc du Para; en 1896, il introduisit une autre espèce de caoutchouc du Brésil appelée *Ceara*; ces essais paraissent avoir réussi. D'autres personnes intéressées dans le développement de l'Indo-Chine ont aussi établi quelques plantations qui commencent à donner de bons résultats. On pense que l'industrie est appelée à un grand avenir, surtout si les colons choisissent les meilleurs espèces de plante de caoutchouc, le produit pouvant être ensuite vendu à des prix très rémunérateurs sur les marchés européens. »

Cochinchine. — Actes officiels. — *Journal officiel de l'Indo-Chine française (2e Partie).*

14 mars. — *Arrêté* du 14 février portant ouverture de magasins généraux en Cochinchine.

Riz. — *Son marché.* — On nous écrit de Saïgon à la date du 28 mars dernier :

« Les évènements donnent raison aux suppositions que nous émettions dans notre précédent bulletin, et nos cours sont aujourd'hui franchement en baisse, grâce à la persistance du calme général de la demande. Si l'on tient compte de la situation des usines, qui entrevoient dès à présent la fin de leurs engagements, il est permis de supposer que la baisse n'a pas encore atteint son point culminant.

« Nous cotons pour livraison avril/mai :

		Vinhlong	Gocong	Baixau
PADDY, par picul de 150 lbs ou 68 k. rendu aux usines........		1.99	1.99	2 02
CARGO d'usine, par picul de 134 lbs ou 60k. 700 brut le long du bord sans les droits en sacs de gunnies.	5 %......	2,57	2.57	2.63
	10 %......	2.52	2.52	2.58
	15 %......	2.48	2.48	2.54
	20 %......	2.44	2.44	2.50
CARGO indigène (mêmes conditions)	20 à 25 %.	»	»	»
RIZ BLANC d'usine (mêmes conditions)	N° 1.......	Prix suivant triage et conditions		
	N 2 trié..			
	N° 2 ord..	2.92	2.92	3.00

Tonkin. — Actes officiels. — *Journal officiel de l'Indo-Chine française (1re Partie.)*

18 mars. — *Arrêté* du 12 février réglementant le mode d'assiette et de perception de la taxe d'accostage à Haïphong.

21 mars. — *Arrêté* du 4 mars fixant le cautionnement à fournir par les conservateurs des hypothèques de Hanoï et de Haïphong. — *Arrêté* fixant à 2.500 francs le coutionnement des curateurs aux successions et biens vacants de Hanoï et de Haïphong.

Agriculture. — *Analyse des terres du Tonkin.* — M. D. Zolla a communiqué au syndicat des planteurs du Tonkin les résultats de cinq analyses de terres exécutées sur sa demande.

Voici la conclusion de l'éminent agronome :

« Ces terres sont assez pauvres en acide phosphorique et surtout en chaux. J'avais constaté d'ailleurs que le carbonate de chaux était très rare dans les terres d'un colon au Con-Voï (Pas d'effervescence avec les acides.)

« Il me paraît très probable que les engrais phosphatés et azotés pourraient être très utiles. Il y aurait lieu de faire les essais sur chaque domaine car il n'est jamais permis de généraliser en s'appuyant sur quelques analyses.

« Le prix de revient très élevé des engrais industriels au Tonkin est un obstacle. Mais pourquoi n'utiliserait-on pas les débris organiques recueillis dans les villages, aux abattoirs de Hanoï, etc. Les os notamment pourraient être traités en les broyant et en les mélangeant avec des débris de viandes, déchets de boucherie ou d'abattoirs. La poudre des os broyés a été longtemps employée avec succès. Ainsi que je vous l'ai dit l'année dernière, je me ferais un plaisir, sur votre demande, de vous faire analyser les échantillons de terre que vous m'adresserez. »

Les analyses dont il s'agit ont porté :

« 1° Sur des terres de rizières aux environs de Hanoï, de Hung-Yén et de Haïphong; 2° sur des terres *défrichées* en collines situées dans le voisinage de la rivière Claire (rive droite).

Colonisation. — *Caisse d'épargne de Haïphong. Loi sur les Chambres de Commerce.* — Dans le courant de mars, M. Coqui, chargé par la commission mixte de la Chambre de Commerce et du conseil municipal d'Haïphong, de s'entendre avec les délégués d'Hanoï au sujet de la Caisse d'épargne, s'est rendu dans cette ville. L'entente, aujourd'hui, est complète, et M. Coqui a pu amener le même accord entre les deux assemblées sur d'autres points demeurés jusqu'à ce jour litigieux.

En ce qui concerne plus spécialement la caisse d'épargne, il a été décidé de demander la création de deux caisses municipales, l'une à Hanoï, l'autre à Haïphong, avec la même réglementation que celle qui fonctionne à Saïgon.

Pour la demande de promulgation de la loi sur les Chambres de Commerce, les deux présidents soumettront aux assemblées d'Hanoï et d'Haïphong un rapport unique, très court, qui sera adressé pour approbation aux Chambres de Commerce de Saïgon, Pnom-Penh, et Tourane. Dès que celles-ci l'auront signé, les représentants du commerce local examineront quelle suite il comporte.

Etablissement de bornes kilométriques. — Conformément à un vœu émis par la chambre de Commerce d'Hanoï, l'Administration vient d'entreprendre l'installation de plaques indicatrices et de bornes kilométriques sur les principales routes du Tonkin.

Les bornes seront en bois de lim et encastrées dans un culot en maçonnerie; les poteaux comporteront un fer cornière encastré dans un culot en maçonnerie et portant, suivant les besoins une ou deux plaques indicatrices en tôle de 5 millimètres d'épaisseur.

Le prix de revient est évalué à 5 fr. pour les bornes et à 17 50 ou 20 fr. pour les poteaux à une ou deux plaques.

OCÉANIE

Etablissements français de l'Océanie. — — Actes officiels. — *Journal officiel de la colonie.*

21 février. — *Arrêté* promulguant dans la colonie le décret du 30 septembre 1899, portant application aux colonies de la loi du 4 avril 1898 sur les mandats-poste. — *Arrêté* réglementant l'usage des rivières sises dans le district de Hitiaa.

28 février. — *Dépêche ministérielle* annonçant la nomination de M. Edouard Petit, comme gouverneur de la colonie. — *Décision* portant prise de ses fonctions par M. le gouverneur Petit. — *Arrêté* convoquant les collèges électoraux à l'effet de procéder à l'élection du délégué de Tahiti au Conseil Supérieur des colonies.

7 mars. — *Décret* du 20 décembre 1900, portant nomination du conseil privé des établissements français de l'Océanie. — *Arrêté* nommant cinq membres de la Chambre de l'agriculture. — *Arrêté* nommant les membres du comité de surveillance de l'instruction publique pour l'année 1901.

Administration. — *Tournée du gouverneur.* — M. Ed. Petit, le nouveau gouverneur des établissements français de l'Océanie, a fait une tournée dans l'île de Tahiti. Il s'est montré étonné des progrès accomplis par le pays, où il avait séjourné pour la première fois il y a une vingtaine d'années. Nous rendrons compte plus en détail de la visite du gouverneur dans notre prochain numéro.

Nouvelle-Calédonie. — Administration. — *Les libérés et les îles Loyalty.* — L'administration serait, paraît-il, sur le point de retirer les autorisations données aux libérés d'habiter ces îles; on songerait également à expulser un certain nombre de jeunes gens, non originaires des Loyalty, et dont les moyens d'existence ne sont pas nettement définis.

Service postal. — *Service postal avec les îles Loyalty.* — M. L. Ballande, fils aîné, a été déclaré adjudicataire de ce service qui met en relations Nouméa avec les Loyalty.

LES PÉRIODIQUES DU MOIS

Agriculture, Elevage. — *Board of Trade Journ.* : L'agriculture dans la Guyane anglaise et la Nouvelle-Zélande (11 avril); L'élevage dans l'Est africain (18 avril). — *Dép. col.* : Drainage des terres à Madagascar (20 avril); Culture potagère au Congo (25 avril). — *Etudes algériennes* : La sécurité agricole en Algérie, L. Demangeat (mars). — *Journ. des colons* : Les dangers actuels de la clavelisation préventive des troupeaux algériens, Pourquier (31 mars). — *Journ. Roy. Col. Inst.* : L'agriculture dans l'Afrique du Sud, R. Wallace (avril). — *Journ. of Soc. of Arts* : Viticulture à la Nouvelle-Galles du Sud (19 avril). — *Imp. Inst. Journ.* : L'Indigo, culture de fibres aux Indes; Sucre de Demerara; Sucre, caoutchouc et fibres de la Trinitad (avril). — *Pol. col.* : Le mouton du Tonkin (16 avril). — *Les Produits coloniaux* : Les produits coloniaux dans l'alimentation, P. Bourdarie (25 avril). — *Quest. diplom.* : La question agraire dans le Pendjab, F. Usborne (1er avril). — *Revista Portug.* : Agriculture coloniale, J. Henriques (20 mars). — *Revue commerciale* : Les jardins coloniaux, H. Lorin (5 avril). — *Revue com. et colon.* : Les voies de communication et l'agriculture à Madagascar, M. Segreste (12 avril). — *Rev. des cult. col.* : Culture du caféier, M. Koch; Sur quelques parasites du caféier à la Réunion, L. Bordage; Les plantations de Kola et leur dispersion dans le district de Misanhoc, Dr Gruner (5 avril). — *Soc. ét. col.* : Quelles sont les plantes qui produisent les divers caoutchoucs du Congo. Wildeman (avril). — *Le Temps* : Causeries scientifiques, plants et fruits aux colonies, H. de Varigny (17 avril). — *The Times* : Le fermage dans la colonie du Cap (15 avril).

Armée, Marine. — *Pol. col.* : Les jeunes soldats aux colonies (2 avril); Arsenaux coloniaux, L. Saignes (27 avril). — *Times* : Opérations militaires du Niger (17 avril).

Chemins de fer. — *Dép. col.* : Le réseau ferré tonkinien, A. Berthoud (2, 24, 30 avril); Du Yunnan (2 avril). — *Mouvem. géographique* : Le chemin de fer du Dahomey. carte (31 mars). — *Quest. diplom.* : La question des chemins de fer dans l'Afrique occidentale, A. Fleurimont (1er avril.

Colonisation. — *Bull. Afr. franç.* : Les difficultés des concessionnaires au Congo français; La colonisation militaire à Madagascar; L'importation des nègres cubains dans l'Etat indépendant du Congo (N° 4). — *Dép. col.* : L'Asie il y a cent ans, E. Etienne (4 avril); Colonisation européenne en Indo-Chine, Galland (11 avril); Haut-Dahomey, Philippot (18-20 avril); L'Union Coloniale, J.-P. Trouillet (23 avril); Avances aux colons dans le sud-ouest africain allemand (23 avril); Questions coloniales allemandes, E. V. (25 avril). — *Esplorazione comm.* : Bilan colonial du xxe siècle (fin), E. Pini (15 mars). — *Imp. Inst. Journ.* : Le nouveau Brunswick, W. A. Hickman; Jamaïque, T. H. Wardleworth (avril). — *Italia coloniale* : Comment on perd une colonie, D. Angeli (avril). — *L'Italia all' Estero* : Réglementation de l'émigration (31 mars). — *Journ. des colons* : L'assurance mutuelle chez les colons (31 mars). — — *O Economista* : Faute d'orientation coloniale; Les ordres religieux et missions aux colonies (7 avril). — *Pol. col.* : En Tunisie, L. Henrique (21 avril); *Id.*, A. Douane ((18-28 avril); Protectionnistes et coloniaux, L. H. (24 avril); La traite à rebours, L. Saignes (25 avril). — *Quest. diplom.* : Colonies portugaises d'Extrême-Orient (15 avril). — *Revue des Deux-Mondes* : Résurrection d'un Etat africain, l'Ethiopie, R. Pinon (1-15 avril). — *Revue française* : L'occupation du Touat, G. Vasco (avril). — *Rev. de Madag.* : La situation économique de la province de Tananarive (10 avril). — *Soc. de Géog. de Marseille* : Sur le Haut-Oubanghi, M. Colrat de Montrozier; La colonisation en Tunisie, C. Causeret; L'occupation française au lac Tchad, J. Léotard (4e trim.). — *Le Temps* : Les rapports entre la colonie et la métropole (17 avril); Leçon d'organisation coloniale en Tunisie (21 avril).

Commerce. — *Board of Trade Journ.* : Commerce de l'Est africain allemand (15 avril). — *Dép. col.* : Les denrées coloniales, leur utilisation en France, C. Lemire (22 avril). — *Docum. stat. sur le com. de la France* : Résumé général des importations, des exportations, des droits perçus et des mouvements de la navigation (1er trim., 1899-1900-1901). — *Journ. Soc. of arts* : Le développement et la direction du commerce de l'Inde, une observation de 40 ans, H. J. Tozer (29 mars, 12 avril). — *Monde Econ.* : L'exportation de moutons algériens, de Cluveaux (6 avril). — *Mon. off. du Com.* : L'emballage des marchandises destinées aux régions tropicales (4 avril); Articles français pouvant être exportés au golfe Persique (18 avril). — *Pol. col* : Le commerce au Sahara (5 avril). — *Revue com. et colon.* : Le goût français et le commerce d'exportation E. Camentron (12 avril). — *Revue des Sciences* : La consommation du blé et du café dans quelques pays (30 mars). — *Siam free Press* : Commerce au Siam (8 mars). — *Trav. nat.* : Le commerce avec l'Afrique centrale, D. A. (7 avril). — *O Economista* : Commerce colonial portugais (7 avril); Commerce du caoutchouc (14 avril).

Congrès, Chambres de commerce, Sociétés. — *Bull. Pèches marit.* : Congrès maritime international à Monaco (N° 4). — *Econom. français* : La chambre de commerce française de Sidney (13 avril). — *Esplorazione commerce* : Historique de la Société d'exploration commerciale, E. Pini (avril). *Monit. marit.* : Premier congrès international de la marine (28 avril). — *Rev. du com. ext.* : Le congrès de la législation douanière (20 avril).

Douanes, Finances. — *Dép. col.* : Les délégations financieres algériennes, B. de l'Escalle (5-20 avril); Budget de l'Indo-Chine, H. D. (12 avril); Taxes douanières du Gabon-Congo (13-25 avril). — *Journ. Ch. de com.* : Les langues coloniales (25 avril). — *O Economista* : Statistique douanière du Portugal de 1891 à 1900 (21 avril). — *Pol. col.* : La Banque de l'Afrique occidentale (4 avril.)

Economie politique et sociale. — *Journ. Royal Statist. soc.* : Revue des statistiques de l'Inde, C. Danvers (30 mars). — *Musée social* : Le développement économique et social du Japon (mars).

Enseignement. — *Bull. all. franç.* : L'alliance française dans les colonies françaises et pays de protectorat (15 avril). — *Débats* : L'enseignement des langues vivantes, Albert Petit (5 avril). — *France de Demain* : L'éducation commerciale en Angleterre (avril). — *L'Italia all' Estero* : Cours universitaires d'histoires coloniale (31 mars). — *O Economista* : Les questions coloniales à l'Université (21 avril). — *Revue Tunisienne* : La réforme de l'enseignement et nos colonies africaines, Deléchay (avril).

Expéditions, Missions. — *Belgique coloniale* : Reconnaissance de la rivière Lua; Les missionnaires au Congo (14 avril). — *Bull. Afr. franç.* : La région du Chari et la mission Gentil; La mission de l'Afrique centrale; La mission Chari-Sangha (N° 4). — *Polit. col.* : Une mission commerciale au Maroc (17 avril). — *Revue de Paris* : Au pays des Maoris, J. de Ségur (15 avril). — *Soc. Etud. col.* : Expédition Nieuwenhuis à Bornéo (avril). — *Soc. de Géog. de l'Est* : Voyage au Sénégal, P. Rambaud (1er trim). — *Soc. Géog. Ital.* : Expédition Erlanger dans le nord-est de l'Afrique; La mission Wohltmann au Togo (avril). — *Times* : L'expédition anglo-abyssinienne (17 avril).

Expositions, Musées. — *Monit. marit.* : Exposition flottante (25 avril). — *Renseign. off. col.* : Exposition temporaire des tissus et filés de coton consommés dans les colonies (5 avril). — *Times* : L'exposition de Glasgow (26 avril).

Géographie. — *Géographie* : L'ancien désert Victoria, J. Garnier (15 avril). — *Géog. Journ.* : Topographie du Turkestan chinois, Dr Stein; Sur les îles Falkland, Ct Chambers (avril). — *Missions belges de la Cie de Jésus* : Port-Saïd et Aden, P. Bernard (avril). — *Revue Scientifique* : Histoire naturelle de la mer Rouge, H. Coutière (6 avril). — *Soc. Et. col.* : L'Afrique orientale au point de vue géographique (avril).

Industrie. — *Board of Trade Journ.* : L'industrie sucrière d'Hawaï (11 avril); Les phosphates de l'île (11 avril). — *Bull. Ch. de com. de Montréal* : Nouvelle méthode d'extraction de l'huile d'olives et la transformation des résidus en savon et alcool (mars). — *Bull. Ch. de com. de Sfax.* — L'industrie dentelière à Djerda (janvier-mars). — *Dép. col.* : L'industrie française aux colonies (2 avril). — *Econ. Européen* : L'industrie pétrolifère en Extrême-Orient. E. Théry (9 avril). — *Imp. Inst. Journ.* : Gisements carbonifères de Bornéo, Mines de mercure dans la Chine occidentale (avril). — *Pol. col.* : L'éclairage par l'alcool aux colonies (2 avril) ; L'or à Madagascar, Plasse (13 avril); Ouest africain et richesses minières (30 avril).

Législation. — *Dép. col.* : Nationalité et naturalisation (16 avril). — *Quest. diplom.* : La justice indigène à Madagascar, J. Xior (1er avril). — *Revue tunisienne* : L'assimilation aux colonies par la réforme des lois françaises sur le mariage, L. Bertholon (avril).

Marine marchande, Ports, Canaux. — *Board of Trade Journ.* : Importance commerciale de Hankow (11 avril). — *Dép. col.* : Le percement de l'isthme de Kra, C. Lemire (10 avril). — *Italia coloniale* : La marine de commerce allemande, Spagniolo; Canal du Nicaragua, Paris (avril). — *Mon. marit.* : La renaissance du voilier (14 avril; Marine marchande russe, D. Bellet (28 avril). — *Pol. col.* : Hambourg et Anvers, G. Bonhoure (14 avril). — *Times* : Service direct de Bristol à la Jamaïque (9 avril); Service de vapeurs pour l'Est africain (24 avril).

Médecine, Hygiène. — *Act. diplom. et colon.* : Le ver de Guinée, Dr Brunet (février). — *Arch. méd. navale* : Notes sur la fièvre rémittente à Bizerte, Dr Valmyre (mars). — *Belgique colon.* : Les sensations thermiques au Congo (21 avril). — *Dép. col.* : La propagation de la malaria, opinion d'un indigène (12 avril); L'institut de médecine coloniale, J. Trouillet (26 avril). — *Pol. col.* : Le lazaret de l'île Marcati (25 avril). — *Revue de Madagascar* : Le paludisme à Madagascar, R. Blanchard (10 avril).

Politique. — *Belgique coloniale* : L'annexion du Congo indépendant différée, R. V. (7 avril). — Les chances des nations coloniales (21-28 avril). — *Bull. com. Asie franç.* : La politique de la France dans la Chine méridionale, R. de Caix; La pénétration russe en Chine, H. Bidou (avril). — *Débats* : L'état actuel de l'influence française en Egypte (4 avril); Terre-Neuve, R. de Caix (28 avril). — *Dép. col.* : Le partage éventuel de la Tripolitaine, G. Ribes (6-11 avril); Entente anglo-portugaise au Mozambique (22 avril); Inde et Yunnan, P. Berthier (29 avril). — *Etudes algériennes* : La question du Maroc, Sartay (mars). — *Monde économ.* : Le péril américain, A. Tridon (6 avril). — *Mouv. géog.* : L'Etat indépendant du Congo et la Belgique (7-28 avril). — *Pol. col.* : La convention franco-espagnole en Afrique du 27 juin 1900 (6 avril). — *Quest. diplom. et* *col :* De quelques formes spéciales de la pénétration anglaise en Egypte, J. Brunhes (15 avril). — *Temps :* Les Allemands en Chine, Ed. Lockroy (2 avril). — *Tunis :* Blue book South Africa (19 avril); Le bail russe en Corée (26 avril).

BULLETIN
DE L'UNION COLONIALE FRANÇAISE

Nouveaux membres

DONATEURS :

Comité de l'Asie française, 19, rue Cassette, Paris.
Parrains : *M. Etienne; M. Mercet.*

Crédit Algérien, 10, place Vendôme, Paris.
Parrains : *M. Mercet; M. S. Simon.*

ADHÉRENTS :

Edouard Balmelle, docteur en médecine, 17, rue Auguste-Comte, Paris.
Parrains : *M. Depincé; M. Denoual.*

Robert Blöndeau, industriel, 78, avenue Henri-Martin, Paris.
Parrains : *M. Depincé; M. Bouthors.*

Pierre Bons d'Anty, consul de France, à Tchung-King (Chine.)
Parrains : *M. Chailley-Bert; M. Depincé.*

François Boucassert, négociant en vins, Mèze (Hérault.)
Parrains : *M. Emile Lacombe; M. André Blay fils.*

Chambre consultative mixte de commerce et d'agriculture de l'Annam (Tourane.)
Parrains : *M. Lombard; M. Depincé.*

Georges Chantereau, comptable de la Société des Ciments de l'Indo-Chine, Haïphong.
Parrains : *M. Depincé; M. Denoual.*

Compagnie d'exploration de la Côte d'Ivoire, 17, rue Saint-Marc, Paris.
Parrains : *M. Depincé; M. Bouthors.*

Compagnie du Sud-Est africain, 10, rue Lafayette, Paris.
Parrains : *M. Depince; M. Bouthors.*

Charles Domangé, directeur de l'agence du Comptoir National d'Escompte de Paris, 19, rue Colbert, Paris.
Parrains : *M. Mercet; M. Bouthors.*

Lubin Dubois, Tauxigny, par Cormery (Indre-et-Loire.)
Parrains : *M. Depincé; M. Bouthors.*

Emile Gourdon, agent de la Compagnie de Kong, Thiassalé (Côte-d'Ivoire.)
Parrains : *M. Depincé; M. Denoual.*

Henry Hoskier, ancien officier de cavalerie, Clarens, canton de Vaud (Suisse.)
Parrains : *M. Depincé; M. Bouthors.*

J. de Kerjégu, député, 38, rue de Chaillot, Paris.
Parrains : *M. Mercet; M. Chailley-Bert.*

Maurice Le Comte, agent de change, 10, boulevard Flandrin, Paris.
Parrains : *M. Mercet; M. Henry Binder.*

Pierre Leroy-Beaulieu, 32, avenue Marceau, Paris.
Parrains : *M. Mercet; M. Chailley-Bert..*

Charles de Leusse, administrateur-délégué de la Société « La Kotto », 23, rue Taitbout, Paris.
Parrains : *M. Le Myre de Vilers; M. Mercet.*

René Millet, ambassadeur, ancien résident général à Tunis, 14, boulevard Flandrin, Paris.
Parrains : *M. Mercet; M. Chailley-Bert.*

Nepveur, 18, rue de Berlin, Paris.
Parrains : *M. Depincé; M. Bouthors.*

Société des Ciments Portland artificiels de l'Indo-Chine, 65, rue de la Victoire, Paris.
Parrains : *M. Engel; M. Depincé.*

Société Commerciale Française au Chili, 5, rue d'Antin, Paris.
Parrains : *M. Depincé; M. Bouthors.*

Société Nouvelle des Raffineries de Sucre de Saint-Louis, 3, rue de la République, Marseille.
Parrains : *M. Depincé; M. Bouthors.*

R. Soustre et Emmanuel Faure, 37, quai de Bourgogne, Bordeaux.
Parrains : *MM. Delmas et Clastres; M. Milhe-Poutingon.*

Maurice Wilmotte, ingénieur civil des mines, 238, faubourg Saint-Honoré, Paris.
Parrains : *M. Depincé; M. Bouthors.*

AVIS D'ADJUDICATIONS

PRÉFECTURE DE LA SEINE

Travaux de diverses natures à exécuter pour l'achèvement de la caserne des Célestins, rue de Sully (4e arrondissement).

Le samedi **25** mai 1901, à une heure et demie après midi, il sera procédé publiquement, dans la salle du Conseil de Préfecture (palais du Tribunal de commerce), par le préfet de la Seine ou son délégué, assisté de deux membres du Conseil municipal, en présence du receveur municipal de la ville de Paris et de M. Jacques Hermant, architecte, à l'adjudication, au rabais, sur les prix de la ville de Paris (en date du 1er novembre 1882) et sur les prix de la série spéciale aux travaux de ciment armé, ainsi que sur ceux établis ou visés aux cahiers des conditions particulières, et sur soumissions cachetées, de l'entreprise, en huit lots, des travaux de diverses natures à exécuter pour l'achèvement de la caserne des Célestins, rue de Sully (4e arrondissement), lesquels travaux, classés dans la 2e catégorie (grands travaux d'architecture), sont évalués ainsi qu'il suit :

1er lot. — Terrasse et maçonnerie : évaluation, 392,813 francs; frais, 7,800 francs.

2e lot. — Ferronnerie et serrurerie : évaluation 82,305 francs; frais, 1,700 francs.

3e lot. — Charpente en bois : évaluation, 36,917 francs; frais, 750 francs.

4e lot. — Couverture et plomberie : évaluation, 46,087 francs; frais, 950 francs.

5e lot. — Menuiserie : évaluation, 58,767 francs; frais, 1,200 francs.

6e lot. — Parquetage : évaluation, 19,897 francs; frais, 500 francs.

7e lot. — Égouts et canalisation : évaluation, 24,439 frais, 550 francs.

8e lot. — Ciment armé : évaluation, 90,338 francs; frais, 1,800 francs, cautionnement, 5,000 francs.

La déclaration prescrite par les conditions générales d'admissibilité devra être déposée, *au plus tard*, le **11** mai 1901.

Les plans, le devis, les cahiers des charges et les séries des prix sont déposés à l'Hôtel de Ville (bureau administratif d'architecture), où l'on pourra en prendre connaissance tous les jours (les dimanches et fêtes exceptés), de onze heures à quatre heures.

Le Gérant : A. LÉGERON.

Paris. — Imp. PAUL DUPONT, 19, rue du Croissant

25 Mai 1901. Cinquième Année Tome IX. — N° 106.

LA QUINZAINE COLONIALE

L'ASSISTANCE MÉDICALE INDIGÈNE

à Madagascar

Nous dénoncions récemment, comme la cause véritable et profonde des tragiques événements qui ont ensanglanté le village de Margueritte, la politique imprudemment oppressive pratiquée, surtout depuis vingt ans, à l'égard des populations indigènes de l'Algérie. Ce n'est pas de Madagascar que nous viendront jamais des surprises semblables, si les successeurs du général Gallieni — au jour lointain, nous l'espérons, où sa succession comme Gouverneur Général s'ouvrira — savent s'inspirer des exemples qu'il leur donne et se maintenir dans les voies qu'il leur trace. Toute son œuvre, en effet, dénote la préoccupation de concilier à la France la sympathie et la reconnaissance de nos sujets malgaches, de manière à faire de cette sympathie et de cette reconnaissance le plus sûr fondement de notre domination dans la Grande Ile. Après avoir mis fin aux abus de la prestation, après avoir organisé l'enseignement indigène, le voici qui vient d'aborder le problème de l'assistance médicale et de l'hygiène publique indigène et de le résoudre par un arrêté et par des instructions qui sont un modèle de méthode et de prévoyance, en même temps qu'une nouvelle et éclatante manifestation de ses sentiments de sollicitude envers les populations dont nous avons assumé la tutelle.

***

Pressant dans toutes nos colonies, ce problème de la préservation de la santé publique l'était plus particulièrement à Madagascar, où il se posait non seulement comme une question d'humanité, mais encore comme une question vitale pour les entreprises européennes. On s'était fait, lors de la conquête, de grandes illusions sur le chiffre de la population de notre nouvelle possession et, partant, sur les ressources de main-d'œuvre qu'elle était en mesure de fournir à la colonisation.

On croyait être très modéré en l'évaluant à 6 millions d'habitants, 5 millions au minimum. Vérification faite, il a fallu en rabattre. Dans ce pays, grand à lui tout seul comme la France, la Belgique et la Hollande réunies, c'est au plus si on en compte 2.500.000. Les difficultés que les colons et l'administration elle-même éprouvent à recruter des travailleurs, même dans les régions où la population est le plus dense, disent assez, d'ailleurs, combien, même dans ces régions, cette population est rare et clairsemée.

La natalité, à Madagascar, est cependant relativement élevée. Elle est d'environ 30 0/00, de 35 0/00 même avec les mort-nés, alors qu'en France elle n'est que de 26 0/00. Sur 1.000 habitants on compte 431 enfants au-dessous de onze ans dans la Grande Ile, contre 275 seulement en France. La progression de la population devrait donc et pourrait être extrêmement rapide, si une mortalité excessive ne venait l'enrayer. On a d'ailleurs à cet égard un exemple caractéristique dans ce qui s'est produit à Java, où la population qui, au commencement du siècle dernier, comptait 3 millions d'habitants, s'est relevée peu à peu, grâce à la paix profonde dont elle a joui, mais grâce aussi et surtout à une hygiène mieux comprise, à des soins médicaux méthodiquement organisés et largement répandus, et en est venue à dépasser 25 millions. Et l'exemple, ici, est d'autant plus topique que les Hovas, d'origine malaise, sont les proches parents des Javanais et offrent avec ces derniers de nombreuses ressemblances ethniques. On peut donc espérer qu'à Madagascar les mêmes causes produiraient les mêmes effets, sinon peut-être aussi rapidement, du moins d'une façon assez marquée pour que, après deux ou trois générations, la population dans l'île se relevât à un chiffre plus en rapport avec son étendue.

***

Un des facteurs qui ont concouru jusqu'ici à élever le taux de la mortalité a, d'ailleurs, à peu près complètement disparu. Le fahavélisme — cette forme malgache du brigandage — a été détruit et a cessé d'exercer ses ravages. Un autre facteur de cette mortalité est en train de disparaître, grâce à l'amélioration des voies de communication et des moyens de transport, qui supprime peu à peu le portage à dos d'homme et l'effroyable consommation de vies humaines qui en résultait.

Mais le fahavélisme et le portage à dos d'homme sont des causes de déchet en quelque sorte accidentelles et dont l'effet est limité. Le mal a des racines plus profondes et tient à des causes plus générales. C'est la misère biologique, c'est l'ignorance des soins à donner aux femmes au moment de leur accouchement, c'est la méconnaissance des principes les plus élémentaires d'hygiène, c'est l'absence de toute organisation médicale. Au résultat, la mortalité atteint 30 0/00, tandis qu'en France, elle n'est que de 22,8. Et, dans ces 30 0/00, les mort-nés comptent à eux seuls pour 5 0/00, et les décès infantiles, de 0 à 5 ans, représentent 40 0/0 — nous disons *pour cent* — de la mortalité générale. Supposez ces deux éléments de déperdition ramenés à une proportion normale, supposez la population affranchie, — dans la mesure où il est raisonnable de l'espérer, — des maladies évitables telles que les affections respiratoires, la syphilis, la débilité congénitale, l'entérite, le paludisme, la fièvre puerpérale, la fièvre éruptive et diverses autres maladies dont une bonne hygiène et des soins médicaux judicieux pourraient empêcher l'issue fatale, et le chiffre d'accroissement de la population, de 5 à 6 0/00, son taux actuel, se trouverait porté à 12 0/00, comme en Russie ou en Angleterre. C'est à dire qu'on verrait la population augmenter du quart en dix ans et doubler en cinquante et — pour mieux préciser encore par des chiffres — s'élever de 2.500.000 à plus de 4.500.000 vers 1950, et cela abstraction faite de l'accroissement de natalité à espérer de l'augmentation du bien-être général et des progrès de l'hygiène publique, — alors qu'à la même époque, si les choses suivaient leur cours actuel, le gain serait à peine de 900.000 habitants et le chiffre de la population seulement de 3.372.000. On se rend compte aisément de ce qu'un pareil résultat représente d'améliorations dans les conditions de la vie et de misères supprimées, en même temps que d'éléments nouveaux de force et de richesse pour le pays et de facilités mises à la disposition de l'activité et des capitaux européens.

***

Tel est l'objectif que s'est proposé le général Galliéni. Ce n'est pas qu'avant l'annexion les soins fissent absolument défaut. Dans les instructions qu'il vient d'adresser aux chefs de province, le général lui-même rend un hommage mérité aux efforts faits par les missions françaises et étrangères des diverses confessions religieuses pour remédier à la coupable insouciance du gouvernement d'alors et donner, par la création d'hôpitaux et de léproseries, un minimum d'assistance aux infortunes qu'elles pouvaient connaître et soulager. Mais ces établissements charitables étaient en nombre tout à fait restreint et les intentions excellentes de leurs directeurs se trouvaient trop souvent paralysées soit par le mauvais vouloir des fonctionnaires malgaches, soit par l'insuffisance des moyens financiers d'exécution, de sorte que l'immense majorité des indigènes restaient abandonnés en cas de maladie et complètement privés de secours et d'assistance médicale.

C'est à cette situation déplorable que, dès son entrée en fonctions, le général Galliéni a entendu remédier, et, cette tâche, il l'a poursuivie, depuis le premier jour, avec cette ténacité, cet esprit de suite, cette méthode qu'on retrouve dans toute son œuvre. Peu à peu, par voie de mesures et de créations successives, il a constitué une organisation de l'assistance médicale et de l'hygiène publique indigène qu'il n'a plus eu qu'à codifier et à compléter par son arrêté du 17 mars dernier.

***

La première de ces mesures date du 16 février 1897 et consista dans l'envoi d'une circulaire prescrivant à tous les médecins du corps d'occupation de donner gratuitement leurs soins, ainsi que les médicaments nécessaires, à tous les indigènes qui viendraient se présenter à leurs consultations.

Le même jour, le général Galliéni inaugurait à Tananarive une école de médecine et un hôpital servant de clinique à cette école, destinés à former des médecins indigènes, non pas des savants ou des spécialistes, mais des praticiens complètement familiarisés avec le traitement et les soins qu'exigent les maladies ou affections courantes. Depuis sa création, l'école a fourni 15 médecins indigènes : deux en 1897, trois en 1898, cinq en 1899, cinq en 1900. Le nombre des étudiants actuellement inscrits et qui, à partir de cette année, auront été entièrement formés par l'école est de 104; le niveau de l'intruction s'est sensiblement élevé et à la suite des derniers examens de fin d'année, quatre élèves de l'école ont été jugés suffisamment instruits pour être envoyés en France, où ils vont compléter et parfaire leurs études.

Une nouvelle impulsion était donnée à l'assistance médicale par l'arrêté du 15 juin 1898 et par les instructions qui y étaient jointes sur les mesures à prendre pour accroître la population hova et assurer ainsi l'avenir de la colonie. Mesures légales : régularisation des mariages, réglementation sévère des répudiations; mesures fiscales : exemptions d'impôts aux pères de cinq enfants et de service militaire à tous les pères de famille, impôt sur les célibataires ne pourvoyant pas à l'existence d'un enfant; mesures politiques : institution d'une fête annuelle des enfants et dons aux mères des familles les plus nombreuses; enfin, mesures médicales : création d'hôpitaux, de dispensaires et d'orphelinats dans toutes les provinces.

Mais le fonctionnement des hôpitaux ainsi créés rencontrait des difficultés par suite de la pénurie de médecins indigènes. Un arrêté du 15 octobre 1900 y pourvoyait par la création d'un corps de médecins indigènes de colonisation recrutés au concours, fonctionnarisés et pourvus d'une solde de 1.500 à 2.000 francs. Cette institution a déjà porté ses fruits. A la suite du dernier concours, cinq médecins malgaches ont été admis dans le nouveau corps et affectés à diverses formations sanitaires indigènes. La prochaine promotion sera de dix-sept, et la plupart des élèves de l'école de médecine indigène ont l'intention de se présenter à ce concours. On peut donc espérer que, d'ici peu d'années, le corps sera complètement constitué et que chaque province disposera d'un ou plusieurs médecins d'assistance publique.

Entre temps, le général Galliéni créait un institut vaccinogène et antirabique; il instituait des léproseries sur divers points; il fondait un hôpital de vénériens; il encourageait une Société d'assistance des enfants métis et une maternité dues à l'initiative privée; il faisait publier, par le journal, en langue malgache et éditer en brochures répandues à un grand nombre d'exemplaires dans les villes et dans les campagnes, des notices accompagnées de gravures et de récits propres à frapper l'imagination des indigènes, montrant le danger des différentes maladies, les moyens de les éviter, indiquant les principes généraux d'hygiène et les soins à donner aux enfants. Ces notices étaient commentées par les fonctionnaires et les médecins indigènes dans les *Kabary* faits chaque dimanche aux populations.

***

Grâce à ces mesures et à ces institutions, le général Galliéni a pu dire justement que Madagascar, au point de vue de l'assistance, tenait la tête entre toutes nos colonies. Toutefois cela ne lui a pas suffi. Il a tenu à perfectionner cette organisation et à en combler les lacunes, à lui donner plus d'unité et d'homogénéité et surtout à la doter de ressources plus importantes, à la constituer, en un mot, à l'état de grand service public vivant de sa vie propre. Tel est le but de l'arrêté qu'il a pris à la date du 17 mars dernier.

Cet arrêté commence par instituer un rouage moteur qui est le directeur du service de santé assisté d'un comité central consultatif siégeant à Tananarive avec pouvoir d'initiative et d'examen de toutes les mesures ayant trait à l'assistance médicale et à l'hygiène publique indigènes. A ce comité central sont rattachées des commissions régionales instituées dans chaque province et dans lesquelles, comme dans le comité central, l'élément indigène est représenté. Un hôpital indigène est établi au chef-lieu de chaque province, ainsi que dans tous les autres où il est reconnu nécessaire. L'admission et l'entretien des indigènes dans les hôpitaux sont gratuits; il en est de même des consultations et des délivrances de médicaments qui y ont lieu chaque matin. Au moins chaque semaine a lieu une séance publique et gratuite de vaccine. Les médecins de colonisation font des tournées dans les villages et donnent, gratuitement toujours, des consultations et des conseils d'hygiène aux habitants. Ils font aux autorités indigènes des conférences ayant pour objet de les initier aux notions de médecine et d'hygiène et de leur apprendre, en particulier, les premiers soins à donner aux malades et aux blessés en attendant l'intervention d'un médecin. Enfin, l'arrêté institue dans chaque province un budget autonome dit de l'assistance médicale indigène. Outre certaines ressources locales, ce budget est alimenté au moyen d'une subvention de la colonie calculée à raison de 0 fr. 20 par an et par habitant, plus, pour les provinces où est instituée la taxe des léproseries, une subvention complémentaire représentant le produit de cette taxe.

La première de ces deux subventions a été fixée, pour 1901, à 235.174 fr. 20 répartis entre sept provinces; la seconde à 166.840 francs, dont bénéficient quatre provinces seulement. C'est donc, pour cette première année, une somme totale de plus de 400.000 francs qui est affectée aux services d'assistance médicale et d'hygiène publique indigènes, sans préjudice des ressources fournies par les provinces et de celles qui figurent au budget local pour l'école de médecine et l'hôpital central indigènes de Tananarive et qui sont maintenues. On pourra trouver que c'est un bien gros chiffre pour une colonie naissante. Nous le voudrions, quant à nous, plus élevé encore et nous espérons qu'il s'augmentera par la suite. De toutes les dépenses que peut faire une colonie, il n'en est pas de plus utile, de plus profitable, au double point de vue moral et matériel, que celles qui ont pour but d'améliorer les conditions de la santé des indigènes. Tel est bien aussi le sentiment du général Galliéni dont les instructions se terminent par ces paroles : « Je désire que le service de l'assistance publique de notre colonie soit organisé avec un véritable luxe. Nulle dépense ne peut servir plus efficacement la cause de l'humanité en même temps que celle de l'influence et de la colonisation françaises à Madagascar. »

***

A Madagascar et dans nos autres colonies, pouvons-nous ajouter. L'Indo-Chine, notamment, par les ressources dont elle dispose, par l'utilisation qui peut y être faite aussi de l'aptitude des indigènes à s'assimiler au moins les notions pratiques de l'art médical, se prête admirablement à une organisation analogue à celle dont le général Galliéni a doté Madagascar, en même temps que des raisons politiques et des considérations d'humanité semblables, jointes à des conditions sanitaires également défectueuses, bien que meilleures cependant que dans la Grande Ile, y font de cette organisation une nécessité non moins impérieuse. Les premiers éléments en existent déjà; mais ils auraient besoin d'être coordonnés et complétés. Il serait digne de M. Doumer d'appliquer son esprit et sa sollicitude à cette tâche et de la donner comme pendant à l'œuvre considérable qu'il a accomplie dans l'ordre financier et dans celui des grands travaux publics.

CH. DEPINCÉ.

LE RETOUR DE M. CHAILLEY-BERT

Nous sommes heureux d'annoncer à nos lecteurs que notre directeur, M. J. Chailley-Bert, de retour du voyage qu'il avait entrepris aux Indes anglaises, au mois de novembre dernier, va reprendre incessamment sa collaboration régulière à la *Quinzaine*.

BULLETIN DE LA QUINZAINE

La démission de M. Jonnart. — L'Algérie se montre inclémente à ceux qui acceptent la mission de la gouverner. On se rappelle quelles amertumes y subit, dans ses affections, le gouverneur général Laferrière; son successeur, M. Jonnart, dont l'administration s'était ouverte sous de si heureux auspices, a vu des préoccupations poignantes assombrir sans trêve sa vie intime et miner sa santé. A bout de forces, il vient de résigner les fonctions dont il avait récemment accepté, à contre-cœur, dit-on, le renouvellement.

Son départ causera, en France comme en Algérie, d'unanimes regrets. En aucun temps, peut-être, notre grande colonie n'avait ressenti un plus grand besoin de stabilité et de décision dans son gouvernement, afin de ramener le calme dans les esprits troublés par les luttes politiques de ces derniers temps, et de parer aux dangers qu'est venue manifester soudainement la révolte des indigènes de Margueritte.

L'arrivée de M. Jonnart dans la colonie avait inauguré comme une trêve des partis; et par l'estime universelle qu'il inspirait, la droiture de son caractère, la sympathie qui émanait de sa personne, il eût réalisé autant que par l'énergie de son autorité, l'apaisement des passions surexcitées au cours de ces dernières années dans la population européenne.

Son plan de réforme de l'administration dont nous en avons indiqué ici même à plusieurs reprises et les principes et l'économie ne tendait pas seulement à ce but, il visait aussi à séparer l'administration des Européens de l'administration des musulmans, dont la confusion a, jusqu'à ce jour, abouti à l'abandon des indigènes et à l'aggravation de leurs misères. Cette séparation il l'avait réalisée, par l'institution dans chaque département algérien, d'un secrétariat général pour les affaires indigènes, auquel doivent converger tous les rapports et tous les renseignements sur l'état des esprits, les besoins de chacun des douars, l'application de leurs ressources, les travaux d'utilité publique qu'ils réclament, les moyens d'améliorer les méthodes de culture et d'élevage dans les milieux indigènes, enfin sur toutes les questions de prévoyance et d'assistance. Ce rouage doit permettre au Gouverneur général de dégager la véritable situation de la plupart des tribus, d'assurer la gestion de leurs intérêts, de remplir vis-à-vis de ces populations le rôle de protecteur et d'éducateur qui est un devoir de la tutelle qu'en a assumée la France.

Ce programme devait se compléter dans la pensée de M. Jonnart par la recherche des moyens propres à favoriser l'émigration et la colonisation française. Il avait dans ce but prescrit une enquête sur les effets de la colonisation officielle telle qu'elle a été pratiquée jusqu'à ce jour par l'attribution de concessions gratuites. De cet examen seraient sorties des réformes et une orientation nouvelle dont l'Algérie eût ressenti promptement d'heureux effets.

M. Jonnart n'a pu même ébaucher cette dernière partie de son programme; mais il laisse un plan de réformes administratives mûrement étudié et élaboré qu'il reste maintenant à exécuter.

Ce sera une tâche digne du successeur qui vient de lui être donné. On annonce, en effet, que M. Revoil, notre ministre au Maroc, à qui le gouvernement général de l'Algérie avait été offert, l'a accepté, sur les instances pressantes du gouvernement. Nul mieux que lui n'était préparé à ce poste, car nul ne connaît mieux les questions de politique extérieure, de politique indigène et de direction économique de l'Afrique du nord. Avant de représenter la France au Maroc, M. Revoil a été pendant quatre années adjoint au résident général de Tunisie, M. Millet, et chargé d'appliquer les méthodes d'administration et de colonisation, qui ont fait la prospérité de la Régence. Cette expérience inestimable des hommes et des choses, se double chez M. Revoil de qualités personnelles, d'une puissance de travail, d'une séduction de parole, qui lui assureront, sur ce nouveau théâtre, les brillants succès qui l'ont suivi dans toute sa carrière.

La solution d'un vieux différend franco-anglais. — Le ministre des affaires étrangères a, à la rentrée du Parlement, déposé sur le bureau de la Chambre, un projet de loi tendant à l'approbation d'une convention relative au règlement, par voie d'arbitrage, des affaires du *Sergent Malamine* et de *Waïma*. Ces deux affaires sont déjà fort anciennes et ont fait couler, naguère, beaucoup d'encre, la première surtout. On se souvient que le *Sergent Malamine* était le bateau du lieutenant de vaisseau Mizon, lorsque celui-ci fit son expédition commerciale sur le Niger et que ce bateau fut saisi, contre tous droits, par la *Royal Niger Company*. Les procédés de cette société furent dénoncés alors, comme il convenait qu'ils le fussent, dans la presse française et à la tribune du Parlement, mais sans résultats. Bien souvent depuis, des députés versés dans les choses africaines, réclamèrent du gouvernement français une action auprès du gouvernement de Londres, afin que réparation nous fût faite. Longtemps ces demandes restèrent vaines. Notre ministre des affaires étrangères finit cependant par entamer des négociations sur ce point avec le *Foreign Office* et on s'entendit pour lier à cette question celle de Waïma et pour soumettre les deux affaires à un arbitrage. Dans l'affaire de Waïma, c'est le gouvernement anglais qui à son tour réclame indemnité pour le tort que lui a fait l'attaque d'un détachement anglais par une de nos compagnies qui prit les Anglais pour des Haoussas. Il n'est pas douteux que les Chambres approuvent le projet du gouvernement et déjà l'on parle du choix de l'arbitre. Prochainement donc, se trouveront enfin terminées deux affaires qu'on n'a que trop laissées en suspens. Il n'est pas bon, en effet, qu'entre deux grands pays comme la France et l'Angleterre les différends, de quelque gravité qu'ils soient, s'éternisent. Il importe au bon ordre des relations internationales que leur règlement soit prompt, et il était fâcheux qu'on n'eût pas en l'espèce appliqué cette règle. Aussi, nous félicitons-nous aujourd'hui de la convention qui nous garantit une solution prochaine.

Opinions étrangères sur la Tunisie. — Dans notre dernier numéro, nous avons relevé quelques appréciations de la presse étrangère sur l'œuvre coloniale de la France. Il ne sera pas sans intérêt de connaître l'opinion émise en particulier sur la Tunisie, par des publicistes étrangers, dans des ouvrages destinés à produire une impression plus durable que d'éphémères articles de journaux.

Le premier est un Américain. M. Henry C. Morris vient de publier une « Histoire de la colonisation depuis les temps les plus reculés jusqu'à nos jours », qui est un des ouvrages les plus complets et les mieux documentés que nous connaissions sur cette matière. Nous en extrayons le passage suivant qui montrera en quelle haute estime cet auteur tient la France pour la fondation de ces deux colonies transméditerranéennes, et le rang élevé qu'il lui assigne parmi les nations colonisatrices : « Avant d'abandonner, dit-il, l'examen de la colonisation française moderne au sud de la Méditerranée, remarquons pour finir combien de leçons peuvent être tirées des expériences faites dans cette région. L'Algérie présente un exemple unique d'effort colonial. La Tunisie permet d'offrir des lumières nouvelles sur la manière d'administrer une possession lointaine sous la forme du protectorat. Les détails dans les deux cas méritent l'attention de ceux qui s'intéressent aux pays semi-tropicaux. Si nous en avions la place, nous pourrions utilement faire ici une étude complète de ces deux colonies aux divers points de vue économique, social et politique; pour apprécier pleinement les obstacles surmontés et la tâche accomplie, une semblable recherche est essentielle. Dans cet aperçu général il est seulement possible d'encourager ceux que ce sujet intéresse à l'étudier plus à fond et d'une manière scientifique. »

Un autre auteur étranger, bien connu dans le monde colonial, a émis à plusieurs reprises une appréciation flatteuse sur la Tunisie; celui-ci est un Anglais. L'explorateur sir Harry Johnston, devenu consul d'Angleterre à Tunis, a raconté dans le *Geographical Journal* (1) son voyage dans le Sahara tunisien. Il y rend pleine justice aux résultats de l'occupation française, et constate que dans ces regions reculées, où « il y a peu d'années un Européen n'aurait pu « s'aventurer sans s'exposer à être massacré, on peut « voyager maintenant avec autant de sécurité qu'en » France même. » « Un bureau de poste confié à des indigènes, dit-il, est ouvert dans chaque ville et dans chaque village, et sa *boîte aux lettres* est le signe extérieur et visible, l'estampille de la civilisation, une sorte de fétiche dont les indigènes sont fiers. » Le même esprit d'impartialité se retrouve dans les rapports du consul à son gouvernement. Dans celui de 1898, il constate les immenses progrès réalisés par ce pays qu'il avait visité une première fois en 1880, et qu'il retrouve transformé non seulement sous le rapport de la sécurité des personnes et des biens, mais par l'exécution de travaux publiés de toute sorte et par l'entrée en scène de la colonisation française. Plus récemment, sir Harry Johnston a écrit une « Histoire de la colonisation de l'Afrique par les races étrangères ». Cet ouvrage constitue un de ces manuels si précis, qui sont aux Anglais d'un tel secours pour l'étude des questions coloniales, et qui font complètement défaut dans notre littérature française. Plus à l'aise que dans un document officiel pour exprimer toute sa pensée, il résume son opinion en disant que « la Tunisie a été jusqu'ici le seul exemple de succès absolument complet en administration coloniale française. » Peut-être ce jugement, un peu trop absolu, appelle-t-il quelques réserves en faveur de certaines colonies de l'Afrique occidentale, et même en faveur de l'Indo-Chine, dont une habile administration a mis depuis quelques années en évidence les immenses ressources. Quoiqu'il en soit, il n'en apporte pas moins le témoignage d'un observateur compétent à la constatation des brillants résultats obtenus par le Protectorat tunisien. Son admiration pour l'œuvre française éclate dans sa préface, et voici par quel moyen il marque la place qu'il reconnaît à notre pays parmi le grands peuples colonisateurs : « Jaimerais, dit-il, dédier mon œuvre, en témoignage personnel d'amitié et d'admiration, à quatre hommes tout particulièrement distingués pour les services qu'ils ont rendus à la cause de la civilisation européenne en Afrique : Sir Toubman Goldie, qui a risqué sa vie et sa fortune pendant vingt ans pour fonder la Nigeria et en faire une possession britannique; lord Kitchener de Karthoum qui, durant trente ans a poursuivi à travers tant de causes de découragement et finalement mené à bien la tâche de reconquérir snr la barbarie le Soudan égyptien; M. René Millet, Résident général de France à Tunis, qui a montré avec quelle habileté un Français est capable d'administrer une grande colonie, quand on lui laisse la liberté d'action nécessaire; et enfin le major Herman von Missmann, commissaire impérial allemand en Afrique, qui a fondé l'Etat de l'Est africain-allemand, et qui a fait plus que n'importe quel Allemand vivant pour établir et consolider le prestige de cette grande nation dans les parties les plus sombres du continent ». La place donnée par l'auteur anglais à l'un de nos compatriotes, dans cette sorte de galerie internationale des coloniaux contemporains les plus illustres, est à coup sûr un honneur pour celui qui est l'objet d'une aussi flatteuse appréciation; mais elle est aussi une constatation nouvelle émanant d'une personnalité autorisée d'outre Manche de nos aptitudes colonisatrices si souvent contestées chez nous, et c'est pourquoi nous l'avons mentionnée.

Lorsque les étrangers s'occupent de nos colonies, ils le font généralement avec un esprit dégagé des mesquines querelles qui font trop souvent le fond de nos discussions journalières; s'ils réussissent avec cela à s'élever au-dessus de leurs propres préjugés

(1) Juin 1898.

nationaux, comme c'est le cas des deux auteurs que nous avons cités, leurs appréciations revêtent une autorité telle que nos compatriotes ont grand avantage à les connaître. C'est à ce titre que nous avons tenu à signaler le jugement porté sur l'œuvre de la France en Tunisie par deux hommes qui, à des titres divers, jouissent d'une grande notoriété dans leurs pays respectifs.

« **Défendons-nous** ». — Sous ce titre, M. Adrien Artaud vient de réunir en un volume de plus de cinq cents pages les articles qu'il a publiés et les conférences qu'il a faites çà et là, sur les questions les plus diverses, mais qui, toutes, se rattachent à un objet commun : la défense des intérêts du commerce. Et cette préoccupation dominante qui s'exprime avec une chaleur singulièrement communicative, à l'occasion de problèmes qui paraissent parfois peu faits pour passionner les esprits, communique à ce livre une allure vivante et combative que son titre rend à merveille, en même temps qu'elle lui imprime un caractère d'unité que semble exclure au premier abord la diversité des sujets traités.

C'est, qu'en effet, le commerce est dans tout et partout. Facteur essentiel — et méconnu, cependant — de la prospérité et de la grandeur nationales, il ressent profondément les effets des préjugés créés et entretenus par une éducation qui s'obstine à méconnaître les conditions essentielles de la lutte des nations pour la vie, et plus profondément encore peut-être, ceux d'une législation à courte vue uniquement préoccupée de satisfaire des appétits électoraux. C'est contre ces préoccupations et contre ces tendances que M. Adrien Artaud est entré courageusement en campagne, et soit qu'il dénonce les mirages du socialisme et qu'il démontre la solidarité d'intérêts qui fait dépendre la prospérité de l'ouvrier de celle du patron, soit qu'il s'en prenne aux erreurs du protectionnisme et qu'il juge le système par cette formule saisissante : « Les peuples sont protectionnistes ou parcequ'ils sont enfants ou parce qu'ils le sont redevenus » — soit encore qu'il s'élève contre ce qu'il appelle la « géocratie », c'est-à-dire contre la tyrannie exercée chez nous par les intérêts terriens, ou bien qu'il préconise la création de zones franches, il poursuit un but unique : réhabiliter le commerce devant l'opinion et réclamer pour lui la part à laquelle il a droit dans les faveurs gouvernementales et parlementaires.

« Faveurs » est trop dire. M. A. Artaud n'attend rien que d'un juste équilibre pratiqué entre les différentes branches de l'activité nationale, ainsi que du jeu naturel des forces humaines et de la loi de l'offre et de la demande, et pour tout dire, de la liberté. Mais c'est précisément parce que ces principes sont méconnus à l'heure actuelle, parfois même par ceux dont ce serait le devoir et l'intérêt d'y rester fidèles, qu'il s'efforce de les remettre en honneur et de rallier autour du drapeau commun tous ceux qu'opprime ou que menace la coalition agraire socialiste qui est devenue la grande puissance du jour.

Il voudrait voir se constituer en France un grand parti du commerce, conscient de ses droits, et résolu, par l'union étroite de tous ses membres, à contraindre les pouvoirs publics à composer avec lui. Toutes ces études, si variées soient-elles, nous ramènent invinciblement devant cette même conclusion, et par là ce livre, — indépendamment de l'intérêt qu'il offre par la multiplicité des faits invoqués à l'appui de telle ou telle thèse particulière et commentés avec le sens pratique et l'autorité d'un homme d'affaires qui vit en contact incessant avec la réalité — revêt le caractère d'une œuvre d'enseignement et de propagande générale faite pour attirer et pour retenir l'attention de tous.

A travers tant de questions d'ordre social, économique et commercial, M. A. Artaud ne pouvait pas ne pas faire une place aux questions coloniales. Il s'y montre, comme on pouvait s'y attendre, médiocrement admirateur du régime actuel. S'agit-il de législation ? Il demande que notre empire d'outre mer soit enfin doté d'une constitution qui, d'ailleurs, ne lui donnerait satisfaction qu'autant qu'elle comporterait la suppression de la représentation parlementaire des colonies. Il montre, du reste, par des exemples appropriés, que celles-ci valent surtout par les hommes chargés de les administrer et que la meilleure politique coloniale consiste à savoir choisir de bons gouverneurs et à les laisser longtemps en place.

Ailleurs il insiste — c'était avant le vote de la loi récente — sur l'urgence de la création d'une armée coloniale.

Dans un autre chapitre, faisant appel aux souvenirs du passé, il montre la nécessité d'organiser la colonisation commerciale et l'intérêt pour les jeunes gens qui vont aux colonies pour se livrer au commerce, de se rattacher à une maison établie en France, comme faisaient les émigrants d'autrefois, dont les relations avec la métropole étaient établies par l'intermédiaire d'un commettant unique, d'un *aîné*, suivant l'expression usitée alors. Et il y a là, en effet, une idée ingénieuse et féconde, trop souvent méconnue par les émigrants d'aujourd'hui, les nôtres tout au moins, qui considèrent la méfiance à l'égard des maisons de commerce de la métropole comme le premier de leurs devoirs.

« *Revendiquons nos droits* » est le titre d'un autre chapitre où M. Artaud nous montre, à propos d'Haïti, le parti qu'une politique moins oublieuse de notre histoire, pourrait tirer — ne fût-ce que sous la forme compensatrice de tarifs de faveur — de la revendication opportune et fermement poursuivie de certains droits que nous laissons devenir caducs.

Enfin l'auteur aborde l'examen de notre régime

douanier colonial. Ce que nous avons dit de ses tendances permet de supposer que ce régime lui inspire un sentiment très éloigné de l'enthousiasme. Là encore, en effet, M. A. Artaud se prononce, en principe, en faveur de la solution libérale. Mais obligé de reconnaître que la protection, aux colonies, sans être légitime, a été rendue nécessaire depuis le jour où par l'effet de cette même protection, pratiquée dans la métropole, tous nos débouchés autres que nos colonies se sont fermés pour nous, il voudrait qu'on poussât l'application du système jusqu'à ses conséquences les plus extrêmes et les plus rigoureuses. Pour lui la protection, telle qu'elle fonctionne actuellement, est inefficace au point de vue du but à atteindre parce qu'elle est insuffisante ; il voudrait qu'un relèvement des droits tenant compte des circonstances locales, et notamment de la proximité des pays producteurs concurrents vînt rétablir l'équilibre. C'est, à notre avis, pousser la logique un peu loin et nous regrettons de trouver dans un livre si libéral à tant d'égards, une théorie qui ne tend à rien moins qu'à aggraver encore les charges déjà trop lourdes imposées à nos colonies par notre régime douanier. Avec le système de M. A. Artaud, il ne leur resterait plus, sous prétexte de respecter scrupuleusement le principe de l'équivalence des droits du tarif général, suivant qu'il sont appliqués chez elles ou en France, qu'à mourir en attendant la réforme radicale que M. Artaud appelle de ses vœux. M. Méline lui-même n'en a jamais demandé autant et il ne manquera pas d'être agréablement surpris du renfort inattendu qui lui arrive ainsi. Heureusement il y a dans le livre de M. Artaud, nous l'avons montré, de quoi racheter cette concession imprudente faite au protectionnisme et qui d'ailleurs, n'infirme en rien la valeur du pressant appel que M. A. Artaud adresse aux commerçants, quand il les convie à organiser la défense de leurs intérêts.

L'Institut colonial de Bordeaux. — Bordeaux va avoir bientôt un Institut colonial. A la suite d'études approfondies dont nous avons déjà eu l'occasion de parler, un projet de constitution a été élaboré et un comité de patronage constitué. Ce comité de patronage qui a, à sa tête, le maire de Bordeaux, et dans lequel se trouvent tous les hauts représentants du commerce de cette ville et, parmi eux, de nombreux membres de l'*Union Coloniale*, a tenu tout récemment sa première séance sous la présidence de M. Decrais.

Le ministre des Colonies a voulu témoigner par sa présence, non seulement que tout ce qui se passait à Bordeaux l'intéressait, mais encore que l'institution elle-même, où qu'on l'aurait établie, aurait mérité l'approbation et l'encouragement du chef de notre administration coloniale.

L'Institut colonial de Bordeaux, tel que ses promoteurs l'ont rêvé, comprendra deux sections : une d'enseignement et une autre de renseignements. La section d'enseignement aura pour fond de première mise, si l'on peut ainsi s'exprimer, le transport à l'Office de trois cours traitant de questions coloniales qui existent déjà : l'un à la Faculté de médecine de Bordeaux (cours de pathologie exotique professé par M. le docteur Le Dantec), l'autre à la Faculté des lettres (cours de géographie coloniale, de M. Henri Lorin), le troisième à la Faculté de droit (cours de législation et d'économie coloniales, de M. Sauvaire-Jourdan). La section des renseignements comprendra une bibliothèque, un bureau de renseignements et enfin un musée commercial et colonial. Bordeaux par les relations constantes, qu'à son commerce avec les pays d'outre mer, sera particulièrement bien placé pour entretenir et rafraîchir les collections de produits et d'objets manufacturés qui seront mis à la disposition du public.

Cette institution, ayant été très bien étudiée, sera vraisemblablement bien organisée. On peut donc espérer qu'elle concourra dans une large mesure au succès de l'œuvre qu'on mène en ce moment très activement à Bordeaux, œuvre qui tend à compenser par des commerces et des débouchés nouveaux la restriction qui s'est produite dans le commerce et les débouchés des vins. Nous sommes heureux, quant à nous, de pouvoir assurer l'Institution nouvelle de l'entier concours de l'*Union* et de la *Quinzaine Coloniale*.

ÉMIGRATION ET COLONISATION

(*Suite*) (1)

§ II

Nous sommes, écrit le R. P. Piolet, « en plein désarroi social et presque en pleine faillite économique ». Une émigration abondante et régulière serait le remède. Elle débarrasserait le pays des éléments de trouble qui s'y multiplient ; elle retremperait le caractère national ; elle donnerait à notre commerce extérieur un essor qu'il ne connaît plus ; elle permettrait de former sur tous les points du monde des centres de rayonnement moral et d'influence économique. Et ce n'est pas tout ! Il faut encore que nos colonies soient peuplées de colons pour qu'en cas de guerre elles puissent être efficacement défendues.

Voilà des raisons assez fortes pour convaincre, et on l'est en vérité, dès qu'on s'évade de la sphère où s'obscurcit la vue des grands intérêts permanents de la France.

(1) Voir *Quinzaine Coloniale* du 10 mai 1901.

I

Comment, en effet, ne serait-on pas convaincu ? Si l'on considère les exportations de nos rivaux, on constate qu'en 1900, par rapport à l'année précédente, l'accroissement a été de 673 millions pour l'Angleterre, de 1 milliard 36 pour les Etats-Unis, de 243 millions pour l'Allemagne, tandis que la France a perdu 74 millions. Au point de vue de la production industrielle, nous occupons le quatrième rang avec 24 milliards de moins que les Etats-Unis, 14 de moins que l'Angleterre, 3 de moins que l'Allemagne. Si l'on décompose les grandes catégories de produits manufacturés, on fait cette constatation attristante : sauf pour la métallurgie, nous sommes débordés sur la plupart des marchés du monde. C'est grâce — et on ne saurait trop le redire — à nos colonies que notre commerce extérieur reste plus ou moins stationnaire. L'ensemble de nos échanges avec notre domaine d'outre-mer atteint 946 millions et l'importation métropolitaine, depuis douze années dans nos colonies, l'Algérie et la Tunisie exceptées, est passée de 60 à 178 millions.

II

Au total, la situation n'est certes pas brillante. Pour qu'elle s'améliore, il faut que, de toute nécessité, nous renoncions à n'emprunter qu'à notre seule substance et à ne vivre que sur notre propre fonds ; que nous nous décidions à créer au dehors des centres d'intérêts, que l'élite de notre jeunesse y cherche le meilleur emploi de son intelligence ou de ses capitaux. Qu'elle regarde autour d'elle ! Où sont les nouveaux débouchés et les nouveaux consommateurs ? Ils sont en Indo-Chine, à la Côte Occidentale d'Afrique, à Madagascar, en Extrême-Orient, dans l'Amérique du Sud, partout où les grandes puissances rivales n'ont pas conquis une hégémonie économique définitive, et même, là encore, il ne nous serait pas interdit de nous établir et de lutter. C'est à son empire colonial que l'Angleterre doit sa prodigieuse prospérité. C'est à l'émigration, à l'auto-recrutement pratiqué suivant une admirable méthode qui est à elle seule un excellent instrument de conquête, que l'Allemagne est redevable des immenses progrès de son commerce extérieur et de sa marine. C'est grâce aux informateurs qu'elle a placés en tous pays, qu'elle a pu orienter à temps son effort, à l'heure où nous nous endormions dans un optimisme béat. L'expansion allemande a pris un tel développement en Amérique, que les Anglo-Saxons du nord s'émeuvent. Une dépêche de Washington au *New-York-Herald* montrait dernièrement les 240,000 colons allemands du Brésil à la veille de rendre l'Allemagne prépondérante dans les anciennes colonies espagnoles et portugaises, et l'auteur en appelait à la doctrine de Monroë, dont la conséquence serait l'organisation d'un véritable Zollverein américain, assurant aux Etats-Unis la prédominance commerciale dans le Nouveau-Monde. La Russie, elle-même, après avoir colonisé la Sibérie, est poussée vers la Chine du Nord par un mouvement irrésistible, et, à cet égard, la diplomatie n'a fait que suivre le sentiment du peuple russe.

La France ne doit pas rester étrangère à ce mouvement presque universel et se résigner à n'être plus qu'un vieil arbre où ne peut plus pousser de jeunes rameaux.

III

Si maintenant on observe ce qui se passe en France, on voit qu'un grand nombre de nos compatriotes ne peuvent sortir d'une condition où il faut parfois savoir accepter les privations les plus dures et les plus déprimantes. Partout, en effet, il y a encombrement et pléthore. Des ingénieurs de l'Ecole centrale et de l'Ecole polytechnique doivent se contenter de 150 fr. par mois. La profession d'avocat n'est lucrative que pour un petit nombre de privilégiés. La médecine voit grandir son prolétariat. « C'est un fait connu qu'il faut avoir une « fortune personnelle pour se payer le luxe d'être « soldat. » L'armée des fonctionnaires civils, à l'exception d'un état-major ouvert moins au savoir qu'au savoir-faire, n'est pas mieux partagée. Le R.-P. Piolet s'est demandé comment se répartissent les traitements de nos 405.671 fonctionnaires gros et petits, sans compter les 8.000 fonctionnaires départementaux et les 122.000 fonctionnaires communaux. Si 321 d'entre eux touchent 20.000 fr. et au-dessus, 136.066 gagnent moins de 1.000 fr. et 174.196 de 1.000 à 2.000 fr. Bien plus, il se trouve, disséminés sur tous les points du territoire, 7.354 employés qui reçoivent de 4 à 500 francs par an. Qui pourra jamais conter les souffrances silencieuses de cette misère hiérarchisée et réglementée ? Et n'allez pas croire que les employés des établissements privés échappent à pareil sort. Partout, dans les Compagnies de chemins de fer, dans les grands magasins, dans les grands établissements financiers, c'est la même insuffisance lamentable d'avantages pécuniaires. Il y a enfin les ouvriers des villes et ceux des champs, classe assurément la plus

*

nombreuse, et qui, si elle joue le rôle le plus utile à la vie économique du pays, peut aussi la troubler singulièrement si elle est mécontente et agitée. Dans les grands centres, l'ouvrier spécialiste a un salaire à la vérité suffisant en soi. Il n'en est pas de même ailleurs et dans la grande majorité des cas, surtout lorsque les familles sont nombreuses. On rencontre encore dans la riche plaine de la Limagne des ouvriers agricoles gagnant 2 fr. 50 par jour; dans d'autres provinces, et notamment en Bretagne, beaucoup ne reçoivent que 1 fr.50, 1 fr.25 et même 1 fr. N'y aurait-il pas là les éléments d'une émigration régulière? Combien de ces pauvres gens, qui restent sur le coin de terre où ils naissent et meurent sans que la destinée ait pour eux son rayon de soleil, trouveraient au loin une place au banquet de la vie. « En France, « aujourd'hui, pour des raisons multiples et très « complexes, la table est trop petite; envoyons « donc quelques-uns de nos enfants dîner dehors, « et faisons-le sans regret, car ils y mangeront « mieux que chez nous. »

IV

Il faut aussi émigrer pour relever notre natalité. On ne peut songer sans épouvante aux conséquences de la dépopulation que chaque recensement accuse. Nous avons perdu 38.446 habitants en 1890 et 18.000 en 1894. Et « si le chiffre total de « la population en France ne décroît pas, en fait, « et même continue à augmenter légèrement, ce « n'est pas à notre natalité que nous le devons, « mais à un fait corrélatif de la diminution de « notre natalité, et à l'introduction d'éléments « étrangers de plus en plus nombreux à mesure « que nos enfants sont plus rares ». Il y a eu 392.814 naturalisations en 1851 et 1.300.915 en 1891. C'est là une situation qui n'existe nulle part ailleurs. Les étrangers, peu à peu, colonisent la France. Cette infiltration lente a pour effet d'introduire insensiblement et à la longue dans la trame de la vie nationale, des éléments qui la modifient et peuvent même la fausser en altérant son caractère propre.

En Allemagne, en Autriche et en Italie, on compte 38 naissances annuelles pour 1.000 habitants, et seulement 21 et 22 en France. Les causes de la dépopulation de notre pays sont multiples : notre législation, les charges fiscales accablantes, les difficultés de la lutte pour la vie, et cette prévoyance de la bourgeoisie qui veut se prémunir contre les surprises des familles nombreuses, corriger à sa façon les erreurs du code, en évitant la trop grande division de la fortune. Mais dès qu'une famille n'a plus le souci de l'avenir et qu'elle doit, au contraire, songer à combler les vides, elle se multiplie. Or, l'émigration lui enlève ce souci. Les nations qui fournissent le plus d'émigrants sont aussi celles où la population croît le plus. Ce fait se vérifie en France même, dans le département des Basses-Pyrénées, qui envoie tant d'émigrants dans l'Amérique du Sud. C'est le Canada qui nous donne à cet égard la preuve la plus intéressante. La population franco-canadienne s'est doublée tous les vingt ans. Le même fait se produit d'ailleurs aux Antilles, en Algérie où les colons de l'époque de la conquête, de 60.000 qu'ils étaient, ont atteint le chiffre de 120.500, vingt-deux ans après. C'est qu'il fallait pourvoir aux nécessités de la colonisation, et que, par suite, le calcul malthusien n'avait plus sa raison d'être. Partout où la famille française a son lendemain assuré, partout où le milieu demande qu'elle soit nombreuse, pour constituer, par exemple, la main-d'œuvre nécessaire à l'entreprise de son chef, elle manifeste une fécondité étonnante. La sève de la race n'est donc pas épuisée!

V

L'émigration est encore le moyen le plus sûr d'accroître notre influence au dehors. Lorsqu'une colonie française — nous supposons, bien entendu, qu'elle est saine — se forme dans un pays étranger et y crée comme une sorte de foyer de notre civilisation, on peut être tranquille : son action sera durable et pénétrante. Notre instinct de sociabilité, nos qualités d'esprit, la souplesse de notre individualité, sont plus propres que la lourdeur allemande et la morgue britannique à exercer un véritable rayonnement moral; et cela est si vrai que, dans les pays où nous sommes implantés, nos mœurs et notre langue persistent, même après que la domination que nous nous y exercions est passée en d'autres mains. C'est ainsi que, M. Gaston Deschamps contait naguère, au cours d'un récit de voyage au Canada, qu'il y a vu nombre de personnes « dont la conversation emprun- « tait une saveur particulière à ce « vieux langage « français, dont la tradition est pieusement gardée « par nos compatriotes de la Nouvelle-France. » En Egypte, la colonie française reste puissante, « cinq fois plus considérable que celle des autres nations ». Avec une pareille aptitude, quelles perspectives nous pourrions ouvrir à notre pays? Cependant, si nous possédons à un degré éminent l'aptitude morale à la colonisation, nous avons à un degré moindre l'aptitude physique. Mais il n'est pas impossible que nous l'acquérions puisque, dans la mesure où elle est nécessaire, les Anglais, les Allemands et les Hollandais l'ont acquise aux Indes, à Java, en Australie, dans l'Amérique du sud et jusque dans les régions les plus malsaines de l'Amazonie.

VI

Si nous devons essaimer pour propager notre civilisation dans le monde, nous devons — et cette nécessité est plus impérieuse encore — émigrer pour assurer la mise en valeur des colonies que nous avons conquises. Nous avons un empire colonial, grand quatorze ou quinze fois comme la France. L'importation française n'y dépasse — l'Algérie et la Tunisie non comprises — l'importation étrangère que de 24 millions et encore n'est-ce que depuis 1899. Nos possessions lointaines pourraient nous fournir le milliard de produits exotiques que nous achetons à l'étranger. Mais il faudrait y quadrupler la production agricole. Cet accroissement de production ne peut être que le résultat d'une forte émigration.

VII

Nous avons vu que les éléments de cette émigration ne manquaient point. Sont-ce les capitaux ? Pas davantage. Nous sommes économes. Nous thésaurisons sans relâche. Des désastres financiers répétés n'ont vidé ni le coffre-fort, ni le bas de laine. La fortune mobilière de la France, défalcation faite des sommes placées dans les entreprises particulières, est évaluée à 87.161.300.000 francs (1), rapportant, au taux moyen de 3.41 0/0, 2 milliards 972.200.000 francs. Songez à ce que l'on ferait de notre immense empire colonial, si on y appliquait une portion de cet argent, seulement une partie des 26 milliards 200 de capitaux français placés à l'étranger. Pourquoi les capitaux ne prennent-ils pas le chemin des colonies ? Ici encore, c'est l'ignorance, ou l'apathie, ou la routine qu'il faut incriminer. Ce n'est donc pas seulement les hommes qu'il est nécessaire d'habituer à aller aux colonies, c'est aussi les capitaux. La tâche est malaisée. Elle n'est pas au-dessus des forces des hommes qui consacrent le meilleur d'eux-mêmes à l'éducation coloniale de ce pays.

VIII

Mettre en valeur les colonies, et s'il se peut, les enrichir, c'est la grande affaire ; quelque chose est plus essentiel encore, c'est de les conserver. Les colons sont les meilleurs auxiliaires des soldats. Le cas échéant, ils sont soldats eux-mêmes et dans ce rôle, ils sont admirables. Si la population franco-canadienne n'avait pas été privée du secours de la Métropole, la capitulation du 8 septembre 1760 ne se fût pas produite. Aux Antilles, les créoles se sont conduits avec une bravoure à laquelle l'histoire a rendu hommage. Sous nos yeux, les laboureurs du Transvaal nous montrent ce qu'un peuple peut faire dans un pays dont la topographie lui est familière et dont le climat ne lui réserve aucune surprise.

IV

Voilà qui est entendu : nous devons émigrer. On nous a donné les raisons les plus propres à en établir la nécessité. Mais sommes-nous colonisateurs? car enfin, il y a des choses qu'on n'improvise pas ! Les historiens se gardent d'élever à cet égard le plus léger doute : ils connaissent notre passé. Mais une école politique nous a contesté cette aptitude. Son affirmation était simplement un de ces arguments qu'on ramasse pour alimenter la polémique du jour, sans se soucier du fondement historique.

Eh bien ! oui, nous sommes « essentiellement colonisateurs », mais avec une nuance qu'il faut noter. Le R.P. Piolet cite les passages où, dans son *Testament politique*, Richelieu trace le programme de la politique coloniale de la France, et lui donne en exemple « les Portugais, les Anglais et les Flamands ». Il nous permettra de compléter cette citation par cette remarque que faisait le cardinal, également dans son *Testament Politique*, et qui est comme une sorte de correctif qui n'a rien perdu d'ailleurs ni de sa justesse ni de son à propos : « Je n'entre point dans le détail « du commerce qui peut se faire aux Indes orien- « tales et en Perse, parce que l'humeur des Fran- « çais étant si prompte qu'elle veut la fin *de ses « désirs aussitôt qu'elle les a conçus, les voyages « qui sont de longue haleine sont peu propres à son « naturel* ».

Si, en effet, l'esprit d'aventure et l'esprit de méthode sont trop souvent chez nous à doses

(1) D'après M. Paul Leroy-Beaulieu, (discussion de la Société d'économie politique de Paris du 8 février 1901) on ne peut guère évaluer la richesse mobilière — dettes de l'Etat et des communes comprises — qu'à 70 milliards environ ; encore est-il possible que dans ces 70 milliards, une certaine somme représente la valeur des immeubles déja portés dans la fortune immobilière.

inégales, si l'impatience et l'ardeur guerroyante tiennent parfois la place de la froideur, de l'application et de la modération soutenue, si le sage équilibre est aussi rare que l'excès d'imagination est fréquent, il n'en demeure pas moins que nous sommes éminemment colonisateurs. Nous le sommes à notre manière, à la française, et c'est, du reste, à corriger cette manière, à lui ôter ce qu'elle a de trop prime-sautier, à en émousser la pointe de fantaisie qu'on s'emploie de toutes parts. L'histoire nous fournit mille exemples de cet instinct colonisateur, depuis les premières tentatives des marins de Dieppe, de Rouen, de la Rochelle au XIVe siècle, depuis Louis XIV et Colbert, qui font de la France la première puissance coloniale et maritime, jusqu'au moment où la troisième République, renouant la tradition, constitue l'empire actuel. Cette politique s'est poursuivie à travers toutes les vicissitudes : « Même aux époques les plus douloureuses et « les plus sombres de notre histoire, nous tournerons nos regards vers les pays d'outre-mer, tant « cette politique coloniale est une politique traditionnelle et tant nous sentons qu'elle est nécessaire à la grandeur de la patrie ».

Quant aux procédés de colonisation mis en œuvre, nous avons été véritablement des initiateurs, c'est Dupleix qui a enseigné aux Anglais l'art de « dominer l'Inde par le commerce et la diplomatie », et il y a eu dans le système administratif de l'ancienne France des parties admirables que nos rivaux ont souvent copiées.

Mais c'est surtout dans les chroniques et relations des premiers voyageurs et « découvreurs » qu'il faut chercher la preuve de cette vocation coloniale en quelque sorte instinctive. Aucun autre pays ne nous offre l'équivalent de ce mélange de hardiesse et de témérité même, d'enthousiasme et de sens pratique, de philanthropie active et d'ardeur belliqueuse, le tout assaisonné de cet héroïsme dans la bonne humeur qui n'appartient qu'à notre race.

Parmi tous les écrits que nous ont laissés les précurseurs de la colonisation française, le journal de Marc Lescarbot, avocat du parlement de Paris, exprime le mieux tous ces sentiments divers. Il accompagna jusqu'en Acadie le sieur de Putrincourt qui allait y chercher les moyens d'empêcher ses enfants de déchoir dans les derniers rangs de la noblesse ruinée. Il se mit tout de suite à l'ouvrage : « Je puis dire sans mentir, écrit Lescarbot, que « jamais je n'ai tant travaillé du corps, pour le « plaisir que je prenois à dresser et cultiver mes « jardins, si bien que les jours d'été m'étoient « trop courts, et bien souvent, au printemps, j'y « étois encore à la lune ». Quant au travail de l'esprit, il en avait « honnestement », car il enseignait la colonie, sans oublier les « sauvages ». Au milieu de son labeur et de ses préoccupations positives, il songe à l'avenir de la mère-patrie : « Ainsi « cette province (la Nouvelle-France) sera digne « d'être votre fille : la transmigration des hommes « de courage, l'Académie des arts, et la retraite de « ceux de vos enfants qui ne se contenteront de « leur fortune, desquels plusieurs, faute d'être « employés, vont ès pays étrangers, où déjà ils ont « enseigné les métiers qui vous étoient anciennement particuliers ». Enfin, il trace fermement, dès 1606, le programme de colonisation qui prévaut à l'heure qu'il est : « Chacun dit : Y a-t-il des tré« sors? Y a-t-il des mines d'or et d'argent ? ... La « plus belle mine que je sache, c'est du blé et du « vin (il s'agit du Canada) avec la nourriture du « bestial, qui a ceci, il a de l'argent... »

Mais tout n'est pas idyllique dans l'histoire de la colonisation française et même dans ce qui se passe sous nos yeux. Le R. P. Piolet signale les ombres au tableau. Nous jetterons sur les erreurs un voile discret, puisque aussi bien nous voulons nous en tenir à l'exposé des considérations qui se rattachent à la nécessité d'émigrer.

X

N'allez pas dire, maintenant, que nous n'avons pas les éléments d'une bonne émigration. Nous en voyons, au contraire, et en grand nombre, dans toutes les classes. Il y a ceux que la magistrature et les fonctions publiques ne tentent plus, soit qu'elles offrent trop d'insécurité, soient qu'elles leur apparaissent comme dépouillées de leur prestige moral. Il y a les centaines de fils de la bourgeoisie, qui, chaque année, sont éliminés par les concours. Il y a les fils des grands propriétaires terriens que les partages laissent avec une fortune médiocre, et qui devraient imiter l'exemple donné par le gentilhomme champenois dont nous avons parlé plus haut. Il y a toute la légion serrée de ceux qui se sentent voués irrévocablement au prolétariat intellectuel et au prolétariat commercial ou industriel. Puis, on trouverait parmi ceux qui, chaque année, désertent les champs pour venir habiter la ville et y concentrer une main-d'œuvre trop abondante, et inquiétante par cela même, des milliers de « travailleurs vigoureux, sobres, éco« nomes, en un mot tels qu'il nous les faudrait « dans nos colonies ».

Dans ces quarante-cinq dernières années, la population urbaine s'est accrue de 5.664.000 habitants. Cet excédent a été, en grande partie, fourni par les campagnes. C'est là une véritable calamité. Cette immigration constante a des causes diverses que le R. P. Piolet examine dans son livre. Il considère toutefois que c'est un phénomène nécessaire, fatal, tenant aux conditions nouvelles de la production agricole, et par suite du travail, ainsi qu'à la vie même de l'ouvrier rural. Le dernier recensement anglais — encore incomplètement connu — nous fournit la confirmation de cette manière de voir. En 1881, le comté de Londres avait 3.815.544 habibants; en 1901, il en compte 4.536.034. La population des villes maritimes s'est accrue également dans une forte proportion.

Nous avons exposé d'après le livre du P. P. Piolet, les raisons qui concourent à faire de l'émigration une double nécessité économique et sociale. Nous indiquerons dans un troisième et dernier article les conditions qui doivent présider au choix des colons, et les procédés de propagande les plus propres à accroître l'expansion française au dehors.

CH. DEPINCÉ.

DOCUMENTS, ARTICLES SPÉCIAUX ACTES OFFICIELS

GÉNÉRALITÉS

BUREAU DE VENTE DE PUBLICATIONS COLONIALES. — Nous avons signalé souvent, ici même, les difficultés qu'on éprouve pour se procurer certaines publications coloniales d'une utilité pourtant réelle. Aussi applaudissons-nous à l'idée qu'a eue M. le ministre des Colonies de nommer une commission chargée d'examiner dans quelles conditions un bureau de vente spécial de ces publications pourrait être annexé à l'*Office Colonial*.

L'Emigrant's Information Office, en Angleterre, vend, pour un prix très modique, les publications destinées plus spécialement aux émigrants. Chez nous, l'*Office National du Commerce Extérieur* vend également une série de brochures qui s'adressent aux négociants exportateurs. Mais le nombre en est encore bien limité. L'*Office Colonial* distribuait, de son côté, de petites brochures sur celles de nos possessions d'outre-mer où la colonisation se développe. Mais cette distribution se faisait à titre gratuit, et par suite des considérations budgétaires ne permettaient pas de les multiplier comme il convenait. Maintenant que, à l'exemple de l'*Emigrant's Information Office*, il sera loisible au service de vente de se constituer des ressources spéciales, rien ne s'opposera plus à ce qu'il reçoive à l'*Office Colonial* un développement en rapport avec les nécessités incontestables qui se manifestent.

Les intéressés — et le nombre en est grand — y trouveraient, à des prix extrêmement réduits, les rapports commerciaux, les statistiques et autres documents officiels qu'on a, aujourd'hui, tant de peine à se procurer. L'*Office Colonial* toutefois, ne devra pas se renfermer dans la nomenclature restreinte qu'on a mentionnée. Le commerce demande depuis longtemps la publication, sous une forme méthodique, des tarifs douaniers en vigueur dans nos diverses colonies, quelque chose d'analogue à ce qu'on a fait pour le tarif général métropolitain. Les futurs colons puiseraient aussi des renseignements précieux dans une brochure renfermant *tous* les actes officiels fixant le régime des terres dans chaque colonie. Il y a bien d'autres vœux que, en cette matière, on exprime vainement dans les milieux intéressés et auxquels la nouvelle institution pourrait donner satisfaction.

La place nous est trop ménagée pour que nous les énumérions, mais on les connaît à l'Office colonial et nous savons qu'on est disposé à ne rien ménager pour y donner satisfaction.

L'initiative prise par le ministre des Colonies sera donc unaninement approuvée. Mais pour que, dans l'application, elle porte tous ses fruits, l'*Office Colonial* devra mettre en pratique les procédés commerciaux que l'honorable M. de Vilers lui recommandait dans son rapport sur le budget des colonies, et qu'un de ses chefs de service a pu étudier sur place, au cours du voyage qu'il vient de faire à Londres et dont il a rendu compte dans les *Questions diplomatiques et Coloniales*. En d'autres termes, l'*Office Colonial* n'atteindra le but qu'il se propose que, si par une publicité suffisante et une installation appropriée, il assure la diffusion la plus large des documents de toute sorte qu'il aura réunis. La voie même où il s'engage indique à elle seule qu'il saura faire le nécessaire à cet égard, et il ne trouvera d'ailleurs, partout, que des encouragements dans l'accomplissement d'une tâche que, à raison des concours et des facilités dont il dispose, lui seul est en mesure d'accomplir.

COLONIES FRANÇAISES

AFRIQUE DU NORD

Algérie. — Actes officiels. — *Le Mobacher* : *8 mai.* — *Décret* réorganisant le conseil des prud-hommes à Alger.

Commerce. — *Transports de tabacs.* — L'Amérique est un débouché important pour les tabacs d'Algérie. Deux voies principales de transport sont utilisées ou plutôt étaient utilisées pour l'exportation de ce produit en Amérique : les lignes Marseille-Buenos-Ayres ou Bordeaux-Buenos-Ayres. Mais, par suite de l'application dans les ports espagnols d'une réglementation rigoureuse qui atteint les navires transportant une quantité quelconque de tabac, les deux compagnies ci-dessus se sont trouvées dans l'obligation de renoncer à ce fret. De ce fait, les exportateurs sont réduits à employer uniquement la ligne détournée Marseille-Le Havre Buenos-Ayres qui leur occasionne des dépenses supplémentaires, des retards et des risques par conséquent plus nombreux.

Voici comment se trouve réglementé le transport des tabacs par l'article 178 de l'ordonnance de police des ports de la péninsule :

1° Les ballots devront être placé dans la calle du bâtiment qui devra nécessairement être un vapeur, et dans un endroit séparé, de façon que leur présence à bord puisse être facilement contrôlée. Dans aucun cas, le poids brut de chaque ballot ne sera inférieur à 11 kilos, le poids réel devra être indiqué sur l'enveloppe;

2° Le consignataire du vapeur prendra l'engagement de prouver le débarquement du tabac dans le port auquel il est destiné au moyen d'un certificat du consul d'Espagne ou de la douane étrangère; cette obligation sera garantie par un dépôt (dans la pratique une caution) de 20 pesetas par kilo quelles que soient la nature et la valeur réelle du tabac.

Les paragraphes 1 et 3 ne soulèvent aucune critique; mais il ne saurait en être de même du paragraphe 2 qui constitue, en réalité, dans sa dernière partie ainsi conçue : « Cette obligation « sera garantie par un dépôt (dans la pratique, une « caution) de 20 pesetas par kilo quelles que soient « la nature et la valeur réelle du tabac, » une véritable interdiction pour les navires porteurs de tabac d'entrer dans un port espagnol.

En effet, la plupart de nos bateaux desservant la ligne Marseille-Buenos-Ayres ne touchent un port de la péninsule que pour y renouveler leurs provisions de route. Les Compagnies propriétaires de ces bateaux n'ont donc dans ce port ni correspondant ni agent à qui elles puissent demander de servir de caution pour la garantie de 20 pesetas par kilo.

C'est, par conséquent, le dépôt en espèces qu'elles se trouveraient, le cas échéant, dans l'obligation d'effectuer.

Or, l'immobilisation d'une somme de 20 pesetas par kilo, pour une période de temps indéterminée et parfois d'assez longue durée, soit par suite de retards imprévus pour l'accomplissement des formalités d'obtention et d'envoi du certificat exigé, constituerait pour ces Compagnies un aléa hors de proportion avec le profit résultant du fret ; aussi, ces dernières refusent-elles impitoyablement tout chargement de tabac.

De ce fait, les exportations algériennes se trouvent entravées et l'agriculture et le commerce subissent un réel préjudice.

Pour remédier à cette fâcheuse situation, il conviendrait que le régime de rigueur appliqué aux tabacs fût adouci, c'est-à-dire l'obligation du cautionnement supprimée.

Il semble, en effet, que l'engagement moral du capitaine de produire un certificat prouvant le débarquement de la marchandise dans le port indiqué comme lieu de destination, constituerait une garantie suffisante de la sincérité de la déclaration faite.

Cette situation préjudiciable aux intérêts de nombreux agriculteurs et commerçants algériens, surtout à une époque où l'on recommande en Algérie la culture du tabac, a été l'objet de délibérations de la Chambre de commerce dans sa séance du 10 avril dernier.

A l'issue de la discussion, la Chambre a émis le « vœu que M. le Ministre du Commerce veuille bien demander à M. le Ministre des Affaires Étrangères d'insister fortement auprès du gouvernement Espagnol pour l'abrogation de ladite mesure, laquelle porte, sans aucun profit pour les ports de la péninsule, un très réel préjudice à l'exportation algérienne. »

Tunisie. — Agriculture. — *L'élevage du ver à soie en Tunisie.* — Le *Bulletin de la direction de l'agriculture et du commerce* a publié l'article suivant qui présente cet intérêt tout particulier qu'il a été écrit par un indigène tunisien :

Si l'on consulte les statistiques de la production et de la consommation de la soie en Europe relatives à ces dix dernières années, on constate que non seulement la consommation de la soie dépasse la production, mais qu'alors que cette production reste à peu près stationnaire, la consommation, au contraire, devient de plus en plus grande. Ainsi, de 1892 à 1899, la production de la soie en Europe a oscillé entre 13 et 15 millions de kilogrammes, tandis que la consommation a passé de 18 à 23 millions. L'Europe doit donc demander à l'étranger les quantités importantes de soie qui lui sont nécessaires.

En ce qui concerne en particulier la France, les mêmes statistiques montrent qu'elle consomme dans ses manufactures de tissus beaucoup plus de soie qu'elle n'en produit. L'éducateur de vers à soie est donc assuré de trouver un débouché pour ses cocons.

L'étude des conditions de l'élevage des vers à soie doit porter sur :

1° Les conditions naturelles ou climatériques ;
2° Les conditions techniques ;
3° Les conditions économiques.

L'influence du climat se fait sentir sur les deux facteurs de la production, sur la culture du mûrier et sur l'élevage proprement dit.

Le ver à soie se nourrit de la feuille du mûrier.

C'est le mûrier blanc (*morus alba*) qui donne la meilleure qualité de soie. Cet arbre, dont l'aire géographique est très étendue, réussit parfaitement en Tunisie où l'on n'a pas comme en France, et notamment dans les Cévennes, à craindre les gelées tardives du printemps et où la température permet à l'arbre dépouillé de ses feuilles de se régénérer facilement.

Le mûrier *multicaule*, qui est précoce et donne de la feuille de bonne qualité, réussit très bien en Tunisie, alors qu'il ne peut vivre dans les Cévennes, à cause des gelées printanières. Comme il reprend bien de boutures, son emploi est à préconiser pour la constitution de pépinières. Nous l'avons rencontré fréquemment à L'Ariana et à Là Manouba.

La conduite des éducations est un point capital. Dans les pays où l'élevage du ver à soie est d'introduction ancienne, les éducations ne sont pas toujours menées de la façon la plus rationnelle. Il faut dans ces régions, pour arriver à inculquer les nouvelles méthodes, détruire d'abord les anciens préjugés, ce qui n'est pas toujours tâche facile. Les pays neufs comme la Tunisie, où la sériciculture pourrait se développer, présentent à ce point de vue un avantage incontestable ; on n'a qu'à répandre les principes scientifiques, les procédés routiniers n'existant pas. Toujours est-il que dans un cas comme dans l'autre, il faut faire l'instruction des futurs éducateurs, afin de leur permettre de faire l'élevage des vers dans les meilleures conditions possibles et par suite d'augmenter les rendements de leurs récoltes. La nécessité de propager cette instruction séricicole trouve sa confirmation dans ce fait qu'en France, dans les régions instruites, où l'on a appliqué les méthodes nouvelles dès le début de la crise séricicole, le nombre des éleveurs est resté le même, alors qu'il a notablement diminué dans les autres régions. Cette instruction peut se faire de plusieurs manières, soit par des conférences, des journaux et des brochures, soit par l'introduction duns l'enseignement de notions séricicoles.

L'éducation des vers à soie dure peu de temps trente-cinq jours environ.

Elle exige, par contre, dans ce court espace de temps, beaucoup de main-d'œuvre. La Tunisie où cette main-d'œuvre est à bas prix, est à ce point de vue dans une situation autrement avantageuse que ne l'est la France, ou aujourd'hui, par suite du développement d'autres cultures, en particulier de la vigne, et de la dépopulation des campagnes, les salaires se sont relevés. Un ouvrier que l'on payait autrefois 25 à 30 francs en demande aujourd'hui 50 à 60 francs. En Tunisie, on peut trouver facilement des ouvriers indigènes au prix de 30 à 35 francs par mois.

Ce qui a surtout réussi en France, c'est la petite éducation unie à la petite culture. Malgré que le bas prix de la main-d'œuvre tunisienne puisse permettre de faire dans de meilleures conditions qu'en France l'éducation industrielle en grand, il faut néanmoins recommander les petites éducations qui présentent les avantages suivants : 1° Pouvant être l'objet de soins très méticuleux, elles fournissent des rendements élevés ; 2° se suffisant de la main-d'œuvre familiale, elles permettent d'abaisser le prix de revient et d'augmenter par suite les bénéfices.

Pour contre-balancer la baisse que subissent les cocons depuis plusieurs années, les particuliers se sont appliqués à augmenter leurs rendements ; l'État, de son côté, est intervenu par la loi de 1892, en accordant une prime de 0 fr. 59 par kilo de cocons produits, prime qui vient d'être r cemment portée à 0 fr. 60.

Il est à désirer que les sériciculteurs tunisiens suivent l'exemple des éleveurs français et que, pour encourager cette production agricole, le gouvernement du protectorat accorde la même faveur que le gouvernement français.

Si la sériciculture vient de subir une crise, crise qui est due surtout aux maladies qui se sont abattues sur les éducations, il n'est toutefois pas douteux qu'elle est en train de reprendre un nouvel essor. En Autriche, en Hongrie, en Italie, elle acquiert tous les jours une importance de plus en plus considérable. Il y a intérêt à ce que la Tunisie s'associe à ce mouvement qui ne pent avoir que d'heureux résultats sur le développement économique de ce pays.

A. Kebaïli.

Diplômé de l'Ecole Nationale d'Agriculture de Montpellier.

AFRIQUE OCCIDENTALE

Afrique Occidentale. — Actes officiels. — *Journal officiel du Sénégal.*

20 avril. — *Décision* chargeant M. Lanrezac, Gouverneur des colonies, des fonctions de Gouverneur général par intérim de l'Afrique occidentale française.

27 avril. — *Circulaire ministérielle* interdisant de vendre des boissons alcooliques dans les cantines des casernes et établissements militaires des troupes coloniales. — *Arrêté* portant création d'un poste médical à Koulikoro. — *Arrêté* créant une troisième agence spéciale coloniale à Sorbo-Haoussa.

Congo français. — Actes officiels. — *Journal officiel du Congo.*

30 mars. — *Arrêté* rapportant ceux des 14 février 1898 et 26 avril 1899, autorisant les administrateurs de régions à passer des marchés d'une importance maximum de 6.000 francs. — *Arrêté* supprimant les postes de médecins à N'Djolé, Ouesso et Bangui. — *Arrêté* prescrivant que les meubles ne seront fournis aux fonctionnaires n'ayant pas droit au logement que dans la limite des existants au Service local. — *Décision* portant institution d'une commission permanente de recette. — *Arrêté* portant fixation de taxes de consommation.

Administration. — *Taxes de consommation.* — Par arrêté du 29 mars, le Commissaire général du Congo a établi dans la colonie des taxes de consommation ; le tarif en a été ainsi fixé :

Désignation des articles	Unités de perception	Droits
		francs
Spiritueux, eaux-de-vie et liqueurs de toutes sortes à 50° et au-dessus	Hectolitre d'alcool pur	180 »
Spiritueux, eaux-de-vie et liqueurs de toutes sortes au-dessous de 50°....................	Hectolitre de liquide	90 »
Huiles de schiste, de pétrole et autres huiles minérales............	d°	10 »
Vins en fûts............	d°	5 »
Bières et limonades (en fûts ou en caisses)....	d°	10 »
Vins en caisses (fins, de liqueur, mousseux, etc.)	par caisse de 12 bout. de 75 centiltres.	1 50
Tabacs de toutes sortes.	Les 100 kilos net	75 »
Poudres de chasse et de traite..................	d°	130 »
Sels....................	Les 100 kilos brut	2 »
Armes de traite, fusils à silex sans hausse ni rayures...............	La pièce	3 »
Armes de chasse et de guerre (y compris les fusils à piston de toutes sortes)............	d°	5 »
Revolvers et autres armes...................	d°	3 »
Tissus de toutes sortes, confectionnés ou non.	*Ad valorem*	10 %

Ces taxes sont applicables dans la région qui n'est pas comprise dans le bassin conventionnel du Congo.

Délimitation avec les possessions portugaises. — L'article 3 de la convention du 12 mai 1886, passée entre la France et le Portugal, a déterminé la frontière séparant notre colonie du Congo de la région dite de Cabinda, enclave que possède le Portugal au nord de l'embouchure du fleuve, entre les territoires appartenant à la France et les limites de l'Etat Indépendant.

De l'ensemble des opérations de la commission chargée de cette délimitation, il résultait que les indications de la convention rendaient impossible sur deux points, la détermination d'un tracé exact de la frontière :

1° Des sources de la Lubinda jusqu'à celles de la rivière Louali, en suivant la ligne de faite des bassins de la Loëma et du Chiboango ;

2° Entre les bassins de la Loëma et du Chiboango jusqu'au méridien 10' 30" est de Paris, la ligne de faite qui sépare ces bassins n'atteignant pas ce méridien.

Par suite d'un nouvel accord intervenu entre les deux puissances le 23 janvier 1901, la ligne frontière peut être désormais reconnue sur le terrain sans interruption. A cet effet, une commission de délimitation vient d'être designée par le ministre des Colonies. Elle se compose de MM. Fourneau, administrateur adjoint de deuxième classe des colonies, et Dujour, lieutenant au 1er régiment d'artillerie coloniale.

Le départ des délégués du gouvernement français a eu lieu le 15 mai, pour que les opérations de délimitation puissent commencer dès la fin de la saison des pluies.

Sénégal. — Main-d'œuvre. — *Circulaire du gouverneur.* — Le Gouverneur général de l'Afrique Occidentale vient d'adresser la circulaire suivante aux administrateurs et commandants de cercles de la colonie.

« Par une circulaire, en date du 19 juillet 1899, mon prédécesseur avait appelé votre attention sur les principes qui devaient vous guider pour l'exécution des travaux et corvées nécessitant l'emploi de la main-d'œuvre indigène qui, dans aucun cas, ne devait être gratuite.

« Cette circulaire semblant avoir été perdue de vue dans certains cercles et mal interprétée dans d'autres par beaucoup d'indigènes, un avis du directeur des affaires indigènes, donna en février 1900, au sujet de l'application de cette circulaire, des instructions complémentaires qui ont dû être affichées dans tous les cercles.

« J'ai l'honneur de vous faire connaître qu'il résulte d'informations qui me sont parvenues de divers côtés, que les anciens errements continuent à être mis en pratique dans certaines régions. C'est ainsi que quelquefois des administrateurs et souvent des chefs indigènes n'hésitaient pas à se servir de corvées gratuites pour leur usage personnel et que, souvent aussi, la main-d'œuvre, employée à des travaux d'utilité publique, n'était pas rémunérée. J'ai l'honneur, en conséquence, de vous renouveler les termes formels de la circulaire susvisée du 19 juillet 1899 dont les instructions devront être, à l'avenir, strictement observées par tout le monde.

« Je vous serai obligé de vouloir bien aviser les chefs de provinces placés sous vos ordres que toute infraction à la présente circulaire sera sévèrement réprimée. »

AFRIQUE ORIENTALE

Côte française des Somalis. — ADMINISTRATION. — *Régime fiscal.* — Le *Journal officiel de Djibouti* publie de nouvelles protestations du syndicat commercial contre les impôts directs et indirects qui frappent les commerçants de la Côte française des Somalis. Malgré le marasme des affaires et l'état embryonnaire de Djibouti, ces impôts frappent le commerce, disent les négociants, autant que dans les pays les plus prospères.

L'opinion publique réclame du gouvernement quelques travaux de défense de ce point, qui est de la plus haute importance en cas de guerre. Djibouti est, en effet, un dépôt de charbon unique entre Suez et Madagascar; cela seul marque la nécessité de prendre toutes les précautions nécessaires.

La défense de Djibouti fait partie du vaste programme de travaux voté par les Chambres.

Magasins Généraux. — Un décret du 18 avril, publié au *Journal officiel* du 10 mai, a approuvé la convention passée entre le Ministre des colonies et M. de l'Enferna pour l'établissement et l'exploitation d'un entrepôt réel de douane et de magasins généraux à Djibouti.

La concession accordée à M. de l'Enferna ne lui constitue de privilège qu'en ce qui concerne l'entrepôt réel et le droit de délivrer des warants dans les limites du plateau de Djibouti. Les plateaux du Serpent et du Marabout, sont exclus de ce droit. Le privilège concédé à M. de l'Enferna ne lui donne aucun monopole en ce qui concerne l'établissement et l'exploitation de magasins publics pour les marchandises provenant de l'intérieur, ni en ce qui concerne les opérations quelconques à faire en dehors dudit entrepôt réel ou des magasins qu'il aura établis.

Les marchandises sont reçues dans les magasins et dans l'entrepôt réel dans les conditions habituelles : le concessionnaire est autorisé à délivrer aux déposants qui en font la demande des récépissés warrants.

Les taxes perçues sont les suivantes :

Frais de transport à la porte des magasins, par mètre cube ou tonne et par kilomètre, 1 fr. 50 compris le chargement et le déchargement.

Entrée en magasin ou sortie, avec les opérations accessoires, 1 fr. par tonne ou mètre cube.

Le minimum de perception par opération est de 1 franc.

Ne sont pas comprises dans les manutentions ci-dessus les opérations, marquage, conditionnement, réparations de colis avariés qui seront tarifés d'après un règlement approuvé par le Gouverneur.

Les frais de magasinage dans l'entrepôt réel et dans les magasins généraux des marchandises non encombrantes, y compris tous droits de garde, surveillance, etc., mais non compris les frais d'assurance contre l'incendie, sont calculés par tonne et par mètre et par mois.

Colis de plus de 1,000 kilogr. ou plus de 1 mètre cube : 4 francs.

Colis jusqu'à 1,000 kilogr. ou 1 mètre cube : 5 francs.

Groupe de colis d'un poids individuel inférieur à 1.000 kilogr. ou d'un cube individuel inférieur à 1 mètre cube compris dans la même déclaration : 5 francs.

Le minimum de perception est de 1 franc par opération.

Un tarif inférieur pour le magasinage à couvert ou à découvert des marchandises encombrantes, telles que charbon, mottes, bois, briques, tuiles et tous autres matériaux de construction, sera fixé par le Gouverneur sur la proposition du concessionnaire ;

Pour les masses indivisibles de 1,000 kilogr. à 2,000 kilogr. et au-dessus, l'entrée en magasin, et la sortie des magasins, seront comptées le double des prix ordinaires.

Les frais de magasinage ne sont pas augmentés.

Les prix du transport des marchandises dangereuses, entrée en magasin et sortie, sont en majoration de 25 p. 100 avec application, s'il y a lieu, de la majoration prévue ci-dessus pour les masses indivisibles de 1,000 à 2,000 kilogr.

Pour le magasinage, les prix sont majorés de 30 p. 100.

Le concessionnaire est tenu à un cautionnement de 15.000 francs et à une redevance annuelle de 1.000 francs.

Madagascar. — Actes officiels. — *Journal officiel de Madagascar et dépendances.*

30 mars. — *Arrêté* promulguant dans la colonie la loi du 27 décembre 1900, relative à l'amnistie. — *Circulaire* sur la constitution des périmètres urbains et suburbains dans les principaux centres de la colonie.

3 avril. — *Circulaire* ministérielle relative aux certificats de chargements de morue.

6 avril. — *Circulaire* au sujet de l'arrêté du 25 mars 1901, sur l'enseignement des indigènes. — *Arrêté* du 25 mars 1901 sur l'enseignement.

13 avril. — *Circulaire* à MM. les administrateurs, relative au décret du 16 février 1901, sur le régime de la presse à Madagascar. — *Arrêté* du 2 avril promulguant dans la colonie le décret du 16 février 1901, relatif au régime de la presse à Madagascar. *Décret.*

Enseignement. — *L'Enseignement des indigènes à Madagascar.* — L'*Officiel* de la colonie du 18 avril dernier renferme une importante circulaire de M. le général Gallieni sur l'enseignement des indigènes dans la Grande Ile.

Nous croyons devoir reproduire les parties essentielles de ce remarquable commentaire de l'arrêté du 25 mars 1901.

Il s'exprime ainsi en ce qui concerne les programmes d'enseignement :

« A la suite de l'arrêté du 16 avril 1899, il était nécessaire que l'administration précisât, par des programmes, les moyens à employer pour atteindre le but qu'elle se proposait dans l'enseignement des indigènes. Ces programmes ont été publiés le 20 juillet 1899.

L'enseignement primaire comprend : la langue française, la langue malgache, la lecture et l'écriture, l'arithmétique et le système métrique ; l'histoire de France, étudiée surtout dans ses rapports avec celle de Madagascar ; la géographie de la France, la géographie de Madagascar étudiée surtout sous le rapport des relations commerciales que ces deux pays ont entre eux et avec le monde entier, des leçons de choses s'appliquant surtout à l'agriculture ; le dessin, dans ses applications au travail manuel. Le travail manuel doit être enseigné dans les écoles régionales et les écoles normales, et il peut l'être dans certaines écoles primaires.

L'enseignement de la langue française a été rendu obligatoire dans les écoles primaires de Madagascar, dès le 5 octobre 1896. La moitié du temps devait être consacrée à l'enseignement du français. En fait, le français ne fut tout d'abord guère enseigné dans les écoles rurales, les instituteurs ayant eux-mêmes besoin de fortifier leur instruction sur ce point.

Le français est enseigné aux débutants d'après une adaptation de la méthode Berlitz ou Carré, que publie l'*Ecole Franco-Malgache*. Cette méthode permet d'obtenir en peu de temps d'excellents résultats ; mais elle est loin d'être connue par les instituteurs malgaches : certains d'entre eux l'appliquent, pour la première fois, le jour de l'examen du certificat d'aptitude à l'enseignement. Le service de l'enseignement prépare en ce moment un exposé complet de cette méthode à l'usage exclusif des instituteurs.

Des résultats satisfaisants ont déjà été obtenus dans l'enseignement de la langue française. Toutefois les écoles dans lesquelles le français est enseigné avec fruit sont encore en petit nombre ; c'est, en outre, en quelque sorte, un français « réduit », ne comprenant que les mots et les tours employés dans le langage de la vie usuelle, ne correspondant guère qu'à des choses, des qualités, des actions matérielles. Le moment n'est pas encore venu où nos idées exprimées dans notre langue, seront parfaitement accessibles aux Malgaches ; mais dans quelques années, et dans toute l'Imerina, les indigènes pourront entrer directement en relations avec nos commerçants et nos colons, et les notions de français qu'ils posséderont les auront rapprochés de nous. C'est à obtenir ce résultat pratique que doivent momentanément se borner nos efforts ; plus tard, il conviendra de mener les indigènes plus avant dans la connaissance de la langue française.

Actuellement, la langue malgache nous fournit un moyen efficace pour agir sur la masse des indigènes dans un sens favorable. Nous devons nous préoccuper d'ailleurs de conserver la langue du pays, qui, si elle n'a pas été cultivée littérairement, n'en a pas moins de grandes qualités, et qui a surtout, à nos yeux, le grand avantage d'être un instrument de pensée à la mesure des cerveaux malgaches. C'est pourquoi l'étude du malgache n'est pas négligée dans les écoles de la colonie.

Les livres usités dans les écoles officielles pour l'enseignement du français et du malgache sont les cours de traduction graduée publiés par le service de l'enseignement, la grammaire malgache de Cousins, le Avy hatrany dia mamaky, le syllabaire français du Guyau ou de Regimbeau.

Le service de l'enseignement prépare actuellement un syllabaire français-malgache, en tenant compte de ce fait qu'il y a un certain nombre de sons et d'articulations, représentés ou non par les mêmes lettres, communs aux deux langues, et qu'il est inutile d'étudier deux fois. La méthode suivie est celle de la nouvelle épellation : elle consiste à apprendre aux élèves non pas le nom des lettres, mais la façon de les prononcer. Les enfants n'apprennent le nom des lettres que lorsqu'ils savent lire.

Lorsqu'ils auront étudié ce syllabaire, les enfants

recevront le premier livre de lecture de M. l'inspecteur Carré, livre excellent, fait à l'usage des colonies, et qui n'a besoin que de quelques retouches pour convenir complètement aux écoles de Madagascar. A défaut de ce livre, le service de l'enseignement introduira dans les écoles officielles d'autres ouvrages de lecture d'auteurs divers.

L'enseignement de l'arithmétique, de l'histoire et de la géographie est également donné d'une façon assez satisfaisante dans nos écoles officielles. L'enseignement du dessin ne paraît pas avoir reçu tout le développement désirable. Le dessin est cependant une véritable langue; l'ouvrier doit la connaître; il doit savoir la lire, afin d'exécuter l'objet dessiné et doit savoir l'écrire afin de diriger ses apprentis. A défaut du français et du malgache, le dessin est un excellent instrument de relations entre les Malgaches et les entrepreneurs. Même à l'école primaire, le dessin est enseigné dans ce but, et seulement dans ses rapports avec les métiers manuels.

L'enseignement de l'agriculture est assez long à organiser par suite de la difficulté qui se présente parfois d'attribuer à l'école des terrains propices à la culture. Il convient cependant de mettre les instituteurs à même de s'acquitter de cette partie de leur tâche. Il m'a parfois été donné de constater que l'école n'était pas suffisamment utilisée pour la vulgarisation des procédés de culture et des plantes nouvelles. C'est ainsi que, dans certaines provinces, des graines envoyées par l'administration centrale ont été remises aux petits fonctionnaires indigènes et semées sans méthode, alors que les instituteurs officiels en étaient dépourvus. En l'absence d'un chef de poste français, c'est pourtant à l'école primaire que les essais de plantations ont le plus de chance d'être faits dans de bonnes conditions et avec esprit de suite.

Les services de l'enseignement et de l'agriculture préparent, du reste, actuellement un manuel à l'usage des instituteurs qui leur permettra de rendre, dans la campagne, les services que l'on peut attendre d'eux pour l'enseignement agricole.

L'enseignement industriel dans les écoles primaires rurales consiste dans l'enseignement du dessin. Quelques rares écoles pourront avoir un atelier. Mais l'atelier devient le centre de tout l'enseignement dans les écoles régionales, et il doit occuper une place importante dans les écoles normales. Les écoles régionales ont pour but de former de bons ouvriers; cela suffit pour caractériser l'enseignement qui y est donné. Les anciennes industries du pays trouveront peut-être, dans la création des écoles régionales, une vie nouvelle. L'enseignement de l'agriculture y est donné dans un but analogue.

Dans les écoles normales, le travail manuel et l'agriculture sont surtout enseignés dans le but d'éducation générale. Il importe que les instituteurs officiels soient élevés dans le respect et l'amour du travail manuel des ouvriers et des cultivateurs. »

Le général s'occupe ensuite des missions qui ont été invitées à collaborer avec l'*Enseignement officiel* à l'œuvre d'éducation des Malgaches. L'administration a observé à leur égard la neutralité la plus absolue. Puis suivent des renseignements des plus intéressants :

« Il y a à Madagascar plus de 3.000 établissements d'enseignement privé; ils sont surtout nombreux dans l'Imerina et le Betsileo. Mais la plus grande partie d'entre eux ne sont que des écoles d'églises et ne servent qu'à l'éducation religieuse. Les écoles proprement dites, celles qui sont dirigées par des instituteurs indigènes brevetés, sont seulement au nombre de 450 environ.

La Mission catholique a fait recevoir à l'examen du certificat d'aptitude à l'enseignement, tant à Tananarive qu'à Fianarantsoa, 191 candidats; la Mission protestante française en a fait recevoir 194, la Mission norvégienne 61, la Mission anglicane, 42, la Friends Foreign Mission Association 44, et la London Missionary Society 50.

En réalité, les Missions ont fait preuve de beaucoup de bonne volonté pour collaborer avec l'enseignement officiel à l'éducation des Malgaches, conformément aux dispositions de l'arrêté du 16 avril 1899, et elles ont obtenu des résultats qui leur font le plus grand honneur.

La Mission catholique des Jésuites a trois centres principaux : Tananarive, Fianarantsoa et Tamatave. A Tananarive, la Mission catholique entretient l'école des frères d'Andohalo (en partie seulement), 6 écoles de filles dirigées par les sœurs de Saint-Joseph de Cluny, et une école normale à Ambohipo. L'Imerina forme 15 districts missionnaires, qui comptent environ 350 églises et écoles d'églises; environ 100 instituteurs sont brevetés. Les écoles d'Imerimandroso, de Fenoarivo, d'Arivonimamo, de Namehana et d'Ambohipo ont été classées dans la première des catégories prévues par l'arrêté du 16 avril; celles de Fenomanna et d'Antanamalaza ont été classées à la deuxième catégorie.

Les six écoles des sœurs de Saint-Joseph de Cluny à Tananarive comptent environ 1.200 élèves.

L'école des frères d'Andohalo seule relève directement de la Mission catholique. Les cinq autres écoles des Frères ont été créées en vertu d'une convention intervenue entre l'Institut des frères et le Ministre des Colonies. Les écoles des Frères comptent ensemble plus de 2.000 élèves. L'école d'Ambatonilita est organisée pour donner l'enseignement professionnel, et à Soavimbahoaka, près de Nanisana, les frères ont une école d'agriculture.

L'établissement appelé collège d'Amparibe n'appartient pas à la Mission catholique; il relève directement de la Société de Jésus. Cependant, il prépare quelques instituteurs pour la Mission catholique.

A Fianarantsoa, la mission a une école normale, inférieure à celle d'Ambohipo, une école de garçons dirigée par les frères, une école de filles dirigée par les sœurs; l'école des frères compte 300 élèves; celle des sœurs en a 160. L'école normale et l'école des frères, considérées comme ne formant qu'un seul établissement, ont été classées à la 1re catégorie.

Dans les provinces de Fianarantsoa et d'Ambositra, la Mission catholique a un certain nombre d'établissements; une trentaine d'entre eux sont dirigés par des maîtres brevetés.

A Tamatave, la Mission catholique a une école de garçons et une école de filles; la première compte 200 élèves, la seconde 180; elle n'en a pas d'autres sur la côte est, sauf à Mahanoro.

Les missionnaires catholiques du Vakinankaratra (province de Betafo) appartiennent à l'ordre des PP. de la Salette. Ils ont une importante école à Betafo. Les deux missionnaires d'Antsirabe surveillent également une école dans cette localité. Les sœurs de la Providence ont une école à Betafo et une école à Antsirabe. Des PP. de la Salette dépendent environ 300 églises; ils n'ont dans leurs districts que 13 instituteurs brevetés. Leur école de Betafo a été classée à la 1re catégorie, celle d'Antsirabe à la 2e catégorie.

La mission protestante française a pour centres principaux en Imerina : Mahereza, Fiahomana, Tsiafahy, Nossi-Bé, Ambatomanga, Ambohibeloma; dans le sud : Ambositra et Fianarantsoa. Elle s'efforce de sortir de l'Imerina et a déjà fondé quelques églises chez les Bezanozano et les Betsimisaraka; elle s'occupe d'évangéliser le Valalafotsy, et, dans le sud, le pays Tanala, notamment la région d'Ikongo.

A Tananarive, la mission protestante française a cinq importantes écoles : l'école normale de Mahazoarivo, deux écoles de filles et deux écoles de garçons.

L'œuvre scolaire rurale de la mission protestante est très importante. En Imerina, 88 écoles sont dirigées par des maîtres brevetés, au nombre d'environ 120; dans le Betsileo, elle a 30 maîtres brevetés. De plus, dans presque tous les districts, il y a, à côté du missionnaire, un instituteur et une institutrice d'origine française. Dans quelques années, l'œuvre scolaire de la mission protestante sera des plus florissantes.

Cette mission a fait classer, en 1900, à la 1re catégorie, l'école de Tsiafaly et l'orphelinat de Mahereza; à la 2e catégorie, les écoles de Nossi-Bé, d'Antanetibe, d'Ambatomanga, de Mahereza, de Fenoarivo. A Fianarantsoa, les écoles qu'elle possède ont été classées, l'une à la 1re catégorie, l'autre à la 2e. La mission protestante française a encore, à Fianarantsoa, une école de filles et une école maternelle très bien organisée.

A Tananarive, elle vient de créer le collège Paul Minault, destiné aux jeunes gens qui désireront recevoir un enseignement plus élevé que dans les autres écoles de la ville.

Le London Missionary avait autrefois des stations hors de l'Imerina et du Betsileo. Actuellement, ses centres principaux sont à : Ambohidratrimo, Ambohimanga, Soavina, Ambohimandroso, Ambohimahasoa, sans compter Tananarive et Fianarantsoa. Elle réorganise son œuvre scolaire.

La mission norvégiennne est au nombre des plus importantes missions établies à Madagascar; elle a 900 établissements scolaires : 340 dans le Vakinankaratra (Betafo et Antsirabe), 200 dans la province d'Ambositra, 300 dans la province de Fianarantsoa, une trentaine dans le pays bara, environ 40 dans la province de Farafangana, une quinzaine dans les provinces sakalava.

Elle a peu de maîtres brevetés : 60 environ; mais elle a fait, depuis deux ans, un effort considérable pour organiser ses écoles comme le désire la colonie, et son œuvre scolaire du Vakinankaratra est prospère. Elle a fait classer à la 2e catégorie les écoles de Soavina, de Betafo, de Mahaiza, de Vatotsara, de Soharono, d'Antsirabe, et à la 1re catégorie l'importante école professionnelle de Ranovelona. Les écoles de Fianarantsoa ont également été classées. La mission norvégienne compte parmi ses membres un missionnaire et un instituteur luthérien d'origine française.

La mission anglicane a une œuvre scolaire peu importante; en Imerina, ses principaux centres sont Ramainandro (22 écoles), Ambatoharanana (25 écoles), Tananarive (23 écoles). Elle a également 8 écoles dans la province de Beforona, 13 dans celle de Mahanoro, 4 dans celle de Mananjary, 7 dans celle d'Andovorante et deux ou trois dans celle de Tamatave. Elle a abandonné Fenerive.

Elle n'a fait classer qu'une seule école, celle d'Ambatoharanana, et à la 2e catégorie seulement. Elle a l'intention de créer une importante école professionnelle à Ambinanindrano (province de Mahanoro.

La F. F. M. A. a environ 200 écoles; les plus importantes sont celles d'Ambohijatovo et de Faravohitra, à Tananarive. Les écoles d'Amboniriana et de Soavinandriana ont été classées : la première à la 1re catégorie, la seconde à la 2e.

Résumé. — Il résulte de cet exposé que, depuis deux ans, des progrès sensibles ont été accomplis par l'enseignement officiel et privé dans les provinces de l'Ile (Imerina et Betsileo), où l'arrêté du 16 avril 1899 a reçu son application, ainsi que dans quelques autres régions voisines du plateau central.

Il convient, d'ailleurs, de noter ici que, dans le sud et le nord de Madagascar où l'enseignement se trouve encore régi par les arrêtés des 12 février et 24 avril 1897, les missions des Lazaristes et des Pères du Saint-Esprit ont activement entrepris l'organisation de leur œuvre scolaire et se préparent à bénéficier, dans un avenir rapproché, des dispositions du règlement applicable dans les provinces centrales.

L'année 1901 marquera le point de départ d'un

nouvel essor pour l'enseignement des indigènes dans la plus grande partie de Madagascar. Ce sera, d'ailleurs, la conséquence naturelle de la mise en vigueur du nouvel arrêté du 25 mars 1901, qui apporte à celui de 1899 quelques changements, analysés plus loin.

L'enseignement officiel va être incessamment doté, à Tananarive, de deux établissements qui lui permettront d'accentuer les résultats déjà obtenus dans la formation de notre corps d'instituteurs et dans la voie de l'instruction pratique : l'école normale (école Le Myre de Vilers) dont la construction va être entreprise, suivant un plan rationnel, sur le nouveau terrain qui lui a été affecté, et l'école d'agriculture installée sur la station d'essais de Nanisana.

Dans les provinces, il appartient à MM. les Administrateurs de s'inspirer des considérations développées dans la présente circulaire et des observations faites au cours de ces deux dernières années, pour collaborer activement avec le service technique, dans le sens tracé par l'arrêté du 25 mars 1901, à l'extension de l'œuvre scolaire organisée dans leurs territoires respectifs.

Les principales modifications apportées à l'arrêté du 16 avril 1889 par celui du 25 mars 1901 sont les suivantes :

L'arrêté du 25 mars 1901 apporte diverses modifications à la réglementation antérieure, et étend sa mise en vigueur dans de nouvelles régions situées en dehors de l'Imerina et du Betsileo ;

Il a pour but :

1° De faire progresser l'enseignement des indigènes dans la voie de l'enseignement professionnel, en subordonnant, d'une façon plus étroite, à l'application de nos programmes, l'attribution des avantages accordés aux missions.

2° De substituer de nouveaux avantages à celui qui résultait de l'exemption des prestations, sur lequel était basé en grande partie l'arrêté du 16 avril 1899, et qui a disparu à la suite de la suppression du régime des prestations.

Pour atteindre ce double résultat, les principales modifications adoptées sont les suivantes :

1° Situation des écoles privées

1° Aucune école privée ne peut être ouverte si l'instituteur, à qui la direction doit en être confiée, ne sède le certificat d'aptitude à l'enseignement.

Toutes les écoles privées, dirigées par un instituteur pourvu du certificat, ce qui est une obligation, sont classées de plein droit à la 3e catégorie. Comme conséquence, toutes les écoles des missions se trouvent classées, et, par ce fait, sont soumises à l'arrêté, tant au point de vue de l'application des programmes d'enseignement qu'au point de vue de l'inspection des autorités administratives ou du service technique.

L'arrêté, tout en consacrant leur existence, ne reconnaît pas le caractère d'établissements scolaires aux écoles d'églises ou réunions des enfants dans les établissements religieux qui restent, dès lors, sous la seule surveillance des autorités administratives.

2° Avantages aux instituteurs et aux élèves

Les instituteurs privés brevetés, comme les instituteurs officiels, sont exemptés du service militaire et peuvent recevoir des brevets d'honneur. La colonie accorde une allocation annuelle de 15 francs à tous les maîtres indigènes brevetés en exercice dans les écoles privées.

Les élèves des écoles normales et régionales, de l'école professionnelle et de l'école d'agriculture sont exemptés du service militaire. La même faveur est accordée aux élèves des écoles privées de 1re catégorie.

Pour remplacer le bénéfice de l'exemption des prestations annuelles, dont le taux varie entre 5 et 25 fr., suivant les provinces et suivant les diverses catégories d'écoles, peuvent être attribuées aux élèves de plus de 16 ans, les plus méritants et les plus nécessiteux, des écoles officielles normales régionales, professionnelles, d'agriculture), et aux élèves des écoles privées de 1re et de 2e catégories.

3° Avantages aux missions

Les avantages pouvant être accordés aux missions sont les suivants :

A. La colonie prendra à sa charge une partie, au moins égale à 150 francs, du traitement des instituteurs brevetés, en exercice dans les écoles de 1re catégorie et de la 2e catégorie, s'il a été obtenu dans ces écoles des résultats satisfaisants.

B. Les subventions pourront être accordées pour les résultats obtenus dans l'organisation matérielle des écoles, au point de vue industriel ou agricole.

C. Il sera attribué, dans des conditions déterminées, une subvention de 200 francs par élève ayant obtenu le diplôme de fin d'études d'apprentissage industriel et agricole, prévu par les articles 65 et suivants de l'arrêté.

D. De même, une subvention de 100 francs par élève, admis après concours à l'école professionnelle ou à l'école d'agriculture.

E. Des subventions pourront être allouées aux écoles de filles suivant les résultats obtenus dans l'enseignement professionnel.

Les avantages indiqués aux paragraphes *A.*, *B.* et *E.* sont attribués pour un an seulement, mais sont susceptibles d'être renouvelés, diminués ou augmentés, chaque année, après une nouvelle inspection de l'école.

Telles sont les principales modifications consacrées par l'arrêté du 25 mars 1901.

Ansi que je le faisais remarquer plus haut, je ne doute pas que leur application n'ait pour conséquence de donner une nouvelle impulsion à l'enseignement professionnel des indigènes, que nous devons nous efforcer de favoriser par tous les moyens en notre pouvoir.

En terminant mes récentes instructions du 15 mars dernier sur l'assistance médicale indigène, je vous disais que, Madagascar, avec ses institutions hospitalières, avait pris, au point de vue de l'assistance publique, la tête de nos colonies.

Cette constatation est également vraie en ce qui concerne l'enseignement des indigènes. Dans la plupart de nos possessions coloniales, soit que les indigènes, de par leur religion, sont réfractaires à l'enseignement du français et de nos méthodes de travail professionnel, soit pour tout autre motif, les progrès réalisés, après de nombreuses années d'occupation, sont encore peu appréciables.

Il convient donc de profiter des aptitudes remarquables des Malgaches pour l'instruction pour en faire de réels auxiliaires de l'œuvre de civilisation que nous avons entreprise à Madagascar.

Je sais que je puis compter sur le dévouement de nos administrateurs pour atteindre ce résultat, et que la précieuse collaboration des Missions installées dans l'Ile m'est également entièrement acquise, ainsi qu'elles m'en ont donné la preuve pendant les deux dernières années.

Finances. — *Le budget local de Madagascar pour 1901.* — Les renseignements qui suivent font ressortir l'économie du budget de la Grande Ile et permettent de se rendre compte des dépenses de chaque service, ainsi que de la répercussion sur les recettes des dernières réformes accomplies par le général Gallieni. A ces divers titres, les détails qui suivent nous ont paru devoir intéresser nos lecteurs :

Les recettes prévues au budget local de 1900 montaient à 13.772.000 francs et les dépenses à 13.771.609 francs.

Pour 1901, les recettes prévues atteignent 19 millions 904.000 francs et les dépenses 19.903.049 fr.

Soit en plus, sur les recettes prévues en 1901, 6.132.000 francs et sur les dépenses, 6.131.438 fr.

Cette augmentation considérable provient en partie de la suppression des prestations, qui ne pouvait manquer de modifier le système financier de la colonie. Pour le reste, elle provient du developpement même de la colonie où tant de choses sont à créer ou à perfectionner.

Voici, d'ailleurs, avec quelques détails, comment s'explique ce grossissement subit du budget local.

Le chapitre premier des recettes, *Produits du domaine colonial* (terrains, mines, forêts) qui était estimé à 375.000 francs en 1900, est évalué à 558.000 francs en 1901.

Le chapitre 2 (contribution sur rôles et assimilés), qui figure pour 6.678.000 francs, en 1900, monte à 12.285.000 fr. en 1901, soit une différence en plus de 5.607.000 francs.

Les permis de séjour sur les Hovas fixés dans le Betsiléo, qui étaient de 120.000 francs en 1900, ne figurent plus en 1901, cette taxe ayant été supprimée.

Le rachat des prestations qui montaient à 950.500 francs en 1900, disparaît également, les prestations n'existant plus. Les patentes, qui étaient estimées à 510.000 francs en 1900, sont ramenées à 350.000 francs en 1901.

Les licences des débitants de boissons, inscrites en 1900 pour 20.000 francs, sont portées pour 206 mille francs en 1901 (une partie de ces licences n'avait pas été comptée, en 1900, comme devant appartenir aux budgets communaux).

Le rachat du service militaire, qui devait donner 150.000 francs en 1900, n'est plus estimé qu'à 20 mille francs en 1901.

L'impôt sur les célibataires sans enfants, porté à 25,000 francs en 1900, n'est plus estimé qu'à 100 mille francs en 1901.

Les permis de séjour sur les étrangers d'origine asiatique et africaine, qui étaient de 160.000 francs en 1900, tombent à 128,000 francs en 1901.

Par contre, la taxe personnelle qui était évaluée à 2.000.000 en 1900 est portée à 9.300.000 francs, soit une différence en plus de 7.300.000 fr. On sait que cette taxe a été considérablement augmentée pour compenser la perte de recettes et le surcroît de dépenses occasionnées par la suppression des prestations.

Les articles suivants doivent également donner une plus-value en 1901 :

L'impôt sur les maisons monte de 375.000 francs en 1900 à 465.000 francs en 1901.

L'impôt foncier sur les rizières, de 1.350.000 fr. à 1.400.000 francs.

La taxe sur les propriétaires d'animaux, de 100 mille francs, à 110.000 francs.

Enfin deux articles figurent pour la première fois au budget de 1901 : la taxe sur les léproseries, 160.000 francs et la taxe de distillation 46.000 fr.

Le chapitre 3, *contributions indirectes et droits perçus sur liquidation*, monte de 3 millions de francs en 1901 à 3.745.000 francs en 1901. Voici comment se décomposent les différents articles de ce chapitre :

Droits de douane à l'importation, 950.000 francs en 1900, même somme en 1901.

Droits de douane à l'exportation, 290.000 francs en 1900 et 450.000 en 1901.

Droits de consommation, 1.800.000 francs en 1900 et 2.500.000 francs en 1901, différence qui est motivée, en partie du moins, par une augmentation de ces droits.

Des droits accessoires de douane, les amendes et confiscations, et les droits de navigation et droits sanitaires, qui étaient ensemble portés pour 60.000 francs en 1900 sont ramenés à 45.000 francs en 1901.

Le chapitre 4, *Divers produits et revenus*, qui était évalué à 1.919.000 francs en 1900, monte à 1.986.000 francs en 1901 dont 580.000 francs en 1900, contre 715.000 francs en 1901 pour l'article droits de place sur les marchés).

Le chapitre 6, *Subvention de la Métropole*, qui était de 1.800.000 en 1900 n'est plus que de 1.000.000 en 1901.

Il y a bien encore dans ce chapitre une subvention métropolitaine de 330.000 francs, mais elle ne représente que le remboursement des dépenses faites par la colonie pour la flottille locale, dépenses qui étaient jusqu'à présent supportées par le budget métropolitain.

Voici maintenant les dépenses qui excèdent, comme il est dit plus haut, de 6.131.438 francs les dépenses prévues pour 1900.

Quatre chapitres sont en diminution : le chapitre 4, *Direction du contrôle financier*, 79.420 francs en 1900 et 76.620 en 1901; le chapitre 9, *Milices*, 2.126.300 francs en 1900 et 1.609.714 en 1901 ; le chapitre 22, *Imprimeries officielles*, 252,600 francs en 1900 et 249.420 francs en 1901, et le chapitre 28, *Annuités de l'emprunt malgache de 1885 et de l'emprunt de 60.000.000* francs, 2.625.000 francs en 1900 et 1.468.000 francs en 1901.

Trois chapitres n'ont pas varié, le chapitre 25, *Frais de perception des impôts et remise aux collecteurs*, 400.000 francs, le chapitre 25, *Participation aux dépenses de l'Etat* 9,570 francs, et le chapitre 29, *Dépenses imprévues*, 200.000 francs.

Un nouveau chapitre figure au budget, c'est le chapitre 11, *Gendarmerie*, pour 291.954 francs.

Un autre disparaît, c'est le chapitre 30, *Participation de la colonie à l'Exposition de 1900*, qui était de 200.000 francs l'année dernière.

Pour tous les autres chapitres, les prévisions de dépenses sont en augmentation. Ce sont :

Le chapitre premier, *Personnel de l'administration*, 1.478.700 francs en 1900 et 1.718.140 francs en 1901.

Le chapitre 2, *Personnel de l'administration indigène*, 455.040 francs en 1900 et 456.200 francs en 1901.

Le chapitre 3, *Matériel* (du gouvernement), 72.089 francs en 1900 et 98.450 francs en 1901.

Le chapitre 5, *Service du Trésor*, 216.340 francs en 1900 et 286.800 francs en 1901.

Le chapitre 6, *Douanes et contributions indirectes*, 848.550 francs en 1900 et 899.510 francs en 1901.

Le chapitre 7, *Postes et Télégraphes*, 1.230.720 francs en 1900 et 1.670.750 francs en 1901.

Le chapitre 8, *Service judiciaire*, 309.580 francs en 1900 et 326.940 francs en 1901.

Le chapitre 10, *Police et prisons*, 155.130 francs en 1900 et 207.685 en 1901.

Le chapitre 12, *Travaux publics*, 629.036 francs en 1900 et 5.757.155 francs en 1901.

Le chapitre 13, *Service des mines*, 77.380 francs en 1900 et 77.940 francs en 1901.

Le chapitre 14, *Ecole professionnelle*, 135.500 fr. en 1900 et 156.275 francs en 1901.

Le chapitre 15, *Service topographique*, 401.000 fr. en 1900 et 410.820 francs en 1901.

Le chapitre 16, *Service des domaines*, 93.800 fr. en 1900 et 111.040 francs en 1901.

Le chapitre 17, *Service des forêts*, 63.640 francs en 1900 et 83.000 francs en 1901.

Le chapitre 18, *Service de l'agriculture*, 153.330 francs en 1900 et 274.460 francs en 1901.

Le chapitre 19, *Service de l'enseignement*, 422.110 francs en 1900 et 440.490 en 1901.

Le chapitre 20, *Ports rades, phares et flottilles*, 83.306 francs en 1900 et 421.186 francs en 1901.

Le chapitre 21, *Hôpitaux et police sanitaire*, 180.198 francs en 1900 et 410.937 francs en 1901.

Le chapitre 23, *Frais de transport du personnel et du matériel*, 632.200 francs en 1900 et 977.000 francs en 1901.

Le chapitre 24, *Dépenses diverses et d'intérêt général*, 131.000 francs en 1901 et 194.700 francs en 1901.

Le chapitre 26, *Frais et dépêches télégraphiques*, 58.000 francs en 1900 et 218.000 francs en 1901.

Et le chapitre 27, *Subventions aux budgets municipaux*, 50.000 francs en 1900 et 400.000 francs en 1901.

Quelques-uns de ces chapitres demandent des explications.

Les dépenses à faire pour le service des Travaux publics, y compris les bâtiments civils, atteignent 5.757.155 francs, au lieu de 629.036 francs, prévus pour l'année précédente. C'est que la tâche à remplir par ce service ne cesse de prendre de l'importance et qu'il supporte en grande partie l'augmentation de dépenses causée par la suppression des prestations, qui l'oblige à employer la main-d'œuvre libre. Encore ce chiffre ne comprend-il pas, il est à peine besoin de le dire, les travaux de chemins de fer et des autres voies de communication neuves, lesquels sont payés sur les fonds de l'emprunt de 60 millions de francs et forment un budget spécial. Le personnel, cependant, affecté à tous les travaux publics de la colonie, est payé par le budget local ordinaire.

Voici le montant des principaux articles qui composent ce chapitre :

Personnel........................Fr.	448.735
Travaux d'intérêt général dans les provinces.............................	2.600.000
Hôtel et bureaux des administrateurs et des commandants de cercle.......	300.000
Travaux d'entretien de bâtiments dans toute la colonie..................	260.000
Installation des services dans les provinces et cercles..................	500.000
Phares et ports (bâtiments seulement).	120.000
Entretien des routes (il s'agit surtout des routes de l'Est et de l'Ouest récemment terminées).....................	1.000.000

Sur le chapitre de l'agriculture, il y a à noter que le crédit de 30.000 francs ouvert en 1900 pour installation et assistance des colons militaires, a été doublé en 1901, et qu'une somme de 20.000 fr., figure pour la première fois en 1901, pour la création et le fonctionnement d'une magnanerie à Ambohidratrimo, province d'Emyrne.

Sur les 431.186 francs prévus pour le chapitre des ports, rades et phares, flottille, il y a à tenir compte que ce chiffre comprend les dépenses de la flottille locale, soit 330.000 francs, qui sont remboursés à la colonie par le budget métropolitain, comme il est indiqué plus haut aux recettes.

Sur le chapitre des hôpitaux et police sanitaire, le chiffre de 410.937 francs en forte majoration sur celle de l'année précédente, se justifie par les créations faites dans ces derniers temps par le général Gallieni pour améliorer l'état sanitaire des indigènes, surtout dans les provinces centrales (hôpital indigène, école de médecine indigène, corps de médecins indigènes de colonisation, léproserie, hôpital de vénériens, etc.).

Le budget local de Madagascar, que nous venons d'examiner, ne sera pas sans recevoir quelques modifications dans le courant de l'exercice.

Travaux publics. — *Etat de la route de Tananarive à Mahatsara et des chantiers du chemin de fer.* — Le lieutenant-colonel Roques, directeur du génie et des travaux publics, rentré à Tananarive, a rendu compte au gouverneur général des résultats de son inspection de ces importants travaux dans les termes suivants, qu'a rapportés le *Journal officiel* du 30 mars dernier.

La période de mauvais temps que nous venons de traverser a causé quelques dégâts dans les talus de déblai. On sait qu'au moment de la construction, ceux-ci sont taillés à la pente de un de base pour trois de hauteur. C'est la pente qui convient généralement pour les terres de la région traversée. Mais, en certains endroits, qu'il est difficile de distinguer au premier abord, cette pente étant plus raide que le talus naturel des terres, il faut s'attendre à des éboulements pendant les premières années qui suivent la construction. C'est ce qui s'est produit, pendant les deux années précédentes, dans les gorges de la Mandraka, où les talus, maintenant fixés, n'ont subi aucune dégradation lors des récentes pluies.

C'est ce qui se produit actuellement dans les parties neuves de la route situées entre Ampasimbola et Morananga. Les éboulis, bien qu'individuellement peu importants, ont été assez nombreux pour interrompre la circulation. Toutes les mesures sont prises pour qu'ils soient rapidement déblayés.

Les installations que la colonie doit aux entrepreneurs du chemin de fer sur la première moitié de chaque lot sont assez avancées pour qu'on ait la certitude qu'elles seront achevées le 1er avril. Elles peuvent, dès maintenant, recevoir 3.000 ouvriers.

Toutes les parties nécessaires au logement des ouvriers arrivés sur les chantiers ont d'ailleurs été remises aux entrepreneurs avant le délai fixé.

Chaque entrepreneur a reçu notification du tracé sur les cinq premiers kilomètres de son lot, avec toutes les pièces y relatives. Cette longueur sera augmentée au fur et à mesure que croîtra le nombre des ouvriers amenés sur les chantiers.

La plate-forme de la voie Decauville est terminée sur toute la longueur nécessaire. La pose avance rapidement et arrive au kilomètre 15.

Les entrepreneurs, MM. Duran, pour le premier lot, et Bozzolo, pour le second, sont personnellement sur les lieux et ont reçu une partie de leur matériel et de leurs ouvriers.

Une installation a été faite à Andovoranto pour le débarquement et le transit du matériel arrivant par mer.

Le camp des immigrés d'Ivondrona, destiné à recevoir les travailleurs à leur arrivée dans la colonie, est en voie d'achèvement et a servi à abriter les ouvriers italiens amenés par le dernier courrier par l'entrepreneur du deuxième lot.

Pangalanes. — On nous écrit de Tamatave (19 avril 1901):

« Je tiens de M. Portier, l'ingénieur de la Compagnie des Messageries Françaises, que le canal des Pangalanes était ouvert depuis avant-hier, 16 avril.

Le service des Messageries va commencer incessamment jusqu'à Mahatsara, c'est-à-dire d'un bout à l'autre de la ligne (131 kilomètres).

Il paraît que les courants entre les divers lacs se sont opérés alternativement dans les deux sens, suivant les pluies tombées d'un côté ou de l'autre, ce qui prouve l'établissement définitif du niveau des eaux. »

Travaux maritimes à Diego-Suarez. — Diego-Suarez, 20 avril. — Un capitaine de frégate vient d'arriver dans notre port où il paraît devoir s'établir pour assez longtemps. Il serait chargé, dit-on, de la construction des Magasins Généraux de la Marine et, probablement aussi des études préalables du bassin de radoub, dont la construction suivrait de très près la fin des études.

On évalue l'ensemble de ces divers travaux à 4 ou 5 millions de francs.

La Réunion. — ADMINISTRATION. — *Session du Conseil général.* — Le Conseil général de la colonie a été convoqué en session extraordinaire le 22 avril dernier.

Le but principal de cette réunion était d'examiner les dépenses des services obligatoires et de donner un avis sur la fixation du maximum de ces dépenses.

On sait, en effet, que l'organisation financière de nos colonies a été modifiée par la loi de finances de 1901.

Cette loi, en accordant des subventions aux colonies, leur a imposé certaines dépenses; c'est à leur sujet que le Conseil général de la colonie a délibéré.

ASIE

Indo-Chine. — COMMERCE. — *Le commerce et l'industrie de l'Indo-Chine.* — Au banquet qui lui a été offert dernièrement par la « Société d'économie industrielle », à l'Hôtel Continental, M. Doumer a parlé de l'avenir économique de l'Indo-Chine et de l'orientation qu'il convenait de donner à l'activité de ceux qui s'y portent. Il a rappelé que pour toute entreprise, il faut des capitaux, et que les Français ne peuvent être que des chefs, des directeurs. Pour l'agriculture, les colons arrivent en nombre suffisant. Déjà, l'Indo-Chine fournit à la France tout son poivre : prochainement, sans doute elle pourra lui fournir tout son thé. Beaucoup d'autres cultures sont florissantes.

Mais pour le commerce et l'industrie, la situation est moins satisfaisante. Le commerce approche maintenant du demi-milliard, mais un quart seulement est fait par nos compatriotes. Et dans les tableaux de navigation on ne voit guère figurer que nos services de bateaux subventionnés.

L'industrie est également en enfance au point de vue français. Les grands travaux publics en cours n'ont pas encore attiré un nombre d'entrepreneurs suffisants. M. Doumer n'est pas d'avis que les industries coloniales doivent concurrencer les industries métropolitaines, mais il pense que, cette réserve faite, il en est beaucoup que l'on pourrait encourager. Ainsi la métropole n'envoie pas un kilo de fer travaillé en Chine. On devrait donc installer des industries du fer en Indo-Chine.

Pour cela, M. Doumer fait appel à l'initiative des membres de la Société d'économie industrielle et commerciale.

Sur une question de Mr Expert Besançon, M. Doumer dit qu'il sera heureux de voir les commerçants français prendre la plus large part possible à l'Exposition d'Hanoï. Il est convaincu que tous les produits qui seront envoyés au Tonkin par les exposants y resteront, car ils y seront vendus avec avantage, et ce sera un début favorable pour une exportation régulière des produits de la Métropole.

Cochinchine. — ADMINISTRATION. — *Institution de gardes-champêtres.* — On sait que, par arrêté du 23 janvier dernier, les planteurs français du Tonkin son autorisés à recruter, à leurs frais, des gardes-champêtres européens ou indigènes.

M. Doumer avait engagé la Chambre d'agriculture de Cochinchine à examiner cet arrêté en vue de son extension à cette dernière colonie. La Chambre d'agriculture, qui attache une importance considérable à cette question, a demandé l'application intégrale et immédiate de cet arrêté à la Cochinchine. Elle a exprimé ensuite le vœu que les autres questions soumises au gouvernement général, soient l'objet de solutions prochaines. Ces questions se résument ainsi :

1° Sécurité et facilité des transactions avec les indigènes ; 2° simplification de formalités de procédure en matière civile ; 3° garanties contre les engagés infidèles; 4° « défense de nos propres biens « livrés, à merci, aux entreprises de tout le voisi- « nage. »

DOUANES. — *Modification à notre régime douanier.* — Nos lecteurs connaissent l'économie de la proposition de loi Méline. Elle consiste à supprimer la franchise dont bénéficient les produits originaires d'une colonie française. La Chambre de Commerce de Saïgon s'est occupée de cette question dans sa séance du 23 mai, et elle a adopté les conclusions de son rapporteur, M. Rivière, tendant au rejet de la proposition de loi dont il s'agit.

Si elle était adoptée, dit M. Rivière, elle ruinerait les maisons de Saïgon qui ont passé des contrats, basés sur des prix déterminés. Il cite un exemple pris au hasard. Le tissu kaki est fourni à la Cochinchine par Pondichéry. De 1890 à 1898, le commerce local a essayé de faire fabriquer en France ce tissu. Jamais il n'a pu obtenir satisfaction, c'est-à-dire une *teinte solide*, tout en payant de 6 à 8 0/0 plus cher qu'à Pondichéry. « Il semble « ressortir de ces nombreux essais très onéreux « qu'il n'y a pas possibilité de trouver en France un « article similaire. »

Du jour où, par suite de l'établissement de ce droit, la Cochinchine ne pourrait plus se fournir dans l'Inde française, les kaki de Pondichéry seraient remplacés par ceux de Bombay « leur teinte étant « encore plus solide que celle qui est obtenue à « Pondichéry pour l'instant. »

Telles sont les considérations qui ont motivé le vœu de la Chambre de Commerce de Saïgon.

MAIN D'ŒUVRE. — *La question de la main-d'œuvre ouvrière.* — Dans sa séance du 23 mars, la Chambre de Commerce de Saïgon s'est occupée de cette question. Elle a fait l'objet d'un rapport de M. Rolland. C'est dire qu'elle a été traitée avec une compétence et une autorité particulières.

Il ne s'agit pas des travailleurs agricoles. Les coolies dont le commerce a besoin sont fournis par la Chine. Or, ils ne sont pas en nombre suffisant. Si la peste se déclare à Hong-Kong, l'immigration chinoise sera interdite. Mais c'est là une cause accidentelle. La cause permanente de l'insuffisance de la main-d'œuvre chinoise se trouve dans les règlements de l'immigration, qui « sont d'une sévérité excessive ».

Le remède consisterait dans la suppression de toute taxe spéciale sur les Chinois, comme cela a lieu à Singapore. Mais il n'est pas d'une application facile, car il ferait perdre à la colonie des recettes importantes. Il convient toutefois de remarquer que la Cochinchine ne tarderait pas à bénéficier, sous une autre forme, de l'accroissement considérable du nombre des résidents chinois.

La Chambre de Commerce s'associant aux autres motions développées par son président, a émis les vœux suivants :

1° Que des mesures propres à diminuer les charges de l'immigration, afin d'arriver, dans le plus bref délai possible, à la suppression complète des taxes et des mesures de surveillance qu'elles comportent, soient mises à l'étude par l'administration supérieure et le Conseil colonial;

2° Que la prohibition de l'entrée des émigrants, pendant la contamination des ports étrangers, soit supprimée et remplacée par la quarantaine d'observation ordinaire, suivie d'une désinfection complète effectuée par les soins des médecins de l'Institut bactériologique.

NAVIGATION. — *Mouvement de la navigation dans le port de Saïgon pendant l'année 1900.* — Les statistiques de l'administration des douanes et régies de l'Indo-Chine, concernant le mouvement de la navigation dans le port de Saïgon pendant l'année 1900 accusent :

1° Aux entrées ; 598 navires (dont 2 voiliers) représentant un tonnage total de 788.918 tonnes.

2° Aux sorties : 652 navires (dont 4 voiliers) représentant un tonnage total de 781.354 tonnes.

Soit en tout (entrées et sorties réunies) 1.250 navires représentant un tonnage total de 1.572.273 tonnes.

Il convient de remarquer que dans ce tonnage ne sont pas comprises les jonques dont le nombre seul est donné dans les statistiques citées plus loin sans indication précise sur leur jauge totale.

Au point de vue de la part revenant à chaque pavillon dans le mouvement général, nous trouvons :

Aux entrées : 245 navires français jaugeant 361.780 tonnes; 152 navires allemands jaugeant 188.066 tonnes; 121 anglais jaugeant 128.884 tonnes; 4 navires russes jaugeant 10.745 tonnes; 6 navires japonais jaugeant 8.065 tonnes; 19 navires hollandais jaugeant 7.537 tonnes; 9 navires américains jaugeant 5.173 tonnes; 5 suédois jaugeant 5.137 tonnes; 2 danois jaugeant 4.668 tonnes; 1 italien jaugeant 1.383 tonnes; 1 autrichien jaugeant 1.004 tonnes; 2 siamois jaugeant 748 tonnes; 2 chinois jaugeant 52 tonnes.

Aux sorties : 245 navires français jaugeant 358.168 tonnes; 160 navires allemands jaugeant 189.954 tonnes; 120 navires anglais jaugeant 163.648 tonnes; 26 navires norvégiens jaugeant 27.536 tonnes; 6 navires japonais jaugeant 8.924 tonnes; 4 navires russes jaugeant 8.823 tonnes; 20 navires hollandais jaugeant 7.577 tonnes; 6 navires suédois jaugeant 5.934 tonnes; 8 navires américains jaugeant 4.965 tonnes; 2 navires danois jaugeant 3.068 tonnes; 2 navires italiens jaugeant 2.575 tonnes; 1 navire autrichien jaugeant 1.004 tonnes; 1 navire siamois jaugeant 533 tonnes; 1 navire chinois jaugeant 40 tonnes.

Soit 353 navires étrangers avec 427.139 tonneaux aux entrées et 357 avec 423.186 tonneaux aux sorties. Rappelons que le mouvement général des navires dans le port de Saïgon a été de 1.639.842 tonnes en 1889, entrées et sorties comprises, et que les jonques entraient pour 55.307 dans ce tonnage. (Leur tonnage n'a pas été donné pour 1900.)

Riz. — *Son marché.* — On nous écrit de Saïgon à la date du 11 avril :

« Durant cette dernière quinzaine, nos cours ont encore légèrement rétrogradé, mais, par suite d'un baisse simultanée du change, ce mouvement paraît plus accentué en monnaie d'Europe qu'il ne l'est en réalité sur place où il rencontre une vive résistance de la part des détenteurs de paddy. C'est au point que la baisse semble aujourd'hui virtuellement arrêtée, car les arrivages de l'intérieur se font de plus en plus rares et, vu l'absence du grain, il suffirait de la moindre demande pour que les cours se relevassent promptement.

« Le vapeur anglais *Chartehouse* est parti le 29 mars pour Port-Saïd à ordre avec 4.223 t. riz cargo.

« Le vapeur anglais *Den of Ogil* est parti le 30 mars pour le Havre, option Hambourg, avec 5.849 t. riz cargo.

« Le vapeur anglais *Queen Eleanar* est parti le 1er avril pour Port-Saïd à ordre avec 5.199 t. riz cargo.

« Le vapeur danois *Annam* est parti le 4 avril pour Nantes avec 1.070 t. riz blanc; pour le Havre avec 809 t. riz blanc, 1.217 t. brisures de riz et marchandises diverses.

« Nous cotons pour livraison avril/mai :

		Vinhlong	Gocong	Baixau
PADDY, par picul de 150 lbs ou 68 k. rendu aux usines		1.98	1.98	2.00
CARGO d'usine, par picul de 134 lbs ou 60k. 700 brut le long du bord sans les droits en sacs de gunnies.	5 %.....	2.53	2.53	2.58
	10 %.....	2.48	2.48	2.53
	15 %.....	2.44	2.44	2.49
	20 %.....	2.40	2.40	2.45
CARGO indigène (mêmes conditions)	20 à 25 %.	»	»	»
RIZ BLANC d'usine (mêmes conditions)	N° 1......	Prix suivant triage et conditions		
	N 2 trié..			
	N° 2 ord..	2.90	2.90	2.97

Tonkin. — Actes officiels. — *Journal officiel de l'Indo-Chine française (1re Partie.)*

28 mars. — *Arrêté* annulant l'autorisation donnée, par arrêté du 28 avril 1897, à M. Krug d'extraire des matériaux d'une carrière de pierres calcaires.

(2e Partie).

18 mars. — *Tarif* des articles de vannerie confectionnés à la prison de Hanoï.

25 mars. — *Arrêté* rendant applicable dans les territoires militaires l'arrêté du 19 janvier 1901, fixant les primes pour la destruction des bêtes fauves au Tonkin.

Administration. — *Situation politique au Tonkin.* — On a beaucaup parlé en ces temps derniers de troubles survenus dans la région de Cao-Bang.

L'*Avenir du Tonkin* affirme que non seulement on a exagéré les choses, mais qu'on a créé de toutes pièces les fables qui ont circulé à ce propos. Pas l'ombre d'un pirate n'a été signalée dans tout le territoire et, fait des plus concluants à ce sujet, les « Nhaqués » ont continué, comme par le passé, à circuler de tous côtés sans prendre plus de précautions. Or, on sait qu'en temps de troubles, ils s'abstiennent de tout déplacement. Cao-Bang est, d'ailleurs, entièrement à l'abri d'un coup de main de la part des pirates.

Colonisation. — *Intervention de la Chambre d'agriculture du Tonkin dans les réclamations relatives aux concessions.* — Au cours de la séance du 23 février dernier, M. Duchemin a exposé dans quelle limite la Chambre d'agriculture pouvait intervenir à ce sujet, car on sait que le conseil du Protectorat a décidé que les dossiers relatifs aux concessions seraient communiqués à cette assemblée. Il estime que cette communication aura d'heureuses conséquences; mais, que dans le cas d'enquête sur la mise en valeur d'une concession, le procès-verbal constatant l'état de mise en culture devra être soumis, séance tenante, à la signature du colon intéressé. S'il refuse de signer, il adressera un mémoire explicatif à la Chambre d'agriculture, de manière à permettre au délégué au conseil de Protectorat d'étudier l'affaire et de prendre, s'il y a lieu, la défense des colons.

Création d'une caisse d'épargne à Haïphong. — On sait que la création de deux caisses d'épargne municipales, l'une à Haïphong et l'autre à Hanoï, a été adoptée par les deux Chambres de commerce intéressées.

La Chambre de commerce d'Haïphong estime que

contrairement à ce qui se fait à Saïgon, les dépôts de la caisse d'épargne d'Haïphong devront être pris en charge en piastres, et que cette modification est indispensable, si l'on veut attirer la clientèle indigène.

Théâtre d'Hanoï. — On nous écrit d'Hanoï :

« Les travaux de construction du futur théâtre d'Hanoï sont enfin mis en adjudication et celle-ci est annoncée pour le 25 avril prochain ; il y aura deux lots qui seront adjugés le même jour : l'adjudication se fera d'abord pour chacun des lots, puis séparément, et pour les deux lots ensuite. Le premier a une valeur de 200.000 piastres environ : il comprend la maçonnerie, la partie métallique, la charpente en bois ou fer et la couverture ; le deuxième lot est de 60.000 piastres environ : il est relatif aux travaux de couverture métallique, de menuiserie, quincaillerie, peinture et vitrerie ; ces sommes ne comprennent pas celles à valoir qui s'élèvent en plus à 30.000 piastres environ. »

COMMERCE. — *Les taxes des docks à Haïphong.* — Les dispositions suivantes sont entrées en vigueur à partir du 1er avril 1901 (arrêté du 12 février 1901) :

Les dispositions de l'arrêté du 8 janvier 1897 sont maintenues en vigueur en ce qui concerne le mode d'assiette et de perception de la taxe d'accostage à Haïphong. La quotité reste fixée à 0 dol. 25 (vingt-cinq cents) par tonne de marchandises. La tonne de marchandises est de mille killogrammes ou, à l'encombrement, à 1 m. 3 420. Toutefois, afin de faciliter les opérations, les poids et mesures indiqués sur les connaissements seront, autant que possible, pris comme base pour la perception de la taxe d'accostage.

Les marchandises débarquées pourront être conservées quinze jours dans les magasins de dépôt de la douane sans avoir à payer aucun droit de magasinage. Après ce délai, les marchandises non retirées sont assujetties aux droits de 0.50 centimes par mètre cube et par jour pour le magasinage, et 0.50 centime par mètre cube et par jour, pour la garde.

Les manipulations, à l'intérieur des docks et dans les magasins de dépôt et d'entrepôt, ne pourront être faites que par l'entrepreneur attitré de l'administration.

En ce qui concerne les frais de transport et de manipulations, aux termes du contrat du 3 février 1901, les entrepreneurs responsables sont MM. P. Briffaud et Cie.

Amarrage aux appontements, amarrage, prêt du matériel : Prix à débattre suivant le tonnage du navire et de la durée du séjour, sans que les frais puissent dépasser 5 piastres par jour.

Manipulations dans les docks et magasins, par tonne de marchandises (mille kilos ou 1 mc. 420) pour les marchandises ordinaires.

(Colis de moins de 500 kilos, paquets ou fardeaux liés, sacs) 0 p. 50

Manipulations dans les docks et magasins des marchandises en vrac ou des colis lourds (plus de 500 et moins de 2.000 kilos)

par tonne de mille kilos 0 p. 75

Manipulations dans les docks et magasins des huiles minérales, poudres et artifices, par tonne de mille kilos 0 p. 75

Les frais de manipulation ne sont applicables qu'aux marchandises et colis passant par les docks et magasins. L'administration des Douanes et Régies reste libre d'autoriser la vérification, à bord des chargements qu'elle juge utile de faire passer par les docks.

Les marchandises en souffrance sont constituées en dépôt par le service des douanes.

Pour les magasins généraux autres que le magasin à pétrole, MM. P. Briffaud et Cie, outre le transport et la manipulation des colis dans les docks et les magasins, sont en outre chargés, sauf pour les huiles minérales, de la gestion des magasins généraux érigés en entrepôts réels de Douanes.

A cet effet, ils occuperont, à charge de les entretenir en bon état, deux magasins spéciaux destinés à l'entrepôt des marchandises appartenant à des commerçants ou particuliers.

Les droits de magasinage et d'assurance que MM. P. Briffaud et Cie sont autorisés à percevoir aux magasins généraux sont ceux prévus aux *Arrêtés des 8 janvier et 9 mars 1900*, à savoir :

A. — Taxes de magasinage

Colis ordinaires pesant moins de 500 kilos et cubant moins d'un mètre cube :

1re quinzaine. 0 fr. 04
Suivantes.... 0 fr. 03

Colis lourds pesant plus de 500 kilos et cubant plus d'un mètre cube, par colis :

1re quinzaine. 0 fr. 15
Suivantes.... 0 fr. 08

Toute quinzaine commencée est acquise.

Pour les entrepôts d'une longue durée et d'une importance considérable, le prix du magasinage peut être fixé de gré à gré.

B. — Taxes d'assurance

1° Marchandises autres que les pétroles appelées à franchir immédiatement les docks où ne séjournant pas les magasins au delà d'u délai de franchise de 12 jours (2) . . . .
ad valorem
0 fr. 05 par 100 francs.

2° Marchandises autres que les pétroles mises en entrepôt dans les magasins ou sur le terre-plein par mois ou fraction de mois, le premier comprenant et le mois proprement dit et le délai de franchise de 12 jours (1) . . . .
ad valorem
0 fr. 07 par 100 francs.

Le droit d'assurance qui sera liquidé et encaissé par MM. P. Briffaud et Cie en même temps que les frais de manipulation et d'entrepôt, sera versé en totalité à l'administration des Douanes et Régies.

En ce qui concerne le magasin d'entrepôt des huiles minérales :

Les taxes de magasinage sont perçues par l'administration des Douanes et Régies. Elles sont exigibles à l'entrée en entrepôt.

La quotité en est fixée, pour les huiles et essences minérales, à vingt-cinq centimes (0 fr. 25) par caisse dite commerce. Trente kilos net). Dans le cas où les huiles minérales et essences seraient logées dans des récipients autres que les caisses du commerce, le poids net de 30 kilos servira de base au calcul de la taxe de magasinage, à raison de 0 fr. 25 pour chaque lot de 30 kilos. Moyennant cette taxe, les caisses et récipients pourront, au gré de l'entrepositaire, séjourner en entrepôt pendant six mois consécutifs sans avoir à payer d'autre droits de magasinage.

Passé ce délai, un nouveau droit de dix centimes (0 fr. 10) par caisse du commerce, ou poids net de 30 kilos, sera dû pour une nouvelle période de six mois.

Les risques d'incendie sont à la charge de l'administration qui percevra une prime d'assurance abligatoire de sept centimes et demi (0 fr. 075) par caisse du commerce ou par lot de trente kilos (poids net) pour les huiles minérales logées dans des récipients autres que les caisses du commerce.

La prime d'assurance obligatoire due pour les autres matières inflammables et incendiaires est fixée à vingt-cinq centimes (0 fr. 25) pour chaque lot de cent kilos et pour un an.

Moyens de communication. — *Communications fluviales entre Hanoï et Haïphong.* — La Chambre de commerce de Haïphong s'est, à diverses reprises, occupée de cette question, notamment à la suite des échouages des Messageries fluviales à Batang.

Le service des travaux publics, après avoir étudié la question, estime que les dragages ne mettraient pas fin à l'état de choses signalé; que ce résultat ne pourra être atteint que par l'exécution de travaux de régularisation du Fleuve Rouge, dont les études se poursuivent sans interruption, études nécessairement fort longues et coûteuses. Dans tous les cas, le service des travaux publics va tenter de fixer la berge du banc de sable de Batang. Si ce résultat est obtenu, la passe de Batang s'approfondira peut-être d'elle-même.

Navigation. — *Mouvement de la navigation dans les ports du Tonkin pendant l'année 1900.* — Comme suite aux notes précédentes, notons que le mouvement de la navigation dans les ports du Tonkin, pendant l'année 1900, se présente, d'après les mêmes statistiques, de la façon suivante :

Aux entrées : 1.354 navires ou jonques représentant 395.542 tonnes.

Aux sorties : 1.211 navires ou jonques représentant 392.245 tonnes.

Soit en tout : 2.565 navires ou jonques représentant 787.787 tonnes.

Les entrées, pendant l'année sous revue, ont compris : 193 navires français et 183.758 tonnes ; 69 navires anglais et 81.681 tonnes; 96 navires allemands et 73.847 tonnes ; 27 navires norwégiens et 22.859 tonnes; 7 navires américains et 7.447 tonnes ; 3 navires japonais et 4.350 tonnes ; 959 jonques chinoises et 21.300 tonnes.

Aux sorties nous trouvons : 192 navires français avec 183.035 tonnes ; 69 navires anglais avec 81.681 tonnes ; 95 navires allemands avec 73.560 tonnes ; 27 navires norwégiens avec 22.859 tonnes ; 7 navires américains avec 7.747 tonnes ; 3 navires japonais avec 4.350 tonnes ; 818 jonques chinoises avec 19.013 tonnes.

Il convient d'observer ici, comme dans la note qui précède, relative à Saïgon, que ces tonnages figurant, tant aux entrées qu'aux sorties, représentent la jauge des navires et non le poids ou le cubedes marchandises transportées.

Travaux publics. — *Travaux de chemins de fer.* — On nous écrit d'Haïphong :

« L'adjudication provisoire des travaux d'infrastructure, ballastage et pose de la voie de la ligne du chemin de fer de Ninh-binh à Vinh, donnés en deux lots, a eu lieu samedi dernier dans l'après-midi. On sait qu'une même adjudication devait se faire à Paris. Tous les principaux entrepreneurs du Tonkin avaient pris part à cette adjudication; deux maisons ont été exclues du premier lot par la commission, sans qu'aucune raison ait été donnée. MM. Chièze et Manard, Vergriéte, Blazeix et Cie (pour le 2e lot seulement), Labeye, Guillaume, Daurelle, Brossard ont fait des offres allant du prix du bordereau à 19 0/0 pour le premier lot et 13 0/0 pour le deuxième: M. Balliste qui a fait ces deux rabais avait été déclaré adjudicataire provisoire; mais la maison Mange frères (société forestière de l'Annam) ayant soumissionné à Paris et ayant fait 17 0/0, pour le 2e lot, sera probablement déclarée adjudicataire de celui-ci, le premier demeurant à M. Balliste. Seul M. Robert, entrepreneur du Tonkin, avait soumissionné à Paris, avec la maison Mange frères; le rabais était de 10 0/0 ».

Ponts métalliques. — Le 6 juillet 1901, à 9 heures du matin, il sera procédé, par la commission nommée à cet effet, à l'adjudication sur concours, des travaux de construction des ponts métalliques désignés ci-après, y compris fondations, maçonnerie, fourniture et pose des charpentes métalliques.

Pont de Gia-hoï. — Distance entre le nu des coulées.................... 61 mètres.

Pont de l'Attentat. — Distance entre le nu des culées.................... 24 mètres.

Cautionnement provisoire......... 1.500 fr.

Cautionnement définitif........... 3.000 fr.

Primes. — En dehors du projet adopté, il pourra être alloué par M. le Gouverneur général, sur la proposition de la commission d'adjudication, une prime de 1.000 francs au maximum au concurrent dont les projets auront été reconnus les meilleurs. Celui-ci aura la faculté d'accepter ou de refuser la prime offerte. En cas d'acceptation, les projets primés deviendront la propriété de l'administration.

OCÉANIE

Nouvelle-Calédonie. — DOUANES. — *Le tarif général des douanes.* — Dans la dernière séance de sa session extraordinaire de mars dernier, le Conseil général de la Nouvelle-Calédonie a approuvé à l'unanimité la promotion suivante, proposée par M. Dézarnaulds.

La Nouvelle-Calédonie proteste contre l'application qui lui a été faite du tarif général des douanes qui n'a eu, comme résultat, que de favoriser le commerce métropolitain.

« Nous renouvelons, à l'appui de cette protestation, les demandes formulées tant par notre Chambre de Commerce, par notre Chambre d'agriculture que par le Conseil général et tendant à obtenir à titre de compensation, la détaxe complète, à l'entrée en France, des produits de notre colonie, alors surtout que lesdits produits n'ont pas de similaires en France ».

MAIN-D'ŒUVRE. — *Recrutement de jeunes travailleurs.* — Il est arrivé à Nouméa un lot de 88 jeunes travailleurs loyalty recrutés par les soins de M. Derouen, faisant fonctions d'administrateur à Lifou, pour le service exclusif de la colonisation agricole.

Ces enfants, de douze à quinze ans, sont bien constitués; ils présentent un aspect agréable et paraissent gais; beaucoup parlent le français.

Ils ne sont destinés bien entendu qu'aux travaux légers, la cueillette du café, par exemple, pendant une période de quatre mois. Leurs salaires doivent être remis, par l'entremise de l'Administration, à leurs parents.

Autant que possible, ces jeunes travailleurs ont été répartis dans les divers centres de colonisation de façon qu'ils ne se trouvent pas isolés, mais bien en compagnie de compatriotes du même village et de la même religion; de la sorte sera évitée la nostalgie qui pourrait s'emparer d'eux s'ils étaient placés séparément au milieu d'étrangers.

SITUATION GÉNÉRALE. — *La population indigène.* — Les bruits de soulèvement parmi les Canaques de la Côte Est de la Nouvelle-Calédonie ont couru dans la colonie au moment du départ du courrier pour la France.

Il résulte des renseignements parvenus au ministère des colonies qu'il s'agissait simplement d'une querelle survenue entre les indigènes de Touho et ceux de Poya, à propos d'un partage de terrain pour lequel les deux chefs de tribu ne s'entendaient pas.

Des renseignements particuliers nous permettent toutefois d'ajouter qu'il peut y avoir des symptômes alarmants.

ÉTRANGER

Belgique. — EXPOSITION INTERNATIONALE D'OSTENDE. — Cette exposition aura lieu cette année en août et septembre. Elle est placée sous le haut patronage de S. M. le roi des Belges et sous la présidence d'honneur de M. Smet de Naeyer, ministre des Finances. Nous la signalons à nos lecteurs parce qu'il y aura une section (section VII, hygiène et sécurité coloniales) dont le programme comporte: produits alimentaires coloniaux et pour colonies, types d'habitation, moyens de transport: steamers démontables, etc.; procédés de destruction des animaux nuisibles, étoffes et vêtements pour colonies, établissements charitables, hopitaux, etc.; développement intellectuel et moral des races de couleur.

Le commisssaire général de la section française est M. E. Cacheux, ingénieur, 25, quai Saint-Michel, Paris.

COLONIES ÉTRANGÈRES

Philippines. — LES ILES PHILIPPINES ET LE COMMERCE FRANÇAIS. — Les débouchés qu'offre l'archipel philippin au commerce étranger, ont attiré l'attention de nos compatriotes établis en Indo-Chine. Mais il ne paraît pas que, jusqu'ici, malgré les exhortations réitérées et pressantes de notre consul à Manille, les exportateurs français aient songé à faire le nécessaire pour y prendre la place qu'il ne tient qu'à eux de conquérir et de garder.

Déjà, les Américains ont développé, dans une proportion notable, leurs transactions avec Manille. Les Anglais eux-mêmes, d'abord hésitants, viennent d'y fonder des établissements dont la prospérité s'affirme. Jusqu'à ce jour, nos négociants se sont bornés à adresser à M. de Bérard, notre distingué consul, des demandes tendant à ce qu'il leur indique de bons intermédiaires déjà établis dans le pays, alors qu'il n'a pas cessé de recommander la constitution d'un syndicat qui installerait, à Manille même, un représentant.

Les produits que ce syndicat écoulerait ne manquent pas : conserves alimentaires, vins, liqueurs, produits pharmaceutiques, parfumerie, tissus, habits, passementerie, quincaillerie, etc., etc. Tous ces articles seraient vendus comme provenant de France; ils seraient appréciés de la clientèle américaine elle-même à raison des qualités qui caractérisent et différencient notre production nationale. Ce représentant, après avoir développé ses affaires, s'occuperait de l'exportation des produits indigènes, tels que le coprah, l'abaca, les essences forestières.

Les conseils de M. de Bérard seront-ils suivis? Il est permis d'en douter si l'on songe qu'il les renouvelle vainement chaque année, et sous une forme de plus en plus pressante. Nous pensons néanmoins que l'*Office National du commerce extérieur*, après avoir publié — ce qui est déjà méritoire — le rapport qui motive nos réflexions, lui donnerait une suite utile en l'adressant, — avec quelques considérations destinées à attirer et à fixer l'attention, — à la Chambre de commerce de Paris, à celles de Lyon, de Marseille, de Bordeaux, de Nantes, etc., qui, sans cela, pourraient n'avoir pas connaissance des excellents conseils que nous venons de résumer, ou ne les lire que d'une manière distraite.

Indes Néerlandaises. — LES CHEMINS DE FER ET LES TRAMWAYS A JAVA ET SUMATRA. — Au 31 décembre 1899, d'après une statistique reproduite par le *London and China Express* (n° du 18 janvier 1901), les chemins de fer à Java et Sumatra se répartissaient et fonctionnaient de la façon suivante :

	Longueur en kilomètres	Capital en florins	Taux de l'intérêt
Chemins de fer de l'Etat à Java..........	1.578	126.000.000	5.16 0/0
Chemins de fer de l'Etat à Sumatra.....	210	20.000.000	5.53 »
Cie des chemins de fer des Indes néerlandaises..............	261	25.000.000	8.95 »
Chemin de fer de Deli (Cie privée).....	102	7.000.000	11.41 »
Total....	2.151	178.000.000 (373.800.000 francs).	

Rappelons à ce propos que, comme l'a signalé le *Bulletin Economique de l'Indo-Chine* dans son numéro du 1er mars 1900 (n° 23 p. 245), l'intérêt moyen rapporté par les chemins de fer dans l'Inde est de 5.61 0/0 pour la voie normale (1 m. 676) et de 5.13 0/0 pour les voies de 1 m.

Quant aux tramways, dans les Indes néerlandaises, construits tous, sauf ceux d'Atchin, avec des capitaux privés, ils représentaient à la même date, dans les Indes néerlandaises, une longueur totale de 1,169 kilomètres et un capital de 39.000.000 de florins (81.900.000 francs). Sur 8 lignes de tramways passées en revue, 2 rapportaient plus de 11 0/0 (maximum 11.6 0/0); 1 du 8 0/0; 2 plus de 5 0/0; 2 du 4.6 0/0 et 1 enfin du 3.6 0/0; mais cette dernière était de construction récente.

Au sujet de ces chemins de fer, et notamment des 1.578 kilomètres de Java, rappelons que cette île a un développement de côtes d'au moins 2,200 kilomètres. La superficie est de 141.733 kilomètres carrés et sa population d'environ 25.000.000 d'habitants.

Ile-Maurice. — RÉGIME DOUANIER. — Le tarif des douanes de Maurice pour 1901 n'a subi presque aucun changement sur celui de 1900. Il est cependant à noter que la surtaxe de 10 0/0 qui frappe tous les objets à l'importation n'est applicable que jusqu'au 30 juin de cette année. La taxe supplémentaire de 4 0/0 également comprise dans lesdits droits de douanes a été rapportée depuis le 18 avril dernier.

BULLETIN
DE L'UNION COLONIALE FRANÇAISE

Dîner du 9 mai

Au dîner du 9 mai, de l'Union Coloniale et du Comité de Madagascar, on a continué la discussion sur le régime économique qu'il convient d'appliquer à nos colonies.

M. Emile Maurel, vice-président de l'Union, qui présidait en l'absence de M. Mercet, a très nettement indiqué les deux courants d'idée qui ont inspiré les deux propositions de lois de M. Le Myre de Vilers d'une part et de M. Méline d'autre part, que nous avons signalées naguère. Partisan de la liberté, M. Maurel trouve qu'on va peut-être un peu loin quand on réclame la suppression complète de tout droit d'entrée dans la métropole pour les denrées coloniales; mais ce qu'il ne peut accepter, c'est le système de la proposition Méline.

Dans une causerie pleine de verve et aussi de détails extrêmement précis, M. Maurel a montré que non seulement il fallait laisser vivre les filatures de l'Inde, auxquelles on veut appliquer le système restrictif que M. Méline voudrait voir étendre après ce premier essai, mais qu'il fallait bien se garder de paralyser le développement économique de nos colonies. La métropole ne doit point agir à leur égard comme ces mères coquettes qui sacrifient une fille dont la beauté et la jeunesse ne laissent pas que de leur porter ombrage.

M. de Moor a annoncé qu'il avait demandé à être entendu par la commission des douanes pour combattre la proposition Méline, et cette déclaration provenant de l'un des plus grands tisseurs de France, a, on en conviendra, un grand intérêt.

M. le comte d'Agoult, député du Sénégal, a déclaré que, selon lui, il fallait pour aboutir, s'engager dans des voies transactionnelles comme celles que M. Depincé a dernièrement indiquées dans des études publiées par la *Quinzaine coloniale*, et il a appris à ses auditeurs que la commission des douanes semblait décidée à ne pas établir de règle générale pour toutes les colonies, et c'est un point qui a bien son importance. Il ne désespère pas non plus de voir bientôt partager par presque tout le monde cette vérité, que la conquête de colonies est autre chose qu'une conquête de marchés, vérité qui une fois admise nous éloignera de solutions comme celle proposée par M. Méline.

M. Lesueur, ancien sénateur d'Algérie et protectionniste, a fait des déclarations fort curieuses. Il trouve qu'on pousse beaucoup trop loin les idées qu'on a commencé à appliquer en 1892, et il a montré par l'exemple de l'Algérie le mal que pouvaient faire ces idées, appliquées comme on le veut aujourd'hui. Plusieurs industries établies en ce pays, des distilleries et des savonneries entre autres, ont dû fermer leurs portes après plusieurs années de prospérité parce que cette prospérité même avait porté ombrage à des industriels de la métropole.

Après ces divers orateurs, M. Maurel a invité M. Depincé à prendre la parole. M. Depincé a alors indiqué comment il concevait le système transactionnel auquel M. le comte d'Agoult avait déjà fait allusion. Résumant pour les auditeurs, les arguments que nos lecteurs connaissent bien, il a obtenu pour eux l'approbation des membres présents.

Nouveaux membres

ADHÉRENTS :

Ansbert-Labbé, négociant-armateur, 9, boulevard Suchet, Paris.
Parrains : *M. Chailley-Bert; M. Bouthors.*

Bellenger-Rosay et Pivain, négociants, place du Marché-Notre-Dame, Le Havre.
Parrains : *M. Depincé; M. Bouthors.*

Boeringer, Guth et Cie, impressions sur tissus, Epinal.
Parrains : *M. Depincé; M. Bouthors.*

Jules Carel, négociant, 4, rue Saint-André, Le Mans.
Parrains : *M. Depincé; M. Bouthors.*

Adrien Cazes, voyageur de commerce, 19, rue du Départ, Paris.
Parrains : *M. de Croze; M. Bouthors.*

Comptoir Colonial Rouennais, 15, rue Jeanne-d'Arc, Rouen.
Parrains : *M. Depincé; M. Denoual.*

O. Chassain, conducteur des travaux publics, 81, rue Grdener, Paris.
Parrains : *M. Depincé; M. Denoual.*

Compagnie commerciale et coloniale de la Kadéï-Sangha, 8, rue de Mogador, Paris.
Parrains : *M. Depincé; M. Bouthors.*

Compagnie Havraise péninsulaire de navigation à vapeur, 13, rue Grange-Batelière, Paris.
Parrains : *M. Périer; M. Mercet.*

Ch. Halais, résident de France en retraite, 15, boulevard de Latour-Maubourg, Paris.
Parrains : *M. Chailley-Bert; M. Depincé.*

La France, Compagnie d'assurances contre l'incendie et sur la vie, 14, rue de Grammont, Paris.
Parrains : *M. Gustave Roy; M. Mercet.*

Vicomte René de Marsay, 191, boulevard Saint-Germain, Paris.
Parrains : *M. Mercet; M. Chailley-Bert.*

Moët et Chandon, Chandon et Cie, successeurs, vins de champagne, Epernay (Marne.)
Parrains : *M. Mercet; M. Chailley-Bert.*

A. Petel, négociant, 30, rue Le Peletier, Paris.
Parrains : *M. Depincé; M. Bouthors.*

Comte Robert de Pourtalès, 6 *bis*, rue de Presbourg, Paris.
Parrains : *M. le marquis de Barthelémy; M. Mercet.*

Albin Rozet, député, 41, rue Cambon, Paris.
Parrains : *M. Mercet; M. Chailley-Bert.*

Société générale de Bonneterie, 13, rue Largentier, Troyes.
Parrains : *M. Depincé; M. Bouthors.*

Syndicat Lyonnais d'exploration à Madagascar (M. Léon Boussand, président du Conseil d'administration), 39, rue Thomassin, Lyon.
Parrains : *M. Boussand; M. Depincé.*

Léon Truelle, directeur de la Compagnie d'assurances *La France*, 14, rue de Grammont, Paris.
Parrains : *M. Gustave Roy; M. Mercet.*

D. Wibaux-Florin, industriel, filateur et tisseur, Roubaix.
Parrains : *M. Depincé; M. Bouthors.*

Le Gérant : A. LÉGERON.

Paris. — Imp. PAUL DUPONT, 19, rue du Croissant

10 Juin 1901. CINQUIÈME ANNÉE Tome IX. — N° 107.

LA QUINZAINE

COLONIALE

UN INSTITUT DE MÉDECINE COLONIALE

C'est d'ici même, c'est de l'Union Coloniale qu'est partie l'idée première de la création, à Paris, d'un Institut de médecine coloniale, qui est actuellement en train de faire son tour de France, portée par la publicité de toute la presse, unie, sans distinction d'opinions, dans un élan commun de sympathie pour notre œuvre. Peut-être n'a-t-on pas oublié les articles dans lesquels, à cette même place, nous avons, à maintes reprises, signalé la nécessité d'organiser en France l'enseignement des maladies tropicales. La France, disions-nous, en conquérant un immense empire colonial où sévissent des maladies inconnues en Europe, a assumé un triple devoir. Elle a pour première obligation de travailler à l'amélioration des conditions sanitaires dans lesquelles vivent les populations indigènes placées sous son autorité. Elle a, en outre, à préserver la santé des troupes préposées à la défense de cet empire, des colons qui s'emploient à sa mise en valeur. Elle a enfin, à se prémunir elle-même contre la contagion des maladies exotiques dont les germes lui sont rapportés du dehors. Tout cela n'est possible que si, dans nos colonies et en France même, nous avons des médecins préparés, par une éducation scientifique appropriée, au traitement de ces maladies. Ces médecins nous manquent actuellement parce que jusqu'ici cette éducation a fait défaut. Il faut l'organiser pour le bon renom scientifique et humanitaire de notre pays, pour notre sécurité matérielle, pour la prospérité de nos colonies.

Voilà ce que nous disions et nous ajoutions que l'Angleterre nous avait devancés dans cette voie; que l'initiative privée avait fondé dans ce pays, à Londres et à Liverpool, deux écoles de médecine tropicale; que la ville de Hambourg avait suivi cet exemple; que nous ne pouvions pas rester plus longtemps étrangers à ce mouvement, et que, si l'Etat se désintéressait de la question, il appartenait aux particuliers de se substituer à lui et de doter notre pays d'une institution si manifestement nécessaire.

Notre appel a été entendu. Nous avons eu la satisfaction de voir notre idée accueillie et patronnée par des hommes qui sont l'honneur de la science et de l'Université française. MM. Berthelot, Brouardel, Gréard, E. Perrier et Roux ont adressé au public l'appel que voici :

« La France a, depuis vingt ans, conquis un domaine colonial considérable. Quelques-unes des maladies qui sévissent sur ces territoires, dont les climats sont si divers, n'existent pas en Europe. Par suite, les modes de leur transmission et de leur traitement sont mal connus des médecins appelés à les traiter.

La responsabilité de la France est moralement engagée vis-à vis des populations qu'elle a placées sous son autorité et vis-à-vis des Français qui s'expatrient pour mettre en valeur ces régions nouvelles. La prospérité de leurs entreprises est intimement liée à la préservation de leur santé et de celle des indigènes. Enfin, les colons, à leur retour, rapportent en France les germes de maladies tropicales, dont les noms figurent à peine dans nos traités de médecine.

Les savants français, PASTEUR, CALMETTE, YERSIN, etc., ont spécifié les germes d'un grand nombre de ces maladies d'origine microbienne ; LAVERAN a déterminé l'agent des maladies paludéennes.

Ce sont les peuples étrangers qui ont bénéficié de ces découvertes. Grâce au concours des Compagnies coloniales et de navigation, grâce à celui de généreux donateurs, la Grande-Bretagne a fondé à Londres et à Liverpool deux Ecoles de médecine tropicale. Elles sont prospères et recrutent leurs élèves parmi les étudiants du monde entier; elles font même appel à ceux de la Faculté de Paris.

L'Allemagne a organisé, à Hambourg et à l'Office Impérial de Berlin, un enseignement spécial pour les médecins qui se destinent à exercer dans les colonies.

La Flacuté de Médecine de Paris considère qu'il est de son devoir de créer cet enseignement. Par la valeur de ses maîtres, par le nombre de ses élèves, elle peut lui donner le développement nécessaire.

Il appartient à ceux que préoccupe la prospérité de nos colonies, si intimement liée à la santé de ses habitants, de réunir les ressources nécessaires pour lui permettre de mener à bien cette œuvre d'intérêt national. »

M. BERTHELOT, *de l'Académie Française, Secrétaire perpétuel de l'Académie des sciences.*

P. BROUARDEL, *Membre de l'Institut, Doyen de la Faculté de médecine de Paris.*

O. GRÉARD, *de l'Académie Française, Vice-Recteur de l'Université de Paris.*

E. PERRIER, *Membre de l'Institut, Directeur du Muséum d'histoire naturelle.*

E. ROUX, *Membre de l'Institut, Sous-Directeur de l'Institut Pasteur.*

Munie de ce viatique, l'Union Coloniale pouvait se mettre en route. C'est ce qu'elle a fait. Elle a commencé par s'adresser à nos gouverneurs de colonies, aux Sociétés de crédit, aux entreprises coloniales, à ses amis du premier degré, et, en quelques jours, elle a assuré à l'institution projetée 225.000 francs de souscriptions dont voici la liste :

1re Liste de souscriptions recueillies par l'Union Coloniale française (1).

Union Coloniale française (1,000 fr. par an pendant 6 ans.......................Fr.	6.000
Compagnie Française de l'Afrique Occidentale (1.000 fr. par an pendant 6 ans).......	6.000
Comptoir National d'Escompte de Paris (1.000 fr. par an pendant 6 ans)..........	6.000
Banque de l'Indo-Chine (1.000 fr. par an pendant 6 ans)........................	6.000
Société Générale (500 fr. par an pendant 6 ans)	3.000
Société des phosphates et du chemin de fer de Gafsa (500 fr. par an pendant 6 ans).......	3.000
Crédit lyonnais, Paris....................	2.000
Th. Mante, Marseille (250 fr. par an pendant 6 ans)........................	1.500
Messageries fluviales de Cochinchine (250 fr. par an pendant 6 ans).................	1.500
Ulysse Pila, Lyon (250 fr. par an pendant 6 ans)	1.500
Société des Charbonnages du Tonkin (250 fr. par an pendant 6 ans).................	1.500
Société « Le Nickel » (250 fr. par an pendant 6 ans)........................	1.500
Crédit Foncier Colonial..................	1.000
Gouvernement général de Madagascar.......	1.000
Messageries maritimes, Paris...............	1.000
Banque Impériale Ottomane................	500
Crédit Industriel et Commercial (300 fr. par an pendant 6 ans)........................	1.800
Société de constructions des Batignolles.....	500
Gouvernement général de l'Indo-Chine (30.000 fr. par an pendant 6 ans)..........	180.000
Dr Blanchard............................	50
Gouvernement de la Côte française des Somalis..................................	250
Total de première liste.....Fr.	225.000

(1) Plusieurs des souscripteurs compris dans cette liste n'ont pu, par suite de règlements d'ordre intérieur, ne souscrire que pour une année; mais nous savons qu'ils sont résolus à maintenir cette souscription pendant plusieurs années et nous espérons qu'il en sera de même pour beaucoup d'autres.

C'est beaucoup, mais ce n'est rien encore si on songe qu'il faut assurer la permanence de l'enseignement que nous avons en vue, et, — si nous voulons qu'il soit réellement efficace, — en faire un enseignement non seulement théorique, mais aussi pratique, ce qui suppose la création d'un hôpital spécial.

Pour cela, il faut de l'argent, beaucoup d'argent. L'Etat ne refusera pas son concours à une œuvre qui présente un caractère d'intérêt général aussi évident. Mais l'Etat ne peut pas tout faire. Il est bon, d'ailleurs, qu'à l'exemple de ce qui se passe dans les autres pays, notamment aux États-Unis et en Angleterre, les particuliers s'habituent à ne pas trop compter sur lui. C'est pourquoi, sortant du cercle restreint de ses premiers souscripteurs, l'*Union Coloniale* a pris la résolution de s'adresser au grand public. Elle a trouvé auprès du Syndicat de la Presse parisienne et, en particulier, de son président, M. Paul de Cassagnac, l'accueil le plus empressé et le concours le plus dévoué. L'initiative qu'elle a prise a été signalée, l'appel de MM. Berthelot, Brouardel, Gréard, Perrier et Roux a été publié et commenté par la plupart des journaux de Paris et des départements dans les termes les plus sympathiques et les plus chaleureux.

A son tour, la *Quinzaine Coloniale* fait appel à ses lecteurs. Nous n'avons pas à espérer une de ces libéralités sensationnelles dont les Américains des États-Unis et les Anglais sont coutumiers et qui se chiffrent par millions, voire même par dizaines de millions. Mais si des donations de cette importance sont rares chez nous, il ne nous est pas interdit de compter que la multiplicité des souscriptions y suppléera.

Nous nous adressons donc au bas de laine comme au coffre-fort. Tout le monde, en France, actuellement, est intéressé à ce que le traitement et la prophylaxie des maladies tropicales soient scientifiquement étudiés. La peste, le choléra, et tant d'autres fléaux d'origine exotique menacent les Français de France presque autant que les Français des colonies. Ceux-ci, d'ailleurs, fussent-ils seuls en cause, que la préservation de leur santé intéresserait encore tout le monde. Qui de nous, en effet, n'est pas plus ou moins colonial, sinon par lui-même, du moins par quelqu'un des siens, parent ou ami, soldat ou ami, soldat qui grelotte la fièvre en Afrique, colon que mine l'anémie en Cochinchine ou dans quelque autre de nos possessions tropicales? L'œuvre entreprise par l'Union Coloniale a donc, au plus haut degré, le caractère d'une œuvre d'intérêt général, et c'est pourquoi, nous la recommandons, avec une pleine confiance, à la libéralité de nos lecteurs (1).

J. CHAILLEY-BERT.

1. Les souscriptions sont reçues, soit au Comptoir national d'Escompte de Paris, 14, rue Bergère, soit à l'Union Coloniale française, 44, rue de la Chaussée-d'Antin. Les souscripteurs sont instamment priés de faire connaître s'ils entendent verser une somme une fois pour toutes, ou s'ils ont l'intention de donner une cotisation annuelle qui serait particulièrement bien accueillie puisqu'elle assurerait à l'institut des ressources permanentes.

BULLETIN DE LA QUINZAINE

L'Administration centrale des colonies. — On vient de publier le rapport que M. Dubuisson, député, a soumis récemment à la commission des économies administratives — et que celle-ci a adopté — au sujet de la réorganisation de l'Administration centrale des colonies. Cette administration, constate M. Dubuisson, est, dans son état actuel, beaucoup trop coûteuse et elle est trop coûteuse parce qu'elle est mal organisée. Ce n'est pas nous qui contredirons à cette constatation. Non pas que nous fassions grand état de l'exemple tant de fois cité, et repris par M. Dubuisson, du Colonial Office qui, avec ses soixante fonctionnaires et employés, suffit prétend-on, à la direction politique et administrative de l'immense empire colonial de l'Angleterre. Nous avons déjà eu l'occasion de faire remarquer ici même que ces soixante fonctionnaires et employés ne représentent pas, à beaucoup près, l'effectif total du personnel de l'administration coloniale britannique, qu'il faut y ajouter celui du sous-secrétariat d'Etat pour l'Inde et celui, plus nombreux qu'on ne le pense généralement, des *Offices* particuliers que les colonies anglaises entretiennent à Londres. Il n'est pas contestable, néanmoins, que les cadres de notre administration centrale pourraient subir d'importantes réductions et sur ce point nous sommes d'accord avec M. Dubuisson.

Par contre, nous différons complètement d'opinion avec lui quant au procédé à employer pour opérer ces réductions. A ses yeux, la cause principale, pour ne pas dire unique du mal qu'il signale, réside dans la répartition des services par groupes de colonies, substituée, il y a quelques années, à la répartition par nature d'affaires. Si la confusion règne dans les bureaux, si des affaires identiques et parfois la même affaire, reçoivent des solutions contradictoires, si, dans tous les cas, elles sont mal étudiées et nécessitent le concours d'un personnel trop considérable et, partout, plus dispendieux qu'il ne conviendrait, c'est que, par suite d'un système qui réunit dans le même service tout ce qui a trait à la même colonie, l'instruction des affaires est poursuivie par des fonctionnaires ou par des employés non spécialisés et, par cela même, mal préparés à une tâche aussi variée et aussi complexe, ou bien encore qu'elle l'est parallèlement par deux ou plusieurs services qui négligent de se mettre d'accord. Retablissez l'ancienne organisation, supprimez les divisions actuelles pour revenir à la répartition des dossiers entre trois services : le cabinet qui aura dans ses attributions, le personnel et la politique générale ; une direction qui s'occupera de la comptabilité, du budget, du service intérieur, des questions de banque, des transports, des services militaires des affaires pénitentiaires et des approvisionnements ; une autre direction enfin, à laquelle seront dévolus la colonisation, les concessions, les affaires agricoles, les travaux publics, les budgets locaux. Et avec cette organisation, vous aurez des affaires bien étudiées, une unité de direction et de vues complète et, au résultat, vous dépenserez beaucoup moins.

Il y aurait beaucoup de critiques de détail à formuler sur ce programme. C'est ainsi, par exemple, que dans la répartition proposée par M. Dubuisson, nous ne voyons figurer nulle part le régime douanier qui, cependant, a bien son importance. C'est ainsi encore que nous y relevons une contradiction pour le moins surprenante, en ce qui concerne les budgets locaux que l'honorable député attribue à la direction chargée de la colonisation, des concessions, etc., après avoir, dans le corps de son rapport, fait remarquer que les budgets locaux sont actuellement examinés par les directeurs de l'Asie et de l'Afrique, alors qu'il serait naturel que l'examen en fût confié au service de la comptabilité. Mais ce qui nous touche beaucoup plus que ces défectuosités de détail, c'est le principe même de la prétendue réforme proposée par M. Dubuisson. A nos yeux, quels que puissent être les inconvénients du système actuel, ces inconvénients seront toujours moindres que ceux de l'ancienne méthode. S'il y a, en matière coloniale, un principe qui paraisse aujourd'hui universellement accepté, après avoir été trop longtemps méconnu, c'est que chacune de nos colonies comporte un régime distinct, qui doit être approprié à sa situation géographique, à son climat, aux mœurs de ses habitants, à ses richesses, naturelles, en un mot aux conditions multiples qui la différencient des autres colonies. Nous avons eu le fétichisme de l'uniformité et la plupart de nos erreurs et de nos fautes, en politique et en administration coloniale, viennent de cette superstition bien française. N'y retombons pas. Et on y retomberait infailliblement avec le système préconisé par M. Dubuisson.

Si vous confiez au même fonctionnaire l'instruction des questions ou de main-d'œuvre, que ces questions intéressent le Tonkin, Madagascar, la Nouvelle-Calédonie ou le Congo, il y a cent à parier contre un que ce fonctionnaire sera, par une tendance irrésistible, amené à vouloir les résoudre suivant des règles uniformes, sans tenir compte des différences de lieu, de climat, de coutumes, de développement économique, d'avancement social, etc. Ce serait, à notre avis, payer beaucoup trop cher les 192.000 francs d'économies que M. Dubuisson aligne au bas de son programme de réorganisation. Des économies, on en réalisera quand on voudra, et pour un chiffre beaucoup plus considérable et en même temps on fera une politique coloniale infiniment meilleure que celle que nous faisons à l'heure actuelle. Pour cela il suffit de décentraliser largement, de rendre aux administrations locales l'initiative et le droit de décision dont on les a dépouillées au profit de l'administration centrale qui plie aujourd'hui sous le fardeau.

Le remède est là; il n'est pas ailleurs, et à coup sûr il n'est pas dans la solution proposée par M. Dubuisson.

Education coloniale. — Il s'est fait depuis plusieurs années, en France, un mouvement marqué en faveur d'une rénovation de nos méthodes d'enseignement et d'éducation. Les hommes politiques et les représentants les plus éminents de l'Université se rencontrent avec les commerçants et les industriels pour constater que ces méthodes, où tout est sacrifié à la culture des intelligences, ne répondent plus aux nécessités de la concurrence économique actuelle qui réclament surtout des volontés et des caractères. Mais jusqu'ici, on en était resté à ces constatations et, si on en excepte la tentative intéressante de M. Demolins, rien n'avait été fait pour réformer notre mode d'éducation et pour l'adapter aux conditions de la vie moderne. On attendait que l'Université prît l'initiative de cette réforme et on risquait d'attendre longtemps, car il ne s'agissait de rien moins que d'une transformation radicale et l'on sait que les institutions qui, comme l'Université, ont un long passé derrière elle et vivent surtout de traditions, consentent difficilement, malgré la bonne volonté et la largeur d'esprit de ceux qui les dirigent, à rompre avec leurs habitudes pour s'engager dans des voies complètement nouvelles.

Ce que l'Université n'a pas osé ou peut-être n'a pas pu tenter jusqu'ici, des particuliers ont entrepris de le faire. Un certain nombre d'industriels de Normandie ont mis leurs efforts en commun et réuni les ressources nécessaires pour la fondation d'un établissement d'enseignement qui s'appellera le collège de Normandie et dans lequel l'éducation sera résolûment orientée vers les nécessités de la vie contemporaine. Le programme de cet établissement tend à faire une part égale à toutes les facultés de l'enfant, c'est-à-dire à former chez lui le corps et le caractère en même temps que l'esprit, et, en un mot, à développer toute sa personnalité, à en faire une énergie consciente et éclairée, fortement armée pour la lutte.

Ce programme vient de recevoir, au cours d'une réunion solennelle tenue récemment dans le grand amphithéâtre de la Sorbonne, la consécrtion de patronages particulièrement autorisés. Successivement, MM. Paul Cambon, Ernest Lavisse et Bonvalot ont exposé le but de l'institution projetée et ont apporté à ses promoteurs l'appui de leur éloquente adhésion. C'est avec une conviction non moins profonde que nous venons, à notre tour, rendre hommage à leur initiative, et reconnaître l'importance des services que le collège de Normandie est appelé à rendre non seulement par son enseignement propre, mais encore par les imitations qu'il ne manquera pas de provoquer. Il y a là, en effet, le point de départ d'une évolution par laquelle l'Université elle-même se laissera forcément peu à peu pénétrer et qui, d'ailleurs, restât-elle limitée aux établissements d'enseignement libre, s'annonce comme devant être féconde en résultats heureux dont nos colonies seront les premières à profiter. Une éducation comme celle que le collège de Normandie se propose de donner et qui a pour but d'habituer l'enfant à penser, à vouloir et à agir par lui-même, est essentiellement une éducation qui prépare à la vie coloniale, où les qualités d'initiative et de décision priment tout le reste. Les jeunes gens qui l'auront reçue seront, par là même, et en dehors de toute préparation spéciale, d'excellents futurs colons, à qui il ne restera plus, pour aborder avec succès les entreprises coloniales, qu'à compléter leur éducation générale par l'étude de la spécialité à laquelle ils se destinent : commerce, agriculture ou industrie. Le collège de Normandie, dont l'enseignement s'adresse surtout aux fils de la bourgeoisie riche ou au moins très aisée, appelés à disposer de capitaux importants quand sera venu pour eux l'âge de s'établir, donnera ainsi à la colonisation ce qui lui manque à l'heure actuelle : un état-major capable, et pourvu des fortes qualités morales sans lesquelles il n'y a pas de véritable chef.

A côté de cet état-major, il faut des officiers subalternes, il faut aussi des sous-officiers, et c'est à former ceux-ci et ceux-là que s'applique le Dr Rousseau, dans son institution de Joinville-le-Pont, à laquelle il a annexé, voici déjà un an, un cours d'enseignement pratique colonial. Les langues étrangères — obligatoirement l'anglais et soit l'espagnol, soit l'allemand — la géographie coloniale, la botanique coloniale, la chimie agricole et industrielle, l'agriculture générale avec l'arboriculture, l'horticulture et la viticulture, la comptabilité et les principaux éléments du commerce, l'électrotechnique générale, la météorologie, l'hygiène et la médecine pratique, l'art vétérinaire, les principaux arts et métiers, le dessin, constituent les matières de l'enseignement de l'école de Joinville-le-Pont. Ce qui caractérise surtout cet enseignement et ce qui en fait l'efficacité, c'est qu'il est résolument orienté vers les applications usuelles. Chaque leçon trouve immédiatement son commentaire dans un exercice pratique. Un élève qui sortira de Joinville-le-Pont ne saura pas tous les métiers à fond, mais il saura un peu de tous les métiers. Il sera en mesure de forger un écrou, de manœuvrer un appareil télégraphique, de débiter une pièce de bois, de lever un plan, de conduire une machine à vapeur; il saura faire du beurre et du fromage, préparer une peau et la tanner, etc. En un mot, il sera apte à ces mille besognes que comporte la vie coloniale, où l'homme, livré à lui-même, doit se pouvoir suffire complètement, et être à même de parer à tout sans le secours de personne. On se rend compte par là combien précieux pour les entreprises coloniales devront être les collaborateurs formés à pareille école. Il faut donc savoir gré au Dr Rousseau de l'initiative qu'il a prise; elle n'est pas moins méritoire que la tentative des grands industriels qui ont fondé le collège de Normandie. Ceci est le complément de cela. C'est grâce à des efforts comme ceux-là que notre expansion coloniale pourra devenir réellement profitable, s'il est vrai, comme le prétendent tous ceux qui ont des intérêts aux colonies et ceux, plus nombreux encore, qui ne demanderaient qu'à s'en créer, que ce qui nous a plus manqué jusqu'ici pour la bonne gestion de ces intérêts, ce sont des hommes.

Un concours de plantes tropicales. — C'est la nouveauté qu'offrait, cette année, à l'affluence de ses visiteurs, l'Exposition annuelle de la Société nationale d'horticulture. Le succès de curiosité qu'a obtenu ce concours permet de le considérer comme définitivement fondé pour l'avenir. Il se distinguait moins par le nombre que par la qualité des concurrents et par la variété et l'intérêt des plantes exposées. Dans une serre édifiée sur la terrasse du jardin des Tuileries et qui s'est trouvée trop petite, le Muséum d'histoire naturelle, le Jardin colonial de Nogent-sur-Marne, le Jardin botanique de l'Ecole supérieure de pharmacie avaient groupé des spécimens rares ou des collections remarquables des plantes utiles de nos colonies. A côté de ces institutions, la maison Vilmorin et l'horticulteur colonial bien connu, M. Godefroy Lebeuf, présentaient les plants de ces mêmes végétaux obtenus de semis ou de boutures dans leurs serres de multiplication et qu'ils expédient journellement dans nos colonies. On voyait même ces plantules réunies dans un type de serre portative, la caisse Ward des Anglais, que la maison Godefroy-Lebeuf emploie pour ses expéditions.

Le public s'est porté en foule vers le « Jardin colonial » et a pris un plaisir des plus vifs à faire connaissance avec tant de végétaux dont l'aspect lui était inconnu, tandis que leurs produits lui sont si familiers : le café, le cacao, le poivrier, les plantes à caoutchouc, les textiles, etc., etc. Aux initiés, cette exposition montrait une partie des richesses de nos grands établissements botaniques : les raretés de notre Muséum, la superbe collection de quinquinas de l'École de pharmacie; les séries de caféiers, de cacaoyers, de caoutchoutiers du Jardin colonial. Elle signalait, en même temps, une orientation de plus en plus marquée de nos centres scientifiques vers l'étude et le développement des productions coloniales. Elle dénotait entre eux une émulation pleine de satisfaction pour le présent et de promesses pour l'avenir.

La création du Jardin colonial de Nogent n'a point, croyons-nous, été étrangère à ce mouvement, et l'élan qu'elle a donné à ce genre de recherches et de travaux démontre, en dehors de toute réclame tapageuse ou prématurée, son utilité ou les services qu'on en peut attendre, à ceux même qui, il n'y a pas longtemps encore, taxaient « d'utopie » cette conception.

A propos des troubles de Gafsa. — La justice répressive du Protectorat. — Peu de temps après la sanglante échauffourée de Margueritte, où plusieurs colons français ont été massacrés par des indigènes soulevés, des troubles ont eu lieu également dans une localité du sud tunisien, à Gafsa. Certains journaux de la métropole, établissant un lien imaginaire entre ces deux faits dus à des causes essentiellement différentes, y ont vu les symptômes d'un prochain soulèvement général des populations musulmanes du nord de l'Afrique. Rien n'était plus inexact qu'une appréciation semblable. Tandis que les malheureux événements de Margueritte avaient revêtu un caractère nettement insurrectionnel, il ne s'est produit à Gafsa qu'une simple rixe entre indigènes provoquée par de vieilles querelles entre nomades et sédentaires, et qui ne menaçait en aucune façon la sécurité des Européens. La fermeté du contrôleur civil, à qui sa connaissance parfaite de la langue arabe a permis d'acquérir une grande autorité sur la population, et l'attitude énergique des caïds, n'ont pas eu de peine à venir à bout des mutins et à tout faire promptement rentrer dans l'ordre. En somme, il n'y a eu là qu'un vulgaire incident sans aucune importance et qui ne mériterait pas de retenir l'attention, si la façon dont il a été terminé ne permettait pas de voir à l'œuvre l'un des services les moins connus du Protectorat, la justice indigène.

Nous lisons dans la *Dépêche Tunisienne*, une correspondance de Gafsa, écrite cinq ou six jours après les troubles, où nous relevons le passage suivant : « Ce matin, en trois heures d'audience, le tribunal de l'Ouzara a décerné 200 années de prison ; cent vingt-cinq indigènes ont été condamnés à deux ans de prison, dont quarante et un par défaut, et vingt autres à six mois. »

Il est impossible de rêver justice plus expéditive, et cependant elle est rendue par un tribunal parfaitement régulier, qui rend ses jugements dans les formes admises chez tous les peuples civilisés, mais qui ne s'embarrasse pas des lenteurs et des atermoiements de notre procédure.

Cette audience de Gafsa, dans laquelle un nombre aussi élevé de condamnations ont été prononcées, nous remet dans l'esprit une audience non moins mémorable qui a été tenue il y a quelques années par le même tribunal de l'Ouzara. C'était en 1898, au lendemain des troubles antijuifs de Tunis, faible écho des batailles qui avaient ensanglanté les rues d'Alger. Les deux éléments en lutte, musulmans et israélites, étaient bien les mêmes dans les deux villes, mais en Tunisie, contrairement à ce qui avait lieu en Algérie, la population européenne avait eu le bon sens de rester dans une complète neutralité. Aussi n'a-t-on eu à déplorer à Tunis que des rixes entre Arabes et juifs et quelques tentatives de pillage de boutiques ; d'énergiques mesures de police avaient eu bientôt fait de rétablir l'ordre. Dans une même journée, le tribunal indigène condamna, quarante-huit heures après leur arrestation, plus de cinquante accusés musulmans ou israélites à des peines diverses s'élevant jusqu'aux travaux forcés. Cet exemple a été salutaire, car, depuis lors, le calme le plus parfait n'a pas cessé de régner dans la capitale de la Régence.

Par la promptitude et la sévérité de ses répressions le tribunal de l'Ouzara donne les plus précieuses garanties au maintien de l'ordre dans la colonie. Sa méthode est bien celle qui convient à l'état de civilisation du peuple parmi lequel elle s'exerce. Chez les indigènes de l'Afrique du nord, pour que le châtiment soit efficace, il est nécessaire qu'il frappe fortement le coupable, et aussi qu'il le frappe immédiatement après le crime. Aussi les tribunaux français, avec les lenteurs obligatoires et les complications de leur procédure, sont-ils des instruments trop perfectionnés pour donner de bons résultats au milieu de populations de mœurs si différentes des nôtres. C'est ce que montre, de la manière la plus frappante, le cas des assassins du marquis de Morès qui, depuis trois ans, attendent en prison que la justice française leur donne des juges. Le tribunal indigène tunisien, dont la réorganisation a été l'une des réformes les plus heureuses apportées par la France et l'application dans l'ordre juridique du principe même du protectorat, répond au contraire à toutes les nécessités du milieu dans lequel il opère. Soumis à la surveillance étroite d'un magistrat français qui contrôle les sentences, il a répandu sur tout le pays les bienfaits jusqu'alors inconnus d'une justice impartiale, rapide, peu coûteuse et à la portée de tous les justiciables.

Le péril jaune. — Le péril jaune est à la mode. On n'ouvre pas un journal sans y lire, sous forme de lettre, d'interview ou de discours, d'éloquentes invectives contre l'imprévoyance des hommes d'état qui se sont avisés d'aller éveiller l'antique dragon chinois de son long sommeil, au risque de le déchaîner sur l'Europe. On nous le montre tour à tour sous les traits d'un conquérant retournant contre nous les armes perfectionnées dont nous lui avons appris à se servir, la science militaire dont nous lui avons donné des leçons, et faisant irruption sur les nations qui l'ont imprudemment instruit et provoqué ; ou bien encore, de préférence, sous ceux d'un commerçant ou d'un industriel s'appropriant les procédés de la science et du mécanisme modernes et écrasant la production européenne de tout le poids de son énorme masse. Et on convie le monde civilisé à s'unir contre cet ennemi et contre ce concurrent de demain, à rompre tout contact avec lui, à se prémunir de ses atteintes par une sorte de cordon sanitaire qui serait comme la muraille de Chine retournée.

Ces prédictions sinistres ne sauraient nous émouvoir ni ces sages conseils nous convaincre. Pour que la Chine devînt, au point de vue militaire, un danger pour l'Europe, il faudrait que le caractère chinois subît une transformation radicale. Il faudrait que le tempérament pacifique des Célestes, la répugnance et le mépris que leur inspire le métier des armes, fissent place tout d'un coup à une humeur guerrière et à des goûts belliqueux tellement éloignés de ce tempérament, tel que l'ont fait la nature, l'éducation et la tradition, qu'un pareil changement est plus qu'improbable. Les Japonais, il est vrai, nous ont surpris par la rapidité d'une évolution qu, en moins de trente années, a fait d'eux une nation militaire de premier ordre. Mais il ne faut pas oublier que les Japonais ont eu, de tout temps, des instincts guerriers qui n'ont fait que se développer au contact de la civilisation européenne, de sorte que cette évolution n'est que la suite en quelque sorte nécessaire et logique de leurs tendances naturelles, tandis qu'une transformation analogue irait à l'encontre de toutes celles des Chinois. Ecartons donc la chimère d'un péril militaire chinois.

Ecartons également celle d'un péril économique venant du même côté. Il n'est pas douteux que si, *à l'heure actuelle*, la Chine *tout entière* s'industrialisait *en même temps*, elle serait en mesure, grâce au bon marché de sa main d'œuvre, d'inonder le marché européen de produits fabriqués à des prix qui rendraient toute concurrence impossible. Mais nous n'en sommes pas là. La transformation d'une nation de près de 400 millions d'habitants — qui sont surtout des agriculteurs — en une nation industrielle, est de celles qui ne s'accomplissent pas en un jour. Elle se fera par étapes successives, et chacune de ces étapes sera précédée d'une période pendant laquelle chacune des parties dont se compose ce tout immense aura à s'outiller au fur et à mesure des progrès de la pénétration européenne. Cet outillage, c'est l'Angleterre, c'est l'Allemagne, ce sont les Etats-Unis, c'est la France elle-même qui le fourniront, et ce sont également l'Angleterre, l'Allemagne, les Etats-Unis, la France qui fourniront à la Chine les autres éléments de cette transformation, à savoir les hommes et les capitaux. Pour qui sera le profit ? Pour la Chine, assurément, mais aussi pour les nations qui l'auront initiée à la civilisation et aux procédés de la science moderne. Mais ensuite ? Ensuite, il se passera en Chine ce qui s'est passé partout de tout temps. Une fois née, l'industrie locale, avant d'être en mesure d'inonder le monde entier de ses produits, aura à satisfaire aux besoins nouveaux qui se seront fait jour dans la nation même. En même temps, sous l'empire de ces besoins, sous la pression des nécessités budgétaires qui se développeront parallèlement, le taux des salaires augmentera, comme il a augmenté au Japon, où le coût de la vie a plus que doublé dans les dix dernières années, et il viendra rapidement un jour où, par l'effet d'une loi inéluctable, l'équilibre s'établira de lui-même entre le prix de la main-d'œuvre chinoise et celui de la main-d'œuvre européenne. Il restera donc un centre immense de production, pourvu de ressources prodigieuses, il est vrai, mais sur lequel l'Europe conservera pendant longtemps encore l'avance considérable qu'elle a prise et qui, lorsqu'il aura rattrapé cette avance, se trouvera dans des conditions économiques sensiblement analogues à celles dans lesquelles se trouveront les nations concurrentes c'est-à-dire à égalité ou à peu près avec ces nations. Mais ce centre de production sera doublé d'un centre de consommation doué d'une faculté d'absorption énorme, et en admettant même que sur certains points l'Europe ait à souffrir de la lutte commerciale qui s'établira alors, elle retrouvera l'avantage sur d'autres points et finalement c'est elle qui y gagnera le plus. S'il devait en être autrement, il faudrait admettre que nos arrière neveux verront ce qui ne s'est jamais vu dans aucun temps ni dans aucun pays, que les lois économiques les mieux établies, les plus solidement fondées sur l'expérience seront renversées, et que contrairement à ce qui a été une vérité universellement admise jusqu'ici, le bonheur de l'humanité réside dans le soin que les hommes mettent à s'ignorer mutuellement et à rester étrangers les uns aux autres. C'est ce que nous ne pouvons nous résoudre à croire.

ÉMIGRATION ET COLONISATION

(*Suite et fin*) (1)

§ III

Nous devons et nous pouvons émigrer. Mais l'émigration ne vaut que par les éléments qui la composent. Le choix des colons est donc chose capitale. Sous l'ancien régime, il fut la constante préoccupation des ministres, et Choiseul sut ce qu'il en coûta pour s'être affranchi de cette préoccupation. Il est vrai de dire que les moyens de sélection et de contrôle étaient, en un sens, plus sûrs qu'ils ne sont aujourd'hui. L'exode des gens de petite condition fut provoqué par le clergé paroissial, qui agissait lui-même sous l'inspiration des ordres religieux fixés aux colonies : jésuites, sulpiciens, ursulines. Le premier et les seconds avaient pour collaborateurs bénévoles les représentants de la noblesse résidant sur leurs terres et ceux du commerce colonial. C'est ainsi que l'Aunis, la Saintonge, la Normandie, le Poitou, le Perche, la Bourgogne, la Bretagne, la Vendée, la Touraine, fournirent des contingents qui firent souche au Canada ou s'enrichirent à Saint-Domingue et à la Martinique. Les premiers colons en appelèrent d'autres. Les habitants d'une même province se groupèrent, se prêtant mutuellement assistance. Le particularisme provincial se retrouva vivace sur ces terres lointaines. Ains toutes les grandes forces sociales s'unirent dans l'œuvre de colonisation et de peuplement entreprise par l'ancienne monarchie.

Aujourd'hui, l'état de choses qui s'offre à nous, dans l'ordre d'idées où nous nous plaçons, n'est plus comparable à celui qui a précédé la Révolution. A une situation nouvelle, il faut également des procédés nouveaux. Il n'en reste pas moins que, en matière coloniale, la connaissance du passé est né-

(1) Voir la *Quinzaine Coloniale* des 10 et 25 mai 1901.

cessaire à ceux qui veulent éviter certaines fautes dans le présent. Aussi le R. P. Piolet a-t-il eu raison de rappeler l'expérience poursuivie, de Richelieu à Choiseul, et d'en prendre texte pour signaler les erreurs qui avaient eu des précédents dans le cours de notre histoire coloniale et dans lesquelles nous sommes trop souvent retombés. L'essai de colonisation officielle de Choiseul, qui envoya 12.000 colons à une mort misérable, en Guyane, et y engloutit 25 millions, l'histoire même de nos premiers établissements à Madagascar, devaient nous préserver de la récidive. Nous aurions évité des fautes récentes, comme par exemple, la fameuse création des villages en Algérie et l'installation de colons pauvres à Diégo-Suarez et à Babetville. Elargissant encore le domaine qu'il a parcouru en tous sens, le R. P. Piolet aurait pu, dans toutes les branches de l'activité coloniale, montrer les mêmes fautes produisant les mêmes conséquences, sans que notre aptitude à oublier les leçons les plus dures et les plus significatives en soit jamais diminuée : les compagnies de commerce ruinées par l'incapacité et les rivalités de leurs agents, l'agriculture coloniale sacrifiée et regardée avec une sorte de défiance, l'absence d'une véritable politique indigène, les abus de la capitation, et d'une manière générale l'arbitraire dans la fixation de l'impôt indigène, enfin l'instabilité douanière. Lisez ces lignes, extraites de « l'Histoire philosophique et politique » de Raynal, qui semblent écrites d'hier : « On surchargea successivement de droits « tout ce qui venait des Indes. Il se passait rare- « ment six mois, sans qu'on vît paraître des règle- « ments qui autorisaient, qui proscrivaient l'usage « de ces marchandises. C'était un reflux, un flux « continuels de contradictions dans une partie « d'administration qui aurait exigé des principes « réfléchis et invariables. Toutes ces variations « firent donc penser à l'Europe que le commerce « s'établirait, se fixerait difficilement dans un « Empire où tout dépend des caprices d'un ministre « et des intérêts de ceux qui gouvernent. ».

II

Quoi qu'il en soit, et pour en revenir à l'objet précis de notre étude, les conditions de la propagande sont, à cette heure, absolument différentes de ce qu'elles furent jadis. On peut dire qu'elles se sont adaptées aux conditions mêmes de la vie politique et de la vie sociale du pays, et que, en outre, grâce aux hommes qui prirent en mains la cause coloniale — c'étaient des esprits vigoureux et libres, des esprits renseignés sur les choses de ce monde — un phénomène curieux et auquel il était permis de ne pas s'attendre, s'est produit, à savoir la prédominance du rôle de l'initiative privée. Au moment où Jules Ferry eut besoin du concours décisif qui a fait prévaloir sa politique, c'est à l'initiative privée que ce grand homme s'adressa. En face de manifestations violemment hostiles, il invoquait le témoignage des missionnaires et des colons. Auparavant, le 13 mars 1883, lorsque M. Challemel-Lacour, répondant à M. de Saint-Vallier, proclamait la « nécessité d'une politique coloniale, » il recherchait l'appui du milieu parlementaire qui subissait plus particulièrement l'influence d'hommes représentant l'initiative privée en matière coloniale.

L'initiative privée n'aurait-elle été que l'instrument qui a assuré le triomphe de la politique coloniale, qu'elle pourrait faire valoir de beaux états de service. Mais là ne s'est pas bornée son action bienfaisante. Elle a suscité des hommes qui ont entrepris et mené à bien l'éducation de ce pays. Elle a réalisé ce miracle de rendre les colonies populaires. Elle a associé à sa tâche l'universitaire, l'instituteur, le grand propriétaire, l'élite sociale, des milliers d'hommes de bonne volonté. Les hommes qui incarnent l'idée coloniale ne se sont pas contentés de la faire accepter; ils ont tracé un programme de mise en valeur de notre domaine d'outre-mer, élaboré des formules et des méthodes que les pouvoirs publics se sont peu à peu appropriées. Grâce à eux, la chimère de la colonisation pauvre a vécu. Grâce à eux, la Nouvelle-Calédonie a reçu de vrais paysans de France; de jeunes activités et des capitaux se sont portés au Tonkin, en Annam, à Madagascar, et le commerce, exactement renseigné et efficacement secondé à l'occasion, a pu étendre ses opérations à tous les pays neufs que la France a conquis. La grande colonisation agricole est partout amorcée, et demain, ayant besoin d'auxiliaires, de métayers par exemple, elle utilisera le cultivateur pauvre. Mais ces hommes, dominés par l'idée dont ils ont fait la foi de leur vie, ont réalisé autre chose encore. Ils ont conçu un programme de réformes législatives et économiques dont l'application permettra à nos colonies de remplir leurs destinées.

Et ayant accompli tout cela, ils ont su s'abstraire des questions étrangères à l'objet qu'ils poursuivent et apporter dans les matières qu'ils traitent, et dans l'appréciation des hommes, un constant esprit de justice.

Ils en ont déjà été récompensés. Les adhésions leur arrivent de plus en plus nombreuses, et dans toutes les grandes villes, l'esprit colonial qui les avait animées jadis et avait fait leur fortune, s'est réveillé, et, opérant une heureuse décentralisation, les a incitées à créer les institutions autonomes les plus utiles.

III

L'État lui-même s'est imprégné de ces idées nouvelles. Il a modifié ses procédés et élargi son rôle en matière d'émigration. Il s'est rallié notamment à une manière de voir que l'*Union* avait exprimée, et il a rendu à sa justesse l'hommage le mieux fait pour nous agréer : il a institué l'*Office Colonial*. Il a voulu ainsi créer un organisme qui, tout en étant une annexe, une dépendance du Ministère des Colonies, eût la souplesse d'une institution privée, dont elle jouerait le rôle.

L'*Office Colonial* a déjà rendu des services marqués. Il est appelé à en rendre de plus marqués encore. Mais n'est-il pas ambitieux de penser qu'il pourra avoir toute la liberté d'allures d'une organisation particulière, et remplacer, dans son infinie complexité, la libre initiative des citoyens. Tel n'est pas, d'ailleurs, le programme des hommes éminents qui président à son fonctionnement.

En Angleterre, au point de vue de l'émigration proprement dite, l'*Emigrant's Information Office*, par exemple, qui, dans ce domaine, présente assez exactement l'image de l'*Office Colonial*, suffit à sa tâche. L'émigrant anglais n'a besoin que d'être *renseigné*. Les colonies britanniques, par le développement de leur agriculture et de leur industrie, par les combinaisons que facilite leur régime des terres, par les besoins incessants de main-d'œuvre, permet aux gens de toute condition d'y trouver l'emploi de leur énergie et de leurs connaissances professionnelles. C'est ainsi que, en 1827, on a pu envoyer en Australie 95.000 sans-travail, qui étaient devenus une menace pour la tranquillité publique. En France, au contraire, le futur émigrant a besoin d'être *persuadé*. Là, l'éducation de l'esprit public est achevée. Ici, elle commence seulement dans les couches profondes. En Angleterre, le vigoureux individualisme de la nation a trouvé dans les choses coloniales une de ses plus belles applications, les vocations y naissent spontanément, et toute une aristocratie sociale considère les colonies comme le théâtre assigné naturellement à son ambition. En France, on ne se risque qu'en tremblant, on hésite, on se ravise, on cherche partout des œillères et des lisières, et, dans les milieux qui détiennent la fortune, si la sympathie est vive, on n'en est encore trop souvent qu'à la période d'initiation. Quelle somme d'efforts pour déterminer une conversion utile! Tous les concours, il faut aller les chercher, et tous ces collaborateurs désintéressés et bénévoles, que la propagande a groupés, tous ces hommes venus de tous les points de l'horizon, qui exercent autour d'eux une action persuasive, et qui ont aidé à envoyer en Indo-Chine, à Madagascar, en Nouvelle-Calédonie, des agents à la fois de colonisation et de moralisation, tous ces hommes-là fussent restés chez eux si on les avait attendus derrière les cartons verts.

Quand, par des conférences, par des visites, par le jeu des influences mondaines, par le livre, la brochure, le journal, on a suscité des colons, tout n'est pas fini. Il faut rester en correspondance avec eux, les conseiller toujours, les réconforter souvent, sous peine de les voir céder à l'amertume ou à l'incertitude des débuts. Puis, l'un a besoin d'associés, l'autre a des difficultés avec l'administration et risque, dans son irritation parfois injustifiée, de les aggraver au lieu de les aplanir. Celui-ci a à trancher une question délicate et il ignore le droit; celui-là est empêtré dans une affaire où il ne peut voir clair qu'avec le concours d'un spécialiste. Généralement, l'on reste en quelque manière le coadjuteur à distance du colon dont on a déterminé le départ, et cette fonction ne laisse pas que d'être malaisée pour peu qu'on y mette de la conscience.

Le rôle qu'assume l'initiative privée en matière de colonisation est donc fort étendu. Et il exige de ceux qui le remplissent une souplesse et une variété de procédés, une indépendance d'allures, un sentiment des responsabilités que la force même des choses, sans parler des idées régnantes sur la réserve imposée aux fonctionnaires en certaines matières rend difficilement conciliables avec l'exercice d'attributions administratives, enfin tout un ensemble de facilités et de conditions qu'on ne rencontre pas vraiment en dehors d'organisations particulières.

Au reste, nous n'avons aucune appréhension à cet égard. La libre initiative des citoyens conservera longtemps encore un champ d'action assez vaste pour qu'elle puisse s'y déployer à l'aise. Au contraire, plus les résultats de son activité seront considérables, et plus la nécessité de l'étendre

*

deviendra impérieuse. Elle ne liera donc pas sa gerbe de sitôt, et, grâce à Dieu, elle est assez puissante pour défendre et garder son domaine, avec les limites qu'elle lui a données, si l'on s'avisait de le vouloir trop circonscrire.

Tout le livre du R. P. Piolet est un hommage rendu à la vertu de l'initiative privée. Cette sympathie ardente pour l'effort libre dans la méthode, laquelle procède de toute une philosophie de l'action et du sens profond de la vie, n'est pas à nos yeux un de ses moindres titres à la reconnaissance du monde colonial.

***

Nous voici arrivés au terme de notre étude, qui comporterait, à la vérité, plus d'étendue, si nous voulions suivre le R. P. Piolet dans les riches développements où se complaisent et sa pensée et son érudition. Pour le faire, nous eussions dû passer en revue avec lui tous les problèmes qui sont, à cette heure, posés devant l'opinion et devant le Parlement. Nous aurions, en particulier, dit notre sentiment sur la participation des missionnaires à l'œuvre à accomplir, sur l'organisation, non pas du crédit colonial, sujet trop vaste, mais du crédit pour la colonisation familiale, que nous envisageons, quant à nous, jusqu'à présent, plutôt comme une question d'espèces et d'expériences individuelles, et dont MM. de Castries, de Bassano et de Noailles ont donné naguère une application des plus heureuses. Nous aurions également voulu étudier la dernière partie de l'ouvrage, consacrée aux ressources respectives des pays où il faut émigrer, mais c'est à quoi s'applique la *Quinzaine*, et nous nous serions par suite exposés à des redites.

En résumé, le livre dont nous avons parlé à nos lecteurs a eu le genre de succès que recherchent tous les esprits dominés par une idée désintéressée : il a convaincu. Il a eu un autre genre de succès : il a rallié tous les esprits impartiaux et vraiment éclairés sur les conditions de la grandeur du pays. M. Homais, — il n'a pas beaucoup d'émules aux colonies, — a trouvé que le R. P. Piolet n'avait pas assez dépouillé le caractère du missionnaire. D'autre part, quelque zélateur imprudent lui a reproché, au contraire, d'avoir péché par excès de libéralisme. Quel plus bel éloge pouvaient-ils faire l'un et l'autre d'un ouvrage de science coloniale? Quelle meilleure invitation à lire un livre qu'anime le souffle du patriotisme le plus pur et le plus avisé, et où circule la passion du bien public.

Ch. Depincé.

DOCUMENTS, ARTICLES SPÉCIAUX ACTES OFFICIELS

COLONIES FRANÇAISES

AFRIQUE DU NORD

Algérie. — Administration. — *Ouverture des « Délégations financières ».* — La réunion des délégations financières qui, comme nous l'annoncions, avait dû être retardée de quelques semaines, a eu lieu le 3 juin dernier.

M. Revoil, le nouveau Gouverneur de l'Algérie, n'ayant pu rejoindre son poste, assez à temps, pour présider cette réunion, le gouvernement avait délégué M. Laurent, directeur général de la comptabilité, comme commissaire du gouvernement et avait prié M. Jonnart de continuer à diriger jusqu'à l'arrivée de M. Revoil, l'administration algérienne. Nous avons indiqué précédemment (1), quelles sont les principales questions sur lesquelles les délégations sont appelées à se prononcer.

A l'ouverture de la séance M. Laurent a, dans une courte allocution, rappelé l'importance qu'attache le gouvernement aux travaux des délégations financières et exprimé le regret que des circonstances indépendantes de sa volonté aient empêché M. Jonnart de venir présider les séances et prendre part aux études qu'il avait laborieusement préparées.

Ces efforts ne seront pas perdus et le commissaire du gouvernement espère que le projet de budget de M. Jonnart, élaboré avec tant de soin, pourra servir de base aux délibérations des délégués.

Ceux-ci peuvent être assurés que leurs travaux seront facilités, sans distinction d'opinion, en faisant appel à tous les dévouements et à toutes les expériences.

Puis M. Warnier, secrétaire général du gouvernement général, a donné lecture d'une lettre de M. Jonnart aux délégués.

M. Jonnart y remercie les Algériens du bienveillant accueil qu'il a reçu à son arrivée dans la colonie : « Vous avez bien voulu, pour la plupart, dès mon arrivée, dit-il, me témoigner une confiance dont j'étais justement fier et qui me permettait de bien augurer des résultats de notre commune collaboration ; d'autre part, l'Algérie tout entière

(1). Voir *Quinzaine Coloniale* du 10 mai

m'a donné des gages inoubliables de sa sympathie, de la noblesse et de la générosité de ses sentiments durant une trop courte mission traversée malheureusement d'épreuves intimes si douloureuses. »

Le Gouverneur passe ensuite en revue les différentes réformes qu'il a été amené à accomplir, et les motifs qui les ont causées. Au sujet du budget, de 1902 que les délégués vont voter, et des grandes réformes économiques que l'Algérie réclame encore M. Jonnart s'exprime ainsi : « Vous remarquerez que le projet de budget de 1902 n'engage aucun principe et se borne à amorcer quelques réformes. C'est un budget d'expectative. Vous estimerez sans doute comme moi qu'avant d'entrer plus hardiment dans la voie des réformes il est indispensable d'éprouver les facultés de l'Algérie et surtout de se rendre compte de la répercussion que peut avoir sur ses finances la crise économique qu'elle traverse.

« Je n'ai point perdu de vue que de bonnes finances constituent la garantie essentielle du crédit d'un pays. A l'heure actuelle, l'Algérie a des réserves suffisantes pour réaliser sinon la totalité, du moins une forte partie de l'emprunt qui doit favoriser l'essor de la colonie et hâter son complet développement, en assurant la mise en valeur plus prompte de ses richesses. Cet emprunt, du reste, ne serait réalisé que par fractions.

« Les crédits annuellement affectés aux travaux neufs dans le budget de l'Algérie dépassent à peine quelques millions ; ils sont disséminés à travers le territoire et, en s'en tenant aux mêmes errements, plus de soixante ans s'écouleraient avant que l'Algérie disposât de l'outillage économique que justifieraient les besoins actuels. L'exemple de quelques-unes de nos colonies et l'histoire de nos colonies anglaises démontrent qu'un pays neuf a le plus grand intérêt à compléter rapidement cet outillage, qui est l'instrument nécessaire de son émancipation et de sa prospérité.

« Un programme de travaux publics vous est soumis en même temps que le projet d'emprunt. Il vous appartiendra, après un examen attentif, en vous inspirant de l'intérêt général, d'établir l'ordre d'urgence des travaux dont vous déciderez l'exécution.

« La création de nouvelles routes, le développement des voies ferrées, l'amélioration des ports, l'extension des ouvrages d'hydraulique agricole, l'agrandissement des centres anciens partout où cela est possible, ouvriront largement le territoire algérien aux entreprises de l'initiative individuelle et détermineront un nouveau courant d'émigration vers l'Algérie.

« D'autres questions non moins graves vous sollicitent. Vous avez à vous préoccuper de la recherche de nouveaux débouchés, de l'organisation du crédit agricole, de la réduction des frais de transport qui doit faciliter l'écoulement de vos produits. J'ai été heureux, au point de vue des transports, d'obtenir quelques décisions désirées par le commerce et l'agriculture. Mais dans cet ordre d'idées il reste beaucoup à faire. Au nombre des affaires qui figurent à votre ordre du jour vous trouverez précisément le projet de convention avec la Compagnie P.-L.-M., en vue de l'unification des réseaux et des tarifs dans l'Ouest.

« Je ne veux et ne puis, dans les circonstances actuelles, que passer rapidement en revue les principales questions sur lesquelles vous devez vous prononcer.

« Je n'ai pas besoin de rappeler que notre entreprise de colonisation sera d'autant plus durable et plus prospère que nous aurons exercé sur les populations indigènes une tutelle plus généreuse et plus bienfaisante. Nous devons nous appliquer à améliorer leurs procédés de culture et d'élevage, à faire revivre quelques-unes des industries indigènes jadis florissantes, et prendre des mesures plus efficaces pour sauvegarder l'hygiène et la santé de nos sujets musulmans. Dans le projet de budget ces diverses préoccupations s'accusent. Il conviendra de poursuivre résolument l'œuvre de relèvement économique et d'éducation morale qui rapprochera chaque jour davantage les indigènes algériens de la grande famille française. »

Commerce. — *Transport par caravanes.* — Pendant le mois d'avril des caravanes représentant un total de 264 hommes et 1,340 chameaux sont arrivées à El-Goléa venant de Géryville, de Laghouat, de Ghardaïa et Ouargla.

Elles ont transporté des denrées pour l'administration militaire et du matériel télégraphique pour le service du génie.

Huit caravanes composées de 59 hommes et 209 chameaux, provenant de Biskra et de l'Oued sous et de Gabès, sont arrivées à Ouargla avec des céréales, de l'huile, du sucre, des tissus et des marchandises diverses.

Autorisation de coupage des vins algériens en entrepôt. — Dans sa séance extraordinaire du 24 mai, la Chambre de commerce a adopté et converti en délibération la motion suivante présentée par M. Jules Simian, vice-président :

Considérant la demande formulée, par la Société domaniale, approuvée et appuyée par notre Chambre de commerce, suivant sa délibération en date du 1er mai 1901, demande tendant à obtenir l'autorisation, pour le commerce en général, de pouvoir se livrer au coupage, à l'entrepôt, des vins algériens avec les vins étrangers ;

Considérant que cette faculté serait de nature, en permettant la constitution de types spéciaux, de faciliter l'exportation des vins d'Algérie dont l'écoulement est si difficile cette année ;

Considérant, d'autre part, que la décision ministérielle du 26 décembre 1872, qui autorise ces coupages, se trouve en fait abrogée par les dispositions de la loi du 1er février 1899, qui les interdit. (Voir 2e paragraphe de l'art. 2) et que «ipso facto» les les entrepôts, dits spéciaux, se trouvent supprimés ;

Considérant que, dans l'intérêt du commerce des vins de notre colonie, il est urgent, au milieu des circonstances si fâcheuses que traverse notre viticulture, de chercher par tout les moyens possibles à lui faciliter des débouchés à l'étranger ;

Par ces motifs ;

La Chambre de commerce d'Alger croit devoir appeler la bienveillante attention de M. le gouverneur général sur cette situation et le prie de vouloir bien, dans sa grande sollicitude en faveur de notre commerce et de notre industrie, user de sa haute influence auprès des pouvoirs publics, en vue d'obtenir le rétablissement desdits entrepôts spéciaux pour l'Algérie, et ce, dans le plus bref délai.

Elevage. — *Le mouton algérien.* — L'arrêté du ministre de l'agriculture du 25 février dernier, qui a rendu obligatoire la clavelisation des moutons algériens destinés à l'exportation, a été interprété de façon très différente par les commerçants et les producteurs algériens.

Le sentiment qui se dégage des opinions contraires exprimées à ce sujet, est plutôt hostile à l'application de cette mesure.

Notre confrère le *Temps*, dans un article très documenté, explique l'origine de l'arrêté ministériel et montre les effets heureux qui en pourraient résulter pour l'élevage algérien et la vente des moutons dans la métropole. Voici à titre d'indication les principaux extraits de cette étude :

Le ministre a-t-il eu tort ou raison ? Si l'Algérie vivait d'une vie normale, c'est une question qu'elle devrait examiner attentivement, mais dans l'état de fébrilité où nous sommes, on voit là une occasion de crier à la persécution, au martyre, et l'opinion emballée est en train de prendre pour un dommage ce qui est peut-être un grand bienfait.

Je suis de ceux qui croient que c'est un grand bienfait. Et comme le mouton est après le vin notre principal article d'exportation, comme il s'agit là pour nous d'un commerce qui est monté en certaines années jusqu'à 25 millions de francs et qui pourrait considérablement s'augmenter encore, et enfin comme le sujet m'est familier, permettez-moi de vous l'exposer.

La France ne produit pas assez de moutons pour sa consommation; soit vivants; soit abattus, elle en demande 1.500.000 à l'étranger par an. Sur ce nombre, l'Algérie en fournit à elle seule 1.100.000. Actuellement le troupeau algérien s'élève à 7.500.000 têtes. Il résulte d'études répétées qui ont été faites par le gouvernement général qu'aucun obstacle sérieux ne s'oppose à ce qu'il soit porté à 10 et peut-être même à 12 millions. S'il montait à ce chiffre non seulement l'Algérie pourrait envoyer à la France tous les moutons dant elle a besoin, mais encore elle pourrait en envoyer en grand nombre aux autres nations d'Europe qui en importent, et notamment à l'Angleterre qui tire de si grandes quantités de viandes du dehors. Ce n'est pas là une chimère, notre colonie pourrait être le plus grand producteur de viande de mouton du vieux monde.

Qu'est-ce donc qui l'empêche de le devenir ? Une des principales causes est incontestablement celle-ci. Pour arriver aux ports d'embarquement nos moutons algériens ont souvent de longs trajets à faire. Pendant plusieurs jours, ils courent sur des routes poudreuses; ils arrivent éreintés au bateau. La traversée les fatigue encore. Et quand ils paraissent sur les marchés de France, ils ont perdu une partie de leur valeur. Au marché de la Villette ils sont généralement classés dans la quatrième catégorie qui est l'avant-dernière. Force est donc à la boucherie française pour servir la clientèle riche demandant de la viande de premier choix, de s'adresser à d'autres pays que l'Algérie. Donc, le mauvais état dans lequel arrivent forcément nos moutons en France, fixe à nos importations une limite que nous ne pourrions dépasser que par une amélioration de qualité.

Certaines personnes, frappées du fait, ont eu l'idée de retenir les moutons algériens arrivés en France quelque temps dans les pâturages de la métropole, un mois, deux mois au plus. C'est ce qu'on appelle l'embouchage. L'opération réussit à merveille. Avec l'étonnante aptitude à la résistance qui le caractérise, le mouton algérien qu'on laisse reposer et qu'on nourrit bien se transforme à vue d'œil. On le voit en un mois gagner trois à quatre kilos, et quand on l'amène ainsi restauré à la Villette, ce n'est plus dans la quatrième, mais dans la seconde catégorie qu'on l'admet. D'où un double profit : augmentation du poids de l'animal et augmentation générale du prix payé par kilo de viande.

En résumé, la clavelisation des moutons algériens en permettant de mêler ces derniers aux moutons de France sans leur faire courir désormais aucun danger, rendrait possible le développement d'une industrie encore peu pratiquée : l'embouchage des moutons algériens. C'est une des principales raisons pour lesquelles l'obligation de claveliser le mouton d'Algérie serait justifiée.

POSTES ET TÉLÉGRAPHES. — *Création de nouveaux bureaux.* — Par arrêté en date du 13 mai, M. le gouverneur général a autorisé la transformation, en établissements de facteur-receveur des postes, des distributions auxiliaires de Hoche, Masséna et Fontaine-du-Génie, département d'Alger.

Le même arrêté autorise la création d'un bureau télégraphique municipal à Renier (Constantine).

Tunisie. CONFÉRENCE CONSULTATIVE. — *La question des chemins de fer.* — Nous extrayons des procès-verbaux officiels de la Conférence consultative, l'intéressant exposé suivant qui a été présenté par M. Pavillier, directeur général des travaux publics de la Régence.

Le Directeur des travaux publics dit qu'à la dernière session de la Conférence il a eu l'occasion d'exposer que la concession de la construction et de l'exploitation du chemin de fer de Pont-du-Fahs à Kalaât-es-Senam avait fait l'objet d'une convention provisoire laissant aux concessionnaires éventuels un délai d'option expirant le 9 mars, avec possibilité de prolongation jusqu'au 9 avril.

Pendant ce délai, des études ont été faites par les concessionnaires pour leur permettre de s'assurer que les conditions auxquelles pouvait être subordonnée l'option étaient remplies. Ces études s'achevaient lorsque s'est produite, à la Chambre des Députés, une interpellation sur la Tunisie au cours de laquelle la question du chemin de fer a été introduite dans le débat, et un autre tracé que celui qui était adopté a été mis en avant. Un vote de la Chambre a décidé que le projet de concession de la ligne devait être soumis à cette assemblée ; en conséquence, M. le Ministre des Affaires étrangères a déposé le projet de convention provisoire en demandant au Parlement d'autoriser la Tunisie à en poursuivre la réalisation. La Commission de chemins de fer fut immédiatement saisie de l'examen de l'affaire.

Le 9 mars, date à laquelle expirait le premier délai d'option, les concessionnaires provisoires firent connaître que le résultat des études entreprises avait démontré que les prévisions relatives au prix de revient kilométrique de la ligne et à la rémunération du capital pendant les premières années d'exploitation n'étaient pas entièrement remplies. Dans ces conditions, étant donné l'état actuel du marché financier, peu favorable aux affaires industrielles, ils proposaient au Gouvernement de modifier le contrat en accordant à titre complémentaire, une garantie d'intérêts à la moitié du capital d'établissement.

Le Ministre des Affaires étrangères a fait part de cette situation nouvelle à la Commission des chemins de fer en déclarant que le Gouvernement ne pouvait accepter la modification proposée, et il lui a demandé de rester saisie de la question de la ligne de Pont-du-Fahs à Kalaât-es-Senam, s'engageant à lui présenter, à bref délai, une combinaison nouvelle basée sur l'emprunt pour faire face aux charges de la construction.

La Commission a décidé qu'elle restait saisie du projet et qu'elle ajournait son vote sur le fond jusqu'à ce que le Gouvernement lui ait fait connaître les voies et moyens qu'il compte employer pour réaliser la construction de la ligne. Elle a en outre manifesté le désir de connaître les avis et les préférences des intéressés et des corps électifs des régions traversées ou pouvant être traversées par le chemin de fer.

C'est pour déférer à ce désir que le Gouvernement procède actuellement à une sorte d'enquête dans les contrôles du nord et du centre, dont les populations sont intéressées à l'adoption de l'un ou l'autre des tracés, qu'il a consulté directement les Chambres de commerce et d'agriculture de Tunis et de Sousse, et qu'il s'adresse aujourd'hui à la Conférence consultative.

La question des tracés a déjà été longuement examinée à la Conférence consultative, qui, dès l'année 1890, a reconnu la nécessité de faire le plus tôt possible le chemin de fer allant du Pont-du-Fahs au Kef. Depuis 1893, toutes les séances de la Conférence contiennent des rappels au sujet de ce chemin de fer et de la date à laquelle il pourra être construit.

En 1897, la question a fait un pas décisif ; à cette date, la Conférence, mise en présence de trois propositions, a émis un vote accordant la priorité à la ligne partant de Pont-du-Fahs dans la direction du Kef et de Thala, et indiquant que la prolongation de la ligne Sousse-Kairouan, qui est d'intérêt agricole, devra être une des premières à construire, et en même temps, si possible, que la ligne partant de Pont-du-Fahs. Dès cette époque, des négociations ont été engagées au sujet de cette dernière ligne, et des traités à option furent accordés à deux sociétés concurrentes pour la construction du chemin de fer en même temps que se poursuivaient les études de la ligne.

Ces options ne purent être levées dans les délais prescrits, et les demandeurs se retirèrent.

En 1899, l'immatriculation à son profit des gisements de phosphate de Kalaât-es-Senam permit au Gouvernement d'engager avec des sociétés de construction des négociations qui aboutirent au traité à option de juin 1900. Pendant le délai d'option, les gisements domaniaux des phosphates de Kalâat-es-Senam, mis en adjudication, furent attribués à une société française dans des conditions suffisamment avantageuses pour le gouvernement tunisien, assurant ainsi à la ligne projetée, outre le trafic indispensable, l'appoint important de la redevance d'amodiation.

En ce qui concerne Bizerte, la Conférence consultative avait écarté dès 1897 le tracé aboutissant à ce port. Ce fut seulement en 1899 qu'un demandeur en concession, M. Périssé, présenta des propositions pour relier Bizerte aux Nefza au moyen d'une ligne ferrée de 90 kilomètres de longueur, traversant une région fertile et propre à la colonisation, aboutissant à des mines de fer pouvant fournir un appoint sérieux au trafic.

Quelques mois après M. Périssé ajoutait à sa première demande celle d'un prolongement de la voie ferrée des Nefza sur Kalâat-es-Senam, avec cette condition qu'on lui accorde la concession des gisements de phosphate, ce qui était impossible, puisque les phosphates domaniaux ne peuvent être cédés que par voie d'adjudication. Il exposait à l'appui de ses propositions l'intérêt qu'il y aurait à attirer sur Bizerte des bateaux charbonniers, assurés d'y trouver un fret de retour. Cet argument a certainement de l'importance, mais il ne faut pas oublier que si la nécessité de doter Bizerte d'un vaste dépôt de charbons est reconnue, les bateaux charbonniers arrivant à Bizerte pourront, sans grandes dépenses en plus, venir chercher leur fret de retour à Tunis ou dans un autre port de sortie pour les phosphates, et il ne sera pas indispensable que ce port de sortie soit Bizerte.

D'autre part, il n'entrait pas dans les projets du Gouvernement de faire une ligne de pénétration allant de Bizerte vers le centre de la Tunisie. Le domaine propre du port de Bizerte est la vallée de l'oued Sedjenâne et la région des Nefza, au besoin jusqu'à Tabarca ; mais tout ce qui est au sud de ces régions est dans le rayon d'action des autres ports de la Régence. Cette ligne ne serait d'ailleurs pas une colonisation, car si la colonisation est possible le long de ce tracé jusqu'à une distance de 50 kilomètres de Bizerte, au delà on trouve une région forestière ne pouvant pas donner plus de 1.000 tonnes par an au trafic de la ligne, puis une région déjà desservie par la ligne de la Medjerda, et enfin la vallée de l'oued Mellègue, qui est impropre à la colonisation. Cette ligne ne pourrait donc compter que sur le trafic des phosphates, sauf pour le tronçon des Nefza à Bizerte, qui seul pourrait devenir rémunérateur.

Toutes ces considérations furent exposées à M. Périssé, qui d'ailleurs ne présentait aucune référence financière, et l'affaire fut abandonnée en ce qui concerne la ligne entière Bizerte-Kalaât-es Senam.

Pour la voie ferrée limitée aux Nefza, le demandeur sollicitait une subvention sous forme de concession de 1.500 hectares de terrain qui ne pouvait être accordée, l'Etat n'ayant pas de terres domaniales disponibles dans la région. Il ne put d'ailleurs obtenir des propriétaires des mines l'engagement d'un trafic minimun, et les négociations avec l'Etat se poursuivirent sans succès jusqu'à sa mort, survenue au milieu de l'année 1900. Elles ont depuis cette époque été reprises avec les propriétaires miniers eux-mêmes et sont actuellement en cours.

Depuis l'interpellation sur la Tunisie, la population de Bizerte ne parle plus de la ligne Bizerte-Kalaât-es-Senam par les Nefza, et il n'est plus question pour elle que d'un nouveau chemin de fer, surtout stratégique qui relierait Bizerte à la ligne de la Medjerda, partant de Mateur et aboutissant à Pont-de-Trajan, mieux protégé en cas de guerre que Djedeïda. Cette ligne ne présente que peu d'intérêt au point de vue économique, car Béja se trouve à 56 kilomètres de Mateur à vol d'oiseau ; les deux villes sont séparées par une chaîne de montagnes, et chacun des versants de cette chaîne se trouve dans un rayon de 25 kilomètres des lignes actuelles et, par conséquent, est desservi par elles.

Ce chemin de fer serait improductif actuellement, et il ne peut pas entrer dans les intentions des représentants du Gouvernement tunisien de le préconiser comme voie de pénétration agricole d'une nouvelle région de la Régence.

En dehors des deux lignes partant de Pont-du-Fahs et de Bizerte, la Conférence consultative n'a admis, dès 1899 comme ligne de pénétration, que la ligne en prolongement du tronçon Sousse-Kairouan, qui traverse des vallées propres à la colonisation, et il a été entendu que le Gouvernement devrait s'attacher en premier lieu à construire la ligne partant de Pont-du-Fahs, mais qu'immédiatement après, la première ligne à faire était celle partant de Kairouan. En effet, le Gouvernement a poursuivi ses études vers Sbiba et vers les Ouartane. Ces régions, moins fertiles et moins arrosées, il est vrai, que celles qu'on trouve dans le prolongement de Pont-du-Fahs, sont cependant très intéressantes à cause des richesses minières qu'elles renferment et qui permettront sans doute de faire la ligne sans dépenses excessives pour l'Etat. Les représentants de la région du centre demandaient au début que les phosphates de Calaâ-Djerda soient dirigés vers le port de Sousse.

Le Gouvernement n'est pas le maître sur ce point, parce que ces phosphates ne lui appartiennent pas ; et, de plus, pour la même raison, il n'a pas à attendre de redevance par tonne exploitée, et sans cette redevance le simple prix du transport des phosphates par la voie ferrée ne suffit pas à couvrir les frais d'exploitation et les charges du capital de construction. Mais s'il ne faut pas compter, pour la ligne partant de Kairouan, sur les phosphates de Kalaâ-Djerda, il existe à Sbiba et aux Ouartane des gisements de phosphates domaniaux qui devront être exportés naturellement par cette voie, et pour lesquels la redevance due à l'Etat pourra s'ajouter au prix de transport. C'est donc jusqu'à ces points qu'il est logique et rationnel de pousser la construction du chemin de fer de pénétration prolongeant la ligne de Sousse-Kairouan qui plus tard, devra jeter un embranchement sur Sbeïtla-Kasserine et le Foussana jusqu'à la frontière, en face de Tébessa.

Etant donnée la situation qui vient d'être exposée, le Ministre des Affaires étrangères a envisagé la possibilité de réaliser à bref délai les trois voies ferrées de pénétration dont il vient d'être question, parce que dès l'origine elle seront productives. Il a en conséquence décidé qu'il y avait lieu de concéder immédiatement à la Compagnie concessionnaire de Tunis-Pont-du Fahs la ligne de Pont-du-Fahs à Kalaât-es-Senam qui en est le prolongement, en faisant face aux dépenses de construction au moyen d'un emprunt. Il y a en effet grand intérêt à ne pas retarder cette concession, car le délai d'option accordé à l'adjudicataire des phosphates expire en septembre, et il serait fâcheux de le voir se retirer, parce qu'il a consenti à l'Etat une redevance importante qui doit former l'appoint indispensable de la rémunération du capital du chemin de fer.

Pour les autres lignes, de Kairouan à Sbiba et de Bizerte aux Nefza, les études sont en cours ; le Ministre des Affaires étrangères est disposé, ainsi qu'il l'a déclaré à la Commission, à les présenter au Parlement dès que les projets seront achevés. et à demander l'autorisation de les réaliser dans les mêmes conditions que la ligne de Pont-du-Fahs, c'est-à-dire au moyen des fonds d'un emprunt limité à ces trois lignes de chemin de fer et qui serait réalisé par portion, au fur et à mesure de l'approbation de leurs contrats de concession.

Dans ces conditions Bizerte recevra satisfaction, puisque le Gouvernement est décidé à poursuivre l'établissement du tronçon de Bizerte aux Nefza, qui pourra être rémunérateur à cause des mines de fer la puissance des gisements étant considérable, on peut compter sur une exportation annuelle d'au moins 150 à 200,000 tonnes pour le port de Bizerte, c'est-à-dire sur un fret de retour important pour les bateaux charbonniers. Sousse verra également sa ligne de pénétration réalisée, après l'adjudication des phosphates de Sbiba et des Ouartane, dont on poursuit avec activité la prospection.

L'emprunt devra donc, pour le moment du moins être limité à ces trois lignes, parce que ce sont les seules productives. Il ne faut pas perdre de vue qu'en présentant au Parlement une demande d'emprunt il faudra lui présenter en même temps des gageset ces gages ne pourront être pris que sur les ressources ordinaires du budget. Or, la construction des trois lignes en question représente environ 30 millions, soit 15 millions pour la ligne de Pont-du-Fahs, 9 millions pour la ligne de Kairouan et 6 millions pour la ligne de Bizerte aux Nefza ; pour le service de cette annuité, il faudra une somme de 1.200.000 francs. On comprend qu'il faut savoir limiter l'emprunt projeté pour éviter d'avoir recours à des impôts nouveaux.

La Commission des chemins de fer examinera tous les tracés proposés ; mais le Gouvernement est disposé à faire aboutir en premier lieu le tracé allant de Pont-du-Fahs à Kalaât-es-Senam, et il demande à la Conférence de confirmer ses votes précédents en faveur de la priorité de cette ligne. Les deux autres viendront aussitôt après.

AFRIQUE OCCIDENTALE

Afrique occidentale. — ACTES OFFICIELS. — *Journal officiel du Sénégal.*

4 mai 1901. — *Arrêté* convoquant le Conseil général en session ordinaire. — *Décision* transférant à Bignona la résidence de Yatacounda. — *Arrêté* portant suppression de l'agence locale spéciale de Kati, à partir du 4 mars 1901.

11 mai. — *Arrêté* portant réoganisation du service des postes du Haut-Sénégal et Moyen-Niger.

18 mai. — *Arrêté* autorisant la banque du Sénégal à émettre pour 250,000 fr. de nouveaux billets. — *Décision* créant à Ziguinchor une école primaire de garçons. — *Arrêté* portant suppression du poste médical de Djenné.

CONSEIL GÉNÉRAL. — *Session ordinaire.* — M. Lanrezac, gouverneur par intérim de l'Afrique occidentale a convoqué le Conseil général du Sénégal, en sa session ordinaire, le 20 mai dernier. Le président s'est plu à constater que la situation politique, commerciale et financière de la colonie était bonne ; que, l'état sanitaire étant excellent, on peut espérer que l'épidémie ne fera pas sa réapparition.

Il fait l'éloge de M. Ballay, gouverneur, au milieu des applaudissements unanimes. La caisse de réserve présentant un excédent de 700.000 francs, le gouverneur a proposé au conseil général de les consacrer à l'exécution immédiate des travaux d'assainissement urgents, en attendant l'arrivée dans la colonie du projet complet de la mission sanitaire.

POSTES ET TÉLÉGRAPHES. — *Service du Haut-Sénégal et du Moyen-Niger.* — Le développement commercial des territoires du Haut-Sénégal et Moyen-Niger, a amené le Gouverneur général de l'Afrique occidentale à ériger en service autonome les bureaux des postes, télégraphes et téléphones de ces régions.

Cette nouvelle organisation a été fixée par arrêté du 4 mai dernier.

Congo français. — Actes officiels. — *Journal officiel du Congo français.*

20 avril. — *Arrêté* rendant applicables aux colis postaux expédiés du Congo français les règles de perception déterminées par la convention de Washington du 15 juin 1897. — *Arrêté* modifiant l'article premier de l'arrêté du 7 juillet 1900 et portant de 70 à 90 francs par hectolitre, les droits d'entrée sur l'alcool à 50 degrés.

27 avril. — *Décision* créant huit justices de paix à N'Djolé, Mayumba et Loango pour Libreville; Ouesso, Carnot, Loukoléla, Bangui et Mobaye pour Brazzaville. — *Circulaire* à MM. les administrateurs commandants de région, et chefs de poste, officiers de police judiciaire, relative à la procédure à suivre au cours des contestations entre les Sociétés concessionnaires, pour la revendication des produits présumés récoltés sur le territoire de leur concession.

Missions. — *La mission Chari-Sangha.* — Nous donnons ci-dessous la fin du rapport de M. le docteur Huot, médecin de 1re classe des Colonies, et de M. l'administrateur-adjoint des colonies, V. Bernard, dont nous avons déjà donné quelques extraits dans notre avant-dernier numéro.

Après avoir acquis à Boungara, Benguey et Touïanga la certitude que nous avons bien atteint le point Perdrizet, nous estimons intéressant de nous rendre à Carnot par un itinéraire différent de celui de Perdrizet et nous permettant de traverser et de relever sur un point nouveau la ligne de partage des eaux entre le Tchad et le Congo.

Nous partons le 18 novembre de Touïanga accompagnés d'un guide fourni par le chef de ce village et traversons successivement les peuplades Bomani, Balissi, Mayéka et Bosintérés; les indigènes toujours aussi craintifs et soupçonneux viennent nous vendre des vivres, non sans avoir commencé, tout d'abord, par prendre la fuite. Mais que nous sommes déjà loin des troupeaux de cabris et de volailles, des innombrables paniers de manioc des bords de la Ouà !

Nous arrivons le 24 novembre, après six jours de marche, au village Bosintéré de Gariama, sur un haut plateau : le Kaga Gaga, qui sépare le bassin de la Bali de celui du Chari. Nous avons, durant cette dernière marche, suivi jusqu'à sa source le cours de la grande rivière Bâ dont les rives sont habitées par l'importante tribu des Bogaras.

Les journées des 24, 25, 26 et 27 novembre sont entièrement employées à traverser le massif montagneux de la ligne de partage des eaux dont les points culminants doivent atteindre de 650 à 700 mètres d'altitude. Nous rencontrons là de misérables peuplades: Bosinga, Bodanga et Doboyas réduites à la plus profonde misère par les incursions de leur turbulent voisin Baoui, chef des Bokotou (Bali, opérant pour le compte des Haoussas du poste de Carnot. Il n'existe plus ni cabris, ni volailles, et c'est avec peine que nous nous procurons, chaque jour, la ration de notre personnel. Le 27 novembre au soir, nous arrivons au village Bokotou de Torgo, sur la Bali.

La rivière Bâ qui prend sa source au pied du versant nord du Kaga Biabolo, non loin du Kaga Gaga, a un cours de 150 kilometres environ, au travers d'une vallée très accidentée et hérissée de seuils granitiques. Aussi, cette rivière aventureuse et encombrée de rapides est-elle innavigable, même pour les pirogues, sur tout son parcours. Ses principaux affluents de gauche sont; le Baboro, la Bé et la Oualalouba, dont la largeur ne dépasse pas 10 ou 15 mètres, et qui traversent des régions populeuses très riches en caoutchouc.

A partir du Kaga Gaga qui sépare le bassin de la Ouâ de celui de la Bali, c'est une série de montagnes limitant deux cirques distincts très mamelonnés et donnant naissance à une foule de petites rivières tributaires de la Bali. Le premier cirque est formé par les Kaga Gaga et Bosinga, au nord ; les Kaga, Bakala et Bokotou, à l'ouest; les Kaga Baé et Ouara, au Sud. Les cours d'eau provenant de ce cirque alimentent la rivière Baé qui se rend à la Bali par une brèche, séparant, au sud-ouest, le Kaga Baé ou Ouara du Kaga Bakala. Le deuxième cirque formé par le Kaga Bakala, à l'est, le Kaga Fô, au nord, et le Kaga Bakotou, au sud-ouest, donne également naissance à plusieurs cours d'eau se déversant dans la Bali par l'intermédiaire de la rivière Fô et la rivière Mia qui vient du nord, en passant par Débé-Porgo.

La ligne de partage des eaux qui a d'abord une direction nord-ouest-sud-est, parallèle au cours de la Bali, s'infléchit brusquement à l'est, non loin du point où nous l'avons traversée, pour rejoindre probablement la chaîne des monts Bolo.

La faune de ces régions n'offre aucune espèce particulière méritant d'être signalée. On n'y rencontre pas la moindre trace d'éléphants, et les antilopes mêmes y seraient assez rares.

La vallée de la Bâ diffère sensiblement des rives plates et déboisées de la Ouâ. Sur son cours et sur celui de ses nombreux affluents, croissent de belles forêts où abondent les lianes à caoutchouc dont nous rapportons quelques échantillons. Ce caoutchouc est d'ailleurs inexploité, les indigènes n'en soupçonnant même pas la valeur.

Dans la région montagneuse avoisinant la ligne de faite, la végétation est moins luxuriante et les plantations moins belles. A mesure que nous nous rapprochons de la Bali, le mil disparaît, remplacé par le manioc. Les cases sont maintenant entourées de taros géants, plantes à larges feuilles et à rhyzomes comestibles. Quelques bananiers font déjà leur apparition.

Dans le voisinage de Touïanga, les populations de langue Banda et de langue Mandjia sont mélangées à peu près en égales proportions. Mais à partir de chez es Bomani, l'élément Mandjia se multiplie et finit par demeurer seul jusqu'à la Bali. Les peuplades que nous avons visitées vivent isolées, souvent en guerre les unes avec les autres. Quelques tribus riveraines de la Bé sont en relations avec des Bosinkongos de l'ouest qui leur achètent des cabris et du caoutchouc pour le compte des Haoussas en échange de leurs produits, mais ne paraissent pas avoir été autrement influencés par leur contact avec eux, tant au point de leurs mœurs que de leur langue.

Quant aux autres tribus mandjias, plus voisines de la Bali, Bosinga, Bodanga et Boboya, elles sont mises en coupe réglée par le grand chef Bokotou Baouï, dont les razzias incessantes ont réduit en un désert ces régions montagneuses de la ligne de partage des eaux autrefois habitées et prospères, extraordinairement salubres et merveilleusement pittoresques.

Le 28 novembre, séjour au bord de la Bali, au village de Torgo où nous attendons vainement la visite de ce chef Bokotou, Baouï qui, après nous avoir envoyé un cadeau et fait annoncer sa venue, s'est décidé au dernier moment, à prendre la brousse. Nous repartons le lendemain dans l'après-midi et, après avoir traversé la Bali encaissée entre deux collines escarpées, nous parcourons de vastes plateaux assez élevés couverts de nombreux villages, parmi lesquels celui Baouï, naturellement désert. Ce ne sont plus maintenant les buttes mi-sphériques simplement placées sur le sol que nous avions vues jusque-là, mais des cases à toit pointu reposant sur des murs circulaires en argile d'un mètre de hauteur. Le lendemain, 29 novembre, nous franchisssons le Kaga Gofoue qui sépare le bassin de la Bali de celui de la Sangha et campons le 1er décembre, au soir, au gros village de Forgo, sur la rivière Béli, gros affluent de la Haute-Sangha, ou Memberé. Nous quitons en ce point le territoire des Bokotou pour entrer dans celui des Akaka occupant le pays jusqu'au poste de Carnot situé à 20 kilomètres au Sud-Ouest. Le lendemain à midi, 2 décembre, nous arrivons à Carnot.

La rivière Bali, au point où nous l'avons traversée, à 80 kilomètres en aval de l'endroit où Perdrizet l'a franchie et à six jours de marche en amont de Kédé où l'a vue M. Penel, est une rivière de 35 mètres de largeur et de 3 mètres de profondeur, aux eaux noirâtres, encaissée dans un bas-fonds marécageux, entre deux hautes collines. Elle coule du Nord au Sud puis s'infléchit brusquement vers l'Est pour reprendre bientôt après, au dire des indigènes, sa direction Nord-Sud. Il paraît bien probable que cette Bali n'est autre que la Likouala-aux-Herbes dont les eaux, près de son embouchure, ont la même coloration noirâtre très caractéristique. Elle semble déjà, à ce niveau, accessible aux pirogues, bien que les indigènes ne commencent, paraît-il, à l'utiliser comme voie de communication qu'à partir de Kédé. Ses affluents de droite, peu importants, coulent dans des vallonnements séparant les uns des autres plusieurs plateaux qui s'étagent jusqu'au Kaga Gofoue, lequel marque la ligne de partage des eaux entre la Bali et la Sangha.

A partir de ce point, toutes les petites rivières aux eaux extrêmement limpides que nous rencontrons vont se jeter dans la rivière Béli, principal affluent de la Haute-Sangha ou Memberé. C'est toujours la même succession de collines assez importantes jusqu'au poste de Carnot construit au sommet d'un vaste plateau dominant le cours de la Memberé.

Très peu de chose à dire de la faune de cette région réduite ici au minimum. Ni fauves, ni éléphants, ni antilopes.

La flore ne diffère en rien de celle observée près de la Bali. Les bananiers y sont de plus en plus fréquents et le manioc constitue la base alimentaire unique des indigènes, à l'exclusion du mil et des herbes à sel indigène qut ont complètement disparu. Ce sont, le long des rivières, les mêmes sous-bois très touffus où abondent la liane et l'arbre caoutchouc dont les indigènes trop éloignés du poste ignorent l'importance et que ceux plus rapprochés se refusent énergiquement à exploiter.

Signalons d'importants gisements de cuivre sur les bords de la Bali, au pays des Bokatou qui fournissent d'ornements en cuivre de toute sorte les tribus de race Mandjia ou Banda jusque sur la Oua et jusque chez Garasso et Bengadji.

Bokotou de la Bali et Akaka des environs de Carnot réunis là, sous la dénomination de Baya, ne son encore que des peuplades de race Mandjia dont la langue diffère peu de celle parlée sur la rive gauche de la Oua. Ils ont toutefois gagné à leur contact avec les Haoussas une supériorité indiscutable qu'ils font durement sentir à leurs congénères montagnards de la ligne de faite, les houspillant, les razziant sans merci et leur interdisant par la force tous rapports avec les blancs du poste de Carnot.

Côte d'Ivoire. — Actes officiels. — *Journal officiel de la Côte d'Ivoire.*

31 mars.—*Décision* portant suppression des agences spéciales de Béréby, Grand-Lahou, Jacqueville et Assinie. — *Arrêté* ouvrant au trafic le bureau de poste et de télégraphe de Bingerville, ainsi que le service téléphonique entre Grand-Bassam et Bingerville. — *Arrêté* portant organisation politique du Baoulé.

16 avril. — *Arrêté* transférant le siège des deux agences spéciales du Baoulé à Tiassalé et Bouaké. — *Arrêté* créant un poste à Alépé dans le cercle de Grand-Bassam. — *Arrêté* autorisant M. Daudy à ouvrir un entrepôt fictif à Grand-Bassam.

Administration. — *Le cercle du Baoulé.* — Un arrêté du gouverneur en date du 28 mars, a divisé le cercle du Baoulé en trois circonscriptions qui sont :

Circonscription de Thiassalé.

Circonscription de Kodiokofi.
Circonscription de Bouaké.

La circonscription de Thiassalé comprendra les postes de Thiassalé, de Ouossou et les territoires occupés par les Assabous, les Ouarébos et les N'gbans du sud.

La circonscription de Kodiokofi comprendra les postes de Kodiofi, Toumodi et les territoires des Ouarébos du centre, des Atoutous, des Zipouris, des Nanafoués et des Agbas.

La circonscription de Bouaké, comprendra les postes de Bouabé, Tiéplé, Bamoro, Afouekro, et les territoires des Ouarébos du Nord, des Faafoués, des Paris et des N'gbans du Nord.

COLONISATION. — *Le développement de Bingerville.* — Nous avons précédemment annoncé (1) le transfert de la capitale de la colonie de Grand-Bassam, à Bingerville.

La nouvelle capitale, située au fond de la lagune Ebrié, a été établie sur le plateau qui avoisine le village indigène d'Adjamé.

Grâce aux efforts des ingénieurs, et à l'énergique impulsion que le gouverneur de la colonie sut donner aux travaux, les études de l'installation de la nouvelle capitale entreprises en mars 1900 ne durèrent qu'un mois. Immédiatement après les défrichements commençaient; on posait la pierre de l'hôtel du gouvernement, et le 25 novembre le gouverneur s'installait dans la nouvelle capitale. Un arrêté du 1er décembre en faisait officiellement à cette date le siège du gouvernement local.

Cependant si les conditions sanitaires de Grand-Bassam avaient obligé le Gouverneur à abandonner cette résidence, les commerçants qui y sont établis y conservent encore des intérêts importants. Ils ont besoin d'être en rapports réguliers avec l'administion locale. Le Gouverneur l'a compris; aussi en même temps que la construction de Bingerville, procédait-on à l'établissement d'une ligne télégraphique reliant les deux villes. Depuis le 25 mars dernier, les communications télégraphiques et téléphoniques sont ouvertes au public entre Grand-Bassam et Bingerville; le prix de la taxe téléphonique est fixé à 4 francs par 5 minutes de conversation.

Sénégal. — COMMERCE. — *Récolte de la gomme.* — M. de Labretoigne du Mazel, directeur des Affaires indigènes a adressé, à la date du 13 mai, aux administrateurs et commandants de cercle, des instructions relatives à la surveillance qu'il serait utile d'exercer sur les procédés employés par les indigènes pour la récolte de la gomme. Nous nous faisons un devoir de reproduire ces instructions *in extenso*, étant donné l'intérêt majeur qu'elles présentent pour l'amélioration des conditions dans lesquelles s'est faite jusqu'ici la récolte d'un des principaux produits du pays :

L'exploitation des gommiers jusqu'à présent localisée sur la rive maure, commence à prendre de l'extension dans différents cercles du Sénégal.

Les procédés employés par les indigènes ont le grave inconvénient d'épuiser rapidement les arbres exploités, qui, au bout de quelques années, ne peuvent plus donner aucun rendement et meurent au grand préjudice de la conservation des forêts, si importantes pour l'intérêt général de la culture du Sénégal.

La notice que vous trouverez ci-après vous indique quel est le meilleur procédé à employer. Je vous prie de la communiquer aux chefs sous vos ordres, qui devront lui donner la plus grande publicité possible et veiller, dans la mesure de leur moyens, à ce que les gommiers ne soient plus exploités que d'une manière rationnelle.

Il est certain que, par le procédé indiqué, les indigènes recueilleront moins de gomme à la fois sur chaque arbre.

Il vous appartient de leurs faire comprendre que cette diminution dans les bénéfices immédiats peut être compensée par l'exploitation d'un plus grand nombre d'arbres, et qu'il est de l'intérêt général de ne pas détruire en peu de temps une source de produits des plus importants pour le commerce du Sénégal.

Voici la notice sur la récolte de la gomme annoncée ci-dessus :

La Gomme, produit naturel de différents accacias, est recueillie au Sénégal sur le tronc et les grosses branches des variétés connues sous le nom de Vereck et de Neb-Neb.

Les périodes de vents d'est qui suivent la saison des pluies dessèchent l'écorce des arbres, qui se rétrécit, puis se fendille en laissant exsuder par les fissures les matières en réserve (amidon, gomme) déposées dans les cellules de la tige par la sève élaborée.

Pour augmenter la production, les indigènes emploient deux procédés :

Les *Maures* font à hauteur d'homme des incisions horizontales; ils soulèvent, pour leur donner prise, l'écorce sur une longueur de quelques centimètres, puis, par traction, en arrachent de véritables lanières.

Les *Wolofs* se contentent de faire dans tous les sens d'énormes plaies aux gommiers à l'aide de haches ou de sabres d'abatis.

(1) Voir *Quinzaine Coloniale* du 25 décembre 1900, p. 771.

L'un et l'autre procédés sont employés d'une façon continue pendant toute la période de récolte, c'est-à-dire de novembre à juin. Sans doute, il y a momentanément surproduction et bénéfice immédiat, mais les arbres ainsi mutilés pendant six mois de l'année, non seulement n'arrivent pas malgré le grand afflux de sève qui se produit à la saison des pluies, à récupérer les pertes subies, mais il leur est impossible même de recueillir suffisamment de substances pour fermer leurs plaies et établir les soudures.

De ces faits, il s'ensuit un ralentissement dans la végétation, un affaiblissement général des arbres qui dépérissent et meurent.

Les conséquences de ces procédés barbares apparaissent facilement; elles ne sont rien moins que désastreuses, d'abord la disparition des forêts, la dessiccation plus grande encore du sol, absence d'eau et de végétation. Enfin, perte d'un produit annuel qui se chiffre par plusieurs millions de francs. C'est donc le désert et la ruine à brève échéance.

Le gommage (par comparaison avec le résinage), tel que le pratiquent les indigènes, peut s'appeler le *gommage à mort*. Nous allons indiquer un moyen d'exploitation qui vous permettra d'obtenir un produit très appréciable tout en ménageant l'existence du sujet. Il faudra entretenir l'état morbide du gommier (car la sécrétion de la gomme n'est autre qu'une maladie de l'arbre producteur) sans pour cela porter préjudice à son accroissement. Nous appelons ce mode d'opération :*gommage à vie*.

Tout d'abord, il ne faudra gommer que sur des sujets adultes. On fera sur le tronc, avec un instrument tranchant quelconque, une incision longitudinale ayant comme dimensions les suivantes : longueur 10 centimètres environ; profondeur, l'épaisseur de l'écorce. Cette plaie sera rafraîchie tous les 15 jours en l'élevant de 5 centimètres ou tous les mois en doublant l'allongement. On recueillera la gomme solidifiée à chaque rafraîchissement. En opérant ainsi on aura à la fin de la saison de récolte une fente d'une longueur maximum de 60 centimètres. Il est bien entendu qu'on ne fera qu'une seule moisson par année et par arbre, à moins cependant que l'arbre traité soit destiné à l'abatage, dans ce cas, on pourra doubler et tripler l'opération.

Il sera même bon de n'inciser le même gommier que tous les deux ans en lui laissant une année de repos entre deux incisions.

Les accacias ainsi gommés ne perdront pas de leur vigueur, la soudure des lèvres de la plaie, très proche l'une de l'autre, se fera facilement pendant la saison pluvieuse et la période de repos qui suivra, le bourrelet cicatriciel sera de petites dimensions et n'influencera pas la végétation de l'arbre qui s'accroîtra sans souffrir du traitement qu'il aura subi.

Du même coup tous les inconvénients des procédés indigènes disparaîtront avec leurs fâcheuses suites.

C'est là le seul moyen de maintenir entre les mains des populations des régions gommifères de la colonie, une source de revenus forte importante, qui semble devoir leur échapper si nous n'y prenons garde.

F. MAURY,
Agent de cultures à la Direction des Affaires indigènes.

AFRIQUE ORIENTALE

Djibouti. — Commerce. — *Mouvement en 1900.* — La valeur des importations au port de Djibouti s'est élevée en l'année 1900 à 5.929.107 francs, non compris la houille destinée à l'entrepôt maritime et le matériel de construction du chemin de fer. Elle avait été durant les huit derniers mois de 1899 de 3.024.355 francs. Ce dernier chiffre, augmenté de moitié, donnerait une moyenne annuelle de 4.536.532 francs qui ferait ressortir une augmentation de plus de 1 million de francs en faveur de l'année 1900.

Les principaux articles d'importation sont le riz, la farine, l'orge, les vins ordinaires et en fûts; tous ces articles ont présenté en 1900 des augmentations notables sur 1899. Les importations de tissus de coton écrus (aboudgedid) ont passé de 175.316 francs en 1899 à 325.764 francs en 1900. Les importations des tissus de coton blanchis, teints, imprimés et façonnés et celle des tissus de soie pure ou mélangée ont également augmenté. Il en a été de même pour le pétrole, ce qui est un indice de développement économique du pays; c'est, en effet, parce que les ateliers de la Compagnie du chemin de fer et d'autres industries ont installé des moteurs à pétrole que l'importation de ce produit s'est accrue.

La France est, à Djibouti, le grand pays importateur. Les envois ont atteint en 1900 2.363.733 francs dépassant de plus de 1 million ceux de l'année précédente. Après, viennent les importations par la voie d'Aden; puis celles de Russie, d'Angleterre, etc.

Les principaux articles venant de France sont, par ordre de valeur : les tissus de toute sorte et principalement ceux de soie, les boissons (vins ordinaires, vins mousseux, bière); le plomb, le savon, etc.

Les importations d'Aden consistent surtout en tissus de toute sorte 372.044 francs sur 970.674 fr. et tous les produits de consommation indigène, ainsi que les pétroles, les peaux préparées et les bois de sapin. Parmi les marchandises venant de ce port, un certain nombre sont d'origine anglaise, notamment des tissus et des fils.

Les exportations en produits du cru ou d'Abyssinie ne se sont élevées qu'à 693.000 francs. Sur ce total, les dents d'éléphants figurent pour 261.000 francs, les peaux de mouton pour 126.000 francs, l'or pour 74.000 francs, la civette pour 71.000 francs, le café pour 58,000 francs, etc.

Si notre colonie de la côte des Somalis est intéressante déjà comme centre commercial indépendant, c'est-à-dire achetant les produits qu'il doit à son sol ou à son industrie, elle l'est beaucoup plus comme voie de transit. Les exportations en marchandise provenant de l'importation se sont élevées pour l'Abyssinie à 1.424.300 francs dont 1.151.156 francs par voie ferrée ou par caravane sur le territoire de notre colonie et 273.150 francs par la voie de Zeilah avec transport par mer jusqu'à ce port.

Les cotonnades qui représentent le principal article d'exportation en Abyssinie, passent surtout par Zeilah.

La plus grande partie des expéditions en Abyssinie ont eu lieu jusqu'à présent par la voie de Zeilah, malgré les droits d'entrée perçus au débarquement sur toutes les marchandises sans distinction, alors que celles qui traversent notre territoire sont exemptées de toutes taxes. Mais les prix de transport de Zeilah ont toujours été inférieurs à ceux de Djibouti de 8 à 10 roupies, 14 à 17 francs, par charge de 230 kilogrammes, à destination de Gueldeissa, douane abyssine située au pied des massifs montagneux de Harrar et à 70 kilomètres environ de cette ville. Cette situation a différentes causes qui ont été exposées dans de précédents rapports. Toutefois, nous rappellerons ici que la route de Zeilah était pratiquée par les caravanes à une époque où Djibouti n'existait pas encore.

La concurrence de Zeilah ne pourra être avantageusement combattue que par la Compagnie des chemins de fer éthiopiens lorsque sa voie arrivera près de Harrar.

Madagascar. — ACTES OFFICIELS. — *Journal officiel de Madagascar et dépendances.*

17 avril. — *Arrêté* prescrivant le marquage du bétail dans le cercle annexe de la Mahavavy. — *Arrêté* approuvant la vente à la « Compagnie du commerce extérieur « de la concession d'Itaolana précédemment détenue par la « Compagnie française d'exploration et de colonisation ». — *Arrêté* établissant des droits de péage dans la province d'Ankazobé.

20 avril. — *Arrêté* portant ouverture, à Fianarantsoa, d'une session d'examens pour l'obtention du certificat d'aptitude à l'enseignement. — *Circulaire* au sujet de demandes de crédits pour travaux publics.

24 avril. — *Arrêté* du 5 avril promulguant à Madagascar la loi du 13 janvier et le décret du 30 juillet 1898, portant approbation et promulgation du traité de commerce et de navigation intervenu entre la France et le Japon, ainsi que les lois des 3 mars 1898 et 28 février 1899, modifiant le tarif général des douanes en ce qui concerne le plomb et ses dérivés et les tissus de soie.

27 avril. — *Arrêté* rapportant les arrêtés du 25 mars 1899 accordant à la Compagie lyonnaise de Madagascar la concession du Tetezambato et du 31 mai 1900, en réduisant la surface. — *Arrêté* rapportant l'arrêté du 21 mars 1900, réglementant l'organisation l'avancement et la solde du personnel indigène du cercle annexe de Moramanga. — *Circulaire* au sujet du règlement des successions indigènes en déshérence.

COLONISATION. — *Valeur des terres en Imerina.* — Voici la conclusion d'un travail de M. Müntz sur la valeur des terres en Imerina : « C'est sur les fonds de vallées que le colon doit exclusivement porter ses efforts.

Il ne faut pas oublier pourtant, que beaucoup de vallées sont étroites et n'offrent pas des surfaces d'un seul tenant assez étendues pour que la grande colonisation s'y établisse. Elles conviennent plutôt à la petite culture.

Dans les lieux cultivés par les indigènes et particulièrement dans ceux qui sont situés à proximité des villages, il n'est pas rare de rencontrer des terrains très riches, où se sont accumulées les fumures qui ont graduellement transformé le sol, particulièrement les cendres végétales, qui apportent la potasse, l'acide phosphorique et la chaux, dont les terres de l'Imerina sont peu pourvues. Aussi, trouve-t-on souvent des endroits où la culture maraîchère est pratiquée avec succès.

Mais ce sont là des cas isolés, des conditions exceptionnelles; ils n'infirment pas le jugement que nous portons sur l'ensemble des terres de l'Imerina et qui se déduit de la constatation d'une pauvreté très grande en principes fertilisants.

En résumé, l'Imerina ne nous semble pas pouvoir se prêter à l'installation de grandes exploitations agricoles, mais la petite colonisation pourra tirer parti des points privilégiés et particulièrement des vallées où les terres sont plus riches et où l'eau ne fait pas défaut. »

Services de pousse-pousse. — L'agence Cannette organise à Tananarive, pour le mois de juillet prochain, un service de pousse-pousse, à une ou deux places pour le service de la ville et de la banlieue. Si cet essai réussit, l'agence a l'intention de mettre sur les routes de Tananarive à Tamatave et à Majunga un certain nombre de pousse-pousse d'un modèle plus robuste, qui assureront le va-et-vient entre le chef-lieu de la colonie et les points extrêmes des deux routes, Mahatsara et Maevatanana.

Etat sanitaire de Diego-Suarez. — On nous écrit de Diego-Suarez à la date du 6 mai :

« Notre état sanitaire laisse beaucoup à désirer, par suite d'une recrudescence de la variole, qui frappe non seulement les indigènes, mais encore les individus d'origine bourbonnaise ou mauricienne. Jusqu'à présent aucun européen n'a été atteint.

« Nous avons cru prudent de faire vacciner notre personnel entier.

Tous les bateaux venant d'Europe mettent notre port en quarantaine, ce qui ne laisse pas que d'entraver les transactions. C'est ainsi que de belles affaires en riz pour Tamatave, qui auraient été faites n'ont pu se réaliser. »

COMMERCE. — *Commerce de Madagascar de 1899 à 1900.* — Nous publions une série de tableaux dressés d'après les statistiques fournies par le service des Douanes de Madagascar, indiquant les principaux produits importés dans l'île ou exportés de la colonie en 1900 et au cours de l'année précédente.

Nous donnons également le chiffre des principales importations et exportations du port de Tamatave (valeur et poids pour les années 1899 et 1900.

Tableau des principales importations de Tamatave de 1899 à 1900

Espèce des marchandises	1899		1900	
	Valeurs	Poids	Valeurs	Poids
	fr.	kil.	fr.	kil.
Tissus de coton	2.302.500	1.105.522	3.923.130	1.467.629
Vins ordinaires	1.176.397	1.569.741	698.521	1.805.267
Alcools divers	881.215	1.681.025	861.837	1.813.168
Riz	222.668	943.208	626.183	3.369.544
Farine	304.996	628.505	287.249	629.579
Viandes conservées	75.774	53.014	56.436	41.128
Vins de Champagne	137.038	70.971	115.085	72.025
Bimbeloterie	110.818	41.281	72.094	37.902
Tabacs fabriqués	103.237	36.977	95.003	36.312
Pétrole	96.782	305.211	74.748	213.102
Houille	11.646	495.080	15.960	830.000
Bois	79.946	328.011	154.073	856.341
Sucre	128.676	291.928	111.840	232.421
Café	114.276	84.287	111.249	85.337
Savons	34.505	88.590	240.250	541.426
Ouvrages en bois	43.188	73.314	80.301	125.827

Tableau des principales exportations de Tamatave de 1899 à 1900

Espèce des marchandises	1899		1900	
	Valeurs	Poids	Valeurs	Poids
	fr.	kil.	fr.	kil.
Caoutchouc	634.391	94.632	473.179	118.724
Rafia	669.618	1.032.656	925.082	1.551.781
Cire animale	96.712	44.121	80.280	33.604
Peaux	97.756	143.924	47.346	70.952
Poudre d'or	724.581	278	3.281.173	1.223
Vanille	31.460	934	44.115	1.612
Girofle	4.250	1.115	625	434
Bois d'ébénisterie	34.287	93.950	16.805	127.295
Crin végétal	22.158	9.430	43.157	73.582
Pois du Cap	3.500	12.800	»	»

FINANCES. — *Budget de 1901. pour Diego-Suarez. — Programme des travaux* — Notre correspondant de Diego-Suarez nous adresse, sous la date du 6 mai, l'information suivante :

« Nous tenons de source sûre que le budget voté pour Diégo-Suarez s'élève pour l'année 1902 à 12.000.000 fr. en chiffres ronds. Dans ce chiffre entrent pour 1.500.000 francs les travaux de fortification.

« Diverses autres sommes sont affectées à la construction des quais, d'une nouvelle prison, et aux améliorations à apporter à la ville.

« Dans ce montant ne sont pas compris les frais de construction du bassin de radoub, dont les travaux commenceront sans doute vers la fin de cette année. Le chiffre en sera vraisemblablement de 4 à 5 millions de francs.

« Le capitaine de frégate chargé de la surveillance des travaux est M. Buchard, ancien attaché naval à Berlin. »

MAIN-D'ŒUVRE. — *Main-d'œuvre italienne à Tamatave.* — On nous écrit de Tamatave à la date du 6 mai :

« Les ouvriers italiens de MM. Boyer, Boyan et Bozzolo, environ 250, se sont mis en grève, déclarant que les abris qu'on leur avait réservés étaient insuffisants dans un climat aussi pénible que celui de Madagascar.

« Il est de fait que dès le début 80 d'entre eux sont tombés malades et devaient être transportés en civière à une distance de plus de 30 kilomètres.

« Ils ont donc quitté leur chantier demandant à MM. Boyer, Boyan et Bozzolo de les rapatrier. Ceux-ci ne veulent pas s'exécuter, alléguant que les ouvriers ont résilié leur contrat.

« Bref les ouvriers italiens sont de retour à Ivondro (à 12 kilom. de Tamatave) où le Gouvernement les fait camper, craignant des troubles en ville.

« Un navire de guerre le *Catinat* a débarqué 50 hommes pour parer à toute éventualité.

« Le Gouvernement veut rapatrier les Italiens mais ceux-ci demandent en outre une indemnité à MM. Boyer, Boyan et Bozzolo.

« L'affaire en est là ; je vous tiendrai au courant du suivi.

« J'apprends au dernier moment que les ouvriers italiens de MM. B., B. et B. partent par le *Melbourne*, rapatriés je crois par le Gouvernement qui veut éviter du bruit autour de cette affaire pensant à juste titre que moins on en parlera mieux cela vaudra ».

MINES. — *L'exploitation et le régime de l'or à Madagascar*. — Nous ne croyons pas pouvoir mieux faire, pour renseigner nos lecteurs à ce sujet, que de publier les parties principales de la lettre ci-après, par laquelle M. le général Galliéni répondait à une lettre qui lui avait été adressée de la métropole :

L'or existe dans beaucoup de régions en petite quantité et, dans quelques endroits, en quantité assez notable, surtout dans les terrains d'alluvion. Depuis plusieurs années, des sociétés françaises ont envoyé de nombreux ingénieurs et prospecteurs pour reconnaître les terrains susceptibles de donner lieu à une exploitation suivie et rémunératrice.

Quelques filons ont été découverts. Si l'on n'a pas jusqu'ici commencé l'exploitation, l'activité des prospecteurs s'exerce de plus en plus sur des alluvions aurifères qui permettent une exploitation très profitable, non seulement par l'emploi des procédés primitifs indigènes (la battée), mais même grâce à des procédés industriels plus perfectionnés (les sluices), qui commencent à être introduits dans certaines entreprises minières.

L'année 1900 a été marquée par la multiplicité des recherches minières, conséquence de la découverte de nouveaux gisements plus riches que ceux exploités jusqu'à ce jour dans l'Ampasary et le Haut-Fanantara (provinces de Mananjary et d'Ambositra).

Il existait au 1er janvier dernier, 62 exploitants de lots aurifères, comprenant 162 lots de 3e catégorie, qui représentent ensemble une surface de 2.550 hectares, et 196 lots de 2e catégorie, d'une contenance globale de 980 hectares. A ces superficies, il convient d'ajouter neuf concessions accordées à cinq sociétés diverses, qui portent à 5.676 hectares le chiffre des surfaces réellement exploitées.

L'exportation, représentant la presque totalité de la production, a atteint du 1er janvier au 31 décembre 1900, le chiffre de 1.114 kilogrammes 504 grammes.

En prenant pour base la valeur de 2 fr. 70 le gramme, prévue par la réglementation en vigueur, mais bien inférieure au taux commercial, on obtient, pour les exportations d'or de Madagascar, dans les trois dernières années, les chiffres ci-après :

En 1898 : 338.522 fr. 16
En 1899 : 1.070.825 — 70
En 1900 : 3.009.160 — 80

Le procédé d'extraction de l'or à peu près exclusivement employé est le procédé primitif du lavage à la battée plate en bois.

Le mode du travail à la battée s'effectue avec quelques petites différences suivant les régions. Le plus souvent, ce sont les femmes qui opèrent le lavage proprement dit à la battée : les hommes, en nombre variable, 1, 2 et même 3 pour chaque battée, extraient à l'angady (pelle indigène) la terre aurifère, et parfois, quand ils sont trois, en opèrent un premier lavage dans une sorte de sluice primitif, reconstitué par un simple canal creux dans la terre.

Le rendement journalier moyen d'une battée est très variable. D'après des chiffres relevés au cours de visites d'exploitations, ses valeurs-limites paraissent être un minimum de 0 gr. 14 pour des gisements pauvres, et un maximum de 0 gr. 80 à 1 gramme. Il s'agit de moyenne et non de maximum absolu, qui peut atteindre jusqu'à 8 grammes.

Les bases de la rémunération du travail sont également variables suivant les régions. Abstraction faite de rares exploitations au sluice, où le travailleur est payé à la journée, de 0 fr. 30 à 0 fr. 80, suivant les conditions locales, les travailleurs à la battée sont rarement payés à la journée.

Le plus ordinairement, chaque battée doit journellement une production gratuite d'une valeur véritable, au delà de laquelle l'or est acheté aux indigènes. Ce dernier prix d'achat varie de 13 à 10 piastres, suivant qu'il y a plus ou moins, ou pas du tout de production gratuite. Cela signifie qu'on paie 13 à 10 piastres de 5 francs, soit 65 à 50 francs le poids en or de l'ancienne piastre de 27 grammes, Pour les pesées et les comptes, on se sert des subdivisions suivantes : le sou ou 1/100 de piastre, soit 0 gr. 27, et le grain de paddy, graine de riz non décortiqué, estimé à 1/10e du sou, soit 0 gr. 027. Ce dernier mode de traitement des travailleurs — travail libre et achat de l'or produit — paraît être celui qui convient le mieux à l'indigène en raison de la liberté et de l'initiative qu'il lui laisse pour la conduite de son travail.

D'ailleurs, dans les régions aurifères, l'indigène s'adonne volontiers à ce travail, pourvu qu'il soit libre et rétributif, et bien que la main-d'œuvre ne soit pas très abondante, il est relativement facile de la recruter en quantité suffisante, surtout à proximité des périmètres miniers qui passent pour présenter une richesse suffisante.

Toutefois, c'est vers la généralisation de l'emploi du sluice que devront se porter les efforts des prospecteurs, en raison de la nécessité de retirer de la main-d'œuvre le maximum d'utilisation. Ce procédé, appliqué rationnellement à des gisements convenables, donnera de plus grands bénéfices à l'exploitant, tout en augmentant la moyenne du gain journalier de l'indigène. Quant à la réglementation minière, le décret ci-joint, relatif à la recherche et à l'exploitation de l'or et des métaux précieux à Madagascar, bien que conçu à la faveur de l'expérience d'autres pays, ne pouvait, *a priori*, répondre d'une manière absolue aux exigences et conditions locales.

En effet, le décret du 17 juillet 1899 avait été élaboré alors que les ressources minières de la colonie étaient peu connues, et l'expérience a démontré la nécessité de le modifier en tenant compte surtout de la nature des gisements découverts jusqu'à ce jour et des conditions spéciales de mise en œuvre qui en sont la conséquence directe.

Un projet, destiné à remplacer la règlementation actuelle, a été préparé, et est actuellement soumis à l'appréciation des chambres consultatives. Son économie, de la plus grande simplicité, se résume ainsi :

Quiconque veut se livrer à la recherche de l'or et des métaux précieux demande une licence de recherches — coût : 25 francs — valable pour un an.

Chaque licence donne le droit de placer un poteau signal. Il est loisible de prendre autant de licences que l'on veut, sans qu'aucune condition soit imposée en ce qui concerne les distances à observer entre les divers poteaux d'un même titulaire; mais une demande de « permis d'études » doit être formulée par chaque poteau — coût : cent francs par permis.

Un permis d'études est valable pour un an, et ne peut être renouvelé qu'une seule fois pour une nouvelle année, moyennant le payement d'un droit de cinq cents francs.

Le titulaire peut utiliser l'or extrait pendant la période d'études, en payant un droit « ad valorem » de 10 0/0. S'il se décide à exploiter, il demande « une autorisation d'exploiter » par permis, et paye désormais une taxe de 5 0/0 « ad valorem » sur les quantités extraites.

Navigation. — *Les services maritimes sur la côte Est.* — Lorsque la *Ville d'Alger*, affrétée par la Société Française de commerce et de navigation, cessa son service sur la côte Est, le gouvernement de la Colonie engagea des pourparlers en vue de la création d'une ligne définitive et régulière.

Mais des compétitions s'étant produites en vue d'obtenir le concours financier du gouvernement local, le Ministre des Colonies a fait, sur la demande du Gouverneur Général, appel à la concurrence, et à la suite de l'adjudication qui a eu lieu à Paris au début de cette année, est intervenu avec la compagnie des Chargeurs Réunis, un accord donnant satisfaction aux vœux formulés par les colons et l'administration locale.

En conséquence, depuis le 3 mai courant, un service mensuel de navigation a été établi de Diégo-Suarez à Fort-Dauphin, desservant Vohemar, Tamatave, Vatomandry, Mahanoro, Mananjary, Farafangana et alternativement Maroantsetra et Fenerive.

L'itinéraire pourra, d'ailleurs, être modifié suivant les nécessités nouvelles, auxquelles il conviendrait ultérieurement de pourvoir.

Le service est assuré par le paquebot *Ville de Pernambuco*. Il comportera annuellement onze voyages réguliers.

Réunion. — Commerce. — *Etat des principales denrées du cru de la colonie exportées du 1er janvier au 31 décembre 1900.*

DESIGNATION des PRODUITS EXPORTÉS	TOTAL au 31 décembre 1900		RAPPEL DU TOTAL au 31 décembre 1899	
	pour LA FRANCE	pour L'ÉTRANGER et les colonies	pour LA FRANCE	pour L'ÉTRANGER et les colonies
	kilos	kilos	kilos	kilos
Tapioca et fécules	1.552.865	5.301	1.139.497	5.510
Pommes de terre	14.750	503.224	2.704	603.522
Sucre	32.388.171	755.263	31.997.250	124.906
Café	5.023	16.628	8.887	4.518
Cacao	697	»	414	»
Girofles (clous de)	»	1.488	1.984	3
Vanille 1re qualité	48.111	»	40.979.159	
Vanille 2e —	11.521	»	10.420.309	»
Vanille 3e —	8.818	»	4.741.615	»
Vanillon 1re qualité	10.108	«	9.887.416	»
Vanillon 2e —	5.746	»	5.547.045	»
Vanille fendue 1re qualité	4.947	»	3.547.245	»
Vanille fendue 2e —	2.344	»	1.543.357	»
Vanille, vanillon de rebut	6.777	»	5.200.731	»
Paille de cachou	11.116	»	22.597.700	»
Tabac en feuilles	»	14.273	10.400	57.307
Tabac fabriqué haché	101	49.568	19.520.250	33.009.450
Tabac fabriqué cigares	» n.	27.300 n.	50 n.	6.500 n.
Sacs de vacou	775.950 —	101.752 —	72.960 —	174.540 —
Essences	9.074 lit.	» lit.	1.389.345 l.	11.607.273
Rhum	553.114 —	883.215 —	1.007.332 -	1.057.058
Liqueurs	646 —	58 —	321 -	12

AMÉRIQUE

Martinique. — Commerce. — *Le commerce en 1900.* — Le mouvement général du commerce de la Martinique qui s'était élevé en 1899, à 53.607.073 francs a été, pour 1900, de 52.080.238 francs, se décomposant de la manière ci-après :

Importations	1899	1900
de France	12.693.838	10.760.063
des colonies françaises	1.487.789	1.706.338
de l'étranger	12.822.899	12.462.947
Totaux	27.004.526	24.929.348
Exportations		
pour la France	24.212.270	24.738.693
pour les colonies franç.	720.984	996.295
pour l'étranger	1.668.893	1.425.902
Totaux	26.603.147	27.160.890

Principales marchandises importées

	Unités	Marchandises françaises Valeurs	Marchandises étrangères Valeurs	Totaux généraux Valeurs
Morue	Kilogr.	1.409.087	»	1.409.087
Farine de froment	—	189.297	1.959.015	2.148.312
Houille	Tonne	49.002	2.141.505	2.190.507
Tissus de coton	Franc	929.952	288.396	1.218.348
Vins ordinaires	Litre	1.337.320	1.252	1.339.392
Bois à construire	Kilogr.	22.978	611.356	634.334

Principaux produits du crû exportés

	Quantités	Différences par rapport à 1899	Valeur en francs
Sucre d'usine	34.688.316 kil.	+ 3.139.960	13.489.045
Sucre brut	79.689 kil.	— 10.568	31.161
Mélasses	49.774 kil.	+ 48.742	19.334
Rhum et tafias	15.556.056 lit.	+ 675.696	9.027.695
Cacao	731.393 kil.	+ 238.395	1.304.011
Campêche	357.410 kil.	— 223.475	26.458
Café	2.095 kil.	— 1.283	6.929

Les exportations du sucre d'usine et de ses dérivés indiquent par rapport à l'exercice 1899, une augmentation notable. Mais ces chiffres, qui représentent pour l'année dernière, le commerce de ces articles, bien que se rapprochant sensiblement de la moyenne des dix dernières années, sont encore loin d'égaler ceux de la période 1868-1888. Il n'en est pas de même en ce qui concerne le cacao. L'exportation de 1900 est la plus forte que le Service des douanes ait eu à constater. Si l'on en excepte les années 1888 et 1898, au cours desquelles les expéditions de cacao ont été respectivement de 671.562 et 635.254 kilogrammes, la colonie n'avait jamais livré au commerce extérieur plus de 600.000 kilogrammes de ce produit. Voici au reste les chiffres afférents aux quatre dernières années :

	Année	Quantité
CACAO	1896	401.204 kilogr.
	1897	498.640 —
	1898	635.254 —
	1899	511.303 —

Finances. — *Taxes*. — Le *Moniteur de la Martinique*, numéro du 12 avril a donné les arrêtés du Gouverneur promulguant dans la colonie les décrets autorisant les différentes taxes que nous avons signalés précédemment.

ASIE

Indo-Chine. — Actes officiels, — *Journal officiel de l'Indo-Chine française (1re Partie).*

15 avril. — *Arrêté* promulguant le décret du 20 décembre 1900, qui complète celui du 6 avril 1900, réorganisant le personnel des gouverneurs des colonies. — *Décret.* — *Arrêté* du 20 mars rapportant celui du 9 mars 1901, déclarant le port de Singapore contaminé de peste.

Finances. — *Comparaison entre les charges de l'impôt dans l'Inde anglaise et dans l'Indo-Chine.* — De 1876-77 (l'année financière indienne commence le 1er avril) à 1898-99, c'est-à-dire pendant une période de 24 ans — les recettes du budget de l'Inde ont passé de 586.519.070 roupies (1.231.690.000 francs au change de 1 roupie = 2 fr. 10) à 1.027.986.000 roupies en 1898-99 (1.747.576.000 fr. au change de 1 roupie = 1 fr. 70) soit une hausse *en roupies*, qui seule intéresse le contribuable hindou, de 75,27 0/0.

Les principales sources de revenu, pendant le dernier exercice, ont été les suivantes :

	Pourcentages.
Impôt foncier	25,16
Chemins de fer	24
Sel	8,58
Opium	6,43
Droits de consommation (*excise*)	5,63
Timbre	4,72
Douanes	4,6
Taxes provinciales	3,67
Irrigation	3,52

Si l'on tient compte que la population de l'Inde directement administrée (à laquelle s'appliquent ces chiffres) est d'environ 221.000.000 habitants (1), cela fait 7 fr. 50 environ par tête d'habitant.

En Indo-Chine les charges budgétaires étaient les suivantes, en 1900 :

	Piastres	Francs (à 2 fr. 50)
Budget général	20.706.000	51.990.000
Budgets locaux	13.153.803	32.884.507
Totaux	33.919.803	84.874.507
Cochinchine	4.439.500	
Tonkin	4.072.200	
Cambodge	2.315.587	
Annam	2.120.016	
Laos	206.500	

(moins la contribution du Budget général)

Si l'on admet comme population, pour toute l'Indo-Chine, le chiffre de 18 millions d'habitants, ce qui est le chiffre *minimum* auquel on la ramène généralement, cela ne fait, par tête d'habitant, que 4 fr. 70 d'impôt environ.

Annam. — Actes officiels. — *Journal officiel de l'Indo-Chine française (1re Partie.)*

15 avril. — *Arrêté* du 25 mars accordant à MM. Ulysse Pila et J.-B. Malon une prorogation d'un an au délai de deux ans stipulé à l'article 10 de l'arrêté portant location de l'îlot de l'observatoire à Tourane.

(1) 221.289.000 d'après le recensement de 1891 sur une population totale de 290.576.000. Elle n'a guère dû varier depuis, à cause des famines et de la peste.

Industrie. — *Fabrique de l'albumine en Annam.* — Les deux usines installées à Qui-nhon et Hué pour la préparation des jaunes d'œufs salés de cane et de l'albumine ont eu, en décembre et janvier derniers, grâce à un beau temps exceptionnel, un regain d'activité. La ponte a été tellement abondante que les œufs sont tombés à vil prix, 1 dol. (2 fr. 55) les 240 et même les 250. L'usine de Hué, à elle seule, a utilisé dans cette période 420,000 œufs, chiffre qu'elle n'avait jamais atteint, mais faible encore si on le compare avec celui des établissements similaires existant à Hankéou qui manufacturent 60,000 à 75,000 œufs *par jour* chacun (voir *Bulletin Economique* 1er septembre 1900 p. 529: *Les fabriques d'albumine à Hankéou*).

En raison de cette concurrence, M. le Résident supérieur en Annam a confié à M. Girard, propriétaire de l'usine de Hué, une mission d'étude qui lui permettra de se rendre compte des perfectionnements qui ont pu être introduits à Sanghaï et Hankéou, tant au point de vue de l'outillage que de la production ou de l'approvisionnement en matière première.

Navigation. — *Le cabotage en Annam.* — Les relations commerciales entre le sud de l'Annam et la Cochinchine ont subi une notable recrudescence depuis qu'un négociant de Saigon, M. Berthet, secondé par deux commerçants installés au Khanh-hoà, MM. Grosieux et Rousseau, a affrété un vapeur de 400 tonneaux, qui fait trois voyages réguliers par mois entre Qui-nhon et Saïgon, avec escale à Sông-cầu, Nhatrang, Phanrang et Phantiet. Grâce à ce nouveau service, les provinces du Phù-yên, du Khanh-hoà et du Binh-thuân pourront désormais écouler avec plus de facilité leurs nombreux produits agricoles, industriels ou commerciaux.

L'Administrateur de Phù-yên n'évalue pas à moins de 600 les bovidés qui sont exportés mensuellement de la province depuis le fonctionnement du nouveau service côtier. Ce commerce prend une importance telle, que les marchands de bestiaux commencent à pénétrer, pour opérer leurs approvisionnements, jusque chez les Moïs, lesquels possèdent des troupeaux dont on ne peut encore apprécier le nombre.

Au Bînh-dinh également, l'exploitation des têtes de bétail à cornes est en progrès. Cette province en expédie environ 300 par mois sur Saigon.

Au reste, la consommation locale ne s'en ressent nullement. M. le Résident supérieur en Annam estime que le chiffre actuel de l'exportation pourra tripler, quadrupler même, avant que les ressources du pays soient atteintes.

Cambodge. — Actes officiels. — *Journal officiel de l'Indo-Chine (1re partie).*

22 avril. — *Arrêté* du 5 avril réglementant la circulation des voitures publiques dans la ville de Pnom-Penh.

Cochinchine. — Finances. — *Les charges de la terre en Basse-Birmanie et en Cochinchine.* — Les conditions culturales de la Basse-Birmanie et de la Cochinchine, qui toutes les deux sont à peu près exclusivement rizicoles, permettent cette comparaison.

La superficie cultivée en rizières en Basse-Birmanie était, en 1897-98, de 2.389.683 hectares représentant plus de 90 0/0 de la superficie totale en culture. Si l'on rapproche ce chiffre de celui de l'impôt foncier et des diverses taxes foncières donné à la note précédente, on verra que l'impôt par hectare est sensiblement de 9 fr. 50.

En Cochinchine, d'après les registres de l'impôt foncier (dia-bô), la superficie cultivée en rizières était en 1900, de 1.159.000 hectares, et l'impôt foncier, à la même date, d'après le budget local de la Cochinchine, de 1.340.000 piastres — soit, au change de 2 fr. 50 : 3.500.000 francs — soit une charge d'impôt par hectare de 2 fr. 85.

Même en tenant compte des centimes additionnels des budgets provinciaux, on voit quelle marge existe au bénéfice de l'agriculteur cochinchinois.

Quant à la taxe représentative de l'impôt foncier perçue à la sortie des riz — en l'estimant à 0 p. 15 en moyenne les 100 kilos (elle varie suivant la forme de 0 p. 19 pour le riz blanc à 0 p. 06 pour les farines) — et en prenant l'exportation de 1900 de la Cochinchine soit 700.000 tonnes cela nous donne une perception de 1.050.000 piastres, soit 2.625.000 francs — 2 fr. 25 par hectare — ce qui représenterait une charge totale de 51 fr. 10 par hectare.

Mais nous ne pensons pas qu'il faille considérer que cette charge supplémentaire retombe en réalité sur la terre. C'est le commerce qui la paie, sans s'indemniser de cet impôt sur l'agriculteur par un prix d'achat plus faible. Le prix du paddy en Cochinchine (marché de Cholon) a notamment augmenté depuis quelques années. Prix moyen du picul en 1888 : 1 p. 14; id. en 1898 : 2 p. 05 — N. B. — La baisse du change n'intéresse pas l'indigène ou du moins l'intéresse à un bien moindre degré que l'Européen.

Quant au droit de sortie proprement dit sur les riz, s'il est en Cochinchine de 4 fr. 50 en moyenne la tonne, il est, en Birmanie, de 0 fr. 31 le *maund* de 37 k.324 soit 8 francs la tonne, sans distinction.

NAVIGATION. — *Une ligne de vapeurs japonais. — Escale à Saïgon.* — Nous apprenons que la Compagnie Japonaise de navigation à vapeur assurant le service Japon-Europe projette de faire escale à Saïgon pour prendre des voyageurs et des marchandises.

RIZ. — *Son marché.* — On nous écrit de Saïgon à la date du 25 avril dernier :

« Un mouvement de hausse, qui semble d'autant plus prononcé en monnaie européenne qu'il coïncide avec un renchérissement du taux de change, a eu lieu depuis notre dernier bulletin, et il semble que la cherté de nos cours est menacée de s'accentuer bien davantage si nous tenons compte de la résistance, qui est générale dans l'intérieur, des détenteurs de paddy à vendre leur grain. Aussi, les arrivages de l'intérieur sont-ils de plus en plus restreints et le manque d'approvisionnement cause-t-il de réelles appréhensions aux usiniers qui refusent tout engagement de prix pour livraison un peu éloignée.

« Le vapeur anglais *Lynrowan* est parti le 10 avril pour Brême avec 3.927 t. riz blanc.

« Le vapeur français *Cholon* est parti le 19 avril pour Marseille, avec 2.493 t. riz blanc, 50 t. farine de riz et marchandises diverses.

« Nous cotons pour livraison mai/juin :

		Vinhlong	Gocong	Baixau
PADDY, par picul de 150 lbs ou 68 k. rendu aux usines		2.06	2.08	2.10
CARGO d'usine, par picul de 134 lbs ou 60k. 700 brut le long du bord sans les droits en sacs de gunnies.	5 °/₀	2.63	2.65	2.73
	10 °/₀	2.58	2.60	2.68
	15 °/₀	2.54	2.56	2.64
	20 °/₀	2.50	2.52	2.60
CARGO indigène (mêmes conditions)	20 à 25 °/₀	»	»	»
RIZ BLANC d'usine (mêmes conditions)	N° 1	Prix suivant triage et conditions		
	N 2 trié			
	N° 2 ord.	2.97	3.00	3.10

Laos. — MINES. — *L'étain.* — Le ministre des Colonies a reçu le 28 mai le conseil d'administration de la « Sociétés des étains » du Hin-Boun (Laos), qui lui a été présenté par M. Doumer, gouverneur général de l'Indo-Chine.

Ces messieurs ont offert au ministre le premier saumon d'étain du Laos arrivé en France.

Le ministre a acueilli avec une réelle satisfaction ce premier produit de l'industrie minière indochinoise, qui marque un progrès de plus dans notre colonisation en Indo-Chine.

Tonkin. — ACTES OFFICIELS. — *Journal officiel de l'Indo Chine française (1re partie.)*

8 avril. — *Arrêté* du 5 avril créant à Hanoï un cours supérieur de langue annamite à l'usage des Européens.

15 avril. — *Arrêté* du 11 avril fixant le taux des centimes additionnels à l'impôt foncier à percevoir au profit des budgets provinciaux de Bac-giang, Ha-nam, Hung-yên, Thai-nguyen et Tuyen-quang. — Arrêté du 11 avril fixant la taxe pour occupation de trottoirs dans la ville de Haiphong. — *Arrêté* autorisant la perception de diverses taxes au profit du budget provincial de Bac-ninh.

ADMINISTRATION. — *La situation politique.* — Le Gouverneur général par intérim de l'Indo-Chine vient de télégraphier au ministre des colonies que la tranquillité est aujourd'hui complète au Tonkin.

Les bandes chinoises qui avaient pénétré sur notre territoire dans la région de Cao-Bang ont, en effet, été définitivement refoulées sur la frontière où elles ont été détruites, soit par nos troupes secondées par nos partisans, soit par les réguliers chinois placés sous les ordres du général Sou.

Organisation de Quang-Tchéou-Wan. — Le territoire récemment annexé de Quang-Tcheou-Wan s'organise peu à peu. Un arrêté récent détermine les conditions dans lesquelles les terrains domaniaux pourront être aliénés. Les lots demandés seront mis en vente aux enchères publiques sur la mise à prix de 0.50 ou 0.25 le mètre carré, selon la zone. Le demandeur devra préalablement s'engager : à couvrir cette mise à prix d'au moins une enchère; à édifier, sur les lots achetés, dans le délai d'un an, une construction en pierres, briques ou moellons et à se soumettre aux règlements de voirie et d'alignements actuels, ainsi qu'aux charges et contributions qui pourront être imposées aux propriétaires de terrain dans la ville de Quouang-Tchéou. Le tout à peine de déchéance.

COLONISATION. — *La structure géologique du Tonkin.* — Le *Bulletin économique de l'Indo-Chine* reproduit les principales conclusions d'une notice intitulée : *Sur la continuité tectonique du Tonkin avec la Chine*, et due au chef de la mission qui a visité les provinces méridionales de la Chine, limitrophes du Tonkin. Contrairement à l'opinion émise par M. de Richthofen, d'après laquelle la zone d'affaissement à laquelle le savant allemand donne le nom d'arc du Hou kouang, serait déviée, dans le Kouang-si, vers le Sud-Ouest pour passer par Lao-kay, laissant ainsi toute la zone côtière du Tonkin indemne de ses effets, M. Leclère établit que la direction initiale de cette zone d'affaissement se continue, du Kouang-si, dans une direction méridionale ou presque, en passant par l'embouchure du fleuve Rouge. Jusque dans les derniers temps, on admettait volontiers avec M. de Richthofen que le Tonkin était, au point de vue géologique, une contrée basse analogue à la partie centrale du Kouang-si et M. Sarran dont les études géologiques ont été, dans une certaine mesure, déterminantes, considérait le Tonkin comme occupé par une formation tertiaire d'un millier de mètres d'épaisseur.

Les observations de la mission Leclère nous amènent à modifier entièrement nos idées à ce sujet.

La structure géologique du Tonkin « contient, « de part et d'autre du fleuve Rouge, des massifs « élevés, profondément découpés par l'érosion fluviale. Ils sont formés par des terrains cristallo- « phylliens, qui règnent jusqu'à 1.500 mètres « d'altitude, et portent des couronnements tabu- « laires atteignant souvent et dépassant parfois « 1.800 mètres. La base du système carboniférien, « bien déterminée par sa superposition à un hori- « zon du Dévonien supérieur (Douvillé), s'abaisse « graduellement depuis Ta-Li-Fou (2.400 m.) jus- « qu'à l'origine du delta du fleuve Rouge, où elle « se trouve encore à environ 1.000 mètres d'al- « titude.

« Sauf les dépressions locales créées par le réseau « des fractures du fleuve Rouge (signalées anté- « rieurement par M. Jourdy), et qui ont précédé « dans la région l'apparition du relief actuel), les « formations du Tonkin prolongent les gradins « étagés du Yun-nan et du Kouei-tchéou, dans les- » quels tous les mouvements géologiques impor- « tants sont orientés dans la direction Nord-Nord- « Est.

« C'est seulement le long de la côte du Tonkin « qu'on voit s'abaisser rapidement l'horizon infé- « rieur du système carboniférien. Une série de « fractures, dirigées Nord-Nord-Est, le fond des- « cendre jusqu'au dessous du niveau de la mer. On « peut les observer sur une longueur de 50 kilo- « mètres dans l'archipel d'Along. Le rivage montre « des lambeaux de terrain rhétien, portés par le « calcaire carboniférien. Les couches de houille » qu'il contient, reconnues à Ke-bao jusqu'à 300 « mètres de profondeur, y sont relevées presque « jusqu'à la verticale, en conservant une direction « générale parallèle à celle des fractures nord-nord- « est. Les déterminations de MM. Douvillé et Zeiller « rattachent étroitement ce terrain au bassin mé- « sozoïque de Se-tchouan par une série de lam- « beaux intermédiaires, tous situés dans des ré- « gions hautes.

« L'existence d'une zone d'affaissement est ainsi « certaine le long de la côte du Tonkin, indépen- « damment de tout rattachement au grand système « de l'Asie orientale. Elle mesure environ 40 kilo- « mètres de largeur. »

Ainsi, à travers les démantèlements et les déviations locales, cette zone d'affaissement paraît se prolonger jusqu'à l'embouchure du Fleuve Rouge, en passant auprès de Nan-ning-Fou. Il n'existe, dit M. Leclère, aucune limite tectonique entre le Yunnan et le Tonkin. Même la houille rhétienne, dont M. de Richthofen a signalé la qualité supérieure dans les régions centrales du Se-thouan, conserve cette qualité jusqu'au Tonkin. La disparition des matières volatiles dans les gisements de la côte, serait due à une cause plutonique et l'effet concomitant et local de l'apparition de roches porphyriques.

Les conclusions du travail de M. Leclère sur la tectonique du Tonkin nous paraissent pouvoir guider fort utilement nos futures recherches sur la structure géologique détaillée de cette partie de l'Indo-Chine.

Les nattes de Phat-Diêm (Tonkin). — Nous avons parlé à plusieurs reprises de la fabrication des nattes de Phat-Diêm (province de Ninh-Binh, Tonkin). Le dernier rapport économique de M. l'Administrateur de la province nous fournit sur ce sujet les renseignements suivants :

On compte à Phat-Diêm même trois fabriques dirigées par des Chinois ; elles emploient toutes le métier Jacquard, de construction primitive et d'une largeur de 1 mètre ; depuis l'ouverture des fabriques aucun perfectionnement n'y a été apporté. La maison Sing-Tay, la principale, emploie onze Chinois et environ 200 à 250 ouvriers et ouvrières annamites payés aux pièces, la moyenne des salaires variant de 19 à 15 cents par jour. L'exploitation de la maison Sing-Tay s'est élevée en décembre 1900 à 1.300 rouleaux de nattes et à 1.500 pendant le mois de janvier. Chaque rouleau a trente-sept mètres de long et vaut à 5 à 6 piastres suivant la qualité et le dessin. Les joncs proviennent pour la plupart de la région même : Duy-Thanh, Van-Hai, etc., mais quelques-uns sont achetés au Thanh-hoa. On les paie même de

2 dol. 40 à 2 dol. 60 le picul. La corde pour le tissage vient de Thanh-hoa et se vend 4 dol. 60 le picul.

La maison Ming-Ting emploie 13 Chinois et environ 200 Annamites. La fabrication et l'achat des matières premières se font dans les mêmes conditions que ci-dessus, mais le chiffre de production est beaucoup moins élevé, 750 rouleaux en décembre et 980 en janvier.

La maison Quan-Hoa occupe 7 Chinois et 200 Annamites en moyenne. Le chiffre des exportations a atteint 550 rouleaux en décembre et 760 en janvier. Cette maison possède aussi une importante succursale à Bong-hai (Phu-yên-Khanh) et va ouvrir de nouveaux ateliers à Phat-Diêm même. Les maisons Sing-Tay et Ming-Tinh ont également des succursales à Gao-yên, même arrondissement. En outre de ces trois maisons, il existe près de Phat-Diêm, aux villages de Tri-Chim et Dong-Dac deux petites fabriques dirigées par des Annamites, la vente y est faite sur place et suivant commande. On emploie aussi le métier Jacquard mais placé horizontalement au lieu d'être vertical, et la longueur des nattes ne dépasse pas 4 m. 20, du prix de 1 dol. 20. Ainsi la fabrication des nattes occupe pendant la plus grande partie de l'année près d'un millier d'ouvriers dont le salaire moyen s'élève à 9 cents pour les hommes et les femmes et à 4 cents pour les enfants. Elle constitue la principale ressource du huyen de Kin-son et fait vivre tous les villages riverains du Song-Dé.

Toutes ces nattes sont expédiées sur Hongkong pour être de là réexpédiées sur l'Europe. Nous avons, à maintes reprises, attiré l'attention sur cette situation anormale.

Elle mérite d'autant plus d'y attirer celle des commerçants qu'il y a eu en, 1899, une augmentation notable de la consommation des nattes dites de Chine en France, comme le prouvent les chiffres suivants extraits des statistiques de la Douane. On remarquera que les *Indes anglaises* sont en train de se substituer à la Chine comme pays producteur.

	Import. des nattes en France Kilos		De Chine Kilos	des Indes angl. Kilos
	—		—	—
1897	836.561		657.127	15.418
1898	755.785	dont	298.515	407.174
1899	981.836		309.834	637.704

Ces nattes sont évaluées par la Douane à 1 fr. le kilo comme valeur.

Les exportations du Tonkin ont été les suivantes depuis deux ans :

	Quantités Kilos
	—
1898	831.408
1899	650.425

DOUANES. — *Le projet de loi Méline et les journaux du Tonkin.* — Nous recevons de Hanoï, sous la date du 23 avril, la lettre ci-après :

« Monsieur le Secrétaire général, vous avez dû lire la protestation de la chambre de commerce de Saïgon contre le projet de loi de M. Méline. La chambre de commerce d'Haïphong vient de protester à son tour. Les journaux du Tonkin, en enregistrant cette double protestation, la font suivre d'observations qui expriment bien le sentiment de tous les colons indo-chinois. Le *Courrier d'Haïphong*, dans son numéro du 20 avril, fait remarquer, en effet, que l'adoption du projet que l'Union Coloniale a d'ailleurs vivement combattu, serait la ruine de l'industrie naissante de la filature tonkinoise, et qu'il tendrait à faire considérer les colonies françaises comme pays étrangers. Les représentants de la colonie sont vivement émus de la manifestation à laquelle M. Méline et ses amis se sont livrés, parce qu'elle est la peuve de l'existence d'un courant qui, demain, peut avoir raison de l'opposition des amis des colonies. Je vous tiendrai au courant des manifestations locales auxquelles l'initiative des députés des Vosges pourra donner lieu. Mais tenez dès à présent pour certain que l'inquiétude et à la fois l'irritation sont vives dans les milieux du commerce et de l'industrie. »

TRAVAUX PUBLICS. — *Travaux du pont de Hanoï.* — Un correspondant nous a écrit récemment :

« Les travaux du pont de Hanoï sont poussés rapidement. La carcasse métallique se pose et avance progressivement; elle atteint la troisième pile, et rappelle, par ses dispositions, les grands ouvrages d'art qui rendent si intéressants les sites d'Amérique. Ce ne sont plus des poutres en treillis de hauteur égale, ainsi que sont faits les autres ponts de la ligne de Gia-lam à Phu-lang-thuong; l'ouvrage de MM. Daydé et Pillé aura une structure différente. Suivant l'écartement des piles, il a fallu prévoir une force de résistance se décuplant tout d'un coup, et c'est ce qui explique les changements brusques dans la hauteur du tablier qui, d'abord semblable aux autres ouvrages, s'élance soudain, imitant le graphique des ponts suspendus, pour revenir, plus loin, à la hauteur normale. On a quelque raison de redouter le retour des hautes eaux qui, selon toutes probabilités, aura lieu de bonne heure cette année. Les échafaudages pourraient, en effet, avoir à souffrir. »

Etablissements français de l'Inde. — FINANCES. — *Emprunt pour travaux publics.* — Les négociations continuent entre le ministre des colonies et son collègue des finances, au sujet de l'emprunt que la colonie de l'Inde doit contracter en vue de l'exécution des travaux publics.

Il y a lieu de penser que les difficultés qui se sont produites à ce sujet seront bientôt aplanies. M. le Ministre des colonies a insisté sur ceci, à savoir que le Parlement, par l'organe de sa commission du budget, avait donné son adhésion au principe de l'emploi dont il s'agit. Le rapport de l'honorable M. Le Myre de Vilers ne laisse aucun doute à ce sujet.

La nécessité des travaux à exécuter et de l'emprunt à contracter à cet effet n'est d'ailleurs pas discutée, car la subvention de 250.000 francs votée pour l'exercice 1901, est également portée au projet du budget de 1902. Tout porte à croire que cette question pourra être résolue avant longtemps par le dépôt et le vote du projet de loi qui autorise la colonie à contracter un emprunt, en affectant à l'amortissement la somme de 250.000 francs sus visée

OCÉANIE

Établissements français de l'Océanie. — *Vols de vanille verte.* — Nous apprenons de Tahiti, que les vols de vanille verte continuent sur une très large échelle et que la colonie attend impatiemment que l'on prenne les mesures recommandées récemment par la chambre d'agriculture pour réglementer le transport de ce produit.

Espérons que ces vols, qui sont attribués à des maraudeurs chinois, cesseront bientôt, grâce à l'énergique application des mesures réclamées.

Nouvelle-Calédonie. — COMMERCE. — *L'Union agricole calédonienne et le café.* — Dans son bulletin du 20 mars, l'Union agricole calédonienne constate que les cours des cafés calédoniens se sont relevés sensiblement. Les demandes sont même devenues si nombreuses que les « producteurs ne peuvent y donner suite ». Une des causes principales de cette situation est la diffusion, dans la métropole, par les soins de l'Union agricole, de la marque d'origine « La Roussette. »

Forte de cette expérience, cette association va la répéter en Italie, en Espagne, en Portugal, en Suisse, enfin partout où elle a déjà noué des relations. C'est là un procédé très habile que nous ne saurions trop recommander aux producteurs des autres colonies.

Nouvelles-Hébrides. — INDUSTRIE. — *L'ocre et l'indigo.* — M. Depincé, conseiller du commerce extérieur, a fait parvenir à l'*Office National du commerce extérieur* aux fins d'analyse, une argile rouge, existant en abondance aux Nouvelles-Hébrides et qu'il supposait de nature à présenter quelque intérêt pour le commerce français.

L'analyse de cette argile, poursuivie par les soins du service des renseignements techniques de l'*Office National du commerce extérieur* a donné les résultats suivants :

Sa densité est relativement faible ; elle contient une notable quantité de silice et d'alumine, de la chaux, de la magnésie, du soufre et du fer. La proportion d'oxyde de fer (seul élément vraiment intéressant à doser) y est de 24,28 0/0, soit 17 0/0 de fer métallique ; ce qui suffit à faire écarter toute idée d'exploitation de ce produit, à titre de minerai de fer. Il peut être classé parmi les ocres à faible teneur en fer, susceptible de servir, dans l'industrie à la confection des bruns Van Dyck, utilisés dans les peintures, un peu grossières, d'extérieur ; il ne peut prétendre à être classé parmi les miniums de fer, à la confection desquels servent les ocres très riches en fer (80 0/0 d'oxyde).

Malgré le chiffre élevé du fret (85 à 95 francs la tonne) pour les produits originaires des Nouvelles-Hébrides, nous croyons devoir donner, à titre de simples documents, les résultats ci-dessus.

M. Depincé a fait également parvenir à l'Office National du commerce extérieur dans le but de faire déterminer sa valeur industrielle, un petit échantillon d'indigo préparé aux Nouvelles-Hébrides, ce produit pouvant être susceptible d'offrir de l'intérêt pour les entreprises françaises de colonisation et de commerce dans l'archipel néo-hébridais.

Les données manquent sur le point de savoir quelle est la plante productrice de cette sorte d'indigo, si elle est spontanée aux Nouvelles-Hébrides ou cultivée. La note d'envoi, accompagnant cet échantillon, ne contenait que les indications suivantes : indigo récolté aux Nouvelles-Hébrides, n'a été ni bouilli ni pressé.

Cet indigo se présente sous la forme de petits fragments plats, irréguliers, happant fortement à la langue, se laissant facilement réduire en poudre, d'une couleur bleue violacée, acquérant par le frottement sur une surface polie une belle teinte cuivrée.

Cet indigo contient 3,5 0/0 d'eau, 12,2 0/0 de cendres, 67.19 0/0 d'indigotine (dosée par la méthode de Penny).

(Il importe de remarquer que l'analyse n'a porté que sur un minime échantillon et que pour connaitre, avec toute l'exactitude désirable, la composition centésimale d'un lot d'indigo, il serait bon d'en réduire en poudre 40 à 50 kilog., de brasser le tout, et de faire porter l'analyse sur une parcelle de cette masse totale).

La teneur en eau de cette sorte est donc faible; sa teneur en cendre un peu au-dessus de la moyenne (un indigo de qualité moyenne dose 10,23 0/0 de cendres), sa teneur en indigotine atteint un taux moyen; un indigo de qualité moyenne dose 53 0/0 d'indigotine.) La teinte rouge cuivrée communiquée par le frottement de l'ongle, est due à une teneur élevée en rouge d'indigo. On sait que cette qualité est fort appréciée en teinturerie, cette industrie donnant en général la préférence aux indigos à teinte rougeâtre, moins riches en indigotine que les indigos à teinte franchement bleue; bien qu'une teneur faible en rouge d'indigo ne soit pas défavorable pour la teinturerie il est admis que le rouge d'indigo aide à la fixation de l'indigotine sur la fibre.

Un essai de teinture, à l'aide d'un bain d'alun et d'acide sulfindigotique, préparé avec l'échantillon examiné, a donné sur laine un résultat très satisfaisant.

Cet indigo paraît donc devoir être classé parmi les bonnes sortes d'indigo naturels, à teneur en indigotine supérieure à la moyenne, mais notablement inférieure à celles des belles sortes du Bengale et de Java, qui dosent 80 0/0 et plus d'indigotine.

ÉTRANGER

Siam. — L'Industrie Belge au Siam. — Dans un long rapport que vient de transmettre à M. le ministre des affaires étrangères le consul de Belgique à Bangkok, celui-ci convie l'industrie belge à se faire représenter au Siam par un ingénieur compétent, pourvu de pleins pouvoirs. Le chemin de fer qui relie Bangkok à Korat, le centre commercial siamois, vient d'être terminé; l'Angleterre, qui avait entrepris la construction de ce chemin de fer, a dû, par suite de surcharges de travaux, passer une partie des ordres a des maisons belges.

Le consul belge signale le projet de construction de plusieurs autres lignes au Siam, notamment celle qui traversera tout le pays, du sud au nord, et qui sera reliée au réseau des chemins de fer birmans.

Chemin de fer au Siam. — La ligne de Korat à Battambang n'a pas été encore commencée, ni aucune concession accordée, pour la construction d'une ligne entre les deux villes mentionnées ci-dessus.

La ligne de *Bangkok à Korat*, au contraire est actuellement en pleine exploitation et va être très nuisible aux intérêts français au Laos.

La ligne de Bangkok à Battambang a été demandée par des Français.

COLONIES ÉTRANGÈRES

Birmanie. — Les impots. — Les dernières statistiques officielles complètes que nous puissions consulter sont pour 1897-1898. A ce moment les impôts perçus en Birmanie se présentaient de la façon suivante, en réduisant les roupies en francs au taux de 1 roupie = 1 fr. 70.

	Basse-Birmanie	Haute-Birmanie	Totaux
	francs	francs	francs
1 Impôt foncier....	21.259.942	Revenu des terres d'Etat : 2.602.290	23.862.230
2 Impôt de capitation............	7.042.161	Thathameda : 8.566.379 (Impôt sur les foyers.)	15.608.530
3 Pêcheries........	1.865.729		1.865.729
4 Impôt foncier en remplacement de la capitation.....	120.720		120.720
5 Diverses taxes foncières.........	395.441	2.148.511	2.543.953
6 Opium...........	3.009.246	666.380	3.660.626
7 Droits de consommation sur le sel	381.908	39.044	420.952
8 Droits de timbre.	2.206.855	685.970	2.802.825
9 Droits de consommation sur les spiritueux, etc...	1.740.065	555.619	2.295.684
10 Taxes provinciales...........	2.119.051		2.119.051
11 Droits de douanes............	15.041.334		15.041.334
12 Forêts..........	6.946.641	5.319.395	12.266.036
13 Droits d'enregistrement.........	94.713	24.340	119.053
14 Impôt sur le revenu............	1.510.808	85.481	1.596.289
Total.........	65.811.848	20.087.311	85.509.159
Population.........	4.658.848	3.063.426	7.722.053
Impôt par tête d'habitant...........	**14 fr. 12**	**6 fr. 75**	**11 fr. 22**

Contre 4 fr. 70 d'impôt par tête d'habitant en Indo-Chine.

LES PÉRIODIQUES DU MOIS

Agriculture, Elevage. — *Belgique colon.* : La situation agricole en Afrique australe (12 mai). — *Board of Trade* : Plantations dans l'est africain-allemand (2 mai). — *Bull. Dir. Agric. Tunisie* : Les dattiers des oasis du Djerid, Masselot; La laiterie en Tunisie, Delanoue; L'élevage du ver à soie en Tunisie, à Kebarli (avril). — *Dép. col.* : La domestication du zèbre (7 mai). — *Econom. français* : La viticulture en Tunisie (25 mai). — *Et. col.* : Un bananier indigène de l'Etat indépendant du Congo; La chayote, Wildeman (mai). — *Génie colonial* : L'agriculture aux colonies, L. Siffert (avril). — *Imp. Inst. Journ.* : Progrès agricoles en Australie (mai). — *Indische mercuur* : Crise de la culture du café (7 mai); Le Quinquina, Van Gorkom (21 mai). — *Italia all' Estero* : L'agriculture au Mexique (5 mai). — *Journ. des Colons* : Les primeurs d'Algérie, Michalet (26 mai). — *Monit. off. du com.* : Note sur un bois de santal du Tonkin (16 mai); Note sur un lait caoutchoucifère de liane à Diego-Suarez; Le latex de Benyucla (23 mai); Note sur le produit du latex, du « cojôn de Mico », du Guatémala (30 mai). — *Nottizblatt kon Botan. Gart. zu Berlin* : Maladie du palmier au Togo (1er mai). — *Pol. col.* : Les tabacs algériens. (11 mai). — *Produits coloniaux* : Les principaux produits alimentaires des colonies fra..çaises, Balland (mai). — *Revue commerciale* : Un bizarre aliment malgache : les sauterelles, A. Rodel (17 mai). — *Revue des Cult. colon.* : Les plantes à parfums en Nouvelle-Calédonie, Dr Heckel; Le bananier sauvage en Indo-Chine. H Brenier (5 mai); Sur l'Araucaria Rulei, Dr Heckel; La culture du caféier, Koch (20 mai). — *Temps* ; La question du mouton algérien (19 mai).

Armée, Marine. — *Rev. Cercle milit.* : Une école militaire chinoise à Tsitrikar (25 mai). — *Temps* : La marine et l'esprit public en Allemagne, E. Lockroy (9 mai).

Colonisation, Emigration. — *Ann. des Sciences pol.* : L'œuvre française d'Algérie, Peyerimhoff; La politique coloniale de la première Restauration, C. Scheffer (mai). — *Belgique coloniale* : Les chances des nations coloniales (12 mai). — *Chine et Sibérie* : Le problème colonial, L. Delly (mai). — *Com. Afr. franç.* : Les concessions du Congo, Ed. Payen (mai). — *Débats* : Lettre de Tunisie, Paul Leroy-Beaulieu (1-10-20 mai); L'archevêque d'Alger et les troubles de Margueritte (18 mai). — *Dép. col.* : La région du Tchad, E. Etienne (mai); L'Office colonial de Bordeaux, P. Didier (7 mai); Le Dahomey, avec carte (10 mai). — *Econ. franç.* : L'Est africain allemand (4 mai). — *Etudes colon. et marit.* : La colonisation agricole en Nouvelle-Calédonie (30 avril). — *Géog. Journ.* : Administration de la région de Soba (mai). — *La Géograhie* : Occupation et organisation des territoires du Tchad, Gentil; De Zinder au Tchad, P. Joalland (15 mai). — *Italia all' Estero* : Pour l'avenir de la Société italienne, Rossetti (28 avril); Règlements sur l'émigration (5 mai). — *Italie colon.* : Méthodes coloniales américaines et européennes; La loi sur l'émigration et le service militaire, Sénateur Pierrantoni (mai). — *Indische mercuur* : Immigration des coolies dans la Chine méridionale; Les colonies néerlandaises (7 mai). — *Journ. Ch. de com.* : La décentralisation des idées coloniales (25 mai). — *Journ. Roy. Col. Inst.* : La Trinité et son avenir, Jernighan (mai). — *Mon. off. du com.* : La Nouvelle-Zélande en 1899 (2 mai). — *O Economista* : Conférence sur la transportation pénale; Les missions religieuses aux colonies (28 avril). — *Pol. col.* : Une colonie en détresse, Curaçao (7 mai); La colonisation tunisienne, G. Bonhoure (9 mai); La colonisation à Ceylan et à Java (11 mai). — *Questions diplom. et colon.* : Quelques institutions coloniales anglaises. C. Noufflard; Etudes sur les colonies portugaises. H. Hauser (1er mai); Quelques institutions coloniales anglaises, C. Nouflard; Les événements de Margueritte, A. Bernard (15 mai). — *Revue française* : Les colonies allemandes d'Afrique, G. Vasco (mai). — *Soc. de Géog. de Bordeaux* : La colonisation du Sud-Tunisien (6 mai). — *Temps* : Une conférence du comité Dupleix 27 mai).

Commerce. — *Ch. de Com. de Montréal* : Exportations du Canada en France et aux colonies françaises (15 avril). — *Comp. Afr. franç.* : Le mouvement commercial de la Guinée en 1900 (mai). — *Dépêch. col.* : Les relations commerciales entre Bangkok, Singapour et Saïgon (9 mai). — *Imp. Inst. Journ.* : Commerce du Sud-Est de l'Asie (mai). — *Italia all' Estero* : Les missions commerciales en Chine et la mission W. Vannutteli à Blessich (28 avril). — *Javasche Courant* (suppl.) : Importations et exportations de Java et de Madœra (1901, n° 25). — *Mon. off. du com.* : L'importation des moutons de Tunisie (9 mai); Commerce du poivre avec la France, concurrence victorieuse de l'Indo-Chine française (9 mai); Etablissement d'une bourse du café à Rio-Janeiro; La Chambre de commerce française de Rio-Janeiro; Commerce et navigation de l'île Maurice en 1899; Débouchés commerciaux dans le Soudan Egyptien (23 mai). — *O Economista* : Le prix des principales denrées coloniales de 1895 à ce jour (19 mai). — *Pol. col.* : Les guinées de l'Inde, discours de M. Maurel, à l'U. C. F. (14 mai). — *Les Produits coloniaux* : Comment encourager la production coloniale, L. Coquet (mai). — *Renseign. off. colon.* : Le commerce de la Martinique en 1900 (10 mai); Le commerce de la Côte française des Somalis en 1900 (10 mai). — *Rev. du Dahomey* : Les usages commerciaux du Dahomey (Nos 3-4).

Douanes, Finances. — *Ch. de com. d'Alger* : Situation de la Banque d'Algérie (mars). — *Com. Afrique franç.* : Les droits de douane du Soudan (mai). — *Débats* : Alliance et tarifs douaniers, A. Ebray (28 mai). — *Dép. col.* : Le budget des colonies de 1902, J. P. T. (10 mai); La perception de l'impôt au Congo français (16 mai); Une caisse d'épargne coloniale allemande (18 mai); L'impôt de capitation au Congo français (21 mai). — *Journ. Ch. de com.* : Fantaisies douanières au Tonkin (25 mai). — *Pol. col.* : La taxe sur les cafés à Djibouti (10 mai); La question du cadastre à Madagascar (25 mai).

Enseignement. — Le collège de Normandie et l'enseignement colonial (27 mai). — *Dép. col.* : Une école de colons à Joinville-le-Pont (25 mai). — *Pol. col.* : L'enseignement à Madagascar (16 mai). — *Revue commerciale* : Les écoles françaises d'Occident, de Tourmond (17 mai). — *Revue de Paris* : L'enseignement commercial en Allemagne, Toran-Bayle (15 mai). — *Science Sociale* : Un orphelinat agricole aux sources du Jourdain (mai). — *Times* : L'éducation agricole pour les femmes. Waarich (14 mai); une Faculté commerciale à Birmingham (18 mai).

Entreprises, Sociétés. — *Dép. col.* : La Société du Haut-Ogooué, G. Galland (16 mai). — *Koloniale Zeitschrift* : Compagnies coloniales (n° 10). — *O Economista* : Les Sociétés portugaises et la crise commerciale d'Angola (12 mai. — *Pol. col.* : Société française de colonisation (27 mai).

Ethnographie, Démographie, Géographie. — *Débats* : La psychologie du peuple anglais, J. Bourdeau (4 mai). — *Econom. français* : Le recensement de l'empire des Indes (25 mai). — *Géog. Journ.* : Géographie de la frontière nord-ouest de l'Inde, Ct Holdich; contexture des régions désertiques, carte du Madaba (mai). — *Jour. Soc. of Arts* : Madras, Rees (10 mai). — *Missions belges* : Silhouettes congolaises, P. Prévers (mai). — *Quest. diplom. et colon.* : Enquête sur l'avenir de l'Islam, E. Fazy (15 mai). — *Revue pol. et parl.* : Ethiopie, P. Thuillier (10 mai). — *Soc. de géog. de Lille* : Les principes de la géographie moderne, Ardaillon (avril).

Expéditions, Missions. — *Dép. col.* : Un voyage à bicyclette dans l'Afrique centrale, A. Bréhal (7 mai). — *La Géographie* : Voyage de M. Théobald Fischer dans le Maroc occidental, de Flotte Roquevaire (15 mai). — *Revue française* : La traversée de la Chine par la mission Bonin (mai). — *Rev. Scient.* : Les grandes explorations en 1900, A. Grandidier (11 mai). — *Soc. bretonne de géog.* : Voyage à Pnim-Benh, J. Faivre (mai). — *Times* : Sir H. Johnston et les explorateurs de l'Afrique centrale (29 mai).

Expositions, Musées. — *Indische Mercuur* : Musée colonial (21 mai). — *Monthly. Sum. : U. S. A.* Exposition flottante américaine (janvier; marine marchande du monde et navires frigorifiques (déc.). — *Revue diplom.* : L'exposition pan-américaine (12 mai).

Industries. — *Ann. des Sciences poilt.* : L'industrie cotonnière française et les débouchés coloniaux (mai). — *La Géographie :* La production du coton dans le monde, avec carte, V. Charlier-Tabur (15 mai). — *Indisch Mercuur :* Industrie sucrière (21 mai). — *Imp. Inst. Journ. :* L'industrie du fer en Australie et Nouvelle-Zélande (mai). — *Mon. off. du Com. :* Ocre et indigo des Nouvelles-Hébrides (23 mai). — *Renseig. off. col. :* Les industries de Madagascar; le coton de la Haute-Guinée (10 mai). — *Revue française :* La houille dans les colonies anglaises, P. Barré (mai).

Législation. — *Dép. col. :* Le timbre des effets de commerce en Indo-Chine, H. Denoche (7 mai). — *Journ. des Tribunaux en Tunisie :* Législation de la chasse en Tunisie (15 mai). — *La Tribune :* La juridiction française dans les pays de protectorat (1er mai).

Marine marchande, Navigation, Ports. — *Board of Trade Journ. :* Barcelone et Calais proposés pour ports francs (16 mai) ; service maritime aux Antilles hollandaises (30 mai). — *Ch. de com. de Bordeaux :* Navigation avec l'Algérie ; navigation entre la France et les États-Unis (1er mai). — *Ch. de com. de Bougie :* Augmentation des frets dans la Méditerranée (1er juin). — *Ch. des Négociants-Commissionnaires :* Le projet de loi sur la marine marchande (1er juin). — *China Customs Gazette :* Rapports trimestriels des ports à traités et de rivière (n° 128). — *Débats :* L'association maritime internationale (7 mai). — *Monde Economique :* La question des ports francs, A. Tridon (25 mai). — *Pol. col. :* La navigation de l'Indo-Chine en 1900 (10 mai). — *Times :* Station maritime pour le charbon (16 mai).

Médecine, Hygiène. — *Débats :* La médecine coloniale (28 mai). — *Dép. col. :* L'Institut hambourgeois pour l'étude des maladies tropicales (20 mai). — *Dép. col. :* La fièvre jaune aux colonies (21 mai) ; un institut de médecine coloniale, J. P. Trouillet (30 mai). — *Quest. diplom. et col. :* L'assistance médicale et l'hygiène publique à Madagascar, Galliéni (1er mai). — *Revue du Dahomey :* La matière médicale indigène du Dahomey (nos 3-4). — *Rev. de Madagascar :* Le paludisme à Madagascar, Dr R. Blanchard (10 mai). — *Times :* Association des infirmières coloniales (23 mai). — *Union des Femmes de France :* Les Femmes de France en Algérie, Dr Petit (mars).

Postes-Télégraphes. — *Etudes col. et marit. :* Le réseau télégraphique sous-marin, Russier (30 avril). — *Dép. col. :* Le projet de loi des câbles sous-marins (31 mai). — *O Econom. :* Les postes de Lourenço-Marquez en 1899 (12 mai). — *Pol. col. :* La taxe des colis postaux en Algérie (8 mai); cartes télégraphiques sous-marines (30 mai). — *Soc. de géog. de Bordeaux :* La télégraphie sans fil au Sahara (6 mai).

Questions politiques. — *Belgique coloniale :* L'ère victorienne ou l'Expansion britannique (19 mai). — *Débats :* Au Maroc, R. de Caix (19-30 mai). — *Dép. col. :* La situation politique de l'Algérie (11 mai); la délimitation franco-portugaise dans l'Afrique occidentale, E. Lenoir (22 mai). — *Koloniale Zeitschrift :* Politique de civilisation intensive (n° 10). — *Mouvem. géog. :* La question du Congo et le projet d'annexion en 1895 (19 mai). — *Politique colon. :* La vérité sur Terre-Neuve, L. Saignes (2 mai). — *Revue de Paris :* La Chine, les réformes et les puissances (1er mai). — *Revue pol. et parl. :* La République fédérale d'Australie, E. Réard (10 mai). — *Times :* Influence anglaise en Abyssinie (7 mai) ; le nouveau gouverneur de Tasmanie (7 mai). — *Times :* Lord Hamilton et les affaires de l'Inde (23 mai); Japon et Russie en Asie (29 mai).

Transports, Routes. — *Dép. col. :* Chemins de fer et routes, H. Durieu (4 mai) ; le chemin de fer du Yunnan (6 mai) ; les voies ferrées africaines, de Beropes (7 mai) ; le réseau ferré touatien, A. Berthoud (3 mai); le chemin de fer de Djibouti au Harrar, E. Etienne (12 mai); la question des chemins de fer de l'Est africain, E. Gallaud (14 mai). — *Times :* Direction gouvernementale des chemins de fer de l'Inde (18 mai).

Travaux publics. — *Génie colonial :* Les matériaux aux colonies (mars).

BULLETIN

DE L'UNION COLONIALE FRANÇAISE

Nouveaux membres

ADHÉRENTS :

Chambre de commerce de Dunkerque.

De Cabrol, administrateur-délégué de la Société des ateliers et chantiers de la Loire, 11 *bis*, boulevard Haussmann, Paris.

Carré-Perseval et Cie, négociants en vins de champagne, Rilly-Reims.

Philéas Collardeau, conseiller général de la Seine, 6, rue Halévy, Paris.

Comptoirs Lyonnais d'Abyssinie (M. Ghaleb), Djibouti (Côte orientale d'Afrique.)

Etienne Dufour, industriel, 39, rue Lamartine, à Armentières (Nord.)

Adrien Fraissinet, gérant de la plantation du Prolo (Cavally), 6, rue Paradis, Marseille.

André Gonin, agent de la Compagnie d'assurances sur la Vie « La New-York », 36, rue Cortambert, Paris.

La France-Incendie, Compagnie d'assurances contre l'Incendie, 14, rue de Grammont, Paris.

La France-Vie, Compagnie d'assurances sur la Vie, 14, rue de Grammont, Paris.

Leclere, ingénieur en chef des mines, 1, rue des Fontaines, Le Mans.

D'Ollone, capitaine d'infanterie, 46, rue Hamelin, Paris.

Outhenin-Chalandre fils et Cie, fabricants de papiers, 16, rue Notre-Dame-des-Victoires, Paris.

Pérès, ingénieur, poste restante, Mananjary (Madagascar.)

H.-M. Pierre, ingénieur civil, Livarot (Calvados.)

Eugène Polo, administrateur-délégué de la Compagnie maritime française, 3, rue Jean-Jacques-Rousseau, Nantes.

Ribeyre-Duchambon, agent commercial, 280, avenue de Saxe, Lyon.

Dr Rousseau, directeur de l'Ecole pratique d'Enseignement colonial, 68, rue de Paris, Joinville-le-Pont (Seine.)

Léon Truelle, directeur des Compagnies d'assurances « La France-Incendie » et « La France-Vie », 14, rue de Grammont, Paris.

Lucien-Villars, directeur honoraire de la Banque de Paris et des Pays-Bas, administrateur de la Compagnie des chemins de fer du Dahomey, 5, avenue de l'Alma, Paris.

Le Gérant : A. Légeron.

Paris. — Imp. PAUL DUPONT 19, rue du Croissant

25 Juin 1901. CINQUIÈME ANNÉE Tome IX. — N° 108.

LA QUINZAINE COLONIALE

LE RÉSULTAT
DES
RÉCENTES DISCUSSIONS SUR L'ALGÉRIE

Les troubles qui, depuis deux ou trois ans, ont appelé l'attention de la France sur l'Algérie, l'attitude et la politique de M. Régis et de ses amis, l'insurrection de Margueritte, les attentats de ces dernières semaines contre la sécurité des voyageurs; tout cela a fait plus pour éclairer l'opinion et l'amener à des idées raisonnables que n'eussent fait vingt ans d'études et de propagande. On l'a bien vu par les choix significatifs du gouvernement quand il s'est agi de nommer les deux derniers gouverneurs généraux de l'Algérie, et par les discours prononcés il y a huit jours, dans la Chambre des Députés, par M. Etienne et M. Waldeck-Rousseau.

***

Peu de colonies sont aussi difficiles à administrer que l'Algérie.

L'Algérie, comme toutes les colonies de domination, trouve en face d'elle le problème indigène; des gens, qui n'ont ni notre civilisation, ni notre religion, ni notre langue, et qu'il faut cependant pénétrer, comprendre et gouverner. Ce même problème se pose devant les Anglais aux Indes et devant les Hollandais à Java; aussi, comme nous, les Anglais et les Hollandais ont commis bien des erreurs. Mais nos erreurs à nous sont peut-être moins excusables, parce que, venus les derniers, nous aurions pu et dû profiter de l'expérience de nos devanciers. Mais, jusqu'à ces derniers temps, prétendre étudier l'œuvre des étrangers et s'inspirer de leurs méthodes, c'était manquer de patriotisme. A tout le moins, on eût pu et dû étudier les indigènes d'Algérie, et il n'est que juste de dire que l'on n'y a pas manqué. Dans nos 70 années de domination, nos officiers, nos administrateurs, nos juges, nos professeurs, ont institué sur les indigènes algériens, leur histoire, leurs institutions, leurs besoins, des recherches qui constituent toute une littérature et font honneur à notre pays. Mais les enseignements qu'elle dégage ne sont pas sortis des livres pour entrer dans la pratique. Ce qui s'est vu ailleurs, en Hollande, aux Indes, dans notre Indo-Chine, la politique et l'administration s'inspirant des travaux du savant et en faisant passer les conclusions dans la pratique, cela ne s'est guère vu en Algérie. Aussi que d'erreurs, que de conceptions fausses, que de lois allant contre les intérêts du pays, que de systèmes entièrement contradictoires dans les matières les plus graves. En vérité, qu'il s'agisse du régime foncier, de la propriété territoriale, de l'éducation, de l'administration de la justice, nous pouvons dire que nos soixante-dix années de domination montrent l'administration, tantôt indifférente, tantôt hostile, tantôt sympathique aux indigènes, mais toujours dans une mauvaise voie.

Et la question indigène n'était pas la seule ni peut-être la moins difficile qui se posât devant l'Algérie : la question des colons européens l'était bien davantage. Non pas comme elle apparaît aux Indes, où quelques centaines d'Anglais, dans deux provinces spéciales, en Assam et dans les Nilgherris, font du thé ou du café, sur des terres jusqu'alors sans maîtres; non pas davantage comme elle apparaît à Java, où quelques millions de Hollandais se sont fait planteurs sur des grands domaines, avec de gros capitaux; mais avec un aspect tout particulier à l'Algérie, et qui fait que la France a à y résoudre des difficultés qui ne se sont, devant aucun peuple, posées avec la même intensité et la même complexité.

Ce ne sont pas moins de 5 à 600.000 Européens, venus pour les 9/10e sans capitaux et sans préparation à la vie coloniale et, parmi eux, 250 à 300.000 Français, naturels ou naturalisés, que l'Algérie reçoit, nourrit et enrichit. Cette énorme communauté européenne, en présence de cinq millions d'indigènes, constitue un danger permanent. Le colon est, par définition, un homme ardent de succès. Ce n'est pas pour rien qu'il a pris sur lui de quitter sa patrie et de rompre tant de liens qui l'y attachaient. En échange de ce sacrifice, il veut plus de bien-être, plus de richesse, plus de liberté. Dans ce monde ou tout se paie et tout se fait attendre, il ne veut ni payer cher, ni attendre longtemps. Et il est naturellement porté à s'en prendre de tout retard à ceux qu'il voit en face de lui, les indigènes d'une part, le gouvernement de l'autre. De là, le problème aigu de la politique indigène, et le problème de l'administration coloniale.

Comme si ce n'était pas assez, il s'y est joint le problème juif.

***

Nous n'avons pas à insister sur l'un ou l'autre de ces trois problèmes. Ils sont bien connus du public. Les solutions qui y ont été cherchées ou données ne sont pas jusqu'ici bien satisfaisantes, et l'on peut dire que, depuis soixante ans, nous nous sommes égarés d'un extrême à l'autre. Les conceptions les plus différentes ont prévalu tour à tour. Il serait long de les exposer. Les indigènes alternativement exaltés et abaissés, les juifs recevant, sans préparation, la qualité de citoyen prudemment et justement refusée aux indigènes; les colons parfois attirés et parfois repoussés; notre législation introduite sans précaution jusque parmi les tribus; la religion musulmane à peine respectée et les titres des fondations pieuses confisqués; des lois de naturalisation opérant spontanément et conférant le titre de Français, avec tous ses droits, à des étrangers qui ne le désirent ni ne le méritent; les Européens vivant en face des indigènes, sans s'y mêler, sans les aimer, ni les comprendre; les Européens, les Français surtout, divisés entre eux et, jusque dans les villages, dressant, à l'imitation des Kabyles, çof contre çof, parti contre parti; le travail, proprement dit, souvent abandonné pour la politique; les institutions européennes, le privilège de la représentation au Parlement, concédés prématurément; les finances dirigées sans méthode et sans raison, parfois sans justice; les impôts levés surtout sur l'indigène et dépensés surtout pour le colon; la bourse de la métropole imprudemment ouverte; les colons et même l'administration n'ayant et ne prenant aucun intérêt à une meilleure gestion financière; c'est l'anarchie partout; voilà le spectacle que l'Algérie a présenté; on pourrait même dire qu'elle le présente encore.

***

Mais déjà des signes se sont manifestés; des paroles ont été prononcées; une doctrine nouvelle se dégage; une orientation meilleure est donnée.

Voici d'abord que l'on proclame (et depuis longtemps, les meilleurs d'entre nos colons le savent bien) qu'il n'y a pas antinomie, mais accord d'intérêts entre les indigènes et les colons, et qu'ils ne peuvent s'enrichir les uns sans les autres, qu'ils doivent même s'enrichir ensemble et les uns par les autres. Voici que des voix autorisées, celles du président du conseil et de M. Etienne, que son mandat de député de l'Algérie n'empêche d'être ni clairvoyant ni juste, déclarent que les indigènes ont droit à notre protection, à nos encouragements, à notre sympathie. M. Waldeck-Rousseau, reprenant la magnifique doctrine de M. Paul Bert en Indo-Chine, quand il annonçait vouloir ne jamais séparer les populations du Tonkin de la grande civilisation chinoise d'où elles sont issues, pose comme principe et comme guide que nous devons non pas plier les Arabes et les Kabyles à notre civilisation occidentale, mais les aider à évoluer dans le sens de leur civilisation propre. Et M. Etienne demande que l'on institue un bureau chargé de suivre dans le monde la marche de la pensée islamique, non pas seulement pour parer à des dangers possibles, mais pour pénétrer et comprendre les sentiments des peuples et aider à la réalisation de leurs aspirations légitimes.

Voilà pour la question indigène. Et voici pour la question européenne. Les colons plus intéressés à l'administration de leur patrie d'élection; les liens, au moins financiers et administratifs, plus relâchés entre la métropole et la colonie; les fameux « rattachements » définitivement supprimés; le Gouverneur général recevant plus de pouvoirs et devenant enfin le chef de ses subordonnés; une administration rendue moins sédentaire, plus mobile, et ayant charge de visiter davantage les populations et de contrôler, de réprimer, d'encourager; enfin une sorte d'autonomie financière, concédée à la colonie malheureusement avec trop de pouvoirs, que ne compensent ni plus de devorsi, ni plus de responsabilités, tel est le régime, en somme bienfaisant, vers lequel on tend.

***

De ce régime, les grandes lignes avaient été fixées par M. Jonnart, ce réformateur compétent et courageux, que ses forces ont trahi, mais qui laissera un souvenir durable et par ce qu'il aura fait et par ce qu'il aura suscité. Son programme va être repris par son successeur, M. Revoil, à qui la Tunisie a donné l'expérience des choses d'Afrique et le Maroc valu des succès dont notre gouvernement saura tirer toutes les conséquences. A la netteté des vues et à la fermeté des desseins qui le caractérisent comme son prédécesseur, il joindra une souplesse et une dextérité bien nécessaires à ce pays depuis longtemps troublé.

L'Algérie et la France doivent se féliciter de cet ensemble de circonstances qui leur ont jusqu'ici bien souvent manqué : un programme sage confié à un homme judicieux.

Joseph Chailley-Bert.

BULLETIN DE LA QUINZAINE

Le service militaire aux colonies. — On nous signale, d'une colonie qu'il est inutile de désigner, un exemple tout à fait topique des anomalies auxquelles donne lieu, dans nos possessions d'outremer, l'application de la loi du 15 juillet 1889 sur le recrutement. Celui qui en est la victime est arrivé, il y a pas mal d'années, presque enfant dans la colonie en question. Depuis lors, il est entré dans l'administration et s'est marié, il est actuellement père de trois enfants, et a trente trois ans. Lorsqu'il a eu vingt et un ans, il est allé à la mairie du chef-lieu de la colonie se faire inscrire sur les listes de recrutement. On lui a répondu : « Ne vous inquiétez de rien; quand on aura besoin de vous, on vous appellera. » Plus tard, lorsqu'il a dû se marier, il a renouvelé sa démarche et s'est enquis si sa situation était régulière au point de vue militaire. On lui a répondu derechef qu'il n'avait aucune préoccupation à conserver à cet égard Or, il y a quelques semaines, sur un ordre venu d'un bureau de recrutement de la métropole, on l'a incorporé pour un an. Heureusement il appartient à une administration, il se trouve avoir droit à un congé de six mois à demi-solde, et il retrouvera son poste à sa libération. Mais supposez qu'il s'agisse d'un agriculteur, d'un industriel ou d'un employé de commerce. Que deviendraient sa femme et ses enfants pendant ce temps-là? Quelle serait sa situation à sa sortie du service militaire? De pareilles conséquences jugent la loi qui les rend possibles. Et encore, dans l'espèce, l'autorité militaire locale met tous les soins à adoucir le sort du fonctionnaire dont il s'agit. On l'a incorporé dans une garnison de la brousse, à proximité de sa femme et de ses enfants; on lui donne des permissions; peut-être le libérera-t-on par anticipation au bout de six mois. Il n'en reste pas moins qu'on a enlevé à son service un fonctionnaire que la colonie a dû remplacer, qu'on a jeté le trouble dans un ménage, qu'on a risqué de compromettre l'avenir d'un père de famille et tout cela pour quel résultat? Pour faire un très mauvais soldat. Ce qui ajoute aux bizarreries choquantes de cette situation, c'est que, dans la même colonie, on n'exige aucun service militaire des jeunes gens nés sur place non plus que de ceux qui viennent d'une autre colonie, notamment de la Réunion. Toutes les rigueurs de la loi — et on voit à quel point elles sont poussées, puis qu'elles n'épargnent pas même un homme de trente trois ans, père de famille et qui avait les meilleures raisons de se considérer comme quitte de toute obligation militaire — sont réservées aux jeunes gens venus de la métropole. C'est, on en conviendra, une singulière manière de les encourager à aller s'établir dans nos colonies. Il est temps d'en finir avec ces anomalies et ces incohérences. MM. Le Myre de Vilers, Etienne, Guillain et Chautemps ont déposé naguère un projet de loi tendant à exonérer de tout service les jeunes gens qui vont se fixer dans nos possessions d'outre-mer. Nous ne nous lasserons pas de répéter que c'est le seul moyen de créer un courant d'émigration sérieux vers nos colonies. Toute la question est de savoir si le Parlement veut créer ce courant ou s'il considère que les quelques colons dont l'Office Colonial enregistre le départ suffisent à assurer la mise en valeur de notre domaine colonial.

Les câbles français sous-marins. — A la suite de certains incidents qui se produisirent au début de la guerre du Transvaal, l'opinion publique, on s'en souvient, découvrit avec stupéfaction qu'il existait une question des câbles sous-marins et que cette question était d'une gravité extrême. C'était la liberté même des communications télégraphiques intercontinentales qui apparaissait tout d'un coup comme dépendant du seul bon plaisir de l'Angleterre, c'est-à-dire comme extrêmement fragile. Sous la pression de l'opinion publique, le Gouvernement se préoccupa d'une solution ; les articles, les brochures s'entassèrent, les documents parlementaires se multiplièrent, mais rien ou presque rien ne paraissait se faire. Aujourd'hui voici un nouveau document, bien différent des précédents ; c'est un rapport de M. Maurice Ordinaire à la commission des colonies. L'honorable député du Doubs qui avait déjà, dans un premier et remarquable travail, rapporté un projet élaboré par le Gouvernement, nous entretient maintenant d'un nouveau projet gouvernemental, qui nous achemine cette fois à une solution pratique.

Le Gouvernement, d'ailleurs, contrairement à ce qu'on aurait pu croire, n'a pas cessé de s'occuper du problème dont certains événements lui avaient montré la gravité. Tandis qu'il faisait poser un câble de Hué à Amoy et un autre d'Oran à Tanger, assurant ainsi l'indépendance de nos relations télégraphiques avec l'Indo-Chine et avec notre légation au Maroc, il négociait avec la Compagnie française des câbles télégraphiques et arrivait à signer avec cette Compagnie une convention pour l'établissement, l'entretien et l'exploitation de câbles télégraphiques sous-marins. Cette convention est du 21 mars dernier et le Gouvernement en demande aujourd'hui l'approbation au Parlement. M. Maurice Ordinaire l'a examinée et, au nom de la Commission des colonies, il en recommande le vote. Nous enregistrons cette bonne nouvelle et souhaitons que l'avis de la Commission du budget, qu'il faudra prendre, soit également favorable. L'initiative heureuse prise par le Gouvernement en Extrême-Orient et dans l'Afrique du Nord ne doit pas rester à l'état de fait isolé et il faut que les Chambres fournissent au plus vite les moyens de compléter cette œuvre.

La codification des coutumes indigènes. — Un principe de colonisation aujourd'hui universellement reconnu est que le peuple colonisateur doit conserver, dans toute la mesure du possible, les institutions existant dans les colonies.

Parmi ces institutions, celles qui concernent la justice sont des plus intéressantes et des plus dignes d'être étudiées. Le seul fait qu'un commencement d'organisation ait été jugé nécessaire pour trancher les différends entre deux parties, qu'il existe des manières consacrées de rendre la justice, est en soi remarquable. Il y a, partout où se rencontrent des coutumes judiciaires, l'indice de préoccupations étrangères à la barbarie.

Que maintenir de ces coutumes, quelles modifications y apporter ? C'est une question que le ministre des Colonies a jugé utile de faire étudier sur place, avant de réorganiser, comme il s'en préoccupe depuis quelque temps déjà, le service de la justice dans nos possessions de l'Afrique occidentale.

Un décret du 22 mai dernier a confié à un magistrat de carrière la mission d'examiner l'organisation convenant le mieux au Dahomey, à la Côte d'Ivoire et à la Guinée ; il a été institué à Paris une commission de la justice indigène ; récemment étaient créés au Congo français un conseil d'appel et deux tribunaux de première instance. Le département ne reste donc pas inactif. L'administration locale de chaque colonie ne saurait demeurer étrangère à ces préoccupations.

C'est ce qu'a très bien compris et c'est ce que vient de faire savoir aux administrateurs placés sous ses ordres, le gouverneur de la Côte d'Ivoire, en priant ces derniers de réunir les matériaux nécessaires à la codification des coutumes dans les différents cercles du pays.

Le maintien des juridictions indigènes est une chose nécessaire dans nos colonies, mais ce maintien ne saurait impliquer celui de l'arbitraire auquel se livrent certains des juges qui les composent. Le moyen le plus efficace de faire cesser cet arbitraire était de publier les règles coutumières si variées qui servent actuellement de base aux sentences des juridictions locales. Cette codification va être entreprise en ce qui concerne la Côte d'Ivoire. L'expérience doit en être continuée dans les diverses colonies de la côte occidentale d'Afrique ; elle y gagnera en ampleur et en utilité.

Le chemin de fer du Yunnan. — On trouvera plus loin le texte de la convention passée par le Gouverneur général de l'Indo-Chine avec les grands établissements financiers de Paris en vue, d'un part, de la construction du chemin de fer de Lao-kay à Yunnan-sen et, d'autre part, de l'exploitation de la même ligne et, en outre, de celle de Haïphong à Laokay. On ne saurait trop louer l'habileté et la ténacité déployées par M. Doumer dans la conduite des pourparlers qui ont abouti à la signature de cette convention ; on ne saurait non plus trop rendre hommage à la modération dont a fait preuve le consortium des établissements de crédit intéressés dans l'affaire. Le Gouverneur général de l'Indo-Chine aurait pu céder à la tentation de faire exécuter par la colonie elle-même les travaux de construction de la ligne de Lao-kay à Yunnan-sen. Il a préféré recourir à l'industrie privée et la charger de ces travaux moyennant un prix forfaitaire convenu. La combinaison est de tous points avantageuse pour l'administration, qui échappe ainsi aux responsabilités politiques et aux aléas financiers d'une entreprise difficile en pays étranger et qui, en même temps, dans les garanties que lui offrent le concours des sociétés de crédit de premier ordre avec lesquelles elle a traité et l'expérience consommée des entrepreneurs auxquels ces sociétés elles-mêmes ont confié l'exécution des travaux, trouve une sécurité complète, quant à la bonne gestion de l'entreprise. Aucun de ceux qui sont au courant des questions de chemin de fer, ne pensera que le Gouverneur général de l'Indo-Chine ait payé ces avantages trop cher en consentant aux sociétés concessionnaires une subvention de 12.500.000 francs et une garantie de 3 millions pendant 75 ans pour une ligne dont la longueur est évaluée à 468 kilomètres et dont la construction, en pays accidenté, présente des difficultés particulières.

On sera d'autant moins disposé à le penser que la société à laquelle doit être transféré le bénéfice de la convention assume, sans garantie aucune, les risques de l'exploitation de la ligne entière de Haïphong à Yunnan-sen et consent même au partage des bénéfices de cette exploitation avec la colonie, dans une proportion qui, suivant les résultats obtenus, va de la moitié, au minimum, jusqu'aux trois quarts. Or, s'il est d'ores et déjà certain que la ligne peut compter sur un trafic rémunérateur dans la traversée du Delta, de Haïphong jusqu'à Viétri, les chances de bénéfices sont moins assurées pour le surplus de la ligne, c'est-à-dire pour la portion comprise entre Viétri et Lao-kay. On est fondé à espérer que la mise en valeur des régions du haut fleuve Rouge, où les entreprises européennes trouvent d'ores et déjà des conditions favorables qui ne peuvent que s'améliorer par la construction du chemin de fer projeté, assurera à celui-ci des éléments d'un trafic sérieux. On doit compter surtout sur le transit vers le Yunnan qui, ainsi qu'on le verra d'autre part, se développe d'année en année et dont les progrès s'accentueront encore le jour où le commerce de cette province disposera d'un instrument de transport rapide, sûr et économique, et plus encore le jour où la ligne de Lao-kay à Yunnan-sen, prolongée jusqu'à Sui-fou d'abord, puis, plus tard peut-être, jusqu'à Tchung-king et à Tching-tou, attirera à elle les produits du Se-tchouen, du Kouei-tcheou et de la partie avoisinante du bassin du Yang-tse. Il n'en reste pas moins, dans les résultats à attendre de l'exploitation, une part d'inconnu devant laquelle on doit savoir gré aux sociétés de crédits concessionnaires de n'avoir pas reculé. On accuse parfois de timidité nos grands établissements financiers; on leur reproche leur peu d'empressement à concourir à l'expansion française au dehors. On l'oppose volontiers à la hardiesse des capitalistes étrangers, à leur souci des intérêts généraux de leur pays. La convention du 15 juin 1901 prouve que ni l'esprit d'initiative, ni le patriotisme ne font défaut à nos sociétés de crédit, quand on fait appel à l'un et à l'autre en faveur d'entreprises sérieuses et consciencieusement étudiées, et quand elles trouvent en face d'elles une administration qui sait ce qu'elle veut et qui ne leur marchande pas sa confiance.

C'est à cet esprit de décision et à cette confiance que M. Doumer doit d'avoir pu conclure, dans des conditions inespérées, cette convention qui marquera une date dans l'histoire coloniale de notre pays. Grâce à elle, en effet, la sécurité de notre empire indo-chinois se trouve établie sur des bases dont la solidité défie toute atteinte en même temps que les plus larges perspectives d'avenir nous sont ouvertes sur la Chine. Nous barrons la route aux Anglais; nous les devançons dans cette course qui a pour but l'exploitation du Yunnan et des provinces chinoises avoisinantes; et, soit que la Chine doive conserver son intégrité territoriale et que les puissances européennes doivent se contenter d'y exercer une action purement économique, soit que, au contraire, les probabilités de démembrement de cet immense empire soient destinées à devenir une réalité plus ou moins prochaine, la France est assurée désormais d'être prête, au jour dit, pour les initiatives et pour les bénéfices que comportent les deux alternatives.

La réorganisation du barreau tunisien. — Un décret du 16 mai dernier qui réglemente la profession d'avocat en Tunisie marque un nouveau progrès dans l'évolution désormais fatale qui tend à rendre ce pays définitivement et de plus en plus français.

Lorsque notre diplomatie obtint des différents Etats de l'Europe, le remplacement de leurs tribunaux consulaires par un tribunal français, elle dut consentir à admettre à sa barre tous les avocats déjà autorisés à plaider. La nécessité de ne pas porter atteinte aux situations acquises amena à n'exiger des avocats qui sollicitaient leur inscription au barreau français de Tunis aucune condition de nationalité. Le tribunal fut chargé de remplir les fonctions dévolues en France au Conseil de discipline.

Cette situation, qui ne pouvait être que transitoire, vient de prendre fin. Désormais, les avocats éliront leur Conseil de discipline. Mais si la nationalité française n'est pas encore exigée pour obtenir le droit de plaider devant les tribunaux français de la Régence, au moins faudra-t-il avoir obtenu en France le diplôme de licencié en droit. Le barreau sera préservé de l'invasion des avocats venus de l'étranger, et cependant les fils des Italiens ou des Maltais fixés en Tunisie pourront, s'ils le désirent, se faire inscrire au tableau, à la condition d'aller faire leurs études dans une faculté française. Ils apprendront ainsi à connaître et à aimer la France qui protège et administre leur pays d'adoption. Il y aura là un excellent moyen de préparer cette fusion des races européennes qui doit rester une des fins les mieux indiquées de la politique du Protectorat.

Le transit du Tonkin avec la Chine. — Nous publions plus loin les statistiques commerciales de l'Indo-Chine pour 1900. Ainsi qu'on pourra le voir, elles accusent un progrès marqué sur l'année précédente qui, elle-même, était en forte plus-value sur 1898. Nous aurons l'occasion de revenir plus tard sur ces résultats et de les commenter, lorsque nous serons en possession du rapport détaillé de l'administration locale. Pour aujourd'hui, nous ne voulons nous arrêter qu'à un des éléments de ce mouvement commercial, qui emprunte un intérêt d'actualité tout particulier à la signature récente de la convention relative au chemin de fer du Yunnan dont nous faisons ailleurs ressortir l'importance. Nous voulons parler du transit qui s'effectue, en provenance ou à destination de la Chine, à travers le Tonkin. Faire du Tonkin une voie de pénétration commerciale dans les provinces chinoises limitrophes, tel avait été, en dehors de l'intérêt que le Tonkin offrait par lui-même et par ses richesses propres, le principal objectif de la politique à laquelle nous devons la conquête de ce pays.

Il faut bien convenir que jusqu'ici, sous ce rapport, le Tonkin n'avait que faiblement justifié les espérances qu'il avait fait naître. Si on interroge les statistiques, on constate, en effet, que de 1885 à 1889, le transit n'atteint même pas un million de francs. A cela rien d'étonnant : ce sont les années de trouble, de piraterie, presque de guerre encore, et la route du fleuve Rouge n'est rien moins que sûre. A partir de 1890 la tranquillité se rétablit dans le pays et l'importance du transit s'en ressent immédiatement. Elle s'élève, en 1890 même, à 5.085.440 francs et la plus-value se poursuit pendant les années suivantes. Il y a un léger fléchissement en 1891 et en 1894; mais en 1892, 1893, 1895, 1896, la valeur du transit se maintient entre 8 et 9 millions, chiffre qu'elle dépasse de près de 50.000 francs en 1896. En 1897, elle s'élève d'un bond à 11.200.000 francs, atteint le chiffre de 12.600.000 en 1898 et, par un nouveau bond, arrive, en 1899, tout près de 16.400.000 francs. C'est la conséquence naturelle de la pacification de plus en plus complète de la haute région, due elle-même à une administration à la fois énergique et prudente. Toutefois, ce chiffre de 16 millions et demi est encore bien éloigné du résultat espéré. Et pendant ce temps, les Anglais, par la Birmanie, gagnent du terrain; l'ouverture de la Rivière de l'Ouest, dont ils sont en quelque sorte les maîtres par Hong-Kong et Canton, vient leur donner une chance de plus. On peut se demander si l'augmentation constatée au cours des années précédentes au profit du Tonkin se maintiendra.

Les statistiques de 1900 viennent de nous apporter la réponse à cette question, et cette réponse est satisfaisante au delà de ce que nous aurions pu espérer, même si la concurrence anglaise ne nous avait pas donné de justes sujets de crainte. Cette fois le transit s'élève à 31.396.796 francs, c'est-à-dire qu'il a presque doublé d'une année à l'autre. Pour la première fois, nous nous trouvons en présence d'un mouvement réellement important, et de nature à justifier les plus sérieuses espérances pour l'avenir. Il est possible, il est vrai, que des causes accidentelles aient concouru à l'augmentation constatée en 1900. L'état de trouble et, dans tous les cas, d'inquiétude, qui, l'an dernier, a affecté la Chine presque tout entière, a pu détourner des routes chinoises habituellement suivies par les marchandises à destination du Yunnan ou en provenant, et notamment de celles de Pakhoi et de la Rivière de l'Ouest, une partie plus ou moins importante du transit qui s'effectuait par ces routes et en faire bénéficier le Tonkin. Mais, même en faisant la part la plus large à cet élément, il reste certainement, pour celle de l'augmentation qu'on peut qualifier de normale, un chiffre notablement supérieur à la plus-value moyenne des années antérieures. En admettant, d'ailleurs, qu'il en fût autrement et que l'accroissement accusé par les statistiques fût dû entièrement aux causes accidentelles que nous avons signalées plus haut, on n'en serait pas moins fondé à bien augurer de cet accroissement pour l'avenir. Il est permis d'espérer, en effet, que les habitudes prises en 1900 se maintiendront, et que le commerce restera fidèle à une route dont l'expérience lui a permis d'apprécier les avantages sous le double rapport de la sécurité et de la rapidité. Mais à supposer que cette espérance ne doive pas se réaliser et que les marchandises qui, exceptionnellement, en 1900, ont pris la voie du Tonkin reviennent, la crise chinoise terminée, à celles qu'elles suivaient antérieurement, les statistiques de 1900 n'en comportent pas moins un enseignement plein de promesses pour le jour où le chemin de fer de Haiphong à Yunnan Sen assurera à la route tonkinoise une supériorité incontestable. Elles attestent, en effet, l'existence au Yunnan, de ressources économiques et d'une puissance de consommation beaucoup plus importantes que le public et l'administration elle-même ne paraissaient disposés à le soupçonner en ces derniers temps, par une sorte de réaction contre l'optimisme exagéré des appréciations antérieures à la conquête du Tonkin. C'est dans un rapport officiel daté de 1898 que nous lisons, en effet, ces lignes auxquelles les statistiques de 1900 infligent un si heureux démenti : « Il ne fait de doute pour personne que le chiffre des transactions avec le Yunnan soit réduit pendant longtemps encore à des proportions voisines de celles du mouvement actuel (soit 12 millions environ). » Et le même rapport, faisant allusion à une augmentation possible dans l'avenir, ajoutait : « L'évolution sera inévitablement très lente. » Or, comme on le voit, elle paraît devoir être, au contraire, assez rapide.

Nous ne voulons pas entrer ici dans le détail des chiffres qui ont été publiés, et que nous reproduisons plus loin. Il nous suffira d'en relever ceux qui s'appliquent aux quatre principaux éléments actuels du transit. Ce sont, d'une part, à l'importation, les fils, qui représentent une valeur de 16.058.542 fr. les tissus qui figurent pour 3.042.655 et les denrées coloniales de consommation pour 2.865,576 fr. Ce sont, d'autre part, à l'exportation, les métaux — l'étain surtout — dont la valeur se chiffre par 7.813.628 fr. Le Yunnan peut donc, on le voit, offrir au transit viâ Tonkin un aliment d'une importance de beaucoup supérieure à ce que faisaient prévoir les appréciations pessimistes que nous venons de rappeler. Il pourrait lui en offrir un beaucoup plus considérable encore si notre diplomatie sait profiter des événements de Chine pour obtenir du gouvernement chinois la suppression de certaines entraves qui, actuellement, s'opposent à ce que le trafic qui emprunte la voie du Tonkin prenne tout le développement dont il est susceptible. C'est d'abord l'obligation pour les marchandises provenant soit du Yunnan soit du Quang Si et qui ont acquitté à la frontière chinoise, les droits d'exportation, de payer à leur entrée dans les ports de Chine ouverts au commerce l'intégralité des droits d'importation, tout comme si elles étaient étrangères. Il conviendrait qu'elles ne fussent soumises qu'à une taxe très réduite d'importation. C'est, en second lieu, la prohibition de l'importation du sel au Yunnan et au Quang Si, prohibition qui a pour but d'assurer un monopole aux mines de sel gemme du Yunnan. Il serait facile, croyons-nous, de convaincre le gouvernement chinois que, même au point de vue fiscal, il aurait avantage à autoriser, moyennant un droit d'importation, l'entrée au Yunnan et au Quang Si du sel marin que l'Indo-Chine produit en abondance et qui a, sur le sel gemme du Yunnan, une supériorité incontestable de qualité. C'est, en troisième lieu, le régime auquel est soumise l'exportation de l'opium du Yunnan par le Tonkin, régime qui comporte le paiement d'un droit de sortie très élevé à la frontière et, en outre, aux douanes intérieures, des taxes de likin absolument prohibitives. Il faudrait que le droit d'exportation fût réduit, que les taxes de likin fussent supprimées et que, de plus, comme nous le demandons plus haut pour les autres marchandises, l'opium expédié du Yunnan en transit à travers le Tonkin à destination d'un port ouvert de la côte chinoise ne perdît pas sa nationalité et fût admis en franchise ou moyennant un droit très réduit de réimportation. Il serait enfin nécessaire que le gouvernement chinois autorisât l'exportation du cuivre que le Yunnan produit et dont, en fait sinon en droit, la sortie est interdite, la cour de Pékin entendant se réserver l'entière disposition de ce métal pour la fabrication de la monnaie locale,

Ainsi doté d'un régime plus libéral, mis en possession d'éléments qui lui échappent actuellement et qui pourraient représenter un chiffre d'affaires important, le commerce du Yunnan et même celui du Quang-Si avec et par le Tonkin prendrait très-certainement un développement considérable. Nous croyons savoir que l'attention de M. Beau, notre nouveau ministre en Chine, a été appelée sur les quatre desiderata que nous venons de formuler. Il n'est pas douteux que les circonstances actuelles facilitent singulièrement son action et prêtent aux réclamations qu'il est chargé de présenter au gouvernement chinois, dans cet ordre d'idées, une autorité toute particulière.

L'occasion est unique pour nous d'avoir raison du mauvais vouloir que la cour de Pékin a constamment opposée jusqu'ici à ces réclamations. Si, par faiblesse ou par négligence, nous laissons échapper cette occasion, elle ne se représentera pas de sitôt et nous devrons renoncer à tout espoir de voir, avant longtemps, le commerce du Tonkin avec les provinces chinoises limitrophes prendre l'extension à laquelle, dans des conditions normales, il pourrait être appelé.

Une école professionnelle à Nouméa. — Nous avons insisté souvent à cette place sur la nécessité d'organiser et de développer l'enseignement professionnel dans nos colonies. Même dans celles où la main-d'œuvre est relativement abondante, les ouvriers indigènes, simples manœuvres ou spécialisés dans les métiers locaux, sont impropres, sans une préparation appropriée, aux services que peuvent attendre d'eux les entreprises industrielles européennes. Ceux-là même qui sont les plus habiles dans leur métier — artisans du bois ou du fer — ont besoin de se façonner à nos outils et à nos procédés. L'enseignement professionnel apparaît donc comme le seul moyen d'assurer aux colons une main-d'œuvre locale capable de remplacer la main-d'œuvre européenne, d'un emploi difficile et coûteux dans les pays tropicaux. Aussi avons-nous enregistré avec une vive satisfaction les efforts faits en ce sens à Madagascar et au Tonkin où, depuis quelque temps, fonctionnent des écoles professionnelles qui donnent déjà des résultats appréciables. Une initiative du même genre a été prise en Nouvelle-Calédonie par le Gouverneur et par le Conseil général. Là, il est vrai, le problème se présente dans de toutes autres conditions. Les ouvriers européens peuvent travailler de leurs mains grâce au climat tempéré de cette colonie. D'autre part, il s'y est constitué des familles, définitivement fixées dans le pays, avec des enfants qui y sont nés ou qui y sont venus tout jeunes et qui peuvent trouver dans l'exercice de certains métiers manuels, généralement bien rétribués, un emploi suffisamment lucratif de leur activité. Si on ajoute que la main-d'œuvre est rare en Nouvelle-Calédonie et que les ouvriers spéciaux venus du dehors ont des exigences excessives que ne justifient souvent ni leur valeur, ni leur régularité au travail, et que les chefs d'entreprises sont néanmoins obligés de subir par suite de l'impossibilité où ils se trouvent de remplacer ces ouvriers, on comprendra que les autorités locales se soient préoccupées de constituer une pépinière de jeunes artisans formés sur place même. C'est dans ce but qu'a été créée l'école professionnelle de Nouméa, qui a commencé à fonctionner au début de l'année scolaire 1900. En Nouvelle-Calédonie, comme à Madagascar et au Tonkin, on a visé à une organisation aussi simplifiée que possible et, au lieu de créer de toutes pièces un organisme spécial qui n'eût pas manqué d'être extrêmement coûteux, on a cherché à utiliser les ressources qu'on avait sous la main, à savoir le collège de Nouméa et la direction d'artillerie. Le collège est chargé de donner, à raison de quatre demi-journées par semaine, l'enseignement théorique qui porte sur l'algèbre, la géométrie, la physique, la mécanique appliquée, les analyses minérales et l'électricité industrielle, et qui comprend, en outre, des leçons de français et des rédactions industrielles. A la direction d'artillerie ont lieu les études techniques : forge, ajustage, chaudronnerie, moulage, tournage, modelage, conduite de machines, dans la section du fer et de même pour le bois dans une autre section. Les élèves sont admis entre 12 et 16 ans. Les cours sont gratuits et pour les enfants de l'intérieur, qui profitent de l'internat du collège, le prix de la pension n'est que de 65 francs par mois. La durée des études est de trois ans.

Telle est l'organisation, simple et modeste, mais pratique, de cet enseignement destiné, suivant l'expression du *Bulletin du Commerce de la Nouvelle-Calédonie*, auquel nous empruntons ces détails, à former dans cette colonie « une *élite* de la population ouvrière ». C'est là peut-être son défaut. Qu'il soit nécessaire, et en Nouvelle-Calédonie plus qu'ailleurs peut-être, d'avoir une élite ouvrière capable de diriger des travailleurs subalternes, ce n'est pas nous qui y contredirons. Mais, pour résoudre la question de la main-d'œuvre, il faut autre chose encore : il faut pouvoir disposer de ces travailleurs subalternes, et ceux-là précisément, autant et plus que les contremaîtres que l'École professionnelle est destinée à former, font défaut en Nouvelle-Calédonie. Peut-être les trouverait-on dans la population canaque, à la condition de bien choisir les sujets et de les soumettre eux-mêmes à un entraînement spécial. On a tôt fait de prétendre que les Canaques sont réfractaires à toute éducation et à l'exercice de tout métier. Là, comme partout, c'est affaire de sélection et de persévérance. Les autorités locales pourraient, dans tous les cas, tenter l'expérience et instituer à l'Ecole professionnelle de Nouméa une section indigène à côté de la section européenne. Nous serions surpris si cette expérience, bien conduite, ne donnait pas de bons résultats.

UN NOUVEAU
Service de l'Union Coloniale française

LE RECRUTEMENT DU PERSONNEL DES ENTREPRISES COLONIALES

Le service de recrutement du personnel des entreprises coloniales que l'*Union* a institué, et qui fonctionne depuis dix mois à peine, a déjà donné des résultats appréciables. Il a pu fournir aux négociants, industriels et agriculteurs qui se sont adressés à nous, *cinquante* collaborateurs de tout ordre. Ceux-ci ont été appliqués aux tâches les plus diverses. Nous avons procuré des directeurs à des Sociétés agricoles et minières, des ingénieurs et des spécialistes secondaires à des industriels, des chefs de comptoir, des comptables et des employés à des commerçants, des chefs de culture à des colons. La plupart d'entre eux n'ont pas encore eu le temps de donner leur mesure, bien que des témoignages, qui font bien augurer de l'avenir, nous arrivent déjà. C'est ainsi qu'une Société importante de Madagascar a pu juger d'une manière à peu près définitive le directeur que nous lui avions désigné, et que naguère le Conseil d'administration se félicitait d'avoir choisi un homme qui faisait oublier l'impéritie de ceux qui l'avaient précédé.

Tout cela n'a pas été sans exiger quelque peine. L'instruction des demandes, les enquêtes sur les personnes, les déterminations de leur degré de mérite, toute cette besogne préalable ne laisse pas que d'être passablement ingrate. Nous l'avons accomplie patiemment et sans bruit. Elle ne nous a pas rebutés, malgré les difficultés que nous avons parfois rencontrées, parce que, à mesure que nous avancions, nous prenions le sentiment de l'utilité et de l'urgence même de notre initiative. Les lecteurs de la *Quinzaine* n'ont que faire du récit de nos surprises. Toutefois, la pratique nous a permis de constater deux choses intéressantes, d'une portée générale et dont il convient de parler dès maintenant.

I

On a dit jusqu'à satiété que, en l'état, les éléments d'un bon personnel des entreprises coloniales manquaient. Nous le croyions nous-mêmes. Or, c'est là une erreur. Les éléments qui semblaient faire défaut existent, mais ils sont disséminés, et on n'avait pas pris la peine d'aller les chercher et de les réunir, de créer le lien les rattachant à une organisation active. Quand nous avons commencé à organiser le service, nous nous sommes trouvés, après avoir éliminé les non-valeurs, en présence de trois ou quatre candidatures sérieuses seulement. C'était maigre ! Nous avons alors fait appel aux Ecoles spéciales et aux Institutions particulières. Quoique l'empressement de quelques directeurs d'Ecoles de l'Etat, n'ait pas toujours correspondu à la chaleur de leurs déclarations publiques, les demandes nous sont arrivées en abondance. Beaucoup ont dû être écartées. Ceux de leurs auteurs que nous avons choisis formaient naguère l'élite d'Ecoles spéciales renommées. Ils ont, à cette heure, dans la métropole, des situations relativement avantageuses. Ils n'en persistent pas moins dans leur intention de partir aux colonies. C'est dire qu'ils ont la vocation. Ils ont formé notre premier noyau. Puis la publicité a fait son œuvre. Les Chambres de commerce de la métropole et des colonies ont recommandé notre initiative et l'on commentée. On a su qu'on pouvait se présenter à l'*Union* pour s'y inscrire, qu'on y serait accueilli avec bienveillance, qu'on y trouverait une aide efficace à condition d'être une *valeur*, si bien que des hommes, dont la capacité et l'expérience sont établies, nous sont venus spontanément, et nombre d'entre eux complètent leurs connaissances professionnelles par un ensemble de qualités morales.

Loin de nous la pensée de prétendre que nous avons rassemblé les meilleurs candidats possibles et comme écrémé les milieux que notre propagande a pénétrés, mais un fait dès à présent se dégage avec une netteté suffisante : la possibilité de trouver les collaborateurs véritablement capables dont peuvent avoir besoin ceux qui sont engagés dans les affaires coloniales.

II

On a donc la possibilité et même la facilité de s'adjoindre de bons collaborateurs. Mais ici une double question se pose. Les intéressés font-ils tout ce qu'il faut pour se procurer le personnel convenable, et à leurs plaintes amères sur l'insuffisance de ce personnel, ne devraient-ils pas mêler quelque reproche contre eux-mêmes ?

Il n'est pas douteux que le recrutement dont il s'agit se trouve trop souvent compromis par des habitudes fâcheuses. D'une manière générale, en effet, on incline à vouloir imposer à tous les candidats, indifféremment, qu'ils soient excellents, qu'ils soient médiocres, les mêmes clauses du même contrat. Les circonstances et les volontés doivent se plier à la rigueur de la formule imprimée.

Nous avons essayé de réagir. Presque toujours, nous nous sommes heurtés à une obstination invincible. Il s'ensuit que des agents — nous ne faisons ici allusion qu'à des employés secondaires — qui rendraient au centuple les menus avantages qu'on leur consentirait, sont découragés par une rigueur excessive, et cèdent la place à des médiocrités qu'il faut rapatrier avant l'expiration du contrat, et qui reviennent dans la métropole pour y traîner leur misère et y exhaler leurs plaintes. Certaines compagnies, notamment de la Guinée, du Congo, de la Côte d'Ivoire, du Dahomey en ont fait la coûteuse expérience, et nous ne gagerions pas qu'elle leur ait profité.

Nous pouvons illustrer ce qui précède d'un exemple topique. Une Société commerciale de Madagascar nous demande un « employé connaissant « le commerce, la comptabilité et parlant l'an- « glais ». C'est là un ensemble de conditions déjà assez rare. Nous croyons le trouver, et nous présentons M. B.. Il était employé dans un magasin de la rue du Sentier, où il s'était fait apprécier, et précédemment il avait séjourné deux ans en Angleterre, dans une grande maison de tissus. Il avait de la valeur, et peut-être le savait-il. Les pourparlers s'engagent. Il demande 200 francs par mois. On lui en offre d'abord 150, puis 160, puis 170.... par dérogation exceptionnelle au contrat. Sur ces entrefaites, il entre en rapports avec un négociant en laines d'Australie. Il nous en avisa le matin, et le soir son engagement devenait définitif, aux conditions suivantes : 25 liv. st. par mois plus un tant pour cent. Il nous écrivait dernièrement : « Je suis « content de ma nouvelle situation. Si la maison... « m'avait donné 200 fr., j'aurais accepté. J'aurais « fait un vrai sacrifice aux colonies françaises. »

Ce n'est pas tout. La recommandation reste en honneur dans les milieux coloniaux. Elle y sévit presque avec autant d'intensité que dans les régions officielles. Il arrive qu'on nous demande une proposition. Nous l'adressons après avoir procédé aux enquêtes habituelles. A ce moment intervient un ami, un parent, une influence s'exerce, et tout à coup notre correspondant choisit un fils de famille, qui considère la colonisation comme une variété de sport, ou un bellâtre inutilisé et sans doute inutilisable, ou un raté, ou un bon jeune homme parfaitement ignorant, dans tous les cas un sujet qu'un labeur spécial et soutenu n'a pas préparé à remplir utilement le poste qu'on lui destine.

On nous permettra de citer encore un exemple à l'appui de notre dire. Une maison d'Indo-Chine, laquelle a son siège dans la métropole, nous demande de lui procurer « un jeune homme au cou-« rant du commerce, ancien élève d'une école su-« périeure de commerce, et parlant l'anglais. » Nous la mettons en rapports avec un ancien élève de l'Institut commercial ayant séjourné en Angleterre et très au fait du commerce des tissus. Au cours des pourparlers, une recommandation était parvenue à la maison intéressée. Elle exprima à M. G... ses regrets d'être obligée de porter son choix sur un candidat de la dernière heure. M. G..., croyant que son engagement n'était pas douteux, avait quitté la maison à laquelle il appartenait. Qu'est-il devenu? Il est entré récemment dans une compagnie américaine, où son activité et son intelligence sont reconnues, et où il gagne le triple de ce qu'on lui offrait. Voilà donc deux jeunes hommes, qui avaient tout ce qu'il faut pour prêter à une entreprise coloniale la collaboration la plus utile, et que des étrangers n'ont pas laissé chômer parce qu'ils avaient discerné leurs mérites.

***

Toutes ces légères mésaventures ne sont pas pour attiédir notre zèle, d'autant que nous avons eu par ailleurs d'amples satisfactions. Nous n'avons à cette heure qu'un souci, celui de perfectionner notre méthode au fur et à mesure que l'expérience nous révèlera quelque défectuosité à corriger. Nous y serons aidés par tous ceux qui s'intéressent à l'œuvre que nous avons entreprise, et qui en suivent les progrès avec une curiosité bienveillante. Est-il besoin d'ajouter que nous n'avons pas la naïve prétention d'avoir pris, quant aux choix que nous pouvons faire, une sorte de brevet d'infaillibilité? Il nous suffira de réduire autant qu'il est en nous les causes d'erreur, et de les supprimer, s'il est possible, pour une certaine catégorie d'agents, ceux sur qui pèse la responsabilité de l'avenir d'une entreprise. Jusqu'ici, l'exécution de notre programme ne nous a pas réservé, à cet égard, de mécomptes.

Les fondateurs d'entreprises coloniales nous marquent d'ailleurs une confiance de plus en plus grande. Il ne saurait nous convenir, pour multiplier les offres d'emplois, de recourir à des procédés de réclame bruyante. Rendre des services désintéressés et accepter des responsabilités gratuites, c'est là un rôle qui ne comporte point des sollicitations indiscrètes. Mais tous ceux qui voudront s'adresser à nous en matière de personnel, nous trouverons également empressés et consciencieux. D'ailleurs, le passé — bien qu'il soit tout récent — est le meilleur garant de l'avenir. Et pour redoubler de zèle encore s'il se peut, il nous suffit de voir que nous accomplissons une œuvre de haute utilité au point de vue de la bonne exploitation de notre domaine d'outre-mer, et si nous voulions une preuve de la valeur et de l'opportunité de l'initiative que notre secrétaire général a prise, nous la trouverions dans le nombre et la qualité de ses imitateurs.

DOCUMENTS, ARTICLES SPÉCIAUX ACTES OFFICIELS

I

GÉNÉRALITÉS

Création d'un bureau de vente des publications coloniales. — Ainsi que nous l'avons fait pressentir, le ministre des colonies, donnant satisfaction à un vœu maintes fois exprimé ici, vient de créer à l'*Office Colonial* un bureau de vente des publications coloniales.

Aux termes du rapport annexé à l'arrêté, les publications mises en vente seront notamment les suivantes :

1° *Publications de l'Administration centrale.*

Tirages à part des différents actes administratifs publiés dans le *Bulletin officiel des Colonies* et de nature à être fréquemment demandés par le public, tels que les actes intéressant les régimes douanier, foncier, minier, domanial, forestier, etc., des colonies.

2° *Publications des gouvernements locaux :*

a) Journaux et bulletins officiels.

b) Procès-verbaux des séances des Conseils généraux et d'administration dans le cas où ces documents sont imprimés.

c) Budgets locaux.

d) Annuaires.

e) Rapports d'ensemble des gouverneurs.

f) Périodiques économiques.

3° Toutes les publications de l'*Office Colonial.*

Conformément à cette délibération, le bureau de vente recevra, à partir du 1er juillet 1901, des abonnements à la *Feuille de Renseignements*, au prix de 6 francs par an.

Mouvement de l'émigration. — Nous empruntons à la *Feuille de Renseignements de l'Office Colonial* les renseignements statistiques qui suivent sur le mouvement de l'émigration à destination de nos colonies pendant le premier trimestre 1901.

COLONIES	PASSAGES collectifs accordés	HOMMES	FEMMES	ENFANTS	CAPITAUX déclarés
Indo-Chine...	32	28	13	3	20.000
Madagascar..	41	42	15	11	66.900
N[lle]-Calédonie.	44	42	21	26	164.300
Col. diverses..	10	10	2	2	7.000
Totaux....	127	122	51	42	258.200
		215			

Observations. — La statistique ci-dessus ne concerne que les émigrants ayant obtenu de l'Etat la gratuité ou une réduction du prix de passage.

Ces avantages sont accordés moyennant certaines conditions parmi lesquelles doivent figurer notamment la justification d'un capital minimum de 5.000 francs ou la production d'un engagement.

Il y a lieu de faire remarquer, en ce qui concerne l'Indo-Chine, que sur les trente-deux passages collectifs accordés, il y en a vingt-huit dont la cause est dans un engagement. Les capitaux déclarés pour cette colonie et qui ne s'élèvent qu'à 20.000 francs, ne se rapportent en réalité qu'aux quatre familles parties pour leur propre compte et qui se sont contentées de fournir la justification du minimum exigé, soit 5.000 francs.

De même, en ce qui concerne Madagascar; sur 41 familles embarquées, 9 sont parties pour leur propre compte, après justification d'un capital, le surplus étant représenté par des colons munis d'engagements.

Pour la Nouvelle-Calédonie, la proportion des colons munis de ressources est plus élevée et enfin, parmi les divers, sur dix passages collectifs accordés, il y en a neuf qui ont leur cause dans des engagements.

COLONIES FRANÇAISES

AFRIQUE DU NORD

Algérie. — Actes officiels. — *Le Mobacher* :

5 juin. — *Décret* portant modification des services des travaux publics en Algérie. — *Décret* relatif à la perception par le service des douanes des droits de visite des animaux importés et exportés.

12 juin. — *Création* d'un bureau télégraphique à Lamtar.

Administration. — *L'annexe d'Igli.* — En vertu d'une décision du Gouverneur général, en date du 8 mai dernier, l'annexe d'Igli, créée par arrêté du 9 mai 1900, prendra désormais le nom d'annexe de la Zousfana, et son chef-lieu sera transféré à Taghit, dont le poste est supprimé.

Le personnel de l'annexe de la Zousfana sera formé de celui de l'annexe d'Igli qui est supprimée.

Travaux publics. — *Modification du service.* — Un décret, en date du 4 mai, vient de modifier l'organisation des services des travaux publics de l'Algérie.

L'article 2 du décret du 18 août 1897 qui régissait ce service est ainsi modifié :

L'inspection des services des travaux publics est confiée à un inspecteur général des ponts et chaussées en résidence à Alger.

Le contrôle des chemins de fer algériens est dirigé par un inspecteur général des ponts et chaussées ou des mines en résidence à Paris.

Le service des mines est dirigé par un ingénieur en chef des mines en résidence à Alger.

Tunisie. — Agriculture. — *La laiterie en Tunisie.* — L'industrie laitière est, à l'heure actuelle, une de celles dont le développement laisse le plus à désirer en Tunisie.

Deux faits le démontrent suffisamment : la cherté des produits locaux et la quantité considérable et toujours croissante de ceux qui sont importés.

Le lait, qui se paie rarement au-dessous de 0 fr. 40 le litre lorsqu'il est abondant, c'est-à-dire pendant le printemps et l'été, vaut presque régulièrement 0 fr. 50 d'octobre en février, et encore, au début de l'automne, n'en a pas qui veut ; dans certains quartiers, les laiteries voient leur provision épuisée dès six heures et demie du matin.

La crème, très rare, atteint 3 francs le litre, et le beurre frais 3 fr. 50 à 4 fr. le kilo. Quant à la production du fromage, par les colons, elle est nulle, ou à peu près, bien que quelques essais peu importants, et non soutenus d'ailleurs, aient donné de bons résultats.

Un simple coup d'œil sur la valeur de l'importation montre quelle source de revenus pourrait être cette industrie pour les propriétaires tunisiens.

En 1898, il est entré au port de Tunis :

			Evalués
Lait naturel ou concentré...	70.718 k.	Fr.	56.697
Fromage	489.573 k.		499.653
Beurre	120.252 k.		182.970
Total......	680.543 k.	Fr.	739.320

En 1899, la valeur des importations est de :

Lait	Fr.	74.483
Fromage		499.231
Beurre		192.214
Total	Fr.	813.928

Ainsi, bien que l'on produise du lait en Tunisie, nombre de personnes sont encore obligées de se contenter de conserves dont les usages culinaires ne s'accommodent pas toujours, la consistance et la saveur du lait en boite étant souvent altérées. La valeur du fromage importé dépasse, à elle seule, le demi-million ; les commentaires sont inutiles. Il est bon cependant de remarquer que les envois sont uniquement composés de fromages affinés. Il ne peut être question dans ce chiffre des fromages frais, dont on fait une si grande consommation en France pendant l'été, cette production devant forcément avoir lieu sur place.

Enfin, malgré l'usage, dans ce pays, de la cuisine à l'huile la valeur du beurre importé approche de 200.000 francs.

Ces considérations sont suffisantes pour encourager les essais et montrer que si l'industrie laitière n'est pas à créer ici, elle est tout au moins appelée à s'y développer considérablement.

L'industrie laitière est possible en Tunisie avec les ressources mêmes du pays, mais elle demande un choix judicieux et des animaux et de l'emplacement.

En plus des animaux de race indigène, nombreux, mais mauvais producteurs, il est possible de s'en procurer provenant de Sicile ou de Pantellaria, directement importés ou reproduits sur le sol tunisien.

La lactation des premiers est très variable ; presque nulle chez certains, elle atteint en moyenne 850 litres chez les bonnes laitières ; on cite même des chiffres bien supérieurs, mais ce sont de rares exceptions. Les seconds fournissent environ 1.500 litres par an et la production des derniers peut dépasser 1.650 litres.

Les opinions des nourrisseurs sur ces différentes bêtes sont d'ailleurs très diverses : certains ne veulent que siciliennes, plus robustes ; d'autres n'admettent que pantellarias, plus productrices, enfin de nombreux essais sont poursuivis avec les bretonnes, les montbéliardes, etc. mais presque tous les laitiers sont d'accord pour bannir les bêtes indigènes de leurs étables comme peu laitières et difficiles à traire.

La valeur des différentes productions varie beaucoup suivant la forme sous laquelle elles sont livrées au consommateur.

Toutes les fois qu'un transport économique à la ville est possible, c'est la vente en nature qui offre le plus de bénéfices.

En supposant un prix moyen de 0 fr. 45., on obtient :

Pour une vache indigène un produit brut de.	382 50
Et, pour une production de 1.650 litres	712 50

En admettant pour ce même lait un rendement de 15 0/0 en crème, ce qui n'a rien d'exagéré ici, cette crème, vendue 3 francs le litre aux hôtels, cafés, pâtisseries, etc., donnerait les chiffres suivants :

Dans le premier cas, 125 × 3 = 375 francs,
Dans le deuxième cas, 247 × 3 = 741 francs.

Il resterait, en outre, du lait doux écrémé qui trouverait sans nul doute un écoulement facile et assuré à un prix rémunérateur, aucune loi n'en interdisant la vente en Tunisie.

Si le transport de ce lait devenait onéreux, sa transformation en fromage sec ou demi-sec, avec apport de lait de chèvre ou de brebis pour en rehausser la teneur en matière grasse, lui donnerait un débouché certain dans les classes indigènes. Enfin, peut-être trouverait-on avantage, dans les exploitations éloignées des centres populeux, à essayer avec ce mélange la fabrication des fromages façon sardaigne. On obtient, par ce procédé, 9 0/0 environ du poids du lait. En supposant ce produit vendu 1 fr. 50 le kilogramme en gros, on aurait les valeurs suivantes : 97 fr. 50 et 189 francs, qui, ajoutées au prix de vente de la crème, donneraient

Pour la vache indigène	Fr.	472 50
Et pour la deuxième		930 »

Si enfin la crème était transformée en beurre, les résultats seraient bien moins avantageux. En comptant à quatre litres la quantité de crème nécessaire pour obtenir un kilogramme de beurre et en supposant le lait transformé en fromage comme précédemment et le beurre vendu 4 francs le kilogramme, les recettes brutes seraient 225 et 435 francs.

La valeur donnée au lait, dans les différents cas examinés, atteint

Par la vente directe	Fr. « 45	le litre.
Par la transformation en crème et fromage	» 55	—
Par la transformation en beurre et fromage	» 26	—

Enfin, la fabrication du fromage de Sardaigne donnerait au lait écrémé une valeur de 0 fr. 13 le litre.

On ne peut se dispenser de signaler le manque presque absolu à Tunis de fromages frais, ou fromages à la crême. Le prix des rares échantillons que l'on trouve est très élevé, bien qu'ils n'aient rien de l'aspect agréable et appétissant que lui donnent certains fabricants français ; au dire des consommateurs, on pourrait aussi demander beaucoup mieux comme quantité. (1)

On ne saurait passer sous silence la production des veaux, au point de vue économique, dans une exploitation laitière : elle est loin d'être avantageuse.

D'après des expériences faites sur les veaux de race indigène, on compte que pour arriver à deux mois et peser près de 65 kilos, le jeune animal a absorbé 400 litres de lait. Sa vente donne au litre de lait une valeur de 0 fr. 15 environ, dépassant de peu celle du lait écrémé transformé en fromage. L'intérêt du laitier est donc de se débarrasser des veaux le plus rapidement possible.

Dans quelles conditions peut on réaliser des bénéfices ? Il est utile pour cela de voir à combien revient la nourriture de ces animaux.

Les bêtes indigènes ont un poids moyen de 270 kilos. Il leur faut donc comme ration d'entretien 8 kilos de fourrage sec ; on ajoute environ 1 k. 200 de tourteau et 2 k. 500 de son. La ration journalière reviendrait ainsi à 1 franc par tête.

Les autres, siciliennes ou pantellarias, réclament une nourriture beaucoup plus abondante : 15 kilos de fourrage, 3 kilos de tourteau, et 2 k. 500 de farine de féverolles, maïs, son, etc., dont le coût journalier s'élève à 2 francs environ.

S'il fallait tout acheter, en ajoutant à cette dépense les frais de main-d'œuvre et l'amortissement du matériel, l'opération se traduirait, en fin d'exercice, par un faible bénéfice, voire par une balance des recettes et des dépenses, avec des animaux ordinaires.

Il n'en est pas de même lorsque le producteur cherche à tirer de sa terre tout ce qu'il est possible pour la nourriture des vaches : fourrages secs ou verts, graines (fèves, maïs, lin) etc. Dans ces conditions, en comptant un rendement de 8.000 kilos de fourrage sec à l'hectare, ce qui est un minimum en prairies artificielles irriguées et fumées (luzerne, sorgho, vesce, etc.), la ration journalière ne dépasserait pas 0 fr. 60 pour une bête indigène, y compris l'achat du tourteau. Peut-être même serait-il possible de remplacer ce dernier, tout ou partie, par une quantité variable de graines ou de farine de lin et de fèves, ces plantes réussissant généralement en Tunisie ; la dépense affectée à la nourriture se trouverait par ce fait beaucoup diminuée.

En supposant que ce changement ne donne qu'un bénéfice de 0 fr. 30 par jour sur la seule consommation du fourrage, on aurait ainsi un gain minimum de 110 francs pour une bête indigène, et de 220 fr. pour les autres.

Dans le deuxième cas, le bénéfice est au moins double du premier ; mais le capital engagé et les risques à courir sont aussi beaucoup plus grands. Tandis que la valeur des premiers animaux atteint environ 150 francs, celle des seconds varie entre 300 et 500 francs, dépassant même ce chiffre. De plus, quand on est forcé de revendre ces bêtes à la boucherie, la valeur des premiers, s'ils ne sont pas trop vieux, peut avoir augmenté par suite d'une alimentation, au maximum, tandis que l'on éprouve toujours sur les derniers une perte sérieuse dépassant parfois la moitié du prix d'achat.

Enfin, la maladie ou la perte de l'un de ces derniers peut influer de suite sur les résultats de l'entreprise, tandis que ce mécompte a une portée bien moindre quand on emploie les premiers. De plus, et toujours avec ceux-ci, quand la castration des vaches, qui permet de prolonger la durée de la lactation tout en facilitant l'engraissement, sera devenue une opération courante, peut-être y aura-t-il un genre d'opération intéressant à entreprendre en vendant le lait d'abord aux consommateurs, puis ensuite l'animal engraissé à la boucherie, sans compter que cette pratique faciliterait peut-être la traite, en rendant ces vaches moins récalcitrantes . . . .

Pour réaliser le plus grand bénéfice, il est bon de ne pas être à la merci du marché pour l'alimentation de la vacherie.

Quelle surface de terrain faut-il pour produire le fourrage nécessaire à un animal dans l'année ?

Au premier rang des plantes à cultiver, il faut placer le sorgho, la luzerne, les vesces ; le premier en fourrage vert, le deuxième en vert et en sec, les troisièmes en sec pour provision d'été.

La luzerne donne les meilleurs résultats : en terrains lui convenant, on dépasse 30.000 kilos de vesces en sec et environ 40.000 kilos et plus de

(1) Une laiterie a commencé depuis peu à fournir régulièrement à Tunis des fromages frais. Ses produit sont écoulés très rapidement.

sorgho vert. Pendant l'hiver, l'orge-fourrage donne de bons résultats, fournissant une moyenne de 12.000 kilos verts à l'hectare.

La luzerne et la vesce donneraient une moyenne de 16.000 kilos de sec à l'hectare, en supposant les deux premières coupes de luzerne (environ 30.000 kilogrammes) mangées en vert, alors que les pluies sont fréquentes et le séchage difficile.

Si l'on admet pour chaque bête une ration journalière de 20 kilos dont moitié en sec et moitié en vert, il faudrait par an 7.300 kilos.

En ne faisant porter à la terre qu'une seule récolte des plantes annuelles énumérées, ce qui peut être dépassé souvent, un simple calcul montre qu'un hectare peut nourrir trois têtes de bétail ; certaines exploitations doublent ce chiffre. Pendant trois mois d'été (mai à août), un hectare de betteraves a nourri vingt-deux bêtes à cornes à la Ferme de l'Ecole coloniale d'agriculture.

Ces premières données établies, il est bon de songer à l'utilisation d'un produit d'une importance capitale pour la culture intensive, en Tunisie surtout : le fumier. En prenant une production de 8.000 kilos par tête, chiffre qui ne peut être que très approximatif, la quantité produite par hectare serait de 24.000 kilos, supérieure par conséquent aux exigences de la fumure, surtout en faisant porter à la terre de la luzerne, des vesces, au besoin des fèves et féverolles, qui nécessitent peu de fumure azotée. L'addition de ces deux dernières plantes à l'assolement serait avantageuse : elle permettrait non seulement de donner une nourriture très concentrée aux vaches laitières, mais encore d'engraisser les animaux en fin de lactation ou de travail (bœufs remis en état et revendus à la boucherie après les travaux de culture).

Quant à l'excès de fumier, le meilleur moyen de l'utiliser serait, si la vente n'en était pas rémunératrice, cas le plus probable, d'en fumer un espace réservé à la culture potagère ou industrielle de plantes à la fois exigeantes en engrais et ne demandant pas trop de main-d'œuvre et de surveillance. Il y aurait là toute une étude en dehors du cadre de ce travail, dont le but était simplement de donner un aperçu de l'industrie laitière en Tunisie et de son développement possible.

Il y a tout lieu de croire qu'une marque locale de produits de laiterie réussirait facilement, ainsi que l'a montré, d'ailleurs, un essai fait par un colon, dont les fromages « Mont-d'Or » sont demandés fréquemment aux commerçants.

Il est certain que l'on pourrait réaliser de gros bénéfices dans une entreprise de ce genre, en variant les produits suivant la distance de l'exploitation, les saisons et les exigences des consommateurs. Les chiffres de rendements ont été pris de façon à donner des résultats au-dessous de ceux qu'il est possible d'atteindre, et un producteur avisé pourrait les élever dans de fortes proportions.

A. Delanoue,
Elève à l'Ecole coloniale d'agriculture de Tunis.
(*Bulletin de la Direction de l'Agriculture.*)

AFRIQUE OCCIDENTALE

Congo français. — Actes officiels. — *Journal officiel du Congo français.*

4 mai. — *Arrêté* séparant le cercle du Fernan-Vaz de la région de l'Ogooué et déterminant sa circonscription.

11 mai. — *Arrêté* portant fixation du résultat général des opérations de recettes et de dépenses de l'exercice 1899.

Missions. — *Délimitation du Contesté franco-espagnol.* — Nous avons publié, en son temps, la convention intervenue entre la France et l'Espagne, au sujet des territoires contestés de la côte occidentale d'Afrique.

En exécution de cette convention, une mission de chaque pays doit présider sur place à la délimitation effective, de ces territoires.

Le gouvernement français a choisi comme chef de mission M. Bonnel de Mézière, accompagné de M. le capitaineRoche, qui appartient au génie et de M. le lieutenant Duboc, de l'infanterie coloniale.

La commission espagnole est présidée par M. Pedro Jover y Tovar, premier secrétaire de l'ambassade d'Espagne à Londres.

Les deux commissions se rencontreront à Libreville dans la première quinzaine de juillet.

Côte d'Ivoire. — Actes officiels. — *Journal officiel de la Côte d'Ivoire.*

15 mai. — *Arrêté* portant suppression pour compter du 1er janvier 1902, de la subvention accordée aux commerçants français établis dans la région du Cavally. — *Arrêté* créant un corps d'infirmiers indigènes à la Côte-d'Ivoire — *Arrêté* accordant à la Compagnie française de Kong, une concession de 30,887 hectares dans la région de Kokombo. — *Arrêté* accordant à Grand-Lahou une concession à la Compagnie française de l'Afrique occidentale. — *Circulaire* relative aux « Instructions sur les pouvoirs de répression des Administrateurs en matière indigène et sur l'exercice de leurs fonctions d'officiers de police judiciaire. »

Commerce. — *Statistiques commerciales de 1900.* — Le mouvement commercial de la colonie pendant ces deux dernières années accuse les chiffres suivants :

Importations

	1900	1899
De France	2.401.481	1.510.695
Des colonies françaises	174.090	111.461
De l'étranger	6.505.302	4.767.730
Totaux	9.080.873	6.389.886

Exportations

Pour la France	1.736.793	2.696.729
Pour les colonies françaises	1.209	30.648
Pour l'étranger	6.336.587	3.135.878
Totaux	8.074.589	5.863.255

MOUVEMENT GÉNÉRAL DU COMMERCE

	1900	1899
Importations	9.080.873	6.389.886
Exportations	8.074.589	5.863.255
Totaux généraux	17.155.462	12.253.141

Soit une augmentation générale de 4.902.321 francs ainsi répartie :

Importations	2.690.987
Exportations	2.211.344
Total	4.902.321

RÉGIME FONCIER. — *Les concessions rurales de 10.000 hectares et au-dessous.* — Le *Journal officiel de la Côte d'Ivoire* du 30 avril 1901, publie l'arrêté du 27 avril portant régime des concessions rurales de 10.000 hectares et au-dessous.

Voici l'économie générale de cet arrêté :

L'octroi des concessions de terrains ruraux de 200 à 10,000 hectares, est réservé au Gouverneur :

Lorsque l'Administration, sera saisie de plusieurs demandes concurrentes ayant pour objet le même terrain, il sera procédé à une *adjudication* entre les concurrents admis à soumissionner conformément à une liste d'admissibilité dressée par le Gouvernement en Conseil d'administration.

Si une première tentative d'adjudication n'a pas donné de résultat, le Gouverneur pourra traiter *de gré à gré* après avis favorable du Conseil d'administration.

Les concessions sont divisées en deux catégories et en deux zones :

Première zone. — Comprenant toute la côte, toutes les lagunes et tous les fleuves, ces derniers jusqu'aux points terminus pour chacun d'eux, de la navigation à vapeur aux eaux moyennes.

1° Concessions de terrains propres aux *cultures industrielles* (cacao, café, caoutchouc, etc.).

2° Concessions de terrains propres à l'*élevage* et à *exploitation des produits naturels du sol.*

Deuxième zone. — Région de l'intérieur : tout le territoire non désigné dans la première zone.

1° Concessions de terrains propres aux *cultures industrielles* (cacao, café, caoutchouc, etc.).

2° Concession de terrains propres à l'*élevage* et à l'*exploitation des produits naturels du sol.*

Les concessions ne comprennent que la surface du sol. Les mines et carrières autres que les carrières de matériaux de constructions et, généralement, les produits du sous-sol sont réservés. Les carrières de matériaux de construction sont comprises dans les concessions.

Les concessions demandées dans la première zône ne pourront excéder, comme longueur sur la côte, les lagunes ou les fleuves, le double de la profondeur.

Les obligations des concessionnaires sont les suivantes :

1° *Servitudes.* Les concessions riveraines de la mer et des cours d'eau sont soumises, aux servitudes générales spécifiées par le décret du 20 juillet 1900 sur le domaine public à la Côte d'Ivoire.

Indépendamment des servitudes d'utilité publique, le concessionnaire sera soumis sans indemnité aux servitudes de passage que l'administration supérieure estimera nécessaire de constituer.

2° *Frais de délimitation.* Les frais nécessités par les travaux de délimitation et les déplacements de fonctionnaires de l'administration locale effectués pour l'homologation des transactions à intervenir avec les indigènes ou avec tout autre ayant droit pour abandon de droits usagers, seront à la charge des concessionnaires et demeurent fixés à un maximum de 0 fr. 50 par hectare. Ils seront effectués par les soins de l'administration locale qui ne délivrera le titre provisoire de concession qu'après le réglement desdits frais.

3° *Respect des droits de jouissance des indigènes.* Le concessionnaire respectera les droits de jouissance reconnus aux indigènes par l'administration et les droits de même nature dont il sera justifié par les autres ayants-droits.

L'administration se réserve la faculté d'approuver les contrats passés entre les concessionnaires et les indigènes.

4° *Enregistrement.* Tout acte de concession sera inscrit sur un registre *ad hoc*, tenu au Secrétariat général, et sera soumis à la formalité de l'enregistrement.

5° *Redevance.* Les concessionnaires aussitôt en possession de leur titre de concession provisoire devront payer annuellement à la colonie une *redevance* fixe calculée sur la totalité de la concession accordée, savoir :

Première zone. — Région côtière : *A.* Concessions de terrains propres aux cultures industrielles (cacao, café, caoutchouc, etc.).

5 centimes par hectare pendant chacune des cinq premières années ;

20 centimes par hectare pendant la 6e et la 7e année;

50 centimes par hectare pendant la 8e, la 9e et la 10e année ;

1 franc par hectare pendant chaque année à partir de la 10e exclusivement.

B. Concessions de terrains propres à l'élevage et à l'exploitation des produits du sol :

5 centimes par hectare pendant chacune des trois premières années.

25 centimes par hectare et par an à partir de la 3e année exclusivement.

6° *Impôts.* Le concessionnaire est soumis à tous les droits et impôts existants à ce jour, dans la colonie et à tous ceux qui y seraient établis. Toutefois, dans le cas où un impôt foncier viendrait à être établi sur les terres concédées, la redevance fixe annuelle stipulée à l'article 8 serait déduite du montant de cet impôt.

7° *Obligation de mettre en valeur.* Le titre provisoire de concession sera transformé en titre définitif de propriété dès que le concessionnaire aura mis en valeur le quart de la superficie concédée.

La mise en valeur comporte le défrichement sous réserve des mesures destinées à empêcher la destruction des essences utiles, l'assainissement du terrain, l'ouverture de routes ou de chemins, et l'aménagement des exploitations forestières et agricoles.

Pour les terrains plus particulièrement propres à l'élevage, cette mise en valeur comprend, en outre, la formation de troupeaux d'animaux domestiques dans la proportion d'au moins une tête de gros bétail ou trois têtes de menu bétail par trois hectares de pâturage.

Les concessionnaires d'exploitation de caoutchouc seront tenus, afin d'éviter la disparition complète des essences à latex, de planter tous les cinq ans, à compter du jour de l'entrée en possession effective, au moins cinq pieds de caoutchouc par hectare concédé. Ils veilleront, en outre, à ce que l'exploitation de ce produit soit effectuée par les indigènes, de manière à éviter la destruction des lianes et arbres exploités.

Pour les parties non mises en cultures et maintenues à l'état de forêts, le concessionnaire sera tenu de se conformer à la réglementation en vigueur dans la région en matière forestière.

Les concessionnaires auront droit à l'attribution de 5 à 10 hectares dès qu'ils auront établi les constructions dont il est parlé à l'article suivant.

Cas de déchéance

La déchéance du concessionnaire sera prononcée après mise en demeure, s'il ne se conforme pas aux conditions de l'acte de la concession et notamment : 1° Si dans l'année qui suivra la remise du titre provisoire de concession, il n'a pas construit une maison d'habitation à l'usage des Européens, et des communs pour loger les travailleurs indigènes; 2° S'il n'a pas mis en valeur à la fin de la cinquième année de l'envoi en possession provisoire une superficie d'au moins 50 hectares pour une concession de 5.000 à 10.000 hectares et proportionnellement pour une concession de moindre étendue, sans cependant que le minimum des terrains mis en valeur soit inférieur à 25 hectares, quand la concession comprendra au moins 1.000 hectares. Pour les concessions de moindre étendue, les obligations seront déterminées par l'acte même de la concession, suivant les circonstances et la nature de l'exploitation; 3° Si, étant détenteur d'un titre de concession destiné à l'élevage, il n'a pas constitué, à la fin de la cinquième année, des troupeaux de 500 têtes de gros bétail ou de 1.500 têtes de menu bétail pour 10.000 hectares; 4° Si, après la mise en demeure, il n'a pas effectué, dans un délai d'un mois, le payement de la redevance prévue à l'article 8.

Le concessionnaire qui, à l'expiration d'un délai de dix ans, n'aura pas mis en valeur le cinquième de la concession pourra demander la résiliation du contrat. Si elle lui est accordée, il conservera en toute propriété un territoire équivalant à quatre fois la superficie mise en valeur, y compris cette superficie, mais sans que, pour les concessions de la première zone, la partie en lisière sur la côte, les lagunes, ou les fleuves, puisse excéder le double de la profondeur.

A l'expiration d'un délai de vingt ans, la résiliation résultera d'une décision du Gouverneur rendue en Conseil d'administration. Le concessionnaire conservera en toute propriété un territoire équivalant à quatre fois la superficie mise en valeur, y compris cette superficie, mais sans que, pour les concessions de la première zone, la partie en lisière sur la côte, les lagunes ou les fleuves, puisse excéder le double de la profondeur. Le surplus fera retour au domaine.

L'Administration se réserve le droit, tant que l'article 10 n'a pas reçu son application, de reprendre les parties de terrains qui seraient nécessaires aux besoins des services publics ainsi qu'aux travaux d'utilité publique de toute nature, moyennant le payement d'une indemnité représentative de la valeur des constructions, des cultures et des installations diverses établies sur ces parties de terrain.

Concessions inférieures à 200 hectares

Les concessions de terrains ruraux d'une contenance inférieure à 200 hectares continueront à être accordées par le Gouverneur en Conseil d'administration, à titre gratuit ou onéreux et à des conditions qui seront déterminées pour chaque concessionnaire par l'acte de concession lui-même.

L'administration locale publie en outre l'avis suivant :

Les demandes de permis d'exploration formulées pour des terrains situés dans le cercle du Baoulé, seront, dès maintenant, acceptées au Bureau du Domaine, *si elles sont accompagnées des pièces prescrites par l'article 14 du décret du 6 juillet 1899.* Ces demandes prendront rang à compter du jour où elles parviendront au Secrétariat général et seront mises immédiatement à l'enquête, mais elles ne recevront une solution définitive qu'à une date encore indéterminée, qui reste subordonnée à la fin des opérations militaires en cours dans cette région de la colonie.

D'autre part, les personnes qui ont sollicité des concessions rurales de 10.000 hectares et au-dessous sont priées de compléter leurs demandes conformément aux dispositions du Règlement général, prévu par l'article 5 du décret du 30 août 1900. Il sera statué sur les dernières demandes, qui, provisoirement avaient été réservées, dès que les formalités complémentaires sus-indiquées auront été remplies.

Sénégal. — Actes officiels. — *Journal officiel du Sénégal.*

Arrêté fixant les bases du plan de dissémination des troupes en cas d'épidémie.

Commerce. — *Statistiques commerciales de 1900.* — Le mouvement commercial de la colonie pendant 1899 et 1900 accuse les chiffres suivants :

Importations

	1900	1899
de France	29.092.612	30.702.516
des colonies françaises	2.895.247	3.727.401
de l'étranger	14.617.288	15.629.917
Totaux	46.605.147	50.059.834

Soit une diminution d'un peu plus de trois millions répartis de façon à peu près égale sur les trois provenances.

Exportations

	1900	1899
pour la France	26.932.899	17.927.210
pour colonies françaises	84.545	34.108
pour l'étranger	5.914.698	5.298.107
Totaux	32.932.142	23.259.425

Soit une augmentation de plus de neuf millions, revenant, pour la presque totalité, aux exportations à destination de la métropole.

Le relevé du commerce général fait enfin ressortir une augmentation totale de six millions cent trente et un mille francs, soit :

	1890	1899
Importations	46.605.147	50.059.034
Exportations	32.932.142	23.259.425
Totaux généraux	79.537.289	73.606.259

Différence en plus 6.218.830.

Finances. — *Situation en 1901.* — Nous annonçions dans notre dernier numéro, que M. Lanrezac, gouverneur général par intérim de l'Afrique occidentale, avait présidé la réunion du conseil général du Sénégal. Il a prononcé à l'ouverture de la session un important discours, dont nous extrayons les passages suivants qui ont rapport au budget de 1902 et à la situation financière de la colonie :

Vous avez certainement remarqué que le projet de budget se totalise à une somme présentant par comparaison avec le budget en cours, une différence en plus de 672.197 fr. 40 c.

Cette augmentation n'est pour la grosse part au moins qu'apparente : elle correspond à l'inscription, tant aux recettes qu'aux dépenses, des 500.000 francs afférents à la garantie subsidiaire qu'à votre session extraordinaire du mois de mars dernier, vous avez accordée pour l'emprunt du chemin de fer de Kayes au Niger.

D'autre part, à cette même session, vous avez accepté de porter à 417.000 francs au lieu de 250.000, le contingent revenant au budget autonome du Haut-Sénégal pour sa quote-part dans les recettes douanières.

Cette décision entraîne une augmentation de dépenses de 167.000 francs couverte par des majorations reconnues possibles dans nos prévisions de recettes.

En résumé, la différence en plus résultant de l'exécution des divers services n'est en réalité que de 5.197 fr. 40 c.

La situation financière de la colonie, Messieurs, est excellente ; vous avez pu vous en rendre compte à la lecture de l'exposé des motifs, qui en donne le détail.

Elle peut se résumer, en nombres ronds :

Caisse de réserve	1.300.000 fr.
Solde inemployé de l'ancien emprunt	234.400
Disponible légué par les exercices antérieurs	617.000
Excédent des recettes sur les dépenses de 1900, évalué par M. le Secrétaire général à	386.000
Soit au total une somme de	2.537.000 fr.

qui à défaut de l'emprunt projeté non réalisé sera, conformément au vote émis par votre haute Assemblée et jusqu'à concurrence des 1.750.000 francs encore nécessaires, affectée à l'achèvement des travaux d'adduction d'eau dans les principales villes de la colonie.

Quant à la différence, soit 787.000 francs, je vous proposerai d'en consacrer non la totalité, car il serait imprudent de ne rien réserver pour l'imprévu, mais au moins, la plus grande partie à des travaux d'assainissement.

Mission sanitaire. — *Mesure préventive en cas d'épidémie.* — Au cours de ses travaux, la mission sanitaire envoyée au Sénégal par le ministère des colonies pour rechercher les mesures propres à combattre la fièvre jaune, avait posé le principe de la dissémination des troupes, en cas d'épidémie.

Le général commandant supérieur des troupes de l'Afrique occidentale vient, après avis des chefs du service de santé et des services administratifs, de faire signer par le gouverneur général un arrêté prévoyant dans les plus petits détails, les mesures qui devront être prises dans ce cas.

AFRIQUE ORIENTALE

Madagascar. — Actes officiels. — *Journal officiel de Madagascar et dépendances.*

1er mai. — *Arrêté* modifiant l'article X de l'arrêté du 25 novembre 1899, portant réorganisation du personnel local des postes et des télégraphes.— *Traité* de gré à gré entre le Ministre des Colonies, stipulant au nom de la colonie de Madagascar et de la Compagnie des Chargeurs Réunis, pour l'exploitation du service maritime postal de la côte Est de Madagascar.

4 mai. — *Arrêté* du 20 avril étendant aux rizières possédées par des Européens l'impôt perçu sur les rizières indigènes. — *Arrêté* du 25 avril promulguant dans la colonie le décret du 17 mars 1901, fixant la composition et le recrutement du personnel des bâtiments civils dans les colonies autres que l'Indo-Chine, la Martinique, la Guadeloupe et la Réunion. — *Circulaire* relative au visa des engagements de travailleurs et à l'application de l'arrêté du 7 mars 1901, sur la main-d'œuvre.

8 mai. — *Instruction* du 7 mai relative à l'introduction et à l'emploi dans la colonie de main-d'œuvre étrangère.—*Arrêté* ouvrant un crédit de 205.200 francs pour être réparti entre les familles des condamnés ou exilés politiques. — *Arrêté* rapportant l'arrêté du 1er mars 1901 créant un commandement supérieur du Centre. — *Arrêté* modifiant l'arrêté du 1er mars 1901, nommant M. l'Administrateur en chef Martin commandant supérieur de l'Est. — *Décision* du 22 avril relative à la constitution de la section de télégraphistes de Madagascar.

11 mai. — *Arrêté* du 7 mai créant une magnanerie modèle et des champs d'expériences pour la culture du mûrier et des muraies. — *Instruction* au sujet du développement de l'industrie séricicole. — *Arrêté* rapportant l'arrêté du 5 décembre 1899, accordant à la « Société Agricole et immobilière de Madagascar » la concession de Sakaivo. — *Arrêté* du 2 mai organisant le cadre des agents locaux du service judiciaire.— *Décision* portant règlement sur le service de santé des chantiers du chemin de fer d'Anivorano au Mangoro. — *Circulaire* au sujet de l'organisation du service de l'état civil indigène.

15 mai. — *Arrêté* du 1er mai promulguant à Madagascar le décret du 12 février 1901, autorisant la colonie de Madagascar à emprunter une somme de une revision de la législation actuelle sur la propriété indigène et, la réorganisation des fokon'olona. — *Arrêté* instituant une commission chargée d'étudier les modifications à apporter à la législation qui régit, à Madagascar, la justice indigène, et la justice française dans ses rapports avec les indigènes. 10 millions à la Caisse nationale des retraites.— *Arrêté* constituant une commission chargée de procéder à

Administration. — *Tournée d'inspection du général Gallieni.* — On nous écrit de Tamatave à la date du 19 mai :

Le général Gallieni a quitté Tananarive le 15 mai et a pris la route de Tamatave où il arrivera le 20. Son intention est de vérifier l'état de la route nouvelle, de faire des expériences de vitesse en automobile et de visiter minutieusement les travaux des deux lots de chemin de fer concédés à M. Duran et à MM. Bozzolo, Boyer et Boyau. Le premier lot n'a cessé d'être occupé par un nombre respectable de travailleurs et les travaux ont suivi un cours normal. Dans le second lot, les entrepreneurs ont été arrêtés par la grève et le départ des Italiens, sans quoi le travail serait considérablement avancé. Les mesures prises par ces messieurs font espérer qu'incessamment règnera sur les chantiers une recrudescence d'activité.

Le général restera à Tamatave jusqu'au 1er juin et entreprendra une visite d'inspection de tous les ports de l'île en commençant par le Nord-Est. Le *Catinat*, ainsi que nous l'avons annoncé, le prendra à son bord, pendant que le *M'panjaka* transportera sa suite et les chefs de service qui doivent l'accompagner. Le voyage aura une durée de trois mois et au mois de septembre le général Gallieni reviendra passer un long mois à Tamatave. D'ici là les services de transports par automobiles seront sans doute organisés d'une façon sérieuse.

L'émigration à Madagascar. — La préfecture des Bouches-du-Rhône vient de faire aux journaux de Marseille l'importante communication suivante :

M. le gouverneur général de Madagascar a eu à constater qu'un grand nombre d'émigrés se trouvent, dès leur arrivée dans l'île, dans l'impossibilité absolue de subvenir à leurs besoins. Ces indigents ne tardent pas à tomber à la charge de l'Assistance publique de notre colonie, qui doit ensuite assurer leur rapatriement aux frais de son budget.

Afin d'obvier à cet état de choses préjudiciable au développement progressif de notre conquête, M. le gouverneur général a décidé d'empêcher le débarquement de toute personne qui ne justifierait pas avoir les ressources nécessaires pour parer aux premières éventualités ou un contrat de travail régulièrement établi.

COLONISATION. — *Main-d'œuvre étrangère.* — Nous reproduisons ci-après les dispositions principales des instructions que le général Galliéni vient d'adresser aux chefs de province relativement à l'introduction et à l'emploi dans la colonie de la main-d'œuvre étrangère.

I. — CONSIDÉRATIONS GÉNÉRALES

Les pourparlers engagés de divers côtés par le Gouvernement de la Colonie permettent d'envisager la possibilité d'introduire à Madagascar, dans des conditions avantageuses, suivant les besoins qui se manifesteront, de nombreux travailleurs originaires des pays d'Extrême-Orient.

D'ores et déjà, l'administration locale est assurée de pouvoir disposer, à brève échéance, de quinze cents coolies asiatiques. Ces immigrants arriveront à Tamatave dans le courant du troisième trimestre de cette année. Ils ont été, en principe, engagés par la colonie, en vue de l'exécution des travaux qui lui incombent directement dans la construction de la voie ferrée de Tananarive à la côte orientale.

L'emploi, dans ces conditions, de travailleurs étrangers aura pour premier résultat d'augmenter les disponibilités de main-d'œuvre locale pour les entreprises de colonisation.

Mais, afin d'atténuer plus directement encore, s'il est possible, les difficultés du recrutement de travailleurs dans certaines régions, je suis décidé à prélever sur les mille coolies chinois qui font partie des convois prochainement attendus, un certain nombre d'hommes pour les besoins tant des colons que des services locaux : ponts et chaussées, voirie urbaine, agriculture, etc.

II. — CONDITIONS DE RECRUTEMENT ET D'ENGAGEMENT DES TRAVAILLEURS CHINOIS

Le contrat indique les conditions de recrutement et d'emploi des coolies chinois engagés par le Gouvernement de la Colonie.

La durée de l'engagement est de trois années, à dater du jour du débarquement à Tamatave.

Le salaire mensuel, dû à compter de la même date est fixé à vingt-cinq francs pour les coolies et à 30 fr. pour les chefs d'équipe.

Les uns et les autres ont droit, en outre, à la nourriture, à l'habillement, au logement, aux soins médicaux et au rapatriement, le tout aux frais de l'engagiste.

A ce dernier titre, le Gouvernement de la colonie s'est expressément réservé la faculté — dont, comme je l'ai dit, il entend user aussi largement que le nombre de travailleurs immigrés le permettra — de se substituer des colons présentant les garanties nécessaires pour assurer l'exécution intégrale des obligations consenties vis-à-vis des immigrants.

Les frais de recrutement, de commission et de transport sont de trois cent cinquante cinq francs (355 fr.) par homme valide arrivé à Tamatave; l'administration locale a alloué, d'autre part, à chaque coolie, au moment de l'embarquement une avance de trois mois de salaires à retenir par fractions égales sur les six premiers mois.

D'après ces données et en tenant compte, en outre, des frais de rapatriment — qu'on peut évaluer à 175 francs par tête, prix du voyage d'aller — des frais de nourriture, d'habillement, de logement et de soins médicaux, on voit que le prix de revient du travailleur chinois sera de 2 francs à 2 fr. 20 par jour environ.

III. — EMPLOI DE LA MAIN-D'ŒUVRE ÉTRANGÈRE PAR LES SERVICES DE LA COLONIE.

Logements. — Il sera mis à la disposition des immigrants des logements construits suivant les usages du pays, d'une hauteur de faîte de trois mètres au minimum, établis en terrain sec, sur des emplacements aérés et aussi salubres que possible.

Ces logements seront pourvus de lits de camp hauts de un mètre au-dessus du sol, mesurant deux mètres de longueur sur soixante-dix centimètres de largeur au minimum par homme, et disposés de telle sorte, que les planches puissent être aisément enlevées pour un nettoyage parfait. Chaque immigrant sera muni d'une natte de couchage. Les camps et logements devront être tenus en état constant de propreté.

Soins médicaux. — Les chefs de service et de province devront prendre toutes les dispositions utiles pour assurer le service médical de leurs engagés. Des instructions sur les soins à donner en cas d'accident ou de maladie, leur seront adressées par la direction du service de santé chargée du contrôle médical de l'immigration.

Si le nombre des travailleurs employés sur un même point est égal ou supérieur à vingt, un local spécial devra être aménagé pour les malades, avec lits, paillasses et couvertures, dans la proportion de un lit par vingt immigrants.

Tout travailleur atteint, soit de maladie exigeant des soins autres qu'une dispense de travail ou un simple pansement, soit d'affections ne pouvant être soignées sur place, devra être immédiatement dirigé par le chef de la circonscription administrative sur la formation sanitaire la plus voisine.

IV. — EMPLOI DE LA MAIN-D'ŒUVRE ÉTRANGÈRE PAR LES COLONS.

Le Gouvernement de la colonie, en prenant l'initiative d'introduire lui-même de la main-d'œuvre étrangère dans l'intérêt des colons, s'est proposé d'éviter à ces derniers les démarches onéreuses et les aléas qu'auraient comportés, pour un premier début, des opérations de recrutement engagées au nom de particuliers.

Son but est aussi de réduire au minimum les frais incombant aux entreprises privées du fait de l'utilisation de cette main-d'œuvre, en les dispensant de constituer des avances de fonds et d'immobiliser ainsi des capitaux.

Par contre, il est indispensable que l'administration locale soit garantie du remboursement des dépenses faites à son compte et de l'exécution scrupuleuse, par les employeurs, des engagements contractés envers les immigrants.

Toute injustice, tout abus commis au préjudice de ces derniers compromettraient le bon renom de la colonie, constitueraient, par conséquent, autant d'obstacles au succès des autres tentatives de recrutement.

A. — Demandes de main-d'œuvre. — Les demandes de main-d'œuvre étrangère formulées par les colons devront être adressées, avant le 1er juin prochain, au chef de la province du lieu de l'entreprise à laquelle l'immigrant sera destiné. Elles seront libellées en double exemplaire, et prendront rang du jour et de l'heure de leur réception, constatés par leur enregistrement au chef-lieu de la province, où il sera ouvert à cet effet un registre spécial coté et paraphé par l'autorité administrative. Elles devront notamment mentionner les noms, qualités ou profession de deux cautions, que le futur employeur aura à présenter pour garantir l'exécution de ses obligations ou, à défaut, les autres sûretés qu'il pourrait fournir.

Au vu de l'ensemble des demandes, je fixerai moi-même la répartition des immigrants entre les colons, suivant le nombre de travailleurs disponibles, la valeur des garanties offertes, l'importance des entreprises et de l'ordre d'inscription des demandes acceptées. Cette répartition sera portée à la connaissance des intéressés par voie d'insertion aux *journaux officiels* de la Colonie.

B. — Remboursement des dépenses effectuées par la Colonie. — Le remboursement des dépenses faites par la colonie — frais de recrutement, commission, transport, achat des vêtements et couvertures à remettre aux immigrants à leur arrivée — sera effectué par les employeurs, entre les mains des chefs de province, à raison de : un quart au moment de la livraison des travailleurs, les trois autres quarts étant payables par semestre, en trois échéances, à compter de cette date.

Les sommes ainsi versées seront, dans tous les cas, acquises à la colonie. Les colons à qui des immigrants seraient remis en cours d'engagement, n'auraient évidemment à rembourser qu'une fraction des frais ci-dessus indiqués, correspondant au temps restant à courir jusqu'à l'expiration du contrat de travail.

En cas de décès de l'immigrant dans le courant de la première année de l'engagement, l'employeur sera exonéré du paiement des sommes non échues à l'époque du décès.

Le Gouvernement Général assurera aussitôt après la décision de répartition, le recouvrement du montant de la première échéance ; les chefs de province émettront, pour les autres échéances, des ordres de recette au nom de l'employeur, en vue du versement des sommes dues, soit au trésor, soit à la caisse de fonds d'avances ; ils consigneront les versements effectués sur la matricule provinciale tenue conformément aux indications données par les présentes instructions.

C. — Remise des immigrants aux colons. — La remise des immigrants aux colons sera faite par les chefs de province sur la production par les employeurs, de la quittance de versement de la première échéance.

L'administrateur du port d'arrivée sera chargé de procéder à cette opération pour les demandeurs compris dans l'état de répartition prévu ci-dessus. Ces derniers devront donc lui faire parvenir la justification requise par l'intermédiaire du chef de la province de leur résidence, lequel en assurera, d'urgence, la transmission.

A défaut de présentation ou d'envoi de cette pièce dans le délai de huit jours après l'arrivée des coolies dans la Colonie, la demande de main-d'œuvre sera considérée comme non avenue.

Par mesure de bienveillance spéciale et afin d'encourager les entreprises de colonisation, l'administration assurera, aux frais du budget local, l'entretien, le voyage par terre ou le transport par mer du port d'arrivée au chef-lieu de la province dans laquelle devront être employés les émigrants ou au port de débarquement le plus voisin.

En prenant livraison de ses engagés, l'employeur remettra au chef de la province un reçu, par lequel il s'obligera, conjointement et solidairement avec ses cautions, à payer, aux échéances prévues, les sommes dues à la Colonie, sous peine de subir le retrait des immigrants, vingt jours après une simple mise en demeure, notifiée dans la forme administrative par l'autorité locale et non suivie de paiement.

D. — Transfert des contrats d'engagements. Obligations incombant aux employeurs. — La substitution des colons à l'administration, en qualité d'engagiste, sera constatée sur les contrats de travail au moment de la livraison.

Du fait de ce transfert, les employeurs devront se conformer aux prescriptions qui précèdent relativement au traitement à assurer aux engagés des services publics (installation des logements, contrôle de la situation sanitaire). En ce qui concerne particulièrement les soins médicaux, ils auront à se pourvoir des médicaments et objets de pansement prévus par les instructions du directeur du service de santé de la Colonie, lesquelles leur seront notifiées par le chef de la province.

La visite médicale sera passée chaque matin avant la mise au travail par le directeur de l'entreprise ou l'un de ses employés européens.

Tout employeur ayant au minimum vingt engagés sera tenu de les présenter toutes les fois qu'il en sera requis à la visite d'un médecin. Cette visite sera effectuée sur le lieu de l'entreprise et, autant que possible, une fois par semaine. Le médecin consignera ses prescriptions et observations sur le registre de situation sanitaire à soumettre mensuellement au visa du chef de la circonscription administrative. Le registre précité sera tenu en double de façon à ce que le contrôle de la situation sanitaire soit constamment assuré. L'employeur devra, en outre, se conformer, le cas échéant, aux indications des médecins inspecteurs du service de santé de la Colonie. Les travailleurs qui ne pourraient être soignés sur place seront immédiatement dirigés sur la formation sanitaire la plus voisine. Le prix de la journée d'hôpital est fixé par les tarifs en cours.

Paiement des salaires. — Le contrat d'engagement prévoit le paiement des salaires dans les huit premiers jours qui suivent le mois écoulé. L'employeur devra, comme les services publics, tenir en double un livre de paie dont un exemplaire sera soumis, dans les dix premiers jours du mois échu, au visa du chef de la province ou de son délégué, en même temps que le registre de situation sanitaire et le relevé des journées supplémentaires dues par l'engagé pour absence illégale, incapacité de travail, etc. Il ne sera accordé de remploi de ces journées qu'après vérification faite par le chef de la province ou son délégué. Les retenues de salaire prononcées par l'employeur seront subordonnées à la même vérification. Les contestations à ce sujet, entre l'autorité locale et l'employeur devront m'être immédiatement soumises. Je statuerai définitivement. Les employeurs qui ne croiraient pas devoir se conformer à la décision intervenue dans ces conditions, subiraient le retrait des engagés, après mise en demeure notifiée dans la forme administrative. Les salaires qui auraient été indûment retenus seraient reportés sur les gages du mois suivant et mention de leur paiement devrait être faite sur le livre de paie.

En cas de désaccord entre l'employeur et l'engagé sur la légalité des retenues de salaire, le chef de la province aura qualité, si les réclamations de ce dernier paraissent fondées, pour les signaler à l'autorité judiciaire, afin que les légitimes intérêts de l'immigrant ne soient pas lésés.

Il est, enfin, indispensable que les remises de salaires à faire aux familles des immigrants ou à leur mandataire dans la Colonie, aient lieu régulièrement.

Dans les provinces où il existe une caisse de fonds d'avances, l'employeur remettra, à cet effet, au chef de la province, en lui présentant le livre de paie, un état en double exemplaire, extrait de ce livre et versera la somme revenant aux familles ou au mandataire.

Incapacités permanentes de travail, décès, désertions. — L'employeur devra signaler sans délai à l'autorité locale les cas d'incapacité permanente de travail, évacuation sur les formations sanitaires, décès et désertions, qui viendraient à se produire parmi ses engagés.

Inspections médicales et administratives. — Il ne pourra s'opposer aux inspections qu'il appartiendra aux autorités administratives et médicales d'effectuer pour s'assurer de l'exacte exécution des obligations qui lui incombent, de l'installation des immigrants dans les conditions requises, du bon état d'entretien des camps et logements, etc., etc.

Toute infraction de la part des employeurs, aux clauses des contrats d'engagement et aux prescriptions ci-dessus pourra donner lieu au retrait des immigrants.

Rapatriement. — En principe, les frais de rapatriement sont à la charge du colon substitué, comme engagiste, à l'administration. Toutefois, par nouvelle mesure de bienveillance à l'égard de l'initiative privée, j'ai décidé que la Colonie prendra à sa charge :

1° En totalité, les frais de rapatriement des engagés atteints, au cours des dix-huit premiers mois de leur séjour, d'une incapacité permanente de travail résultant d'une cause naturelle, suivant constatation faite par le médecin du service de santé de la Colonie;

2° A raison du quart, les frais de rapatriement des immigrants que le même employeur aura conservés pendant toute la durée de l'engagement.

En cas de retrait de l'engagé, pour l'un quelconque des motifs ci-dessus indiqués, l'employeur sera tenu de participer aux frais de rapatriement, dans la proportion du temps pendant lequel il aura fait emploi de l'immigrant, par rapport à la durée totale de l'engagement.

D'autre part, les frais ne seront mis à la charge de l'employeur, que dans la même proportion, si l'immigrant ne lui est remis qu'à l'expiration des six premiers mois de séjour dans la Colonie.

Il est, d'ailleurs, bien entendu que l'administration se réserve le droit de rapatrier d'office à ses frais, en tout temps, dans l'intérêt de l'ordre public, les immigrants mis à la disposition des colons, sans être tenue vis-à-vis de ces derniers à quelque indemnité que ce soit pour la perte de main-d'œuvre ainsi subie par les employeurs.

Carte d'identité. — Les immigrants seront munis, avant de quitter le port d'arrivée, d'un bulletin d'identité portant avec leur photographie, leurs noms, prénoms, surnoms, le numéro de la matricule générale, le signalement, le lieu de naissance ou d'origine, le nom de l'employeur (service public ou colon).

Le duplicata de cette carte sera envoyé au directeur

des travaux publics, pour les immigrants destinés aux travaux du chemin de fer, et au chef de la province dans laquelle sera appelé à résider l'engagé, en tout autre cas.

Les changements survenus en cours d'engagement dans la situation de l'immigrant seront mentionnés sur la carte d'identité, par les soins de l'autorité administrative.

Attributions des chefs de province. — Les chefs de province rempliront les fonctions de commissaire de l'immigration, avec la mission expresse de veiller, dans leurs circonscriptions respectives, au bon emploi des immigrants autres que ceux utilisés par la direction des Travaux publics. Ils devront, en premier lieu, assurer, chacun dans sa province, la conduite, le logement et le ravitaillement des convois de coolies destinés à être employés, d'après les demandes des services publics et des particuliers, dans les diverses régions de l'île.

Les chefs de province devront en outre, s'appliquer à faciliter, de tout leur pouvoir, les relations entre employeurs et immigrants, à apaiser les différends, à dissiper les malentendus. Ils veilleront à ce que les registres relatifs au contrôle de l'emploi et du rendement de cette main-d'œuvre soient exactement tenus, me signaleront les désertions, incapacités permanentes de travail, décès et, en général, tous incidents qui viendraient à se produire.

Attributions du service de santé. — Le directeur du service de santé est chargé du contrôle médical de l'immigration. A ce titre, il fera visiter, aussi souvent qu'il le jugera opportun, par les médecins placés sous ses ordres, les immigrants employés tant par les services publics que par les particuliers. Les médecins inspecteurs s'assureront que toutes les mesures sont prises en vue de la bonne hygiène des immigrants, donneront, s'il y a lieu, aux employeurs, les indications nécessaires pour qu'il soit remédié aux défectuosités constatées, feront diriger sur la formation sanitaire la plus voisine les malades qu'ils reconnaîtraient ne pouvoir être soignés sur place, viseront les registres de situation sanitaire, etc.

GALLIENI.

Main-d'œuvre indigène. — Le général Galliéni vient d'adresser aux chefs de province une circulaire qui a pour but de régler les détails d'application de l'arrêté du 7 mars 1901 sur la main-d'œuvre indigène, et de définir le rôle que ces fonctionnaires auront à remplir en matière d'engagement. Nous en reproduisons le préambule, qui précise le caractère des mesures prises par le général Galliéni en vue de réaliser ce double objectif : garantir la liberté de travail des indigènes et assurer aux colons sérieux la main-d'œuvre dont ils ont besoin :

Il m'est revenu que, malgré la suppression des prestations et du régime de faveur qui, faisant bénéficier les indigènes engagés de colons de l'exemption partiel de cet impôt, a donné lieu aux abus que vous savez, le principe du libre consentement en matière d'engagements de travail, contractés par les Malgaches pour le compte d'entreprises privées, subit encore de graves atteintes.

Certains colons, répandant le bruit de l'établissement prochain de lourdes corvées, ont passé et passent encore des contrats d'engagement le plus souvent fictifs.

Comme ces colons n'exigent, dans ce cas, aucun travail effectif, qu'ils promettent aux indigènes de les soustraire à de nouvelles charges, ils trouvent évidemment, dans la population crédule des campagnes, de nombreux Malgaches disposés à accepter leur protection, au prix même d'un sacrifice en argent ou en nature.

Ceux qui spéculent ainsi sur la crédulité ou l'ignorance des indigènes et sur le bon vouloir du gouvernement de la colonie à l'égard des entreprises de colonisation, sont, à coup sûr, l'exception.

Les agissements de cette minorité n'en ont pas moins les effets matériels et moraux les plus désastreux, étant donné surtout que, si le nombre des engagistes de cette catégorie est peu élevé, celui des engagés est, par contre, relativement considérable.

Dans certaines régions, les colons désireux de faire œuvre utile au développement économique du pays éprouvent les plus grosses difficultés à recruter directement des travailleurs ; parfois, ils se voient contraints de courir à l'intermédiaire de ces quelques personnalités peu scrupuleuses qui, au moyen de promesses trompeuses, sont parvenues à accaparer la main-d'œuvre, prélevant ainsi une dîme immorale et sur les chefs d'entreprise et sur l'indigène.

La Chambre consultative de Tananarive a appelé toute mon attention sur ces inconvénients.

Ebranler la confiance des Malgaches dans les assurances formelles du gouvernement a, au surplus, pour résultat, non seulement de jeter le trouble dans les esprits, mais encore de nuire au succès de l'action politique et de l'œuvre de civilisation que tous les bons Français ont à cœur de poursuivre ici, d'enlever, enfin, toute efficacité à l'intervention administrative, dans l'intérêt des entreprises ayant pour objet la mise en valeur du pays.

Le fonctionnement des offices du travail, par lesquels cette intervention est, notamment, appelée à se manifester, serait singulièrement entravé, s'il n'était pas mis un terme aux abus commis à l'occasion d'engagements de travailleurs, abus qui ont motivé les légitimes doléances de plusieurs chefs d'entreprises importantes et des chambres consultatives, particulièrement de celle de Tananarive.

Vous devez donc vous attacher avec le plus grand soin à dissiper les faux bruits mis en circulation pour vicier le libre consentement des Malgaches et spéculer sur les besoins réels, en main d'œuvre, des colons ou des services publics.

La colonisation agricole dans le cercle d'Analalava. — La colonisation dans le cercle d'Analalava suit une marche lente, mais progressive. Les principales cultures entreprises sont le cocotier et la vanille, lesquelles constituent un travail de longue haleine ne pouvant être entrepris qu'avec un capital suffisant pour couvrir les frais d'installation et payer la main-d'œuvre pendant plusieurs années. Cependant, un colon désireux de ménager son capital peut, en même temps, se livrer à l'élevage des bœufs, porcs et animaux de basse-cour ; les bénéfices sont immédiatement assurés et très rémunérateurs.

La main-d'œuvre se recrute aisément ; mais il est bon de remarquer que le nombre d'indigènes employés sur chaque exploitation est peu élevé, et que les colons auraient beaucoup de peine à se la procurer, s'ils avaient chacun besoin d'une centaine de Sakalaves seulement.

On compte treize colons dans le cercle d'Analalava. Un seul jusqu'ici a réussi à mettre réellement sa concession en valeur. Son établissement remonte, il est vrai, à 1897, et les autres sortent à peine de la période d'installation. La plupart cependant réalisent quelques bénéfices par l'élevage. Quarante-cinq concessions urbaines ont été accordées et délimitées dans l'année 1900.

COMMERCE. — *Mouvement commercial.* — Le mouvement commercial à Madagascar pendant le premier trimestre 1901 s'est élevé à 12.476.100 en augmentation de 2.098.160 fr. sur la période correspondante de 1900. Dans ce chiffre, les importations figurent pour 10.641.892 francs, avec une différence en plus de 2.408.938 et les exportations pour 1.834.208 en diminution de 310.777 fr. sur 1900.

Le contingent de Tamatave et de Majunga dans ces deux chiffres s'établit comme suit :

IMPORTATIONS.

Tamatave	2.706.890
Majunga	2.430.810

EXPORTATIONS.

Tamatave	781.833
Majunga	254.910

On nous écrit à ce sujet :

L'importance des deux places, au point de vue des importations tendrait donc à s'égaliser. Quant aux exportations, le chiffre de Tamatave est considérablement augmenté par la valeur des sorties d'or, qui proviennent, pour la majeure partie, des régions de l'intérieur, auxquelles elles servent de moyens de rapatriement direct des fonds.

D'une façon générale, et le phénomène est bien regrettable, les exportations totales de toute l'île ont baissé d'environ 300.000 francs pendant le premier trimestre de 1901. La raison en est dans les dégâts causés par les sauterelles ; les populations indigènes ont été, plus que d'habitude, occupées aux soins et à la défense de leurs récoltes de riz ; la cueillette des produits d'exportation s'en est ressentie. Par contre, malgré tous les efforts, la récolte de riz ayant été perdue en nombre de points, les indigènes vont ramasser probablement avec plus d'ardeur, les mois suivants, les produits naturels de leur pays, contre lesquels les commerçants européens fourniront le riz nécessaire à leur alimentation.

FINANCES. — *Impôts sur les rizières européennes.* — Le général Galliéni, « considérant que de nombreuses rizières, notamment en Imérina, sont actuellement possédées par des Européens qui, en les donnant en métayages, en tirent des bénéfices importants » a pris, à la date du 26 avril 1901, un arrêté par lequel « l'impôt actuellement perçu sur les rizières indigènes est étendu aux rizières possédées par les Européens dans les provinces et cercles où cette contribution existe ».

MOYENS DE COMMUNICATION. — *Service maritime de la cote Est* : Le *Journal Officiel de Madagascar* publie le cahier des charges du service maritime postal de la côte Est dont la Compagnie des Chargeurs réunis a été déclarée concessionnaire :

La Compagnie doit assurer un voyage d'aller et retour par mois dont l'itinéraire est fixé provisoirement comme suit :

De Diego-Suarez à Vohemar	90 milles.
De Vohemar à Maroantsetra	217 —
De Maroantsetra à Tamatave	175 —
De Tamatave à Vatomandry	73 —
De Vatomandry à Mahanoro	37 —
De Mahanoro à Mananjary	86 —
De Mananjary à Farafangana	101 —
De Farafangana à Fort-Dauphin	145 —
Total	924 milles.
Aller et retour	1.848 milles.

Le service compte onze voyages réguliers, à raison de 924 milles par traversée et de 1.848 milles par voyage complet, le douzième mois de l'année étant consacré à un voyage à Maurice, pour assurer le passage au bassin et la réparation annuelle du navire.

Au cahier des charges sont annexés les tarifs de passagers et de frêts.

TRAVAUX PUBLICS. — *Le chemin de fer d'Aniverano à Tananarive.* — On nous écrit de Tamatave :

Les constructions sur la première moitié de chaque lot seraient assez avancées pour qu'on ait la certitude qu'elles seront achevées dans quelques jours. Elles pourraient dès maintenant recevoir environ 3.000 ouvriers.

La plate-forme de la voie Decauville est terminée sur toute la longueur nécessaire et la pose avance rapidement. Une installation de plus a été faite à Andevorante pour le débarquement et le transit du matériel arrivant par mer.

Tout cela ne peut que favoriser l'essor d'Andevorante, ville de 2.000 habitants (sans la population flottante, chaque jour plus dense) et dont l'importance commerciale dans un pays très fertile et avec la route de l'est, le chemin de fer et le canal des pangalanes s'accroît de plus en plus; le trafic en 1900 a été de 5,892.916 fr. 10 (2.337.656 fr. de plus qu'en 1899). Avec quelques travaux, on pourrait rendre plus facile l'accès de son port dont la barre est commune d'ailleurs à la plupart de ceux de la côte orientale.

La Compagnie des Messageries Françaises de Madagascar ne tardera pas à inaugurer son nouveau service jusqu'à Mahatsara. Tous les travaux sont terminés et le petit vapeur chargé du transport des passagers sera bientôt prêt à prendre la mer. Les aménagements en sont, paraît-il, parfaits.

Les commerçants d'Andevorante, pour lesquels la construction du chemin de fer d'Aniverano est une source de profits sérieux, attendent avec anxiété l'inauguration du nouveau service qui leur assurera des relations fréquentes avec Tamatave.

ASIE

Indo-Chine. — ACTES OFFICIELS. — *Journal officiel de l'Indo-Chine française (1re partie).*

2 mai. — *Arrêté* du 15 avril fixant la composition des commissions de surveillance des bateaux à vapeur fluviaux en Indo-Chine.

13 mai. — *Arrêté* du 25 avril, promulguant en Indo-Chine, le décret du 5 mai 1901, qui porte création d'un cadre unique de commis greffiers du service judiciaire en Indo-Chine. — *Arrêté* du 26 avril, promulguant le décret du 2 février 1901, qui approuve la réglementation de l'enregistrement, du timbre et des hypothèques en Indo-Chine. — *Arrêté* du 26 avril, promulguant en Indo-Chine, le décret du 7 février 1901 qui porte organisation de la direction de l'agriculture, des forêts et du commerce de l'Indo-Chine.

16 mai. — *Arrêté* du 22 avril, fixant à quarante jours le délai d'enregistrement des actes notariés passés en dehors de la commune où le bureau de l'enregistrement est établi.

20 mai. — *Arrêté* du 20 août, promulguant en Indo-Chine, le décret du 26 février 1901, portant organisation de l'École française d'Extrême-Orient. — *Arrêté* du 26 avril, promulguant le décret du 7 février 1902, portant organisation en Indo-Chine d'un service forestier dépendant de la direction de l'agriculture, des forêts et du commerce. — *Arrêté* du 18 mai déclarant le port d'Amoy contaminé de peste.

(*2e Partie*).

22 avril. — *Arrêté* du 11 avril, modifiant celui du 21 octobre 1899, portant organisation des réserves militaires en Indo-Chine.

Annam. — ACTES OFFICIELS. — *Journal Officiel de l'Indo-Chine française (1re partie).*

2 mai. — *Arrêté* du 26 janvier 1901 sur les terrains domaniaux à Tourane.

ADMINISTRATION. — *Concession française de Tourane.* — Une ordonnance du roi d'Annam, en date du 15 janvier 1901, prise en vue de faciliter l'exécution des travaux entrepris ou projetés à Tourane par le Protectorat, étend considérablement les limites des territoires avoisinant cette ville et érigés précédemment en concession française.

COMMERCE. — *Le commerce de l'Annam avec la Cochinchine.* — Les relations commerciales entre le Sud de l'Annam et la Cochinchine ont subi une notable recrudescence depuis qu'un négociant de Saïgon, M. Berthet, secondé par deux commerçants installés au Khanh-hoâ, MM. Grosieux et Rousreau, a affrété un vapeur de 400 tonneaux, qui fait trois voyages réguliers par mois entre Quinhon et Saïgon, avec escale à Song-câo, Nhatrang, Phanrang et Phantiet. Grâce à ce nouveau service, les provinces du Phu-yen, du Khanh-hoâ et du Bienhhoâ pourront désormais écouler avec plus de facilité leurs nombreux produits industriels ou commerciaux,

L'administrateur de Phû-yên n'évalue pas à moins de 600 les bovidés qui sont exportés mensuellement de la province depuis le fonctionnement du nouveau service côtier. Ce commerce prend une importance telle, que les marchands de bestiaux commencent à pénétrer, pour opérer leurs approvisionnements, jusque chez les Mois, lesquels possèdent des troupeaux dont on ne peut encore apprécier le nombre.

A Binh-dinh également l'exploitation des têtes de bétail à cornes est en progrès. Cette province en expédie environ 300 par mois sur Saïgon.

Au reste, la consommation locale ne s'en ressent nullement. M. le Résident supérieur en Annam estime que le chiffre actuel de l'exportation pourra tripler, quadrupler même, avant que les ressources du pays soient atteintes.

Commerce général. — Nous donnons ci-après le tableau du commerce général de l'Annam en 1900 et on trouvera plus loin des tableaux analogues pour la Cochinchine et le Tonkin.

Mouvement commercial de l'Annam en 1900 (Valeurs en francs)

NATURE DES DENRÉES ET MARCHANDISES	IMPORTATIONS			EXPORTATIONS		
	DENRÉES ET MARCHANDISES		TOTAUX	DENRÉES ET MARCHANDISES du crû de la colonie exportées		TOTAUX
	FRANÇAISES	ÉTRANGÈRES		EN FRANCE et dans les colonies françaises	A L'ÉTRANGER	
Animaux vivants	»	17.327	17.327	»	427.959	427.959
Produits et dépouilles d'animaux	12.635	11.290	23.925	79.735	916.816	996.551
Pêches	5.845	2.693	6.538	»	160.864	168.864
Substances animales brutes, propres à la médecine ou à la parfumerie	»	»	»	»	10.450	10.450
Matières dures à tailler	»	»	»	3.480	72.446	75.926
Farineux alimentaires	4.048	67.354	71.402	»	1.168.572	1.168.572
Fruits et graines	755	22.107	22.862	»	77.131	77.131
Denrées coloniales de consommation	6.805	844.307	851.112	851.624	1.625.754	2.477.378
Huiles et sucs végétaux	7.668	48.089	55.757	21.960	44.562	66.522
Espèces médicinales	5.020	180.065	185.085	»	24.090	24.090
Bois	»	755	755	320	9.466	9.786
Filaments, tiges et fruits à ouvrer	»	7.940	7.940	225	239.691	239.916
Teintures et tanins	»	21.210	21.210	»	28.275	28.275
Produits et déchets divers	2.915	31.851	34.766	»	1.677	1.677
Boissons	76.600	3.433	80.033	»	»	»
Marbres, pierres, terres, combustibles minéraux	12.097	456.544	469.241	35	114.760	114.795
Métaux	12 045	74.509	86.554	16.260	11.657	27.917
Produits chimiques	41.406	15.113	56.519	»	633.890	633.890
Teintures préparées	»	98.315	98.315	»	60	60
Couleurs	2.568	11.131	13.699	»	»	»
Compositions diverses	20.873	126.646	147.519	33.990	537	34.527
Poteries	12.420	873.403	885.823	96	»	96
Verres et cristaux	24.910	13.283	38.193	»	155	155
Fils	2.740	5.459.620	5.462.360	750	8.325	9.075
Tissus	186.066	366.601	552.667	16.375	17.360	33.735
Papier et ses applications	43.180	690.296	733.476	760	»	760
Peaux et pelleteries ouvrées	3.820	14.825	18.645	500	»	500
Ouvrages en métaux	159 940	222.414	382.354	»	»	»
Armes, poudres et munitions	15.665	145.455	161.120	»	»	»
Meubles	4.475	4.466	8.941	9.140	450	9.590
Ouvrages en bois	247	10.290	10.537	640	8.599	9.239
Instruments de musique	2.050	12.635	14.685	»	»	»
Ouvrages de sparterie et de vannerie	200	35.445	35.645	79	16.807	16.886
Ouvrages en matières diverses	29.175	86.903	16.078	5.275	»	5.275
Totaux	694.768	9.976.315	10.071.083			
Déduction des monnaies d'or et d'argent	»	47.120	47.120			
Net	694.768	9.929.195	10.623.963	1.041.244	5.620.353	6.661.597

Cochinchine. — Actes officiels. — *Journal officiel de l'Indo-Chine française (1re Partie).*

29 avril. — *Arrêtés* portant qu'il sera procédé au bornage général des terres de divers villages des provinces de Bac-lieu, Bentré, Travinh, Soctrang, Sadec et Gocong.

6 mai. — *Arrêtés* portant qu'il sera procédé au bornage général des terres de divers villages des provinces de Mytho et Longxuyen.

16 mai. — *Arrêté* du 21 avril instituant une commission chargée de procéder à la vérification des comptes de l'exploitation des chemins de fer de Saïgon à Mytho en 1900.

20 mai. — *Arrêté* du 26 avril, nommant une commission chargée de procéder à l'adjudication des travaux de construction d'un pont sur l'arroyo chinois, à Saïgon.

Commerce. — *Transit de la Cochinchine et du Cambodge.* — Le transit de la Cochinchine et du Cambodge en 1900 s'est élevé savoir, pour Battambang, à 576.015 fr.; pour le Laos, à 60.845 fr. Nous ne voyons guère à noter que les articles suivants :

Pour le premier :

Farineux alimentaires	29.685 fr.
Fruits et graines	80.490 »
Marbres, pierres, combustibles, minéraux	39.035 »
Fils	27.660 »
Tissus	339.964 »

Et pour le second :

Fruits et graines	22.412 »

Tous articles en provenance, pour la presque totalité, des pays d'Extrême-Orient et de Singapore.

Riz. — *Son marché.* — On nous écrit de Saïgon à la date du 23 mai dernier :

Mouvement commercial de la Cochinchine et du Cambodge en 1900 (Valeurs en francs)

NATURE DES DENRÉES ET MARCHANDISES	IMPORTATIONS			EXPORTATIONS		
	DENRÉES ET MARCHANDISES		TOTAUX	DENRÉES ET MARCHANDISES du crû de la colonie exportées		TOTAUX
	FRANÇAISES	ÉTRANGÈRES		EN FRANCE et dans les colonies françaises	A L'ÉTRANGER	
Animaux vivants	94.510	202.691	297.201	12.785	652.180	664.965
Produits et dépouilles d'animaux	678.442	658.839	1.337.281	582.448	1,180,591	1.768.039
Pêches	166.417	650.527	816.944	41.462	8.928.103	8.969.565
Substances animales brutes, propres à la médecine ou à la parfumerie	115.826	"	115.826	"	"	"
Matières dures à tailler	"	633.267	633.267	120.900	93.344	214.244
Farineux alimentaires	1.464.239	4.331.333	5.795.572	21.388.219	67.820.320	89.218.539
Fruits et graines	56.790	2.229.351	2.286.141	973.808	430.619	1.404.487
Denrées coloniales de consommation	3.011.228	5.551.097	8.562.325	4.718.388	987.194	5.705.582
Huiles et sucs végétaux	442.075	3.508.026	3.950.101	370.022	187.136	5.705.582
Espèces médicinales	2.065	964.854	966.919	73	66.939	557.758
Bois	1.723	495.222	496.945	9.426	25.325	67.012
Filaments, tiges et fruits à ouvrer	64.247	652.985	717.232	3.392	635.892	84.751
Teintures et tanins	54	70.868	70.932	1.699	951	639.284
Produits et déchets divers	132.338	1.540.077	1.672.415	27	13.617	2.050
Boissons	3.440.604	362 561	3.803.165	103	24.310	13.644
Marbres, pierres, terres, combustibles minéraux	763.834	3.556.658	4.320.492	24.000	21.349	24.413
Métaux	2.791.858	11.067.461	13.859.319	450	25.367	45.349
Produits chimiques	1.518.734	145.952	1.664.686	"	18,121	25.817
Teintures préparées	75.825	1.884.328	1.960.153	210	7.231	18.121
Couleurs	1.276.196	157.477	1.433.673	"	"	7.441
Lempositions diverses	730.504	1.055.616	1.786.120	370	138.542	"
Poteries	309.872	1.746.812	2.116.684	31	520	138,912
Verres et cristaux	294.304	355.151	649.455	"	"	551
Fils	735.965	3.071.935	3.807.900	"	18.009	18.009
Tissus	15.936.637	21.576.459	37.513.096	1.627	23 192	24.819
Papier et ses applications	1.193.518	2.764.136	3.957.654	85	140	225
Peaux et pelleteries ouvrées	749.289	140.473	889.762	"	136.626	136.626
Ouvrages en métaux	25.249.660	8.197.311	33.446.971	537	20.083	20.620
Armes, poudres et munitions	301.378	2.021.912	2.323.290	"	"	"
Meubles	31.180	157.339	188.519	9.725	4.800	14.525
Ouvrages en bois	35.040	348.177	383.217	158.516	62.154	220.670
Instruments de musique	30.430	105.865	136.295	200	5	250
Ouvrages de sparterie et de vannerie	273.041	476.265	749.306	6.727	372.774	379,501
Ouvrages en matières diverses	2.984.814	1.674.660	4.659.474	84.520	1.140	85.660
Totaux	65 012.647	82.355.675	147,368.332			
Déduction des monnaies d'or et d'argent	20.142.300	5.489.964	25,632.264			
Déduction des monnaies de cuivre	82.620	"	82.620			
Total des monnaies	20.224.920	5.489.964	25.714.884			
Total général	44.787.727	76.865.721	121,653.448	28.510.410	81.906.619	110,417.029

« Notre marché est dans un calme plat, sans demande et sans affaires. Cet état de choses est dû évidemment à la forte hausse de nos cours, qui éloigne les acheteurs et les détermine à attendre des besoins urgents avant de payer les prix actuels. Malheureusement, il est à craindre qu'ils regrettent plus tard d'avoir attendu, car les détenteurs sont de plus en plus fermes dans leurs prétentions et, le mauvais rendement de la récolte aidant, il est probable que, quand les besoins surgiront de nouveau, nous assisterons à une nouvelle hausse.

« Nous cotons pour livraison juin :

		Vinhlong	Gocong	Baixau
PADDY, par picul de 150 lbs ou 68 k. rendu aux usines		2.13	2.13	2.20
CARGO d'usine, par picul de 134 lbs ou 60k. 700 brut le long du bord sans les droits en sacs de gunnies.	5 °/。	2.71	2.71	2.80
	10 °/。	2.66	2.66	2.75
	15 °/。	2.62	2.62	2.71
	20 °/。	2.58	2.58	2.67
CARGO indigène (mêmes conditions)	20 à 25 °/。	"	"	"
RIZ BLANC d'usine (mêmes conditions)	N° 1	Prix suivant triage et conditions		
	N° 2 trié			
	N° 2 ord.	3.12	3.12	3.23

Mouvement commercial du Tonkin en 1900 (Valeurs en francs)

NATURE DES DENRÉES ET MARCHANDISES	IMPORTATIONS — Denrées et marchandises — Françaises	IMPORTATIONS — Denrées et marchandises — Étrangères	IMPORTATIONS — Totaux	EXPORTATIONS — Denrées et marchandises du cru de la colonie exportées — En France et dans les colonies françaises	EXPORTATIONS — Denrées et marchandises du cru de la colonie exportées — À l'étranger	EXPORTATIONS — Totaux
Animaux vivants	4.080	250.113	254.193	2.845	378.752	381.597
Produits et dépouilles d'animaux	634.800	228.029	862.829	274.218	762.965	1.037.183
Pêches	75.373	524.541	99.914	»	510.965	510.965
Substances animales brutes, propres à la médecine ou à la parfumerie	6.206	40.532	46.738	»	»	»
Matières dures à tailler	»	296.438	296.438	6.066	44.277	50.343
Farineux alimentaires	1.078.348	546.029	1.624.377	13.336	22.444.075	22.457.411
Fruits et graines	22.695	152.095	174.790	1.203	85.003	82.206
Denrées coloniales de consommation	610.726	1.610.701	2.221.427	2.517	421.252	423.769
Huiles et sucs végétaux	122.069	1.199.099	1.321.168	3.198.338	1.043.609	4.241.947
Espèces médicinales	2.120	959.901	962.021	»	45.852	45.852
Bois	774	743.395	744.169	8.302	162.628	170.930
Filaments, tiges et fruits à ouvrer	59.724	264.864	324.588	5.623	570.112	575.735
Teintures et tanins	2	31.517	31.519	5	579.114	579.119
Produits et déchets divers	67.925	173.587	241.512	12.233	56.306	68.539
Boissons	2.412.320	107.534	2.519.854	10.459	14.241	24.700
Marbres, pierres, terres, combustibles minéraux	514.907	1.282.279	1.797.186	32.312	4.411.227	4.443.539
Métaux	1.722.580	1.045.337	2.737.917	30.243	192.587	222.830
Produits chimiques	290.934	161.312	452.246	1.303	796	2.099
Teintures préparées	38.789	317.473	356.262	108	»	108
Couleurs	277.894	84.637	362.531	11	»	11
Compositions diverses	1.083.603	398.548	1.482.151	142.105	80.459	222.564
Poteries	324.258	2.799.949	3.124.207	263	30	293
Verres et cristaux	199.363	160.027	359.390	»	4.200	4.200
Fils	219.997	14.419.070	14.639.067	527	575	1.102
Tissus	5.345.801	3.429.498	8.775.299	46.231	445.686	491.917
Papier et ses applications	948.267	1.266.843	2.215.110	29.687	21.546	51.233
Peaux et pelleteries ouvrées	887.308	131.570	1.018.878	55.573	1.108	56.681
Ouvrages en métaux	12.169.128	3.038.713	15.207.841	40.806	1.814.745	1.855.551
Armes, poudres et munitions	3.515.770	516.286	4.032.056	13.482	2.094	15.576
Meubles	11.772	40.937	52.709	50.266	1.496	51.762
Ouvrages en bois	5.430	57.562	62.992	190.435	372.943	563.378
Instruments de musique	10.936	11.389	22.325	54	»	54
Ouvrages de sparterie et de vannerie	19.792	129.578	149.370	20.277	1.293.852	1.314.129
Ouvrages en matières diverses	1.146.597	554.517	1.701.114	41.079	29.220	70.229
Totaux	33.830.288	36.443.900	70.274.188	4.229.907	35.791.715	40.021.622
Déduction des monnaies d'or et d'argent	5.070.556	1.385.408	6.455.964	»	1.812.697	1.812.697
Net	28.759.732	35.058.492	63.818.224	4.229.907	33.979.018	38.208.925

Tonkin. — Actes officiels. — *Journal officiel de l'Indo-Chine française (1re Partie.)*

29 avril. — *Arrêté* modifiant celui du 21 octobre 1894, portant organisation des réserves militaires indigènes en Indo-Chine. — *Arrêté* déclarant M. Balliste adjudicataire des travaux d'infrastructure et bâtiments, etc., de la deuxième section de la ligne Hanoï à Nam-dinh et à Vinh, comprise entre Ninh-Binh et le Song-Mai.

2 mai. — *Arrêté* approuvant la substitution de MM. Vola et Cie à M. Vola dans l'entreprise des travaux de ballastage et de pose de voie de la ligne de Haïphong à Hanoï et à Lao-kay (section Haïphong-Viétri). — *Arrêté* du 17 avril, approuvant le programme et cahier des charges relatif à la fourniture d'appareils électriques et à l'installation d'une usine génératrice d'électricité et de l'éclairage de l'exposition de Hanoï.

6 mai. — *Arrêté* du 7 avril, promulguant au Tonkin le décret du 27 février 1892, portant réglementation du commerce chinois en Indo-Chine.

16 mai. — *Arrêté* du 19 avril, déclarant la Société forestière et commerciale de l'Annam et M. Dessolier adjudicataires des travaux d'infrastructure et bâtiments, etc., de la troisième section de la ligne de Hanoï à Nam-Dinh et à Vinh. — *Arrêté* du 21 avril, instituant une commission chargée de procéder aux adjudications des 2e et 3e lots des travaux de construction du palais de l'Exposition de Hanoï

(2e Partie).

22 avril. — *Arrêté* autorisant la création, à titre d'essai, de quinze bureaux auxiliaires de postes à Bac-Ninh.

Chemins de fer. — *Chemin de fer de Haïphong à Yunnan-Sen.* — Le projet de loi relatif au chemin de fer du Yunnan, que le conseil des ministres a approuvé et qui a été présenté le mardi 18 juin à la Chambre, a pour but d'approuver une convention passée par le gouverneur général de l'Indo-Chine avec les grands établissements financiers de Paris, en conformité des dispositions de la loi du 25 décembre 1898.

Le capital de construction du chemin de fer du Yunnan et d'exploitation de la ligne entière est évalué à 101 millions de francs ; il est ainsi constitué :

Capital-actions de la Société concessionnaire	12.500.000
Subventions de l'Indo-Chine	12.500.000
Obligations garanties, dans la limite d'une annuité de 3 millions et dans les conditions de l'article 3 de la loi du 25 décembre 1898, environ	76.000.000
Soit un total de....Fr.	101.000.000

La convention ainsi conclue par le gouverneur général de l'Indo-Chine et le cahier des charges qui est annexé, ont été soumis à l'examen du comité consultatif des travaux publics aux colonies qui, dans sa seance du 17 juin, a donné un avis favorable à leur adoption.

TEXTE DE LA CONVENTION

ENTRE :

Le Gouverneur général de l'Indo-Chine, agissant tant au nom du gouvernement de la République Française qu'au nom de la colonie d'Indo-Chine, et sous la réserve de l'approbation des présentes par une loi,

d'une part ;

La Banque de l'Indo-Chine,

Le Comptoir National d'Escompte de Paris,

La Société Générale pour favoriser le développement du commerce et de l'industrie en France,

La Société Générale de Crédit industriel et commercial.

d'autre part,

Il a été convenu ce qui suit :

ARTICLE PREMIER. — Le gouverneur général de l'Indo-Chine

Rétrocède la concession, faite à la France par la Chine, dans la Convention en date du 10 avril 1898, du chemin de fer de Laokay à Yunnan-Sen,

Et concède :

1° Le chemin de fer de Haiphong-Ville à Laokay ;

2° Le chemin de fer de racordement à établir ultérieurement entre Haiphong-Ville et la gare maritime,

à la Banque de l'Indo-Chine, la Société générale pour favoriser le développement du commerce et de l'industrie en France, le Comptoir national d'Escompte de Paris et la Société Générale de Crédit industriel et commercial,

qui acceptent lesdites rétrocession et concession.

La section de Laokay à Yunnan-Sen sera construite par les concessionnaires, conformément aux dispositions de l'article 5 ci-après.

La section de Haïphong-ville à Laokay sera construite par la colonie, conformément aux dispositions de l'article 4.

La section de Haïphong-ville à la gare maritime sera construite par la colonie, en même temps que ladite gare maritime, et remise au concessionnaire.

L'ensemble des deux ou trois sections fera l'objet d'une exploitation unique.

ART. 2. — Les conditions dans lesquelles le chemin de fer sera construit et exploité sont définies par le cahier des charges annexé à la présente Convention.

ART. 3. — Les concessionnaires s'engagent à constituer, dans le délai de trois mois à dater de l'approbation de la présente Convention par une loi, une Société anonyme, au capital de 12.500.000 francs, qui leur sera substituée dans tous les droits et obligations résultant de ladite Convention.

Cette Société sera constituée sous le régime de la loi française et les membres de son Conseil d'administration devront être français.

La Société ne pourra, sans l'autorisation du gouverneur général de l'Indo-Chine, engager directement ou indirectement son capital dans aucune entreprise autre que la construction et l'exploitation du chemin de fer de Haiphong à Yunnan-Sen.

ART. 4. — La section du chemin de fer de Haïphong à Yunnan-Sen, comprise entre Haiphong-ville à Laokay, sera construite par la colonie et à ses frais ; elle sera remise à la Société en état de réception, avec toutes les installations et tous les outillages nécessaires, dans les délais ci-après :

La section de Haiphong à Hanoi, avant le 1er avril 1903;

La section d'Hanoi à Laokay, avant le 1er avril 1905.

Le matériel roulant, dont la consistance est définie par l'Etat A annexé à la présente Convention, sera fourni par la Société et lui sera payé aux prix unitaires et conditions mentionnés audit état.

La Société construira et installera, à ses frais, les ateliers; elle fournira l'outillage et le mobilier des stations et outillage d'entretien de la voie, le tout moyennant une somme de 2.000 fr. par kilomètre, qui sera payée par la colonie, dans le mois qui suivra l'ouverture à l'exploitation de chaque section.

Le matériel de voie restant encore à adjuger pour la section de Vietri à Laokay sera fourni par le concessionnaire aux époques fixées par la colonie et à des prix qui ne pourront, dans aucun cas, être supérieurs aux prix des adjudications qui vont avoir lieu pour le matériel de la ligne de Ninh Binh à Vinh. Il est donné au concessionnaire un délai d'un mois, à partir du jour de ces adjudications, pour faire savoir au gouverneur général s'il accepte les prix ainsi fixés ou s'il renonce à la fourniture.

Art. 5. — La section du chemin de fer comprise entre Laokay et Yunnan-Sen sera construite, à ses frais, risques et périls, par la Société qui devra la pourvoir du matériel roulant qu'elle jugera nécessaire à l'exploitation à ses débuts, moyennant :

1° Une subvention de 12.500.000 francs, payée en espèces par la colonie ;

2° Pendant soixante-quinze ans, une garantie d'intérêt de 3 millions de francs, allouée par la colonie à la Société concessionnaire, dans les conditions prévues par l'article 3 de la loi du 25 décembre 1898.

La Société aura toute liberté pour assurer la construction de la ligne, par les moyens ou systèmes de son choix, dans les limites des prescriptions du cahier des charges annexé à la présente Convention.

Art. 6. — La garantie d'intérêt de 3 millions, allouée par la colonie, sera effectuée par privilège au service de l'intérêt et de l'amortissement des obligations émises par la Société.

La colonie s'engage à assurer directement, à défaut de la Société, le service des emprunts privilégiés gagés sur cette annuité.

En cas de déchéance du concessionnaire, la colonie ne sera tenue d'assurer que le service des obligations garanties.

Art. 7. — Aussitôt que la substitution de la Société aux concessionnaires aura été autorisée par le gouverneur général et que les actions auront été libérées du quart, la Société pourra émettre, en une ou plusieurs fois, des obligations garanties du type 3 0/0, amortissables en 75 ans, jusqu'à concurrence du capital nominal correspondant à l'intérêt garanti.

Le produit des émissions, qui ne pourra être inférieur à 76 millions, recevra les emplois autorisés par le gouverneur général, sur la proposition de la Compagnie, jusqu'à l'époque où celle-ci devra en disposer pour le règlement des situations mensuelles, ainsi qu'il est dit aux articles 8 et 9 ci-après.

Art. 8. — La Société notifiera au gouverneur général, avant le début des travaux, une série de prix qui servira de base à l'établissement des situations mensuelles.

Pour déterminer, chaque mois, le montant des paiements et prélèvements auxquels elle aura droit, la Société remettra au directeur général des travaux publics de l'Indo-Chine, dans les quinze premiers jours du mois suivant, un état de situation des travaux et fournitures à contrôler en Chine ou en Indo-Chine, dressé d'après la série de prix mentionnée ci-dessus.

La Société remettra en même temps à l'inspection générale des travaux publics des colonies, à Paris :

1° Un état de situation, dressé d'après la même série de prix, pour les travaux ou fournitures à contrôler en France ;

2° Un état comprenant les frais d'études et de mission préliminaires, les frais de constitution de la Société, les intérêts à 4 0/0 sur la partie versée du capital-actions de 12.500.000 francs, l'abonnement au timbre des actions et obligations et les frais généraux d'administration de la Société, à Paris, sans que ces frais généraux puissent dépasser 15.000 francs par mois.

Sur la vérification sommaire desdits états, le gouverneur général de l'Indo-Chine arrêtera le montant total des situations mensuelles.

Art. 9. — La subvention en capital de la colonie sera payée à la fin de chaque mois à Hanoi, au fur et à mesure de l'exécution des travaux, de manière à couvrir le quart du montant de la situation du mois précédent, tant en France qu'en Chine et en Indo-Chine. Trois vingtièmes du montant des situations seront couverts au moyen des versements effectués sur le capital-actions, jusqu'à concurrence de 7.500.000 francs. Le reste sera couvert au moyen des sommes réalisées par l'émission des obligations. Lorsque les dépenses ainsi payées auront atteint 50 millions de francs, le surplus sera couvert exclusivement au moyen du produit des obligations.

A défaut de paiement aux dates indiquées, les sommes dues à la Société porteraient intérêt, à son profit, au taux de 3 85 0/0 de plein droit et sans mise en demeure, à dater de l'échéance, sous la seule condition que les états de situation aient été présentées à la date indiquée ci-dessus. Le retard des paiements ne pourra excéder un mois après l'échéance.

L'intérêt garanti sera acquis à la Société au fur et à mesure de l'émission des obligations autorisées, comme il est dit à l'article 7 ci-dessus, et sera payable à Paris quinze jours avant l'échéance de chaque coupon, sous déduction des intérêts échus avant cette date des sommes employées conformément au paragraphe 2 du même article.

Art. 10. — La Société exploitera, à ses risques et périls et par les moyens et systèmes de son choix, la ligne entière de Haiphong à Yunnan-Sen moyennant prélèvement annuel, sur les recettes, des sommes indiquées ci-après :

1° Une somme destinée à couvrir les dépenses d'entretien et d'exploitation de la ligne, calculée d'après la formule ci-après :

$$1.000\,L + R/4 + 0.60\,T + 0.025\,M + 0.063\,V$$

dans laquelle L représente la longueur totale de la ligne ouverte à l'exploitation exprimée en kilomètres, R, la recette brute de l'exploitation, y compris toutes les recettes accessoires ; T, le parcours kilométrique des marchandises taxées au poids ; V, le nombre de voyageurs kilométriques et d'animaux de la première catégorie ;

2° Une somme, fixée à forfait à 400.000 fr., destinée à compléter la rémunération du capital-actions et à couvrir les frais généraux de l'administration de la Société, y compris l'abonnement au timbre des actions et obligations.

Ce deuxième prélèvement ne sera effectué qu'après l'ouverture complète de la ligne à l'exploitation, les dépenses qu'il est destiné à couvrir devant être portées au compte d'établissement jusqu'à cette date, conformément à l'article 8 ci-dessus.

Moyennant ces prélèvements, la Compagnie sera tenue de faire face aux dépenses de toute nature nécessaires pour assurer la bonne marche du service. Elle devra couvrir, notamment, l'intérêt et l'amortissement des capitaux qui seront dépensés par elle, tant pour les travaux complémentaires qu'elle jugera nécessaires après l'ouverture à l'exploitation, que pour l'acquisition du matériel et de l'outillage supplémentaires exigés par le développement du trafic.

Art. 11. — Si, au début de l'exploitation, les recettes réellement faites et dûment justifiées ne suffisaient pas à couvrir la somme allouée à la Société d'après la formule, les insuffisances pourraient être portées par elle, jusqu'à concurrence de deux millions de francs, à un compte d'attente qui serait couvert ultérieurement par les produits nets de l'exploitation. Au delà de deux millions, elles resteraient à la charge de la Société.

Lorsque les recettes excéderont les sommes allouées à la Société, l'excédent servira avant toute autre affectation, à couvrir les insuffisances antérieures portées au compte d'attente mentionné au paragraphe précédent, sans intérêts. Lorsque ces arriérés auront été couverts, le surplus sera partagé entre la Société et la colonie, dans les proportions ci-après :

Jusqu'à concurrence d'un excédent annuel d'un million de francs, moitié à la Société, moitié à la colonie ;

Sur les deux millions suivants un tiers à la Société, deux tiers à la colonie ;

Sur la fraction des excédents annuels dépassant trois millions, un quart à la Société, trois quarts à la colonie.

Toutefois, les excédents, s'il en produit, seront, avant tout partage, versés, jusqu'à concurrence de deux millions, à un fonds de réserve spécial, destiné à couvrir l'insuffisance ultérieure des recettes, dans le cas où celles-ci ne suffiraient pas à parfaire les prélèvements autorisés au profit de la Société.

Lorsque, pendant cinq années consécutives, il n'aura été fait aucun prélèvement sur ce fonds de réserve, il sera réduit de moitié. Si, pendant cinq autres années, il n'y est pas fait appel, il sera supprimé. Les sommes provenant de la réduction ou de la suppression du fonds de réserve seront ajoutées aux recettes nettes de la dernière des cinq années dont les résultats auront motivé cette réduction ou cette suppression, pour être partagées conformément aux dispositions ci-dessus.

Art. 12. — La part des bénéfices de l'exploitation attribuée à la colonie viendra en déduction des intérêts dus par elle à la Société en vertu des articles 5 et 7 ci-dessus.

A cet effet, la Société présentera, avant le 15 mars de chaque année, au gouverneur général de l'Indo-Chine, le compte provisoire des recettes de l'année précédente.

La part des recettes revenant à la colonie, d'après ce compte, sera divisée en deux parties égales, qui viendront en déduction des deux versements semestriels de l'année en cours.

Lorsque la part revenant à la colonie excédera trois millions de francs, les neuf dixièmes de l'excédent seront versés par la Société à la colonie avant le 31 mars.

Le surplus sera versé lorsque le compte aura été définitivement arrêté.

Si, lors de la vérification définitive des comptes, il est reconnu que la part attribuée à la colonie pour un exercice a été insuffisante, la Société devra restituer les sommes reçues ou retenues indûment avec les intérêts à 2 1/2 0/0 à dater du jour de l'échéance.

Lorsque la part provisoirement attribuée à la colonie sera reconnue supérieure à celle qui devait lui revenir, la colonie restituera l'excédent, sans intérêts.

Art. 13. — La revision de la formule inscrite à l'art. 10 ci-dessus pourra être demandée, après les cinq premières années d'exploitation de l'ensemble de la ligne, par l'une ou l'autre des parties. Dans ce cas, il sera établi une nouvelle formule, calculée d'après les résultats de l'expérience et les besoins justifiés. En cas de désaccord, les coefficients de la nouvelle formule seraient arrêtés par trois arbitres, désignés, l'un par la Société, l'autre par le gouverneur général, le troisième par les deux premiers, et, à défaut d'accord, par le premier président de la Cour d'appel de Paris.

Une nouvelle revision pourra être faite dans les mêmes formes de dix en dix ans.

Art. 14. — Le gouverneur général s'engage à faire bénéficier le concessionnaire en temps utile, des avantages accordés par le gouvernement chinois, suivant la Convention du 10 avril 1898 portant concession à la France du chemin de fer de Laokay à Yunnan-Sen.

Art. 15. — La Société aura le droit de faire circuler ses trains sur la ligne de Gia-Lam à Hanoi, rive droite, dans les conditions de péage et de tarifs prévues à l'article 10, on fera entrer en compte la longueur réelle de cette section.

Art. 16. — Un arrêté du gouverneur général déterminera les formes dans lesquelles la Société devra justifier de ses recettes brutes et des données statistiques qui doivent entrer dans la formule d'exploitation.

Fait à Paris, le 15 juin.

Suivent les signatures

La ligne de Hanoï à Ninh-Binh. — Dans la vitrine du journal le *Temps* on a pu voir récemment exposées les photographies des travaux qui ont été exécutés par la société Vergriète, pour la construction de la ligne du chemin de fer Hanoï-Ninh-Binh.

Ces travaux comportent :

1° 116 kilomètres de terrassement formant un cube de 800.000 mètres ;

2° La gare de Nam-Dinh, composée d'un bâtiment principal de 56 mètres de longueur avec corps à étage, d'une halle à marchandises avec quai, remise à machines, annexes et quai à charbon ;

3° La gare de Ninh-Binh composée d'un bâtiment principal à étage, halle à marchandises avec quai, remise à machines, dépendances et quai à charbon ;

4° Sept stations haltes ;

5° La gare de Phu-Ly avec halle et quai à marchandises et annexes ;

6° Les travaux d'art assez nombreux qui comportent 30 ponts depuis 4 jusqu'à 30 mètres d'ouverture et 30 aqueducs.

Le tout a été exécuté dans un délai de dix-huit mois, sous la surveillance de M. Caboche, ingénieur des travaux publics à Hanoi, et sera terminé le mois prochain, soit une année avant les délais, sans atteindre les crédits prévus.

Commerce. — *Transit du Tonkin en 1900.* — La valeur du transit du Tonkin en 1900 s'est élevée à 31.596.796 francs se décomposant comme suit : de Hongkong au Yunnan et au Quang-si à 23.206.129 francs ; du Yunnan et du Quang-si à Hongkong à 8.154.131 francs et d'Europe au Yunnam et au Quang-si à 36.536 francs. Nous nous bornons ici à signaler les articles les plus intéressants savoir :

NATURE DES DENRÉES ET MARCHANDISES	De Hongkong au Yunnan et Quang-si	vice-versa	d'Europe au Yunnan et Quang-si
Pêches	84.979	»	»
Denrées coloniales de consommation	2.865.576	117.844	61
Espèces médicinales	19.336	94.037	»
Teintures et tanins	«	90.545	»
Marbres, pierres, terres, combustibles minéraux, etc.	40.228	1.297	»
Métaux	53.576	7.813.628	»
Teintures préparées	113.251	»	10
Poteries	105.607	»	»
Fils	16.058.542	»	35.849
Tissus	3.042.655	»	»
Papier et ses applications	112.380	»	»
Ouvrages en métaux	153.308	»	»
Ouvrages en matières diverses	339.835	»	»

Navigation. — *Tarif de Pilotage du port de Haïphong.* — Le *journal officiel de l'Indo-Chine* (2e Partie) publie le nouveau tarif de pilotage du port de commerce de Haïphong qui donne satisfaction à un vœu exprimé depuis longtemps par la Chambre de Commerce de cette ville.

Postes et Télégraphes. — *Création de bureaux de poste indigènes.* — Est autorisée la création à titre d'essai, à Quê-Dzuong, Hau-cau, Gia-Bing (poste de milice), Gia-Binh (huyen), Lang-Tai, Phutuan-Thanh, Tien-Dzu, Phu-Thuy, Van-Giang, Gia-Lam (poste de gendarmerie), Gia-Lam (gare), poste du canal des Rapides, Coha, Phu-tu-Son et Lim, (province de Bac-ninh), de quinze bureaux auxiliaires de postes, limités pour le moment à la vente des timbres, à l'expédition et à la réception des objets de correspondances ordinaires.

La gérance de ces établissements sera confiée sur la désignation du résident de la province, à un secrétaire de fonctionnaire annamite ou à un gradé de la garde indigène.

Des instructions du Directeur des Postes et des Télégraphes détermineront les conditions de fonctionnement de ces nouveaux bureaux.

Travaux Publics. — *Résultats d'adjudication.* — M. Balliste, entrepreneur à Hanoï, est déclaré adjudicataire des travaux d'insfrastructure et bâtiments, ballastage et pose de voie de la 2e section de la ligne de Hanoi à Nam-dinh et à Vinh, comprise entre Ninh-binh et le Song-Mai, moyennant un rabais de dix-neuf pour cent (19 o/o) sur les prix du bordereau afférent aux dits travaux.

Le montant des dépenses autorisées pour ces travaux est fixé comme suit :

Dépenses à l'entreprise.	1.454.795p. 36
Somme à valoir pour frais de surveillance et travaux imprévus.	183.956.p.35
Soit un total de	1.638.751p. 71

Inde française. — — Actes officiels. — *Journal officiel des établissements français dans l'Inde.*

26 avril. — *Arrêté* rendant exécutoires les budgets des recettes et des dépenses des communes de Chandernagor, Yanaon, Karikal et Nedouneadon pour l'année 1901.

5 mai. — *Arrêté* du 26 avril portant règlement des écoles publiques de filles et de garçons dans les établissements français de l'Inde.

10 mai. — *Arrêté* relatif à la composition du Conseil colonial de l'instruction publique. — *Arrêté* portant règlement du collège Dupleix à Chandernagor.

OCÉANIE

Etablissements français de l'Océanie. — MOYENS DE COMMUNICATION. — *Le service Tahiti-San Francisco.* — Une correspondance de Papeete, en date du 13 mai, explique comme suit les modifications projetées à l'organisation du service à vapeur qui relie Tahiti à San Francisco.

« L'expérience a démontré les difficultés de débarquement, tant à San Francisco qu'à Tahiti, et un jour de plus de séjour dans chacun de ces ports est nécessaire. Cette journée supplémentaire à Tahiti permettra, d'autre part, aux touristes, de faire le tour de l'île plus commodément en s'arrêtant aux divers endroits qui vont recevoir des *bungalow* pour les héberger. C'est donc, à raison de ces séjours plus prolongés, seulement dix voyages au lieu de onze que nous donnerait annuellement la Compagnie Océanique, soit un service de trente-cinq jours au lieu de trente-trois. La prospérité de la colonie est si entièrement liée à nos communications rapides avec San Francisco et les sacrifices que, dans l'espoir de gains ultérieurs encore problématiques, la Compagnie Océanique fait à chaque traversée sont si évidents, que la colonie ne peut qu'adhérer à une combinaison qui, en ménageant ses finances, donne à peu près les mêmes avantages que ceux originairement assurés par la subvention.

« Le service modifié commencerait par un départ de San Francisco le 26 juin. A ce voyage le navire aborderait nos rives le 8 juillet avec un assez grand nombre de touristes qui ont déjà retenu leurs places pour venir assister aux réjouissances nationales. »

Nouvelle-Calédonie. — ADMINISTRATION. — *Traites de douanes.* — On nous informe de Nouméa qu'une importante mesure va être appliquée, dans quelques mois, pour le paiement des droits de douane ; les commerçants auront la faculté de s'acquitter par traite à quatre mois, sous caution, pour tout compte de liquidation excédant la somme de 300 francs.

Le ministère a consulté le gouvernement local pour l'application du décret du 8 mars 1900 qui a institué ces dispositions libérales en France. Actuellement, il n'y a que la colonie de Saint-Pierre et Miquelon qui jouit de ce privilège.

C'est le trésorier-payeur qui sera juge du crédit à ouvrir aux commerçants ainsi que de la qualité de la caution. L'intérêt de retard sera fixé à 3 0/0 ; en outre, le Trésor perçoit une remise très minime, mais légitime, en raison des risques courus.

Protection de la santé publique. — Au cours de l'épidémie de peste bubonique qui a sévi l'année dernière en Nouvelle-Calédonie, l'administration locale, en vue de sauvegarder la santé publique, a cru devoir prendre certaines mesures d'assainissement et d'hygiène prévues par la loi métropolitaine sur la police sanitaire.

Ces mesures ayant soulevé de nombreuses réclamations fondées sur l'absence d'une promulgation régulière de cette loi dans la colonie, le gouverneur a demandé au ministre de faire cette promulgation pour que les difficultés de l'an dernier ne se renouvellent pas lors d'une autre épidémie. Le ministre a pensé qu'il était préférable de renoncer à cette loi de 1822, et d'organiser de toutes pièces la protection de la santé publique en Nouvelle-Calédonie. Tel est l'objet d'un décret paru le 6 juin au *Journal Officiel*, décret qui reproduit dans ses grandes lignes le projet de loi sur la police sanitaire voté récemment par le Sénat.

BULLETIN
DE L'UNION COLONIALE FRANÇAISE

Nouveaux membres

ADHÉRENTS :

Chambre d'agriculture de Cochinchine, Saïgon.

E. Blétry, droguiste, 11, rue Pavée, Paris.

Compagnie française du commerce africain, 41 *bis*, rue de Châteaudun, Paris.

Léon Gadeault, directeur de l'Ecole supérieure de commerce de Dijon, Dijon.

P. Gendron, agent de la Banque de l'Indo-Chine, 5, rue Mansart, Versailles.

Louis-Dreyfus, 77, avenue des Champs-Elysées, Paris.

Joseph Montgolfier, 41, Finsbury Park Road, London.

Henri Portier et Cie, commissionnaires et courtiers coloniaux, 31, rue de Provence, Paris.

Simon, 8, avenue Percier, Paris.

Société des anciens Elèves des Ecoles nationales d'arts et métiers, 6, rue Chauchat, Paris.

Paul de Valroger, avocat à la Cour d'appel, 19, rue Saint-Guillaume, Paris.

Le Gérant : A. LÉGERON.

Paris. — Imp. PAUL DUPONT 19, rue du Croissant

TABLE ANALYTIQUE DES MATIÈRES

TOME IX. — PREMIER SEMESTRE 1901

Pages

GÉNÉRALITÉS

Administration générale. — Régime légal

Associations et Institutions de propagande

Colonisation

Commerce et Industrie

Hygiène

Marine marchande

COLONIES FRANÇAISES

AFRIQUE DU NORD

Algérie

AFRIQUE ORIENTALE

Côte française des Somalis

Madagascar

ADMINISTRATION GÉNÉRALE

AGRICULTURE

CHEMINS DE FER

COLONISATION

COMMERCE

ENSEIGNEMENT

MINES

TRAVAUX PUBLICS

Annam

ADMINISTRATION GÉNÉRALE

AGRICULTURE. — COMMERCE ET INDUSTRIE

COLONISATION

TRAVAUX PUBLICS

Cambodge

Cochinchine

ADMINISTRATION ET COLONISATION

AGRICULTURE. — COMMERCE ET INDUSTRIE

Pages

ÉTRANGER

Belgique

Brésil

Chine

Japon

Mexique

Portugal

Rèpublique d'Haiti

Siam

COLONIES ÉTRANGÈRES

Antilles anglaises

Pages

Australie

Australie du Sud

Birmanie

Colonies hollandaises

Indes anglaises

Indes néerlandaises

Ile Maurice

Nouvelle-Zélande

Philippines

Saint-Christophe

Seychelles

TABLE ALPHABÉTIQUE DES MATIÈRES

D.

E

Paris. — Imprimerie PAUL DUPONT, 19, rue du Croissant.

www.ingramcontent.com/pod-product-compliance
Lightning Source LLC
LaVergne TN
LVHW082353160826
845678LV00008B/1823

* 9 7 8 2 3 2 9 7 6 3 9 5 8 *